Schuldrecht BT I

Kauf- und Werkvertragsrecht

Hemmer/Wüst/Tyroller

mit „hemmer maps“

KURSORTE IM ÜBERBLICK

AUGSBURG
Wüst
Mergentheimer Str. 44
97082 Würzburg
Tel.: (0931) 79 78 230
Fax: (0931) 79 78 234
Mail: augsburg@hemmer.de

BAYREUTH
Daxhammer/d´Alquen
Parkweg 7
97944 Boxberg
Tel.: (07930) 99 23 38
Fax: (07930) 99 22 51
Mail: bayreuth@hemmer.de

BERLIN-DAHLEM
Gast
Schumannstraße 18
10117 Berlin
Tel.: (030) 240 45 738
Fax: (030) 240 47 671
Mail: mitte@hemmer-berlin.de

BERLIN-MITTE
Gast
Schumannstraße 18
10117 Berlin
Tel.: (030) 240 45 738
Fax: (030) 240 47 671
Mail: mitte@hemmer-berlin.de

BIELEFELD
Lück
Salzstr. 14/15
48143 Münster
Tel.: (0251) 67 49 89 70
Fax.: (0251) 67 49 89 71
Mail: bielefeld@hemmer.de

BOCHUM
Schlömer/Sperl
Salzstr. 14/15
48143 Münster
Tel.: (0251) 67 49 89 70
Fax.: (0251) 67 49 89 71
Mail: bochum@hemmer.de

BONN
Ronneberg/Christensen/Clobes
Leonardusstr. 24c
53175 Bonn
Tel.: (0228) 23 90 71
Fax: (0228) 23 90 71
Mail: bonn@hemmer.de

BREMEN
Kulke/Hermann
Mergentheimer Str. 44
97082 Würzburg
Tel.: (0931) 79 78 257
Fax: (0931) 79 78 240
Mail: bremen@hemmer.de

DRESDEN
Stock
Zweinaundorfer Str. 2
04318 Leipzig
Tel.: (0341) 6 88 44 90
Fax: (0341) 6 88 44 96
Mail: dresden@hemmer.de

DÜSSELDORF
Ronneberg/Clobes/Geron
Leonardusstr. 24c
53175 Bonn
Tel.: (0228) 23 90 71
Fax: (0228) 23 90 71
Mail: duesseldorf@hemmer.de

ERLANGEN
Grieger/Tyroller
Mergentheimer Str. 44
97082 Würzburg
Tel.: (0931) 79 78 230
Fax: (0931) 79 78 234
Mail: erlangen@hemmer.de

FRANKFURT/M.
Geron
Dreifaltigkeitsweg 49
53489 Sinzig
Tel.: (02642) 61 44
Fax: (02642) 61 44
Mail: frankfurt.main@hemmer.de

FRANKFURT/O.
Gast
Schumannstraße 18
10117 Berlin
Tel.: (030) 240 45 738
Fax: (030) 240 47 671
Mail: mitte@hemmer-berlin.de

FREIBURG
Behler/Rausch
Rohrbacher Str. 3
69115 Heidelberg
Tel.: (06221) 65 33 66
Fax: (06221) 65 33 30
Mail: freiburg@hemmer.de

GIEßEN
Sperl
Parkweg 7
97944 Boxberg
Tel.: (07930) 99 23 38
Fax: (07930) 99 22 51
Mail: giessen@hemmer.de

GÖTTINGEN
Schlömer/Sperl
Kirchhofgärten 22
74635 Kupferzell
Tel.: (07944) 94 11 05
Fax: (07944) 94 11 08
Mail: goettingen@hemmer.de

GREIFSWALD
Burke/Lück
Buchbinderstr. 17
18055 Rostock
Tel.: (0381) 3 77 74 00
Fax: (0381) 3 77 74 01
Mail: greifswald@hemmer.de

HALLE
Luke
Grimmaische Str. 2-4
04109 Leipzig
Tel.: (0177) 815 80 35
Fax: (0341) 4 62 68 79
Mail: halle@hemmer.de

HAMBURG
Schlömer/Sperl
Steinhöft 5-7
20459 Hamburg
Tel.: (040) 317 669 17
Fax: (040) 317 669 20
Mail: hamburg@hemmer.de

HANNOVER
Daxhammer/Sperl
Matzenhecke 23
97204 Höchberg
Tel.: (0931) 400 337
Fax: (0931) 404 3109
Mail: hannover@hemmer.de

HEIDELBERG
Behler/Rausch
Rohrbacher Str. 3
69115 Heidelberg
Tel.: (06221) 65 33 66
Fax: (06221) 65 33 30
Mail: heidelberg@hemmer.de

JENA
Hemmer/Wüst
Mergentheimer Str. 44
97082 Würzburg
Tel.: (0931) 79 78 257
Fax: (0931) 79 78 240
Mail: jena@hemmer.de

KIEL
Schlömer/Sperl
Kirchhofgärten 22
74635 Kupferzell
Tel.: (07944) 94 11 05
Fax: (07944) 94 11 08
Mail: kiel@hemmer.de

KÖLN
Ronneberg/Christensen/Clobes
Leonardusstr. 24c
53175 Bonn
Tel.: (0228) 23 90 71
Fax: (0228) 23 90 71
Mail: koeln@hemmer.de

KONSTANZ
Guldin/Kaiser
Hindenburgstr. 15
78467 Konstanz
Tel.: (07531) 69 63 63
Fax: (07531) 69 63 64
Mail: konstanz@hemmer.de

LEIPZIG
Luke
Grimmaische Str. 2-4
04109 Leipzig
Tel.: (0177) 815 80 35
Fax: (0341) 4 62 68 79
Mail: leipzig@hemmer.de

MAINZ
Geron
Dreifaltigkeitsweg 49
53489 Sinzig
Tel.: (02642) 61 44
Fax: (02642) 61 44
Mail: mainz@hemmer.de

MANNHEIM
Behler/Rausch
Rohrbacher Str. 3
69115 Heidelberg
Tel.: (06221) 65 33 66
Fax: (06221) 65 33 30
Mail: mannheim@hemmer.de

MARBURG
Sperl
Parkweg 7
97944 Boxberg
Tel.: (07930) 99 23 38
Fax: (07930) 99 22 51
Mail: marburg@hemmer.de

MÜNCHEN
Wüst
Mergentheimer Str. 44
97082 Würzburg
Tel.: (0931) 79 78 230
Fax: (0931) 79 78 234
Mail: muenchen@hemmer.de

MÜNSTER
Schlömer/Sperl
Salzstr. 14/15
48143 Münster
Tel.: (0251) 67 49 89 70
Fax.: (0251) 67 49 89 71
Mail: muenster@hemmer.de

OSNABRÜCK
Fethke
Liebknechtstr. 35
99086 Erfurt
Tel.: (0541) 18 55 21 79
Fax.: ---
Mail: osnabrueck@hemmer.de

PASSAU
Köhn/Rath
Mergentheimer Str. 44
97082 Würzburg
Tel.: (0931) 79 78 230
Fax: (0931) 79 78 234
Mail: passau@hemmer.de

POTSDAM
Gast
Schumannstraße 18
10117 Berlin
Tel.: (030) 240 45 738
Fax: (030) 240 47 671
Mail: mitte@hemmer-berlin.de

REGENSBURG
Daxhammer/d´Alquen
Parkweg 7
97944 Boxberg
Tel.: (07930) 99 23 38
Fax: (07930) 99 22 51
Mail: regensburg@hemmer.de

ROSTOCK
Burke/Lück
Buchbinderstr. 17
18055 Rostock
Tel.: (0381) 3777 400
Fax: (0381) 3777 401
Mail: rostock@hemmer.de

SAARBRÜCKEN
Bold
Preslesstraße 2
66987 Thaleischweiler-Fröschen
Tel.: (06334) 98 42 83
Fax: (06334) 98 42 83
Mail: saarbruecken@hemmer.de

TRIER
Geron
Dreifaltigkeitsweg 49
53489 Sinzig
Tel.: (02642) 61 44
Fax: (02642) 61 44
Mail: trier@hemmer.de

TÜBINGEN
Guldin/Kaiser
Hindenburgstr. 15
78465 Konstanz
Tel.: (07531) 69 63 63
Fax: (07531) 69 63 64
Mail: tuebingen@hemmer.de

WÜRZBURG - ZENTRALE -
Mergentheimer Str. 44
97082 Würzburg
Tel.: (0931) 79 78 230
Fax: (0931) 79 78 234
Mail: wuerzburg@hemmer.de

Assessorkursorte im Überblick

Bayern
Würzburg/München/Nürnberg/Regensburg/Postversand

RA I. Gold
Mergentheimer Str. 44
97082 Würzburg
Tel.: (0931) 79 78 2-50
Fax: (0931) 79 78 2-51
Mail: assessor@hemmer.de

Baden-Württemberg
Konstanz/Tübingen/Stuttgart/Postversand

Rae F. Guldin/B. Kaiser
Hindenburgstr. 15
78467 Konstanz
Tel.: (07531) 69 63 63
Fax: (07531) 69 63 64
Mail: konstanz@hemmer.de

Heidelberg/Freiburg

RAe Behler/Rausch
Rohrbacherstr. 3
69115 Heidelberg
Tel.: (06221) 65 33 66
Fax: (06221) 65 33 30
Mail: heidelberg@hemmer.de

Berlin/Potsdam/Brandenburg
Berlin

RA L. Gast
Schumannstr. 18
10117 Berlin
Tel.: (030) 24 04 57 38
Fax: (030) 24 04 76 71
Mail: mitte@hemmer-berlin.de

Bremen/Hamburg
Hamburg/Postversand

Rae M. Sperl/Clobes/Dr.Schlömer
Kirchhofgärten 22
74635 Kupferzell
Tel.: (07944) 94 11 05
Fax: (07944) 94 11 08
Mail: assessor-nord@hemmer.de

Hessen
Frankfurt

RA A. Geron
Dreifaltigkeitsweg 49
53489 Sinzig
Tel.: (02642) 61 44
Fax: (02642) 61 44
Mail: frankfurt.main@hemmer.de

Mecklenburg-Vorpommern
Postversand

Ludger Burke/Johannes Lück
Buchbinderstr. 17
18055 Rostock
Tel.: (0381) 37 77 40 0
Fax: (0381) 37 77 40 1
Mail: rostock@hemmer.de

Rheinland-Pfalz
Postversand

RA A. Geron
Dreifaltigkeitsweg 49
53489 Sinzig
Tel.: (02642) 61 44
Fax: (02642) 61 44
Mail: trier@hemmer.de

Niedersachsen
Hannover

RAe M. Sperl/Dr. Schlömer
Steinhöft 5 - 7
20459 Hamburg
Tel.: (040) 317 669 17
Fax: (040) 317 669 20
Mail: assessor-nord@hemmer.de

Hannover Postversand

RAe M. Sperl/Clobes/Dr. Schlömer
Kirchhofgärten 22
74635 Kupferzell
Tel.: (07944) 94 11 05
Fax: (07944) 94 11 08
Mail: assessor-nord@hemmer.de

Nordrhein-Westfalen
Köln/Bonn/Dortmund/Düsseldorf/Postversand

Dr. A. Ronneberg
Leonardusstr. 24c
53175 Bonn
Tel.: (0228) 23 90 71
Fax: (0228) 23 90 71
Mail: koeln@hemmer.de

Schleswig-Holstein
Postversand

RAe M. Sperl/Clobes/Dr. Schlömer
Kirchhofgärten 22
74635 Kupferzell
Tel.: (07944) 94 11 05
Fax: (07944) 94 11 08
Mail: assessor-nord@hemmer.de

Thüringen
Postversand

RA Stock, RA Hunger & Kollegen
Zweinaundorfer Str. 2
04318 Leipzig
Tel.: (0341) 6 88 44 90 oder -93
Fax: (0341) 6 88 44 96
Mail: dresden@hemmer.de

Sachsen
Dresden/Leipzig/Postversand

RA Stock, RA Hunger & Kollegen
Zweinaundorfer Str. 2
04318 Leipzig
Tel.: (0341) 6 88 44 90 oder -93
Fax: (0341) 6 88 44 96
Mail: dresden@hemmer.de

Sachsen-Anhalt
Postversand

RA Stock, RA Hunger & Kollegen
Zweinaundorfer Str. 2
04318 Leipzig
Tel.: (0341) 6 88 44 90 oder -93
Fax: (0341) 6 88 44 96
Mail: dresden@hemmer.de

VORWORT

Schuldrecht BT I mit der **hemmer-Methode**

Wer in vier Jahren sein Studium abschließen will, kann sich einen Irrtum in Bezug auf Stoffauswahl und -aneignung nicht leisten. Hoffen Sie nicht auf leichte Rezepte und den einfachen Rechtsprechungsfall. Hüten Sie sich vor Übervereinfachung beim Lernen. Stellen Sie deswegen frühzeitig die Weichen richtig.

Die Schuldrechtsreform hat das wichtigste Prüfungsgebiet der juristischen Staatsexamina komplett neu strukturiert. Im Band **Schuldrecht AT** stellen wir Ihnen das neue Leistungsstörungsrecht in gewohnter hemmer-Methode klausurtypisch aufbereitet dar. Im Band **Schuldrecht BT I** werden die Änderungen im Kauf- und Werkvertragsrecht dargestellt. Der Band **Schuldrecht BT II** ergänzt diesen Band um die Besonderheiten anderer Vertragstypen.

Die **hemmer-Methode** vermittelt Ihnen die **erste richtige Einordnung** und das **Problembewusstsein**, welches Sie brauchen, um an einer Klausur bzw. dem Ersteller nicht vorbeizuschreiben. Häufig ist dem Studenten nicht klar, warum er schlechte Klausuren schreibt. Wir geben Ihnen **gezielte Tipps**! Vertrauen Sie auf unsere **Expertenkniffe**.

Durch die ständige Diskussion mit unseren Kursteilnehmern ist uns als erfahrenen Repetitoren klar geworden, welche **Probleme** der Student hat, sein **Wissen anzuwenden**. Wir haben aber auch von unseren Kursteilnehmern profitiert und von ihnen erfahren, welche **Argumentationsketten** in der Prüfung zum Erfolg geführt haben.

Die **hemmer-Methode** gibt **jahrelange Erfahrung** weiter, erspart Ihnen viele schmerzliche Irrtümer, setzt richtungsweisende Maßstäbe und begleitet Sie als **Gebrauchsanweisung** in Ihrer Ausbildung:

1. Grundwissen:

Die **Grundwissenskripten** sind für den Studenten in den ersten Semestern gedacht. In den Theoriebänden Grundwissen werden leicht verständlich und kurz die wichtigsten Rechtsinstitute vorgestellt und das notwendige Grundwissen vermittelt. Die Skripten werden durch den jeweiligen Band unserer **Reihe „Die wichtigsten Fälle“** ergänzt.

2. Basics:

Das Grundwerk für Studium und Examen. Es schafft schnell **Einordnungswissen** und mittels der hemmer-Methode richtiges Problembewusstsein für Klausur und Hausarbeit. Wichtig ist, **wann und wie** Wissen in der Klausur angewendet wird.

3. Skriptenreihe:

Vertiefendes Prüfungswissen: Über 1.000 Klausuren wurden auf ihre „essentials" abgeklopft. Anwendungsorientiert werden die für die Prüfung nötigen Zusammenhänge umfassend aufgezeigt und wiederkehrende Argumentationsketten eingeübt.

Gleichzeitig wird durch die **hemmer-Methode** auf **anspruchsvollem Niveau** vermittelt, nach welchen Kriterien Prüfungsfälle beurteilt werden. Mit dem Verstehen wächst die Zustimmung zu Ihrem Studium. Spaß und Motivation beim Lernen entstehen erst durch Verständnis.

Lernen Sie, durch Verstehen am juristischen Sprachspiel teilzunehmen. Wir schaffen den „background“, mit dem Sie die innere Struktur von Klausur und Hausarbeit erkennen: **„Problem erkannt, Gefahr gebannt“**. Profitieren Sie von unserem **strategischen Wissen**. Wir werden Sie mit unserem know-how auf das Anforderungsprofil einstimmen, das Sie in Klausur und Hausarbeit erwartet. Die Theoriebände Grundwissen, die Basics, die Skriptenreihe und der Hauptkurs sind als **modernes, offenes und flexibles Lernsystem** aufeinander abgestimmt und ergänzen sich ideal. Die **studentenfreundliche Preisgestaltung** ermöglicht den **Erwerb als Gesamtwerk**.

4. Hauptkurs:

Schulung am examenstypischen Fall mit der Assoziationsmethode. Trainieren Sie unter professioneller Anleitung, was Sie im Examen erwartet und wie Sie bestmöglich mit dem Examensfall umgehen.

Nur wer die Dramaturgie eines Falles verstanden hat, ist in Klausur und Hausarbeit auf der sicheren Seite! Häufig hören wir von unseren Kursteilnehmern: **„Erst jetzt hat Jura richtig Spaß gemacht“**.

Die Ergebnisse unserer Kursteilnehmer geben uns Recht. Maßstab ist der Erfolg. Die Examensergebnisse zeigen, dass unsere Kursteilnehmer überdurchschnittlich abschneiden.

Die Examensergebnisse unserer Kursteilnehmer können auch Ansporn für Sie sein, intelligent zu lernen: Wer nur auf vier Punkte lernt, landet leicht bei drei.
Lassen Sie sich aber nicht von diesen Supernoten verschrecken, sehen Sie dieses Niveau als Ansporn für Ihre Ausbildung.

Wir hoffen, als Repetitoren mit unserem Gesamtangebot bei der Konkretisierung des Rechts mitzuwirken und wünschen Ihnen **viel Spaß beim Durcharbeiten** unserer Skripten.

Wir würden uns freuen, mit Ihnen als Hauptkursteilnehmer mit der **hemmer-Methode** gemeinsam Verständnis an der Juristerei zu trainieren. Nur wer erlernt, was ihn im Examen erwartet, lernt richtig!

So leicht ist es, uns kennenzulernen: Probehören ist jederzeit in den jeweiligen Kursorten möglich.

Karl-Edmund Hemmer & Achim Wüst

SCHULDRECHT BT I

Kauf- und Werkvertragsrecht

Hemmer/Wüst/Tyroller

mit „hemmer maps“

Hemmer/Wüst Verlagsgesellschaft

Hemmer/Wüst/Tyroller, Schuldrecht BT I, Kauf- und Werkvertragsrecht

ISBN 978-3-86193-359-5

9. Auflage 2015

gedruckt auf chlorfrei gebleichtem Papier
von Schleunungdruck GmbH, Marktheidenfeld

Kommentare

Baumbach/Hopt	Kommentar zum Handelsgesetzbuch
Münchener Kommentar	Kommentar zum Bürgerlichen Gesetzbuch
Palandt	Kommentar zum Bürgerlichen Gesetzbuch
Thomas/Putzo	Kommentar zur Zivilprozessordnung

Lehrbücher

Dauner-Lieb/Arnold	Das neue Schuldrecht, Fälle und Lösungen
Huber/Faust	Schuldrechtsmodernisierung
Larenz	Lehrbuch des Schuldrechts Band 2
Lorenz/Riehm	Lehrbuch zum neuen Schuldrecht
Medicus	Bürgerliches Recht
Reinicke/Tiedtke	Kaufrecht

Weitere Nachweise (insbesondere auf Aufsätze) in den Fußnoten.

Verschaffen Sie sich einen Überblick anhand unserer hemmer maps im Anhang

§ 1 KAUF[1]

A) Allgemeines

I. Inhalt des Kaufvertrages und Zustandekommen

Inhalt des Kaufvertrages

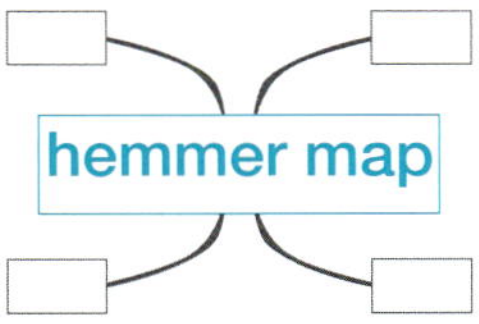

Nr. 1 + 2 i. Anh.

Der Kaufvertrag begründet für den Verkäufer nach § 433 I S. 1 BGB die Verpflichtung, dem Käufer die Kaufsache zu übergeben und ihm Eigentum an der Sache zu verschaffen. Ebenfalls Pflicht des Verkäufers ist es, dem Käufer die Sache frei von Sach- und Rechtsmängeln zu verschaffen, § 433 I S. 2 BGB. Im Gegenzug verpflichtet sich der Käufer zur Zahlung des vereinbarten Kaufpreises und zur Abnahme der gekauften Sache, § 433 II BGB. *1*

hemmer-Methode: Die Verpflichtung des Verkäufers umfasst die sach- und rechtsmängelfreie Verschaffung der Kaufsache. Mit § 433 I S. 2 BGB wurde die (früher umstrittene) Erfüllungstheorie Gesetz! Zu den Auswirkungen insbesondere auf die Sekundäransprüche vgl. unten Rn. 83 ff.

Durch den Abschluss des Kaufvertrages entstehen also lediglich Verpflichtungen (bzw. aus der Perspektive des jeweiligen Gläubigers: Forderungen). Die dingliche Rechtslage ändert sich durch den Abschluss des Kaufvertrages nicht; der Kaufvertrag hat allein schuldrechtliche Wirkungen. Der Käufer erlangt also allein durch den Abschluss des Kaufvertrages noch kein Eigentum an der Kaufsache, sondern erst, wenn der Verkäufer die Sache in Erfüllung seiner Verpflichtung aus § 433 I S. 1 BGB, z.B. nach den §§ 929 ff. BGB, an den Käufer übereignet. *2*

hemmer-Methode: Diese Differenzierung fällt dem juristischen Anfänger regelmäßig schwer; sie ist aber absolut zwingend, vor allem weil Verpflichtungs- und Erfüllungsgeschäft in ihrer Wirksamkeit voneinander unabhängig sind, sog. Abstraktionsprinzip.
So ist beim alltäglichen Kauf eines Brötchens beim Bäcker zu differenzieren, es liegen – wenn auch äußerlich nicht erkennbar – regelmäßig mehrere Rechtsgeschäfte vor:
(1) Kaufvertrag über ein Brötchen zu einem bestimmten Kaufpreis.
(2) Übereignung des Brötchens durch den Bäcker an den Kunden.
(3) Übereignung der Geldstücke durch den Kunden an den Bäcker.
(4) U.U. Übereignung des Wechselgeldes an den Kunden.

Abstraktionsprinzip

Da nach dem Abstraktionsprinzip der Kaufvertrag nichts mit dem dinglichen Erfüllungsgeschäft der Übereignung der Kaufsache zu tun hat, ist auch der Abschluss eines Kaufvertrages durch einen „Nichtberechtigten" unproblematisch möglich: Zur Übereignung und Übergabe einer Sache kann sich auch verpflichten, wer gar nicht Eigentümer der Sache ist. Dies kann jedoch zu Schadensersatzansprüchen führen. *3*

Ebenso ist der mehrfache Abschluss von Kaufverträgen über die gleiche Sache möglich. Erfüllen kann der Verkäufer allerdings nur einen der Verträge, da er nur einem der Käufer das Eigentum an der Kaufsache verschaffen kann. Übereignet er die Kaufsache an den ersten Käufer, wird ihm die Erfüllung gegenüber dem zweiten unmöglich. Gleiches gilt aber auch im umgekehrten Fall, wenn er die Sache dem zweiten Käufer übereignet. *4*

[1] Saenger/Klockenbrink, Das „neue" Kaufrecht in der Rechtsprechung 2002 - 2005, ZGS 2006, 61 - 65.

Gegenüber dem leer ausgehenden Käufer macht sich der Verkäufer allerdings regelmäßig schadensersatzpflichtig, da er die Unmöglichkeit zu vertreten hat. Dies führt zu einem Schadensersatzanspruch des Käufers nach §§ 280 I, III, 283 S. 1 BGB. Der Käufer hat auch die Möglichkeit, den Gewinn aus dem etwaigen Zweitverkauf abzuschöpfen, § 285 BGB.

Dingliche Rechtslage bleibt unberührt

Der Kaufvertrag lässt die dingliche Rechtslage unberührt. Der Käufer darf sich die Sache ohne Zustimmung des Verkäufers auch nicht einfach nehmen. Mangels Rechtswidrigkeit der Zueignungsabsicht mag bei einer Stückschuld zwar kein Diebstahl i.S.d. § 242 I StGB vorliegen, der Käufer begeht in einem solchen Fall aber verbotene Eigenmacht nach § 858 I BGB. 5

Anspruch auf Verschaffung der Kaufsache

Der Käufer hat vielmehr einen Anspruch auf Bewirkung der dinglichen Rechtsänderung, d.h. die bewegliche Sache muss nach den §§ 929 ff. BGB, das Grundstück nach §§ 873 I, 925 BGB übereignet werden. Beim Rechtskauf, vgl. § 453 BGB[2], muss der Verkäufer das Recht dem Käufer übertragen, also z.B. die Forderung abtreten nach den §§ 398 ff. BGB. 6

Erfüllung des KP-Anspruches = dingliches Rechtsgeschäft

Die Erfüllung des Kaufpreisanspruches nach § 433 II BGB erfordert die Vornahme eines dinglichen Rechtsgeschäftes, beispielsweise die Übereignung der Scheine und Münzen beim Barkauf. Beim Einkauf im Supermarkt finden an der Kasse also mindestens drei (!) Rechtsgeschäfte statt, ein schuldrechtliches und zwei dingliche. 7

Kaufvertrag = gegenseitiger Vertrag

Der Kaufvertrag ist ein gegenseitiger Vertrag. Im Gegenseitigkeitsverhältnis (Synallagma) stehen dabei auf jeden Fall die Pflicht zur Verschaffung der Kaufsache einerseits, die Verpflichtung des Käufers zur Erbringung des Kaufpreises andererseits: Der Käufer zahlt den Kaufpreis, um die Sache zu erhalten; der Verkäufer leistet, damit der Käufer zahlt (do ut des). Die Verpflichtung des Verkäufers aus § 433 I S. 2 BGB zur sach- und rechtsmängelfreien Leistung ist dabei als Bestandteil der Verschaffungspflicht aus § 433 I S. 1 BGB zu sehen. 8

Abnahmepflicht kann ausnahmsweise synallagmatisch sein

In Einzelfällen kann aber auch die Abnahmepflicht des Käufers nach § 433 II BGB a.E. neben der Kaufpreiszahlungspflicht mit der Verschaffungspflicht des Verkäufers im Synallagma stehen. Hierzu bedarf es jedoch einer ausdrücklichen oder stillschweigenden Vereinbarung der Parteien. Eine solche kann nach den §§ 133, 157 BGB anzunehmen sein, wenn es dem Verkäufer erkennbar besonders wichtig ist, dass die Abnahme erfolgt (z.B. verderbliche Ware).

Unterscheidung synallagmatische/nicht synallagmatische Leistungspflichten nach Schuldrechtsreform kaum noch erforderlich

Zu beachten ist, dass nach der Schuldrechtsreform die Klärung der Frage, welche Pflichten in einem Gegenseitigkeitsverhältnis stehen, von untergeordneter Bedeutung ist. Vor allem die §§ 323 - 325 BGB setzen lediglich voraus, dass ein gegenseitiger Vertrag vorliegt, nicht aber, dass sich die Pflichtverletzung gerade auf eine im Gegenseitigkeitsverhältnis stehende Leistungspflicht bezieht. Lediglich bei § 326 BGB muss genau geprüft werden, ob es sich gerade um eine synallagmatische Leistungspflicht handelt, da hier die Auswirkung der Unmöglichkeit auf die Gegenleistung geregelt wird. Wichtig ist das Synallagma aber für die Einrede des nicht erfüllten Vertrages, § 320 BGB. Des Weiteren ist die Unterscheidung synallagmatische/nicht synallagmatische Pflicht im Bereich der Schadensermittlung relevant (Differenz- und Surrogationsmethode).[3]

hemmer-Methode: Beachten Sie: Ein gegenseitiger Vertrag setzt nur voraus, dass irgendwelche Leistungspflichten innerhalb dieses Vertrages in einem Gegenseitigkeitsverhältnis stehen.

---

2 Zum Rechtskauf vgl. unten, Rn. 333 ff.

3 Hierzu vgl. **Hemmer/Wüst, Schuldrecht AT**, Rn. 296 ff.

Deshalb ist es möglich, dass eine Leistungspflicht aus einem gegenseitigen Vertrag nicht im Gegenseitigkeitsverhältnis mit einer Gegenleistung steht, z.B. im Regelfall die Abnahmepflicht nach § 433 II BGB a.E.

Zustandekommen

Der Kaufvertrag kommt durch Antrag (= Angebot) und Annahme zustande, §§ 145 ff. BGB. 9

hemmer-Methode: Dies ist in der Klausur häufig völlig unproblematisch. Sie gewinnen keinen Punkt, wenn Sie dem Korrektor mitteilen, welche Definition Sie zum Vorliegen eines Angebotes auswendig gelernt haben. Dies führt allenfalls dazu, dass er Ihre Ausführungen als „überflüssig" kritisiert oder aber nach Ungenauigkeiten sucht. Wenn beim Zustandekommen des Vertrages keine Probleme vorliegen, genügt die Feststellung mit dem Hinweis auf §§ 145 ff. BGB, dass der Vertrag durch übereinstimmende Willenserklärungen der Parteien wirksam zustande gekommen ist.

Essentialia des Kaufvertrages: Vertragsparteien, Kaufgegenstand, Kaufpreis

Neben der Person der Vertragspartner sind essentialia negotii (Hauptbestandteile) des Kaufvertrages der Kaufgegenstand und der Kaufpreis. Ohne eine diesbezügliche Einigung kann ein Kaufvertrag nicht zustande kommen. Etwas anderes ergibt sich auch nicht aus den §§ 154, 155 BGB, da diese Vorschriften nur den Dissens über accidentialia negotii (Nebenabreden) betreffen.[4] 10

Kaufgegenstand: Sachen, aber auch Rechte und sonstige verkehrsfähige Güter

Kaufgegenstand können sowohl Sachen als auch Rechte sein. Nach § 453 BGB finden die Vorschriften über den Sachkauf auch auf den Kauf von Rechten entsprechende Anwendung. Gleiches gilt nach § 453 I BGB für den Verkauf „sonstiger Gegenstände". Hierunter sind alle sonstigen verkehrsfähigen Güter zu verstehen, die sich nicht als „Sachen" oder „Rechte" einordnen lassen. 11

Bsp.: Verkauf des Kundenstammes im Rahmen des Verkaufs einer Arztpraxis. Die Erfüllung dieser Verpflichtung kann dadurch erfolgen, dass der Verkäufer dem Käufer die Patientendateien überlässt und seinen Patienten den neuen Arzt empfiehlt.

hemmer-Methode: „Gegenstand" ist nicht gleichzusetzen mit „Sache". Der Sachbegriff ist in § 90 BGB definiert. Unter einem Gegenstand ist – abstrakt gesprochen – jedes Rechtsobjekt zu verstehen, das zu einem Rechtssubjekt in eine rechtliche Beziehung treten kann. Diesem sehr weiten Begriff unterfallen damit Sachen, Forderungen, sonstige Rechte und alle weiteren verkehrsfähigen Güter. Letztlich müssen Sie nur beachten, dass „Sache" und „Gegenstand" nicht das Gleiche ist. Allerdings wird der Begriff der Sache im BGB nicht einheitlich gebraucht. So versteht man nach allgemeiner Meinung unter Sache bei § 119 II BGB den weiten Begriff des (verkehrsfähigen) Gegenstandes.

Sachen

Sachen sind Immobilien und Mobilien, § 90 BGB. Beim Kauf können die Sachen konkret und individuell bestimmt (Stückkauf) oder aber nur ihrer Art nach beschrieben sein (Gattungskauf). 12

hemmer-Methode: Die Unterscheidung zwischen Stück- und Gattungskauf ist im kaufrechtlichen Mängelrecht von Bedeutung. So ist es insbesondere umstritten, ob bei einer aliud-Lieferung beim Stückkauf § 434 III BGB einschlägig ist (vgl. dazu Rn. 133). Ferner ist es umstritten, ob es Nacherfüllung in Form der Nachlieferung gem. §§ 437 Nr. 1, 439 I Alt. 2 BGB auch bei einer mangelhaften Stücksache gibt (vgl. dazu Rn. 166).

4 Vgl. Palandt, § 155, Rn. 1.

13 Kaufverträge über Rechte können nur erfüllt werden, wenn diese übertragbar sind. Hieran fehlt es bei den sog. höchstpersönlichen Rechten.[5] Der Verkauf eines unübertragbaren Rechtes stellt eine anfängliche Unmöglichkeit der Verpflichtung aus § 433 I S. 1 BGB dar.

Bsp.: *V verkauft an K ein Nießbrauchsrecht, das ihm am Grundstück des D zusteht.*

Verkauf unübertragbarer Rechte = anfängliche Unmöglichkeit

Die Übertragung eines Nießbrauchsrechtes ist nach § 1059 S. 1 BGB nicht möglich. Damit ist die Verpflichtung des V zur Rechtsübertragung nach §§ 453 I, 433 I S. 1 BGB anfänglich unmöglich, es liegt ein Fall sog. rechtlicher Unmöglichkeit vor. Dies ändert zwar nichts an der Wirksamkeit des Vertrages, vgl. § 311a I BGB. Allerdings ist V nach § 275 I BGB nicht zur Primärleistung verpflichtet; er haftet K jedoch möglicherweise nach § 311a II S. 1 BGB.

Kaufpreis

14 Die Parteien müssen sich außer über den Kaufgegenstand auch über die Höhe des Kaufpreises einigen. Er muss in Geld bestehen, da anderenfalls ein Tauschvertrag vorliegt, für welchen über § 480 BGB allerdings das Kaufrecht entsprechende Anwendung findet.

Häufig durch Auslegung zu ermitteln

Allein die Tatsache, dass der Kaufpreis nicht ausdrücklich vereinbart wurde, lässt noch nicht das wirksame Zustandekommen eines Kaufvertrages scheitern: Gerade bei alltäglichen Geschäften lässt sich oft dem schlüssigen Verhalten der Vertragsparteien eine Vereinbarung über den Kaufpreis entnehmen. Der vereinbarte Kaufpreis ist dann durch Auslegung nach den §§ 133, 157 BGB zu ermitteln. Häufig wird sich ergeben, dass der Börsen- oder Marktpreis bzw. der im Geschäftsbetrieb des Verkäufers übliche Laden- oder Listenpreis als vereinbart anzusehen ist.

II. Form

KV i.d.R. formlos wirksam

15 Der Kaufvertrag bedarf zu seiner Wirksamkeit im Regelfall nicht der Einhaltung einer besonderen Form. Ausnahmen sind §§ 311b I, III, V, 2371 BGB, § 15 IV S. 1 GmbHG.

Bei Grundstücksgeschäften: § 311b I BGB

16 Von erheblicher Bedeutung ist § 311b I S. 1 BGB, der für den Verpflichtungsvertrag bei Grundstücksgeschäften notarielle Beurkundung nach § 128 BGB vorschreibt. Klausurrelevant ist an dieser Stelle vor allem der Fall des Scheingeschäfts, der sich leicht mit Fragen aus dem Hypothekenrecht und der Vormerkungsproblematik kombinieren lässt.

Unterverbriefung („Schwarzkauf")

Bsp.: *V und K wollen einen Kaufvertrag über ein Grundstück im Wert von 500.000,- € schließen. Aus Gründen der Steuerersparnis geben sie jedoch bei der notariellen Beurkundung lediglich einen Kaufpreis von 200.000,- € an. V bewilligt K eine Auflassungsvormerkung. Später wird für D eine Hypothek eingetragen. Erst dann wird K als Eigentümer eingetragen. K verlangt von D die Zustimmung zur Löschung der Hypothek aus dem Grundbuch.*

K könnte von D die Zustimmung zur Löschung der Hypothek nach § 888 BGB verlangen, wenn dies aufgrund der Auflassungsvormerkung ihm gegenüber gemäß § 883 II BGB relativ unwirksam wäre. Dies setzt eine wirksame Bestellung der Vormerkung voraus.

Die Vormerkung ist ein besonderes Sicherungsmittel zur Sicherung eines Anspruches auf Änderung der dinglichen Rechtslage an einem Grundstück oder an einem grundstücksgleichen Recht. Als solches ist sie akzessorisch zur zu sichernden Forderung. Daher setzt die Wirksamkeit der dem K bestellten Auflassungsvormerkung einen wirksamen Anspruch des K gegen V auf Übereignung des Grundstückes voraus, § 433 I S. 1 BGB.

---

[5] Vgl. Palandt, § 453, Rn. 20.

Der notarielle Vertrag zwischen V und K ist jedoch als Scheingeschäft nach § 117 I BGB nichtig. Auch der eigentlich gewollte Vertrag (Kaufpreis: 500.000,- €) i.S.v. § 117 II BGB war zunächst wegen fehlender notarieller Beurkundung nach §§ 311b I S. 1, 125 S. 1 BGB formnichtig. Damit lag im Zeitpunkt der Eintragung der Vormerkung kein wirksamer Anspruch des K aus dem Kaufvertrag nach § 433 I S. 1 BGB vor.

Durch die Eintragung des Grundstückseigentums für den K im Grundbuch wurde jedoch der tatsächlich gewollte Kaufvertrag hinsichtlich des Formverstoßes geheilt, § 311b I S. 2 BGB. Fraglich ist jedoch, welche Auswirkungen dies auf die Vormerkung hat. Die Heilung nach § 311b I S. 2 BGB hat lediglich Wirkung ex nunc.

Allerdings könnte es sich bis zum Zeitpunkt der Heilung um einen künftigen Anspruch gehandelt haben i.S.d. § 883 I S. 2 BGB. In diesem Fall wäre zwar die Vormerkung auch erst im Zeitpunkt der Heilung mit Entstehung der Forderung wirksam entstanden; ihre Wirkungen würden jedoch auf den Zeitpunkt der Eintragung der Vormerkung zurückwirken. Die Bestellung der Hypothek wäre dann als vormerkungswidrig i.S.d. § 883 II BGB anzusehen.

Ein künftiger Anspruch i.S.d. § 883 I S. 2 BGB kann aber nur angenommen werden, wenn für dessen Entstehung bereits eine feste Rechtsgrundlage („Rechtsboden") geschaffen ist. Dies ist zu bejahen, wenn die Entstehung des Anspruches nur noch von dem Vormerkungsberechtigten (hier: von K) abhängig gewesen wäre. Da die Entstehung des Anspruches durch Heilung nach § 311b I S. 2 BGB von der Auflassung und Eintragung abhängt, wobei es auch auf Mitwirkungshandlungen des Verkäufers ankommt, war dies hier nicht der Fall. Ein Anspruch aus einem nach § 311b I S. 1 BGB unwirksamen Vertrag ist im Hinblick auf die Heilungsmöglichkeit nicht künftig i.S.d. § 883 I S. 2 BGB. Daher scheitert ein Anspruch des K gegen D aus § 888 BGB.

hemmer-Methode: Bevor Sie sich in den Vormerkungsfällen auf § 888 BGB i.V.m. § 883 II BGB „stürzen", sollten Sie in der Klausur auch kurz auf § 894 BGB eingehen. Hierzu sollten Sie ausführen, dass § 894 BGB die objektive Unrichtigkeit des Grundbuches voraussetzt, eine vormerkungswidrige Verfügung aber nicht zur objektiven Unrichtigkeit des Grundbuches führt.
Sound: „Die Vormerkung bewirkt keine Grundbuchsperre", sondern wirkt nur relativ (§ 883 II BGB).

Problem: Anwendungsbereich des § 311b I BGB

Auch wenn das Hauptanwendungsfeld des § 311b I BGB der Kaufvertrag ist, stellt sich im Hinblick auf die von ihm beabsichtigte Warn- und Schutzfunktion die Frage, inwieweit das Formerfordernis auch für andere Rechtsgeschäfte gilt, die lediglich im Zusammenhang mit Grundstücksveräußerungen stehen.[6] Sicher ist, dass auch ein Vorvertrag, durch den die Verpflichtung begründet wird, einen Grundstückskaufvertrag abzuschließen, der Form § 311b I BGB unterliegt[7], da die Schutzfunktion ansonsten leer liefe. 17

§ 311b I BGB beim Auftrag

Liegt ein Auftrag vor, der den Auftragnehmer verpflichtet, ein Grundstück für den Auftraggeber zu erwerben, so muss genau zwischen den verschiedenen Verpflichtungen differenziert werden. § 311b I BGB betrifft sowohl die Pflicht zur Übertragung als auch die Pflicht zum Erwerb eines Grundstückes. 18

Bsp.: *Der Auftraggeber (AG) beauftragt den Auftragnehmer (AN) mündlich, in eigenem Namen das Grundstück des D von diesem zu erwerben. Hintergrund ist, dass D den AG nicht leiden kann und mit ihm persönlich keine Geschäfte abschließen würde. AG will auf diesem Weg an das Grundstück des D gelangen. Nachdem AN das Grundstück von D gekauft hat und ins Grundbuch als Eigentümer eingetragen wurde, weigert sich AN, das Grundstück an AG zu übereignen. Anspruch des AG?*

6 Vgl. die ausführliche Darstellung bei Tiedtke, Zur Rechtsprechung des Bundesgerichtshofs auf dem Gebiete des Kaufrechts - JZ 1997, 869 - 880 (Teil 1); JZ 1997, 931 - 940 (Teil 2).

7 BGHZ 82, 398 - 407 = **juris**byhemmer.

Als Anspruchsgrundlage kommt nur § 667 BGB in Betracht. AN hat durch die Ausführung des Auftrags „etwas erlangt", nämlich das Eigentum an dem Grundstück. Dieses müsste er an den AG im Wege der Übereignung nach §§ 873, 925 BGB jedoch nur dann „herausgeben", wenn der zwischen AG und AN geschlossene Auftrag i.S.d. §§ 662 ff. BGB wirksam wäre. Hier kommt ein Verstoß gegen § 311b I BGB in Betracht.

1. Durch den Auftrag hat sich der Auftragnehmer AN gegenüber AG verpflichtet, ein Grundstück zu erwerben. Aufgrund dieser Erwerbsverpflichtung könnte der Auftrag formbedürftig nach § 311b I S. 1 BGB gewesen sein; die notarielle Form wurde nicht eingehalten.

Es ist jedoch zu beachten, dass der Auftragnehmer das Grundstück nicht auf Dauer für sich erwirbt; vielmehr soll er das Grundstück an den Auftraggeber weiterübereignen, wobei er auch den verauslagten Kaufpreis nach § 670 BGB von diesem erhält. Bei einem solchen „Durchgangsgeschäft" ist der Erwerber nicht so stark schutzbedürftig, da sich an der Zusammensetzung seines Vermögens auf lange Sicht nichts ändert. Dies lässt eine Ausnahme von § 311b I S. 1 BGB zu. Insoweit kommt ein Formverstoß nicht in Betracht.

2. Gleichzeitig beinhaltet der Auftrag die Pflicht, das Grundstück an den AG weiter zu übereignen. Diese Übertragungspflicht des AN könnte zu einem Verstoß gegen § 311b I BGB führen.

a) Nach einer Auffassung soll dies ausgeschlossen sein, da diese Übertragungspflicht des Auftragnehmers nach § 667 BGB eine Pflicht kraft Gesetzes darstelle; § 311b I BGB betrifft aber anerkanntermaßen nur rechtsgeschäftliche Verpflichtungen.[8]

b) Dem steht allerdings entgegen, dass AG und AN zumindest konkludent auch rechtsgeschäftlich vereinbart haben können, dass AN nach Erwerb des Grundstückes dieses an AG weiter übereignen solle. Schließlich war die Erlangung des Grundstücks das von AG angestrebte wirtschaftliche Ziel.

Dennoch lässt sich aufgrund der Veräußerungspflicht des AN ein Verstoß gegen § 311b I BGB mit obiger Argumentation verneinen: Es handelt sich nur um ein Durchgangsgeschäft, weshalb AN weder hinsichtlich des Erwerbs noch hinsichtlich der Veräußerung besonders durch die Form des § 311b I BGB geschützt werden muss.

3. Ein Verstoß gegen § 311b I BGB könnte sich aus einer Erwerbspflicht des AG durch Vereinbarung des Auftrages ergeben.

Eigentlich begründet der Auftrag zwar die Pflicht des Auftragnehmers, den erlangten Gegenstand an den Auftraggeber herauszugeben (§ 667 BGB), nicht aber die Pflicht des Auftraggebers, diesen auch entgegenzunehmen. Hierbei handelt es sich um eine bloße Obliegenheit, deren Verstoß allenfalls zum Annahmeverzug nach den §§ 293 ff. BGB führen kann.

Dennoch ist nach wirtschaftlicher Betrachtung eine Erwerbsverpflichtung des AG anzunehmen, die zum Schutz nach § 311b I BGB führt. Der Auftrag führt dazu, dass der AG dem AN den verauslagten Kaufpreis nach § 670 BGB zahlen muss und hierfür nach § 667 BGB das Grundstück erhält. Dies steht wirtschaftlich dem Abschluss eines Kaufvertrages sehr nahe, sodass es der Schutz- und Warnfunktion des § 311b I BGB bedarf.

Dennoch ist unter Berücksichtigung von Treu und Glauben nach § 242 BGB nicht zuzulassen, dass sich AN auf die Formnichtigkeit des Auftrages nach §§ 311b I, 125 S. 1 BGB beruft: Denn § 311b I BGB dient hier allein dem Schutz des AG. Es wäre treuwidrig, wenn sich der AN auf die Formnichtigkeit berufen könnte, um damit einen Anspruch des AG zu Fall zu bringen, wenn er dabei eine allein dem AG zum Schutz dienende Vorschrift ins Felde führt (a.A. vertretbar).

Daher ist ein Anspruch des AG aus § 667 BGB gegeben.

---

8 BGHZ 127, 168 - 176 = **juris**byhemmer; BGH, NJW 1996, 1960 - 1961 = **juris**byhemmer.

Bevollmächtigung

Entgegen dem Wortlaut des § 167 II BGB kann auch die Bevollmächtigung zum Erwerb oder zur Veräußerung eines Grundstücks nach § 311b I BGB (analog) formbedürftig sein, wenn die Vollmacht entweder unwiderruflich erteilt wird oder eine rechtliche bzw. tatsächliche Bindung des Vertretenen bewirkt. 19

Demgegenüber bleibt es im Rahmen des § 182 II BGB nach h.M. generell bei der Formlosigkeit der Genehmigung.[9]

Überwindung des Formmangels nach § 242 BGB: Strenge Voraussetzungen

Im Rahmen des § 311b I BGB ist schließlich immer auch daran zu denken, dass der Formmangel nach § 242 BGB unbeachtlich sein kann. Dies allerdings nur unter engen Voraussetzungen, i.d.R. muss die Formnichtigkeit nach § 125 S. 1 BGB zu einem schlechthin untragbaren Ergebnis führen, wobei an dieser Stelle Einigkeit bzgl. zweier Fallgruppen herrschen dürfte: 20

⇨ Arglist bzw. besonders schwere Treuepflichtverletzung der einen Seite (z.B.: Täuschung über die Formbedürftigkeit)

⇨ oder Existenzgefährdung im Falle der Rückabwicklung nach § 812 I S. 1 Alt. 1 BGB der anderen Seite.[10]

Andere Fälle der Unbeachtlichkeit nach § 242 BGB (wie z.B. im obigen Auftragsfall) sind selten, aber nicht schlechthin ausgeschlossen.

B) Die Pflicht des Verkäufers nach § 433 I S. 1 BGB und ihre Nichterfüllung

Verschaffungspflicht

Der Verkäufer einer Sache ist verpflichtet, dem Käufer das Eigentum an der Kaufsache zu verschaffen, § 433 I S. 1 BGB. 21

Pflicht zur Übergabe

Der Verkäufer muss dem Käufer die Sache ferner übergeben, d.h. grundsätzlich den unmittelbaren Besitz gemäß § 854 BGB verschaffen.[11] 22

Als „Übergabe" i.S.d. § 433 I S. 1 BGB genügt die Verschaffung mittelbaren Besitzes daher nur, wenn der Kaufvertrag dies von Anfang an vorsieht oder eine – selbstverständlich auch stillschweigend denkbare – Vertragsänderung (§ 311 I BGB) vorliegt.[12]

hemmer-Methode: Bedenken Sie, dass das Eigentum auch mit Erlangung des mittelbaren Besitzes übergehen kann. Selbst im Fall des § 929 S. 1 BGB reicht zur Übereignung die Einräumung mittelbaren Besitzes aus, wenn nur der Veräußerer jeglichen Besitzrest aufgibt.[13] Eine Erfüllung der Pflicht aus § 433 I S. 1 BGB tritt aber nur ein, wenn man in der Vereinbarung bei der Übereignung eine Modifizierung und Abbedingung der Pflicht zur Verschaffung des unmittelbaren Besitzes sieht.

I. Durchsetzung des Anspruches aus § 433 I S. 1 BGB durch den Käufer

Kommt der Verkäufer seiner Pflicht aus § 433 I S. 1 BGB nicht nach, kann der Käufer gegenüber einer Inanspruchnahme durch den Verkäufer aus § 433 II BGB die Einrede des nichterfüllten Vertrages gem. § 320 BGB geltend machen. 23

---

9 BGH, NJW 1994, 1344 - 1347 = **juris**byhemmer; ausführlich: Reinicke/Tiedtke, Kaufrecht, Rn. 88 ff.

10 Vgl. im Einzelnen Reinicke/Tiedtke, Kaufrecht, Rn. 82 ff.

11 Palandt, § 433, Rn. 13.

12 Palandt, § 433, Rn. 13.

13 **Hemmer/Wüst, Sachenrecht II**, Rn. 35 f.

Dingliche Einigung: § 894 ZPO

Der Käufer kann die Erfüllung des Anspruches auf Übereignung und Übergabe nach § 433 I S. 1 BGB auf gerichtlichem Wege erzwingen. Zunächst muss er auf Erfüllung klagen. Das obsiegende Urteil fingiert mit seiner Rechtskraft nach § 894 ZPO die nach § 929 S. 1 BGB erforderliche dingliche Einigungserklärung des Verkäufers.

hemmer-Methode: Zu beachten sind §§ 894 I S. 2, 726 II ZPO: Der Käufer erhält eine vollstreckbare Ausfertigung (mit „Vollstreckungsklausel“) nur, wenn er nachweist, den Kaufpreis geleistet zu haben bzw. dass der Verkäufer im Gläubigerverzug mit der Annahme des Kaufpreises ist.

Übergabe: §§ 897 I, 883 ZPO

An die Stelle der Übergabe tritt die Wegnahme der Sache durch den Gerichtsvollzieher, § 897 I ZPO. Gemäß § 898 ZPO kann auf diese Weise sogar ein Erwerb vom Nichtberechtigten stattfinden, wenn der Käufer gutgläubig i.S.d. § 932 II BGB und die Sache nicht abhanden gekommen ist, § 935 BGB. Mit der Wegnahme durch den Gerichtsvollzieher ist die Sache aber nicht abhanden gekommen, da das Gesetz diese Wegnahme gestattet, § 897 I ZPO.

hemmer-Methode: Hierbei handelt es sich eben nicht um einen Erwerb kraft Hoheitsaktes (wie etwa bei der Verwertung nach § 814 ZPO), bei dem es auf den guten Glauben des Erwerbers nicht ankommt. Vielmehr handelt es sich um einen staatlich erzwungenen rechtsgeschäftlichen Erwerb.

II. Rechte des Käufers bei Nichtleistung wegen (vollständiger) Unmöglichkeit

Ist dem Verkäufer die Verschaffung des Eigentums an der Kaufsache (bzw. die Übertragung des Rechts beim Rechtskauf) nicht möglich, so ist seine Leistungspflicht gem. § 433 I S. 1 BGB nach § 275 I - III BGB ausgeschlossen, d.h. sie besteht nicht bzw. nicht mehr. In den Fällen des § 275 II, III BGB ist dies jedoch nur dann der Fall, wenn der Verkäufer die sich hiernach ergebende Einrede erhoben hat. 24

1. Begriff der Unmöglichkeit und Auswirkung auf die Primärleistungspflicht

Unmöglichkeit = Dauerhafte Nichterbringbarkeit des Leistungserfolges

a) Unmöglichkeit ist die Nichterbringbarkeit des Leistungserfolges. Dies führt zum Erlöschen der geschuldeten Leistungspflicht nach § 275 I BGB. Die Vorschrift stellt die subjektive (Leistungserfolg ist von einem Dritten, nicht aber vom Schuldner zu erbringen) der objektiven Unmöglichkeit (Leistungserfolg ist von jedermann nicht zu erbringen) gleich. 25

hemmer-Methode: Der Unterschied zwischen anfänglicher und nachträglicher Unmöglichkeit ist i.R.d. § 275 I BGB ohne Bedeutung. Relevant wird diese Frage aber wieder bei der Wahl der Anspruchsgrundlage auf Schadensersatz statt der Leistung (§ 311a II BGB oder §§ 280 I, III, 283 BGB).

***Bsp.:** Der von V an K verkaufte Gebrauchtwagen wird vor der Übereignung durch einen Blitzschlag vollständig zerstört.*

Mit wirksamem Abschluss des Kaufvertrages entstand ein Anspruch des K gegen V auf Übereignung und Übergabe des Pkw nach § 433 I S. 1 BGB. Infolge der Zerstörung des Wagens ist die Erbringung dieses Leistungserfolges jedermann unmöglich geworden (objektive Unmöglichkeit); der Anspruch des K gegen V ist nach § 275 I BGB erloschen.

Mit § 275 II, III BGB wurden Regelungen geschaffen, die dem Schuldner im Falle faktischer (§ 275 II BGB) oder persönlicher Unzumutbarkeit (§ 275 III BGB) ein Leistungsverweigerungsrecht geben. Macht der Schuldner dieses geltend, so ist seine Leistungspflicht ausgeschlossen. 26

hemmer-Methode: Sollten hier Unklarheiten bestehen, wiederholen Sie unbedingt den Abschnitt „Unmöglichkeit" im Skript Hemmer/Wüst, Schuldrecht AT, Rn. 9 ff.!
Mit § 275 II, III BGB wurde die dem BGB bislang nicht bekannte Figur der rechtsvernichtenden Einrede geschaffen; denn die Einredeerhebung führt nicht nur zur Undurchsetzbarkeit (wie etwa bei der Verjährung, § 214 I BGB), sondern zum Erlöschen der Forderung (str.). Für diese Wirkung spricht auch die amtliche Überschrift des § 275 BGB: „Ausschluss der Leistungspflicht"!
Aus diesem Grund vertritt eine im Vordringen befindliche Ansicht, dass es sich bei § 275 II, III BGB um ein Gestaltungsrecht handelt.

Für die Frage des Erlöschens der Primärleistungspflicht ist es unbeachtlich, ob die Unmöglichkeit anfänglich oder nachträglich, subjektiv oder objektiv, vom Schuldner zu vertreten oder nicht zu vertreten ist. 27

b) Klausurrelevant sind Fälle der Unmöglichkeit bei Gattungsschulden. Bei einer Gattungsschuld verpflichtet sich der Schuldner, einen nur der Gattung nach bestimmten Gegenstand zu leisten. 28

> ***Bsp.:*** *K bestellt beim Lieferanten V 30 Schlagbohrmaschinen zu jeweils 250,- €. Bei einem Großbrand wird das Lager des V, wo auch die Schlagbohrmaschinen aufbewahrt wurden, zerstört.*

Untergang einzelner Gattungsgegenstände stellt keine Unmöglichkeit dar

Der Untergang einzelner Gegenstände aus der fraglichen Gattung führt nicht zur Unmöglichkeit. Bereits aus der Definition von „Unmöglichkeit" folgt, dass der Untergang einzelner Gattungsgegenstände keine Unmöglichkeit i.S.d. § 275 I BGB darstellen kann. Denn: Geschuldeter Leistungserfolg ist die Leistung irgendeines Gegenstandes aus der Gattung. Dies ist aber nach Untergang einzelner Gattungsgegenstände weiterhin möglich, da noch andere Gattungsgegenstände vorhanden sind. Der Leistungserfolg ist also weiterhin erbringbar, es liegt keine Unmöglichkeit vor. Gattungsschulden sind Beschaffungsschulden! 29

Unmöglichkeit (+), wenn Beschaffung weiterer Gattungsgegenstände unmöglich

Unmöglichkeit ist erst dann zu bejahen, wenn die Beschaffung eines weiteren Gattungsgegenstandes unmöglich ist. Dies hängt auch davon ab, in welchem Umfang der Schuldner nach der vertraglichen Vereinbarung zur Beschaffung verpflichtet ist. Bei der sog. Vorratsschuld hat er nur aus einem bestimmten Vorrat zu leisten. Geht der gesamte Vorrat unter, liegt demzufolge Unmöglichkeit vor. 30

> ***Bsp.:*** *Um eine Vorratsschuld handelt es sich regelmäßig (§§ 133, 157 BGB) beim Kauf von selbsterzeugten Produkten von einem Landwirt. Geht dessen Vorrat z.B. an Kartoffeln unter, so ist er nicht verpflichtet, Kartoffeln nun bei einem Dritten zu erwerben; vielmehr wird eine Leistungspflicht aus § 433 I BGB auf Übereignung von Kartoffeln unmöglich und erlischt nach § 275 I BGB.*

Gattungsschuld wird Stückschuld nach § 243 BGB; § 300 II BGB

Allerdings kann eine Gattungsschuld zu einer Stückschuld werden. Dann führt der Untergang des fraglichen Leistungsgegenstandes zur Unmöglichkeit, da nur dieser eine Gegenstand geschuldet war. Wichtigste Vorschrift hierbei ist die Konkretisierung nach § 243 BGB.[14] Zur gleichen Rechtsfolge führt nach § 300 II BGB der Annahmeverzug des Gläubigers. 31

14 Hierzu vgl. **Hemmer/Wüst, Schuldrecht AT**, Rn. 61 ff.

2. Besonderheiten bei anfänglicher Unmöglichkeit

Besteht das Leistungshindernis bereits im Zeitpunkt des Vertragsschlusses, spricht man von anfänglicher Unmöglichkeit. Die Unmöglichkeit ist auch dann anfänglich, wenn das Leistungshindernis im Zeitpunkt des Vertragsschlusses besteht, die nach § 275 II, III BGB erforderliche Einrede aber erst später erhoben wird.[15] 32

a) Allgemeines

Geschlossener Vertrag bleibt wirksam, § 311a I BGB; Haftung verschuldensabhängig: § 311a II BGB

Die anfängliche Unmöglichkeit lässt die Wirksamkeit des geschlossenen Vertrages nach § 311a I BGB unberührt. Eine Differenzierung zwischen anfänglich subjektiver oder anfänglich objektiver Unmöglichkeit ist nicht erforderlich: In beiden Fällen richtet sich die Haftung nach § 311a II BGB. 33

Die allgemeine Garantiehaftung, von der die h.M. nach alter Rechtslage für den Fall der anfänglichen subjektiven Unmöglichkeit ausging, existiert nicht mehr; vielmehr setzt eine Haftung nach § 311a II BGB auch in diesem Fall Kenntnis bzw. zu vertretende Unkenntnis des Schuldners bzgl. des Leistungshindernisses im Zeitpunkt des Vertragsschlusses voraus.[16]

hemmer-Methode: Eine Ausnahme gibt es aber im Mietrecht, wonach bei anfänglichen Mängeln gem. § 536a I Var. 1 BGB (als lex specialis zu § 311a II BGB nach Übergabe) ein verschuldensunabhängiger Anspruch auf Schadensersatz besteht. 34

b) Besonderheiten beim Rechtskauf?

Fraglich ist, ob beim Rechtskauf Besonderheiten gelten. 35

Die früher h.M. hielt eine verschuldensunabhängige Garantiehaftung des Verkäufers eines tatsächlich nicht bestehenden Rechtes für gerechtfertigt, da der Käufer allein auf die ihm von dem Verkäufer gegebenen Informationen vertraut hat, die er nicht nachprüfen konnte, weshalb er als besonders schutzwürdig angesehen wurde.

Mit dieser Argumentation wäre es denkbar, dass der Verkäufer eines Rechtes nach neuer Rechtslage aufgrund der konkludenten Übernahme einer Garantie für den Bestand der Forderung die Unkenntnis deren Nichtbestehens generell nach §§ 311a II S. 1, 276 I S. 1 BGB a.E. zu vertreten hat und damit nach § 311a II S. 1 BGB verschuldensunabhängig haftet.

Auch beim Rechtskauf keine verschuldensunabhängige Haftung bei anfänglicher Unmöglichkeit

Jedoch wollte der Reformgesetzgeber gerade die generelle verschuldensunabhängige Haftung bei anfänglicher (subjektiver bzw. beim Rechtskauf auch objektiver) Unmöglichkeit durch § 311a II BGB abschaffen. Daher ist die generelle Annahme der Übernahme einer Garantie i.S.d. § 276 I S. 1 BGB nicht vom Willen des Gesetzgebers gedeckt; nicht jedem Rechtsverkäufer kann ohne weiteres eine stillschweigende Garantieübernahme unterstellt werden.[17]

---

15 Vgl. **Hemmer/Wüst, Schuldrecht AT**, Rn. 49.

16 BGH, NJW 2007, 3777 - 3781 = **juris**byhemmer; mit ausführlicher Besprechung von Tyroller, Der Verkauf gestohlener Sachen: Gedanken zur anfänglichen subjektiven Unmöglichkeit beim Kaufvertrag!, **Life&Law 2008, Heft 3, 197 - 205 (203)**; OLG Karlsruhe, NJW 2005, 989 - 991 (990) = **juris**byhemmer; a.A. Sutschet, Haftung für anfängliches Unvermögen, NJW 2005, 1404 - 1406 (1406).

17 Dauner-Lieb, Das neue Schuldrecht, S. 152 f.

Zulässig ist jedoch die Auslegung, dass den Verkäufer eines Rechtes aufgrund der fehlenden Informationsmöglichkeit des Käufers strengere Pflichten treffen, sich über den tatsächlichen Bestand des verkauften Rechtes zu informieren. Kommt er diesen nicht nach, ist seine Unkenntnis vom Nichtbestehen des Rechts fahrlässig i.S.d. § 276 I S. 1 BGB; er hat dann seine Unkenntnis zu vertreten und haftet nach § 311a II BGB.

3. Sekundäranspruch des Käufers bei (vollständiger) Unmöglichkeit der Sachleistung

Da der Käufer bei Unmöglichkeit der Primärleistungspflicht des Verkäufers (bei § 275 II, III BGB: sofern der Verkäufer die Einrede erhebt) keinen Anspruch auf Verschaffung des Kaufgegenstandes hat, liegt es in seinem Interesse, seinen durch die Unmöglichkeit entstandenen Schaden ersetzt zu verlangen. 36

Schadensersatz statt der Leistung: positives Interesse

Das Gesetz sieht in §§ 280 I, III, 283 S. 1 BGB bzw. § 311a II S. 1 BGB Ansprüche auf Schadensersatz statt der Leistung, also auf das positive Interesse des Gläubigers, vor.[18] 37

Anfängliche Unmöglichkeit: § 311a II S. 1 BGB

a) Im Falle anfänglicher Unmöglichkeit ist § 311a II S. 1 BGB die richtige Anspruchsgrundlage. Der Gesetzgeber geht davon aus, dass eine anfängliche Unmöglichkeit nur bei vertraglichen Ansprüchen denkbar ist. Daher ist die Regelung an „versteckter Stelle" bei den §§ 311 ff. BGB zu finden und nicht dort, wo man sie eigentlich vermuten würde, nämlich bei den §§ 280 ff. BGB. 38

Ansatzpunkt für Vertretenmüssen: Kenntnis/Unkenntnis des Schuldners vom Leistungshindernis bei Vertragsschluss

§ 311a II S. 1 BGB normiert keine verschuldensunabhängige Haftung. Das Vertretenmüssen des Schuldners bezieht sich allerdings nicht auf das Leistungshindernis selbst; abzustellen ist nach dem eindeutigen Gesetzeswortlaut auf die **Kenntnis** bzw. zu vertretende Unkenntnis des Schuldners **von dem Leistungshindernis** bei Vertragsschluss.[19]

hemmer-Methode: Beachten Sie, dass § 311a II S. 1 BGB in gleicher Weise für die subjektive wie für die objektive Unmöglichkeit gilt!

Nachträgliche Unmöglichkeit: §§ 280 I, III, 283 S. 1 BGB

b) Bei nachträglicher Unmöglichkeit erhält der Gläubiger Schadensersatz statt der Leistung nach §§ 280 I, III, 283 S. 1 BGB. Voraussetzung hierfür ist vor allem, dass der Schuldner die Unmöglichkeit, also das **Leistungshindernis selbst**, zu vertreten hat, vgl. § 280 I S. 2 BGB. 39

Ersatz vergeblicher Aufwendungen, § 284 BGB

c) An Stelle des Schadensersatzes statt der Leistung kann der Gläubiger auch den Ersatz vergeblicher Aufwendungen nach § 284 BGB[20] verlangen. Gerade beim Kaufvertrag kommen hierbei solche Aufwendungen in Betracht, die der Käufer im Hinblick auf die beabsichtigte Verwendung der Kaufsache getätigt hat. 40

Bsp.: K kauft von V dessen Harley-Davidson. Durch Verschulden des V wird das Motorrad vor Übergabe an K zerstört. K kann nach § 284 BGB i.V.m. §§ 280 I, III, 283 S. 1 BGB Ersatz für die nun für ihn nutzlos gewordenen „Biker-Klamotten" verlangen, die er extra für Fahrten mit der Harley-Davidson erworben hat.

---

18 Hierzu ausführlich **Hemmer/Wüst, Schuldrecht AT**, Rn. 277 ff.

19 Im Einzelnen **Hemmer/Wüst, Schuldrecht AT**, Rn. 289 ff.

20 Vgl. hierzu **Hemmer/Wüst, Schuldrecht AT**, Rn. 431 ff.

III. Rechte des Käufers bei Nichtleistung trotz Möglichkeit

Anspruch auf Ersatz des Verzögerungsschadens

Der Käufer kann Ersatz des Verzögerungsschadens vom Verkäufer 41
nach §§ 280 I, II, 286 BGB[21] verlangen, wenn der Verkäufer mit seiner Verschaffungspflicht im Verzug ist bzw. war.

Anspruch auf SE statt der Leistung

Schadensersatz statt der Leistung steht dem Käufer unter den Voraussetzungen der §§ 280 I, III, 281 BGB zu; insbesondere muss er dem Verkäufer grundsätzlich zunächst eine angemessene Frist zur Nachholung der Leistung setzen, § 281 I BGB.

Übersicht zu den Schadensersatzarten:

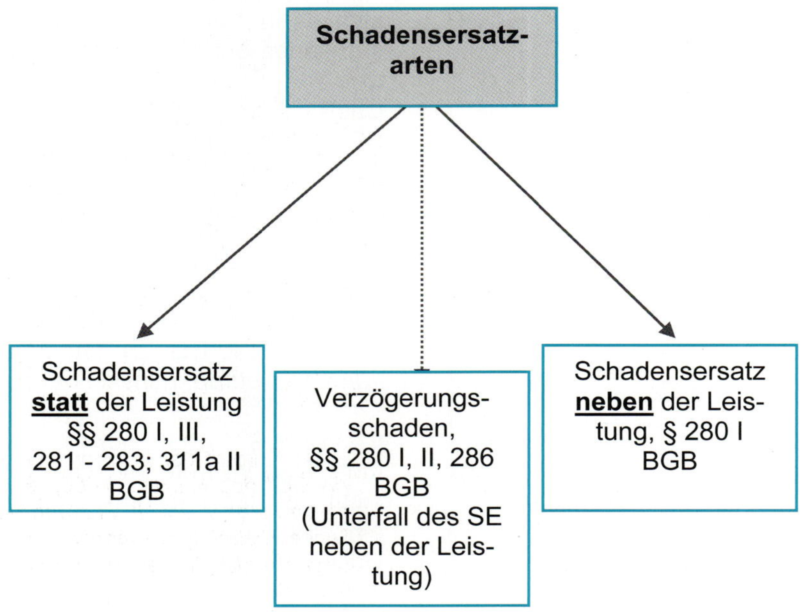

Diese drei Schadensersatzarten sind strikt voneinander zu trennen, da die jeweiligen Schadensarten nur unter unterschiedlichen Voraussetzungen ersetzt werden.

hemmer-Methode: Die Aufgabe in der Klausur besteht darin, die begehrten Schadensposten in diese drei Schadensarten einzuordnen. Erst wenn feststeht, was für ein Schadensersatz begehrt wird, können die Voraussetzungen für seinen Ersatz festgelegt und geprüft werden.

C) Pflichten des Käufers und deren Nichterfüllung

I. Pflicht zur Kaufpreiszahlung

1. Allgemeines

Der Käufer ist verpflichtet, den Kaufpreis zu bezahlen, § 433 II BGB. 42
Die Kaufpreiszahlung steht mit der Verschaffungspflicht des Verkäufers im Gegenseitigkeitsverhältnis, sodass § 320 BGB anwendbar ist.[22]

---

21 Ausführlich: **Hemmer/Wüst, Schuldrecht AT**, Rn. 128 ff.

22 Zur Anwendbarkeit von § 320 BGB bei mangelhafter Leistung (Mängeleinrede) vgl. unten Rn. 257 ff.

Grds. Pflicht zur Barzahlung

Der Kaufpreis muss in Geld, und zwar grds. bar, geleistet werden. Der Käufer hat dem Verkäufer die Geldscheine in entsprechendem Wert zu übereignen. In der Praxis wird jedoch oft (konkludent) vereinbart, dass der Käufer seiner Pflicht zur Kaufpreiszahlung genügt, wenn er den entsprechenden Betrag überweist. Erfüllung tritt hier allerdings erst mit Gutschrift auf dem Konto des Verkäufers ein.

hemmer-Methode: Umstritten ist, ob es sich bei der Erfüllung durch Überweisung um eine Erfüllung nach § 362 I BGB oder um einen Fall der Annahme an Erfüllungs Statt nach § 364 I BGB handelt. Jedoch kann allein in der Angabe der Kontoverbindung durch den Gläubiger bereits die nach § 364 I BGB erforderliche konkludente Erklärung des Gläubigers angesehen werden, das „Buchgeld" als erfüllungstauglichen Gegenstand annehmen zu wollen. Daher wird es auf diesen Streit kaum jemals in der Falllösung ankommen.

Scheck und Wechsel: § 364 II BGB

Bezahlung durch Scheck oder Wechsel ist grundsätzlich nur eine Leistung erfüllungshalber, vgl. § 364 II BGB, sodass Erfüllung erst durch Einlösung erfolgt. In der Hingabe des Schecks oder Wechsels ist allerdings bereits die Leistungshandlung des Käufers zu sehen, sodass Schuldnerverzug bzw. ein Anspruch aus §§ 280 I, III, 281 BGB oder ein Rücktritt des Verkäufers nach § 323 BGB ausscheidet, da keine Nichtleistung vorliegt. 43

Exkurs: Inzahlunggabe eines Gebrauchtwagens

Durchaus examensrelevant ist das Klausurproblem der Inzahlunggabe eines Gebrauchtwagens unter Anrechnung auf den Kaufpreis. 44

Bsp.: *K kauft bei V einen Mercedes für 30.000,- €. V nimmt den alten VW Golf des K i.H.v. 5.000,- € in Zahlung. Da dieser jedoch mangelhaft ist, verlangt V von K Zahlung von 5.000,- €. K will allenfalls die „ganze Sache rückgängig machen", da er sich das neue Auto ohne die Inzahlunggabe des Altwagens gar nicht leisten kann.* 44a

Anspruch des V?

Rechtliche Konstruktion str.

Für die rechtliche Einordnung der Inzahlunggabe eines Gebrauchtwagens bestehen mehrere Möglichkeiten:

E.A.: Doppelkauf mit Anrechnungsabrede

Doppelkauf mit Anrechnungsabrede: Die Parteien schließen über jeden Pkw einen eigenständigen Kaufvertrag; die gegenseitigen Kaufpreiszahlungsansprüche werden automatisch verrechnet, sodass dem Neuwagenverkäufer ein Restanspruch auf Kaufpreiszahlung in Höhe der Differenz der Kaufpreise zusteht. 45

hemmer-Methode: Ebenfalls wäre vertretbar, von einer Aufrechnung i.S.d. §§ 387 ff. BGB auszugehen, wobei die notwendige Aufrechnungserklärung (§ 389 BGB) in dem konkludenten Verhalten jedenfalls eines der Beteiligten gesehen werden kann. Begrifflich sollte Ihnen die Unterscheidung zwischen Verrechnung und Aufrechnung geläufig sein:
Bei der Verrechnung tritt diese automatisch ein, während es bei der Aufrechnung der Aufrechnungserklärung bedarf. Eine Verrechnung ist nur kraft Vereinbarung, ausnahmsweise ohne diese nur in besonders gelagerten Fällen zulässig. Die Einschränkungen bei der Aufrechnung (z.B. § 394 BGB) sind bei der Verrechnung nicht anwendbar.[23]

Aber: Parteiwille spricht dagegen; Rückabwicklung würde nur den jeweiligen Kaufvertrag betreffen

Hiergegen spricht jedoch der Parteiwille der Beteiligten: Es soll gerade ein einheitlicher Vertrag geschlossen werden. Bei zwei voneinander unabhängigen Kaufverträgen würde auch die Rückabwicklung im Falle der Mangelhaftigkeit eines Wagens nur für den jeweiligen Kaufvertrag erfolgen. 46

[23] Vgl. dazu BAG, NZA 2002, 390 - 392 (392) = jurisbyhemmer.

Würde beispielsweise der Vertrag über den Neuwagen rückabgewickelt, bliebe dennoch der Kauf über den Altwagen bestehen; dies ist von den Parteien aber nicht gewünscht!

A.A.: Gemischter Vertrag aus Kauf und Tausch

Gemischter Vertrag: Die Parteien schließen einen einheitlichen Vertrag, der Elemente von Kauf und Tausch enthält. Diese Variante ist für den Käufer vorteilhaft: Ein Rücktritt des Verkäufers wegen Mangelhaftigkeit des in Zahlung gegebenen Altwagens nach §§ 437 Nr. 2, 323 (bzw. § 326 V) BGB würde sich regelmäßig auf den gesamten Vertrag beziehen. Der Käufer wäre also nicht verpflichtet, den Neuwagen zu erwerben und zu bezahlen, obwohl die Inzahlunggabe des Altwagens „nicht klappt". 47

Gegen diese Ansicht spricht aber, dass der Neuwagenkäufer verpflichtet wäre, seinen „Alten" in Zahlung zu geben. Die Inzahlunggabe soll aber nur ein Recht des Käufers sein, einen Teil des Kaufpreises für den „Neuen" durch die Inzahlunggabe des „Alten" zu begleichen.

H.M.: Ersetzungsbefugnis, § 364 I BGB analog

Daher: Ersetzungsbefugnis (BGH[24] und h.L.), § 364 I BGB: Es besteht nur ein Kaufvertrag, und zwar über den Neuwagen. In der Vereinbarung der Inzahlunggabe ist die Abrede zu sehen, dass der Verkäufer den Altwagen an Stelle eines Teiles des Kaufpreises an Erfüllungs Statt i.S.d. § 364 I BGB annimmt. 48

Da diese Vereinbarung von Anfang an, nicht erst im Nachhinein getroffen wird, ist § 364 I BGB streng genommen analog anzuwenden. Man spricht von einer „Ersetzungsbefugnis", da dem Käufer des Neuwagens ein Wahlrecht zusteht, den eigentlich geschuldeten Geldbetrag oder den Altwagen zum Zwecke der Erfüllung seiner Kaufpreisschuld zu leisten.

Sowohl der BGH[25] als auch große Teile der Literatur nehmen diese letztere Konstruktion an, da sie den Interessen beider Parteien am nächsten kommt.

Sind beide Pkw mangelfrei, hat der Käufer ein Wahlrecht, ob er den alten Wagen in Zahlung geben oder lieber den vollen Kaufpreis zahlen möchte. Der Verkäufer hat keinen Anspruch auf Lieferung des Altwagens (sofern nicht etwas anderes vereinbart ist). 49

Mangelhaftigkeit des Neuwagens

Ist der neue Wagen mangelhaft, so beziehen sich die Rechte des Käufers auf den gesamten Vertrag. Im Falle einer Rückabwicklung wegen Rücktritts des Käufers hat dieser den Neuwagen zurück zu übereignen (§ 346 I BGB), erhält aber auch den geleisteten Altwagen zurück (ebenfalls § 346 I BGB). Hat der Verkäufer den Wagen bereits weiter veräußert, muss er dem Käufer Wertersatz leisten, § 346 II S. 1 Nr. 2 BGB. 50

hemmer-Methode: Ein Ausschluss des Anspruches auf Wertersatz nach § 346 III Nr. 3 BGB kommt nicht in Betracht, da diese Privilegierung beim gesetzlichen Rücktrittsrecht ausschließlich dem Rücktrittsberechtigten zusteht, vgl. Wortlaut. Dies ist bei Mangelhaftigkeit des Neuwagens aber der Käufer, nicht der Verkäufer.

Steht dem Käufer ein Anspruch auf Ersatz des positiven Interesses, beispielsweise nach §§ 437 Nr. 3, 280 I, III, 281 BGB zu, so ist er hinsichtlich seines Vermögens so zu stellen, wie er bei ordnungsgemäßer Erfüllung stünde. 51

---

24 Vgl. dazu zuletzt BGH, **Life&Law 2008, Heft 7, 429 - 435** = NJW 2008, 2028 - 2031 = **juris**byhemmer; BGH, **Life&Law 2003, 225 - 232 (228 f.)** = NJW 2003, 505 - 507 = **juris**byhemmer; **Hemmer/Wüst, BGB-AT III**, Rn. 221. **Unser Service-Angebot an Sie: kostenlos hemmer-club-Mitglied werden (www.hemmer-club.de) und Entscheidungen der Life&Law lesen und downloaden.**

25 BGHZ 46, 338 - 343 = **juris**byhemmer.

In die Schadensberechnung ist daher nicht allein der Wert des Altwagens, sondern auch der Betrag, den die Parteien im Rahmen der Inzahlunggabe für ihn angesetzt haben, einzubeziehen.

Bsp.: Im obigen Beispiel (Rn. 44a) sei der Neuwagen mangelhaft, die Voraussetzungen der §§ 280 I, III, 281 BGB liegen vor. Der Altwagen soll nicht – wie angesetzt – 5.000,- €, sondern nur 4.000,- € wert gewesen sein.

1. Im Falle des Rücktritts würde der Käufer den gezahlten Kaufpreis von 25.000,- € und den Altwagen (Wert 4.000,- €) zurückerhalten und müsste den Neuwagen dem Verkäufer rückübereignen. Damit wäre er so gestellt, wie er ohne den Vertrag stünde; die günstige Ansetzung des Altwagens von 1.000,- € über seinem Wert würde ihm allerdings „durch die Lappen gehen".

Etwas anderes ergibt sich auch nicht dann, wenn der Verkäufer den Altwagen bereits weiterübereignet hat. Zwar schreibt § 346 II S. 2 BGB für die nach § 346 II S. 1 Nr. 2 BGB vom Verkäufer geschuldete Wertersatzpflicht vor, dass eine vereinbarte Gegenleistung bei der Bestimmung deren Höhe zugrunde zu legen ist. Zu denken wäre daran, für den Altwagen – wie im Kaufvertrag vereinbart – nicht den Wert i.H.v. 4.000,- €, sondern 5.000,- € anzusetzen. Dann würde der Käufer jedoch hinsichtlich der Rückabwicklung bei Weiterveräußerung des Altwagens besser stehen. Hierfür besteht aus Wertungsgründen kein Anlass, sodass der Wertersatz dennoch 4.000,- € beträgt. Nach § 346 II S. 2 BGB ist eine vereinbarte Gegenleistung bei der Berechnung auch nur zugrunde zu legen und muss dieser nicht exakt entsprechen (a.A. vertretbar).[26]

2. Beim Schadensersatz ist der Käufer so zu stellen, wie er bei ordnungsgemäßer Erfüllung stünde. Entscheidet er sich für den sog. „großen Schadensersatz"[27], gibt er den Neuwagen zurück und erhält als Schadensersatz 25.000,- €, den Altwagen (§ 249 I BGB) und auch die 1.000,- €.

Beim „kleinen Schadensersatz"[28] bestehen keine wesentlichen Unterschiede; der Käufer behält lediglich den mangelhaften Neuwagen und erhält die Differenz ersetzt, die zwischen dem tatsächlichen und dem hypothetischen Wert des Neuwagens im Falle der Mangelfreiheit besteht.

Mangelhaftigkeit des Altwagens

Ist dagegen der Altwagen mangelhaft, findet § 365 BGB Anwendung: Dem Verkäufer stehen in Bezug auf den Altwagen die Mängelrechte eines Käufers zu. Er kann unter den Voraussetzungen der § 365 BGB i.V.m. § 437 BGB zurücktreten, mindern, Nacherfüllung oder Schadensersatz verlangen. 52

Ein Rücktritt führt zum Wiederaufleben des Kaufpreisanspruches in Höhe des Restpreises (im obigen Beispiel: 5.000,- €). Der Kaufvertrag über den neuen Wagen bleibt also bestehen, lediglich die Leistung des Altwagens an Erfüllungs Statt wird rückgängig gemacht.

Großzügige Annahme konkludenter Gewährleistungsausschlüsse

Dies wird oft als unbillig empfunden, da der Käufer nun den Restkaufpreis in Geld entrichten muss. Nach Auffassung des BGH[29] ist deshalb ein stillschweigender Haftungsausschluss zumindest für die Mängel des alten Wagens anzunehmen, die auf allgemeinen Verschleißerscheinungen beruhen. Dies ist auch interessengerecht, da der Verkäufer als Autohändler regelmäßig in der Lage ist, den Altwagen mit ausreichendem Sachverstand vor dem Kauf auf etwaige Mängel zu untersuchen. In der Literatur wird deshalb darüber hinaus sogar ein stillschweigender Ausschluss der Mängelrechte für Unfallschäden vertreten. 53

26 So wie hier jetzt ausdrücklich OLG Hamm, NJW-RR 2009, 1505 - 1508 = **juris**byhemmer.

27 Zum „kleinen" und „großen Schadensersatz" vgl. Rn. 305 ff.

28 Siehe unten, Rn. 305 f.

29 BGHZ 83, 334 - 341 = **juris**byhemmer.

hemmer-Methode: Lesen Sie zur Vertiefung Binder, „Zur Inzahlungnahme gebrauchter Sachen vor und nach der Schuldrechtsreform am Beispiel des Autokaufs Alt gegen Neu", in NJW 2003, 393 ff.

„Agenturmodell"

„Agentur-Vertrag" aus steuerlichen Gründen

Aus steuerrechtlichen Gründen wurde lange Zeit von einer weiteren Konstruktion Gebrauch gemacht: dem sog. Agentur-Vertrag. Denn der Autohändler erbrachte mit dem Verkauf des Neuwagens sowie mit dem Weiterverkauf des erhaltenen Altwagens jeweils eine umsatzsteuerpflichtige Leistung. 54

Nach dem Agentur-Modell trat der Verkäufer hinsichtlich des Altwagens lediglich als Vermittler zwischen dem Kunden (Käufer des Neuwagens) und dem dritten Käufer auf. Hierbei garantierte er dem Kunden einen Mindestpreis, in dessen Höhe der Kaufpreis hinsichtlich des Neuwagens gestundet wurde. Erzielte er (wie im Regelfall) hinsichtlich des Altwagens einen höheren Kaufpreis als den garantierten Mindestpreis, behielt er diese Differenz als Provision ein. 55

Diese Provision und der erhaltene Kaufpreis für den Neuwagen waren nun umsatzsteuerpflichtig. Die Umsatzsteuerschuld des Verkäufers war daher geringer als beim gewöhnlichen Modell der Inzahlunggabe, bei welchem der volle Kaufpreis der Umsatzsteuer nach § 3 I UStG unterlag.

§ 25a UStG

Allerdings hat der Gesetzgeber zum 01.07.1990 die Differenzbesteuerung gem. § 25a UStG eingeführt. Dies führte dazu, dass nun hinsichtlich des erworbenen und wieder veräußerten Altwagens nur noch die Differenz zwischen Einkaufs- und Verkaufspreis umsatzsteuerpflichtig ist. Dadurch wurde gesetzlich der Zustand eingeführt, der durch das Agentur-Modell herbeigeführt werden sollte. Das Agentur-Modell hatte damit zwischenzeitlich also seinen Zweck verloren. 56

seit 01.01.2002 „Renaissance" des Agenturmodells

Schon jetzt ist aber zu erkennen, dass das Agenturmodell wegen der strengen Haftung beim Verkauf eines Unternehmers (Autohändler) an einen Verbraucher (sog. „Verbrauchsgüterkauf", vgl. §§ 474 ff. BGB[30]) zumindest bei den von einem Verbraucher in Zahlung gegebenen Wagen eine Renaissance erfährt.

Da der Verkäufer dann der Verbraucher und nicht der Händler ist, sind die Mängelrechte bei „Gebrauchten" in weitem Umfang abdingbar.

Dies wäre wegen § 475 I S. 1 BGB nicht der Fall, wenn der Händler den in Zahlung gegebenen Wagen im eigenen Namen in seiner Eigenschaft als Unternehmer verkauft.

Problem: § 475 I S. 2 BGB

Strittig ist in diesen Fällen, ob eine unzulässige Umgehung der Verbrauchsgüterkaufvorschriften vorliegt, § 475 I S. 2 BGB.[31]

In der Diskussion um die Neufassung des Kaufrechts im Zuge der Schuldrechtsmodernisierung ist für den Gebrauchtwagenhandel auf das Agenturgeschäft und die Gefahr einer Umgehung des angestrebten verstärkten Verbraucherschutzes hingewiesen worden.[32]

---

30 Vgl. in diesem Skript, Rn. 457 ff.

31 Vgl. dazu auch Rn. 461; zusammenfassend Tyroller, Der Verbrauchsgüterkauf gemäß § 474 BGB in der Rechtsprechung, **Life&Law 2006, Heft 8, 573 - 578 (575 f.)**.

32 Reinking, Auswirkungen des Schuldrechtsmodernisierungsgesetzes auf den Neu- und Gebrauchtwagenkauf, DAR 2001, 8 (10).

Der in diesem Zusammenhang erhobenen Forderung, die Möglichkeit einer Umgehung der strengen Bestimmungen des Verbrauchsgüterkaufs durch ein Ausweichen auf Agenturgeschäfte von vornherein zu verhindern, ist der Gesetzgeber nicht gefolgt.

Das lässt nur den Schluss zu, dass Agenturgeschäfte auch im Bereich des gewerblichen Handels mit gebrauchten Sachen Privater jedenfalls **nicht generell** als **Umgehungsgeschäfte** im Sinne des § 475 I S. 2 BGB angesehen werden können.[33]

Ansicht der Literatur

a) Nach einer im Schrifttum vertretenen Auffassung kann jedoch im Einzelfall eine Umgehung des für den Verbrauchsgüterkauf bezweckten Verbraucherschutzes anzunehmen sein, wenn das Agenturgeschäft missbräuchlich dazu eingesetzt wird, ein in Wahrheit vorliegendes Eigengeschäft des Unternehmers zu verschleiern.[34]

Entscheidende Bedeutung kommt hierbei auch der Frage zu, wie bei wirtschaftlicher Betrachtung die Chancen und Risiken des Gebrauchtwagenverkaufs zwischen dem bisherigen Eigentümer des Fahrzeugs und dem Fahrzeughändler verteilt sind.

aa) Hat der Händler den ‚Gebrauchten", den er **„im Kundenauftrag"** weiterveräußert, in Zahlung genommen und dem Eigentümer des Fahrzeugs einen bestimmten Mindestverkaufspreis für das Altfahrzeug garantiert und den entsprechenden Teil des Kaufpreises für den „Neuen" gestundet, so gilt Folgendes:

Bei der gebotenen wirtschaftlichen Betrachtungsweise ist in diesen Fällen von einem Ankauf des Altfahrzeugs durch den Händler und nicht von einer Ersetzungsbefugnis auszugehen.

Das hat zur Folge, dass er beim Weiterverkauf des Gebrauchtwagens als dessen Verkäufer anzusehen ist und das gleichwohl gewählte Agenturgeschäft nach § 475 I S. 2 BGB keine Anerkennung finden kann.

bb) Hat dagegen der Neuwagenkäufer das Risiko des Weiterverkaufs seines bisherigen Fahrzeugs zu tragen, so ist das Agenturgeschäft auch bei wirtschaftlicher Betrachtungsweise zu akzeptieren; ein Umgehungstatbestand ist dann nicht anzunehmen.

Ansicht des BGH

b) Der BGH hat diese Frage in Übereinstimmung mit der Vorinstanz (OLG Stuttgart[35]) dahingehend entschieden, dass die Gebrauchtwagenagentur nicht generell verboten werden könne.[36]

Schutz des Verbrauchers in Missbrauchsfällen

Nur in Missbrauchsfällen läge eine unzulässige Umgehung vor. Dies sei aber erst dann der Fall, wenn der Händler dem in Zahlung gebenden Verbraucher einen Mindestpreis garantiere und so das wirtschaftliche Risiko der Inzahlungnahme übernommen habe.[37]

---

33 So jetzt auch Reinking/Eggert, Der Autokauf, 8. Aufl., Rn. 976.

34 Müller, Die Umgehung des Rechts des Verbrauchsgüterkaufs im Gebrauchtwagenhandel, NJW 2003, 1975 - 1980 (1978 f.); Bamberger/Roth/Faust, § 474 BGB, Rn. 7; MüKo, § 474 BGB, Rn. 19 und § 475 BGB, Rn. 30; Reinicke/Tiedtke, Kaufrecht, Rn. 758.

35 OLG Stuttgart, **Life&Law 2004, Heft 11, 723 - 728** = NJW 2004, 2169 - 2171 = **juris**byhemmer.

36 BGH, NJW 2005, 1039 - 1041 = **juris**byhemmer.

37 Lesen Sie die Zusammenfassung der Entscheidung des BGH, die nahezu komplett übereinstimmt mit der der Vorinstanz des OLG Stuttgart (**Life&Law 2004, Heft 11, 723 - 728** = NJW 2004, 2169 - 2171 = **juris**byhemmer) nach bei Katzenmeier, Agenturgeschäfte im Gebrauchtwagenhandel, NJW 2004, 2632 - 2633.

Praxis-Tipp

Praxis-Tipp: Die Devise, die die Anwälte künftig dem Gebrauchtwagenhändler mit auf den Weg geben, wird also lauten:

⇨ *„Bieten Sie dem privaten Anbieter eines Autos nur einen Agenturvertrag an und handeln Sie beim Verkauf in dessen Namen. Und hüten Sie sich davor, dem Anbieter eines Gebrauchten das Unverkäuflichkeitsrisiko abzunehmen."*[38]

hemmer-Methode: Nach einer M.M. stellen Agenturverträge generell eine unzulässige Umgehung i.S.d. § 475 I S. 2 BGB dar. Zulässig sollen Agenturgeschäfte nur dann sein, wenn der Agent kein unternehmerischer Verkäufer von Gebrauchtwagen sei. Als Beispiel werden die Gebrauchtwagenmärkte am Wochenende genannt, bei denen ein Geschäftsmann sein Gelände als Stellplatz für Verkäufer vermietet. Selbst wenn der Vermieter ein Unternehmer ist, ist dies unschädlich, da er kein unternehmerischer Verkäufer sei.[39]
Dieser nur vereinzelt vertretenen Ansicht hat der BGH nun völlig zu Recht eine Absage erteilt und den Verbraucherschutz auf die oben beschriebenen Missbrauchsfälle beschränkt.

Nach a.A. liegt niemals ein Umgehungsgeschäft i.S.d. § 475 I S. 2 BGB vor

c) Nach einer weiteren Ansicht ist ein Umgehungsgeschäft in solchen Drei-Personen-Verhältnissen stets zu verneinen.

Der Verkäufer ist in den Missbrauchsfällen (Fallvariante 1) dem Dritten aber aus c.i.c. gem. §§ 280 I, 311 III S. 2 BGB zum Schadensersatz verpflichtet.[40]

Der dritte Käufer ist im Rahmen dieses Schadensersatzanspruches dann so zu stellen, als hätte er den „Gebrauchten" von einem Unternehmer im Rahmen eines Verbrauchsgüterkaufs erworben.

Der Schaden des Dritten besteht im wirksamen Ausschluss der Mängelrechte. Er ist nun über §§ 280 I, 311 II, 249 I BGB so zu stellen, als ob ein Verbrauchsgüterkauf vorliegen würde. In diesem Fall wäre der Gewährleistungsausschluss wegen § 475 I S. 1 BGB nämlich nicht wirksam gewesen, sodass der Dritte z.B. mindern oder zurücktreten könnte. Der Schaden besteht also konkret in der Höhe des Wertes der ihm genommenen Mängelrechte.

Der **BGH** scheint diesem Ansatz nicht zu folgen. In **Life&Law 2007, Heft 5, 291 - 296**[41] hatte der BGH das Problem des „vorgeschobenen" Verbraucherverkäufers zu entscheiden.

Der BGH kam dabei zu folgendem Ergebnis: Schiebt beim Verkauf einer beweglichen Sache an einen Verbraucher der Verkäufer, der Unternehmer ist, einen Verbraucher als Verkäufer vor, um die Sache unter Ausschluss der Mängelhaftung verkaufen zu können, richten sich die Mängelrechte des Käufers nach § 475 I S. 2 BGB wegen Umgehung der Bestimmungen über den Verbrauchsgüterkauf gegen den Unternehmer.

Der vorgeschobene Verbraucher haftet dagegen nicht nach den strengen Regeln des Verbrauchsgüterkaufrechts.

---

38 Nach Schmidt, Verbraucherbegriff und Verbrauchervertrag - Grundlagen des § 13 BGB, JuS 2006, 1 - 8 (7).

39 Hofmann, Agenturverträge im Gebrauchtwagenhandel, JuS 2005, 8 - 12 (11).

40 So auch Katzenmeier, Agenturgeschäfte im Gebrauchtwagenhandel, NJW 2004, 2632 - 2633.

41 NJW 2007, 759 - 761 = **juris**byhemmer.

hemmer-Methode: Der BGH hatte noch in einem anderen Drei-Personen-Verhältnis über die Frage eines Umgehungsgeschäfts zu entscheiden:
Dem Leasingnehmer (LN), einem Verbraucher, wurden unter Ausschluss seiner mietvertraglichen Gewährleistungsansprüche gegen den Leasinggeber (LG) dessen kaufrechtliche Mängelrechte gegen den Verkäufer V abgetreten. Im Kaufvertrag zwischen dem Händler V und dem LG wurde die kaufrechtliche Mängelhaftung jedoch ausgeschlossen.
Nach richtiger Ansicht des BGH ist ein so abgewickeltes Finanzierungsleasinggeschäft keine zur Umgehung des Verbrauchsgüterkaufs geeignete anderweitige Gestaltung i.S.v. § 475 I S. 2 BGB, auch wenn bei einem Verbrauchsgüterkauf neuer Sachen die Mängelhaftung nicht ausgeschlossen werden kann.[42]
An dem Kaufvertrag ist nämlich gar kein Verbraucher beteiligt. Auch wenn der Verbraucher durch den Ausschluss faktisch keine kaufrechtlichen Mängelrechte bekommt, liegt kein Fall des § 475 I S. 2 BGB vor. Denn der Verbraucher selbst hat die Entscheidung getroffen, nicht einen Kauf-, sondern einen Leasingvertrag abzuschließen. Der Verkäufer ist nicht sein Vertragspartner.
Einzige Rechtsfolge ist in diesem Fall, dass der Ausschluss der mietvertraglichen Gewährleistungsrechte im Verhältnis LG ⇔ LN gem. § 307 I, II BGB unwirksam ist. Ein Ausschluss ist nämlich nach h.M. nur dann wirksam, wenn dem LN ein äquivalenter Ersatz für die Mängelrechte gegeben wird.
Dies ist nicht der Fall, wenn die kaufrechtlichen Mängelrechte gar nicht oder nur in „beschnittener Form" abgetreten werden.
Arbeiten Sie diese examensrelevante Entscheidung durch. Es genügt, wenn Sie OLG Naumburg, Life&Law 2005, Heft 8, 510 - 517 lesen, da der BGH dieses Urteil im Wesentlichen übernommen hat.

Exkurs Ende

Die Höhe des Kaufpreises richtet sich nach der Parteivereinbarung; in den Grenzen von § 138 I BGB (Sittenwidrigkeit) und § 138 II BGB (Wucher) sind die Parteien hierin frei. Es gilt auch insoweit die Privatautonomie der Vertragsparteien, Art. 2 I GG. 57

Tagespreisklauseln

Grundsätzlich ist auch die Vereinbarung möglich, dass der Verkäufer die Möglichkeit haben soll, den Kaufpreis später zu erhöhen. Gerade im Kfz-Neuwagengeschäft sind sog. Tagespreisklauseln beliebt, wenn für den Neuwagen längere Lieferfristen bestehen. So kann der Verkäufer auf eine Änderung des Marktpreises reagieren. 58

§ 309 Nr. 1 BGB

Da solche Tagespreisklauseln regelmäßig jedoch durch allgemeine Geschäftsbedingungen vereinbart werden, ist § 309 Nr. 1 BGB zu beachten. Hiernach sind Preiserhöhungsklauseln unzulässig, wenn die Lieferung innerhalb von vier Monaten nach Vertragsschluss erfolgen soll.

§ 307 BGB

Examensrelevant ist aber gerade die Vereinbarung einer Tagespreisklausel, wobei die Lieferung später als vier Monate nach Vertragsschluss erbracht werden soll. Hier ist die Klausel allein an § 307 BGB zu messen. Der BGH hält Tagespreisklauseln nur dann für zulässig, wenn die Erhöhung sich in den Grenzen billigen Ermessens hält (der Verkäufer also nicht nach freiem Belieben den Preis erhöhen darf) und dem Käufer ein Rücktrittsrecht für den Fall zusteht, dass die Preiserhöhung erheblich ist.[43]

[42] Vgl. BGH, NJW 2006, 1066 - 1068 = **juris**byhemmer; (= Bestätigung von OLG Naumburg, **Life&Law 2005, Heft 8, 510 - 517** = ZGS 2005, 238 - 239 = **juris**byhemmer); Ackermann, Leasing leicht gemacht?, JA 2006, 426 - 431 (428).

[43] BGHZ 90, 69 - 85 (78) = **juris**byhemmer; BGH, NJW 1986, 3134 - 3136 (3135) = **juris**byhemmer .

Verbot geltungserhaltender Reduktion

Inkonsequent an der Rechtsprechung des BGH ist allerdings, dass bei Fehlen einer Vereinbarung eines solchen Rücktrittsrechts dieses dennoch als vereinbart gilt. Diese Ansicht verstößt streng genommen gegen das Verbot geltungserhaltender Reduktion, das sich letztlich aus § 305c II BGB ergibt. 59

§§ 280 I, II, 286 BGB / §§ 280 I, III, 281 BGB

Kommt der Käufer seiner Verpflichtung zur Zahlung des Kaufpreises nicht nach, kann bei Vorliegen von Schuldnerverzug der Verkäufer nach §§ 280 I, II, 286 BGB den Verzugsschaden ersetzt verlangen. Nach §§ 280 I, III, 281 BGB steht ihm nach erfolgloser Fristsetzung Anspruch auf Schadensersatz statt der Leistung zu. 60

Keine Unmöglichkeit bei Geldschulden

Unmöglichkeit kommt bei Geldzahlungspflichten nicht in Betracht, da Geldschulden Geldbeschaffungsschulden sind. Es gilt der Grundsatz „Geld hat man zu haben". 61

hemmer-Methode: Umstritten ist, ob bei Geldschulden die Leistungsgefahr auf den Gläubiger übergehen und danach Unmöglichkeit in Betracht kommen kann. Eine Konkretisierung nach § 243 II BGB scheidet nach h.M. aus, da es nicht darauf ankommen kann, ob die Geldzeichen „mittlerer Art und Güte" i.S.v. § 243 I BGB sind. Anwendbar ist aber wohl § 300 II BGB.[44]

Rücktritt nach § 323 I BGB

Wenn der Verkäufer die Kaufsache zurückhaben will, kann die Ausübung des Rücktrittsrechts gem. § 323 I BGB nach erfolgloser Fristsetzung für ihn interessengerecht sein. Zu beachten ist aber, dass es nach §§ 280 I, III, 281 I BGB bei der Schadensermittlung nach der Differenzmethode ebenfalls zur Rückgabe der bereits geleisteten Kaufsache kommt.[45] 62

2. Auswirkung der Unmöglichkeit der Sachleistung auf die Kaufpreiszahlungspflicht

Examensrelevant: Schicksal der Gegenleistung bei Unmöglichkeit der Sachleistung

Sehr examensrelevant ist die Konstellation der Unmöglichkeit im gegenseitigen Vertrag, z.B. auch und gerade im Kaufvertrag. Ist die (Sach-)Leistungspflicht des Verkäufers nach § 275 I - III BGB ausgeschlossen, stellt sich die Frage nach dem Schicksal der Gegenforderung auf Kaufpreiszahlung.

a) Grundsatz: § 326 I S. 1 HS 1 BGB 63

Grds.: Gegenleistung entfällt, § 326 I S. 1 HS 1 BGB

Grundsätzlich entfällt der Anspruch auf die Gegenleistung nach § 326 I S. 1 HS 1 BGB. Der Verkäufer braucht also einerseits den Kaufgegenstand dem Käufer nicht mehr zu übereignen und zu übergeben (§ 275 I - III BGB), erhält andererseits aber auch die Gegenleistung nicht (§ 326 I S. 1 HS 1 BGB).

hemmer-Methode: Machen Sie sich unbedingt den Unterschied zwischen § 275 BGB und § 326 I S. 1 HS 1 BGB klar! Nach § 275 BGB entfällt die Pflicht zur Erbringung der Leistung, die unmöglich ist. Nach § 326 I S. 1 HS 1 BGB entfällt die Pflicht zur Erbringung der jeweiligen Gegenleistung!
Wer beim Untergang der Kaufsache behauptet, „dass der Anspruch aus § 433 II BGB nach § 275 I BGB erloschen ist" begeht eine Todsünde, die ihm der Korrektor übel nehmen wird.

---

44 Zum Übergang der Leistungsgefahr vgl. **Hemmer/Wüst, Schuldrecht AT**, Rn. 60 ff.; zum Sonderproblem der Geldschuld vgl. auch Medicus, BR, Rn. 261. Durch den Einwurf von 650,- € in den privaten Hausbriefkasten tritt nach Ansicht des AG Köln keine Erfüllung ein (AG Köln, **Life&Law 2006, Heft 10, 653 - 656** = NJW 2006, 1600 = **juris**byhemmer). Eine Geldschuld ist nämlich erst dann erfüllt, wenn der geschuldete Geldbetrag in die Verfügungsgewalt des Gläubigers gelangt ist. Der Briefkasten ist zur Aufnahme von größeren Geldbeträgen aber weder gedacht noch geeignet ist.

45 Zur Schadensermittlung bei §§ 281 I, 280 I, III BGB vgl. **Hemmer/Wüst, Schuldrecht AT**, Rn. 405 ff.

Fehler an dieser Stelle – mag die Klausur auch im Übrigen richtig gelöst sein – rechtfertigen durchaus eine Bewertung „unter dem Strich". Passen Sie also genau auf, um welche Leistung es geht: um die Leistungspflicht, die unmöglich geworden ist (⇨ § 275 I - III BGB) oder um die Gegenleistung (⇨ § 326 BGB)!

Der Verkäufer trägt also die **Preisgefahr**: Im Falle der Unmöglichkeit der Sachleistung (§ 433 I S. 1 BGB) entfällt sein Anspruch auf die Kaufpreiszahlung als Gegenleistung.

b) Übergang der Preisgefahr auf den Leistungsgläubiger in Ausnahme zu § 326 I S. 1 BGB

Übergang der Preisgefahr auf den Käufer

Jedoch existieren Vorschriften, nach denen die Preisgefahr auf den Käufer übergeht. Er bleibt dann zur Kaufpreiszahlung verpflichtet, obwohl er die Sachleistung aufgrund deren Unmöglichkeit nicht erhält. Die Vorschriften, nach denen die Preisgefahr auf den Käufer (= Gläubiger der Sachleistung) übergeht, sind besonders klausurrelevant. 64

aa) § 326 II S. 1 BGB

So muss der Käufer trotz Unmöglichkeit der Sachleistung und damit Ausschluss des Anspruches aus § 433 I S. 1 BGB nach § 275 I - III BGB den Kaufpreis zahlen, wenn er 65

⇨ für die Unmöglichkeit der Sachleistung allein oder weit überwiegend verantwortlich ist, § 326 II S. 1 Alt. 1 BGB oder

⇨ die Unmöglichkeit zu einem Zeitpunkt eintritt, in dem sich der Käufer im Annahmeverzug nach den §§ 293 ff. BGB befindet, § 326 II S. 1 Alt. 2 BGB.

Beispiel zu § 326 II S. 1 Alt. 2 BGB

Bsp.: *Verbraucher V hat K eine antike Kommode verkauft. K sollte sie bis zum 24.07. bei V abholen. Am 30.07. wird die Kommode bei einem Brand, den V leicht fahrlässig verursacht hat, völlig zerstört.* 66

1. Der Erfüllungsanspruch des K aus § 433 I BGB ist nach § 275 I BGB erloschen. Dies gilt unabhängig von einem etwaigen Vertretenmüssen des V, da niemand zu einer unmöglichen Leistung verpflichtet sein kann: *Impossibilium nulla est obligatio.*

2. Der Anspruch des V gegen K könnte nach § 326 I S. 1 HS 1 BGB erloschen sein. Die Voraussetzungen der Vorschrift liegen vor. Allerdings könnte sich etwas anderes aus § 326 II S. 1 Alt. 2 BGB ergeben.

a) K befand sich zu dem Zeitpunkt, als die Leistungspflicht des V unmöglich wurde, mit der Annahme der Sachleistung in Annahmeverzug i.S.d. §§ 293 ff. BGB; ein tatsächliches oder wörtliches Angebot des V war entbehrlich, da für die Abnahme durch K ein Termin kalendermäßig bestimmt war, § 296 S. 1 BGB.

Daher bleibt nach § 326 II S. 1 Alt. 2 BGB abweichend von § 326 I S. 1 HS 1 BGB der Anspruch des V auf die Kaufpreiszahlung gegen K aus § 433 II BGB erhalten. § 446 S. 3 BGB enthält insoweit eine aufgrund der Regelung des § 326 II S. 1 Alt. 2 BGB letztlich überflüssige Klarstellung.

b) Allerdings dürfte V die Unmöglichkeit nicht zu vertreten haben.

Jedoch war nach § 300 I BGB infolge des Annahmeverzuges des K die Haftung des V abweichend von § 276 I S. 1 BGB auf Vorsatz und grobe Fahrlässigkeit beschränkt. Da er im vorliegenden Fall nur leicht fahrlässig gehandelt hat, hat er die Unmöglichkeit nicht zu vertreten.

Ein Fall beiderseits zu vertretender Unmöglichkeit[46] liegt daher nicht vor.

hemmer-Methode: Wiederholen Sie zur beiderseits zu vertretenden Unmöglichkeit Hemmer/Wüst, Schuldrecht AT, Rn. 336 ff.! Sollte aus dem Sachverhalt nicht eindeutig hervorgehen, dass V nur leicht fahrlässig gehandelt hat, können Sie eine taktische Erwägung ins Auge fassen: Wenn möglich, sollten Sie eine grobe Fahrlässigkeit des V vertreten. Dann ermöglichen Sie sich Ausführungen zur beiderseits zu vertretenden Unmöglichkeit. Anderenfalls schneiden Sie sich dieses Problem ab. So verhindern Sie das unnötige Verschenken von Punkten.
Aber Vorsicht: Besonders „allergisch" reagieren Korrektoren auf den Versuch, den Sachverhalt so „hinzubiegen", dass man bekanntes Wissen abspulen kann. Verlassen Sie daher trotz aller taktischen Erwägungen nicht den Bereich des Vertretbaren und vor allem nicht den vorgegebenen Sachverhalt! Klausurtaktik und verbotene „Sachverhaltsquetsche" ist eine Gratwanderung, die gelernt sein will. Nehmen Sie deshalb möglichst frühzeitig die Möglichkeit war, unter den Bedingungen des „Ernstfalls" examenstypische Klausuren zu schreiben!

bb) § 446 BGB

§ 446 S. 1 BGB: Übergabe

Nach § 446 S. 1 BGB führt beim Sachkauf die Übergabe der verkauften Sache an den Käufer ebenfalls zum Übergang der Preisgefahr auf den Käufer. „Übergabe" ist wie in § 433 I S. 1 BGB zu verstehen, das heißt: Der Käufer muss unmittelbaren Besitz i.S.d. § 854 I BGB erlangen. 67

Die Verschaffung mittelbaren Besitzes (§ 868 BGB) reicht nur dann aus, wenn dies für die Verkäuferpflicht nach § 433 I S. 1 BGB als ausreichend vereinbart wurde. § 446 S. 1 BGB differenziert nicht zwischen beweglichen und unbeweglichen Kaufsachen, ist also auch auf Grundstücke anzuwenden.

hemmer-Methode: Kommentieren Sie sich also – soweit nach der für Sie geltenden Prüfungsordnung zulässig – diese Beziehung zwischen dem Begriff der „Übergabe" in § 446 S. 1 BGB und § 433 I S. 1 BGB in Ihr Gesetz. Umfassender ist der Übergabebegriff in § 929 S. 1 BGB: Dort genügt die Verschaffung jeglicher Besitzform (auch mittelbaren Besitzes); erforderlich ist allerdings, dass der Veräußerer keinen Besitzrest zurückbehält.

Beispielsfall zu § 446 S. 1 BGB

Bsp.: *Privatmann V hat K die Kommode unter Eigentumsvorbehalt verkauft und übergeben. Bei einem Brand im Hause des K wird die Kommode vollständig zerstört, ohne dass dem K irgendein Schuldvorwurf zu machen ist. K verweigert die Zahlung des Kaufpreises. Anspruch des V?* 68

1. Mit Abschluss des Kaufvertrages ist der Anspruch des V auf Kaufpreiszahlung aus § 433 II BGB entstanden.

2. Der Anspruch könnte jedoch nach § 326 I S. 1 HS 1 BGB erloschen sein.

a) Der Kaufvertrag ist ein gegenseitiger Vertrag. § 326 I S. 1 HS 1 BGB setzt die Unmöglichkeit einer synallagmatischen Hauptleistungspflicht voraus („Gegenleistung"). Die Pflicht des V, dem K die Kommode zu übereignen und zu übergeben, könnte aufgrund Unmöglichkeit nach § 275 I BGB erloschen sein.

Dies wäre zu verneinen, wenn V im Zeitpunkt der Zerstörung der Kommode diese Pflicht bereits i.S.d. § 362 I BGB erfüllt hätte. Dann wäre die Leistungspflicht des V nach § 362 I BGB erloschen; eine Unmöglichkeit käme nicht mehr in Betracht.

46 Hierzu auch Baumann/Hauth, Die rechtliche Problematik beiderseits zu vertretender Unmöglichkeit, JuS 1983, 273 - 280.

Jedoch hat V an K unter Eigentumsvorbehalt geleistet; die dingliche Einigung i.S.d. § 929 S. 1 BGB stand unter der aufschiebenden Bedingung der vollständigen Kaufpreiszahlung, vgl. § 449 I BGB. Diese Bedingung ist bislang nicht eingetreten. Daher hatte V dem K noch nicht Eigentum an der Kommode verschafft; Erfüllung lag nicht vor. Also wurde durch die spätere Zerstörung der Kommode die (noch bestehende) Leistungspflicht des V nach § 275 I BGB ausgeschlossen.

hemmer-Methode: Beachten Sie also: Unmöglichkeit kommt nur in Betracht, wenn überhaupt noch eine wirksame Leistungspflicht besteht, die unmöglich werden kann! Daher scheidet Unmöglichkeit nach Erfüllung ebenso aus wie nach wirksamem Rücktritt!

b) Die Voraussetzungen des § 326 I S. 1 HS 1 BGB liegen damit vor. Jedoch könnte die Preisgefahr im Zeitpunkt der Unmöglichkeit bereits auf den Käufer K übergegangen sein. Dies war nach § 446 S. 1 BGB mit Übergabe der Kaufsache der Fall.

Also ist der Anspruch nicht erloschen; V hat gegen K einen Anspruch aus § 433 II BGB auf Zahlung des Kaufpreises.

cc) § 447 BGB

Übergang der Preisgefahr nach § 447 BGB

§ 447 I BGB sieht beim sog. Versendungskauf ebenfalls einen Übergang der Preisgefahr auf den Käufer vor. Auf Verlangen des Käufers muss die Kaufsache an einen anderen Ort als den „Erfüllungsort" versendet werden; hiermit ist – missverständlicherweise – nicht der Ort der Erfüllung, sondern der Ort der Leistungshandlung gemeint. Den Ort des Leistungserfolges bezeichnet man demgegenüber als „Erfolgsort". 69

Relevant wird § 447 I BGB deshalb bei Schickschulden, da hier Ort der Leistungshandlung der Wohnsitz des Schuldners, Ort des Leistungserfolges der Wohnsitz des Gläubigers ist.

hemmer-Methode: Zur Gefahrtragung im Versandhandel vgl. zuletzt BGH, Life&Law 2003, 840 ff. = ZGS 2003, 438 f.

Rechtslage beim Verbrauchsgüterkauf

Beim Vorliegen eines Verbrauchsgüterkaufes müssen Sie auf Folgendes achten:

Rechtslage bis 12.06.2014

Vom 01.01.2002 bis zum 12.06.2014 ist die käuferfeindliche Vorschrift des § 447 BGB beim Verbrauchsgüterkauf generell unanwendbar. Dies regelt § 474 II S. 2 BGB. 69a

Nach ganz h.M. war § 474 II S. 2 BGB wegen der Vorschrift des § 475 I S. 1 BGB auch nicht abdingbar. Dies soll sogar dann gelten, wenn die Versendung auf Wunsch des Käufers durch ein von ihm ausgesuchtes Transportunternehmen erfolgt.

Rechtslage ab 13.06.2014

Diese absolute Nichtgeltung des § 447 BGB beim Verbrauchsgüterkauf hat sich mit Wirkung zum 13.06.2014 geändert. 69b

Durch Gesetz zur Umsetzung der Verbraucherrechterichtlinie[47] wurde die Vorschrift des § 474 II S. 2 BGB durch § 474 IV BGB ersetzt:

Nach § 474 IV BGB ist § 447 I BGB mit der Maßgabe anzuwenden, dass die Gefahr des zufälligen Untergangs und der zufälligen Verschlechterung nur dann auf den Käufer übergeht, wenn der Käufer den Spediteur, den Frachtführer oder die sonst zur Ausführung der Versendung bestimmte Person oder Anstalt mit der Ausführung beauftragt hat und der Unternehmer dem Käufer diese Person oder Anstalt nicht zuvor benannt hat.

---

[47] Vgl. hierzu Tyroller, Life&Law 6/2014, 452, 463.

Bsp.: K kauft auf der Internetplattform eBay von Powerseller V ein Notebook zum privaten Gebrauch. V schreibt auf seiner Verkaufsseite, dass die Versendung durch Hermes-Versand erfolgen wird. Da K mit dem Hermes-Zusteller in seinem Wohnort schlechte Erfahrung gemacht hat, bittet K den V den Versand über DHL selbst organisieren zu dürfen.

Für die Sonderkonstellation, dass der Verbraucher die Beförderung der Sache selbst organisiert, also den oder die möglichen Beförderer ohne Rückgriff auf einen Vorschlag des Unternehmers auswählt, ist § 447 I zukünftig anwendbar. Die Gesetzesänderung beruht auf der Erwägung, dass der Beförderer in einem solchen Fall der Sphäre des Käufers zuzurechnen ist.

Bsp.: Auf Verlangen des K soll diesem die Kommode vom selbstständigen Transportunternehmer T angeliefert werden. Auf der Fahrt zur Wohnung des K wird T ohne eigenes Verschulden in einen Unfall verwickelt, wobei die Kommode zerstört wird. 70

1. Von seiner Pflicht aus § 433 I S. 1 BGB ist V nach § 275 I BGB frei geworden. Im Zeitpunkt der Zerstörung der Kommode lag Erfüllung seitens des V i.S.d. § 362 I BGB ersichtlich noch nicht vor.

2. Grundsätzlich wäre die Kaufpreiszahlungspflicht des K nach § 326 I S. 1 HS 1 BGB erloschen; jedoch könnte zuvor die Preisgefahr auf K nach § 447 I BGB übergegangen sein.

a) Es müsste sich um einen Versendungskauf i.S.d. § 447 I BGB handeln. Die Vorschrift ist nicht wegen § 474 IV BGB unanwendbar, da kein Verbrauchsgüterkauf i.S.d. § 474 I BGB vorliegt: V hat K die Kommode nicht als Unternehmer, sondern als Privatmann verkauft.

In der Abrede zwischen K und V, die Kaufsache an K auszuliefern, ist die Vereinbarung einer Schickschuld zu sehen, da Anhaltspunkte fehlen, die auf die Vereinbarung einer Bringschuld schließen lassen.

Daher wurde die Kaufsache an einen anderen Ort als den „Erfüllungsort" verschickt. Dies geschah auf Verlangen des Käufers. Ein Versendungskauf i.S.d. § 447 I BGB liegt daher vor.

b) Mit der Übergabe der Kommode durch V an die Transportperson T ist die Preisgefahr auf K übergegangen.

Also muss K den Kaufpreis an V zahlen, § 433 II BGB.

***Abwandlung:** Der Unfall wurde vom anderen beteiligten Fahrer D verschuldet.*

Es ergeben sich zu obigem Ergebnis zunächst keine Abweichungen: Die Leistungspflicht des V ist erloschen; V hat gegen K weiterhin einen Anspruch auf Kaufpreiszahlung aus § 433 II BGB.

Drittschadensliquidation

Jedoch könnte K nach den Regeln der Drittschadensliquidation ein Anspruch auf Abtretung gem. § 285 BGB gegen V zustehen.

1. Dies setzt voraus, dass V einen Anspruch, jedoch keinen Schaden hat.

V hat gegen D einen Anspruch jedenfalls aus § 823 I BGB, denn V war im Zeitpunkt des Unfalls noch Eigentümer der Kommode (daneben: § 823 II BGB i.V.m. StVO; § 18 StVG). Jedoch fehlt es am Schaden des V: V hat trotz der Zerstörung der Kommode einen Anspruch gegen K auf Kaufpreiszahlung. Er steht also nicht schlechter, als er bei Hinwegdenken des Unfallereignisses stünde. Nach der Differenzhypothese scheidet ein Schaden deshalb aus.

2. Ferner müsste K einen Schaden, jedoch keinen Anspruch haben.

K ist dadurch geschädigt, dass er die Kommode nicht erhält, dennoch aber den Kaufpreis zu zahlen hat. Dies stellt einen Vermögensschaden dar.

Ein Anspruch auf Ersatz dieses Schadens steht ihm nicht zu; insbesondere scheidet § 823 I BGB gegen D aus, da K im Zeitpunkt des Unfalls noch nicht Eigentümer der Kommode war.

§ 447 BGB als typischer Fall zufälliger Schadensverlagerungen

3. Die Drittschadensliquidation wurde entwickelt, um zu verhindern, dass bei einer zufälligen Schadensverlagerung der Schädiger entlastet wird. Es muss deshalb eine solche zufällige Schadensverlagerung vorliegen: Das Auseinanderfallen von Schaden und Anspruch muss zufällig sein. Grund für dieses Auseinanderfallen ist hier das Vorliegen eines Versendungskaufes i.S.d. § 447 BGB. In derartigen Fällen obligatorischer Gefahrtragungsregeln ist eine zufällige Schadensverlagerung im obigen Sinne anzunehmen.

Schaden wird zum Anspruch gezogen

4. Also liegen die Voraussetzungen der Drittschadensliquidation vor. Rechtsfolge hiervon ist, dass der Schaden des K zum Anspruch des V „gezogen" wird. K hat einen Anspruch aus § 285 BGB auf Abtretung dieses (kompletten) Anspruches gegen V.

hemmer-Methode: Beim Vertrag mit Schutzwirkung für Dritte wird demgegenüber der „Anspruch zum Schaden gezogen" (also genau umgekehrt): Der Geschädigte Dritte erhält aus einem Vertrag, an dem er nicht beteiligt ist, einen Anspruch auf Ersatz seines Schadens.

Unmöglichkeit von Transportperson verschuldet

Hat im obigen Beispielsfall nicht der unfallbeteiligte Dritte, sondern der Transportunternehmer T den Unfall schuldhaft verursacht, scheint sich auf den ersten Blick nichts anderes zu ergeben: K kann nach den Regeln der Drittschadensliquidation von V Abtretung dessen Anspruches gegen T verlangen (§§ 280 I, III, 283 S. 1 BGB, §§ 823 I, II BGB, §§ 7, 18 StVG). 71

Vorsicht bei Frachtvertrag i.S.d. §§ 407 ff. HGB: Anspruch des Käufers gegen den Frachtführer, § 421 I S. 2 HGB

Allerdings ist Vorsicht geboten, wenn der Transportunternehmer – was i.d.R. der Fall sein wird – Frachtführer i.S.d. § 407 III HGB ist und zwischen ihm und dem Verkäufer ein Frachtvertrag i.S.d. §§ 407 ff. HGB geschlossen wurde. 72

Dann steht dem Käufer als Leistungsempfänger nach § 421 I S. 2 HGB das Recht zu, Ansprüche aus dem Frachtvertrag gegen den Frachtführer in eigenem Namen geltend zu machen. Das bedeutet, dass in diesen Fällen nun dem Käufer ein eigener Anspruch gegen die Transportperson zusteht; damit fällt die Voraussetzung „Schaden, aber kein Anspruch" der Drittschadensliquidation weg.

hemmer-Methode: Hier bietet sich allerdings folgende Lösung an: Nach § 421 I S. 1, 2 u. 3 HGB kann neben dem Käufer auch der Verkäufer als Absender Ersatz des Schadens des Käufers verlangen; es ist wohl von einer Gesamtgläubigerschaft i.S.d. §§ 428 ff. BGB auszugehen. Dies birgt für den Käufer aber den Nachteil, dass der Frachtführer befreiend an den Verkäufer leisten kann, § 428 S. 1 BGB.
Unter diesem Blickwinkel könnte man dem Käufer deshalb dennoch nach den Grundsätzen der Drittschadensliquidation einen Anspruch gegen den Verkäufer auf Abtretung dessen Anspruchs gegen den Frachtführer zubilligen. Zwingend ist diese Lösung aber keinesfalls; denn der Gesetzgeber hat mit der Neufassung des § 421 HGB wohl gerade das Problem der Drittschadensliquidation infolge § 447 BGB regeln wollen.

Transport durch eigene Leute

Problematisch und umstritten ist die Anwendung des § 447 I BGB, wenn der Verkäufer nicht einen Dritten als Transportperson einschaltet, sondern eigene Leute (z.B. Angestellte) beim Transport einsetzt. 73

Denn die Anwendung der Regeln der Drittschadensliquidation hilft dem Käufer im Regelfall nicht weiter: Handelt es sich um Arbeitnehmer des Verkäufers, so haften sie diesem gegenüber nämlich nach den Grundsätzen des innerbetrieblichen Schadensausgleiches privilegiert, d.h. regelmäßig nicht für leichte Fahrlässigkeit.[48]

48 Vgl. hierzu **Hemmer/Wüst, Arbeitsrecht**, Rn. 634 ff.

Ist aber ein Anspruch des Verkäufers gegen die Transportperson ausgeschlossen, so kommt eine Drittschadensliquidation nicht in Betracht: Es besteht kein Anspruch, zu dem der Schaden gezogen werden kann.

Andererseits soll der Verkäufer durch die Einschaltung eigener Leute auch nicht unbillig benachteiligt werden. Denn durch die Ausführung des Transportes erbringt er ein „Mehr" an Leistungshandlung, zu dem er nach dem Vertrag an sich nicht verpflichtet ist.

e.A.: § 447 I BGB bei Transport durch eigene Leute nicht anwendbar

Nach einer Ansicht[49] ist § 447 I BGB als Ausnahmevorschrift zu § 326 I S. 1 HS 1 BGB eng zu fassen und daher beim Transport durch eigene Leute nicht anzuwenden. § 447 I BGB soll den Verkäufer deshalb schützen, weil er mit der Übergabe der Sache an die Transportperson die Sache aus seinem Machtbereich entlässt; dies lässt es als billig erscheinen, ihm von diesem Zeitpunkt an die Preisgefahr zu nehmen. Führt der Verkäufer den Transport jedoch durch eigene Leute aus, bleibt die Sache in seinem Machtbereich. Die Anwendung des § 447 I BGB sei daher nicht gerechtfertigt und es bleibt bei § 326 I S. 1 HS 1 BGB. 74

h.M.: § 447 I BGB ist anwendbar

Nach h.M. ist § 447 I BGB jedoch auch dann anwendbar, wenn der Verkäufer den Transport durch eigene Leute durchführen lässt.[50] Anderenfalls würden kleinere Unternehmen benachteiligt, die sich die Einschaltung dritter Transportpersonen aus Kostengründen nicht leisten können. Die Preisgefahr geht also auch dann auf den Käufer über, wenn der Verkäufer beim Transport eigene Leute einschaltet, sobald er diesen die Sache übergeben hat. 75

Sogar: Transport durch den Verkäufer selbst

Selbst wenn der Verkäufer den Transport in eigener Person durchführt, geht die Preisgefahr nach h.M. auf den Käufer über; abzustellen ist hierbei auf den Zeitpunkt des Beginns des Transportvorgangs.

Wenn im obigen Beispielsfall (Rn. 70) V also die Kommode selbst transportiert und die Kommode infolge eines von D verschuldeten Verkehrsunfalls untergeht, behält V den Anspruch auf den Kaufpreis gegen K: Denn im Zeitpunkt des Beginns des Transportes ist nach § 447 I BGB die Preisgefahr auf den Käufer übergegangen.

Jedoch: Zurechnung des Verschuldens der eigenen Transportperson, § 278 BGB

Allerdings: Trifft den Angestellten des Verkäufers, der den Transport durchführt, an dem Untergang der Sache ein Verschulden, so soll dies dem Verkäufer nach § 278 BGB zuzurechnen sein.[51] Es handelt sich dann um eine vom Verkäufer zu vertretende Unmöglichkeit, die zu einem Anspruch des Käufers aus §§ 280 I, III, 283 S. 1 BGB führt. § 447 I BGB spielt dann keine Rolle. 76

Dogmatische Begründung problematisch

Die Begründung der Zurechnung über § 278 BGB ist allerdings problematisch, da die Transportperson beim Transport nicht im Pflichtenkreis des Verkäufers auftritt, was für eine Zurechnung nach § 278 BGB an sich erforderlich wäre. Denn bei einem Versendungskauf schuldet der Verkäufer die Versendung gerade nicht, sondern nur die Übergabe an die Transportperson. Vertretbar ist es jedoch, wie folgt zu argumentieren:

Solange sich die Ware in seinem Machtbereich befindet, hat der Verkäufer gegenüber dem Käufer Schutzpflichten (§ 241 II BGB) und in diesem Pflichtenkreis der firmeneigene Fahrer auch tätig wird.

---

49 Medicus, BR, Rn. 275.

50 Reinicke/Tiedtke, Kaufrecht, Rn. 157 m.w.N.

51 BGH, NJW 1968, 1929 - 1932 = jurisbyhemmer.

Für die h.M. spricht zudem, dass das Gesetz selbst im vergleichbaren Fall der Einschaltung von Gehilfen im Rahmen eines Auftrages in § 664 I S. 3 BGB eine Verschuldenszurechnung anordnet.

Dies hat zur Folge, dass der Untergang der Kaufsache nicht zufällig erfolgte. Im Rahmen dieser allgemeinen Schutzpflicht wird auch die angestellte Transportperson tätig, was eine Zurechnung nach § 278 BGB rechtfertigt.

§ 447 BGB ist daher nicht einschlägig, sodass der Kaufpreisanspruch aus § 433 II BGB erloschen ist, § 326 I S. 1 HS 1 BGB.

Vorsicht: § 474 II BGB

Setzt der Verkäufer eigene Angestellte beim Transport ein, ist noch aus einem weiteren Grunde Vorsicht geboten: § 447 BGB ist bei einem Verbrauchsgüterkauf nicht anwendbar, **§ 474 II BGB**.[52] Wer Angestellte zum Transport einsetzt, wird i.d.R. Unternehmer i.S.d. § 14 BGB sein. Ist der Käufer Verbraucher i.S.d. § 13 BGB, liegt ein Verbrauchsgüterkauf vor. Das Problem des Einsetzens eigener Leute beim Transport im Rahmen des § 447 BGB spielt jedoch weiterhin beim Kauf zwischen zwei Unternehmern eine Rolle, da es sich hierbei nicht um einen Verbrauchsgüterkauf handelt. 76a

Merken Sie sich also:

- **§ 447 I BGB erfasst auch den Transport durch eigene Leute bzw. durch den Verkäufer selbst**
- **Allerdings hat der Verkäufer ein Verschulden der eigenen Transportperson zu vertreten ⇨ SE §§ 280 I, III, 283 S. 1 BGB bzw. nach a.A. §§ 280 I, III, 282 BGB**

II. Pflicht zur Abnahme der Kaufsache

Beim Kauf: Abnahmepflicht als echte Schuldnerpflicht

Den Käufer trifft eine echte Schuldnerpflicht, die Kaufsache abzunehmen, vgl. § 433 II BGB a.E. Bei Verstoß gegen diese Pflicht kommt daher nicht nur Annahmeverzug nach den §§ 293 ff. BGB, sondern auch Schuldnerverzug i.S.d. § 286 BGB in Betracht. 77

Im Fall der mangelhaften Lieferung kann der Käufer aber die Ware zurückweisen ohne in Annahme- oder Schuldnerverzug zu geraten, da die Leistung so, wie sie zu bewirken ist, angeboten werden muss, vgl. § 294 BGB. Dies ist bei einem Mangel aber wegen der Gutleistungspflicht des § 433 I S. 2 BGB nicht der Fall.

I.d.R. keine synallagmatische Pflicht

Diese Pflicht steht in aller Regel nicht mit der Verschaffungspflicht des Verkäufers im Synallagma. 78

hemmer-Methode: Beim Werkvertrag ist die Abnahme nach h.M. sogar eine synallagmatische Schuldnerpflicht des Bestellers. Denn die Abnahme durch den Besteller ist für den Werkunternehmer von immenser Bedeutung: Mit erfolgter Abnahme wird der Anspruch auf den Werklohn fällig, § 641 I S. 1 BGB!

Schuldnerverzug des Käufers möglich

Da es sich bei der Abnahme um eine echte Schuldnerpflicht des Käufers und nicht bloß um eine Obliegenheit handelt, kann der Verkäufer den Käufer auf Abnahme verklagen; ebenso kann der Käufer mit dieser Pflicht in Schuldnerverzug i.S.d. § 286 BGB geraten. 79

hemmer-Methode: Der Schuldnerverzug mit der Abnahmepflicht ist zwar – dogmatisch gesehen – ein schönes Problem, jedoch praktisch und in der Falllösung kaum relevant: Bei nicht rechtzeitig erfolgter Abnahme hat der Käufer die hierdurch entstandenen Mehraufwendungen des Verkäufers diesem nämlich bereits nach § 304 BGB zu ersetzen, also bereits unter den Voraussetzungen des Annahmeverzuges.

[52] Vgl. unten, Rn. 469.

Kann aber als synallagmatische Pflicht vereinbart werden

Käufer und Verkäufer haben es in der Hand, aus der Abnahmepflicht im Einzelfall eine synallagmatische Pflicht zu machen. Praktisches Bedürfnis dürfte hierfür seit der Schuldrechtsreform jedoch kaum noch bestehen: 80

hemmer-Methode: Beachten Sie, dass § 323 I BGB auch auf nicht-synallagmatische Pflichten, also generell auf die Abnahmepflicht anwendbar ist. Der Kaufvertrag ist in jedem Fall ein gegenseitiger Vertrag: Im Gegenseitigkeitsverhältnis stehen wenigstens die Kaufpreiszahlungs- und die Verschaffungspflicht.

Exkurs: Selbsthilfeverkauf

Befindet sich der Käufer im Annahmeverzug, ist der Verkäufer unter den Voraussetzungen des § 383 BGB bzw. des § 373 HGB zum Selbsthilfeverkauf berechtigt. Dabei ist § 373 HGB besonders examensrelevant.[53] 81

Beispiel zu § 373 HGB

Bsp.: *K kauft bei Kaufmann V 200 CD-Rohlinge. K, der die Ware bei V abholen sollte, erscheint nicht zum vereinbarten Termin und ist auch nicht telefonisch zu erreichen.* 82

V lässt daher die Ware in einem ordnungsgemäß durchgeführten Selbsthilfeverkauf (insbesondere nach Androhung gem. § 373 II HGB) öffentlich versteigern, was aber dennoch zu einem Verlust von 300,- € gegenüber dem ursprünglich vereinbarten Kaufpreis führt. Diese 300,- € verlangt V nun von K. K ist empört und verlangt seinerseits Schadensersatz, da V seiner Pflicht aus § 433 I BGB nun nicht mehr nachkommen könne. Ansprüche des V?

V könnte gegen K einen Anspruch aus § 433 II BGB haben.

1. Infolge wirksamen Vertragsschlusses zwischen K und V ist dieser Anspruch zunächst entstanden.

2. Er könnte jedoch nach § 326 I S. 1 HS 1 BGB erloschen sein. Dies setzt Ausschluss der Leistungspflicht des V aus § 433 I S. 1 BGB wegen Unmöglichkeit voraus.

a) Unmöglichkeit kommt bei Gattungsschulden grundsätzlich nicht in Betracht, denn Gattungsschulden sind Beschaffungsschulden. Durch die Übereignung von 200 CD-Rohlingen an Dritte wird die Pflicht des V, dem K 200 CD-Rohlinge zu verschaffen, nicht i.S.d. § 275 I BGB unmöglich.

Jedoch war K im Zeitpunkt der Versteigerung im Annahmeverzug i.S.d. §§ 293 ff. BGB. Durch diesen ging die Leistungsgefahr gem. § 300 II BGB auf den K über. Ab Eintreten des Annahmeverzuges beschränkte sich die Schuld des V daher auf die konkreten später versteigerten 200 CD-Rohlinge. Daher scheint die Versteigerung zur Unmöglichkeit nach § 275 I BGB geführt zu haben.

b) Allerdings stellt der Selbsthilfeverkauf ein Erfüllungssurrogat dar; dies lässt sich aus der Stellung des § 383 BGB im Gesetz entnehmen. § 373 HGB ist systematisch nicht anders einzuordnen, da es sich letztlich nur um eine Sondervorschrift zu § 383 BGB handelt.

Durch ordnungsgemäßen Selbsthilfeverkauf tritt also Erfüllung der Verpflichtung des Verkäufers aus § 433 I S. 1 BGB ein, da der Selbsthilfeverkauf ein Erfüllungssurrogat darstellt. Erfüllung ist aber kein Fall der Unmöglichkeit. Daher scheidet Unmöglichkeit aus, wenn der Selbsthilfeverkauf rechtmäßig war.[54]

53 Z.B. zentrales materielles Problem im Ersten Bayerischen Staatsexamen 2000/2, Klausur Nr. 4.

54 So im Ergebnis Baumbach/Hopt, § 373, Rn. 13.

§ 373 HGB ist anwendbar, da jedenfalls V Kaufmann ist und damit auf seiner Seite ein Handelsgeschäft i.S.d. § 343 HGB vorliegt. § 373 HGB setzt kein beiderseitiges Handelsgeschäft voraus, vgl. § 345 HGB. V hat den Selbsthilfeverkauf entsprechend § 373 I HGB ordnungsgemäß durchführen lassen. Daher ist hierin Erfüllung, nicht Unmöglichkeit i.S.d. § 275 I BGB zu sehen

c) Jedoch könnte der Anspruch auf Zahlung des vollen Kaufpreises durch Aufrechnung gem. § 389 BGB teilweise erloschen sein.

Dies setzt eine Forderung des K gegen V voraus. Da der Selbsthilfeverkauf gem. § 373 III HGB für Rechnung des Käufers erfolgt, sind die §§ 662 ff. BGB entsprechend anzuwenden. Insbesondere hat der Verkäufer dem Käufer den durch den Selbsthilfeverkauf erlangten Erlös nach § 667 BGB analog herauszugeben. K steht also gegen V ein Anspruch auf Herausgabe des Versteigerungserlöses zu.

In dem Verlangen des Differenzbetrages von 300,- € ist die erforderliche Aufrechnungserklärung (§ 388 S. 1 BGB) zu sehen. Dies führt zum Erlöschen des Kaufpreisanspruches und des Erlösherausgabeanspruches, soweit sich beide Ansprüche (betragsmäßig) „decken". Übrig bleibt ein Zahlungsanspruch des V gegen K aus § 433 II BGB in Höhe von 300,- €.

hemmer-Methode: Interessant ist die Rechtslage, wenn die Voraussetzungen des Selbsthilfeverkaufes nicht vorgelegen haben. Da mit dem Annahmeverzug die Leistungsgefahr auf den Käufer übergegangen ist (§ 300 II BGB), führt die Versteigerung zur Unmöglichkeit der Sachleistung, § 275 I BGB. Da sich der Käufer im Annahmeverzug befand, findet § 326 II S. 1 Alt. 2 BGB Anwendung, der Verkäufer behält den Anspruch auf die Kaufpreiszahlung. Jedoch muss er sich den erhaltenen Erlös nach § 326 II S. 2 BGB anrechnen lassen. Der Verkäufer erhält also die Differenz zwischen Kaufpreisanspruch und Erlös, egal ob die Voraussetzungen des Selbsthilfeverkaufes vorliegen oder nicht.

Vertretbar erscheint es deshalb, den Deckungsverkauf ohne Vorliegen der Voraussetzungen von § 373 HGB bzw. § 383 BGB als pflichtwidriges Handeln des Verkäufers anzusehen; dies würde wertungsmäßig zur Konstellation der beiderseits zu vertretenden Unmöglichkeit führen (sehr strittig).

Exkurs Ende

D) Rechte des Käufers bei Sach- und Rechtsmängeln

Grundgedanke: Anwendung des allgemeinen Schuldrechts + Sonderregelungen

hemmer map **Nr. 3 i. Anh.**

An die Stelle der bis zum 31.12.2001 geltenden Sonderregelungen für die Rechte des Käufers bei Sach- und Rechtsmängeln traten mit Wirkung zum 01.01.2002 die Bestimmungen des allgemeinen Schuldrechts. *83*

Um deren Anwendungsbereich zu eröffnen, wurde § 433 I S. 2 BGB geschaffen: Danach ist der Verkäufer nun kraft Gesetzes verpflichtet, dem Käufer die Kaufsache frei von Sach- und Rechtsmängeln zu verschaffen (sog. „Gutleistungspflicht").

Mit dieser Verpflichtung kann der Verkäufer (Schuldner) in Verzug kommen, Unmöglichkeit kann eintreten, der Gläubiger kann i.S.d. § 323 I BGB bzw. § 281 I BGB eine Nachfrist zur mangelfreien Leistung setzen. *84*

Die **Schlechtleistung** ist also als **teilweise Nichterfüllung** anzusehen.

hemmer-Methode: Der Gesetzgeber hat sich mit § 433 I S. 2 BGB für die sog. Erfüllungstheorie entschieden, wonach die Mangelfreiheit der Kaufsache vom Verkäufer geschuldet wird und mangelhafte Leistung nur eine Teilerfüllung darstellt.

§§ 434 ff. BGB enthalten nur noch wenige Sondervorschriften

Eigentlich hätte es daher einer Regelung der Rechtsfolgen mangelhafter Leistung gar nicht bedurft. Um verschiedenen Besonderheiten der wechselseitigen Interessen im Kaufvertrag Rechnung zu tragen, wurden dennoch in den §§ 434 ff. BGB einige Sondervorschriften geschaffen. Der Grundgedanke bleibt jedoch die Anwendung des allgemeinen Schuldrechts, vgl. die **zentrale Verweisungsnorm** in **§ 437 BGB**. 85

hemmer-Methode: „Bei § 437 BGB handelt es sich um nichts anderes als eine deklaratorische Rechtsgrundverweisung, also einen an sich überflüssigen Merkzettel, dessen sachlicher Regelungsgehalt sich auf die Auslesefunktion für § 438 BGB beschränkt“.[55]

I. Überblick

Rechte:

Einen guten Überblick über die Rechte des Käufers bei Mangelhaftigkeit der Kaufsache bietet § 437 BGB: 86

Nacherfüllungsanspruch

- Der Käufer kann Nacherfüllung verlangen, §§ 433 I S. 2, 437 Nr. 1, 439 BGB. Nacherfüllung bedeutet Beseitigung des Mangels oder Lieferung einer mangelfreien Sache, § 439 I BGB.

Rücktritt

- Dem Käufer kann die Möglichkeit des Rücktritts zustehen nach den §§ 437 Nr. 2 Alt. 1, 440, 323 BGB bzw. § 326 V BGB.

Minderung

- Der Käufer kann nach §§ 437 Nr. 2 Alt. 2, 441 BGB den Kaufpreis mindern. Hierbei handelt es sich um ein Gestaltungsrecht des Käufers zur Herabsetzung des Kaufpreises.

hemmer-Methode: Die Minderung (und der Rücktritt ohnehin) ist nun ein Gestaltungsrecht und kein Anspruch des Käufers mehr.

Schadensersatz, wahlweise Aufwendungsersatz

- Ferner kann dem Käufer ein Anspruch auf Schadensersatz zustehen, § 437 Nr. 3 BGB. Alternativ zum Schadensersatz statt der Leistung kann der Käufer nach § 284 BGB Aufwendungsersatz verlangen.

II. Sachmangel

Zentral in den §§ 434 ff. BGB ist der Begriff des Sachmangels. Wann ein solcher vorliegt, ergibt sich aus § 434 BGB.[56] 87

1. § 434 I BGB

a) Beschaffenheitsvereinbarung, § 434 I S. 1 BGB

Ausgangspunkt: § 434 I S. 1 BGB

Das Gesetz definiert den Sachmangel nicht direkt: Nach § 434 I S. 1 BGB ist die Sache frei von Sachmängeln, wenn sie die vereinbarte Beschaffenheit hat. Ein Sachmangel liegt also vor, wenn die tatsächliche von der vereinbarten Beschaffenheit abweicht. 88

Ob die Sache bei einer Beschaffenheitsabweichung einen höheren Wert hat, spielt für die Frage des Vorliegens eines Mangels keine Rolle. Auch die Lieferung einer höherwertigen Sache stellt daher bei einer Beschaffenheitsvereinbarung einen Mangel dar.[57]

---

55 Reischl, Grundfälle zum neuen Schuldrecht, JuS 2003, 40 - 48 (47); sowie Lorenz/Riehm, Lehrbuch zum neuen Schuldrecht, 2002, Rn. 499.

56 Vgl. hierzu auch Tröger, Grundfälle zum Sachmangel nach neuem Kaufrecht, JuS 2005, 503 - 511.

57 OLG Koblenz, MDR 2012, 507 f. = jurisbyhemmer.

Das Gesetz geht vorrangig vom subjektiven Mangelbegriff aus[58]: Wie die Sache beschaffen sein soll, damit vertragsgemäße Erfüllung seitens des Verkäufers vorliegt, bestimmt sich vorrangig nach der konkreten Vereinbarung der Vertragsparteien.

Bsp.: *Performance-Künstler Z kauft im Baugeschäft des B 200 Schrauben, die er für eine Darstellung benötigt: Er beabsichtigt, auf der Bühne 50 Schrauben zu schlucken. Daher fragt er B, ob die Gefahr besteht, dass durch die Magensäfte die Schrauben korrodieren und giftige Stoffe absondern, oder ob sie sich für seine Zwecke eignen. B meint, die Schrauben würden sich hierfür eignen, da sie durch die Magensäfte nicht angegriffen würden.* 89
Beim ersten Auftritt des Z werden tatsächlich giftige Metalle im Körper des Z freigesetzt. Z muss ärztlich behandelt werden. Vorliegen eines Sachmangels?

1. Wäre auf die objektive Beschaffenheit abzustellen, wäre ein Sachmangel zu verneinen: Schrauben sind nicht deshalb mangelhafte Schrauben, weil man sie nicht gefahrlos schlucken kann. Objektiv wäre darauf abzustellen, ob die Schrauben für die übliche Verwendung tauglich sind. Dies wäre hier der Fall.

2. Allerdings ist § 434 I S. 1 BGB dem subjektiven Mangelbegriff gefolgt und hat der Vereinbarung der Parteien den Vorrang eingeräumt.

Z hat hier ausdrücklich nach der Eignung der Schrauben zu dem von ihm beabsichtigten Verwendungszweck gefragt. Dem Verhalten des B durfte und musste Z daher unter Zugrundelegung des objektiven Empfängerhorizontes (§§ 133, 157 BGB) eine Erklärung entnehmen, die auf die Vereinbarung der von Z gewünschten Eigenschaft gerichtet ist.

Also wurde die Eignung der Schrauben zu den Performance-Zwecken von den Kaufvertragsparteien vereinbart.

hemmer-Methode: Es wäre auch vertretbar, die Vereinbarung einer Sollbeschaffenheit zu verneinen und lediglich die Vereinbarung eines Verwendungszwecks zu bejahen. Dann wären die Schrauben mangelhaft i.S.d. § 434 I S. 2 Nr. 1 BGB.

Da sie diese Eignung tatsächlich nicht aufwiesen, liegt ein Sachmangel i.S.d. § 434 I S. 1 BGB vor.

Begriff der „Beschaffenheit"

Das Gesetz lässt den Anwender im Unklaren darüber, was unter **„Beschaffenheit"** zu verstehen ist. Der Begriff ist recht weit zu verstehen als jedes der Kaufsache anhaftende Merkmal, das aus irgendeinem Grund für den Käufer von Bedeutung ist. 90

Zur Beschaffenheit einer Sache gehören danach nicht nur deren körperlichen Merkmale, sondern auch ihre tatsächlichen, rechtlichen, wirtschaftlichen und sozialen Beziehungen zur Umwelt.[59]

Beispiele: *Ob ein Pkw zugelassen ist oder nicht, stellt ein Beschaffenheitsmerkmal des Pkw dar. Dieses beruht nicht auf körperlichen Merkmalen des Pkw, sondern auf seinen „rechtlichen Beziehungen zur Umwelt": Denn ein nicht zugelassener Pkw darf aufgrund rechtlicher Bestimmungen im Straßenverkehr nicht genutzt werden.*

Die ***Fabrikneuheit*** *wurde vom BGH ebenfalls als Beschaffenheit bejaht.*[60] *Ein unbenutztes Kraftfahrzeug ist regelmäßig noch „fabrikneu", wenn es unbenutzt ist, wenn und solange das Modell dieses Fahrzeugs unverändert weitergebaut wird, wenn es keine durch längere Standzeit bedingten Mängel aufweist und wenn zwischen Herstellung des Fahrzeugs und Abschluss des Kaufvertrages nicht mehr als zwölf Monate liegen.*

---

58 Dauner-Lieb, Das neue Schuldrecht, S. 110; Schubel, Schuldrechtsmodernisierung 2001/2002 - Das neue Kaufrecht, JuS 2002, 313 - 319 (315).

59 Palandt, § 434, Rn. 14, Rn. 10 f.

60 BGH, **Life&Law 2005, Heft 7, 501 - 505** = NJW 2005, 1422 - 1423 = **juris**byhemmer; zum Modelljahr als Beschaffenheitsangabe lesen Sie OLG Nürnberg, NJW 2005, 2019 - 2021 = **juris**byhemmer.

*Die **Farbe eines Pkw** gehört als äußeres Merkmal ebenfalls zur Beschaffenheit.*[61]

Der Gesetzgeber hat (bewusst) darauf verzichtet, den Beschaffenheitsbegriff zu definieren. Es sollte insbesondere nicht entschieden werden, ob er nur Eigenschaften umfasse, die der Kaufsache unmittelbar physisch anhaften, oder ob auch Umstände heranzuziehen sind, die außerhalb der Kaufsache selbst liegen. 91

Nach einer in der Literatur vertretenen M.M. sollen unter Beschaffenheit nur die physischen Merkmale der Kaufsache fallen, weil nur dann die Kontrollmöglichkeit für den Käufer gegeben ist. Umweltbeziehungen können daher nur dann einen Sachmangel begründen, wenn diese Umweltbeziehungen ein bestimmtes physisches Merkmal voraussetzen.[62] 92

*Keine Einschränkung des Begriffs der **Beschaffenheit***

Eine Einschränkung des Beschaffenheitsbegriffes auf physische Eigenschaften ist nach h.M. aber abzulehnen.[63] 93

Zum einen spricht **§ 434 I S. 3 BGB** davon, dass zu Beschaffenheiten i.S.d. § 434 I S. 2 Nr. 2 BGB auch die **Eigenschaften** gehören, die im Rechtsverkehr von einem bestimmten Personenkreis öffentlich geäußert werden.

Ferner führt eine fehlerhafte Montage zu einem Mangel der verkauften Sache, vgl. **§ 434 II S. 1 BGB**. Die Montage ist aber eindeutig keine unmittelbare Eigenschaft der Sache.

Denn zum einen gebraucht § 434 BGB den Begriff des **Mangels**, der bislang als Oberbegriff sowohl den Fehler als auch die zugesicherte Eigenschaft zusammengefasst hatte.

Eigenschaften einer Sache konnten aber schon vor der Schuldrechtsmodernisierung auch mittelbare Beziehungen der Sache zur Umwelt sein.

Mittelbarer Bezug zur Kaufsache ausreichend

Zu fordern ist daher lediglich, dass das fragliche Merkmal **zumindest mittelbaren**[64] Sachbezug aufweist.[65] Anderenfalls kann nach dem gewöhnlichen Sprachgebrauch auch kaum von einem Beschaffenheitsmerkmal die Rede sein.

hemmer-Methode: Im Miet- und Pachtrecht gilt dagegen ein „enger“ Mangelbegriff. Voraussetzung dort ist nach Ansicht des BGH, dass die Gebrauchsbeschränkung *unmittelbar* mit der konkreten Beschaffenheit, dem Zustand oder der Lage des Miet- oder Pachtobjekts in Zusammenhang steht.[66]

Sachgerecht ist daher die sich herausbildende h.M., wonach alle außerhalb der Kaufsache liegenden tatsächlichen, wirtschaftlichen und rechtlichen Beziehungen zur Umwelt Gegenstand einer kaufrechtlichen Beschaffenheitsvereinbarung sein können, sofern sie nur die Wertschätzung des Verkehrs für eine Sache beeinflussen.[67]

---

61 OLG Köln, NJW 2006, 781 - 782 = **juris**byhemmer.

62 Vgl. Grigoleit/Herresthal, Grundlagen der Sachmängelhaftung im Kaufrecht, JZ 2003, 118 - 127 (124).

63 Vgl. Palandt, § 434, Rn. 11; Häublein, Der Beschaffenheitsbegriff und seine Bedeutung für das Verhältnis der Haftung aus culpa in contrahendo, NJW 2003, 388 - 393 (389 f.); uneinheitlich Lorenz/Riehm, Lehrbuch zum neuen Schuldrecht, 2002, Rn. 482 und Rn. 578.

64 So jetzt zum subjektiven Mangelbegriff BGH, **Life&Law 2011, Heft 3, 152 - 257** = ZIP 2011, 33 - 36 = **juris**byhemmer bzw. zum objektiven Mangelbegriff **BGH, Life&Law 4 2013, Heft 4, 241 ff.** = NJW 2013, 1671 ff. = **juris**byhemmer.

65 Nur nach einer Mindermeinung (z.B. OLG Naumburg, ZGS 2006, 238 - 240 = **juris**byhemmer) müssen die Eigenschaften der Kaufsache unmittelbar physisch anhaften.

66 Zuletzt BGH, **Life&Law 2011, Heft 11, 775 - 779** = NJW 2011, 3151 - 3152 = **juris**byhemmer.

67 So auch BGH, **Life&Law 2011, Heft 3, 152 - 157** = ZIP 2011, 33 - 36 = **juris**byhemmer; Roth, Standzeit von Kraftfahrzeugen als Sachmangel, NJW 2004, 330 - 331; Schulze/Ebers, Streitfragen im neuen Schuldrecht, JuS 2004, 462 - 468.

hemmer-Methode: Nach h.M. gehören damit zur Beschaffenheit sämtliche Angaben, die der Verkäufer in Bezug auf die Sache macht, z.B. bestimmte steuerliche Abschreibungsmöglichkeiten sowie Angaben über den Ertrag oder den Umsatz eines Unternehmens, die Standzeit eines Kfz etc.

*Häufig keine konkrete Beschaffenheits**vereinbarung** getroffen*

Gerade bei Kaufgeschäften des täglichen Lebens werden in aller Regel konkrete Beschaffenheitsvereinbarungen i.S.d. § 434 I S. 1 BGB weder ausdrücklich noch konkludent geschlossen.[68] 94

***Bsp. 1[69]:** Wenn die Parteien beim Verkauf eines Gebrauchtwagens das Datum der Erstzulassung in den Vertragstext aufnehmen, wird konkludent vereinbart, dass das Datum der Herstellung jedenfalls nicht mehrere Jahre davon abweicht.*

***Bsp. 2[70]:** Wenn die Parteien beim Verkauf eines Autos vereinbaren, das Auto sei fabrikneu, so wird damit konkludent vereinbart, dass*

- ⇨ *dieses Kfz-Modell noch unverändert weitergebaut wird,*
- ⇨ *es keine durch längere Standzeit bedingte Mängel aufweist und*
- ⇨ *zwischen der Herstellung des Kfz und dem Abschluss des Kaufvertrages nicht mehr als zwölf Monate liegen.*

***Bsp. 3[71]:** Ein von einem Kraftfahrzeughändler als „Jahreswagen" verkauftes Gebrauchtfahrzeug entspricht regelmäßig nicht der vereinbarten Beschaffenheit, wenn zwischen der Herstellung und der Erstzulassung mehr als zwölf Monate liegen.*

***Bsp. 4[72]:** Beim Kauf eines Kraftfahrzeugs (hier Wohnmobil) wird allein mit der Beschaffenheitsangabe „Vorführwagen" ein bestimmtes Alter des Fahrzeugs nicht vereinbart.*

Oftmals ist der Mangel für die Parteien aber nicht vorhersehbar, sodass eine entsprechende Vereinbarung nicht getroffen wird.

***Bsp.:** Beim Kauf eines Buches wird regelmäßig nicht vereinbart, dass dem Buch keine Seiten fehlen. Dennoch muss das Buch (nach allgemeiner Verkehrsanschauung) dann als mangelhaft betrachtet werden.*

§ 434 I S. 2 u. 3 BGB: abzustellen auf v.a. objektive Umstände

Diese häufig auftretende Lücke im subjektiven Mangelbegriff schließt § 434 I S. 2 u. 3 BGB: Abgestellt wird hier vermehrt auf objektive Umstände, vor allem den vertraglich vorausgesetzten (§ 434 I S. 2 Nr. 1 BGB) bzw. üblichen (§ 434 I S. 2 Nr. 2 BGB) Gebrauch der Kaufsache. 95

Diese objektiven Umstände sind nach der Systematik des Gesetzes erst heranzuziehen, wenn eine entsprechende Beschaffenheitsvereinbarung i.S.d. § 434 I S. 1 BGB nicht vorliegt („*Soweit die Beschaffenheit nicht vereinbart ist* [...]").

Damit ist es auch entbehrlich, der Kaufvertragsparteien im Rahmen des § 434 I S. 1 BGB zu unterstellen, Vereinbarungen über die Eignung zum vertragsmäßigen bzw. gewöhnlichen Gebrauch getroffen zu haben.

So ergibt sich die Mangelhaftigkeit des Buches im Beispiel bereits nach Nr. 2. Es ist daher nicht erforderlich anzunehmen, dass Parteien durch schlüssiges Verhalten i.S.d. § 434 I S. 1 BGB vereinbart haben, dem Buch fehlen keine Seiten.

---

68 Vgl. zuletzt **BGH, Life&Law 2013, Heft 6, 407 ff.** = NJW 2013, 2107 f. = **juris**byhemmer.

69 OLG Karlsruhe, NJW 2004, 2456 - 2457 = **juris**byhemmer.

70 BGH, **Life&Law 2005, Heft 7, 501 - 505** = NJW 2005, 1422 - 1423 = **juris**byhemmer; sowie BGH, NJW 2004, 160 - 161 = **juris**byhemmer.

71 BGH, **Life&Law 2006, Heft 12, 805 - 807** = NJW 2006, 2694 - 2696 = **juris**byhemmer; zur Vertiefung vgl. auch Andreae, Die aktuelle Rechtsprechung zum Gebrauchtwagenkauf, NJW 2007, 3457 - 3463.

72 BGH, **Life&Law 2011, Heft 2, 84 - 87** = NJW 2010, 3710 - 3713 = **juris**byhemmer.

b) § 434 I S. 2 Nr. 1 BGB

§ 434 I S. 2 Nr. 1 BGB

Eine Sache hat – bei Fehlen einer entsprechenden Beschaffenheitsvereinbarung – einen Sachmangel, wenn sie sich für den nach dem Vertrag vorausgesetzten Verwendungszweck nicht eignet, § 434 I S. 2 Nr. 1 BGB. 96

hemmer-Methode: Die Eignung eines klinisch unauffälligen Pferdes für die vertraglich vorausgesetzte Verwendung als Reitpferd wird nicht schon dadurch beeinträchtigt, dass aufgrund von Abweichungen von der „physiologischen Norm" eine geringe Wahrscheinlichkeit dafür besteht, dass das Tier zukünftig klinische Symptome entwickeln wird, die seiner Verwendung als Reitpferd entgegenstehen.[73]

Einseitiges Voraussetzen genügt nicht

Wichtig ist, dass dieser Verwendungszweck nicht lediglich von einer Partei (regelmäßig dem Käufer) vorausgesetzt sein darf.[74] Dann kommt eine Lösung nur nach den Regeln der Störung der Geschäftsgrundlage in Betracht (einseitiges Voraussetzen = sog. reales Element), § 313 BGB.[75]

§ 434 I S. 2 Nr. 1 BGB soll die Fälle erfassen, in denen nicht eine bestimmte Beschaffenheit, sondern nur der Verwendungszweck vereinbart wurde. Gerade bei Alltagsgeschäften hat diese Konstellation hohe praktische Relevanz. 97

Hätten im obigen Beispiel (Rn. 89) der Performance-Künstler Z und der Bauhändler nur über die geplante Verwendung gesprochen, wäre § 434 I S. 2 Nr. 1 BGB einschlägig gewesen. Da es aber konkret um die Beständigkeit der Schrauben gegen Magensäure ging, war § 434 I S. 1 BGB einschlägig.

Einigung über Verwendungszweck erforderlich

Die Eignung für eine bestimmte Verwendung muss also von beiden Kaufvertragsparteien (Käufer und Verkäufer) „vorausgesetzt" sein. Jedenfalls im Zeitpunkt des Vertragsschlusses muss eine entsprechende Willensübereinstimmung vorliegen[76]; man kann – entsprechend der Beschaffenheitsvereinbarung nach § 434 I S. 1 BGB – von einer „Verwendungszweckvereinbarung" sprechen.

Der Verwendungszweck muss dabei über die gewöhnliche Verwendung hinausgehen, da hierfür § 434 I S. 2 Nr. 2 BGB einschlägig ist.

hemmer-Methode: Bei der vertraglich vorausgesetzten Verwendung handelt es sich daher um etwas anderes als um die gewöhnliche Verwendung.[77]

Häufig konkludente Vereinbarung, v.a. bei entsprechendem Vorgespräch

Diese wird sich regelmäßig durch Auslegung des Verhaltens der Kaufvertragsparteien ergeben, §§ 133, 157 BGB. Häufig besprechen die Vertragsparteien die geplante Verwendung im Vorfeld des Vertragsschlusses. 98

Wird dann der Vertrag ohne weiteres Eingehen auf den Verwendungszweck geschlossen, ist dem Verhalten der Parteien zu entnehmen, dass sie den besprochenen Verwendungszweck beim Vertragsschluss i.S.d. § 434 I S. 2 Nr. 1 BGB übereinstimmend vorausgesetzt haben.

73 BGH, NJW 2007, 1351 - 1353 = **juris**byhemmer.

74 Vgl. Grigoleit/Herresthal, Die Beschaffenheitsvereinbarung und ihre Typisierung in § 434 I BGB, JZ 2003, 233 - 239 (235).

75 Hierzu ausführlich **Hemmer/Wüst, Schuldrecht AT**, Rn. 607 ff.

76 Vgl. Palandt, § 434, Rn. 21.

77 So absolut richtig entschieden vom OLG Düsseldorf, NJW 2006, 2858 - 2861 (2859) = **juris**byhemmer.

Ebenfalls dürfte ausreichend sein, dass das einseitige Voraussetzen der Eignung für eine bestimmte Verwendung durch den Käufer für den Verkäufer erkennbar ist und der Vertrag ohne Erklärung des Verkäufers hierzu geschlossen wird.[78] Dann wird nämlich auch seitens des Verkäufers die Eignung konkludent vorausgesetzt; abzustellen ist auf den Empfängerhorizont des Käufers.

c) § 434 I S. 2 Nr. 2 BGB

§ 434 I S. 2 Nr. 2 BGB

Liegt weder eine Beschaffenheitsvereinbarung noch ein beiderseits vorausgesetzter Verwendungszweck vor, so ist nach § 434 I S. 2 Nr. 2 BGB auf die Eignung zur üblichen Verwendung der Kaufsache sowie auf die übliche bzw. vom Käufer zu erwartende Beschaffenheit abzustellen. 99

Ein Sachmangel liegt hiernach vor, wenn die Sache nicht zur üblichen oder vom Käufer nach der Art der Sache zu erwartenden Verwendung geeignet ist. Ebenfalls liegt ein Sachmangel vor, wenn die Kaufsache die übliche bzw. vom Käufer zu erwartende Beschaffenheit nicht aufweist.

hemmer-Methode: § 434 I BGB nimmt also eine Abstufung vor, die auch für die Prüfungsreihenfolge bzgl. des Vorliegens eines Sachmangels zwingend ist:
1. **Vorliegen einer Beschaffenheitsvereinbarung;**
2. **Wenn (-) ⇨ abstellen auf die beiderseitig vorausgesetzte Verwendung;**
3. **Wenn (-) ⇨ abstellen auf die übliche bzw. vom Käufer zu erwartende Verwendung/Beschaffenheit**

Bsp.: *Student S erwirbt vom Bäcker Z ein Brötchen. Als er es daheim verzehren will, bemerkt er, dass es von Schimmelpilzen befallen ist.*

Hier ist das Brötchen nicht zur üblichen Verwendung geeignet: Es kann nicht ohne nachteilige Gesundheitsfolgen verzehrt werden. Damit liegt ein Sachmangel wegen § 434 I S. 2 Nr. 2 Alt. 1 BGB vor. Ebenso weist es die für Brötchen übliche Beschaffenheit (Schimmelfreiheit) nicht auf, § 434 I S. 2 Nr. 2 Alt. 2 BGB.

Es ist daher nicht nötig, das Verhalten der Kaufvertragsparteien als konkludente Beschaffenheitsvereinbarung i.S.d. § 434 I S. 1 BGB („Schimmelfreiheit des Brötchens") bzw. als beiderseits konkludent vorausgesetzten Verwendungszweck i.S.d. § 434 I S. 2 Nr. 1 BGB („Verzehrbarkeit ohne gesundheitliche Nachteile") auszulegen.

Abgrenzung oft schwierig

Dieses Beispiel macht deutlich, dass die Abgrenzung zwischen § 434 I S. 1 BGB, § 434 I S. 2 Nr. 1 und Nr. 2 BGB oft schwierig ist, da sich die Beschaffenheitsvereinbarung bzw. das beiderseitige „Voraussetzen" auch durch schlüssiges Verhalten ergeben kann. 100

In der Klausur sollte es daher zulässig sein, darauf hinzuweisen, dass sich der Sachmangel jedenfalls aus § 434 I S. 2 Nr. 2 BGB ergibt (sofern dessen Voraussetzungen vorliegen), wenn es an einer ausdrücklichen Beschaffenheitsvereinbarung i.S.d. § 434 I S. 1 BGB bzw. einer ausdrücklichen Verwendungszweckvereinbarung i.S.d. § 434 I S. 2 Nr. 1 BGB fehlt.

hemmer-Methode: Diesen Weg wird sicher auch die Rechtsprechung gehen. Lassen Sie in der Klausur aber keinen Zweifel daran, dass Sie das Stufenverhältnis von § 434 I S. 1 BGB und § 434 I S. 2 Nr. 1 und Nr. 2 BGB verstanden haben! Dieses sollten Sie zunächst kurz erläutern und erst dann erklären, dass sich der Sachmangel jedenfalls aus § 434 I S. 2 Nr. 2 BGB ergibt. Ein solches Vorgehen kann Ihnen dann nicht als falsch angestrichen werden.

78 So auch Palandt, § 434, Rn. 21.

Vergleichsmaßstab: Sachen der gleichen Art

Vergleichsmaßstab bilden bei § 434 I S. 2 Nr. 2 BGB Sachen der gleichen Art. Es ist also z.B. nicht zulässig, den erworbenen Gebrauchtwagen mit der für einen Neuwagen üblichen und zu erwartenden Beschaffenheit zu vergleichen. Ein Vergleich mit Sachen der gleichen Art ist auch dann möglich, wenn kein Gattungs-, sondern ein Stückkauf vorliegt; z.B. sind beim Gebrauchtwagenkauf (= Stückkauf) als Vergleichbarkeitskriterien die Km-Laufleistung und das Baujahr heranzuziehen.[79] 101

Bsp.: *Für die Frage, ob ein verkaufter älterer Gebrauchtwagen wegen einer dem Verkauf vorausgegangenen längeren Standzeit im Sinne des § 434 I S. 2 Nr. 2 BGB frei von Sachmängeln ist, ist - anders als bei der Standzeit eines Jahreswagens bis zum Zeitpunkt seiner Erstzulassung - grundsätzlich nicht auf die Standzeit als solche abzustellen, sondern darauf, ob bei dem Fahrzeug keine Mängel vorliegen, die auf die Standzeit zurückzuführen sind und die gleichartige Fahrzeuge ohne entsprechende Standzeit üblicherweise nicht aufweisen.*[80]

hemmer-Methode: Abweichungen eines verkauften Pferdes von der „physiologischen Norm", die sich im Rahmen der üblichen Beschaffenheit vergleichbarer Pferde halten, sind nicht deswegen als Mangel einzustufen, weil „der Markt" auf derartige Abweichungen mit Preisabschlägen reagiert. Preisabschläge beim Weiterverkauf, die darauf zurückzuführen sind, dass „der Markt" bei der Preisfindung von einer besseren als der tatsächlich üblichen Beschaffenheit von Sachen gleicher Art ausgeht, begründen keinen Mangel.[81]

Erwartungshaltung bestimmt sich nach obj. Empfängerhorizont

Welche Beschaffenheit des Kaufgegenstandes ein Käufer anhand der Art der Sache im Sinne von § 434 I S. 2 Nr. 2 BGB erwarten kann, bestimmt sich nach dem Empfängerhorizont eines Durchschnittskäufers und damit nach der objektiv berechtigten Käufererwartung. Diese orientiert sich im Regelfall an der üblichen Beschaffenheit gleichartiger Sachen. Dagegen ist nicht entscheidend, welche Beschaffenheit der Käufer tatsächlich erwartet und wie er auf eine hiervon abweichende Beschaffenheit reagiert.

Bsp.: *Bei Gebrauchtfahrzeugen gehört es danach nicht ohne weiteres zur üblichen Beschaffenheit im Sinne von § 434 I S. 2 Nr. 2 BGB, dass sich alle Fahrzeugteile noch im Originalzustand befinden. Die übliche Beschaffenheit ist deshalb grundsätzlich nicht in Frage gestellt, wenn einzelne (wesentliche) Fahrzeugteile in technisch einwandfreier Weise erneuert wurden.*

Das gilt auch, wenn das Fahrzeug mit einer neuen Lackierung versehen worden ist, um es technisch und optisch wieder in einen tadellosen Zustand zu versetzen.
Die fehlende Originallackierung ist also nach Ansicht des BGH bei Gebrauchtfahrzeugen kein Mangel.[82]

hemmer-Methode: Als Zusammenfassung lesen Sie Fischinger/Lettmaier, „Neuere Rechtsprechung zum Pkw-Sachmängelrecht" in ZGS 2009, 394 ff.

d) Schlechter Ruf / Verdacht eines Mangels als Sachmangel

Auch der schlechte Ruf einer Sache oder bloße Verdacht eines Mangels können einen Sachmangel i.S.d. § 434 I BGB darstellen. 102

79 Palandt, § 434, Rn. 29; vgl. auch Dauner-Lieb, Das neue Schuldrecht, S. 112.

80 BGH, **Life&Law 2009, Heft 6, 364 - 369** = NJW 2009, 1588 - 1589 = **juris**byhemmer; in Abgrenzung zu BGH, **Life&Law 2006, Heft 12, 805 - 807** = NJW 2006, 2694 - 2696 = **juris**byhemmer.

81 BGH, NJW 2007, 1351 - 1353 = **juris**byhemmer.

82 BGH, **Life&Law 2009, Heft 10, 656 - 660** = NJW 2009, 2807 - 2809 = **juris**byhemmer.

Bsp.: *V verkauft an Supermarkt K Hasenfleisch, das nach den neuesten Meldungen salmonellenverseucht sein soll.*[83]

Kann der Käufer den der Sache anhaftenden Verdacht nicht durch zumutbare Maßnahmen entkräften, kann es für ihn nicht darauf ankommen, ob sich die Ungenießbarkeit des Fleisches später durch Untersuchungen bewahrheitet oder nicht.

Zu dem vertraglich vorausgesetzten (§ 434 I S. 2 Nr. 1 BGB) bzw. üblichen (§ 434 I S. 2 Nr. 2 BGB) Verwendungszweck der Weiterveräußerung ist das Hasenfleisch aufgrund des ihm anhaftenden Verdachtes nämlich nicht geeignet und damit für den Käufer wertlos. K stehen daher Mängelrechte bereits aufgrund des Verdachts des Salmonellenbefalls zu.

hemmer-Methode: Hier stellt also der bloße Verdacht der Mangelhaftigkeit selbst einen Sachmangel dar. Der Käufer müsste im Prozess daher nicht den tatsächlichen Salmonellenbefall beweisen, sondern lediglich, dass ein solcher Verdacht besteht, von ihm nicht durch zumutbare Maßnahmen entkräftet werden kann und dieser Verdacht die angestrebte Verwendung (Weiterverkauf) beeinträchtigt.

Problematisch: Verdacht erweist sich im Nachhinein als unbegründet

Stellt sich vor Ablauf der Verjährung der Mängelrechte gem. § 438 BGB heraus, dass der Verdacht tatsächlich unbegründet war (etwa: eine wissenschaftliche Untersuchung wurde durchgeführt), bleibt es zwar dabei, dass mit dem Verdacht im Zeitpunkt des Gefahrübergangs ein Sachmangel vorlag. 103

Dem Käufer kann jedoch nach Treu und Glauben ein Berufen hierauf nach § 242 BGB verwehrt sein. Hat der Käufer Mängelrechte bereits geltend gemacht, so bleiben die hierdurch eingetretenen Rechtsfolgen bestehen (z.B.: Rücktritt, Minderung, Schadensersatz mit der Folge des § 281 IV BGB). Jedoch ist dem Verkäufer u.U. nach § 242 BGB ein Anspruch auf Wiederbegründung des ursprünglichen Vertragsverhältnisses zuzubilligen.

hemmer-Methode: Dagegen wird auch vertreten, ein Sachmangel habe in Wahrheit von Anfang an nicht bestanden, die geltend gemachten Mängelrechte bestanden also ebenfalls nicht und konnten keine Folgen haben.[84]
Diese Auffassung erscheint jedoch inkonsequent, da der Verdacht selbst den Sachmangel begründet hat. Dieser bestand aber im Zeitpunkt der Geltendmachung der Mängelrechte, und zwar unabhängig von der tatsächlichen Unbrauchbarkeit der Kaufsache.

e) Erweiterung von § 434 I S. 2 Nr. 2 BGB durch § 434 I S. 3 BGB[85]

aa) Grundsatz

§ 434 I S. 3 BGB: Erweiterung des § 434 I S. 2 Nr. 2 BGB

§ 434 I S. 3 BGB erweitert § 434 I S. 2 Nr. 2 BGB hinsichtlich der Frage, welche Beschaffenheit der Käufer von der Kaufsache erwarten darf[86]: Er darf sich auf öffentliche Äußerungen des Verkäufers sowie des Herstellers und seiner Gehilfen verlassen. Diese Erweiterung des Mangelbegriffes wird in der Zukunft in Praxis und Klausur von besonderer Relevanz sein. 104

83 BGHZ 52, 51 - 55 = **juris**byhemmer.

84 In diese Richtung wohl Reinicke/Tiedtke, Kaufrecht, Rn. 271.

85 Vgl. auch Kasper, Die Sachmängelhaftung des Verkäufers für Werbeaussagen, ZGS 2007, 172 ff

86 Palandt, § 434, Rn. 31.

Öffentliche Äußerungen: v.a. Werbeaussagen

Äußerungen sind dann öffentlich, wenn sie an einen unbestimmten Adressatenkreis gerichtet und für diesen auch wahrnehmbar sind. Werbeaussagen stellen hierbei die wichtigste Fallgruppe dar und werden demzufolge von § 434 I S. 3 BGB als Regelbeispiel („insbesondere") genannt.[87] 105

Es ist aber zu beachten, dass sich die Äußerungen auf konkrete Beschaffenheitsmerkmale beziehen müssen. Reißerische Werbeaussagen („Das beste Auto der Welt!", „Besser als die Konkurrenz", „Radio hören macht die Seele froh" etc.) unterfallen § 434 I S. 3 BGB nicht[88]; denn sie begründen aufgrund ihrer Unbestimmtheit kein schützenswertes Vertrauen des Käufers.

Angaben bei der Kennzeichnung

In sachlicher Hinsicht nennt § 434 I S. 3 BGB Äußerungen „bei der Kennzeichnung über bestimmte Eigenschaften" als weiteres Regelbeispiel. Hierbei sollen vor allem Angaben auf Verpackungen über Eigenschaften der Kaufsache erfasst werden, gemeint sind aber auch Angaben in Katalogen oder in beigegebenen Warenbeschreibungen.[89]

hemmer-Methode: Ein Werbeprospekt eines Autoherstellers stellt eine öffentliche Äußerung i.S.d. § 434 I S. 3 BGB dar. Im Fall des OLG München wurde im Prospekt die Eignung des Kfz für Normalbenzin (mind. 91 ROZ) behauptet, was nicht zutraf. Das OLG München hat daher zu Recht einen Mangel i.S.d. § 434 I S. 3 BGB bejaht.[90]

Eingrenzung in persönlicher Hinsicht

In persönlicher Hinsicht betrifft § 434 I S. 3 BGB Äußerungen des Verkäufers, des Herstellers sowie „seines Gehilfen". Für die Anwendung der Vorschrift dürften Äußerungen des Verkäufers allerdings von geringer Relevanz sein, denn bei solchen kann regelmäßig von einer stillschweigenden Beschaffenheitsvereinbarung i.S.d. § 434 I S. 1 BGB ausgegangen werden. 106

Herstellerbegriff: § 4 I, II ProdHaftG

Hauptanwendungsfall des § 434 I S. 3 BGB sind die öffentlichen Äußerungen des Herstellers. Dabei verweist die Vorschrift hinsichtlich des Herstellerbegriffes auf § 4 I, II ProdHaftG. So ist auch der Importeur als Hersteller anzusehen, § 4 II ProdHaftG. 107

Das Einstehenmüssen des Verkäufers für Äußerungen des Herstellers rechtfertigt sich vor allem daraus, dass dem Käufer gegen den Hersteller keine unmittelbaren vertraglichen Ansprüche zustehen. Andererseits profitiert der Verkäufer auch von Äußerungen des Herstellers, da diese regelmäßig die Kaufentscheidung des Kunden beeinflussen. Dann ist es aber auch billig, dass der Verkäufer etwaige Nachteile aus den Herstelleräußerungen zu tragen hat.

Gehilfe des Herstellers

Als Gehilfe des Herstellers lässt sich bezeichnen, wer mit Wissen und Wollen des Herstellers für diesen öffentliche Äußerungen i.S.d. § 434 I S. 3 BGB vornimmt. In diesem Sinne kommen vor allem die mit der Werbekampagne beauftragten Unternehmen in Betracht.[91] Ob eine Weisungsabhängigkeit gegenüber dem Hersteller vorliegt, ist unbeachtlich.

hemmer-Methode: Die Definition entspricht in etwa der des Erfüllungsgehilfen i.S.d. § 278 BGB; jedoch mit einem wichtigen Unterschied: Das Einstehenmüssen für Erfüllungsgehilfen nach § 278 BGB setzt eine Sonderverbindung voraus; eine solche besteht zwischen Hersteller und Käufer gerade nicht.

87 Lesen Sie Otting, Zur Offenbarungspflicht der Ex-Mietwageneigenschaft eines Gebrauchtwagens, ZGS 2004, 12 ff.

88 BT-Drs. 14/6040, S. 214.

89 Palandt, § 434, Rn. 35.

90 OLG München, ZGS 2005, 237.

91 Palandt, § 434, Rn. 37.

Einstehenmüssen für eigene „Gehilfen" des Verkäufers?

108 Überraschend ist auf den ersten Blick, dass das Gesetz ein Einstehenmüssen des Verkäufers für öffentliche Äußerungen eigener Gehilfen nicht zu regeln scheint. Hier ist jedoch eine Zurechnung nach allgemeinen Grundsätzen vorzunehmen: Vertretbar erscheint die Anwendung der §§ 164 ff. BGB, aber auch des § 278 BGB. Dabei ist einer Analogie zu § 278 BGB wohl der Vorzug zu gewähren: Da für den Hersteller auch die §§ 164 ff. BGB, mangels Sonderverbindung zum Käufer nicht aber § 278 BGB anwendbar ist, wäre die ausdrückliche Nennung des Gehilfen des Herstellers in § 434 I S. 3 BGB sonst überflüssig.[92]

§ 166 I BGB (-)

Unvertretbar ist an dieser Stelle jedoch die Anwendung des § 166 I BGB, da es nicht um eine reine Wissenszurechnung geht.

hemmer-Methode: Halten Sie die Augen offen nach neuer Rechtsprechung! Bis sich eine klare höchstgerichtliche Linie herausgebildet hat, ist so gut wie alles vertretbar. Bei rein dogmatischen Fragen wird allerdings der BGH geneigt sein, diese möglichst offen zu lassen. Bis sich dann in der Literatur eine „h.L." herausbilden wird, dürfte es recht lange dauern.

bb) Ausnahmen: § 434 I S. 3 BGB a.E.

Ausschlusstatbestände § 434 I S. 3 BGB a.E.

109 Zum Schutz der Interessen des Verkäufers enthält § 434 I S. 3 BGB a.E. Ausschlusstatbestände. Liegen diese vor, wird die schützenswerte Erwartung des Käufers gem. § 434 I S. 2 Nr. 2 BGB nicht durch öffentliche Äußerungen erweitert. Die Darlegungs- und Beweislast wird hierbei dem Verkäufer auferlegt („es sei denn").

hemmer-Methode: Grundsätzlich müsste der Käufer alle Voraussetzungen des Vorliegens eines Sachmangels darlegen und beweisen, da es sich hierbei um für ihn günstige Tatsachen handelt. Da die den Ausschlusstatbeständen des § 434 I S. 3 BGB a.E. zugrunde liegenden Tatsachen aber aus der Sphäre des Verkäufers stammen (v.a.: Kenntnis des Verkäufers), könnte er den Beweis insoweit kaum führen. Deshalb kehrt das Gesetz richtigerweise die Beweislast um.

⇨ Keine Kenntnis und kein Kennenmüssen

110 ⇨ So hat der Verkäufer für die Äußerung nicht einzustehen, wenn er sie **nicht kannte und nicht kennen musste**. Von einem Kennenmüssen ist die Rede, wenn die fragliche Person infolge Fahrlässigkeit in Unkenntnis ist, § 122 II BGB. Bei Werbeaussagen wird eine nicht fahrlässige Unkenntnis kaum jemals anzunehmen sein, da Werbeaussagen gerade an einen möglichst weiten Adressatenkreis gerichtet werden und damit auch dem Verkäufer zugänglich sind.

⇨ Gleichwertige Berichtigung

111 ⇨ Der zweite Ausschlusstatbestand ist einschlägig, wenn die Äußerung im Zeitpunkt des Vertragsschlusses **in gleichwertiger Weise berichtigt** war. In diesem Fall ist das Vertrauen des Käufers auf die öffentliche Äußerung nicht (mehr) schutzwürdig.

Daher fordert das Gesetz, dass die „Berichtigung" in gleichwertiger Weise erfolgt. Die Berichtigung bestimmt sich deshalb nach der Art der öffentlichen Äußerung.

112 ***Bsp.:** Hersteller H hat durch das Werbeunternehmen W in der Süddeutschen Zeitung eine Anzeige geschaltet. In dieser wird erklärt, das Produkt „Schleifmaschine Nimbus 2000" sei zum Abschleifen verrosteter Metallgegenstände geeignet. Tatsächlich ist dies nicht der Fall.*

92 Palandt, § 434, Rn. 36 geht davon aus, dass das Gesetz sowohl Gehilfen des Herstellers als auch des Verkäufers meint.

Hinsichtlich der Eignung zum Abschleifen von Metallgegenständen liegt eine öffentliche Äußerung in Form einer Werbeanzeige durch W als Gehilfen des Herstellers H vor. Für diese Äußerung haben die Verkäufer des Produktes einzustehen: Da die Maschinen die fragliche Beschaffenheit tatsächlich nicht haben, sind sie mangelhaft, § 434 I S. 2 Nr. 2, S. 3 BGB.

Damit die Verkäufer Mängelrechten der Käufer insoweit nicht ausgesetzt sind, kann eine Berichtigung i.S.d. § 434 I S. 3 BGB a.E. erfolgen. Diese muss aber gleichwertig sein. Dies bezieht sich vor allem auf die Art der öffentlichen Äußerung. So müsste die Berichtigung in ähnlicher Weise an die Öffentlichkeit gerichtet sein, wie die Herstelleräußerung selbst.

Keine Berichtigung von Herstelleräußerungen durch den Verkäufer

Äußerungen des Herstellers können durch den Verkäufer nicht in gleichwertiger Weise berichtigt werden. Denn Angaben des Herstellers erwecken beim Käufer regelmäßig stärkeres Vertrauen auf ihre Richtigkeit. Eigene öffentliche Äußerungen kann der Verkäufer freilich auch selbst berichtigen. Ebenso kann bei diesen eine Berichtigung durch den Hersteller erfolgen. 113

Bei erfolgter Berichtigung auch keine Beschaffenheitsvereinbarung

Die Berichtigung durch den Verkäufer schließt auch eine Beschaffenheitsvereinbarung i.S.d. § 434 I S. 1 BGB aus; denn in diesem Fall kann das Verhalten des Verkäufers nicht nach den §§ 133, 157 BGB dahin ausgelegt werden, dass er für die Richtigkeit der Äußerung einstehen und die Beschaffenheit vereinbaren will.

Maßgeblicher Zeitpunkt: Abschluss des Kaufvertrages

Die Berichtigung muss im Zeitpunkt des Vertragsschlusses erfolgt sein. Anderenfalls käme die Berichtigung einer einseitigen nachträglichen Haftungsbeschränkung zugunsten des Verkäufers gleich. Einseitige (rechtsgeschäftliche) Haftungsbeschränkungen sind dem deutschen Zivilrecht aber fremd. 114

***Bsp.:** Die Vertragsparteien machen den Kaufvertrag von dem Eintritt eines Termins (§§ 163, 158 I BGB) abhängig. Nach Abschluss des Vertrages, aber vor Eintritt des Termins, erfolgt eine gleichwertige Berichtigung.* 115

Die Erweiterung des § 434 I S. 2 Nr. 2 BGB nach § 434 I S. 3 BGB scheidet nur aus, wenn im Zeitpunkt des Vertragsschlusses die öffentliche Äußerung bereits berichtigt war. Auf diesen Zeitpunkt ist auch abzustellen, wenn der Kaufvertrag unter einer aufschiebenden Bedingung oder Befristung geschlossen wird. Denn die Kaufentscheidung ist vom Käufer bereits getroffen worden; hierbei durfte er auf die öffentliche Äußerung vertrauen. Eine danach erfolgende Berichtigung ist unbeachtlich.

hemmer-Methode: Anders könnte die Rechtslage zu beurteilen sein, wenn der Eintritt der Bedingung allein vom Käufer abhängt. Jedoch hat der Käufer seine Kaufentscheidung bereits mit Vertragsschluss und nicht erst mit der Entscheidung, die Bedingung eintreten zu lassen, getroffen. Daher muss auch hier eine nach Vertragsschluss erfolgende Berichtigung unbeachtlich sein (a.A. vertretbar).

⇨ Keine Kausalität

⇨ Schließlich scheidet die Erweiterung nach § 434 I S. 3 BGB aus, wenn die öffentliche Äußerung die Kaufentscheidung **nicht beeinflussen konnte**. Wenn die Werbeaussage bzw. die sonstige öffentliche Äußerung nicht kausal für die Kaufentscheidung des Käufers war, kann dieser hieraus auch keine gegenüber § 434 I S. 2 Nr. 2 BGB erweiterten Rechte herleiten. 116

Fehlen der Kausalität genügt nicht

Ausreichend ist es hierbei nicht, dass die öffentliche Äußerung die Kaufentscheidung tatsächlich nicht beeinflusst hat; es ist vielmehr erforderlich, dass sie zur Beeinflussung der Kaufentscheidung objektiv nicht geeignet war („nicht beeinflussen konnte"). Eine im konkreten Fall fehlende Kausalität genügt also nicht. Eine Beeinflussung der Kaufentscheidung muss generell ausgeschlossen sein.[93]

---

93 Palandt, § 434, Rn. 39; vgl. auch Dauner-Lieb, Das neue Schuldrecht, S. 114.

Problematisch, da Beweislast beim Verkäufer

Allerdings dürfte diese Fallgruppe geringe praktische Relevanz haben, da den Verkäufer auch insoweit die Beweislast trifft. Der Verkäufer wird kaum jemals beweisen können, dass eine Beeinflussung der Kaufentscheidung des Käufers schlechthin ausgeschlossen war. *117*

Bsp.: *Verkäufer V schaltet im Lokalteil der „Mainpost" eine Werbeanzeige, in der er seine Weihnachts-Lichterketten als „zum Einsatz im Freien; regen- und kältebeständig" anpreist. Tatsächlich handelt es sich jedoch um gewöhnliche Lichterketten, die nur im Innenbereich eingesetzt werden können, da ein Kontakt mit Wasser Kurzschlüsse verursachen kann.*
K, der sich seit einem halben Jahr auf den Malediven befindet (wo die Mainpost nicht vertrieben wird), bestellt telefonisch bei dem ihm gut bekannten V eine solche Lichterkette und befestigt sie am Balkon seiner Ferienwohnung. Bei einem plötzlichen Gewitter wird die Kette infolge eines Kurzschlusses beschädigt. K will den Kaufpreis mindern.

Die wirksame Minderung des Kaufpreises (§ 441 BGB) setzt die Mangelhaftigkeit der Kaufsache voraus (dazu vgl. unten, Rn. 244 ff.). Hier kommt nur ein Sachmangel in Betracht.

Eine Beschaffenheitsvereinbarung i.S.d. § 434 I S. 1 BGB liegt nicht vor; ebenso wenig wurde der Einsatz der Kette im Freien von V und K i.S.d. § 434 I S. 2 Nr. 1 BGB vorausgesetzt. Ein Sachmangel könnte sich aber unter dem Gesichtspunkt des § 434 I S. 2 Nr. 2 BGB ergeben, wenn K nach der Zeitungsanzeige erwarten durfte, dass die Kette im Freien eingesetzt werden kann, § 434 I S. 2 Nr. 2, S. 3 BGB.

In der Zeitungsanzeige ist eine öffentliche Äußerung in Form einer Werbeaussage i.S.d. § 434 I S. 3 BGB zu sehen. Jedoch könnte die Haftung des Verkäufers hierfür nach § 434 I S. 3 BGB a.E. ausgeschlossen sein, weil die öffentliche Äußerung die Kaufentscheidung des Käufers nicht beeinflusst hat.

K konnte die Mainpost, in der sich die Werbeanzeige befand, auf den Malediven nicht beziehen. Er hatte demnach keine Kenntnis von der Werbeaussage. Daher war diese nicht kausal für seine Kaufentscheidung. Fraglich ist allerdings, ob dies zur Bejahung des Ausschlusstatbestandes nach § 434 I S. 3 BGB genügt. Denn ein bloßes Fehlen der Kausalität im konkreten Fall ist nicht ausreichend, vielmehr muss eine Beeinflussung der Kaufentscheidung generell ausgeschlossen sein (Wortlaut: „nicht beeinflussen konnte"). Es stellt sich die Frage, ob hierbei zumindest auf die konkrete Situation des Käufers Rücksicht zu nehmen ist; für K konnte in seiner konkreten Situation die öffentliche Äußerung seine Kaufentscheidung nicht beeinflussen.

Würde man bei der anzustellenden generalisierenden Betrachtung auf die konkrete Käufersituation nicht Rücksicht nehmen, käme der Ausschlusstatbestand des § 434 I S. 3 BGB a.E. kaum jemals zur Anwendung. Einer öffentlichen Äußerung wohnt doch gerade die Annahme inne, dass sie für die Kaufentscheidung irgendeines Käufers von Einfluss sein kann. Daher ist auf die konkrete Situation des betroffenen Käufers abzustellen.

Zu fragen ist danach, ob für diesen Käufer eine Beeinflussung seiner Kaufentscheidung in der konkreten Kaufsituation ausgeschlossen war. Dies ist seitens des K zu bejahen; der Ausschlusstatbestand des § 434 I S. 3 BGB a.E. ist erfüllt.

Damit wurde § 434 I S. 2 Nr. 2 BGB nicht durch die Werbeaussage erweitert. Da es sich bei dem Einsatz einer gewöhnlichen Lichterkette im Freien auch nicht um deren übliche Verwendung i.S.d. § 434 I S. 2 Nr. 2 BGB handelt, scheidet ein Sachmangel aus. K kann also den Kaufpreis nicht mindern.

hemmer-Methode: Freilich könnte K einwenden, er habe von Freunden von der Zeitungsanzeige erfahren. Dann kommt es letztlich auf die Überzeugung des Gerichts im Rahmen der freien Beweiswürdigung (§ 286 ZPO) an, ob es V hinsichtlich der fehlenden Kausalität Glauben schenkt. Da sich K nicht im Einzugsbereich der Werbeaussage befand, wird V wohl der Beweis des ersten Anscheins zugutekommen.

Enthält die Klausur keine weiteren Anhaltspunkte, so sollten Sie aus obigem Sachverhalt durchaus das Fehlen der Kausalität Werbeaussage/Kaufentscheidung folgern und keine weiteren Mutmaßungen anstellen. Sie dürfen davon ausgehen, dass der Klausurersteller seinen Sachverhalt als für die Lösung ausreichend ansieht.

f) Maßgeblicher Zeitpunkt für das Vorliegen eines Sachmangels

Maßgeblich = Zeitpunkt des Übergangs der Preisgefahr auf Käufer

Der Sachmangel muss im Zeitpunkt des Gefahrübergangs vorliegen, § 434 I S. 1 BGB. Gefahrübergang meint hierbei den Zeitpunkt des Übergangs der Preisgefahr auf den Käufer[94]; dieser erfolgt vor allem durch Übergabe (§ 446 S. 1 BGB) und durch Absenden beim Versendungskauf (§ 447 I BGB). 118

hemmer-Methode: Nach altem Recht waren die Gewährleistungsrechte bereits vor Gefahrübergang anwendbar, wenn sicher war, dass ein Fehler im Zeitpunkt des Gefahrübergangs vorliegen wird.
Ob dies auch nach der Schuldrechtsmodernisierung gilt, ist umstritten. Für eine Beibehaltung bei unbehebbaren Mängeln Hofmann/Pammler, ZGS 2004, 91, 95; Palandt, § 437 BGB, Rn. 50 verneint hingegen jede Anwendung der Mängelrechte vor Gefahrübergang.

Befindet sich der Käufer im Annahmeverzug, so müsste er bei vollständiger Zerstörung der Kaufsache den vollen Kaufpreis entrichten, § 326 II S. 1 Alt. 2 BGB. Dann muss der Käufer aber erst recht den vollen Kaufpreis zu zahlen haben, wenn die Sache nach Eintritt des Annahmeverzuges lediglich beschädigt und damit mangelhaft wird. Es wäre unbillig, dem Käufer in diesem Fall Mängelrechte zuzuerkennen.

Auch: Annahmeverzug, § 446 S. 3 BGB

Daher ordnet § 446 S. 3 BGB an, dass die Preisgefahr auch mit Eintritt des Annahmeverzuges des Gläubigers auf diesen übergeht.

hemmer-Methode: Geben Sie diese Wertung des „erst-recht-Schlusses" bei bloßer Verschlechterung der Sache während seines Annahmeverzuges in der Klausur zu erkennen. So zeigen Sie dem Korrektor, dass Sie den Sinn und Zweck der Norm verstanden haben.

g) Sonderfall: Neuer Mangel nach Gefahrübergang

Entstehung weiterer Mängel während des Nacherfüllungsstadiums

Problematisch sind die Fälle, in denen weitere Mängel nach Gefahrübergang während des Nacherfüllungsstadiums erstmals entstehen. 119

Vom BGH entschieden ist die Frage der Beweislast. Nimmt der Käufer die Kaufsache nach einer Nachbesserung durch den Verkäufer wieder entgegen, so trägt der Käufer die Beweislast dafür, dass der erneute Mangels während der Nachbesserung aufgetreten ist und nicht auf einer unsachgemäßen Behandlung der Kaufsache nach erneuter Übernahme durch den Käufer beruht.[95]

⇨ vom Verkäufer nicht zu vertretende Mängel

Wenn diese nicht durch den Verkäufer zu vertreten sind (z.B. Hagelschaden), so stellt sich die Frage, ob der Verkäufer hierfür verschuldensunabhängig einstehen muss.

Da eine Differenzierung zwischen Nachlieferung und Nachbesserung unbillig erscheint, wird überwiegend vertreten, dass der Verkäufer analog §§ 439 IV, 346 III S. 1, Nr. 3 BGB privilegiert ist und damit nicht das Risiko zufälliger Verschlechterungen zu tragen hat.[96]

---

94 Hierzu vgl. oben, Rn. 64 ff.

95 Vgl. BGH, **Life&Law 2009, Heft 6, 361 - 363** = NJW 2009, 1341 - 1343 = **juris**byhemmer.

96 Vgl. dazu Stodolkowitz, Gefahrtragung während der Nacherfüllung im Kaufrecht, ZGS 2009, 496 - 501.

⇨ vom Verkäufer zu vertretende Mängel

Hat der Verkäufer hingegen den Mangel im Stadium der Nachbesserung zu vertreten, so erscheint eine analoge Anwendung der §§ 434 ff. BGB als gerechtfertigt. Eine direkte Anwendung scheidet aus, da der „neue“ Mangel beim Gefahrübergang noch nicht vorlag, die Kaufsache diesbezüglich also mangelfrei war.[97]

2. § 434 II BGB

a) § 434 II S. 1 BGB

Die Vorschrift stellt Fehler bei der **vereinbarten Montage** einer Sache ausdrücklich einem Sachmangel gleich. 120

hemmer-Methode: Nach altem Recht existierte eine solche Vorschrift nicht. Problematisch war deshalb die Einordnung des Vertrages; er wurde zwar als einheitlicher Kaufvertrag angesehen. Mängel der Montage sollten jedoch nach Werkvertragsrecht behandelt werden.[98]

§ 434 II S. 1 BGB unterstellt nun die Montageleistung den Gewährleistungsvorschriften des Kaufrechts.

Sachmangel (+), wenn durch fehlerhafte Montage Kaufsache mangelhaft wird

Als Sachmangel ist es deshalb anzusehen, wenn infolge fehlerhafter Montage die Kaufsache mangelhaft i.S.d. § 434 I BGB wird. Unbeachtlich ist hierbei ausnahmsweise, ob es bereits vorher zum Gefahrübergang kam, da § 434 II S. 1 BGB dieses Erfordernis im Gegensatz zu § 434 I S. 1 BGB („bei Gefahrübergang“) nicht nennt. 121

Bsp.: Der Verkäufer liefert eine zunächst einwandfreie Waschmaschine. Infolge fehlerhaften Wasseranschlusses wird die Maschine beschädigt.

§ 434 I BGB steht der Annahme eines Sachmangels zunächst entgegen, da die Waschmaschine im Zeitpunkt des Gefahrübergangs (Übergabe, § 446 S. 1 BGB) noch mangelfrei war. Jedoch liegt eine fehlerhafte Montage vor; die hieraus resultierenden Mängel sind nach § 434 II S. 1 BGB als Sachmängel anzusehen. Dies gilt auch für infolge der fehlerhaften Montage hervorgerufenen Mängel der Kaufsache selbst. Ein Sachmangel liegt also vor.

Sachmangel auch, wenn lediglich Montage fehlerhaft ist

Ein Sachmangel liegt nach § 434 II S. 1 BGB aber auch dann vor, wenn lediglich die Montage mangelhaft ist, sich dies aber auf die Kaufsache nicht auswirkt, diese also mangelfrei bleibt. 122

Bsp.: Der Verkäufer baut die einzubauenden Küchenschränke fehlerhaft (z.B. schief) ein; die Schränke können aber ohne weiteres genutzt werden.

Zwar sind die Schränke mangelfrei und wurden auch durch die fehlerhafte Montage nicht mangelhaft. Jedoch ist die Montageleistung selbst als mangelhaft anzusehen. Dies reicht für die Annahme eines Sachmangels i.S.d. § 434 II S. 1 BGB aus.

Verkäufer muss die Montage vertraglich schulden

Erforderlich für die Anwendbarkeit des § 434 II S. 1 BGB ist, dass die Montage vom Verkäufer vertraglich geschuldet wurde („die vereinbarte Montage“). 123

hemmer-Methode: Dies kann und wird freilich häufig durch konkludente Vereinbarung geschehen. Z.B. bittet der Käufer nach Vertragsschluss den Verkäufer, die gekaufte Waschmaschine bei ihm zu Hause anzuschließen.

---

97 Vgl. dazu Klinck, Die Haftung des Verkäufers für eine Beschädigung der Sache nach Gefahrübergang, ZGS 2008, 217 – 219; **nach Ansicht des OLG Saarbrücken (NJW-RR 2013, 1388 ff. = jurisbyhemmer) sind im Rahmen der Nacherfüllung auftretende Mängel so zu behandeln wie bei Gefahrübergang bestehende Mängel.**

98 BGH, NJW 1998, 3197 - 3199 (3198) = **juris**byhemmer.

Lässt sich der Verkäufer hierauf ein, liegt eine nachträgliche Vertragsänderung durch schlüssiges Verhalten vor. Damit wurde die Montageleistung nachträglich Bestandteil des bereits geschlossenen Kaufvertrages, § 434 II S. 1 BGB ist anwendbar.

Montage auch durch Erfüllungsgehilfen des Verkäufers

Der Verkäufer muss die Montage nicht zwingend selbst durchführen; dies kann nach § 434 II S. 1 BGB auch durch dessen Erfüllungsgehilfen geschehen. Das Gesetz geht hierbei davon aus, dass § 278 BGB direkt nicht zur Anwendung kommt, da diese Vorschrift nur ein Verschulden, nicht jedoch ein Verhalten zurechne. 124

Dem steht allerdings entgegen, dass die ganz h.M. beispielsweise beim Anspruch aus § 280 I BGB die schuldhafte Pflichtverletzung, also auch das Verhalten des Erfüllungsgehilfen, nach § 278 BGB zurechnet. Da der Erfüllungsgehilfe nun aber ausdrücklich in § 434 II S. 1 BGB genannt wird, braucht das Problem weder hier noch in der Klausur vertieft zu werden. Jedenfalls ist der Begriff des Erfüllungsgehilfen wie in § 278 BGB zu verstehen.

Vertretenmüssen des Verkäufers nicht erforderlich

§ 434 II S. 1 BGB fordert kein Verschulden des Verkäufers bzw. seiner Erfüllungsgehilfen. Die Montage muss lediglich unsachgemäß sein; ob der Verkäufer dies i.S.d. §§ 276 ff. BGB zu vertreten hat, ist unbeachtlich. 125

b) § 434 II S. 2 BGB, sog. IKEA-Klausel

§ 434 II S. 2 BGB: fehlerhafte Montageanleitung

Ist die Kaufsache zur Montage bestimmt, liegt nach § 434 II S. 2 BGB ein Sachmangel bereits dann vor, wenn nur die Montageanleitung mangelhaft ist. Dies gilt nicht, wenn die Montage trotz der mangelhaften Montageanleitung fehlerfrei erfolgt ist. 126

Problematisch ist der Fall, dass der erste Käufer die Sache trotz einer völlig unverständlichen Montageanleitung fehlerfrei montiert hat und anschließend die Sache weiterveräußert.

hemmer-Methode: Schwierig ist oftmals die Abgrenzung zwischen Kaufvertrag mit Montageverpflichtung i.S.d. § 434 II S. 1 BGB einerseits und einem Werkvertrag andererseits.
Die Abgrenzung ist danach vorzunehmen, worin der Schwerpunkt des Vertrages zu sehen ist.
Ist der Warenumsatz im Vordergrund, so liegt ein Kauf mit Montageverpflichtung gem. § 434 II S. 1 BGB vor.
Liegt der Schwerpunkt des Vertrages nicht auf dem Warenumsatz, sondern ist die Werkleistung mindestens von gleichem oder sogar von größerem Gewicht, so wäre von einem Werkvertrag auszugehen.[99]

Bsp.[100]**:** *Hobbybastler K kauft bei V eine Schaukel, deren Montageanleitung unbrauchbar ist. Dem Hobbybastler gelingt aber der fehlerfreie Aufbau. Ein Jahr später veräußert er die demontierte Schaukel an D, welchem der Aufbau mit dieser Montageanleitung aber nicht gelingt. D verlangt nun von K Minderung. Hat K einen Regressanspruch gegen V?*

Die Schaukel müsste mangelhaft sein. Dies war sie zunächst wegen § 434 II S. 2 BGB. Allerdings konnte K die Schaukel richtig montieren, sodass dadurch die Mangelhaftigkeit wieder entfiel.

Da aber D die Schaukel nicht richtig montieren konnte, liegt die missliche Situation vor, dass im Verhältnis K/D ein Mangel vorliegt, aber nicht mehr im Verhältnis K/V.

---

99 Vgl. Lorenz, Nacherfüllungskosten und Schadensersatz nach „neuem“ Schuldrecht – was bleibt vom „Dachziegel-Fall?“, ZGS 2004, 408 - 411, Fn. 2, 3 und 8; Bamberger/Roth/Faust, § 434 BGB, Rn. 90; Westermann, Das neue Kaufrecht, NJW 2002, 241 - 253 (244).

100 Nach Brand, Probleme mit der IKEA-Klausel, ZGS 2003, 96 - 101 (100).

Nach diesem Ergebnis müsste allerdings der Hobbybastler die Fehlerhaftigkeit der Montageanleitung gegenüber D vertreten und wäre damit infolge seines eigenen Geschickes in die sog. „Tüftlerfalle“ getappt.

Mit der ratio legis (Schutz des Käufers) ist dieses Ergebnis ersichtlich unvereinbar. Daher wird vorgeschlagen, § 434 II S. 2 HS 2 BGB auf die Fälle zu beschränken, dass dem **Letztkäufer** der ordnungsgemäße Aufbau gelingt.

Nach dieser überzeugenden richtlinienkonformen Auslegung war die Schaukel trotz des einmal erfolgreichen Aufbaus nach wie vor mangelhaft, da K nicht Letztkäufer war.

hemmer-Methode: Eine a.A. ist sehr wohl vertretbar, solange Sie in der Klausur dieses Problem des „Gestaltenwandlers“ erkennen (zunächst ist die Sache mangelhaft, dann mangelfrei, dann wieder mangelhaft). Als gelungen kann man die Leistung des „Schnellschuss-Gesetzgebers“ jedenfalls nicht bezeichnen.

Person des Montierenden ist unbeachtlich

Wer die Montage durchführt, ist unbeachtlich.[101] Dies wird in der Regel der Käufer sein; die Montage kann aber auch durch den Verkäufer oder dessen Hilfspersonen geschehen. 127

Schwierig wird es dann, wenn die Montage fehlerhaft erfolgt ist und der Käufer Nacherfüllung gem. §§ 437 Nr. 1, 439 I BGB verlangt. Steht dem Käufer dann ein Anspruch auf Neumontage zu oder nur ein Nacherfüllungsanspruch bezüglich der Montageanleitung selbst? Hier wird man differenzieren müssen, ob der Verkäufer die Pflicht zur Montage hatte oder nicht. In letzterem Fall hat der Käufer nach h.M. nur einen Anspruch auf Nacherfüllung bezüglich der Montageanleitung selbst.[102]

hemmer-Methode: Dieses Problem war bereits Gegenstand des Ersten Staatsexamens in Bayern Termin 2003/I, 4. Klausur.

Bsp.: *K erwirbt bei dem Unternehmen I einen Schrank, den er selbst montieren muss. Zu Hause angekommen stellt er fest, dass die Montageanleitung absolut unverständlich ist. K ruft bei I an, der Angestellte A verweigert jedoch jede Form der Nacherfüllung. K verlangt Minderung und klagt gegen I auf Rückzahlung des nach § 441 III BGB berechneten Betrages.*
Während des Prozesses gelingt es K nun doch, den Schrank fehlerfrei zu montieren. Was würden Sie K als dessen Anwalt raten?

1. Festzustellen ist zunächst die materiell-rechtliche Rechtslage.

a) Es lag zunächst ein Sachmangel vor, § 434 II S. 2 BGB. Ebenfalls waren die Voraussetzungen der Minderung gegeben, § 441 BGB (dazu unten, Rn. 244 ff.).

Durch seine Minderungserklärung hat K die Rechtsfolgen der Minderung zunächst wirksam herbeigeführt und dadurch einen Anspruch auf Rückzahlung des nach § 441 III BGB zu viel bezahlten Betrages gegen I erworben.

b) Fraglich ist jedoch, wie sich hierauf das fehlerfreie Montieren durch K ausgewirkt hat. Nach § 434 II S. 2 HS 2 BGB („es sei denn [...]“) soll dies dazu führen, dass entgegen § 434 II S. 2 HS 1 BGB doch kein Sachmangel gegeben ist.

aa) Dies könnte so zu verstehen sein, dass von Anfang an kein Sachmangel bestanden hat. Die fehlerfreie Montage durch K hatte also gewissermaßen hinsichtlich des Sachmangels ex tunc-Wirkung.

[101] Palandt, § 434, Rn. 51.

[102] Vgl. Brand, Probleme mit der IKEA-Klausel, ZGS 2003, 96 - 101 (98 f.); zu weitgehend Reischl, Grundfälle zum neuen Schuldrecht, JuS 2003, 865 - 870 (870).

Dann ginge die Minderung ins Leere, da ein Sachmangel nicht vorlag. Ein Anspruch auf Rückzahlung ist gar nicht entstanden.

bb) Andererseits könnte die Vorschrift auch so zu verstehen sein, dass der Sachmangel nur ex nunc, also erst ab dem Zeitpunkt der fehlerfreien Montage, wegfällt.

Dies hätte auf die wirksame Minderung keine Auswirkung, da im Zeitpunkt der Minderungserklärung ein Sachmangel noch vorlag. Jedoch würde sich ein Berufen des K auf die wirksame Minderung nach erfolgter Montage im Hinblick auf § 434 II S. 2 HS 2 BGB als treuwidrig darstellen. Dem Rückzahlungsverlangen könnte I daher die Einrede des § 242 BGB entgegenhalten.

2. Beide Ansichten führen materiell-rechtlich zum scheinbar gleichen Ergebnis: K steht ein durchsetzbarer Anspruch auf Rückzahlung nicht zu. Jedoch ergeben sich hieraus unterschiedliche prozessuale Folgen:

a) Vertritt man die erste Auffassung (ex tunc-Wirkung) ist der Prozess als von Beginn an erfolglos anzusehen. K hat lediglich die Möglichkeit, aus Kostengründen auf seinen prozessualen Anspruch nach § 306 ZPO zu verzichten oder (bei Zustimmung durch I, § 269 I ZPO) die Klage zurückzunehmen, § 269 ZPO.

b) Vertritt man jedoch die zweite Auffassung (ex nunc-Wirkung, Einrede nach § 242 BGB), so war die Klage bis zum Zeitpunkt der Montage durch K zulässig und begründet. Danach wurde sie unbegründet, da die Einrede aus § 242 BGB zur Entstehung gelangte und von I erhoben wurde.

Mit der Montage ist also ein Ereignis nach Rechtshängigkeit eingetreten, durch welches die zunächst erfolgreiche Klage des K erfolglos wurde. Zur Vermeidung des Prozessverlustes mit der Kostenfolge des § 91 I ZPO kann K die Hauptsache einseitig für erledigt erklären.

Dies stellt eine nach § 264 Nr. 2 ZPO zulässige Klageänderung in eine Feststellungsklage (§ 256 I ZPO) dar: K begehrt nun festzustellen, dass seine zulässige und begründete Klage durch ein Ereignis nach Rechtshängigkeit unzulässig oder unbegründet wurde. Da dies hier der Fall war, würde er diesen Feststellungsprozess gewinnen; I hätte nach § 91 I ZPO die vollen Kosten des Rechtsstreits zu tragen.

3. Im Hinblick auf diese unterschiedlichen prozessualen Folgen ist lediglich von einer ex nunc-Wirkung der Montage auszugehen. Denn es kann nicht zu Lasten des Käufers gehen, dass ihm trotz der fehlerhaften Montageanleitung die Montage nun doch gelingt. K ist also zu raten, die Hauptsache einseitig für erledigt zu erklären.

hemmer-Methode: Ein durchaus schwieriges Problem. Sofern Ihnen die einseitige Erledigungserklärung noch nicht bekannt ist, sollten Sie bei Gelegenheit die Ausführungen im Skript Hemmer/Wüst, Zivilprozessrecht I, Rn. 343 ff. durcharbeiten. Es handelt sich um eine examenstypische Konstellation: Die Abprüfung eines bekannten Problemkreises (Erledigung der Hauptsache) in (noch) unbekanntem Gewand (IKEA-Klausel, § 434 II S. 2 BGB). Der Klausurersteller honoriert, dass das Problem überhaupt erkannt und mit einem unbekannten Sachverhalt richtig umgegangen wird!
Gerade Praktiker bewerten vor allem danach, wie gut Sie sich bei einer unbekannten Sachverhaltskonstellation „verkaufen“ können!

Nicht im Gesetz geregelt ist der Fall, dass die Montageanleitung ganz fehlt. Insoweit findet dann aber § 434 I BGB Anwendung.[103]

§ 434 II S. 2 BGB gilt nur für Montageanleitungen, nicht für sonstige Gebrauchsanweisungen (z.B. für einen Videorekorder[104]).

103 Vgl. Brand, Probleme mit der IKEA-Klausel, ZGS 2003, 96 - 101 (97).

104 Vgl. das Beispiel bei Dauner-Lieb, Das neue Schuldrecht, S. 123 f.

Eine Analogie zu § 434 II S. 2 BGB ist nicht erforderlich, denn bei mangelhafter Gebrauchsanweisung eignet sich die Kaufsache nicht zum gewöhnlichen Gebrauch; es liegt daher ein Sachmangel wegen § 434 I S. 2 Nr. 2 Alt. 1 BGB vor. Jedenfalls ergibt sich ein Sachmangel aus § 434 I S. 2 Nr. 2 Alt. 2 BGB, da man von der Kaufsache erwarten kann, dass eine mangelfreie Gebrauchsanleitung beigegeben wird.

hemmer-Methode: Die Befürworter einer analogen Anwendung des § 434 II S. 2 BGB übersehen daher das für eine Analogie notwendige Vorliegen einer Regelungslücke.[105]

3. § 434 III BGB

a) Lieferung eines aliud[106]

aa) Grundsätzliche Einordnung der Problematik

Mangel oder totale Nichterfüllung?

Im Falle der aliud-Lieferung liegt grds. keine Schlechtleistung, sondern Nichterfüllung vor. Daher müsste der ursprüngliche Erfüllungsanspruch eigentlich weiter bestehen. 128

Aber: Abgrenzung zwischen Mangel und aliud oft problematisch

Die Probleme liegen aber nicht auf der Rechtsfolgenseite, sondern auf der Tatbestandsseite. Wann liegt schon ein aliud vor und wann ist die Sache lediglich ein peius?

(1) Beim Stückkauf ist diese Unterscheidung grds. nicht schwierig.

Bsp. 1: *An Stelle des verkauften gebrauchten elektrischen Rasenmähers liefert Verkäufer V an Käufer K einen mechanischen Rasenmäher.*

Hier lag die Vereinbarung eines Stückkaufes vor; dieser bezog sich auf den gebrauchten elektrischen Rasenmäher des V. Liefert der V nun einen anderen Gegenstand, liegt eindeutig eine aliud-Leistung vor (sog. Identitäts-aliud).

hemmer-Methode: Beim Stückkauf ist also ein sog. Qualitäts-aliud nach h.M. gar nicht denkbar.[107]

Haakjöringsköd-Fall

Bsp. 2[108]***:*** *V verkauft K 214 Fass „Haakjöringsköd“, die auf dem Dampfer Jessica geladen sind. Beide gehen übereinstimmend davon aus, dass Haakjöringsköd Walfischfleisch bedeutet, während das norwegische Wort in Wahrheit Haifischfleisch bezeichnet. V liefert die 214 Fass an K.* 129

1. Auch hier handelt es sich um einen Stückkauf: Es wurde die komplette Ladung des Dampfers Jessica verkauft. Diese wurde auch an K geliefert. Eine aliud-Lieferung lag demnach nicht vor.

2. Die Parteien gingen übereinstimmend davon aus, dass die Fässer Walfischfleisch enthalten sollten. Damit haben sie insoweit eine Beschaffenheitsvereinbarung getroffen; hierfür ist die fehlerhafte Bezeichnung unbeachtlich, es gilt: falsa demonstratio non nocet.

Da die tatsächliche von der vereinbarten Beschaffenheit abwich (es handelte sich ja um Haifisch-, nicht um Walfischfleisch), ist eindeutig ein Sachmangel anzunehmen.

---

105 Vgl. bspw. Oetker/Maultzsch, Vertragliche Schuldverhältnisse, 2. Auflage 2004, S. 48.

106 Dazu ausführlich Tiedtke/Schmitt, Die Falschlieferung durch den Verkäufer, JZ 2004, 1092 - 1100.

107 Reinicke/Tiedtke, Kaufrecht, Rn. 266.

108 RGZ 99, 147; zur alten Rechtslage lesenswert: Martinek, Haakjöringsköd im Examinatorium, JuS 1997, 136 - 142.

hemmer-Methode: Ein Klassiker deutscher Recht(sprechung)s-geschichte! Das Reichsgericht hat zum einen die Regel „falsa demonstratio non nocet" anerkannt, sog. natürliche Auslegung. Andererseits hat das Gericht den subjektiven Mangelbegriff angewendet, denn objektiv könnte das gelieferte Haifischfleisch kaum als mangelhaftes Walfischfleisch angesehen werden!

Problematisch: Abgrenzung beim Gattungskauf

(2) Problematisch ist die Abgrenzung zwischen aliud und Schlechtleistung letztlich nur beim Gattungskauf. Hier ist ein Identitäts-aliud nicht denkbar, da ja keine bestimmte Sache geliefert werden soll. Der Übergang von der Schlechtleistung zum Qualitäts-aliud ist allerdings fließend und bereitet erhebliche praktische Schwierigkeiten. 130

Bsp.: *K kauft beim Großhändler V 20 elektrische Rasenmäher. V liefert 20 mechanische Rasenmäher. Oder: An Stelle der vereinbarten 20 cm breiten Wellstegträger werden 22 cm breite Wellstegträger geliefert.*

Die für die Abgrenzung zwischen aliud-Lieferung und Schlechtleistung relevante Frage lautet nun: Sind mechanische Rasenmäher mangelhafte elektrische Rasenmäher (dann Schlechtleistung) oder gehören sie einer anderen Gattung an und stellen deshalb ein aliud dar?

Letztlich ist entscheidend, wie weit oder eng man eine Gattung fasst. So ist es durchaus vertretbar, elektrische und mechanische Rasenmäher als unterschiedliche Gattungen anzusehen. Ebenso vertretbar ist es aber auch, die Gattung „Rasenmäher" als einheitliche Gattung zu betrachten (dann Schlechtleistung im obigen Fall). 131

bb) Aliud-Lieferung als Sachmangel, § 434 III BGB

Gleichstellung in § 434 III BGB

Nach dem Gesetz steht nun die Lieferung eines aliud einem Sachmangel gleich. Die aliud-Lieferung ist also kraft Gesetzes Schlechtleistung, § 434 III BGB. 132

Angesichts der pauschalen und eindeutigen Regelung überrascht es, dass die Reichweite des § 434 III BGB in der Literatur zum Gegenstand eines ausführlichen Meinungsstreits wurde.

Zunächst Differenzierung zwischen Stückkauf und Gattungskauf erforderlich

Um die Bedeutung des § 434 III BGB vernünftig abstecken zu können, muss zwischen Gattungs- und Stückschulden unterschieden werden.

(1) Stückkauf

Stückkauf

Vom Sinn und Zweck der Regelung her scheint die Gleichstellung von aliud und Mangel hier gar nicht erforderlich zu sein. Denn wie bereits erwähnt, dürfte es kaum Schwierigkeiten bereiten zu erkennen, ob der gekaufte Gegenstand nun geliefert wurde oder nicht. Warum daher „ohne Not" das Mängelrecht anwenden, wenn die Nichterfüllung auf der Hand liegt? Der Wortlaut des § 434 III BGB gibt für die Beantwortung dieser Frage nichts her, denn die Vorschrift unterscheidet nicht zwischen Stück- und Gattungsschulden. 133

Vereinzelt wird daher mit dem Gesetzgeberwillen argumentiert. In der Gesetzesbegründung heißt es wörtlich[109]: „Wird beim Stückkauf ein „Identitäts-aliud" geliefert, so kommt neben dem Erfüllungsanspruch auf Lieferung der gekauften Sache ein davon verschiedener Nachlieferungsanspruch nicht in Betracht". Das scheint bei isolierter Betrachtung ein Anhaltspunkt dafür zu sein, dass der Gesetzgeber die Stückschuld aus dem Anwendungsbereich des § 434 III BGB heraushalten wollte.[110]

109 BT-Drs. 14/6040, S. 216.

110 Vgl. Lettl, Die Falschlieferung durch den Verkäufer nach der Schuldrechtsreform, JuS 2002, 866 - 872 (868 f.).

Wäre diese Auffassung richtig, so hätte der Wortlaut das aber auch wiedergeben müssen. Zudem scheint bei näherer Betrachtung der Gesamtmaterialien eine andere Lesart näher liegend: Die Betonung sollte auf der Wendung „verschiedener" liegen. Der Gesetzgeber wollte damit zum Ausdruck bringen, dass der in § 439 BGB normierte Nachlieferungsanspruch inhaltlich sowieso keine Unterschiede zum Erfüllungsanspruch aufweist und damit einer Gleichstellung auch bei der Stückschuld nichts im Wege steht.

Zudem sind Fälle denkbar, in denen auch hier die Abgrenzung schwierig sein kann.

> **Bsp.:** *Hat ein Maler ein Bild in zwei Versionen gemalt und liefert das falsche, greift § 434 III BGB (ggf. i.V.m. § 651 BGB) auch vom Sinn und Zweck her ein.*[111]

Nach alledem erscheint es dem Wortlaut der Vorschrift entsprechend angezeigt, auch die Lieferung eines Identitäts-aliuds der Vorschrift des § 434 III BGB zu unterstellen.[112]

hemmer-Methode: Eine andere Ansicht ist hier sicherlich vertretbar, insbesondere solange noch keine obergerichtliche Rechtsprechung vorliegt. Andere Stimmen wenden § 434 III BGB auf die Stückschuld an, wollen aber den Gedanken der Genehmigungsfähigkeit aus § 378 HGB a.F. auf die Vorschrift anwenden und den Fall dann dem Allgemeinen Leistungsstörungsrecht unterstellen, wenn die aliud-Lieferung nicht genehmigungsfähig ist (so etwa Medicus, BR, Rn. 288). Dann bestünde der ursprüngliche Erfüllungsanspruch fort und der Verkäufer könnte den gelieferten Gegenstand nach § 812 BGB herausverlangen.

Hat man sich für die grundsätzliche Anwendbarkeit des § 434 III BGB auch beim Stückkauf entschieden, bleibt die Diskussion bei diesem Ergebnis jedoch nicht stehen.

Denn auch wenn der grundsätzlichen Unterstellung des Identitäts-aliuds unter § 434 III BGB gefolgt wird, bedeutet dies nicht, dass auch alle Fälle dem Mängelrecht zugeordnet werden können. Weitere **Voraussetzung ist nämlich, dass der Verkäufer das aliud in Erfüllung der betreffenden Verbindlichkeit liefert**.

Unterfällt die Lieferung nach dem Empfängerhorizont (§§ 133, 157 BGB) einer anderweitig bestehenden Verbindlichkeit, liegt kein Fall des § 434 III BGB vor, sondern eine irrtümliche Falschlieferung. Insofern besteht weitgehend Einigkeit.[113]

Mit dem Abstellen auf den objektiven Empfängerhorizont werden völlig abwegige Lieferungen („Total-aliuds") aus dem Anwendungsbereich des § 434 III BGB herausgehalten. So kann etwa die Lieferung eines Esels nach dem objektiven Empfängerhorizont nicht der Erfüllung eines Kaufvertrages über eine Kiste Bier dienen.

Im Rahmen dieses Problems stellt sich zuletzt die Frage, wie der Käufer bei Lieferung eines aliuds vor der kurzen Verjährung des § 438 I Nr. 3 BGB geschützt werden kann. Denn es liegt auf der Hand, dass die Regelung für den Verkäufer von Vorteil ist. Dieser könnte also dazu verleitet sein, absichtlich eine andere als die geschuldete Leistung zu erbringen (etwa weil – im Rahmen der Stückschuld – ein anderer Interessent einen höheren Preis geboten hat).

111 Bsp. bei Dauner-Lieb/Arnold, Noch einmal - Die Falschlieferung beim Stückkauf, JuS 2002, 1175 - 1176 (1176).

112 So die ganz h.M.; vgl. Lorenz/Riehm, Lehrbuch zum neuen Schuldrecht, 2002, Rn. 508; Musielak, Die Falschlieferung beim Stückkauf nach dem neuen Schuldrecht, NJW 2003, 89 - 92 (90 f.); Reischl, Grundfälle zum neuen Schuldrecht, JuS 2003, 865 - 870 (868) jeweils m.w.N.

113 Vgl. etwa Lorenz/Riehm, Lehrbuch zum neuen Schuldrecht, 2002, Rn. 495; Lorenz, Aliud, peius und indebitum im neuen Kaufrecht, JuS 2003, 36 - 40 (37).

Dazu ist von entscheidender Bedeutung die Feststellung, dass das gelieferte aliud trotz § 434 III BGB nicht zur geschuldeten Leistung wird. M.a.W.: Erkennt der Käufer, dass es sich um ein aliud handelt, kann er selbstverständlich die Annahme der Ware verweigern und die Einrede nach § 320 BGB erheben.[114] Zur Anwendung des § 434 III BGB kommt es dann nicht. Es bleibt beim originären Erfüllungsanspruch aus § 433 I BGB.

Auch wenn es zur Übergabe der Ware kommen sollte, wäre der Käufer in dem hier geschilderten Fall der absichtlichen Falschlieferung hinreichend geschützt.

Denn dann wird man wohl § 438 III BGB und damit die allgemeinen Verjährungsvorschriften auf den Nacherfüllungsanspruch anwenden müssen, sodass sich im Ergebnis kein Unterschied zum Nichterfüllungsrecht ergibt.[115]

Zusammenfassend lässt sich die Problematik daher wie folgt darstellen:

- ⇨ Lieferung des aliuds nicht zum Zwecke der Erfüllung
  ⇨ § 434 III BGB (-)
- ⇨ Absichtliche Lieferung des aliuds zwecks Erfüllung
  ⇨ § 434 III BGB (+), aber § 438 III BGB
- ⇨ Fahrlässige Lieferung des aliuds zwecks Erfüllung
  ⇨ § 434 III BGB (+) und „kurze“ Verjährung des § 438 I BGB

(2) Gattungskauf

Gattungskauf

Im Rahmen der Gattungsschulden traten die Abgrenzungsschwierigkeiten zwischen Mangel und aliud am deutlichsten zu Tage. **133a**

Bei der Gattungsschuld gibt es bei Abschluss des Kaufvertrages die verkaufte Sache gar nicht. Der Verkäufer hat gem. § 243 I BGB eine Sache mittlerer Art und Güte zu liefern; welche konkret, entscheidet er selbst. Genau genommen kann es daher eine Schlechtleistung gar nicht geben, denn wenn die gelieferte Ware mit einem Mangel behaftet ist, ist sie auch nicht mittlerer Art und Güte und damit nicht geschuldet. Das würde zur Anwendung der allgemeinen Vorschriften führen, wenn der Gesetzgeber nicht besondere Vorschriften für eben diesen Fall geschaffen hätte, nämlich das Mängelrecht.

Damit tritt der Streit aber offen zu Tage: Gehört die gelieferte Sache nun noch der geschuldeten Gattung an (dann ist Mängelrecht anwendbar) oder nicht (dann bleibt es beim ursprünglichen Erfüllungsanspruch)?

§ 434 III BGB macht diesen Streit nun entbehrlich, indem generell Mängelrecht für anwendbar erklärt wird.

Bei einem **Gattungskauf** sollten Sie darstellen, warum man die Leistung als aliud-Lieferung, aber auch als Lieferung sachmangelhafter Ware i.S.d. § 434 I BGB ansehen könnte. Dann können Sie auf § 434 III BGB verweisen und damit die Entscheidung offen lassen, da auch eine aliud-Lieferung – sollte eine solche im Fall vorliegen – der mangelhaften Lieferung gem. § 434 III BGB gleichzustellen wäre.

114 Dauner-Lieb/Arnold, Noch einmal - Die Falschlieferung beim Stückkauf, JuS 2002, 1175 - 1176 (1176).

115 Lorenz/Riehm, Lehrbuch zum neuen Schuldrecht, 2002, Rn. 492.

hemmer-Methode: Allzu lange Ausführungen, ob nun eine aliud- oder eine Schlechtleistung vorliegt, sollten Sie im Hinblick auf § 434 III BGB vermeiden. Der Gesetzgeber wollte dem Rechtsanwender durch Einführung dieser Vorschrift gerade diese Differenzierung ersparen![116]

(3) Verhältnis zum Bereicherungsrecht beim wertvolleren aliud

Problematisch: aliud hat höheren Wert

Probleme ergeben sich, wenn das nach § 434 III BGB einer mangelhaften Lieferung gleichzustellende aliud einen wesentlich höheren Wert hat als der eigentlich geschuldete Kaufgegenstand. 133b

Hat der Verkäufer ein höherwertiges aliud bereits geleistet, stellt sich die Frage, ob er dies vom Käufer herausverlangen kann oder sich mit einem Wertersatzanspruch in Höhe der Wertdifferenz zufrieden geben muss.

Zur Vertiefung: Life&Law 2005, Heft 4, 268 ff.

hemmer-Methode: Zur Vertiefung lesen Sie den ausführlichen Aufsatz von Fest/Tyroller, „Kann der Verkäufer ein geleistetes höherwertiges „aliud" kondizieren?," in Life&Law 2005, Heft 4, 268 - 272.

Hier liegt es im Interesse des Verkäufers, zumindest die Wertdifferenz vom Käufer zu verlangen. Grundsätzlich kann eine solche nachträgliche Änderung des Vertragsinhaltes aber nur durch eine Einigung der Parteien erfolgen.

Die Vorschrift des § 434 III Alt. 1 BGB bewirkt, dass das aliud als Sachmangel angesehen wird. Unabhängig von der umstrittenen Frage, ob dieses dadurch zum vertraglich geschuldeten Gegenstand wird, ergibt sich aus der Norm keine Inhaltsänderung des Vertrags und somit keine Änderung des vereinbarten Kaufpreises.

hemmer-Methode: Eine Änderung der vereinbarten Kaufpreishöhe könnte sich beim beiderseitigen Handelskauf aus der Genehmigungsfiktion des § 377 II HGB ergeben.
Eine umstrittene Ansicht vertritt, dass der Käufer mit der unterlassenen Rüge die Ware als die geschuldete annehme und damit aus § 433 II BGB den erhöhten Kaufpreis zu zahlen verpflichtet sei. § 377 II HGB bewirkt nach dieser Ansicht eine Inhaltsänderung des Kaufvertrags.[117]
Nach a.A. kann sich aus § 377 II HGB keine Änderung des Kaufpreises ergeben.[118]

§ 439 IV BGB hilft dem Verkäufer zumindest dann nicht weiter, wenn der Käufer keine Nachlieferung verlangt. Dies wird der Käufer, der eine wertvollere Sache bekommen hat, auch sicherlich nicht tun.

hemmer-Methode: Bei der Lieferung eines wertvolleren aliuds sind drei Fälle zu unterscheiden[119]:

(1) Der Verkäufer liefert aus Versehen eine wertvollere Sache als die, die er verkauft hat ⇨ hier liegt ein Eigenschaftsirrtum bei der Übereignung vor, der gem. § 119 II BGB zur Anfechtung berechtigt. In diesem Fall besteht jedenfalls ein Anspruch aus § 985 BGB.

(2) Der Verkäufer hat versehentlich einen wertvolleren Gegenstand als „Billigsache" verkauft (V verkauft K eine goldene Uhr aus Versehen als vergoldete Uhr) und liefert diese dann auch ⇨ hier liegt bei der Übereignung zwar kein Irrtum vor. Jedenfalls ist aber der Kaufvertrag gem. § 119 II BGB anfechtbar, sodass ein Kondiktionsanspruch besteht.

116 BT-Drs. 14/6040, S. 216.

117 So Baumbach/Hopt, 30. Auflage, § 378 HGB, Rn. 9; Brox, Handelsrecht, 18. Auflage 2006, Rn. 345.

118 OLG Hamm, NJW-RR 2003, 613 - 614 = jurisbyhemmer; Canaris, Handelsrecht, 24. Auflage 2006, § 29, § 73.

119 Lesen Sie dazu ergänzend die Fallbeispiele bei Reischl, Grundfälle zum neuen Schuldrecht, JuS 2003, 865 - 870 (869).

3) Der Verkäufer glaubt, der Käufer habe eine goldene Uhr gekauft und schickt diese dem Käufer. Dieser hatte in Wahrheit jedoch nur eine vergoldete Uhr gekauft und will auch nur den Kaufpreis hierfür bezahlen, die Uhr aber behalten. In diesem Fall liegt weder beim Kaufvertrag noch bei der Übereignung ein Irrtum vor, sodass die nachfolgende Problematik relevant wird.

Als Anspruchsgrundlage kommt aber § 812 I S. 1 Alt. 1 BGB in Betracht (condictio indebiti).[120]

Denkbar wäre, in § 434 III BGB eine Sondervorschrift zu den §§ 812 ff. BGB zu sehen. Dies erscheint allerdings zweifelhaft, da § 434 III BGB die Rechte des Käufers betrifft, hier aber ein etwaiger Kondiktionsanspruch des Verkäufers in Frage steht und damit streng genommen kein Konkurrenzverhältnis besteht.

Rechtsgrund i.S.d. § 812 I S. 1 Alt. 1 BGB?

Allerdings verleiht § 434 III BGB dem eigentlich erfüllungsuntauglichen aliud nach einer Ansicht Erfüllungswirkung; der Käufer müsste eigentlich das aliud an den Verkäufer nach § 812 I S. 1 Alt. 1 BGB herausgeben, wegen § 434 III BGB wird jedoch sein Verschaffungsanspruch aus § 433 I S. 1 BGB erfüllt, er hat für das Behaltendürfen des aliud einen Rechtsgrund und § 812 I S. 1 Alt. 1 BGB scheidet aus.[121]

Nach wohl h.L. leistet der Verkäufer im Fall einer aliud-Lieferung wegen § 433 I S. 2 BGB „ganz selbstverständlich ein indebitum“.[122]

Ebenso wenig wie § 434 III BGB den Verkäufer berechtigt, ein aliud zu liefern, stellen im Fall einer aliud-Lieferung der Kaufvertrag oder die Regelung des § 434 III BGB einen Rechtsgrund dar.

Manche Autoren, die einen Rechtsgrund auf der „Grundlage des Kaufvertrages“ bejahen, kommen dennoch zur Rechtsgrundlosigkeit, indem sie die Anfechtung der Tilgungsbestimmung nach §§ 119 ff., 142 f. BGB analog zulassen.[123]

hemmer-Methode: Der praktische Nachteil dieses Lösungsansatzes liegt darin, dass dem Verkäufer die Anfechtungsmöglichkeit unbekannt sein wird. Folglich wird er die Frist des § 121 BGB analog verstreichen lassen. Ein Fall der §§ 123, 124 BGB analog wird in aller Regel nicht vorliegen. Ferner hat diese Lösung den Nachteil, dass sich der Verkäufer, der sich bei Ablieferung des aliud nicht irrt, seine Sache nicht zurückfordern kann, da ihm kein Anfechtungsrecht zusteht. Da der Käufer nicht Nachlieferung verlangen wird, würde dies im Ergebnis dazu führen, dass der Verkäufer das höherwertige aliud nicht zurückfordern könnte. Dieses Ergebnis kann aber von niemandem ernstlich gewollt sein.

Anspruch des Verkäufers auf Herausgabe der Wertdifferenz, §§ 812 I S. 1 Alt. 1, 818 II BGB

Problematisch ist dabei allerdings das Verhältnis zu den (durch § 434 III BGB gegebenen) Mängelrechten des Käufers. Der Ausschluss der Kondiktion des geleisteten Gegenstandes durch den Verkäufer soll verhindern, dass sich dieser den Mängelrechten des Käufers rechtsmissbräuchlich entzieht.

Will der Käufer aber – wie dies im Falle der Lieferung eines wertvolleren aliud regelmäßig der Fall sein wird – seine Mängelrechte nicht geltend machen, ist die Kondiktion zumindest dann nicht rechtsmissbräuchlich, wenn der Verkäufer mit dem Herausgabeverlangen zugleich die geschuldete Leistung anbietet, da der Käufer andernfalls das Zurückbehaltungsrecht aus § 273 BGB geltend machen könnte.

---

120 Zu diesem Problem vgl. Dauner-Lieb, Das neue Schuldrecht, S. 117 f.

121 A.A. Musielak, Grundkurs BGB, Rn. 575; Reischl, Grundfälle zum neuen Schuldrecht, JuS 2003, 865 - 870 (869).

122 Lorenz, Aliud, peius und indebitum im neuen Kaufrecht, JuS 2003, 36 - 40 (39).

123 Vgl. zusammenfassend Tiedtke/Schmitt, Die Falschlieferung durch den Verkäufer, JZ 2004, 1092 - 1100 (1098) m.w.N.

hemmer-Methode: Dieses Konkurrenzverhältnis zu den Mängelrechten des Käufers ist Ihnen von der Anfechtung des Verkäufers bekannt. Vgl. Sie dazu BGH, NJW 1988, 2597.

Nach einer Ansicht kann der Verkäufer nur den Mehrwert nach § 812 I S. 1 Alt. 1 BGB beanspruchen. Da dies in natura nicht möglich ist, muss der Käufer in dieser Höhe Geldersatz leisten, § 818 II BGB.

Dies ist auch wertungsmäßig haltbar, da der Käufer in diesem Umfang einen unverdienten Vermögensvorteil auf Kosten des Verkäufers erhalten hat.[124]

Andererseits steht dem Verkäufer nach § 818 I, II BGB kein Wahlrecht hinsichtlich der Rechtsfolge der Kondiktion zu. Kann die geleistete Sache in natura herausgegeben werden, so ist dieses geschuldet. Nur in dem Fall, dass dem Käufer die Herausgabe nicht möglich ist, kann der Verkäufer nach § 818 II BGB Wertersatz in der Höhe des Differenzbetrags verlangen.[125]

hemmer-Methode: Aber Achtung! Liefert der Verkäufer bewusst ein aliud, so steht der Kondiktion jedenfalls § 814 BGB entgegen.
Noch nicht endgültig geklärt ist die Frage, wie sich die Kondiktion bei einem wertvolleren aliud zu § 241a I BGB verhält.
Da eine aliud-Lieferung i.S.d. § 434 III BGB aus der Sicht des Käufers zum Zwecke der Vertragserfüllung erfolgen muss, stellt sich nach überzeugender Ansicht dieses Konkurrenzverhältnis nicht. Denn § 241a BGB setzt bei der Lieferung unbestellter Ware voraus, dass sich die Lieferung aus der Sicht des Käufers nicht als Erfüllung des Kaufvertrages darstellt.[126]
Eine andere Ansicht kommt zum selben Ergebnis, indem sie für § 241a BGB verlangt, dass der Verkäufer vorsätzlich ein nicht erfüllungstaugliches aliud liefert.
Dies ergebe ein Umkehrschluss aus § 241a III BGB.[127] Allerdings gibt es auch Stimmen in der Literatur, die dem Gesetzgeber vorwerfen, er habe bei der Schaffung des § 434 III BGB gar nicht an § 241a BGB gedacht, sodass § 241a BGB die zu § 434 III BGB gefundenen Ergebnisse verfälschen könnte.[128]
Solange Sie in der Klausur diese nur bei einem Kaufvertrag zwischen einem Unternehmer und einem Verbraucher auftauchende Frage des Kondiktionsausschlusses gem. § 241a I BGB erörtern, können Sie hierzu also alles vertreten.

b) Zu-Wenig-Lieferung

Zuweniglieferung = Sachmangel

Das Gesetz stellt nun aber auch die Zu-Wenig-Lieferung einer mangelhaften Lieferung gleich, § 434 III BGB. 134

Bzgl. Rest: Verkürzung der Verjährung

Dies scheint auf den ersten Blick für den Käufer nachteilig zu sein: Hinsichtlich der noch nicht gelieferten Menge würde ihm eigentlich der insoweit noch nicht erfüllte Primäranspruch auf Lieferung zustehen. Infolge § 434 III BGB soll die Zu-Wenig-Lieferung nun aber als Sachmangel anzusehen sein.

124 So auch Lettl, Die Falschlieferung durch den Verkäufer nach der Schuldrechtsreform, JuS 2002, 866 - 781 (870).

125 Dauner-Lieb will dem Verkäufer gar einen Anspruch auf Herausgabe des gesamten aliud nach § 812 I S. 1 Alt. 1 BGB zusprechen, vgl. Das neue Schuldrecht, S. 118. Nach Lettl (a.a.O.) ist dies wegen § 434 III BGB zu weitreichend.

126 Lorenz, Aliud, peius und indebitum im neuen Kaufrecht, JuS 2003, 36 - 40 (40); Tiedtke/Schmitt, Die Falschlieferung durch den Verkäufer, JZ 2004, 1092 - 1100 (1099).

127 Deckers, Zusendung unbestellter Ware, in NJW 2001, 1474 - 1475.

128 Westermann, Das neue Kaufrecht, NJW 2002, 241 - 253 (246).

Zwar steht dem Käufer auch hiernach gem. §§ 433 I S. 2, 437 Nr. 1, 439 BGB ein Anspruch auf Lieferung der restlichen Menge als Nacherfüllungsanspruch zu. Dieser verjährt allerdings gem. § 438 I Nr. 3 BGB in zwei Jahren.

Demgegenüber würde der ursprüngliche Erfüllungsanspruch regelmäßig in drei Jahren verjähren, § 195 BGB. § 434 III BGB führt damit hinsichtlich der Verjährung zu einer Einschränkung der Rechte des Käufers.

Die Gesetzesbegründung[129] sieht den Vorteil für den Käufer durch § 434 III BGB hinsichtlich der Zu-Wenig-Lieferung in folgender Konstellation: 135

Bsp.: *K bestellt bei V 1.000 Fliesen. Es werden nur 500 geliefert. K will nun 1.000 neue Fliesen geliefert bekommen, da die Gesamtlieferung aus einer bestimmten Partie kommen muss. Anderenfalls ist nämlich damit zu rechnen, dass die 500 nachgelieferten Fliesen einen anderen Farbton haben als die bereits gelieferten.*

1. Es liegt eine mangelhafte Leistung des V vor: § 434 III BGB stellt die vorliegende Zu-Wenig-Lieferung einem Sachmangel gleich.

K kann nach seiner Wahl gem. § 439 I BGB Beseitigung des Mangels (= Nachlieferung weiterer 500 Fliesen) oder Lieferung einer mangelfreien Sache (= Neulieferung von 1.000 Fliesen) verlangen. K wird die zweite Variante wählen, um Farbabweichungen von vornherein ausschließen zu können.

2. Wenn die Gleichstellung in § 434 III BGB nicht existieren würde, käme Schadensersatz statt der Leistung (§§ 280 I, III, 281 I BGB) bzw. Rücktritt (§ 323 I BGB) hinsichtlich der noch ausstehenden Teilleistung in Betracht; ebenso könnte K, da er wegen der zu befürchtenden Farbabweichungen an der noch ausstehenden Teilleistung kein Interesse hat, hinsichtlich des gesamten Vertrages zurücktreten (§ 323 V S. 1 BGB) oder Schadensersatz verlangen (§§ 280 I, III, 281 I S. 2 BGB).

Vollständige Neulieferung von 1.000 Fliesen könnte er jedoch ohne die Regelung des § 434 III BGB nicht verlangen. Daher werden die Rechte des Käufers durch § 434 III BGB auch erweitert.

§ 434 III BGB nur, wenn Verkäufer die Gesamtleistung erbringen will

Für die Gleichstellung der Zu-Wenig-Lieferung mit einem Sachmangel nach § 434 III BGB ist aber erforderlich, dass der Verkäufer die Leistung zur (vollständigen) Erfüllung seiner Pflicht aus § 433 I S. 1 BGB erbringt.[130] Abzustellen ist dabei auf den objektiven Empfängerhorizont des Käufers. 136

Ist die Lieferung des Verkäufers – etwa aufgrund der Angaben im beigefügten Lieferschein – dahingehend auszulegen, dass er auf eine andere (auch: vermeintliche) Schuld leisten will, liegt keine Zuweniglieferung i.S.d. § 434 III BGB vor.

Es tritt mangels entsprechender Tilgungsbestimmung des Verkäufers auch keine teilweise Erfüllungswirkung nach § 362 I BGB ein; der Käufer hat weiterhin den vollen Anspruch aus § 433 I S. 1 BGB, der Verkäufer kann die geleistete Ware nach § 812 I S. 1 Alt. 1 BGB zurückverlangen, wenn die Schuld, auf die er leisten wollte, nicht existiert.

hemmer-Methode: Das Erfordernis der Tilgungsbestimmung bei mehreren Schulden ergibt sich letztlich aus § 366 BGB. Die Leistung eines Schuldners hat nur dann Erfüllungswirkung nach § 362 I BGB, wenn der Schuldner dies bestimmt. Die Tilgungsbestimmung ergibt sich im Regelfall durch Auslegung, §§ 133, 157 BGB.

129 BT-Drs. 14/6040, S. 216.

130 BT-Drs. 14/6040, S. 216; Palandt, § 434, Rn. 53.

Existiert nur eine Verbindlichkeit, so leistet der Schuldner im Zweifel auf diese und will diese durch Erfüllung zum Erlöschen bringen. Existieren aber mehrere Verbindlichkeiten, so ergibt sich aus der Tilgungsbestimmung, welche Verbindlichkeit erfüllt werden soll. Hierzu hält § 366 BGB Auslegungsregeln bereit.

(-) bei erkennbarer Teilleistung

Ebenso wenig ist § 434 III BGB anzuwenden, wenn der Verkäufer erkennbar eine Teilleistung erbringt, etwa wenn er bei Lieferung den Käufer auf Probleme mit seinen Zulieferern hinweist. *137*

hemmer-Methode: Diskutiert wird in der Literatur, ob Artikel 2 der Verbrauchsgüterkauf-Richtlinie unkorrekt umgesetzt wurde, weil die Zuviellieferung aus dem Sachmangelbegriff ausgeklammert wurde.
Die Richtlinie selbst ordnet lediglich an, dass der Verkäufer „dem Kaufvertrag gemäße Güter" liefern müsse.[131]

Exkurs: Verhältnis von § 434 III Alt. 2 BGB zu § 281 I S. 2 u. 3 BGB bzw. § 323 V S. 1 u. 2 BGB

Eine Zu-Wenig-Lieferung ist gem. § 434 III BGB eindeutig ein Sachmangel. Damit liegt wegen § 433 I S. 2 BGB eine nicht vertragsgemäße Leistung vor. *137a*

Will jetzt der Käufer seine „großen" Rechte geltend machen (Rücktritt bzw. Schadensersatz statt der ganzen Leistung), so müssen wegen des Grundsatzes des „pacta sunt servanda" aber weitere Voraussetzungen vorliegen.

So verlangt sowohl § 281 I S. 3 BGB als auch § 323 V S. 2 BGB die Erheblichkeit der Pflichtverletzung. *137b*

> **Bsp.:** *Der Weinfreund K bestellt beim Weinversand V 100 Flaschen Tignanello Jahrgang 1997, dem Jahrhundertjahrgang in der Toskana. Da V von diesem Spitzengewächs aber nur noch insgesamt 70 Flaschen hat, werden nur diese 70 Flaschen geliefert. K ist enttäuscht und will nun gar keine Flasche mehr. Er ist der Meinung: entweder 100 oder keine. Weitere Gründe für seinen Gesinnungswandel gibt er nicht an.*

Gemäß § 434 III BGB wird die Zu-Wenig-Lieferung einem Sachmangel gleichgestellt, sodass eigentlich eine **nicht vertragsgemäße Leistung** i.S.d. § 323 V S. 2 BGB vorliegt. Löst man diesen Fall strikt nach dem Gesetz, so liegt das Ergebnis auf der Hand. Die Zu-Wenig-Lieferung ist gem. §§ 433 I S. 2, 434 III BGB eine nicht vertragsgemäße Leistung, die auch erheblich ist (Mengenabweichung von 30 %). Der Rücktritt wäre daher nicht nach § 323 V S. 2 BGB ausgeschlossen.[132]

Allerdings verlangt § 323 V S. 1 (bzw. § 281 I S. 2) BGB bei der **Teilleistung** Interessenfortfall, den K hier nicht dargetan hat.

Das Verhältnis von § 323 V S. 1 BGB zu § 323 V S. 2 BGB bei der Zu-Wenig-Lieferung im Kaufrecht ist demnach umstritten.

---

131 Vgl. dazu Pfeiffer, Unkorrektheiten bei der Umsetzung der Verbrauchsgüterkaufrichtlinie in das Deutsche Recht Teil 2: Sachmangelbegriff - Ausklammerung der Zuviellieferung, ZGS 2002, 138 - 140.

132 So offenbar Palandt, § 281, Rn. 38.

(1) Nach e.A. liegt im Fall des § 434 III BGB eine Teilleistung i.S.d. § 323 V S. 1 BGB vor

Nach e.A. ist Zu-Wenig-Lieferung Lieferung eine Teilleistung

Damit die Lösung solcher Fälle sowohl vor als auch nach Gefahrübergang übereinstimmt, wird daher von einer im Vordringen befindlichen Ansicht vorgeschlagen, dass man die Zu-Wenig-Lieferung - Lieferung im Mängelrecht gem. § 434 III BGB natürlich als Mangel zu behandeln hat, im Allgemeinen Schuldrecht aber nach wie vor als Teilleistung.[133] 137c

(2) Nach a.A. liegt eine nicht vertragsgemäße Leistung i.S.d. § 323 V S. 2 BGB vor

Nach a.A. ist zu differenzieren

⇨ offene Zuwenig-Lieferung ist eine Teilleistung

Für die Behandlung einer Zu-Wenig-Lieferung als nicht vertragsgemäße Leistung spricht allerdings, dass der der Gläubiger bei der Teilleistung diese wegen § 266 BGB ja nicht entgegen nehmen müssen. Der Gläubiger ist daher weniger schutzwürdig, wenn er diese zunächst annimmt. Daher sind die Anforderungen an Rücktrittsrecht vom ganzen Vertrag strenger und setzen den Interessenfortfall voraus, § 323 V S. 1 BGB. 137d

Bei einer Zu-Wenig-Lieferung, bei der nicht offen gelegt wird, dass nicht alles geliefert wird, hat der Gläubiger nicht die Möglichkeit, von § 266 BGB Gebrauch zu machen.

⇨ verdeckte Zuwenig-Lieferung ist eine nicht vertragsgemäße Leistung

Nur diese verdeckte Zu-Wenig-Lieferung fällt aber unter § 434 III BGB. Für die Gleichstellung der Zu-Wenig-Lieferung mit einem Sachmangel nach § 434 III BGB ist es nämlich erforderlich, dass der Verkäufer die Leistung zur (vollständigen) Erfüllung seiner Pflicht aus § 433 I S. 1 BGB erbringt.[134] Abzustellen ist dabei auf den objektiven Empfängerhorizont des Käufers. § 434 III BGB ist daher nicht anzuwenden, wenn der Verkäufer erkennbar eine Teilleistung erbringt.

Im Fall einer verdeckten Zu-Wenig-Lieferung ist der Käufer aber schutzwürdiger, da er in diesem Fall die Möglichkeit der Zurückweisung nach § 266 BGB faktisch nicht hatte. Daher erscheint es gerechtfertigt, dem Käufer auch unter den leichteren Voraussetzungen des § 323 V S. 2 BGB das Recht zu gewähren, vom ganzen Vertrag zurücktreten zu können.

hemmer-Methode: Was Sie hierzu in der Klausur vertreten, ist unerheblich. Sie sollten aber in der Lage sein, im obigen „Weinbeispiel" zu erkennen, dass eine Zu-Wenig-Lieferung sowohl als Teilleistung i.S.d. §§ 281 I S. 2, 323 V S. 1 BGB als auch als nicht vertragsgemäße Leistung i.S.d. §§ 281 I S. 3, 323 V S. 2 BGB angesehen werden kann und je nachdem unterschiedliche Rechtsfolgen eintreten.[135]

Exkurs Ende

---

[133] So Grigoleit/Riehm, Grenzen der Gleichstellung von Zuwenig-Leistung und Sachmangel, ZGS 2002, 115 - 122; sowie Canaris, Die Reform des Rechts der Leistungsstörungen, JZ 2001, 499 - 528 (513), ebenso Lorenz, Zur Abgrenzung von Teilleistung, teilweiser Unmöglichkeit und teilweiser Schlechtleistung im neuen Schuldrecht, NJW 2003, 3097 - 3099.

[134] Palandt, § 434, Rn. 53b.

[135] Empfehlenswert ist der Aufsatz von Grigoleit/Riehm, Grenzen der Gleichstellung von Zuwenig-Leistung und Sachmangel, ZGS 2002, 115 - 122.

III. Rechtsmangel

§ 433 I S. 2 BGB: auch Pflicht zur rechtsmangelfreien Leistung

Das Verkäufer ist nach § 433 I S. 2 BGB nicht nur zur sachmangel- 138
sondern auch zur rechtsmangelfreien Leistung verpflichtet.

Aus dem Vorliegen eines Rechtsmangels können sich deshalb ebenso Mängelrechte des Käufers ergeben wie bei Vorliegen eines Sachmangels.

Angleichung bzgl. der Rechtsfolgen

Hinsichtlich der Rechtsfolgen sind die Rechte des Käufers bei Rechtsmängeln nach neuer Rechtslage denen bei Sachmängeln angeglichen: § 437 BGB spricht von der Mangelhaftigkeit der Sache und schließt damit Sach- wie Rechtsmängel ein.

Jedoch weiterhin zwischen Rechts- und Sachmängeln zu differenzieren

Trotz dieser Angleichung in der Rechtsfolge differenziert das Gesetz 139
weiterhin zwischen Sach- und Rechtsmängeln. Es besteht nämlich auf Tatbestandsseite ein wesentlicher Unterschied:

Ein Rechtsmangel liegt nach § 435 S. 1 BGB vor, wenn Dritte in Bezug auf die Kaufsache Rechte gegen den Käufer geltend machen können. Ganz anders als bei § 434 I BGB kommt es nicht darauf an, ob die Kaufsache deshalb von der vereinbarten Beschaffenheit abweicht oder der Käufer im vertraglich vorausgesetzten bzw. gewöhnlichen Gebrauch der Kaufsache beeinträchtigt ist. § 435 S. 1 BGB stellt allein auf das Bestehen des Drittrechtes ab. In der Klausur ist schon deshalb weiterhin zwischen Sach- und Rechtsmängeln zu unterscheiden.

Zeitpunkt der Verschaffung maßgeblich

Des Weiteren ist bei Rechtsmängeln nicht der Zeitpunkt des Gefahrübergangs, sondern der Zeitpunkt der Verschaffung i.S.d. § 433 I S. 1 BGB, also der Zeitpunkt der Übereignung maßgeblich.[136]

hemmer-Methode: Das Gesetz sieht es damit als selbstverständlich an, dass der Käufer mit dem erworbenen Eigentum nach § 903 BGB frei verfahren kann, er soll auch die Möglichkeit haben, die Sache anders als geplant zu verwenden. Damit sind für das Vorliegen eines Rechtsmangels etwaige Vereinbarungen über den Verwendungszweck unbeachtlich.

1. § 435 BGB

Definition Rechtsmangel, § 435 BGB

Nach § 435 S. 1 BGB ist die Sache frei von Rechtsmängeln, wenn 140
Dritte in Bezug auf die Sache keine oder nur die im Kaufvertrag übernommenen Rechte gegen den Käufer geltend machen können.

§ 435 S. 2 BGB stellt einem Mangel im Recht den Fall gleich, dass im Grundbuch ein nicht bestehendes Recht eingetragen ist („eingetragene Scheinbelastung“).

V.a. dingliche Rechte

Rechtsmängel sind vor allem dingliche Rechte, z.B. Hypotheken, Pfandrechte, Nießbrauch. Jedoch können auch obligatorische Rechte Dritter einen Rechtsmangel begründen. Wegen des Grundsatzes der Relativität schuldrechtlicher Beziehungen ist dabei aber genau zu prüfen, ob der Dritte dem Käufer das Recht tatsächlich entgegenhalten kann.

Bsp.: *Verkäufer V hatte das an K verkaufte Grundstück an M vermietet.*

136 Vgl. unten, Rn. 147.

Aus dem Mietvertrag stand M gegen V ein Anspruch auf Überlassung der Mietsache (§ 535 I S. 1 BGB) sowie gegen einen Herausgabeanspruch des V aus § 985 BGB ein Recht zum Besitz (§ 986 I BGB) zu. Grundsätzlich wirkt diese schuldrechtliche Beziehung aber nur zwischen M und V (Relativität schuldrechtlicher Beziehungen); M stünden daher nach allgemeinen Grundsätzen nach Übereignung des Grundstücks an K gegen diesen keine Rechte zu.

Jedoch bestimmen §§ 578 I, 566 BGB („Kauf bricht nicht Miete"), dass der Mietvertrag mit dem Erwerber des Eigentums an der Mietsache fortbesteht. Damit kann M nun einem Herausgabeanspruch des K aus § 985 BGB das schuldrechtliche Besitzrecht aus dem Mietvertrag gem. § 986 I BGB entgegenhalten. Dies stellt einen Rechtsmangel i.S.d. § 435 S. 1 BGB dar.

Problematisch: Dritteigentum

Problematisch ist, ob das Eigentum eines Dritten einen Rechtsmangel i.S.d. § 435 S. 1 BGB darstellt. Gemeint ist die Konstellation, dass der Verkäufer die Sache als Nichtberechtigter verkauft und übereignet, der Käufer aber nicht gutgläubig erwirbt (z.B.: Sache ist abhanden gekommen, § 935 BGB). 141

hemmer-Methode: Findet dagegen ein gutgläubiger Erwerb seitens des Käufers statt, ist das Eigentum des Dritten erloschen; der Dritte kann dann dem Käufer keine Rechte entgegenhalten (z.B. Herausgabeanspruch, § 985 BGB). Ein Rechtsmangel kommt damit nicht in Betracht.

Während die Frage nach der Einordnung des Dritteigentums beim Sachkauf nach altem Recht noch offengelassen werden konnte, ist nun eine Entscheidung geboten: 142

Rechtsmangel (-): § 311a II S. 1 BGB

⇨ Verneint man das Vorliegen eines Rechtsmangels, so hat der Verkäufer seine Verschaffungspflicht (§ 433 I S. 1 BGB) nicht erfüllt. Regelmäßig wird ein Fall anfänglicher subjektiver Unmöglichkeit wegen des bestehenden Dritteigentums vorliegen. Es kommt dann ein Schadensersatzanspruch des Käufers aus § 311a II S. 1 BGB in Betracht.

Rechtsmangel (+): § 311a II S. 1 BGB i.V.m. §§ 435 S. 1, 437 Nr. 3, 440 BGB

⇨ Bejaht man das Vorliegen eines Rechtsmangels, so hat der Verkäufer seine Pflicht aus § 433 I S. 2 BGB nicht erfüllt. Da regelmäßig eine Nacherfüllung nicht möglich sein wird (der Dritte ist nicht zur Genehmigung der Übereignung nach § 185 II S. 1 BGB bereit), kommt hier ebenfalls ein Anspruch aus § 311a II S. 1 BGB i.V.m. §§ 435 S. 1, 437 Nr. 3 BGB in Betracht.

⇨ Unterschiedliche Verjährung!

Der wesentliche Unterschied liegt allerdings in der unterschiedlichen Verjährung: Im ersten Fall verjährt der Anspruch auf Schadensersatz nach drei Jahren (§ 195 BGB), bei Bejahung eines Rechtsmangels jedoch i.d.R. erst in 30 Jahren (§ 438 I Nr. 1a BGB).

Zwar beginnt die Regelverjährung des § 195 BGB nicht zu laufen, solange der Käufer keine Kenntnis von den den Anspruch begründenden Umständen und der Person des Schuldners hat und seine Unkenntnis auch nicht auf grober Fahrlässigkeit beruht (§ 199 I Nr. 2 BGB).

Allerdings ordnet § 199 III Nr. 1 BGB an, dass sonstige Schadensersatzansprüche, die nicht auf der Verletzung des Lebens, des Körpers, der Gesundheit oder der Freiheit beruhen (hierfür gilt § 199 II BGB), ohne Rücksicht auf die Kenntnis oder grob fahrlässige Unkenntnis in zehn Jahren von ihrer Entstehung an verjähren (§ 199 III Nr. 1 BGB).

Schadensersatzansprüche entstehen zwar grds. erst mit dem Eintritt eines Schadens. Man könnte nun vertreten, dass ein Schaden erst mit dem Herausgabeverlangen des Eigentümers eintritt, sodass vor diesem Verlangen die Höchstfrist des § 199 III Nr. 1 BGB nicht anläuft. Nach heute h.L. entsteht der Anspruch auf Schadensersatz statt der Leistung aber einheitlich zusammen mit dem Primäranspruch.[137]

hemmer-Methode: Der Anspruch aus § 311a II BGB beim Verkauf gestohlener Sachen entsteht daher nach richtiger Ansicht bereits mit Vertragsschluss.

Problem: Eigentümer kann 30 Jahre vom Käufer sein Eigentum herausverlangen, § 197 I Nr. 2 BGB

Das Gesetz trennt ausdrücklich die Pflicht des Verkäufers zur Eigentumsverschaffung (§ 433 I S. 1 BGB) von der Pflicht zur sach- und rechtsmängelfreien Leistung (§ 433 I S. 2 BGB). Nur bei einer gegen § 433 I S. 2 BGB verstoßenden Leistung kommen die §§ 434 ff. BGB in Betracht. 143

Verschafft der Verkäufer dem Käufer kein Eigentum an der Kaufsache, so handelt es sich um eine Leistungsstörung der Pflicht aus § 433 I S. 1 BGB. Allerdings besteht das Problem darin, dass der Eigentümer vom Käufer 30 Jahre lang sein Eigentum herausverlangen kann, § 197 I Nr. 2 BGB. Wenn der Käufer aber nur in der Regelverjährung des § 195 BGB gegen den Verkäufer seinen Schadensersatzanspruch geltend machen könnte, aber 30 Jahre lang mit dem Herausgabeverlangen des Eigentümers rechnen muss, entstünde eine Gerechtigkeitslücke.

Gerade diese Lücke wollte aber § 438 I Nr. 1a BGB mit dem Gleichlauf der Verjährung verhindern. Dies spricht dafür, das Dritteigentum als Rechtsmangel i.S.d. § 435 BGB zu qualifizieren.[138]

Wenn man hingegen die fehlende Eigentumsverschaffung als Nichterfüllung i.S.d. § 433 I S. 1 BGB qualifiziert, also einen Rechtsmangel ablehnt, so würde es sich zumindest anbieten, auf die Verjährung der allgemeinen Leistungsstörungsrechte nicht § 195 BGB, sondern § 438 I Nr. 1a BGB analog anzuwenden.[139]

hemmer-Methode: Der BGH hat in seiner letzten Entscheidung zu dieser Problematik zunächst das Vorliegen eines Rechtsmangels abgelehnt. Die entscheidende Frage, ob eine analoge Anwendung der Rechtsmängelverjährungsvorschrift des § 438 I Nr. 1a BGB in Betracht kommt, lässt der BGH im konkreten Fall mangels Entscheidungserheblichkeit offen.[140]

Wegen Ersitzung nach zehn Jahren (§ 937 BGB) besteht regelmäßig kein Bedürfnis für Analogie bzw. Bejahung eines Rechtsmangels

Fraglich ist, ob die häufig aufgestellte Behauptung zutrifft, dass im Fall des Verkaufs einer gestohlenen Sache überhaupt eine verjährungsrechtlich bedingte Regressfalle droht. Nach § 937 I BGB erwirbt nämlich derjenige, der eine Sache zehn Jahre im Eigenbesitz hatte, das Eigentum an der beweglichen Sache.

Damit erlischt der Anspruch aus § 985 BGB auf Tatbestandsebene, sodass sich die Frage nach der Verjährung erst gar nicht stellt.

hemmer-Methode: Lesen Sie zu dieser Problematik ausführlich Tyroller, „Der Verkauf gestohlener Sachen: Gedanken zur anfänglichen subjektiven Unmöglichkeit beim Kaufvertrag!“, in Life&Law 2008, Heft 3, 197 - 205.

---

137 Palandt, § 199, Rn. 15; MüKo, § 199 BGB, Rn. 21 m.w.N.

138 Scheuren-Brandes, Fehlendes Eigentum des Verkäufers - Rechtsmangel oder Unmöglichkeit, ZGS 2005, 295 - 299; Pahlow, Der Rechtsmangel beim Sachkauf, JuS 2006, 289 - 293 (293).

139 Zur analogen Anwendung des § 438 I Nr. 1a BGB kommen im Ergebnis Palandt, § 438, Rn. 6 (unklar aber § 311a, Rn. 11); MüKo, § 438 BGB, Rn. 13; MüKo, § 311a BGB, Rn. 91 und 101; Bamberger/Roth/Faust, § 438 BGB, Rn. 14; Staudinger, § 438 BGB, Rn. 45; Oetker/Maultzsch, Vertragliche Schuldverhältnisse, S. 106.

140 BGH, NJW 2007, 3777 - 3781 = jurisbyhemmer.

Öffentlich-rechtliche Beschränkungen

Schwierig ist die Abgrenzung zwischen Rechts- und Sachmangel bei öffentlich-rechtlichen Beschränkungen. Denn ein Sachmangel kann sich auch aus der Beziehung der Sache zur Umwelt ergeben, wozu auch rechtliche Beziehungen gehören. 144

hemmer-Methode: So ist z.B. die Beschlagnahme eines Pkw gemäß § 111b StPO nach BGH, NJW 2004, 1802 - 1803 ein Rechtsmangel. Ob Gleiches auch für die Beschlagnahme nach § 94 II StPO gilt, ist umstritten. Nach Ansicht des OLG Hamm stellt eine Beschlagnahme nach § 94 StPO dann einen Rechtsmangel dar, wenn dem Käufer hierdurch das Eigentum auf Dauer entzogen wird.[141]

Sachmangel nur (+), wenn an Beschaffenheit der Sache anzuknüpfen ist

Der Unterschied liegt darin, dass ein Sachmangel an die Beschaffenheit der Sache anknüpfen muss. Ist dies nicht der Fall, kommt nur ein Rechtsmangel in Betracht; „Dritter" i.S.d. § 435 S. 1 BGB kann nämlich auch die öffentliche Hand sein. 145

So hat der BGH einen Sachmangel angenommen, wenn ein Grundstück mit einem Haus verkauft wird, das ohne Baugenehmigung errichtet worden ist.[142]

In dem entschiedenen Fall lag das Grundstück im bauplanungsrechtlichen Außenbereich (§ 35 BauGB) und eine Baugenehmigung konnte aufgrund entgegenstehender öffentlicher Belange nicht nachträglich erteilt werden. Um einen Sachmangel handelte es sich, weil die öffentlich-rechtliche Baubeschränkung an die Lage des Grundstücks und damit an dessen Beschaffenheit anknüpfte.

Hilfsweise kann man fragen, ob der Mangel ohne Veränderung der Kaufsache beseitigt werden kann oder nicht. In letzterem Fall liegt ein Sachmangel vor.

hemmer-Methode: Häufig ist die Formulierung anzutreffen, eine öffentlich-rechtliche Beschränkung stelle einen Sachmangel dar, wenn sie dem öffentlichen Wohl dient und nicht ohne Änderung der Sache selbst beseitigt werden kann. Dabei dürfte das erste Merkmal („dem öffentlichen Wohl dienend") aber eher überflüssig sein, zumal dies bei nahezu allen öffentlich-rechtlichen Vorschriften der Fall ist.

Bsp.[143]: *G verkauft B ein Grundstück. Nach Auflassung und Eintragung muss B feststellen, dass sich im Grundstück eine Fernwärmeleitung befindet. Diese hatte D aufgrund einer ihm zustehenden, im Grundbuch eingetragenen beschränkten persönlichen Dienstbarkeit (§§ 1018 ff. BGB) verlegen lassen. Liegt ein Sach- oder Rechtsmangel vor?* 146

1. Die Tatsache, dass sich im Grundstück eine Fernwärmeleitung befindet, betrifft die Beschaffenheit der Kaufsache. Wenn B in der gewöhnlichen Nutzung des Grundstücks beeinträchtigt wird (z.B. Ausheben einer Baugrube), kommt ein Sachmangel wegen § 434 I S. 2 Nr. 2 Alt. 1 BGB in Betracht.

Ebenso ist vertretbar, dass der Käufer eines Grundstücks generell erwarten kann, dass sich im Boden des Grundstücks keine derartigen „Fremdkörper" befinden. Dann kann sich ein Sachmangel aus § 434 I S. 2 Nr. 2 Alt. 2 BGB ergeben.

2. Andererseits begründet die beschränkte persönliche Dienstbarkeit, die D zum Verlegen der Fernwärmeleitung nach den §§ 1018 ff. BGB berechtigt, einen Rechtsmangel i.S.d. § 435 S. 1 BGB.

Das dingliche Recht des D konnte auch nicht im Wege des gutgläubigen Erwerbs durch B nach § 892 I S. 1 BGB „wegerworben" werden, da es im Grundbuch eingetragen war. § 892 I S. 1 BGB setzt aber die Unrichtigkeit des Grundbuchs voraus.

---

141 OLG Hamm, NJW-RR 2012, 1441 f. = **juris**byhemmer; vgl. Sie dazu auch Wertenbruch, ZGS 2004, 367 ff.

142 BGH, WM 1985, 230 - 231 = **juris**byhemmer.

143 Nach **Life&Law 2000, Heft 7, 451 - 454**.

3. Es erscheint sinnvoll, auf den Schwerpunkt der Pflichtverletzung des G abzustellen, um zu ermitteln, ob es sich um einen Sach- oder einen Rechtsmangel handelt.

Der Schwerpunkt der Beeinträchtigung seitens des B liegt hier nicht in der bloßen Existenz der Fernwärmeleitung (dann Sachmangel), sondern darin, dass die Fernwärmeleitung aufgrund des dinglichen Rechts des D nicht ohne Weiteres entfernt werden kann. Daher ist hier von einem Rechtsmangel auszugehen.

Maßgeblicher Zeitpunkt: Eigentumserwerb durch Käufer

Maßgeblicher Zeitpunkt für das Vorliegen eines Rechtsmangels ist nicht der Zeitpunkt des Gefahrübergangs. Hier liegt ein wesentlicher Unterschied zum Sachmangel, vgl. § 434 I S. 1 BGB. 147

Abzustellen ist erst auf den **Zeitpunkt des Eigentumserwerbes** durch den Käufer[144]: Ist die Kaufsache in diesem Zeitpunkt frei von Rechtsmängeln, hat der Verkäufer seine Pflicht aus § 433 I S. 2 Alt. 2 BGB erfüllt.

Wenn danach Rechte Dritter entstehen, fällt dies nicht mehr in den Verantwortungsbereich des Verkäufers; ein Rechtsmangel liegt nicht vor.

Bsp.: *K hat das Grundstück des V (Wert und Kaufpreis: 400.000,- €) gekauft. Im Zeitpunkt des Eigentumserwerbes durch K war im Grundbuch für H eine Hypothek eingetragen, die einen Anspruch des H gegen V in Höhe von 300.000,- € sichern sollte, tatsächlich aber unwirksam war. Später trat H „die Hypothek“ an den gutgläubigen D ab. Dieser betreibt die Zwangsvollstreckung in das Grundstück (Erlös: 300.000,- €). Anspruch des K gegen V auf Schadensersatz?* 148

1. Ein solcher Anspruch könnte sich aus §§ 433 I S. 2, 435, 437 Nr. 3, 440, 311a II S. 1 BGB ergeben.

a) V könnte dem K das Grundstück nicht frei von Rechtsmängeln i.S.d. §§ 433 I S. 2 Alt. 2, 435 BGB verschafft haben.

Das Bestehen einer Hypothek stellt als dingliches Recht Dritter unproblematisch einen Rechtsmangel i.S.d. § 435 S. 1 BGB dar. Abzustellen ist allerdings auf den Zeitpunkt des Eigentumserwerbes beim Käufer. In diesem Zeitpunkt bestand eine Hypothek jedoch nicht.

Allerdings war die Hypothek im maßgeblichen Zeitpunkt unrichtigerweise im Grundbuch eingetragen. Dies stellt wegen der Möglichkeit gutgläubigen Erwerbs durch Dritte nach § 435 S. 2 BGB einen Rechtsmangel dar.

b) Die Nacherfüllung müsste allerdings von Anfang an (d.h. bereits im Zeitpunkt des Vertragsschlusses) unmöglich gewesen sein. Dies war nicht der Fall, da V die unrichtige Grundbucheintragung durch Geltendmachung des Grundbuchberichtigungsanspruches aus § 894 BGB gegen H hätte beseitigen lassen können.

Also besteht kein Schadensersatzanspruch aus § 311a II S. 1 BGB.

2. Ein Anspruch könnte sich allerdings aus §§ 433 I S. 2 Alt. 2, 435 S. 2, 437 Nr. 3, 440, 280 I, III, 283 BGB ergeben.

a) V war zunächst im Wege der Nacherfüllung (§ 439 BGB) verpflichtet, die unrichtige Grundbucheintragung zu beseitigen. Dies wurde ihm mit der Übereignung des Grundstückes an K gem. § 275 I BGB unmöglich, da er hierdurch die Berechtigung zur Geltendmachung des Anspruches aus § 894 BGB verlor.

144 Palandt, § 435, Rn. 7.

b) Die Unmöglichkeit der Nacherfüllung stellt einen Fall der Teilunmöglichkeit dar. Da K jedoch nur Schadensersatz statt der Leistung hinsichtlich der Unmöglichkeit der Nacherfüllung, nicht hinsichtlich der gesamten Leistung verlangt, müssen die zusätzlichen Voraussetzungen der §§ 283 S. 2, 281 I S. 3 BGB nicht geprüft werden.[145]

c) Zum nach §§ 283 S. 1, 280 I S. 2 BGB erforderlichen Vertretenmüssen des V fehlen Angaben im Sachverhalt. Da V für ein fehlendes Vertretenmüssen die Darlegungs- und Beweislast trägt, ist von einem Vertretenmüssen des V auszugehen.

Ebenfalls ist vertretbar, dass V ein Fahrlässigkeitsvorwurf i.S.d. § 276 I S. 1 BGB trifft: Er hätte die Unrichtigkeit des Grundbuch erkennen müssen.

d) Allerdings könnte ein Anspruch des K nach § 442 BGB ausscheiden. Es ist davon auszugehen, dass K beim Abschluss des notariell beurkundeten (§ 311b I BGB) Grundstückskaufvertrages die Eintragung der Hypothek vom Notar mitgeteilt wurde; zumindest kann K der Vorwurf grob fahrlässiger Unkenntnis i.S.d. § 442 I S. 2 BGB gemacht werden.

Allerdings würde die Rechtsmängelhaftung des Verkäufers bei im Grundbuch eingetragenen Drittrechten in nahezu allen Fällen ausscheiden. Daher bestimmt § 442 II BGB, dass der Verkäufer das eingetragene Recht (bzw. im Falle des § 435 S. 2 BGB die Eintragung) auch bei Kenntnis des Käufers zu beseitigen hat. Eine etwaige Kenntnis des K von der Grundbucheintragung der Hypothek ist daher für seine Mängelrechte unschädlich und kann ihm auch nicht als anspruchskürzendes Mitverschulden gem. § 254 BGB angelastet werden, da insoweit § 442 BGB eine vorrangige Sonderregelung darstellt.

e) Durch die Unrichtigkeit des Grundbuches konnte D nach § 892 I S. 1 BGB gutgläubig die Hypothek erwerben und (nach Erstreitung eines Vollstreckungstitels gegen K, Anspruch aus § 1147 BGB) wirksam die Zwangsversteigerung betreiben. Hierdurch ist K ein Schaden in Höhe von 400.000,- € entstanden, da er das Eigentum an dem Grundstück verloren hat.

Also kann K von V Schadensersatz in Höhe von 400.000,- € verlangen.

„Übernahme“ des Drittrechtes

Ein Rechtsmangel scheidet nach § 435 S. 1 BGB aus, wenn das Drittrecht durch Vereinbarung im Kaufvertrag vom Käufer „übernommen“ wurde. Zu beachten ist, dass beim Grundstückskauf diese Vereinbarung ebenfalls der Form des § 311b I BGB genügen muss. 149

Bsp.: *X verkauft dem Y ein Grundstück (Wert: 500.000,- €). Dieses ist mit einer Hypothek in Höhe von 100.000,- € belastet. X und Y vereinbaren mündlich, dass die Hypothek von Y „übernommen“ werden solle; als Kaufpreis wird ein Betrag von 400.000,- € vereinbart. Nach Auflassung und Eintragung fragt Y, ob ihm Mängelrechte gegen X zustehen.* 150

Fraglich ist, ob dem Y gegen X aufgrund der bestehenden Hypothek Mängelrechte zustehen. Problematisch ist zunächst das Vorliegen eines Rechtsmangels i.S.d. § 435 S. 1 BGB.

Eine Hypothek stellt grundsätzlich einen Rechtsmangel des verkauften Grundstückes dar. Dies ist jedoch nicht der Fall, wenn die Kaufvertragsparteien vereinbart haben, dass der Käufer die Hypothek „übernehmen“ solle. Hierbei handelt es sich um eine schuldrechtliche Vereinbarung, die bewirkt, dass sich die Pflicht des Verkäufers aus § 433 I S. 1 u. 2 BGB auf die Übertragung des mit der Hypothek belasteten Grundstückes beschränkt; die Hypothek kann dann keinen Rechtsmangel i.S.d. § 433 I S. 2 BGB darstellen, da der Verkäufer seine geschuldete Leistung erbringt.

---

[145] Zum „kleinen“ und „großen“ Schadensersatz statt der Leistung vgl. Rn. 305 ff.

hemmer-Methode: Die „Übernahme" der Hypothek hat keine dingliche Wirkung! Dass das Grundstück auch nach dem Erwerb durch den Käufer auch weiterhin mit der Hypothek belastet ist, ergibt sich bereits aus allgemeinen sachenrechtlichen Grundsätzen, nicht erst durch Vereinbarung zwischen den Vertragsparteien! Dies hat z.B. auch zur Folge, dass ein Irrtum hierüber nur einen unbeachtlichen Rechtsfolgenirrtum darstellt, der nicht zur Anfechtung berechtigt. Denken Sie in Zusammenhängen!

Allerdings muss die Vereinbarung der Form des § 311b I BGB genügen. Dieses Formerfordernis erstreckt sich auf alle Haupt- und Nebenabreden des Grundstückskaufvertrages. Da die Vereinbarung mündlich getroffen wurde, ist sie nach § 125 S. 1 BGB nichtig. Allerdings erfolgten Auflassung und Eintragung des Y, wodurch gem. § 311b I S. 2 BGB Heilung des Formnichtigkeit eintrat. Damit wurde die Vereinbarung zwischen Y und X ex nunc wirksam.

Daher liegt kein Rechtsmangel i.S.d. § 435 S. 1 BGB vor. Y stehen gegen X insoweit keine Mängelrechte zu.

hemmer-Methode: Wenn diese Heilung nicht eintritt, muss genau geprüft werden, ob die Unwirksamkeit der Vereinbarung über die „Übernahme" zur Unwirksamkeit des gesamten Kaufvertrages führt. § 139 HS 1 BGB bestimmt, dass dies im Zweifel der Fall ist. Vor allem ist davon auszugehen, dass X und Y den Kaufvertrag ohne diese Vereinbarung nicht *so* geschlossen hätten: Es wäre ein Kaufpreis von 500.000,- € vereinbart worden. Die Klausur würde wegen der Nichtigkeit des gesamten Kaufvertrages also im Bereicherungsrecht laufen!

2. § 436 BGB

Grundsatz: Keine Haftung des Grundstücksverkäufers für öffentliche Lasten, § 436 II BGB

An einen Rechtsmangel wäre grundsätzlich auch dann zu denken, wenn mit dem Grundstückseigentum öffentliche Lasten, beispielsweise Abgaben nach den Kommunalabgabengesetzen der Länder, verbunden sind. Jedoch stellt § 436 II BGB klar, dass hierfür der Verkäufer nicht „haftet"; derartige öffentliche Lasten stellen damit weder einen Sach- noch einen Rechtsmangel des Grundstücks dar. 151

Ausnahme: § 436 I BGB

Abweichend hiervon bestimmt § 436 I BGB, dass der Verkäufer Erschließungsbeiträge und sonstige Anliegerbeiträge für diejenigen Maßnahmen zu tragen hat, die bis zum Zeitpunkt des Vertragsschlusses bautechnisch begonnen worden sind. 152

Diese Regelung soll Ungerechtigkeiten vermeiden, die dadurch entstehen, dass im Regelfall derartige Beiträge erst nach vollständiger Beendigung der bautechnischen Maßnahme erhoben werden.

§ 436 I BGB bewirkt keinen Mangel des Grundstücks

Dies bewirkt nicht, dass das Grundstück deshalb als mangelhaft i.S.d. §§ 434 oder 435 BGB anzusehen ist. Es geht in § 436 I BGB lediglich um die Verteilung öffentlicher Lasten, was mit Mängelrecht streng genommen nichts zu tun hat. 153

hemmer-Methode: Wer Schuldner der Beiträge i.S.d. § 436 I BGB ist, bestimmt sich nach öffentlichem Recht; hierauf hat § 436 I BGB keinen Einfluss. Bestimmt die Vorschrift, dass der Verkäufer den Beitrag zu tragen hat, obwohl er nach öffentlichem Recht dem Käufer auferlegt wird, so hat der Käufer aus § 436 I BGB gegen den Verkäufer einen Anspruch auf Freistellung von der Beitragsschuld. Der Verkäufer muss also an die Behörde zahlen, um die Schuld des Käufers zu tilgen. Hat der Käufer bereits an die Behörde gezahlt, kann er vom Verkäufer Zahlung des fraglichen Betrages aus § 436 I BGB verlangen.

IV. Anspruch auf Nacherfüllung, §§ 433 I S. 2, 437 Nr. 1, 439 BGB

hemmer map Nr. 4 i. Anh.

Der Anspruch auf Nacherfüllung gem. §§ 433 I S. 2, 437 Nr. 1, 439 BGB stellt das vorrangige Recht des Käufers bei mangelhafter Lieferung durch den Verkäufer dar. 154

1. Allgemeines[146]

Nacherfüllungsanspruch ist teilweiser Primäranspruch des Käufers

Dass dem Käufer ein Anspruch auf Nacherfüllung, also Beseitigung des Mangels durch den Verkäufer durch Lieferung einer mangelfreien Sache (Nachlieferung) bzw. durch Beseitigung des Mangels (Nachbesserung) zusteht, ist eigentlich nach der Gesetzessystematik eine Selbstverständlichkeit. 155

Denn der Verkäufer ist gem. § 433 I S. 2 BGB zur mangelfreien Leistung verpflichtet; die Lieferung einer mangelhaften Sache stellt daher eine teilweise Nichterfüllung durch den Verkäufer dar.[147] Da der Verkäufer seine Pflicht aus § 433 I BGB nur teilweise erfüllt hat, verbleibt dem Käufer der Anspruch auf Mangelfreiheit der Leistung.

Beim Nacherfüllungsanspruch handelt es sich daher um den noch nicht erfüllten Rest des Primäranspruches des Käufers, der durch die Bestimmungen des Kaufrechts (v.a. §§ 438, 439 BGB) lediglich modifiziert wird.[148]

2. Vorrang des Nacherfüllungsanspruches

Keine ausdrückliche Formulierung im Gesetz

Das Gesetz formuliert nicht ausdrücklich, dass das vorrangige Mängelrecht des Käufers der Anspruch auf Nacherfüllung nach den §§ 433 I S. 2, 437 Nr. 1, 439 BGB ist. Dennoch liegt dem Gesetz ein Vorrang des Nacherfüllungsanspruches zugrunde. 156

hemmer-Methode: Dieser Vorrang ergibt sich aus den Voraussetzungen der übrigen Mängelrechte und ist auf das im allgemeinen Leistungsstörungsrecht verfolgte Prinzip vom Vorrang des Primäranspruches vor Sekundärrechten zurückzuführen.

Rücktritt: Fristsetzungserfordernis

Für den Rücktritt nach §§ 437 Nr. 2, 440, 323 BGB ergibt sich dieser Vorrang aus dem in § 323 I BGB niedergelegten Fristsetzungserfordernis. Erst wenn die vom Käufer zur Nacherfüllung gesetzte Frist erfolglos verstrichen ist, kann er vom Kaufvertrag zurücktreten. 157

Ebenso bei Minderung

Da eine Minderung gem. § 441 I S. 1 BGB nur „statt“ des Rücktritts möglich ist, setzt die Minderung grundsätzlich das Vorliegen der Rücktrittsvoraussetzungen voraus. Damit ist auch hier die Fristsetzung nach § 323 I BGB erforderlich. 158

SE statt der Leistung: Fristsetzungserfordernis in § 281 I BGB

Ebenso setzt der Anspruch auf Schadensersatz statt der Leistung nach §§ 437 Nr. 3, 280 I, III, 281 I S. 1 BGB den erfolglosen Ablauf der Nachfrist für die Nacherfüllung voraus. 159

⇨ Einer gesonderten Normierung des Vorrangs bedurfte es nicht!

Dass der Käufer also bei Vorliegen eines Mangels zunächst auf den Nacherfüllungsanspruch verwiesen wird, musste im Kaufrecht nicht gesondert geregelt werden.

146 Vgl. dazu auch Lorenz, Nacherfüllungsanspruch und Obliegenheiten des Käufers: Zur Reichweite des „Rechts zur zweiten Andienung“, NJW 2006, 1175 - 1179.

147 Vgl. BT-Drs. 14/6040, S. 220.

148 Schubel, Schuldrechtsmodernisierung 2001/2002 - Das neue Kaufrecht, JuS 2002, 313 - 319 (316).

Beim Nacherfüllungsanspruch handelt es sich um den Primäranspruch des Käufers in modifizierter Gestalt; bereits das allgemeine Leistungsstörungsrecht, auf das § 437 BGB verweist, räumt dem Nacherfüllungsanspruch durch die Fristsetzungserfordernisse in den §§ 281 I, 323 I BGB den Vorrang ein; dem Verkäufer soll hierdurch das „Recht zur zweiten Andienung" gegeben werden.[149]

hemmer-Methode: Der „Vorrang des Nacherfüllungsanspruches" ist also kein geheimnisvolles, dem Gesetz nicht zu entnehmendes Prinzip. Er ist auf den Vorrang des Primäranspruches zurückzuführen, der den gedanklichen Hintergrund der Regelungen über die Sekundärrechte (Schadensersatz, Rücktritt) des allgemeinen Leistungsstörungsrechtes bildet. Dem Prinzip vom Vorrang des Nacherfüllungsanspruches kommt daher keine aus sich heraus konstitutive Wirkung zu. Arbeiten Sie direkt mit dem Gesetz!

3. Überblick über die Anspruchsvoraussetzungen

Überblick: Nacherfüllungsanspruch des Käufers

160

Voraussetzungen des Nacherfüllungsanspruches gemäß §§ 437 Nr. 1, 439 BGB

1. **Wirksamer Kaufvertrag**
2. **Mangelhafte Leistung** durch den Verkäufer
3. Konkretisierung durch den Käufer: **Ausübung des Wahlrechts** nach § 439 I BGB (nicht nötig, wenn nur eine Nacherfüllungsart möglich ist)
4. Keine **Unmöglichkeit** der Nacherfüllung, § 275 I - III BGB
5. Keine **berechtigte Verweigerung** durch den Verkäufer i.S.v. § 439 III BGB
6. Keine **Verjährung**, § 438 BGB

4. Reichweite des Nacherfüllungsanspruches, § 439 I BGB

Wahlrecht des Käufers: Nachbesserung/Nachlieferung

§ 439 I BGB räumt dem Käufer ein Wahlrecht ein: Er kann Beseitigung des Mangels (Nachbesserung, § 439 I Alt. 1 BGB) oder Lieferung einer mangelfreien Sache (Nachlieferung, § 439 I Alt. 2 BGB) verlangen. 161

Der Anspruch kommt sowohl bei Sach- als auch bei Rechtsmängeln in Betracht, da § 439 I BGB allgemein vom Vorliegen eines Mangels ausgeht. Dies schließt beide Arten des Mangels ein.

a) Rechtslage beim Verbrauchsgüterkauf, § 474 BGB

Bsp.: Heimwerker K kauft im Baumarkt V Bodenfliesen und verlegt diese anschließend selbst in seinem Haus. Die Fliesen splitterten nach kurzer Zeit. Grund hierfür war eine mangelnde Stoßfestigkeit der Fliesen aufgrund eines Brennfehlers des Herstellers. 161a

K verlangt nun vom Baumarkt V zum einen die Neuverlegung mangelfreier Fliesen und zum anderen Ausbau und Beseitigung der verlegten mangelhaften Fliesen.

Zu Recht?

149 Palandt, § 439, Rn. 1.

I. Anspruch auf Neuverlegung mangelfreier Fliesen

Nacherfüllung, §§ 437 Nr. 1, 439 I BGB ?

Da sich die Fliesen nicht für die gewöhnliche Verwendung eignen, sind sie mangelhaft i.S.d. § 434 I S. 2 Nr. 2 BGB. Daher könnte K ein Anspruch auf **Nacherfüllung gem. §§ 437 Nr. 1, 439 I BGB** zustehen. 161b

In der Rechtsprechung der Instanzgerichte und in der rechtswissenschaftlichen Literatur ist umstritten, ob der Nacherfüllungsanspruch auf Lieferung einer mangelfreien Sache auch deren Einbau umfasst, wenn der Käufer die mangelhafte Sache - vor dem Auftreten des Mangels - ihrer Bestimmung gemäß eingebaut hatte.

1. Das OLG Karlsruhe[150] hat dies bejaht und dem Käufer einen Anspruch auf Erstattung der Kosten für eine Neuverlegung ersatzweise gelieferter Bodenfliesen zugebilligt.[151]

2. Die Oberlandesgerichte Köln[152], Stuttgart[153] und Frankfurt am Main[154] haben es dagegen abgelehnt, den Nacherfüllungsanspruch auf diese Kosten zu erstrecken.[155]

***BGH:** Kein Anspruch auf Neuverlegung!*

3. Der **BGH**[156] hatte sich dieser Auffassung zunächst angeschlossen und dabei wie folgt argumentiert:

a) Beim Nacherfüllungsanspruch aus § 439 I BGB handelt es sich um eine Modifikation des ursprünglichen Erfüllungsanspruchs aus § 433 I BGB, der allerdings nur so weit geht, wie dies durch die Mangelhaftigkeit der Kaufsache bedingt ist.

Bei der in § 439 I BGB vorgesehenen Lieferung einer mangelfreien Sache („Nachlieferung") decken sich, wie schon aus der gesetzlichen Formulierung hervorgeht, der Nacherfüllungsanspruch und der ursprüngliche Erfüllungsanspruch hinsichtlich der vom Verkäufer geschuldeten Leistungen. Es ist lediglich anstelle der ursprünglich gelieferten mangelhaften Kaufsache nunmehr eine mangelfreie - im Übrigen aber gleichartige und gleichwertige - Sache zu liefern.

Die **Ersatzlieferung erfordert** daher eine **vollständige Wiederholung der Leistungen**, zu denen der Verkäufer nach § 433 I S. 1 und S. 2 BGB verpflichtet ist: Der Verkäufer schuldet nochmals die Übergabe des Besitzes und die Verschaffung des Eigentums an einer mangelfreien Sache - nicht weniger, aber auch nicht mehr. Denn mit der Nacherfüllung soll nach der gesetzgeberischen Konzeption lediglich eine nachträgliche Erfüllung der Verkäuferpflichten aus § 433 I BGB durchgesetzt werden. Der Käufer soll mit der Nacherfüllung das erhalten, was er vertraglich zu beanspruchen hat

hemmer-Methode: Dass der Nacherfüllungsanspruch den Erfüllungsanspruch inhaltlich fortsetzt, ist etwas ungenau.
Unverändert bleibt nur der geschuldete Leistungserfolg, während die Leistungshandlung in den Fällen der Nachbesserung (Reparatur etc.) doch deutlich vom Pflichtenkatalog des § 433 I BGB abweichen kann. Besonders deutlich wird dies beim Stückkauf, bei welchem im Falle der Nacherfüllung grds. auch die Nachlieferung geschuldet ist.[157]

150 OLG Karlsruhe, **Life&Law 2005, Heft 2, 77 - 82** = ZGS 2004, 432 - 434 = **juris**byhemmer.

151 Ebenso LG Deggendorf, IBR 2007, 426 = **juris**byhemmer; Bamberger/Roth/Faust, § 439 BGB, Rn. 18.

152 OLG Köln, NJW-RR 2006, 677 - 678 = **juris**byhemmer.

153 OLG Stuttgart, Urteil v. 08.11.2007, Az.: 19 U 52/02 = **juris**byhemmer.

154 OLG Frankfurt, ZGS 2008, 315 - 320 = **juris**byhemmer.

155 Ebenso LG Itzehoe, Urteil v. 27. April 2007, Az.: 9 S 85/06, Staudinger, § 439 BGB, Rn. 21; MüKo, § 439 BGB, Rn. 13; Lorenz, Nacherfüllungskosten und Schadensersatz nach „neuem" Schuldrecht - was bleibt vom „Dachziegel"-Fall?, ZGS 2004, 408 - 411; Lorenz, Schuldrechtsreform 2002: Problemschwerpunkte drei Jahre danach, NJW 2005, 1889 - 1896 (1895 f.); Reinicke/Tiedtke, Kaufrecht, 7. Aufl., Rn. 439 f.; Schneider/Katerndahl, Ein- und Ausbaukosten mangelhafter Kaufsachen im unternehmerischen Rechtsverkehr, NJW 2007, 2215 - 2220; Thürmann, Der Ersatzanspruch des Käufers für Aus- und Einbaukosten einer mangelhaften Kaufsache, NJW 2006, 3457 - 3461; Haedicke, Die Mängelbeseitigungspflicht des Verkäufers bei fehlerhafter Montageanleitung, ZGS 2006, 55 - 60 (59 f.).

156 BGH, **Life&Law 2008, Heft 9, 575 - 581** = NJW 2008, 2837 - 2840 = **juris**byhemmer.

157 BGH, **Life&Law 2006, Heft 11, 725 - 733** = ZIP 2006, 1586 - 1591 = **juris**byhemmer.

Vorlage an EuGH beim Verbrauchsgüterkauf

4. Obwohl der BGH in dieser Sache schon entschieden hatte, hat das Amtsgericht Schorndorf bei einem Verbrauchsgüterkauf (§ 474 I BGB) diese Frage dem EuGH zur Entscheidung vorgelegt.[158]

Ansicht des EuGH

Der **EuGH**[159] bejaht nun überraschender Weise eine Verpflichtung des Verkäufers, die nachgelieferte mangelfreie Sache beim Käufer einzubauen. Nach Ansicht des EuGH ist der Verkäufer im Fall einer Ersatzlieferung verpflichtet, die Ersatzsache einzubauen oder die entsprechenden Kosten zu tragen. Die in Art. 3 II, III Verbrauchsgüterkaufrichtlinie vorausgesetzte Unentgeltlichkeit der Nacherfüllung soll den Verbraucher vor finanziellen Belastungen schützen, die er bei ordnungsgemäßer Erfüllung nicht gehabt hätte und diesen von der Geltendmachung seiner Ansprüche abhalten können.

Art. 3 Verbrauchsgüterkaufrichtlinie

Hinweis: Artikel 3 der „Verbrauchsgüterkauf-Richtlinie" lautet: *161c*

(1) ...

(2) Bei Vertragswidrigkeit hat der Verbraucher entweder Anspruch auf die unentgeltliche Herstellung des vertragsgemäßen Zustands des Verbrauchsgutes durch Nachbesserung oder Ersatzlieferung nach Maßgabe des Absatzes 3 oder auf angemessene Minderung des Kaufpreises oder auf Vertragsauflösung in Bezug auf das betreffende Verbrauchsgut nach Maßgabe der Absätze 5 und 6.

(3) [1]Zunächst kann der Verbraucher vom Verkäufer die unentgeltliche Nachbesserung des Verbrauchsgutes oder eine unentgeltliche Ersatzlieferung verlangen, sofern dies nicht unmöglich oder unverhältnismäßig ist.

[2]Eine Abhilfe gilt als unverhältnismäßig, wenn ....

[3]Die Nachbesserung oder die Ersatzlieferung muss innerhalb einer angemessenen Frist und ohne erhebliche Unannehmlichkeiten für den Verbraucher erfolgen, wobei die Art des Verbrauchsgutes sowie der Zweck, für den der Verbraucher das Verbrauchsgut benötigte, zu berücksichtigen sind.

(4) Der Begriff „unentgeltlich" in den Absätzen 2 und 3 umfasst die für die Herstellung des vertragsgemäßen Zustands des Verbrauchsgutes notwendigen Kosten, insbesondere Versand-, Arbeits- und Materialkosten.

(5) – (6)

Diese Verpflichtung besteht auch dann, wenn der Verkäufer nach dem Kaufvertrag nicht zum Einbau des gelieferten Verbrauchsguts verpflichtet war.

a) Wenn der Verbraucher im Fall der Ersatzlieferung für ein vertragswidriges Verbrauchsgut vom Verkäufer nicht verlangen könnte, dass er den Einbau des als Ersatz gelieferten Verbrauchsguts in dieselbe Sache oder die entsprechenden Kosten übernimmt, **würde diese Ersatzlieferung für ihn zu zusätzlichen finanziellen Lasten führen, die er nicht hätte tragen müssen, wenn der Verkäufer den Kaufvertrag ordnungsgemäß erfüllt hätte**.

Wenn dieser nämlich von vornherein ein vertragsgemäßes Verbrauchsgut geliefert hätte, hätte der Verbraucher die Einbaukosten nur einmal getragen.

Wäre der Verkäufer nicht verpflichtet, den Einbau des als Ersatz gelieferten Verbrauchsguts oder die entsprechenden Kosten zu übernehmen, hätte dies somit zur Folge, **dass der Verbraucher, um die ihm durch den genannten Artikel verliehenen Rechte ausüben zu können, diese zusätzlichen Kosten tragen müsste**, die sich aus der Lieferung eines vertragswidrigen Verbrauchsguts durch den Verkäufer ergeben. In diesem Fall würde die Ersatzlieferung für das Verbrauchsgut entgegen Art. 3 Abs. 2 und 3 der Richtlinie **nicht unentgeltlich** für den Verbraucher vorgenommen.

---

158 AG Schorndorf, ZGS 2009, 525 - 527 = **juris**byhemmer.

159 **EuGH, Life&Law 2011, Heft 8, 537 - 541** = NJW 2011, 2269 - 2274 = **juris**byhemmer.

b) Zwar gehören die Kosten für den Einbau des als Ersatz gelieferten Verbrauchsguts **nicht zu den Kosten, die ausdrücklich in Art. 3 Abs. 4 der Richtlinie genannt sind**, wonach der Begriff ‚unentgeltlich' die für die Herstellung des vertragsgemäßen Zustands des Verbrauchsgutes notwendigen Kosten, insbesondere Versand-, Arbeits- und Materialkosten, umfasst. Der Gerichtshof hat jedoch bereits entschieden, dass sich **aus der Verwendung des Adverbs ‚insbesondere' durch den Unionsgesetzgeber ergibt, dass diese Aufzählung nur Beispiele enthält und nicht abschließend ist.**

Außerdem sind diese Kosten nunmehr notwendig, damit das vertragswidrige Verbrauchsgut ersetzt werden kann, und stellen folglich ‚für die Herstellung des vertragsgemäßen Zustands des Verbrauchsgutes notwendige Kosten' im Sinne von Art. 3 Abs. 4 dar.

c) Ferner ist darauf hinzuweisen, dass nach Art. 3 Abs. 3 der Richtlinie die Nachbesserung **ohne erhebliche Unannehmlichkeiten** für den Verbraucher zu erfolgen hat. Dieses **Erfordernis** ist Ausdruck des offenkundigen Willens des Unionsgesetzgebers, einen wirksamen Verbraucherschutz zu gewährleisten.

Die Auslegung von Art. 3 Abs. 2 und 3 der Richtlinie in dem Sinne, dass der Verkäufer zum Einbau des als Ersatz gelieferten Verbrauchsguts verpflichtet ist, entspricht damit dem Zweck der Richtlinie, mit der ein hohes Verbraucherschutzniveau gewährleistet werden soll.

d) Selbst wenn die Vertragswidrigkeit des Verbrauchsguts nicht auf einem Verschulden des Verkäufers beruht, hat dieser doch aufgrund der Lieferung eines vertragswidrigen Verbrauchsguts die Verpflichtung, die er im Kaufvertrag eingegangen ist, nicht ordnungsgemäß erfüllt und muss daher die Folgen der Schlechterfüllung tragen. Dagegen hat der Verbraucher seinerseits den Kaufpreis gezahlt und damit seine vertragliche Verpflichtung ordnungsgemäß erfüllt.

e) Diese Auslegung von Art. 3 Abs. 2 und 3 der Richtlinie ist unabhängig davon, ob der Verkäufer nach dem Kaufvertrag zum Einbau des gelieferten Verbrauchsguts verpflichtet war.

Nach alldem ist Art. 3 Abs. 2 und 3 der Richtlinie dahin auszulegen, dass der Verkäufer verpflichtet ist, das als Ersatz gelieferte Verbrauchsgut einzubauen. Diese Verpflichtung des Verkäufers besteht unabhängig davon, ob er sich im Kaufvertrag verpflichtet hatte, das ursprünglich gekaufte Verbrauchsgut einzubauen.

5. Ergebnis

Somit schuldete V im Zuge der Nacherfüllung nicht nur die Lieferung mangelfreier neuer Fliesen, sondern auch deren Einbau.

hemmer-Methode: Mit dieser Entscheidung müssen wir nun leben, auch wenn sie alles andere als überzeugend ist. Der EuGH vermischt bei dieser Entscheidung nämlich die Reichweite des vom Vertretenmüssen unabhängigen Nacherfüllungsanspruches mit dem vom Vertretenmüssen abhängigen Schadensersatzanspruch.
„Erschreckend an der Entscheidung ist ... insbesondere auch das Niveau ihrer Begründung, das nicht im Entferntesten an dasjenige der entsprechenden Schlussanträge des Generalanwalts heranreicht und das Niveau der Quelle-Entscheidung noch unterschreitet. Neben einer pseudo-dogmatischen Wortlautargumentation, ... stützt sich der EuGH letztlich allein darauf, dass der Austausch der vertragswidrigen Sache für den Käufer zu zusätzlichen finanziellen Belastungen führen würde, wenn der Verkäufer nicht verpflichtet wäre, Ausbau und Wiedereinbau zu besorgen oder die entsprechenden Kosten zu tragen.“[160]
Der BGH hat diese Entscheidung mit Urteil vom 21.12.2011 (mittelbar) bestätigt.[161] Der BGH hatte sich in der hier zu besprechenden Entscheidung mit dieser Frage nicht unmittelbar zu beschäftigen, weil der BGH dem EuGH zwei andere Fragen vorgelegt hatte.

160 Zitiert von Lorenz, Ein- und Ausbauverpflichtung des Verkäufers bei der kaufrechtlichen Nacherfüllung, NJW 2011, 2241 - 2245 (2242).

161 BGH, **Life&Law 2012, Heft 4, 239 - 248** = NJW 2012, 1073 - 1080 = **juris**byhemmer.

Der BGH erwähnt die Kosten für den Einbau der als Ersatz gelieferten Kaufsache aber in seiner Entscheidung selbst im dritten Leitsatz und auch in der Begründung des Urteils.
Der Gesetzgeber ist nun aufgefordert, diese Vorgaben so umzusetzen, dass dieser weitreichende Umfang der Nacherfüllungspflichten nur beim Verbrauchsgüterkauf gilt. Bei diesem steht dem in Anspruch genommenen Verkäufer ein verschuldensunabhängiger Regressanspruch bei seinem Lieferanten zu (vgl. § 478 II BGB), sodass das Ergebnis nicht unbillig ist. Außerhalb des Verbrauchsgüterkaufes hingegen würde der Verkäufer durch diese EuGH-Rechtsprechung aber sehr stark belastet.

II. Anspruch auf Rücknahme und Ausbau der mangelhaften Fliesen

Nach h.M. besteht Anspruch auf Rücknahme der mangelhaften Sache

1. Zweifelhaft ist zunächst, ob V überhaupt eine Rücknahmepflicht trifft. § 439 IV BGB verweist auf das Rücktrittsfolgenrecht der §§ 346 bis 348 BGB. Danach hat der Verkäufer einen Rückgewähranspruch. Eine Abholungspflicht wird ihm zumindest nicht ausdrücklich auferlegt. 161d

Nach teilweise vertretener Ansicht besteht ein derartiger Anspruch auf Rücknahme generell.[162]

Nach Ansicht der Rechtsprechung und weiten Teilen der Literatur besteht eine Pflicht zur Rücknahme nur dann, wenn der Rücktrittsberechtigte ein entsprechendes Interesse an der Rücknahme hat.[163] Selbst wenn man mit der h.M. diese Einschränkung vornimmt, lässt sich das berechtigte Interesse des K nicht leugnen.

Diesem ist selbstverständlich an der Entfernung der mangelhaften Fliesen und der Entsorgung des Bauschutts gelegen, da dies die Grundvoraussetzung dafür ist, dass er die nachgelieferten mangelfreien Fliesen einbauen kann.[164]

Ausbauverpflichtung ist umstritten

2. Fraglich ist außerdem, ob die Rücknahmeverpflichtung bezüglich der mangelhaften Fliesen auch eine Pflicht zum Ausbau der mangelhaften Fliesen mit einschließt. 161e

Für den Verbrauchsgüterkauf wird Ausbaupflicht von der h.M. bejaht

Dieser Anspruch ergibt sich im Falle der Nacherfüllung durch Lieferung einer mangelfreien Sache zwar nicht aus dem Wortlaut des § 439 I Alt. 2 BGB. Nach h.M. folgt dieser Anspruch aber **jedenfalls für den Verbrauchsgüterkauf** aus Art. 3 II, III Unterabsatz 3 der Richtlinie und der dadurch gebotenen richtlinienkonformen Auslegung des § 439 I Alt. 2 BGB.[165]

Der Ausbau der mangelhaften Fliesen könnte deswegen von der Verpflichtung des Verkäufers zur Ersatzlieferung umfasst werden. Für dieses Ergebnis spricht insbesondere, dass § 439 II BGB die zum Zwecke der Nacherfüllung erforderlichen Kosten unabhängig vom Vertretenmüssen allein dem Verkäufer auferlegt. Dieser Wertung liefe es zuwider, den Käufer mit der Entsorgung der mangelhaften Sache zu belasten.

BGH legt dem EuGH gem. Art. 267 AEUV diese Frage zur Entscheidung vor

3. Der BGH hat diese Frage nicht selbst entschieden, da die Frage, wie die Bestimmungen des Art 3 II und III der Verbrauchsgüterkaufrichtlinie in dem vorstehend dargelegten Zusammenhang auszulegen sind, gemäß Art. 267 AEUV (früher Art. 234 EG) dem Gerichtshof der Europäischen Gemeinschaften vorbehalten sei.[166]

Daher wurde die Frage, ob die Bestimmungen des Art. 3 II und III Unterabsatz 3 der vorbezeichneten Richtlinie dahin auszulegen sind, dass der Verkäufer im Falle der Herstellung des vertragsgemäßen Zustands des Verbrauchsgutes durch Ersatzlieferung die Kosten des Ausbaus des vertragswidrigen Verbrauchsgutes aus einer Sache, in die der Verbraucher das Verbrauchsgut gemäß dessen Art und Verwendungszweck eingebaut hat, tragen muss, dem EuGH zur Entscheidung vorgelegt.

---

162 Vgl. Bamberger/Roth/Faust, § 346 BGB Rn. 39.

163 Vgl. Palandt § 346, Rn. 5; MüKo § 346 BGB, Rn. 17; BGHZ 87, 104 - 112 (109 f.) = **juris**byhemmer.

164 Vgl. Palandt, § 439, Rn. 25 sowie BGHZ 87, 104 - 112 (109) = **juris**byhemmer, wo die Streitfrage ebenfalls offen bleiben konnte.

165 OLG Frankfurt, ZGS 2008, 315 - 320 (319) = **juris**byhemmer.

166 BGH, **Life&Law 2009, Heft 5, 291 ff.**, = ZGS 2009, 186 ff.

Ansicht EuGH zum Verbrauchsgüterkauf

4. Nach Ansicht des EuGH folgt dieser Anspruch aber **jedenfalls für den Verbrauchsgüterkauf** aus Art. 3 II, III, Unterabsatz 3 der Richtlinie und der dadurch gebotenen richtlinienkonformen Auslegung des § 439 I Alt. 2 BGB.[167] 161f

Bei der richtlinienkonformen Auslegung ist zu beachten, dass in Art. 3 II der Richtlinie nicht wie in § 439 I BGB von „Nacherfüllung", sondern von **„Herstellung des vertragsgemäßen Zustands des Verbrauchsgutes"** die Rede ist und dass die Nacherfüllungsvariante „Lieferung einer mangelfreien Sache" noch mit den Worten **„Ersatzlieferung nach Maßgabe des Absatzes 3"** umschrieben ist.

Der Anspruch auf die unentgeltliche Herstellung des vertragsgemäßen Zustands des Verbrauchsgutes verpflichtet den Verkäufer zu mehr als nur zur Übergabe und Übereignung einer mangelfreien Kaufsache. Auch der Begriff „Ersatzlieferung" in Art. § 3 II, III der Richtlinie spricht dafür, dass der Verkäufer mehr schuldet als nur „Lieferung". Wer eine Sache „ersetzt", muss nicht nur die neue Sache übergeben, sondern auch die alte wegnehmen, weil er sonst „hinzusetze" und nicht „ersetze". Dies bestätigt auch Art. 3 III S. 3 der Richtlinie, wonach die Ersatzlieferung **„ohne erhebliche Unannehmlichkeiten für den Verbraucher"** erfolgen muss, wobei die Art des Verbrauchsgutes sowie der Zweck, für den der Verbraucher das Verbrauchsgut benötigt, zu berücksichtigen sind. Der Ausbau der mangelhaften Fliesen wird deswegen von der Verpflichtung des Verkäufers zur Ersatzlieferung mit umfasst.

Ansicht des BGH aufgrund der EuGH-Entscheidung

5. Der **BGH** hat daraufhin zunächst festgestellt, dass die nationalen Gerichte an dieses Auslegungsergebnis gebunden sind. Sie sind nach ständiger Rechtsprechung des EuGH aufgrund des Umsetzungsgebots gemäß Art. 288 III AEUV und des Grundsatzes der Gemeinschaftstreue gemäß Art. 4 III EUV zudem verpflichtet, die Auslegung des nationalen Rechts unter voller Ausschöpfung des Beurteilungsspielraums, den ihnen das nationale Recht einräumt, soweit wie möglich am Wortlaut und Zweck der Richtlinie auszurichten, um das mit der Richtlinie verfolgte Ziel zu erreichen.[168] 161g

Vor diesem Hintergrund ist § 439 I Alt. 2 BGB richtlinienkonform dahin auszulegen, dass die dort genannte Nacherfüllungsvariante „Lieferung einer mangelfreien Sache" auch den Ausbau und den Abtransport der mangelhaften Bodenfliesen umfasst.

a) Diese **Auslegung** ist noch **vom Wortlaut des § 439 I Alt. 2 BGB gedeckt**.[169]

Nach allgemeinem Sprachgebrauch wird „liefern" zwar verstanden als „bringen" oder „übergeben" einer (bestellten) Sache. Auch im nationalen Kaufrecht ist unter „Lieferung" grundsätzlich nur die Handlung zu verstehen, die der Verkäufer vorzunehmen hat, um seine Übergabe- und Übereignungspflicht aus § 433 I BGB zu erfüllen.[170]

Dies schließt es jedoch nicht aus, den in § 439 I Alt. 2 BGB verwendeten Begriff der Lieferung einer mangelfreien Sache weiter zu fassen. Denn dieser Begriff ist ausfüllungsfähig und eröffnet einen gewissen Wertungsspielraum. Der Gesetzgeber hat die Bestimmung des § 439 I Alt. 2 BGB zur Umsetzung des Art. 3 II S. 1 der Richtlinie geschaffen. Dabei hat er nicht nur in der Gesetzesbegründung mehrfach den Begriff der Lieferung einer mangelfreien Sache mit der in der deutschen Fassung der Richtlinie verwendeten Wortwahl „Ersatzlieferung" gleichgesetzt[171], die auch die Deutung zulässt, dass das **vertragswidrige Verbrauchsgut** durch die **als Ersatz** gelieferte Sache **auszutauschen** ist.

---

167 **EuGH, Life&Law 2011, Heft 8, 537 - 541** = NJW 2011, 2269 - 2274 = **juris**byhemmer.

168 BGH, **Life&Law 2012, Heft 4, 239 - 248** = NJW 2012, 1073 - 1080 = **juris**byhemmer.

169 So auch Lorenz, Ein- und Ausbauverpflichtung des Verkäufers bei der kaufrechtlichen Nacherfüllung, NJW 2011, 2241 - 2245 (2243); Greiner/Benedix, Das Verbrauchsgüterkaufrecht zwischen europarechtlichen Vorgaben und Grenzen des Richterrechts, ZGS 2011, 489 - 497 (493) geben allerdings einer analogen Anwendung des § 439 II BGB in Form eines Kostenerstattungsanspruchs den Vorzug.

170 Palandt, § 434, Rn. 53 c.

171 BT-Drucks. 14/6040, S. 232.

b) Durch die in § 439 IV BGB enthaltene Verweisung auf § 346 I BGB, wonach der Verkäufer seinerseits die Rückgewähr der mangelhaften Sache verlangen kann, wurde zum Ausdruck gebracht, dass dem Begriff der „Lieferung einer mangelfreien Sache" in § 439 I BGB ein gewisses (Aus-)Tauschelement innewohnt.[172]

6. Somit schuldet V im Zuge der Nacherfüllung auch den Ausbau der mangelhaften Fliesen.

b) Rechtslage, wenn kein Verbrauchsgüterkauf vorliegt

Richtlinienkonforme Auslegung des § 439 I BGB ist nach Ansicht des BGH auf den Verbrauchsgüterkauf beschränkt

Diese richtlinienkonforme Auslegung des § 439 I Alt. 2 BGB, wonach die Nacherfüllungsvariante „Lieferung einer mangelfreien Sache" neben dem Ausbau und Abtransport der mangelhaften Kaufsache auch den Einbau der als Ersatz gelieferten Sache erfasst ist nach Ansicht des BGH auf den Verbrauchsgüterkauf (§ 474 BGB) beschränkt und erstreckt sich nicht auf Kaufverträge zwischen Unternehmern oder zwischen Verbrauchern oder einem Verbraucher als Verkäufer und einem unternehmerischen Käufer.[173] 162

Das aus dem Umsetzungsgebot des **Art. 288 III AEUV** und dem Grundsatz der Gemeinschaftstreue gemäß **Art. 4 III EUV** folgende Gebot richtlinienkonformer Auslegung greift hier nicht ein. Es beschränkt sich auf den Anwendungsbereich der Richtlinie. Die Vorgaben der Richtlinie und das Urteil des Gerichtshofs beziehen sich nur auf den Verbrauchsgüterkauf und nicht auf andere Kaufverträge.

Zwar kann eine richtlinienkonforme Auslegung für das nationale Recht auch über den Geltungsbereich einer Richtlinie hinaus Bedeutung erlangen, wenn eine überschießende Umsetzung einer Richtlinie in das nationale Recht erfolgt ist.[174]

Zwar richtlinienüberschießende Umsetzung der Richtlinie

Eine **richtlinienüberschießende Umsetzung der Richtlinie liegt** hier **vor**. Denn der Gesetzgeber hat die gemeinschaftsrechtlichen Vorgaben für die Nacherfüllung bei deren Umsetzung in das deutsche Recht nicht in die Sonderregelungen für den Verbrauchsgüterkauf (§§ 474 ff. BGB), sondern in die für alle Kaufverträge geltenden Bestimmungen der §§ 433 ff. BGB eingefügt.

Aber anderer Wille des Gesetzgebers

Voraussetzung für eine richtlinienkonforme Auslegung des § 439 I Alt. 2 BGB über den Verbrauchsgüterkauf hinaus ist aber weiter, dass eine Ausdehnung der Nachlieferungspflicht im Sinne des Urteils des EuGH dem Willen des deutschen Gesetzgebers entspricht.[175] Davon kann nicht ausgegangen werden. Denn der **Gesetzgeber ist** bei der richtlinienüberschießenden Umsetzung der gemeinschaftsrechtlichen Vorgaben für die Nacherfüllung **von einem anderen Verständnis der Richtlinie ausgegangen als der EuGH**. Aus den Gesetzesmaterialien der Schuldrechtsreform ist zu entnehmen, dass dem Gesetzgeber eine so weitgehende Ausdehnung der Nachlieferungspflicht, wie sie der EuGH vorgenommen hat, nicht bewusst war und er sie deshalb jedenfalls nicht für das gesamte Kaufrecht gewollt haben würde.

172 Vgl. Lorenz, Die Reichweite der kaufrechtlichen Nacherfüllungspflicht durch Neulieferung, NJW 2009, 1633 - 1637 (1634 f.).

173 **BGH, Life&Law 1/2013, 1 ff.** = NJW 2013, 220 ff. = **juris**byhemmer; bestätigt von **BGH, Life&Law 7/2014, 485 ff.** = NJW 2014, 2183 ff. = **juris**byhemmer.

174 BGHZ 150, 248, 260 f. = **juris**byhemmer.

175 BGH, **Life & Law 2009, 142, Heft 2** = NJW 2009, 427 ff. = **juris**byhemmer zu § 439 IV BGB; BGH, **Life & Law 2011 457 ff., Heft 7** = BGHZ 189, 196 Rn. 47 = **juris**byhemmer zum Leistungsort für die Nacherfüllung.

Es ist daher nach Ansicht des BGH davon auszugehen, dass der Gesetzgeber die Umsetzung der Vorgaben der Richtlinie für die Nachlieferungspflicht auf den Verbrauchsgüterkauf beschränkt hätte, wenn ihm damals bereits bekannt gewesen wäre, dass der Gerichtshof der Nachlieferung einen über die Wiederholung der Verkäuferpflichten hinausgehenden, in den Werkvertrag hineinreichenden Inhalt zuweist.

Eine richtlinienkonforme Auslegung des § 439 I Alt. 2 BGB über den Verbrauchsgüterkauf hinaus auf den Bereich der Kaufverträge zwischen Unternehmern oder zwischen Verbrauchern ist daher abzulehnen.[176]

5. Leistungsort für die Nacherfüllung

Problem: Leistungsort für die Nacherfüllung

Die Frage, an welchem Ort die Nacherfüllung zu erfolgen hat, ist in Rechtsprechung und Literatur sehr umstritten. 163

Meinungsstand in Rechtsprechung und Literatur

a) Vielfach wird als Erfüllungsort für die Nacherfüllung nach § 439 BGB der **bestimmungsgemäße aktuelle Belegenheitsort der Sache** angesehen.[177]

Vereinzelt wird erwogen, auf den Belegenheitsort der Sache nur beim Vorliegen eines Verbrauchsgüterkaufs abzustellen.

b) Nach der Gegenansicht ist **der ursprüngliche Erfüllungsort der Primärleistungspflicht** auch für den Nachbesserungsanspruch aus § 439 I BGB als Erfüllungsort maßgebend. Dabei werden teilweise für nicht oder nur schwer zu transportierende Gegenstände Ausnahmen zugelassen.[178]

c) Teilweise wird auch eine **differenzierende Betrachtungsweise** gefordert, die die Beurteilung des Erfüllungsorts **von den jeweiligen Umständen des Einzelfalls**, insbesondere von der Interessenlage und der Verkehrsanschauung, **abhängig** macht.

Hierbei sollen vor allem die Art der Sache, insbesondere deren Transportfähigkeit und Transportüblichkeit sowie die Verhältnismäßigkeit der Transportkosten, oder etwa der Umfang der Instandsetzungsmaßnahmen ausschlaggebend sein.[179]

d) Eine weitere - speziell für den Bereich des Autokaufs vertretene - Auffassung sieht in **Anwendung der in § 269 I BGB genannten Kriterien** bei einem Nachbesserungsverlangen wegen der dabei voraussichtlich erforderlichen Diagnose- und Instandsetzungsmaßnahmen regelmäßig den Betriebssitz des Händlers als Erfüllungsort an. Bei der Ersatzlieferung liege der Erfüllungsort, wenn sich den Umständen nichts anderes entnehmen lasse, ebenfalls am (Betriebs-)Sitz des Verkäufers; insoweit gelte die Auffangregelung des § 269 I BGB, wonach im Zweifel der Sitz des Schuldners maßgebend sei.[180]

Ansicht des BGH

e) Der BGH schließt sich der Ansicht an, wonach der Erfüllungsort für die Nacherfüllung nach der allgemeinen Vorschrift des § 269 BGB zu bestimmen ist.[181]

176 Gleiches muss natürlich auch dann gelten, wenn ein Verbraucher eine Sache einem Unternehmer verkauft.

177 OLG München, NJW 2006, 449 - 450 (450) = **juris**byhemmer; AG Menden, **Life&Law 2/2005, 83 - 87** = NJW 2004, 2171 - 2172 = **juris**byhemmer.

178 Jauernig, § 439 BGB, Rn. 11; Lorenz, Die Reichweite der kaufrechtlichen Nacherfüllungspflicht durch Neulieferung, NJW 2009, 1633 - 1637 (1635); Muthorst, Der Nacherfüllungsort, ZGS 2007, 370 - 373.

179 Pils, Der Ort der Nacherfüllung im Kaufrecht, JuS 2008, 767 - 770 (769 f.).

180 OLG München, NJW 2007, 3214 - 3215 = **juris**byhemmer; Palandt, § 439, Rn. 3a; Reinking/Eggert, Der Autokauf, 10. Aufl., Rn. 353 ff., 358; Skamel, Leistungsort der Nacherfüllung, ZGS 2006, 227 - 231 (228).

181 **BGH, Life&Law 2011, Heft 7, 462 - 470** = NJW 2011, 2278 - 2284 = **juris**byhemmer; bestätigt von **BGH, Life&Law 5/2013, 321 ff.** = NJW 2013, 1074 ff. = **juris**byhemmer; so auch OLG Naumburg, IBR 2012, 677 = **juris**byhemmer.

§ 269 BGB sei als Bestimmung des allgemeinen Schuldrechts **anwendbar, weil das Kaufrecht** des BGB **keine spezielle Regelung** zum Erfüllungsort der Nacherfüllung **enthält**.

Die in § 439 I BGB verwendete Formulierung, wonach der Käufer im Rahmen der Nacherfüllung die „Lieferung" einer mangelfreien Sache verlangen kann, lässt nicht den Schluss zu, der Gesetzgeber habe hierdurch zum Ausdruck bringen wollen, dass die Nacherfüllung stets eine Bringschuld sei, deren Erfüllungsort beim Käufer liege.

§ 439 II BGB ist nur eine Kostentragungsregel

Auch § 439 II BGB regelt nicht den Nacherfüllungsort. Diese Vorschrift erschöpft sich in einer reinen Kostentragungsregel und lässt keine Rückschlüsse auf sonstige Rechte und Pflichten der Kaufvertragsparteien zu.

hemmer-Methode: Die Trennung zwischen Kostentragung und Leistungspflicht ist dem Gesetz nicht fremd. Im Gegenteil: § 269 III BGB bestimmt, dass aus dem Umstand allein, dass der Verkäufer entgegen § 448 I BGB die Kosten der Versendung übernimmt, noch nicht folgt, dass der Transport deswegen geschuldet ist.

Auch die Rechtsnatur des Nacherfüllungsanspruchs als modifizierter Erfüllungsanspruch steht der Anwendbarkeit des § 269 BGB nicht entgegen.

Weder durch eine generelle Gleichsetzung des Erfüllungsorts der Nacherfüllung mit dem jeweiligen Belegenheitsort der Kaufsache noch durch eine automatische Übertragung des ursprünglichen Erfüllungsorts auf die Nacherfüllung lässt sich eine für alle typischen Nacherfüllungssituationen überzeugende Lösung finden. Vielmehr ermöglicht gerade die Anwendung des § 269 I BGB eine an den konkreten Umständen ausgerichtete Festlegung des Erfüllungsorts der jeweils geschuldeten Leistung und führt damit auch im Rahmen der Nacherfüllung zu sachgerechten Ergebnissen.

Die Bestimmung des Erfüllungsorts nach § 269 I BGB steht auch mit Art. 3 der Verbrauchsgüterkaufrichtlinie in Einklang.

Nach Art. 3 III S. 3 der Verbrauchsgüterkaufrichtlinie muss die Nacherfüllung zwar **ohne erhebliche Unannehmlichkeiten** für den Verbraucher erfolgen. Diese Vorgabe muss bei der Bestimmung des Erfüllungsorts beachtet werden. Allerdings erfordert die Richtlinie nicht, den Verbraucher vor sämtlichen Unannehmlichkeiten zu schützen, was sich eindeutig aus dem Zusatz „erheblich" ergibt. Ein **gewisses Maß an Unannehmlichkeiten ist** dem **Verbraucher** mithin **zumutbar**.

Die nach der Richtlinie eröffneten Wertungsspielräume werden daher im Rahmen der nach § 269 I BGB zu berücksichtigenden Umstände bei richtlinienkonformer Auslegung gewahrt und sachgerecht ausgeschöpft.

Wo der Leistungsort für die Nacherfüllung ist, hängt von den Besonderheiten des Einzelfalles ab

Bei Geschäften des täglichen Lebens, etwa beim Kauf im Ladengeschäft, entspricht es der Verkehrsauffassung, dass die Kunden ihre Reklamationen regelmäßig unter Vorlage der mangelhaften Ware am Sitz des Verkäufers vorbringen.

Dagegen erweist sich eine Gleichsetzung des Erfüllungsorts der Nacherfüllung mit dem Sitz des Verkäufers insbesondere in den Fällen als unangemessen, in denen es um die Nachbesserung von Gegenständen geht, die der Käufer an ihrem Bestimmungsort auf- oder eingebaut hat.

Das gleiche gilt für Gegenstände, in denen ein Rücktransport aus anderen Gründen nicht oder nur unter erschwerten Bedingungen zu bewerkstelligen wäre.

hemmer-Methode: Einziges Manko dieser sorgfältig begründeten Entscheidung ist der Umstand, dass der BGH die Frage des Leistungsortes ohne Vorlage an den EuGH im Alleingang entschieden hat.[182]
Nach der Lösung des BGH ist § 269 I BGB einschlägig. Diese Norm tritt aber hinter eine Parteivereinbarung zurück. Ob eine solche beim Verbrauchsgüterkauf möglich ist, erscheint bedenklich. Würde man nämlich – wie teilweise die Literatur – aus § 439 II BGB den Leistungsort für die Nacherfüllung herauslesen, so wäre diese Vorschrift unabdingbar, vgl. § 475 I S. 1 BGB. Hier ist wohl noch nicht das letzte Wort gesprochen.

6. Gibt es einen Anspruch auf Nacherfüllung in Form der Nachlieferung bei der Stückschuld?

Problem: Nachlieferung beim Stückkauf

Sehr **umstritten** ist die Frage, ob es auch **beim Stückkauf** einen Anspruch auf Nachlieferung gibt.[183] 164

Bsp.: *V hat K seinen vier Jahre alten Gebrauchtwagen (Laufleistung 15.000,- km) verkauft. K kaufte den Wagen aufgrund der geringen Laufleistung und des guten optischen Zustandes. Aufgrund einer mangelhaften Zündanlage startet der Wagen nicht.[184]*

Abwandlung: *Es handelt sich um ein Ausstellungsstück mit einer Laufleistung von 10 km.[185]*

Ausgangsfall:

1. Der Wagen ist mangelhaft, da er sich für die gewöhnliche Verwendung nicht eignet, § 434 I S. 2 Nr. 2 BGB.

Der Anspruch auf Nachbesserung als Unterfall des Nacherfüllungsanspruches des Käufers gem. §§ 433 I S. 2, 434 I S. 2 Nr. 1, 437 Nr. 1, 439 I Alt. 1 BGB richtet sich auf Maßnahmen des Verkäufers, die die Mangelhaftigkeit des Wagens beseitigen. K kann von V daher Auswechslung der fehlerhaften Zündkerze verlangen.

2. Grds. kann K nach seiner Wahl an Stelle der Nachbesserung auch Nachlieferung verlangen, § 439 I Alt. 2 BGB. Ein solcher Anspruch wäre auf Lieferung einer anderen, mangelfreien Sache gerichtet.

Das Problem besteht nun darin, dass ein ganz bestimmter Wagen gekauft wurde, dass m.a.W. eine Individualisierungsabrede vorliegt, nach der sich der Vertrag auf dieses eine Fahrzeug konkretisierte (Stückkauf).

Umstritten ist, ob bei einem Stückkauf die Ersatzlieferung einer anderen Sache überhaupt eine Nacherfüllung i.S.d. § 439 I BGB darstellen kann.[186]

nach e.A. Nachlieferung niemals geschuldet

a) Nach einer im Schrifttum vertretenen Auffassung soll eine Ersatzlieferung beim Stückkauf in jedem Fall unmöglich sein.[187] 164a

---

182 Kritisch auch Staudinger/Atz, Nacherfüllung im Kaufrecht und Gerichtsstand des Erfüllungsortes, NJW 2011, 3121 - 3126.

183 Vgl. Sie dazu den Beitrag von Faust, Grenzen des Anspruchs auf Ersatzlieferung bei der Gattungsschuld, ZGS 2004, 252 - 258; sowie Musielak, Die Nacherfüllung beim Stückkauf, NJW 2008, 2801 - 2806.

184 Vgl. BGH, **Life&Law 2006, Heft 11, 725 - 733** = NJW 2006, 2839 - 2842 = **juris**byhemmer.

185 OLG Braunschweig, NJW 2003, 1053 - 1054 (1054) = **juris**byhemmer.

186 Vgl. hierzu Fest/Tyroller, Nochmal: Schuldet der Verkäufer beim Stückkauf Nacherfüllung durch Lieferung einer anderen vergleichbaren Sache?, **Life&Law 2005, Heft 2, 133 - 135**; d'Alquen/Tyroller, Der Anspruch auf Nacherfüllung beim Stückkauf 1, **Life&Law 2003, Heft 6, 441 - 442.**

187 Ackermann, Die Nacherfüllungspflicht des Stückverkäufers, JZ 2002, 378 - 385; Faust, Grenzen des Anspruchs auf Ersatzlieferung bei der Gattungsschuld, ZGS 2004, 252 - 258 (252 m.w.N.); Huber, Der Nacherfüllungsanspruch im neuen Kaufrecht, NJW 2002, 1004 - 1008 (1006); Huber, Festschrift für Schlechtriem, 2003, S. 521, 523 Fn. 9; Tiedtke/Schmitt, Ersatzlieferung beim Stückkauf, JuS 2005, 583 - 587 (586); so früher auch Lorenz, Schadensersatz wegen Pflichtverletzung - ein Beispiel für die Überhastung der Kritik an der Schuldrechtsreform, JZ 2001, 742 - 745 (744) und Lorenz, Aliud, peius und indebitum im neuen Kaufrecht, JuS 2003, 36 - 40 (37), anders jedoch nunmehr Lorenz in MüKo, vor § 474 BGB, Rn. 17 bzw. in „Prüfe Dein Wissen", Schuldrecht II, Fall 30.

Der Inhalt des **ursprünglichen Erfüllungsanspruchs** begrenzt sich nach dieser Ansicht wegen des vereinbarten Stückkaufs auf den konkreten Gegenstand.

Zur Begründung wird ausgeführt, dass sich die Leistungspflicht des Verkäufers beim Stückkauf nur auf die verkaufte Sache beziehe und somit jede andere Sache von vorneherein untauglich sei, den vertraglich geschuldeten Zustand herbeizuführen.

Leistet er, um dem Nachlieferungsverlangen des Käufers nachzukommen, einen anderen, vergleichbaren Gegenstand, handelt es sich dogmatisch um ein **„aliud“**.[188]

Die Lieferung eines „**aliud**“ zum Zwecke der Nacherfüllung wäre aber gem. § 434 III BGB wieder eine mangelhafte Leistung, sodass keine ordnungsgemäße Nacherfüllung möglich ist.

Außerdem sei die Lieferung einer anderen Sache vom Verkäufer auch nicht geschuldet. Geschuldet wird demnach nur das konkret individualisierte **„Stück“**, während die Ersatzlieferung auf die Lieferung einer anderen als der zunächst gelieferten, mangelhaften Sache gerichtet ist.

Die Lieferung eines „aliud“ gehört aber nicht zum Pflichtenprogramm des Verkäufers.

Somit wird vertreten, dass dem Stückverkäufer die Nachlieferung objektiv anfänglich unmöglich ist, § 275 I BGB. Mithin sei der Stückkäufer auf die Nacherfüllungsvariante der Nachbesserung beschränkt.[189]

Kritik an dieser M.M.

b) Diese Auffassung übersieht aber, dass der ursprüngliche Erfüllungsanspruch mit dem Nacherfüllungsanspruch nicht zwingend deckungsgleich ist. **164b**

Zwar setzt der Nacherfüllungsanspruch als Primäranspruch den ursprünglichen Erfüllungsanspruch fort, allerdings nur in **modifizierter** Form:[190]

Eine der unbestrittenen Modifikationen ist die **unterschiedliche Verjährung**: Während der ursprüngliche Erfüllungsanspruch aus § 433 I BGB der allgemeinen subjektiven Verjährung der §§ 195, 199 I BGB unterliegt, verjährt der Nacherfüllungsanspruch nach § 438 I, II BGB objektiv beginnend mit der Übergabe.

Ferner ist der Pflichteninhalt des ursprünglichen Erfüllungsanspruchs nicht allein maßgeblich für den Inhalt des Nacherfüllungsanspruchs. Der ursprüngliche Erfüllungsanspruch ist nach § 433 I S. 1 BGB auf Übergabe und Übereignung des geschuldeten Gegenstandes gerichtet, nicht hingegen auf die Reparatur.

Wählt der Gläubiger aber Nacherfüllung in der Variante der Nachbesserung, bestehen keine Zweifel daran, dass der Käufer diese nach § 439 I Alt. 1 BGB schuldet, obwohl diese nicht Inhalt des ursprünglichen Erfüllungsanspruchs war.[191]

Aus diesem Grund ist es dogmatisch keinesfalls zwingend, dass die Nachlieferung bei der Stückschuld mit einer vergleichbaren Sache deshalb ausgeschlossen ist, weil sich der ursprüngliche Erfüllungsanspruch auf einen bestimmten Gegenstand bezogen hat.

BGH und h.L. ⇨ Nachlieferung auch bei Stückschuld denkbar

c) Der BGH und die h.L. bejahen daher die grundsätzliche Möglichkeit der Nachlieferung auch beim Stückkauf und folgen damit der in Rechtsprechung und Schrifttum vorherrschenden Auffassung.[192] **164c**

188 Lorenz/Riehm, Lehrbuch zum neuen Schuldrecht, 2002, Rn. 505 f.; Huber, FS Schlechtriem, 2003, S. 523 f.

189 Lorenz, Aliud, peius und indebitum im neuen Kaufrecht, JuS 2003, 36 - 40 (37); Reischl, Grundfälle zum neuen Schuldrecht, JuS 2003, 865 - 870 (869); Palandt, § 439, Rn. 15; Lorenz/Riehm, Lehrbuch zum neuen Schuldrecht, 2002, Rn. 505.

190 Palandt, § 439, Rn. 1.

191 Vgl. Kamanabrou, Der Nachlieferungsanspruch beim Stückkauf, ZGS 2004, 57 - 62 (59).

192 OLG Braunschweig, NJW 2003, 1053 - 1054 (1054) = **juris**byhemmer LG Ellwangen, NJW 2003, 517 - 518 = **juris**byhemmer; Bitter/Meidt, Nacher-

Eine einschränkende Auslegung des § 439 I BGB dahingehend, dass der Käufer einer Stücksache eine Ersatzlieferung in keinem Fall verlangen kann, findet im Wortlaut des § 439 I BGB keine Stütze und ist auch mit dem aus den Gesetzesmaterialien hervorgehenden Willen des Gesetzgebers nicht vereinbar.

Wortlaut des § 439 I BGB differenziert nicht

aa) Zunächst ist festzuhalten, dass der Wortlaut des § 439 I BGB nicht zwischen Stück- und Gattungskauf differenziert.

Der Wortlaut der Bestimmung, wonach es weder hinsichtlich der Nachbesserung noch der Ersatzlieferung darauf ankommt, ob ein Stückkauf oder ein Gattungskauf vorliegt, enthält keinen Anhaltspunkt für die Annahme, dass ein Anspruch des Käufers auf Ersatzlieferung nur bei einem Gattungskauf, nicht dagegen bei einem Stückkauf gegeben sei.

Hätte der Gesetzgeber den Nachlieferungsanspruch auf den Gattungskauf beschränken wollen, wäre folgende Formulierung möglich gewesen: „Der Käufer kann als Nacherfüllung nach seiner Wahl die Beseitigung des Mangels oder**, wenn die Sache nur der Gattung nach bestimmt ist,** die Lieferung einer mangelfreien Sache verlangen“.[193]

Das Gesetz wurde aber offen gefasst und ist damit Indiz dafür, dass der Verkäufer auch beim Stückkauf Nachlieferung schuldet.[194]

Wille des Gesetzgebers

bb) Die Nachlieferung beim Stückkauf generell zu verneinen, würde dazu führen, dass der Vorrang des Anspruchs auf Nacherfüllung, der den §§ 437 ff. BGB zugrunde liegt[195], beim Stückkauf bei irreparablen Mängeln entfiele. Das widerspräche dem Willen des Gesetzgebers.

Die nach früherem Recht bestehende Unterscheidung zwischen Stück- und Gattungskauf, wonach der Käufer nur im letzteren Falle die Lieferung einer mangelfreien Sache verlangen konnte (§ 480 I S. 1 BGB a.F.), ist im neuen Recht bewusst aufgegeben worden.[196]

hemmer-Methode: Diese Behauptung des BGH ist so pauschal nicht korrekt. Die Kategorie der Gattungsschuld ist nämlich als solche weiterhin existent (vgl. §§ 243, 300 II, 524 II, 2155, 2182 I, 2183 BGB bzw. § 360 HGB). Übernehmen Sie daher nicht die Wortwahl des BGH, dass der Gesetzgeber die Unterscheidung „aufgegeben“ habe. Für den Nacherfüllungsanspruch mag dies stimmen, aber eben nicht generell. Zutreffend ist aber, dass sich die Unterscheidung in vielen Bereichen im Ergebnis erübrigt und damit eine deutliche Erleichterung für die Praxis bedeutet. In einer Klausur sollten Sie sich das Leben aber nicht so leicht machen!

Der Gesetzgeber ist davon ausgegangen, dass die Schaffung des Nacherfüllungsanspruchs des Käufers unabhängig davon, ob ein Stückkauf oder ein Gattungskauf vorliegt, sowohl den Interessen des Käufers als auch denen des Verkäufers entspricht.

Er hat damit die Möglichkeit der Nacherfüllung durch die Lieferung einer mangelfreien anderen Sache bewusst auch für den Fall eines Stückkaufs vorgesehen.

Der Regierungsbegründung kann dazu an mehreren Stellen etwas entnommen werden:

füllungsrecht und Nacherfüllungspflicht des Verkäufers im neuen Schuldrecht, ZIP 2001, 2114 - 2124 (2119 f.); MüKo, § 439 BGB, Rn. 11 f.; Palandt, § 439, Rn. 15; Staudinger, § 439 BGB, Rn. 28 ff.; Schulze/Ebers, Streitfragen im neuen Schuldrecht, JuS 2004, 462 - 468 (463 f.).

193 Vgl. Canaris, Die Nacherfüllung durch Lieferung einer mangelfreien Sache beim Stückkauf, JZ 2003, 831 - 838 (833).

194 Unzutreffend ist daher die Annahme von Bitter/Meidt, Nacherfüllungsrecht und Nacherfüllungspflicht des Verkäufers im neuen Schuldrecht, ZIP 2001, 2114 - 2124 (2119), wonach der Gesetzgeber den Nacherfüllungsanspruch nicht hätte anders formulieren können.

195 Vgl. hierzu Entwurfsbegründung zum Schuldrechtsmodernisierungsgesetz, BT-Drucks. 14/6040, S. 94 f., 220 f., 230; BGHZ 162, 219 - 230 (226 ff.).

196 Vgl. BT-Drucks. 14/6040, S. 230.

Zum einen heißt es, dass die *„Nacherfüllung nicht bei jedem Stückkauf möglich ist“*.[197] Zum anderen scheide *„beim Kauf einer bestimmten gebrauchten Sache (...) eine Nachlieferung zumeist von vornherein aus (...)“*.[198]

Dies zeigt, dass sich der Gesetzgeber bei Ausarbeitung des Kaufrechts mit einem Nacherfüllungsanspruch beim Kaufrecht auseinandergesetzt hat.

Überdies legen die zitierten Fundstellen den Schluss nahe, dass jedenfalls beim Stückkauf neuwertiger Sachen grundsätzlich in den Grenzen des § 439 III BGB und § 275 BGB ein Anspruch auf Nachlieferung besteht.

In der Entwurfsbegründung wird außerdem ausgeführt, der Käufer habe nicht in erster Linie ein Interesse an der Rückgängigmachung des Kaufs oder an der Herabsetzung des Kaufpreises; ihm gehe es vor allem darum, eine mangelfreie Sache zu erhalten.

Dieses Interesse könne *„in den meisten Fällen - auch beim Stückkauf - durch Nachbesserung oder Lieferung einer anderen gleichartigen Sache befriedigt werden“*.[199]

Spätestens aus dieser Formulierung ist zu ersehen, dass der Gesetzgeber die Nacherfüllung durch Lieferung einer anderen, mangelfreien Sache beim Stückkauf nicht als grundsätzlich ausgeschlossen angesehen hat.

hemmer-Methode: Vom BGH mit keiner Silbe erwähnt wurde das Problem der richtlinienkonformen Auslegung des § 439 I BGB. § 439 I BGB entspricht Art. 3 II der Verbrauchsgüterkaufrichtlinie (VGK-RL).[200]
Dieser Vorgabe fehlt jeder Anhaltspunkt für eine Einschränkung auf den Gattungskauf oder eine Differenzierung zwischen Stück- und Gattungskauf.
Dies könnte im Wege der richtlinienkonformen Auslegung dazu zwingen, die Nachlieferung beim Stückkauf zulassen.
Eine richtlinienkonforme Auslegung kann zwar grds. nicht weiter gehen als der personelle Anwendungsbereich der Verbrauchsgüterkaufrichtlinie, der sich auf den Verbrauchsgüterkauf i.S.v. § 474 I BGB beschränkt.
Im Zuge der Schuldrechtsmodernisierung ist der Gesetzgeber aber über eine auf den Verbrauchsgüterkauf begrenzte Umsetzung der Richtlinie hinausgegangen und hat die Vorschriften des allgemeinen Leistungsstörungsrechts angepasst (sog. „Große Lösung“ der Schuldrechtsreform).
Aufgrund dieses gesetzgeberischen Willens wirkt die richtlinienkonforme Auslegung mittelbar auch auf Sachverhalte, die in personeller Hinsicht nicht von der Richtlinie erfasst sind (sog. Ausstrahlungswirkung der richtlinienkonformen Auslegung).[201]
Demnach darf bei der Anwendung des Leistungsstörungsrechts und der Mängelrechte nicht danach unterschieden werden, ob der Sachverhalt personell von der Richtlinie erfasst ist.

Zwischenergebnis:

Mithin steht fest, dass aufgrund des Wortlauts des § 439 I BGB, des gesetzgeberischen Willens (und der vom BGH nicht erörterten richtlinienkonformen Auslegung bzw. Ausstrahlungswirkung) ein Nacherfüllungsanspruch grundsätzlich auch beim Stückkauf besteht.

Im Einzelfall ist aber Nachlieferung unmöglich

d) Auch wenn danach eine Ersatzlieferung beim Stückkauf nicht von vorneherein ausscheidet, so ist sie doch nicht in jedem Fall möglich; dies gilt insbesondere für den Kauf gebrauchter Sachen. **164d**

[197] BT-Drucks. 14/6040, S. 209.
[198] BT-Drucks. 14/6040, S. 89, 220 (232).
[199] BT-Drucks. 14/6040, S. 89, 220 (230).
[200] Richtlinie, 1999/44/EG, Abl. EG Nr. L 171 S. 12.
[201] Vgl. BGH, Fall „Heininger“, NJW 2002, 1881 - 1884 = **juris**byhemmer.

In den Gesetzesmaterialien wird darauf hingewiesen, dass beim Kauf einer bestimmten gebrauchten Sache eine Nachlieferung *„zumeist von vornherein ausscheiden"* werde.[202]

Wann im konkreten Einzelfall eine Nachlieferung unmöglich ist bzw. wann sie in Betracht kommt, wird in Rechtsprechung und Schrifttum unterschiedlich beurteilt.

Erste Ansicht (objektiver Ansatz)
⇨ Nachlieferung nur bei vertretbaren Sachen

aa) In der Literatur wird teilweise vorgeschlagen, die Nacherfüllung bei Stückschulden auf **vertretbare Sachen i.S.v. § 91 BGB** zu beschränken.[203]

\+

Vertretbar ist eine Sache dann, wenn sie sich von anderen Sachen der gleichen Art nicht durch ausgeprägte Individualisierungsmerkmale abhebt und daher ohne weiteres ausgetauscht werden kann.

Bezug genommen wird von dieser Ansicht v.a. auf den Kauf von Massenartikeln im Kaufhaus, wo es für den Verkäufer relativ einfach ist, einem Ersatzlieferungsbegehren nachzukommen.

Zweite Ansicht (subjektiver Ansatz)
⇨ Nachlieferung nur bei Ersetzbarkeit der Kaufsache

bb) Die überwiegende Meinung in der Lehre hält den objektiv zu bestimmenden Begriff der Vertretbarkeit für untauglich. Der Begriff entstamme dem deutschen Recht und findet sich nicht in der Richtlinie wieder. Einer uneingeschränkten Übernahme dieses Begriffs stehe somit die richtlinienkonforme Auslegung entgegen.[204]

Ob eine Nachlieferung in Betracht kommt, hängt davon ab, ob die Kaufsache im Falle ihrer Mangelhaftigkeit durch eine gleichartige und gleichwertige **ersetzt** werden kann.

Dies bestimmt sich daher nach dem Pflichtinhalt. Dieser ergibt sich wiederum aufgrund der **Privatautonomie** durch **Auslegung des** zu ermittelnden **Parteiwillens** (§§ 133, 157 BGB) bei Vertragsschluss.[205]

Nur wenn sich dieser Wille nicht ermitteln lässt, ist auf den hypothetischen Parteiwillen abzustellen, der ähnlich wie bei der Geschäftsführung ohne Auftrag aus dem objektiven Interesse gefolgert wird.

hemmer-Methode: Wenn es sich bei dem Kaufgegenstand um eine vertretbare Sache handelt, kann dieser Umstand bei der Ermittlung des Parteiwillens (§§ 133, 157 BGB) eine Indizfunktion für die Gleichwertig- und Gleichartigkeit der Ersatzsache haben.

Bei **„Ersetzbarkeit"** der Kaufsache entspricht es dem (hypothetischen) Parteiwillen, eine gleichwertige und gleichartige Ersatzsache liefern zu können bzw. verlangen zu dürfen. Denn dadurch wird das Leistungsinteresse des Käufers befriedigt und der Verkäufer kann sich den durchsetzbaren Anspruch auf die Gegenleistung „verdienen".

Eine solche Ersetzbarkeit ist nach dem (hypothetischen) Parteiwillen dagegen in der Regel zu verneinen, wenn es sich um einen privaten Verkäufer handelt oder der Kaufvertrag Restposten zum Gegenstand hat.[206]

Dritte Ansicht:
⇨ Erweiterung der Gattungsschuld

cc) Nach einer weiteren Ansicht ist bei Stückschulden die Nachlieferung unmöglich. Die Lösung solle daher durch eine **Erweiterung des Gattungsschuldbegriffes** erfolgen.

Wenn es sich aber um einen ersetzbaren, austauschfähigen Gegenstand handelt (wofür die Vertretbarkeit ein Indiz sein kann; s.o.), so soll gar kein Stückkauf vorliegen, sondern ein Gattungskauf.[207]

---

202 BT-Drucks. 14/6040, S. 232.

203 So z.B. Pammler, Zum Ersatzlieferungsanspruch beim Stückkauf, NJW 2003, 1992 - 1994 (1993); Kamanabrou, Der Nachlieferungsanspruch beim Stückkauf, ZGS 2004, 57 - 62 (59).

204 Vgl. Canaris, Die Nacherfüllung durch Lieferung einer mangelfreien Sache beim Stückkauf, JZ 2003, 831 - 838.

205 Vgl. Palandt, § 439, Rn. 15.

206 Vgl. Balthasar/Bolten, Untergang der verkauften Sache: Unmöglichkeit oder Ersatzlieferungsanspruch?, ZGS 2004, 411 - 414 (414).

207 Ackermann, Die Nacherfüllungspflicht des Stückverkäufers, JZ 2002, 378 - 385 (381 ff.); Jacobs, Das neue Schuldrecht in der Praxis, 2003, S. 371 (379 f.); in diese Richtung tendieren auch Tiedtke/Schmitt, Ersatzlieferung beim Stückkauf, JuS 2005, 583 - 587.

Anstatt den Nachlieferungsanspruch auf Stückkäufe zu erstrecken, wird bei dieser Lösung der Begriff des Gattungskaufs ausgedehnt (sog. „erweiterter Gattungskauf").[208]

Diese Ansicht umgeht damit das Problem, dass der Verkäufer im Wege der Nacherfüllung nun plötzlich ein **aliud** schuldet.

Stellungnahme

dd) Der zuletzt genannten Ansicht ist nicht zu folgen, da sich diese „dogmatischen Schwierigkeiten" aufgrund des Wortlauts und des gesetzgeberischen Willens durchaus rechtfertigen lassen (s.o.).

Es ist nicht geboten, die klassische Einordnung, wann eine Stückschuld und wann eine Gattungsschuld vorliegt, aufzugeben und durch einen „neuen" erweiterten Gattungsbegriff zu ersetzen.

Wer sich einen bestimmten Gegenstand aussucht (z.B. ein Ausstellungs**stück)**, der kauft eben gerade keinen der Gattung nach bestimmten Gegenstand, sondern diesen ganz konkreten.

Überzeugend ist es vielmehr, in diesen Fällen weiterhin von einem Stückkauf auszugehen, bei welchem die Nacherfüllung durch Lieferung einer anderen Sache möglich ist, wenn dies „dem durch Auslegung zu ermittelnden Willen der Vertragsparteien" entspricht, d.h. wenn nach deren übereinstimmenden Vorstellungen „die Kaufsache im Falle ihrer Mangelhaftigkeit durch eine gleichartige und gleichwertige ersetzt werden kann".

Lösung des Ausgangsfalles

e) Für die **Lösung des Ausgangsfalles** bedeutet dies Folgendes: 164e

Bei einem Gebrauchtwagenkauf ist die Ersatzlieferung eines anderen Fahrzeugs regelmäßig unmöglich im Sinne des § 275 I BGB.

Es kann nämlich nicht davon ausgegangen werden, dass die Kaufsache nach dem Willen der Beteiligten austauschbar ist.

K hat seine Kaufentscheidung nicht nur aufgrund objektiver Anforderungen, sondern auch aufgrund des bei der Besichtigung gewonnenen persönlichen Eindrucks von dem Fahrzeug getroffen.

Entscheidend für diese Wahl waren für K laut Sachverhalt der gute optische Zustand des gepflegten Fahrzeugs sowie der Umstand, dass die Laufleistung mit 15.000,- km nach vier Jahren sehr niedrig war.

Soweit in der Lehre teilweise vertreten wird, dem Verkäufer eines Massenprodukts sei die Lieferung eines gleichwertigen Gebrauchtfahrzeugs nicht unmöglich, weil der Käufer nicht auf ein bestimmtes individuelles Fahrzeug Wert gelegt habe, sondern es ihm nur um einen bestimmten Typ mit einer bestimmten Ausstattung gegangen sei, ist dies nicht überzeugend.[209]

Die Auslegung des hypothetischen Parteiwillens geht beim Kauf gebrauchter Sachen regelmäßig dahin, dass es dem Käufer auf einen bestimmten Typ und eine bestimmte Ausstattung des Fahrzeugs ankommt.

Dabei wird in der Regel erst der bei einer persönlichen Besichtigung gewonnene Gesamteindruck von den technischen Eigenschaften, der Funktionsfähigkeit und dem äußeren Erscheinungsbild des individuellen Fahrzeugs ausschlaggebend für den Entschluss des Käufers sein, das konkrete Fahrzeug zu kaufen.

In der Gesamtheit seiner Eigenschaften handelt es sich dann aber nicht mehr um einen ohne weiteres austauschbaren Gegenstand.

Angesichts der vielfältigen Unterschiede im Abnutzungsgrad gebrauchter Sachen - auch gleichen Typs - ist Zurückhaltung bei der Annahme geboten, dass beim Kauf einer gebrauchten Sache auch die Lieferung einer anderen Sache dem Parteiwillen entspreche.

---

208 Vgl. hierzu auch Dieckmann, Das Ende der Stückschuld?, ZGS 2009, 9 - 13.

209 So etwa Huber, Die Nacherfüllung im neuen Kaufrecht, NJW 2002, 1004 - 1008 (1006).

Wenn eine Ersatzlieferung als möglich angesehen wird, hat dies auf Grund des Vorrangs der Nacherfüllung zur Folge, dass sich die Parteien zunächst über die Lieferung einer anderen gebrauchten Sache auseinander zu setzen haben, bevor ein Rücktritt vom Vertrag oder ein anderes Recht aus § 437 Nr. 2 und 3 BGB beansprucht werden kann.

Angesichts des naturgemäß unterschiedlichen Erhaltungszustands gebrauchter Sachen und der damit verbundenen Schwierigkeit, eine in jeder Hinsicht gleichwertige Ersatzsache zu beschaffen, wäre häufiger Streit über die Gleichwertigkeit der angebotenen oder zu beschaffenden Ersatzsache absehbar, wenn auch bei gebrauchten Sachen regelmäßig Anspruch auf eine Ersatzlieferung bestünde. Dies liefe den Interessen beider Kaufvertragsparteien zuwider.

Das wollte auch der Gesetzgeber vermeiden, indem er zum Ausdruck brachte, dass beim Kauf einer bestimmten gebrauchten Sache eine Nachlieferung „zumeist von vorneherein ausscheiden" werde.[210]

Umstände, welche bei einem Gebrauchtwagenkauf, wie er hier vorliegt, die Annahme eines Ausnahmefalles nahe legen könnten, in dem die Lieferung eines gleichwertigen Ersatzfahrzeugs als möglich erscheint, sind aus dem Sachverhalt nicht ersichtlich.

Ergebnis Ausgangsfall: Somit ist der Nacherfüllungsanspruch des K auf Nachbesserung beschränkt.

Lösung Abwandlung

Anders ist dies dagegen in der Abwandlung: **164f**

Hier enthielt der Sachverhalt keinerlei Hinweise dafür, dass der Kauf auf einer individuellen Entscheidung des Käufers beruhte.

Lässt sich also ein dahingehender Parteiwille nicht feststellen, so kommt es auf den mutmaßlichen Willen an, der gem. §§ 133, 157 BGB aus Sicht von objektiv verständigen Parteien ermittelt wird.

Hierbei mag nun die Vertretbarkeit des Gegenstandes ein Indiz für die Ersetzbarkeit und damit für das Bestehen eines Nachlieferungsanspruchs sein.

In der Abwandlung führt die Auslegung dazu, dass der Käufer ein anderes Fahrzeug verlangen kann, aber auch akzeptieren muss. Der Unterschied zum Ausgangsfall bestand darin, dass es sich zwar um ein neues Auto, aber um ein Ausstellungsstück gehandelt hat.

Für den Verkäufer hat dies den Vorteil, dass er sich durch Andienung der gleichwertigen Sache den Kaufpreis „verdienen" konnte.

Der Käufer ist in den Fällen eines behebbaren Mangels insoweit geschützt, als er Nachbesserung verlangen kann, sofern diese nicht (relativ) unverhältnismäßig ist, § 439 III S. 2 Var. 3 BGB.

Exkurs:
Besteht ein Anspruch auf Nachlieferung analog §§ 437 Nr. 1, 439 I Alt. 2 BGB auch vor der Übergabe?

Teilweise wird aus dem Bestehen eines Nachlieferungsanspruchs beim Stückkauf geschlossen, dass ein solcher Anspruch zur Vermeidung von Wertungswidersprüchen auch dann bestehen muss, wenn die (Stück-)Kaufsache vor Übergabe untergeht.[211] **164g**

---

210 BT-Drucks. 14/6040, S. 232; ebenso zum Gebrauchtwagenkauf: Reinking/Eggert, a.a.O., Rn. 1421 f.

211 Vgl. dazu Ackermann, Die Nacherfüllungspflicht des Stückverkäufers, JZ 2002, 378 - 385 (381 ff.) sowie JZ 2003, 1154 f.; Balthasar/Bolten, Untergang der verkauften Sache: Unmöglichkeit oder Ersatzlieferungsanspruch?, ZGS 2004, 411 - 414; Bitter, Der Nachlieferungsanspruch beim Stück-, Vorrats- und Gattungskauf in Sachmängelfällen sowie beim Untergang der Sache, ZIP 2007, 1881 - 1889 (1882); Dieckmann, Das Ende der Stückschuld?, ZGS 2009, 9 - 13.

Die h.L. lehnt aber einen Lieferungsanspruch in Analogie zu § 439 I Alt. 2 BGB in den Fällen des Untergangs vor Gefahrübergang zu Recht ab. Der Nacherfüllungsanspruch surrogiert den ursprünglichen Erfüllungsanspruch in den Fällen einer Schlechtleistung. Er entsteht folglich nur, wenn hypothetisch der ursprüngliche Erfüllungsanspruch noch bestehen würde.

In den Fällen des Untergangs des Kaufgegenstandes vor Übergabe ist dies jedoch nicht der Fall. Denn der ursprüngliche Erfüllungsanspruch ist gemäß § 275 I BGB ausgeschlossen. Grund für das Entstehen des modifizierten Nacherfüllungsanspruchs ist die Übergabe einer mangelhaften Sache an den Käufer. Dies zeigt sich sowohl an dem Einleitungssatz des § 437 BGB als auch an dem dem Käufer in § 439 I BGB eingeräumten Wahlrecht zwischen Nachbesserung und Nachlieferung.

Fehlt es an der Übergabe, besteht kein Anknüpfungspunkt für die inhaltlichen Modifikationen gegenüber dem ursprünglichen Erfüllungsanspruch. Es bleibt somit dabei, dass dieser nach § 275 I BGB erloschen ist.

Der Natur des Nacherfüllungsanspruchs widerspräche es nach alledem grundlegend, würde dieser beim Untergang der Kaufsache vor Übergabe – ohne Bestehen der erforderlichen Grundlage in Form des Erfüllungsanspruchs – neu geschaffen.

Die Verletzung unterschiedlicher Hauptleistungspflichten und der Entstehungsgrund des Nacherfüllungsanspruchs zeigen, dass die Konstellationen bis auf das Interesse des Käufers am Erhalt der Leistung und das Interesse des Verkäufers am Erwerb des Anspruchs auf die Gegenleistung schwerlich vergleichbar sind. Außerdem steht der Verkäufer in den Fällen einer Schlechtleistung nicht schlechter, sondern – zu Recht – anders.[212]

Somit liegt kein Wertungswiderspruch vor, der zu einer entsprechenden Anwendung des § 439 I BGB berechtigen würde.

Exkurs Ende

7. Arten der Nacherfüllung

Im Folgenden stellt sich die Frage, welchen Inhalt die beiden Arten der Nacherfüllung konkret haben.

a) Beseitigung des Mangels bzw. „Nachbesserung", § 439 I Alt. 1 BGB

Nachbesserung = Beseitigung des Mangels am gelieferten Gegenstand

Bei der Nachbesserung hat der Verkäufer den Mangel am gelieferten Gegenstand zu beseitigen. Dies muss er freilich nicht in eigener Person tun, wozu ihm oftmals die nötigen Mittel und Fähigkeiten fehlen werden. 165

Der Verkäufer kommt seiner Pflicht ebenso nach, wenn er die Nachbesserung durch einen Dritten als Erfüllungsgehilfen durchführen lässt.

212 So auch Canaris, Die Nacherfüllung durch Lieferung einer mangelfreien Sache beim Stückkauf JZ 2003, 831 - 838 sowie Fest, Kann der Käufer Ersatzlieferung verlangen, wenn die geschuldete Leistung vor Übergabe untergeht?, ZGS 2005, 18 - 20.

Bsp.: Verkäufer V lässt die fehlerhafte Zündkerze an seinem verkauften Gebrauchtwagen durch die Fachwerkstatt W auswechseln. Damit genügt er seiner Pflicht zur Nachbesserung; die Nacherfüllung ist grundsätzlich keine höchstpersönliche Verkäuferpflicht.

Lässt sich der Mangel nicht vollständig beheben, so ist die Nachbesserung teilweise unmöglich. In diesem Fall ist der Verkäufer zumindest verpflichtet, den Mangel „auszubessern" (str.).[213]

b) Lieferung einer mangelfreien Sache bzw. „Nachlieferung", § 439 I Alt. 2 BGB

Nachlieferung = Lieferung einer anderen, mangelfreien Sache

Nachlieferung ist dagegen die Lieferung einer anderen, mangelfreien Sache. Nachlieferung ist beim Gattungskauf und (mit Einschränkungen) nach h.M. auch beim Stückkauf möglich. 166

§ 439 IV BGB

Hat der Verkäufer eine andere, mangelfreie Sache geliefert, so steht dem Verkäufer ein Anspruch auf Rückgewähr der zuvor gelieferten mangelhaften Sache zu, § 439 IV BGB.

Die Rückabwicklung erfolgt insoweit nach den §§ 346 - 348 BGB.

Bsp.: B hat beim Versandhaus Q eine Waschmaschine Marke „Deluxe 2000" erworben. Bei der an B gelieferten Waschmaschine ist allerdings die Waschtrommel korrodiert. B verlangt von Q Lieferung eines neuen Exemplars.

Wenige Tage zuvor stürzte ein Schrank, den B aus ein paar losen Brettern leicht fahrlässigerweise unsachgemäß zusammengebaut hat, auf die Waschmaschine und beschädigte deren Gehäuse. Q verlangt nach Lieferung der neuen Waschmaschine Wertersatz; B wendet ein, er baue seine Schränke immer auf diese Weise zusammen. Anspruch Q gegen B auf Wertersatz?

1. Q könnte gegen B ein Anspruch auf Wertersatz hinsichtlich der beschädigten Waschmaschine zustehen. Ein solcher könnte sich aus § 346 II S. 1 Nr. 3 BGB ergeben.

a) Dazu müsste B gegenüber Q zur Rückgewähr der Waschmaschine nach § 346 I BGB verpflichtet gewesen sein. Eine solche Verpflichtung könnte nach § 439 IV BGB bestanden haben.

Die von Q an B aufgrund des geschlossenen Kaufvertrages gelieferte Waschmaschine wies einen Sachmangel jedenfalls nach § 434 I S. 2 Nr. 2 Alt. 2 BGB auf, da von einer neuen Waschmaschine erwartet werden kann, dass die Waschtrommel nicht korrodiert ist. B stand gegen Q ein Anspruch auf Nacherfüllung gem. §§ 433 I S. 2, 437 Nr. 1, 439 I BGB zu; B hat durch Erklärung gegen Q Nachlieferung gewählt und damit von seinem Wahlrecht nach § 439 I BGB Gebrauch gemacht. Da Q dem B eine neue mangelfreie Waschmaschine geliefert hat, bestand ein Anspruch auf Rückgewähr der mangelhaften Maschine nach §§ 439 IV, 346 I BGB.

b) Da sich die Waschmaschine durch die Beschädigung des Gehäuses i.S.d. § 346 II S. 1 Nr. 3 HS 1 BGB verschlechtert hat, muss B grundsätzlich Wertersatz an Q leisten.

c) Allerdings könnte der Anspruch auf Wertersatz nach § 346 III S. 1 Nr. 3 BGB ausgeschlossen sein.

aa) Zunächst müsste die Rückabwicklung aufgrund eines gesetzlichen Rücktrittsrechtes erfolgen. Bei der Rückabwicklung nach § 439 IV BGB handelt es sich jedoch nicht um eine echte Form des Rücktritts, da nicht der gesamte Kaufvertrag rückabgewickelt wird.

213 Jäckel/Tonikidis, Der kaufrechtliche Ausbesserungsanspruch JuS 2013, 302 ff.; Gutzeit, Gibt es einen kaufrechtlichen Ausbesserungsanspruch?, NJW 2007, 956 - 960.

Jedoch schließt die Verweisung in § 439 IV BGB auch § 346 III S. 1 Nr. 3 BGB ein. Die Vorschrift soll im Falle des gesetzlichen Rücktritts den Rücktrittsberechtigten schützen, da er anders als beim vertraglichen Rücktritt mit der Rückabwicklung nicht rechnen musste.

Die Interessenlage ist derjenigen bei der Rückabwicklung nach § 439 IV BGB vergleichbar: Der Käufer muss nicht von Anfang an damit rechnen, dass es später aufgrund der Mangelhaftigkeit der Lieferung zu einer Rückabwicklung nach § 439 IV BGB kommt. Daher ist § 346 III S. 1 Nr. 3 BGB zumindest analog auf die Fälle einer gesetzlichen Rückabwicklung anzuwenden, sofern das Gesetz die §§ 346 ff. BGB für anwendbar erklärt. Dies ist bei § 439 IV BGB der Fall.

bb) Die Wertersatzpflicht des B wäre nach § 346 III S. 1 Nr. 3 BGB nur ausgeschlossen, wenn er die in eigenen Angelegenheiten anzuwendende Sorgfalt beachtet hätte.

Die Beschädigung der Waschmaschine ist durch das Umkippen eines unsachgemäß zusammengebauten Schrankes eingetreten. B baut seine Schränke jedoch immer in dieser Weise zusammen; eine Verletzung der eigenüblichen, subjektiven Sorgfalt liegt damit nicht vor. Für grobe Fahrlässigkeit (vgl. § 277 BGB) bestehen keine Anhaltspunkte.

B ist damit nicht zum Wertersatz verpflichtet.[214]

hemmer-Methode: Zur Frage, ob der Käufer im Falle der Nachlieferung eine Nutzungsentschädigung schuldet, lesen Sie Rn. 170b.

2. Ein Anspruch aus § 823 I BGB scheidet aus, da B im Zeitpunkt der Beschädigung der Maschine selbst Eigentümer derselben war. Eine Verletzung des Eigentums des Versandhauses Q liegt demnach nicht vor.

hemmer-Methode: § 346 III S. 1 Nr. 3 BGB unterscheidet nicht danach, ob der Rücktrittsberechtigte im Zeitpunkt der Verschlechterung bzw. des Untergangs des zurück zu gewährenden Gegenstandes bereits Kenntnis vom Rücktrittsgrund hatte.
Es wird allerdings die Auffassung vertreten, dass ab diesem Zeitpunkt dem Rücktrittsberechtigten auch beim gesetzlichen Rücktrittsrecht eine Haftungsprivilegierung nicht mehr zusteht, da er nicht mehr schutzwürdig sei. Hierfür spricht, dass dieser Rechtsgedanke auch in § 357 III S. 3 BGB geregelt ist. Dem könnte man nun wieder entgegensetzen, dass es sich hierbei um eine bewusste Ausnahmeregelung handelt.
Lesen Sie hierzu ausführlich Hemmer/Wüst, Schuldrecht AT, Rn. 567 sowie Fest/Tyroller, „Probleme des gesetzlichen Rücktrittsrechts", Life&Law 2005, 198 ff., Heft 3.

c) Wahlrecht des Käufers[215]

Wahlrecht des Käufers

Das Gesetz spricht dem Käufer das Recht zur Wahl zwischen Nachbesserung und Nachlieferung zu, § 439 I BGB. Über die nähere Ausgestaltung dieses Wahlrechts lässt das Gesetz den Anwender allerdings im Unklaren. 167

Wahlschuld oder elektive Konkurrenz?

Fraglich ist, ob auf dieses Wahlrecht die Vorschriften über die Wahlschuld (§§ 262 - 265 BGB) direkt oder zumindest analog heranzuziehen sind, oder ob es sich um einen Fall elektiver Konkurrenz handelt.

[214] Ebenso Kohler, Nutzungsvergütung in Fällen der §§ 439 Abs. 4 und 635 Abs. 4 BGB?, ZGS 2004, 48 - 54 (53); für eine entsprechende Anwendung des § 346 III S. 1 Nr. 1 BGB Schwab/Wippler, Recht der Rücktrittsfolgen, JuS 2004, 404 - 409 (406).

[215] Zur Rechtsnatur des Wahlrechts des Käufers im Rahmen der Nacherfüllung sei zur Vertiefung auf den Aufsatz von Schroeter, Das Wahlrecht des Käufers im Rahmen der Nacherfüllung, NJW 2006, 1761 - 1765 bzw. auf den Aufsatz von Skamel, Das Wahlrecht des Käufers zwischen Nachbesserung und Ersatzlieferung, ZGS 2006, 457 - 461 hingewiesen.

Nach M.M. erlischt das „ius variandi" nach § 263 II BGB

aa) Nach einer vereinzelt vertretenen Mindermeinung erlischt das Wahlrecht des Käufers bereits dann, wenn dieser einmal eine bestimmte Art der Nacherfüllung (hier Austausch des Getriebes) verlangt hat. *168*

Begründet wird dies damit, dass auf das Wahlrecht des Käufers nach § 439 I BGB die Vorschriften über die **Wahlschuld (§§ 262 - 265 BGB)** direkt oder zumindest analog heranzuziehen sind.[216] In diesem Fall wäre ein einmal ausgeübtes Wahlrecht unwiderruflich[217] und die gewählte Leistung wäre nach § 263 II BGB als die von Anfang an allein geschuldete anzusehen.

Nach h.M. liegt ein Fall elektiver Konkurrenz vor

bb) Nach h.M.[218] handelt es sich aber nicht um eine Wahlschuld, sondern um einen **Fall elektiver Konkurrenz**. *169*

hemmer-Methode: Die elektive Konkurrenz ist im Gesetz nicht ausdrücklich geregelt, kommt aber in der Praxis weitaus häufiger vor als die Wahlschuld.
Beispiele einer elektiven Konkurrenz sind Rücktritt und Minderung (§ 437 Nr. 2 BGB) Erfüllung oder Schadensersatz i.R.d. § 179 I BGB; Nachbesserung oder Nachlieferung (§§ 439 I, 635 I BGB).
Ebenfalls nicht im Gesetz geregelt ist die sog. Ersetzungsbefugnis, bei welcher zunächst nur eine bestimmte Leistung geschuldet wird.[219]
Der zur Ersetzung Berechtigte kann jedoch diese Leistung durch eine andere ersetzen und damit zum alleinigen Schuldinhalt machen.
Der Schuldinhalt ist immer bestimmt. Die §§ 262 ff. BGB sind auch auf die Ersetzungsbefugnis weder direkt noch analog anwendbar.[220]

Während bei einer Wahlschuld nur eine Forderung mit alternativem Inhalt besteht (ex tunc-Wirkung des § 263 II BGB), stehen dem Gläubiger bei einer elektiven Konkurrenz wahlweise mehrere, inhaltlich verschiedene Ansprüche zu.

Dass das Wahlrecht bei § 439 I BGB nicht dem Schuldner (= Verkäufer), sondern dem Gläubiger (= Käufer) zusteht, steht dem Vorliegen einer Wahlschuld noch nicht entgegen, da es sich bei § 262 BGB nur um eine Auslegungsregel handelt. Außerdem geht auch § 264 II BGB davon aus, dass das Wahlrecht auch dem Gläubiger zustehen kann.

Gegen eine Wahlschuld spricht aber, dass die Rechtsfolge des § 263 II BGB nicht passt, wonach die gewählte Nacherfüllung die von Anfang an allein geschuldete Nacherfüllung wäre. Dies ist bei § 439 BGB nämlich eindeutig nicht der Fall. Die Wahl einer Nacherfüllungsart führt nicht zum Entfallen des Nacherfüllungsanspruches insgesamt.

Wenn nämlich der Verkäufer die gewählte Art der Nacherfüllung (zu Recht) verweigert, steht dem Käufer gem. § 439 III S. 3 HS 1 BGB wenigstens die andere Art der Nacherfüllung noch zu.

Damit führt die bloße Ausübung des Wahlrechts für sich allein noch nicht zum automatischen Erlöschen des Anspruches auf Nachlieferung gem. § 263 II BGB.

---

216 So Jauernig, § 439 BGB, Rn. 9 a.E.

217 Palandt, § 262, Rn. 2.

218 Palandt, § 439, Rn. 5; MüKo, § 439 BGB, Rn. 4; Staudinger, § 439 BGB, Rn. 7; Schroeter, Das Wahlrecht des Käufers im Rahmen der Nacherfüllung, NJW 2006, 1761 - 1765 (1762); Skamel, Das Wahlrecht des Käufers zwischen Nachbesserung und Ersatzlieferung, ZGS 2006, 457 - 461 (461).

219 Eine Ersetzungsbefugnis ist im Gesetz z.B. in §§ 249 II S. 1, 251 II, 257 S. 2 BGB vorgesehen. Ein wichtiges Beispiel einer vertraglich vereinbarten Ersetzungsbefugnis ist nach der Rspr. und h.L. die Inzahlunggabe eines gebrauchten Pkw beim Kauf eines Neuwagens.

220 Ausführlicher zur Abgrenzung Wahlschuld, Gattungsschuld, Ersetzungsbefugnis und elektive Konkurrenz vgl. Tyroller, **Life&Law 2005, Heft 9, 645 - 646.**

Wahlrecht erlischt nach § 242 BGB

170 In jedem Fall ist der Käufer bei der Ausübung seines Wahlrechts aber an die Grundsätze von Treu und Glauben (§ 242 BGB), insbesondere an die Verbote des widersprüchlichen Verhaltens sowie des Rechtsmissbrauchs, gebunden.

Nach Treu und Glauben muss das Wahlrecht des Käufers auch dann entfallen, wenn der Verkäufer mit der vom Käufer gewählten Nacherfüllungsform bereits begonnen hat. Denn es wäre treuwidrig, dem Verkäufer das Risiko eines Sinneswandels seitens des Käufers aufzuerlegen.[221]

Allerdings dürften praktische Schwierigkeiten bestehen, den genauen Zeitpunkt des Beginns der Nacherfüllungshandlung seitens des Verkäufers festzulegen.

Daher sind die Grundsätze von Treu und Glauben im Zweifel bereits dann verletzt, wenn der Käufer den Verkäufer, ohne ihm eine Frist gesetzt zu haben, mit einer veränderten Wahl konfrontiert.[222]

Anders bei grundloser Verweigerung der gewählten Nacherfüllungsart durch Verkäufer

Hat der Verkäufer zunächst die gewählte Art der Nacherfüllung akzeptiert und verweigert er später (grundlos) diese Nacherfüllungsart, so muss dem Käufer aber sicher die Möglichkeit zustehen, nun die andere Nacherfüllungsart zu verlangen. Er kann nicht gezwungen sein, die gewählte Nacherfüllungsart gerichtlich durchsetzen zu müssen, v.a. wenn der Verkäufer die andere Nacherfüllungsart zu erfüllen bereit ist.

hemmer-Methode: Die Rechte des Gläubigers, nach Fristablauf zu gestalten (§ 323 I BGB bzw. § 281 I, IV BGB) oder weiterhin auf Erfüllung zu bestehen, bilden ebenfalls keine Wahlschuld, sondern stehen auch in elektiver Konkurrenz. Lesen Sie hierzu Tyroller, „Darf der Käufer eine angebotene mangelhafte Sache zurückweisen?“, in Life&Law 2005, Heft 9, 641 - 650 sowie BGH, Life&Law 2006, Heft 6, 367 - 372.

8. Unentgeltlichkeit der Nacherfüllung

§ 439 II BGB ⇨ Unentgeltlichkeit der Nacherfüllung

170a § 439 II BGB stellt fest, dass der Verkäufer die mit der Nacherfüllung verbundenen Aufwendungen zu tragen hat. Ist der Verkäufer nach § 439 I BGB zur Nacherfüllung verpflichtet, ist dies eine Selbstverständlichkeit.

Problem: §§ 439 IV, 346 BGB

Begehrt der Käufer Nachlieferung gem. §§ 437 Nr. 1, 439 I Alt. 2 BGB, so kann der Verkäufer Herausgabe der mangelhaften Sache nach § 439 IV BGB[223] verlangen.

170b Die §§ 439 IV, 346 I, II S. 1 Nr. 1 BGB könnten daher dem Verkäufer einen Anspruch auf eine Nutzungsentschädigung gewähren. Hinsichtlich der Verweisung auf das Rücktrittsrecht der §§ 346 bis 348 BGB ist allerdings umstritten, ob ein Anspruch auf Nutzungsersatz besteht.

Da § 439 IV BGB nicht nur auf die Herausgabepflicht des § 346 I BGB bezüglich des Gegenstandes selbst verweist, sondern eine umfassende Verweisung auf die §§ 346 - 348 BGB enthält, entspricht es der ganz h.M., dass der Käufer grundsätzlich verpflichtet ist, tatsächlich gezogene Nutzungen nach § 346 I, II BGB und schuldhaft nicht gezogene Nutzungen nach § 347 I BGB herauszugeben.[224]

---

221 OLG Celle, IBR 2013, 180 = **juris**byhemmer.

222 OLG Saarbrücken, **Life&Law 2009, Heft 4, 219 - 225** = NJW 2009, 369 - 372 = **juris**byhemmer; MüKo, § 439 BGB, Rn. 5.

223 Diese Regelung ist Ausdruck eines Bereicherungsverbotes. Es soll verhindert werden, dass der Käufer besser steht als bei einem ordnungsgemäßen ersten Erfüllungsversuch.

224 Vgl. statt aller Palandt, § 439, Rn. 25.

Nicht bei Verbrauchsgüterkauf, § 474 V S. 1 BGB

Auf Vorlage des BGH[225] hat der EuGH[226] festgestellt, dass dies nicht mit der in Art. 3 II bis IV Verbrauchsgüterkaufrichtlinie[227] geregelten Unentgeltlichkeit der Ersatzlieferung, die ohne erhebliche Unannehmlichkeiten für den Verbraucher erfolgen muss, vereinbar ist.

Nachdem dies dann auch vom BGH bestätigt wurde[228], hat der Gesetzgeber gehandelt und für den Verbrauchsgüterkauf die Vorschrift des § 474 V S. 1 BGB ins BGB aufgenommen.

Nach § 474 V S. 1 BGB ist § 439 IV BGB beim Verbrauchsgüterkauf mit der Maßgabe anzuwenden, dass Nutzungen nicht herauszugeben oder durch ihren Wert zu ersetzen sind.

hemmer-Methode: Bei Rückabwicklung eines Verbrauchsgüterkaufs nach erklärtem Rücktritt steht einem Anspruch des Verkäufers auf Nutzungswertersatz gemäß § 346 I BGB die Verbrauchsgüterkaufrichtlinie aber nicht entgegen. Bei der Rückabwicklung des Kaufvertrages erhält der Käufer nämlich - anders als bei der Nacherfüllung - den gezahlten Kaufpreis nebst Zinsen zurück. Er ist somit selber wieder „flüssig“.[229]

9. Selbstvornahme der Nacherfüllung durch den Käufer[230]

Selbstvornahme gesetzlich nicht geregelt

Anders als im Werkvertragsrecht (dort §§ 634 Nr. 2, 637 BGB) ist das Recht des Käufers, die Nacherfüllung selbst vorzunehmen und die hierdurch anfallenden Kosten vom Verkäufer zu verlangen, nicht ausdrücklich geregelt worden. 171

Dies bedeutet jedoch nicht, dass ein solcher Ersatzanspruch schlechthin ausgeschlossen wäre. Immer dann, wenn die Voraussetzungen für den Schadensersatz statt der Leistung nach §§ 437 Nr. 3, 280 I, III, 281 BGB gegeben sind, kann der Käufer die Kosten für die Selbstvornahme unproblematisch geltend machen (dazu unten in der Abwandlung).

Das setzt indes eine Fristsetzung durch den Käufer voraus. Diskutiert wird demgegenüber momentan, ob es eine Ersatzmöglichkeit für den Käufer auch unabhängig von der Fristsetzung gibt. Dies soll anhand eines Falles erörtert werden:

***Bsp.:** K hat beim Gebrauchtwagenhändler G einen vier Jahre alten 3er BMW erworben. Nach Übergabe stellt K fest, dass der Wagen aufgrund einer defekten Benzinpumpe nicht regelmäßig startet. K tauscht daher mit Hilfe seines Freundes F die Benzinpumpe selbst aus. K verlangt nun von G Ersatz der Kosten für die Benzinpumpe (150,- €). Anspruch des K?* 171a

Fraglich ist, ob K von G 150,- € für die Benzinpumpe verlangen kann. Dazu müsste ihm ein entsprechender Anspruch zustehen.

Analogie zu §§ 634 Nr. 2, 637 BGB abzulehnen

1. Ein solcher **Anspruch** ergibt sich **nicht aus §§ 634 Nr. 2, 637 BGB**. Denn die Parteien haben einen Kauf-, keinen Werkvertrag geschlossen.

---

225 BGH, **Life&Law 2006, Heft 12, 797 - 804** = NJW 2006, 3200-3202= **juris**byhemmer.

226 EuGH, **Life&Law 2008, Heft 5, 345** = NJW 2008, 1433 - 1435.

227 Richtlinie 1999/44/EG des Europäischen Parlaments und des Rates vom 25. Mai 1999 zu bestimmten Aspekten des Verbrauchsgüterkaufes und der Garantien für Verbrauchsgüter.

228 BGH, **Life&Law 2009, Heft 2, 142** = NJW 2009, 427 - 431 = **juris**byhemmer.

229 BGH, **Life&Law 2010, Heft 1, 10 - 15** = ZIP 2009, 2158 – 2159 = **juris**byhemmer; auch der 15. Erwägungsgrund der Verbrauchsgüterkaufrichtlinie gestattet es ausdrücklich, die Benutzung der vertragswidrigen Ware im Falle der Vertragsauflösung zu berücksichtigen. Einer Vorlage des Rechtsstreits an den EuGH zur Vorabentscheidung dieser Frage bedarf es nicht. Die Vorlagepflicht letztinstanzlicher Gerichte der Mitgliedstaaten entfällt nämlich immer dann, wenn die gemeinschaftsrechtliche Bestimmung bereits Gegenstand einer Auslegung durch den Gerichtshof war oder wenn die richtige Anwendung des Gemeinschaftsrechts derart offenkundig ist, dass für einen vernünftigen Zweifel kein Raum mehr bleibt („acte clair“). Letzteres ist hier der Fall, da der EuGH in seiner Entscheidung zur Europarechtswidrigkeit der Nutzungseratzpflicht bei der Nachlieferung ausdrücklich auf die Nutzungsersatzpflicht bei Vertragsauflösung Bezug genommen hat.

230 Tyroller/Fest, Hat auch der Käufer ein Recht zur Selbstvornahme der Mängelbeseitigung?, **Life&Law 2005, Heft 1, 70 - 76**; Braun, Zahlungsansprüche des Käufers bei Schlechtleistung des Verkäufers, ZGS 2004, 423 - 429.

Auch keine Analogie möglich

Um § 637 BGB analog anwenden zu können, bedürfte es einer vergleichbaren Interessenlage und einer (planwidrigen) Regelungslücke. Die Kosten der Selbstvornahme sind im Kaufrecht unter den Voraussetzungen des Schadensersatzes statt der Leistung grundsätzlich ersatzfähig. Mit einer entsprechenden Anwendung des § 637 BGB würde man das Erfordernis des Vertretenmüssens, was gerade den Verkäufer schützen soll, umgehen. Demnach besteht keine Regelungslücke.

Überdies fehlt es für einen Anspruch aus § 637 BGB an einer erfolglosen Fristsetzung. Somit scheidet ein Anspruch aus § 637 BGB analog aus.

Kein Anspruch direkt aus § 439 II BGB

2. Der **Anspruch** könnte sich **aus § 439 II BGB** ergeben: Da der Verkäufer die Kosten der Nacherfüllung zu tragen hat, erscheint es denkbar, dem Käufer im Falle der Selbstvornahme durch ihn einen Anspruch auf Aufwendungsersatz nach § 439 II BGB zuzugestehen.

Jedoch hat der Gesetzgeber es – anders als beim Werkvertrag, § 637 BGB – bewusst unterlassen, ein Selbstvornahmerecht des Käufers zu normieren.

Insbesondere würde bei einer derartigen Lesart der Vorschrift auch § 637 BGB überflüssig, da sich dann der Aufwendungsersatzanspruch des Bestellers bereits aus § 635 II BGB ergäbe, der mit § 439 II BGB inhaltsgleich ist.

Obwohl der BGH **§ 439 II BGB** mittlerweile als Anspruchsgrundlage auf Kostenersatz qualifiziert[231], darf dem K hierüber kein Anspruch gewährt werden.

Denn anderenfalls würde man das Recht zur Selbstvornahme der Mängelbeseitigung bejahen, welches der BGH gerade in gefestigter Rechtsprechung verneint (vgl. dazu ausführlich im Folgenden).

Darauf liefe die Bejahung des § 439 II BGB aber hinaus, wenn K dem V keine Frist zur Nacherfüllung gesetzt hat und diese Fristsetzung auch nicht entbehrlich war.

hemmer-Methode: § 439 II BGB darf daher nur in den Fällen als Anspruchsgrundlage herangezogen werden, in denen dem Käufer Kosten für Handlungen entstehen, bei der Durchführung der Nacherfüllung *durch den Verkäufer* entstehen. Der Vertrag muss sich also bereits und noch im Stadium der Nacherfüllung befinden.
Nach nicht unumstrittener Ansicht des BGH erfasst § 439 II BGB auch Sachverständigenkosten, die einem Käufer entstehen, um die Ursache der Mangelerscheinungen des Kaufgegenstandes aufzufinden und auf diese Weise zur Vorbereitung eines die Nacherfüllung einschließenden Gewährleistungsanspruchs die Verantwortlichkeit für den Mangel zu klären.[232]

3. Anspruch aus §§ 437 Nr. 3, 280 I, III, 281 I S. 1 BGB

Bis zur Selbstvornahme der Mängelbeseitigung handelt es sich um einen behebbaren Mangel, was gerade das Gelingen selbiger zeigt.

Da aber K keine Frist zur Nacherfüllung gesetzt hat und diese Frist auch nicht entbehrlich war, scheidet ein Anspruch aus §§ 437 Nr. 3, 280 I, III, 281 I S. 1 BGB aus.

hemmer-Methode: Ist die nach § 281 I S. 1 BGB grundsätzlich erforderliche Fristsetzung entbehrlich, besteht dieser Anspruch. Denn in dieser Konstellation folgt aus dem Rechtsgedanken der Schadensminderungsobliegenheit des § 254 II S. 1 BGB, dass der Käufer auch einen Dritten beauftragen darf, wenn dieser die Reparatur schneller vornehmen kann.

---

231 BGH, **Life&Law 7/2011, 462 - 470** = NJW 2011, 2278 - 2284 = **juris**byhemmer sowie BGH, **Life&Law 9/2008, 575 - 581** = NJW 2008, 2837 - 2840 = **juris**byhemmer.

232 **BGH, Life&Law 7/2014, 485 ff.** = NJW 2014, 2351 ff. = **juris**byhemmer; kritisch dazu Lorenz, Sachverständigenkosten und Nacherfüllung, NJW 2014, 2319 (2321).

§§ 280 I, III, 283 BGB (-)

4. Ein Anspruch auf **Schadensersatz statt der Leistung gem. §§ 280 I, III, 283** BGB scheidet ebenfalls aus.

Zwar könnte dem Verkäufer wegen der Selbstvornahme des Käufers die Nacherfüllung durch Zweckerreichung unmöglich geworden sein. Der Anspruch auf Schadensersatz scheitert aber am fehlenden Vertretenmüssen des Verkäufers, da diesem keine Frist zur Nacherfüllung gesetzt wurde.[233]

hemmer-Methode: Unabhängig davon, dass V nicht im Verzug mit der Nacherfüllung ist, kann die Selbstvornahme nicht über § 287 S. 2 BGB dem Verkäufer zugerechnet werden. Diese Norm begründet eine Haftungsverschärfung nur für Zufall, d.h., dass keine Partei die Leistungsstörung zu vertreten hat. Hier handelte der Käufer jedenfalls fahrlässig in Verkennung des Vorrangs der Nacherfüllung.

GoA, §§ 677, 683 S. 1, 670 BGB?

5. Ferner kommt ein solcher **Anspruch** auch **nach §§ 683 S. 1, 670 BGB** in Betracht.

a) Mit der Selbstvornahme der Reparatur hat K ein fremdes Geschäft des G i.S.d. § 677 BGB besorgt, denn es war nach § 439 I BGB die Pflicht des G, die Nachbesserung auszuführen. K handelte mit Fremdgeschäftsführungsbewusstsein, vgl. § 687 I BGB. Sein Fremdgeschäftsführungswille wird vermutet, da zumindest ein „auch-fremdes“ Geschäft vorliegt (umstritten).[234]

b) § 683 BGB setzt das Vorliegen einer sog. berechtigten Geschäftsführung ohne Auftrag (GoA) voraus. Maßgebliches Kriterium zur Abgrenzung von der nichtberechtigten GoA ist der tatsächliche oder hypothetische Wille des Geschäftsherrn, hier also des G, vgl. § 683 S. 1 BGB.

Da der wirkliche Wille des G im Zeitpunkt der Geschäftsführung nicht bekannt war, ist auf seinen mutmaßlichen Willen abzustellen. Grundsätzlich ist G aber wohl nicht daran interessiert, dass K die Reparatur selbst vornimmt.

c) Diese Frage kann jedoch letztlich im Ergebnis dahinstehen, da die GoA jedenfalls aus anderen Gründen ausscheidet. Durch die Regeln der GoA beim „auch-fremden-Geschäft“ darf nämlich nicht die durch die Privatrechtsordnung geschaffene Risikoverteilung aus den Angeln gehoben werden. Ansonsten würde die GoA zu einem schwer kalkulierbaren und konturenlosen „Billigkeitsrecht“ verkommen.[235]

Der Gesetzgeber hat im Werkvertragsrecht in §§ 634 Nr. 2, 637 BGB dieses Problem ausdrücklich geregelt, aber nicht im Kaufrecht. Dies ist eine bewusste Risikoverteilung, die grundsätzlich zu Lasten des „sich selbst helfenden“ Käufers geht.

Es ist daher kaum vertretbar, diese Entscheidung des Gesetzgebers durch das sog. „auch-fremde-Geschäft“ bewusst zu umgehen.[236]

Der Ausschluss dieser Ansprüche steht im Einklang mit der bereits vor Inkrafttreten des Schuldrechtsmodernisierungsgesetzes begründeten Rechtsprechung des BGH zum Werkvertragsrecht. Gem. § 633 III BGB a.F. stand dem Besteller ein Selbstvornahmerecht mit Aufwendungsersatzanspruch zu, wenn der Werkunternehmer mit der Mängelbeseitigung im Verzug war.

233 Vgl. Anmerkung von Lorenz zur Entscheidung des AG Daun (ZGS 2003, 397 - 398 = **juris**byhemmer), Ansprüche des Käufers bei Selbstvornahme der Nacherfüllung, ZGS 2003, 398 - 399; a.A. Oechsler, Praktische Anwendungsprobleme des Nacherfüllungsanspruchs, NJW 2004, 1825 - 1830 (1826), der ohne nachvollziehbare Begründung eine Unmöglichkeit wegen Zweckerreichung ablehnt und stattdessen §§ 684 S. 1, 818 I BGB anwenden will.

234 BGHZ 98, 235 - 244 = **juris**byhemmer; BGH, NJW 2000, 72 - 73 = **juris**byhemmer; lehrreich auch Falk, Von Titelhändlern und Erbensuchern - Die GoA-Rechtsprechung am Scheideweg, JuS 2003, 833 - 839.

235 Dies hat mittlerweile selbst der BGH im sog. Erbensucherfall erkannt, vgl. BGH, NJW 2000, 72 - 73 = **juris**byhemmer; besprochen von Emmerich in JuS 2000, 603 - 604 und gut kommentiert von Falk, a.a.O., 838.

236 So BGH, **Life&Law 2005, 351 - 358 (355)**; Dauner-Lieb/Dötsch, Selbstvornahme im Kaufrecht?, ZGS 2003, 250 ff.; anders aber ohne nachvollziehbare Argumentation dagegen Oechsler, Praktische Anwendungsprobleme des Nacherfüllungsanspruchs, NJW 2004, 1825 - 1830 (1826).

Auch hier stellte sich die Frage der Konkurrenz zur GoA und bereicherungsrechtlichen Ansprüchen insbesondere dann, wenn ein Anspruch des Bestellers auf Ersatz von Aufwendungen zur Beseitigung von Mängeln nach § 633 III BGB a.F. nicht begründet war.

Nach ständiger Rechtsprechung konnte ein solcher Anspruch nicht auf die Vorschriften über ungerechtfertigte Bereicherung oder über die Geschäftsführung ohne Auftrag gestützt werden. Begründet wurde dies mit dem abschließenden Sonderregelungscharakter des werkvertraglichen Gewährleistungsrechts.[237]

Die Zulassung von Ansprüchen aus ungerechtfertigter Bereicherung oder Geschäftsführung ohne Auftrag würde außerdem zu Unklarheiten und Schwierigkeiten führen, welche die Mängelgewährleistungsvorschriften gerade ausschließen sollen.

Da die Mängel schon beseitigt seien, werde eine zuverlässige Nachprüfung ihres Umfangs und ihrer Schwere sowie der Angemessenheit der behaupteten Beseitigungskosten oft nicht mehr möglich sein.[238]

§ 812 BGB (-)

6. Aus demselben Grund muss daher auch ein Bereicherungsanspruch gem. **§ 812 I S. 1 BGB** wegen rechtsgrundloser Befreiung von einer Verbindlichkeit entfallen, auch wenn tatbestandlich die rechtsgrundlose Befreiung des Verkäufers von seiner Verbindlichkeit aus §§ 437 Nr. 1, 439 I BGB vorliegt.

Lösungsvorschlag: § 326 II S. 2 BGB analog i.V.m. §§ 326 IV, 346 I BGB

7. Nach der von Lorenz vertretenen Auffassung[239] muss sich der Verkäufer die zum Zwecke der Nacherfüllung erforderlichen Aufwendungen, die er durch die Selbstvornahme der Mängelbeseitigung seitens des Käufers **erspart** (vgl. § 439 II BGB), auf seinen Kaufpreisanspruch anrechnen lassen.

a) Insoweit wird entweder die unmittelbare Anwendung des § 326 II S. 2 BGB befürwortet[240], oder diese Norm für analog anwendbar gehalten.[241]

Unmöglichkeit durch Zweckerreichung

Die vom Verkäufer geschuldete Nacherfüllung wird infolge der Selbstvornahme der Mängelbeseitigung durch den Käufer durch **Zweckerreichung** unmöglich (§ 275 I BGB).[242] Der Verkäufer behält zwar seinen Kaufpreisanspruch, weil § 326 I S. 1 BGB nicht gilt. Dies ergibt sich zum einen aus § 326 I S. 2 BGB, wonach bei mangelhafter Leistung § 326 I S. 1 BGB nicht anwendbar ist.

Zum anderen folgt dies aber auch aus § 326 II S. 1 Alt. 1 BGB, da es K versäumt hat, B eine Frist zur Nacherfüllung zu setzen und daher diesem die Nacherfüllung schuldhaft unmöglich gemacht hat.[243]

Anteilige Rückerstattung des gezahlten Kaufpreises gem. §§ 326 IV, 346 ff. BGB

Hat der Käufer bereits den vollständigen Kaufpreis geleistet, könnte er bei einer Anwendung des § 326 II S. 2 BGB die **anteilige Erstattung nach § 326 IV BGB i.V.m. §§ 346 ff. BGB** verlangen (einer Gestaltungserklärung bedarf es hierfür nicht).

BGH lehnt „Lorenz-Meinung" ab

b) Der BGH ist dieser Auffassung (wie auch die Vorinstanz[244]) mit der herrschenden Auffassung in Rechtsprechung und Literatur zu Recht nicht gefolgt.[245]

---

237 Vgl. BGH, NJW 1968, 43; BGHZ 92, 123 - 128 (125) = **juris**byhemmer; BGHZ 96, 221 - 230 (223) = **juris**byhemmer.

238 BGH, NJW 1968, 43.

239 Lorenz, Selbstvornahme der Mängelbeseitigung im Kaufrecht, NJW 2003, 1417 - 1419 (1418 f.).

240 So Lorenz, Ansprüche des Käufers bei Selbstvornahme der Nacherfüllung, ZGS 2003, 398 - 399; Lorenz, Selbstvornahme der Mängelbeseitigung im Kaufrecht, NJW 2003, 1417 - 1419; Ebert, Das Recht des Verkäufers zur zweiten Andienung und seine Risiken für den Käufer, NJW 2004, 1761 - 1764 (1763); Katzenstein, Nochmals: Ersatz ersparter Aufwendungen bei eigenmächtiger Selbstvornahme der Mängelbeseitigung ZGS 2004, 349 - 357.

241 Bamberger/Roth/Faust, § 437 BGB, Rn. 33; Jauernig, § 326 BGB, Rn. 29; Oetker/Maultzsch, Vertragliche Schuldverhältnisse, 2. Aufl., S. 102; Palandt, § 437, Rn. 4a; Palandt, § 326, Rn. 13.

242 Den Eintritt der Unmöglichkeit bestreiten dagegen mit wenig überzeugender Begründung Erman/Grunewald, § 437 BGB, Rn. 3; Oechsler, Praktische Anwendungsprobleme des Nacherfüllungsanspruchs, NJW 2004, 1825 - 1830 (1826).

243 Nach der Ansicht von Lorenz handelt es sich hierbei keinesfalls um einen „methodisch komplexen Rückschluss aus dem allgemeinen Schuldrecht, sondern um eine schlichte Subsumtion des Gesetzeswortlauts, die man jedem Jurastudenten im 2. Semester in Kürze verdeutlichen kann" (Anmerkung von Lorenz zur Entscheidung des AG Daun in ZGS 2003, 397 - 399 (399); lesenswert ist auch die „Retour-Kutsche" von Dauner-Lieb/Dötsch, Nochmals: Selbstvornahme im Kaufrecht?, ZGS 2003, 455 ff.

244 LG Gießen, NJW 2004, 2906 - 2907 = **juris**byhemmer.

245 BGH, **Life&Law 2005, Heft 6, 351 - 358** = NJW 2005, 1348 - 1351; BGH, **Life&Law 2006, Heft 1, 1 - 5** = NJW 2005, 3211 - 3213; BGH, NJW 2006,

Vorrang der §§ 434 ff. BGB

aa) Das Gesetz räumt dem Käufer[246] keinen Aufwendungsersatzanspruch im Falle der Selbstbeseitigung von Mängeln ein.

Der Gesetzgeber hat bei der Neuregelung der Mängelrechte des Käufers durch das Schuldrechtsmodernisierungsgesetz bewusst von einem Selbstvornahmerecht auf Kosten des Verkäufers abgesehen, wie sich insbesondere aus dem Vergleich der in § 437 Nr. 1 bis 3 BGB aufgeführten Rechte des Käufers mit den ebenfalls neu gefassten und im Wesentlichen übereinstimmenden Rechten des Bestellers beim Werkvertrag (§ 634 Nr. 1 bis 4 BGB) ergibt.[247]

Dort ist aber in §§ 634 Nr. 2, 637 BGB eben dieses Selbstvornahmerecht geregelt. Im Kaufrecht dagegen bewusst nicht.

Keine planwidrige Lücke

bb) Gegen eine **analoge** Anwendung des § 326 II S. 2 BGB spricht daher schon das Fehlen einer **planwidrigen** Regelungslücke.

Dem wird (teilweise vehement) entgegengehalten, dass § 326 II S. 2 BGB kein Selbstbeseitigungsrecht des Käufers, sondern die Rechtsfolgen der Unmöglichkeit dieses Anspruchs regeln würde. Außerdem seien die ersparten Kosten des Verkäufers auch von den im Rahmen eines Selbstvornahmerechts ersatzfähigen eigenen Aufwendungen des Käufers rechtlich zu unterscheiden.[248]

Dieser Ansatz vermag nicht zu überzeugen, da es auch bei der Anrechnung ersparter Aufwendungen des Verkäufers gemäß § 326 II S. 2 BGB um Kosten der vom Käufer vorgenommenen Mängelbeseitigung geht. Einziger Unterschied ist lediglich, dass die Kosten nicht nach den auf Seiten des Käufers entstandenen Reparaturkosten zu berechnen sind, sondern nach dem Kostenaufwand, den der Verkäufer gehabt hätte und damit erspart hat.

Ließe man aber dem Käufer gemäß § 326 II S. 2 BGB die vom Verkäufer ersparten Aufwendungen zukommen, würde dies faktisch **im Ergebnis** darauf hinauslaufen, dem Käufer ein **Recht zur Selbstbeseitigung** von Mängeln auf Kosten des Verkäufers einzuräumen. Dieses Recht würde - anders als das Selbstvornahmerecht des Bestellers beim Werkvertrag nach § 637 BGB - noch nicht einmal den erfolglosen Ablauf einer vom Käufer gesetzten Frist zur Nacherfüllung voraussetzen.

Dies widerspräche aber grundlegend der Absicht des Gesetzgebers, der von der Schaffung eines Selbstbeseitigungsrechts des Käufers auf Kosten des Verkäufers nach dem Vorbild des Miet- und Werkvertrags bewusst abgesehen hat.[249]

Vorrang der Nacherfüllung

cc) Die Erstattung ersparter Mängelbeseitigungskosten gemäß § 326 II S. 2 BGB steht auch im Widerspruch zum Grundsatz des Vorrangs der Nacherfüllung.

Ein grundsätzlicher Vorrang der Nacherfüllung folgt für die Gestaltungsrechte des Rücktritts und der Minderung (§ 437 Nr. 2 BGB) sowie für die Ansprüche des Käufers auf Schadensersatz statt der Leistung und auf Ersatz vergeblicher Aufwendungen (§ 437 Nr. 3 BGB) aus dem Umstand, dass diese Rechte des Käufers regelmäßig den erfolglosen Ablauf einer dem Verkäufer gesetzten Frist zur Nacherfüllung voraussetzen.[250]

---

988 - 990; BGH, **Life&Law 2006, Heft 4, 219 - 223** = NJW 2006, 1195 - 1197; **alle Entscheidungen** = **juris**byhemmer; Dauner-Lieb/Dötsch, Selbstvornahme im Kaufrecht?, ZGS 2003, 250 ff.; Dötsch, Rechte des Käufers nach eigenmächtiger Mangelbeseitigung, MDR 2004, 975 - 979 (977 f.); Ball, Die Nacherfüllung im Autokauf, NZV 2004, 217 - 227 (227); MüKo, § 437 BGB, Rn. 9 i.V.m. § 439 BGB, Rn. 10; Schroeter, Kostenerstattungsanspruch des Käufers nach eigenmächtiger Selbstvornahme des Mängelbeseitigung? JR 2004, 441 - 444; Dauner-Lieb/Arnold, Dauerthema Selbstvornahme, ZGS 2005, 10 - 14.

246 Im Gegensatz zum Mieter (§ 536 a II BGB). Aber auch hier dürfen die strengen Voraussetzungen für das Selbstvornahmerecht nicht durch die Anwendung anderer Vorschriften unterlaufen werden (BGH, **Life&Law 2008, Heft 5, 287 - 293** = NJW 2008, 1216 - 1218 = **juris**byhemmer).

247 Vgl. auch die Entwurfsbegründung, BT-Drucks. 14/6040, S. 229.

248 Dies beteuert insbesondere Lorenz, Selbstvornahme der Mängelbeseitigung im Kaufrecht, NJW 2003, 1417 - 1419 (1419). In ZGS 2003, 397 - 399 (399), Ansprüche des Käufers bei Selbstvornahme der Nacherfüllung, erklärt dies Lorenz sogar zur Selbstverständlichkeit, die jedem Studenten im 2. Semester in Kürze verdeutlicht werden könne.

249 Vgl. auch Dauner-Lieb/Dötsch, Nochmals: Selbstvornahme im Kaufrecht?, ZGS 2003, 455 (457).

250 Vgl. nur MüKo, § 437 BGB, Rn. 4; Palandt, § 437, Rn. 4.

Aus der Sicht des Verkäufers stellt sich der Vorrang der Nacherfüllung als das sog. **„Recht zur zweiten Andienung“** dar. Das Fristsetzungserfordernis dient insoweit dem Schutz des Verkäufers, da er durch die Nacherfüllung die Geltendmachung der vorgenannten Käuferrechte abwenden kann.[251] Der Verkäufer erhält durch das Fristsetzungserfordernis damit eine „letzte Chance“, den mit der Rückabwicklung des Vertrags verbundenen wirtschaftlichen Nachteil abzuwenden. Dem erfüllungsbereiten Verkäufer darf die Möglichkeit, sich den Kaufpreis durch eine „zweite Andienung“ endgültig zu verdienen, aber nicht weggenommen werden. Dies geschieht aber, wenn der Käufer die Sache selbst repariert, ohne dem Verkäufer zuvor Gelegenheit zur Nacherfüllung gegeben zu haben.

Der gesetzliche Vorrang der Nacherfüllung bzw. das „Recht zur zweiten Andienung“ würden leerlaufen, wenn der Käufer die Kosten der Mängelbeseitigung (durch den Verkäufer) gemäß § 326 II S. 2 BGB ohne vorherige Fristsetzung ganz oder teilweise von diesem verlangen könnte.

dd) Dagegen wird eingewendet, dem Verkäufer entstehe durch die Anrechnung der ersparten Aufwendungen kein Nachteil, da er die „zweite Andienung“ ja ebenfalls aus eigener Tasche hätte bezahlen müssen, vgl. § 439 II BGB.

Ferner sei auch zu berücksichtigen, dass dem Käufer der Beweis der Voraussetzungen des § 326 II S. 2 BGB obliege.

ee) Aber auch diese Argumentation rechtfertigt keine andere Bewertung. Sie übersieht nämlich zwei Aspekte:

Selbstvornahme vernichtet Beweise, die der Verkäufer sonst sichern könnte

(1) Die vom Käufer grundsätzlich einzuräumende Gelegenheit zur Nacherfüllung soll es dem Verkäufer ermöglichen, die verkaufte Sache darauf zu überprüfen,

- ob der behauptete Mangel besteht,
- ob er bereits im Zeitpunkt des Gefahrübergangs vorgelegen hat,
- auf welcher Ursache er beruht, sowie
- ob und auf welche Weise er beseitigt werden kann (vgl. § 439 III BGB).

Hierzu kann der Verkäufer gegebenenfalls Beweise sichern. Diese Möglichkeit einer Untersuchung und Beweissicherung verliert der Verkäufer aber, wenn er nach der vom Käufer durchgeführten Reparatur i.R.d. Geltendmachung eines Erstattungsanspruchs gemäß § 326 II S. 2, IV BGB vor „vollendete Tatsachen“ gestellt wird.

Hierdurch würden sich seine Verteidigungsmöglichkeiten ungerechtfertigt verschlechtern.

bewusste Entscheidung des Gesetzgebers gegen eine Selbstvornahme im Kaufrecht

(2) Entgegen der Auffassung der Lehre[252] führt der Ausschluss einer Erstattung ersparter Aufwendungen gemäß § 326 II S. 2 BGB auch nicht zu einer ungerechtfertigten Besserstellung des Verkäufers.

Der Gesetzgeber hat in den **§§ 437 ff. BGB** die **Rechte des Käufers** bei Mängeln **besonders geregelt.**[253] Der Käufer, der einen Mangel selbst beseitigt, ohne dem Verkäufer zuvor Gelegenheit zur Nacherfüllung gegeben zu haben, kann danach vom Verkäufer grundsätzlich nicht die Erstattung von Mängelbeseitigungskosten verlangen. Wer die gesetzlichen Voraussetzungen der in §§ 437 ff. BGB geregelten Mängelrechte nicht eingehalten hat, darf nicht darauf vertrauen, Ersatzansprüche zu erhalten.

Im Gegenteil: Dem Interesse des Käufers, dem Verkäufer keine Frist setzen zu müssen, wenn diese keinen Erfolg verspricht oder für den Käufer unzumutbar ist, trägt das Gesetz in den Ausnahmebestimmungen der §§ 281 II, 323 II und 440 S. 1 BGB hinreichend Rechnung.

251 Vgl. Bamberger/Roth/Faust, § 439 BGB, Rn. 2.

252 Vgl. Lorenz, Selbstvornahme der Mängelbeseitigung im Kaufrecht, NJW 2003, 1417 - 1419 (418 f.).

253 Dies zeugt nach Lorenz, Voreilige Selbstvornahme der Nacherfüllung im Kaufrecht, NJW 2005, 1321 - 1324 (1322 li.Sp.) von einem tief greifenden Missverständnis der Grundkonzeption der gesamten Schuldrechtsreform!?!

Diese gesetzgeberische Entscheidung kann nicht einfach dadurch umgangen werden, dass dem Käufer unter Heranziehung der allgemeinen Vorschrift des § 326 II, IV BGB zumindest ein Teil der Nachbesserungskosten auch dann zugebilligt wird, wenn die besonderen Voraussetzungen der kaufrechtlichen Gewährleistungsvorschriften nicht vorliegen.

Ergebnis:

Ein Anspruch scheidet demnach aus.[254]

hemmer-Methode: Wird die Nacherfüllung bei einer mangelhaften Kaufsache dadurch unmöglich, dass der Käufer diese schuldhaft zerstört, so sind sowohl das Rücktrittsrecht als auch die Minderung wegen § 323 VI BGB ausgeschlossen. Durch diese vom Käufer verschuldete Unmöglichkeit der Nacherfüllung, die nicht auf einer Selbstvornahme beruht, wird der Verkäufer von der Beseitigung des vorhandenen Mangels befreit.
Zur Vermeidung einer ungerechtfertigten Entlastung des Verkäufers einer mangelhaften Sache soll daher nach Ansicht des OLG München § 326 II S. 2 BGB analog angewendet werden. Danach muss sich der Verkäufer dasjenige anrechnen lassen, was er infolge der Befreiung von der Leistung erspart.[255]
Eine analoge Anwendung des § 326 II S. 2 BGB darf nach der Rechtsprechung nur dann nicht analog angewendet werden, wenn dem Käufer dadurch faktisch das Recht zur Selbstvornahme der Mängelbeseitigung ohne vorherige Fristsetzung eingeräumt wurde.

Abwandlung:

Wie wäre die Rechtslage, wenn K dem G eine angemessene Frist zur Behebung des Mangels gesetzt hätte, diese fruchtlos verstrichen wäre und K daraufhin die Reparatur vorgenommen hätte?

1. Ein Ersatzanspruch des K ergibt sich aus §§ 280 I, III, 281 I BGB. Die Pflicht des G zur Nacherfüllung aus §§ 437 Nr. 1, 439 I BGB wurde nicht innerhalb der angemessenen Frist vorgenommen, sodass die Voraussetzungen des Schadensersatzes statt der Leistung gegeben waren.

hemmer-Methode: Mit der Selbstvornahme ist zwar Unmöglichkeit der Nacherfüllung eingetreten. Da K den von G geschuldeten Leistungserfolg durch den Austausch der Benzinpumpe selbst bewirkt hat, kann die Nacherfüllung durch G nicht mehr erbracht werden. Diese sog. Zweckerreichung stellt einen Fall der (nachträglichen) Unmöglichkeit nach § 275 I BGB dar.

a) Fraglich ist allein das nach § 280 I S. 2 BGB erforderliche Vertretenmüssen des G. Zwar wäre es grundsätzlich denkbar, hierbei auf § 287 S. 2 BGB abzustellen, der aufgrund des Schuldnerverzuges des G auch anwendbar wäre. Jedoch ergibt sich das Vertretenmüssen des G direkt aus § 276 I BGB: Da G die Leistung schuldhaft verzögert hat, hat er auch die infolge Zweckerreichung eingetretene Unmöglichkeit zu vertreten.

b) Der Schaden ist auch kausal durch die Pflichtverletzung des G (= Nichtvornahme der Nacherfüllung) entstanden.

Nach h.M. ist bei eigener Schadensverursachung durch den Geschädigten danach zu fragen, ob sich der Geschädigte zu seinem Verhalten herausgefordert fühlen durfte.[256]

---

[254] Ebenso AG Kempten, ZGS 2003, 440 und LG Gießen, ZGS 2004, 238 - 240 = **juris**byhemmer; im Ergebnis bei bestehender Rechtslage zustimmend Katzenstein, Kostenersatz bei eigenmächtiger Selbstvornahme der Mängelbeseitigung nach § 326 Abs. 2 Satz 2 BGB?, ZGS 2004, 144 - 153, ders., Kostenersatz bei eigenmächtiger Selbstvornahme der Mängelbeseitigung, ZGS 2004, 300 - 308 und ders., Nochmals: Ersatz ersparter Aufwendungen bei eigenmächtiger Selbstvornahme der Mängelbeseitigung, ZGS 2004, 349 - 356, der jedoch für eine Gesetzesänderung zugunsten der Anwendung von § 326 II S. 2 BGB plädiert.

[255] Vgl. dazu OLG München, **Life&Law 2007, Heft 4, 219 - 224** = ZGS 2007, 80 = **juris**byhemmer.

[256] Hierzu Palandt, Vorb. v. § 249, Rn. 77 ff.

Dies war hier der Fall: Die Selbstvornahme beruhte nicht auf einem völlig freien Willensentschluss des K, sondern war durch die Verzögerung der Nacherfüllung veranlasst. K war daran gelegen, möglichst bald über einen funktionsfähigen Pkw zu verfügen. Eine Unterbrechung des Zurechnungszusammenhangs liegt damit nicht vor.

Somit besteht ein Ersatzanspruch auch aus §§ 280 I, III, 281 BGB.

2. Außerdem ergibt sich ein Ersatzanspruch des K auch aus §§ 280 I, III, 283 I BGB, da ein Fall der Unmöglichkeit durch Zweckerreichung vorliegt, die G gem. § 287 S. 2 BGB zu vertreten hat.

hemmer-Methode: Beachten Sie also nochmals Folgendes: Ein „echtes Problem" ist die Selbstvornahme im Kaufrecht nur dann, wenn die Voraussetzungen für einen Schadensersatz statt der Leistung nicht erfüllt sind (Ausgangsfall).

10. Verweigerungsrecht des Verkäufers, § 439 III BGB[257]

Schutz des Verkäufers

Mit dem in § 439 III BGB normierten Verweigerungsrecht wird dem Interesse des Verkäufers Rechnung getragen, dem Wahlrecht des Käufers nicht schutzlos ausgeliefert zu sein. *172*

Es handelt sich um eine kaufrechtliche Sonderregelung, die für die berechtigte Leistungsverweigerung eine niedrigere Schwelle aufstellt als § 275 II BGB. Grund für diese niedrigere Schwelle ist, dass der Verkäufer zumindest schon mal eine mangelhafte Leistung erbracht hat.[258]

§ 439 III BGB gewährt dem Verkäufer eine Einrede gegenüber der vom Käufer beanspruchten Art der Nacherfüllung, die der Verkäufer ausüben kann, aber nicht muss. Der Käufer kann deshalb nicht wegen unverhältnismäßiger Kosten der Nacherfüllung sogleich Schadensersatz statt der Leistung verlangen, ohne dem Verkäufer Gelegenheit zur Nacherfüllung gegeben zu haben.[259]

hemmer-Methode: Die Einrede der Unverhältnismäßigkeit i.S.v. § 439 III BGB kann vom Verkäufer entgegen der verfehlten Auffassung des OLG Celle auch dann noch erhoben werden, wenn der Käufer schon vom Vertrag zurückgetreten ist. Richtigerweise ist als letztmöglicher Zeitpunkt zur Erhebung der Einrede auf die letzte mündliche Verhandlung abzustellen.[260]

Bsp.: X erwirbt im Kaufhaus des K ein Set von zehn Kuchengabeln. Nach dem Auspacken der Ware stellt X fest, dass bei zwei Gabeln je ein Zinken abgebrochen ist.

1. Die zwei Gabeln weisen jedenfalls nach § 434 I S. 2 Nr. 2 Alt. 2 BGB einen Sachmangel auf. Denn von Kuchengabeln kann der Käufer erwarten, dass sie die üblichen drei Zinken haben. Unbeachtlich ist daher, ob die fraglichen Gabeln für die gewöhnliche Verwendung i.S.d. § 434 I S. 2 Nr. 2 Alt. 1 BGB dennoch geeignet sind.

2. Grundsätzlich kann X zwischen den beiden Formen der Nacherfüllung wählen, §§ 433 I S. 2, 437 Nr. 1, 439 I BGB: Er kann Nachbesserung verlangen, § 439 I Alt. 1 BGB; dann müsste K den Mangel an den gelieferten Gabeln beseitigen bzw. beseitigen lassen. X kann andererseits Nachlieferung in Form der Lieferung von zwei neuen mangelfreien Gabeln verlangen, § 439 I Alt. 2 BGB.

---

257 Vgl. den aktuellen Meinungsstand zusammenfassend Kirsten, Die Unverhältnismäßigkeit der Nacherfüllung im Kaufrecht, ZGS 2005, 66 ff.

258 Vgl. Henssler/Dedek, Probleme des reformierten Kaufrechts, JuS 2004, 497 - 502 (499); vgl. auch die Fallbesprechung von Balzer/Müller, Kaufrecht: Hotel Garni, ZGS 2003, 435 - 438.

259 BGH, **Life&Law 2006, Heft 4, 219 - 223** = NJW 2006, 1195 - 1197 = **juris**byhemmer.

260 Vgl. dazu OLG Celle, **Life&Law 2007, Heft 1, 9 - 12** = NJW-RR 2007, 353 - 355 = **juris**byhemmer.

Allerdings dürfte es für K erheblich problematischer sein, die Gabeln im Wege der Nachbesserung zu „reparieren", als neue Gabeln an X zu liefern. Es kommt – vor allem wenn die „Reparatur" der zwei Gabeln nur mit unverhältnismäßigen Kosten möglich ist – das Recht des K zur Verweigerung der Nachbesserung in Betracht, § 439 III S. 1 BGB.

§ 439 III BGB als Sonderregelung der „wirtschaftlichen Unmöglichkeit"

§ 439 III BGB geht nach S. 1 ausdrücklich über die Verweigerungsrechte des Verkäufers nach § 275 II, III BGB hinaus. Durch das Abstellen auf die „unverhältnismäßigen Kosten" wird letztlich ein Fall sog. wirtschaftlicher Unmöglichkeit normiert; diese ist von § 275 II, III BGB nicht erfasst und kann daher eigentlich nur zur Anwendung der Störung der Geschäftsgrundlage führen, § 313 BGB.[261] Da § 439 III BGB jedoch eine Sonderregelung bereithält, ist § 313 BGB insoweit nicht anzuwenden.[262] 173

Fraglich ist das Verhältnis von § 439 III BGB zu § 275 II BGB. Von § 275 II BGB werden v.a. die Fälle der sog. „faktischen Unmöglichkeit" erfasst, also Fälle, in denen die Behebung des Leistungshindernisses zwar theoretisch möglich wäre, aber in einem solchen Missverhältnis zum Leistungsinteresse des Gläubigers steht, dass sie von keinem Gläubiger ernsthaft erwartet werden darf.

Fraglich ist aber, ob diese Vorschrift neben § 439 III BGB überhaupt anwendbar ist. Dies wird nahezu einhellig verneint, zumindest kritisch hinterfragt.[263]

§ 439 III BGB als Sonderregelung zu § 275 II S. 2 BGB (entgegen dem Wortlaut)

Jedenfalls hat § 275 II BGB neben § 439 III BGB **praktisch keinen eigenständigen Anwendungsbereich**, da der Maßstab des § 439 III BGB weniger streng ist als der des § 275 II BGB.[264]

Dies belegt auch ein Blick auf § 275 III BGB. Der ausdrücklich in § 439 III BGB vorausgesetzte Anwendungsbereich des § 275 III BGB erscheint äußerst fraglich. Denn der Verkäufer muss regelmäßig nicht höchstpersönlich (nach)erfüllen. Er wird sich i.d.R. ohne weiteres eines Dritten zur Nacherfüllung bedienen können.

Von Bedeutung ist i.R.d. § 439 III BGB eigentlich nur § 275 II S. 2 BGB

Die eigentliche Bedeutung des § 275 II BGB im Rahmen der Nacherfüllung besteht darin, dass bei der Abwägung i.R.d. § 439 III BGB auch ein etwaiges Vertretenmüssen des Verkäufers berücksichtigt werden muss, vgl. § 275 II S. 2 BGB.

Macht der Verkäufer von dem ihm zustehenden Verweigerungsrecht keinen Gebrauch, so ist er zur Nacherfüllung in der vom Käufer gewählten Form verpflichtet.

Insbesondere kann er sich nicht darauf berufen, er habe eine Verzögerung der Nacherfüllungspflicht aufgrund der unverhältnismäßigen Kosten nicht zu vertreten und es läge daher kein Schuldnerverzug vor (kein Vertretenmüssen, § 286 IV BGB). Denn: Entscheidet sich der Verkäufer durch Nichtausübung des Verweigerungsrechts dafür, die Nacherfüllung zu erbringen, muss er sich daran festhalten lassen; insbesondere muss er die Nacherfüllung auch rechtzeitig vornehmen.

hemmer-Methode: Umstritten ist, ob § 439 III BGB und § 635 III BGB auch auf die Primäransprüche Anwendung finden. Dem steht entgegen, dass die niedrigere Schwelle zur berechtigten Leistungsverweigerung ihren Grund in der mangelhaften Leistung hat. Auch Maultzsch, ZGS 2003, 411 ff. kommt zu dem Ergebnis, dass vor Gefahrübergang allein § 275 II BGB ein Recht zur Leistungsverweigerung gibt.

261 **Hemmer/Wüst, Schuldrecht AT**, Rn. 607 ff.

262 Zur Subsidiarität des § 313 BGB (SGG) **Hemmer/Wüst, Schuldrecht AT**, Rn. 609 ff.

263 Vgl. Canaris, Karlsruher Forum 2002, 2003, S. 24 ff., 76 f.; Huber, Die Nacherfüllung im neuen Kaufrecht, NJW 2002, 1004 - 1008 (1007), Heinrich, Die Abwehr des Anspruchs des Käufers auf Nacherfüllung, ZGS 2003, 253 - 258 (258).

264 So ausdrücklich die amtliche Begründung des Regierungsentwurfs BT-Drucks. 14/6040, S. 232; anders mit wenig überzeugenden Argumenten nur Ackermann, Die Nacherfüllungspflicht des Stückverkäufers, JZ 2002, 378 - 385 (382 ff.).

Verweigerungsrecht muss vom Verkäufer geltend gemacht werden ⇨ Einrede (a.A. Gestaltungsrecht)

§ 439 III BGB ist als Verweigerungsrecht des Verkäufers ausgestaltet. Voraussetzung ist, dass der Käufer sein Wahlrecht nach § 439 I BGB bereits ausgeübt hat oder der Nacherfüllungsanspruch von vornherein auf nur eine Nacherfüllungsart beschränkt ist. 174

Hat der Verkäufer vorprozessual nur das Vorhandensein von Mängeln bestritten und aus diesem Grund die Nacherfüllung insgesamt verweigert, ist er in der Regel nicht daran gehindert, sich auf die Unverhältnismäßigkeit der Kosten der vom Käufer gewählten Art der Nacherfüllung erst im Rechtsstreit über den Nacherfüllungsanspruch zu berufen.[265]

hemmer-Methode: Insoweit gilt nichts anderes als für andere Einreden (z.B. Verjährungseinrede, § 214 I BGB), die ebenfalls auch dann noch im Rechtsstreit geltend gemacht werden können, wenn vorprozessual der Anspruch insgesamt bestritten worden war.

Wirkung: Nacherfüllungsanspruch beschränkt sich auf die andere Art der Nacherfüllung

Liegen die Voraussetzungen des § 439 III BGB vor und macht der Verkäufer von dem Verweigerungsrecht durch (auch schlüssige) Erklärung gegenüber dem Käufer Gebrauch, so beschränkt sich der Nacherfüllungsanspruch auf die andere Art der Nacherfüllung, § 439 III S. 3 HS 1 BGB. Der Verkäufer kann freilich auch diese Art der Nacherfüllung unter den Voraussetzungen des § 439 III S. 1 u. 2 BGB verweigern; dies stellt § 439 III S. 3 HS 2 BGB klar.

„Nur mit unverhältnismäßigen Kosten"

Voraussetzung des Verweigerungsrechtes ist, dass die vom Käufer gewählte Art der Nacherfüllung nur mit unverhältnismäßigen Kosten möglich ist, § 439 III S. 1 BGB. 175

Abwägung im Einzelfall

Wann die Kosten unverhältnismäßig sind, ist letztlich eine Wertungsfrage, die im Wege der Abwägung im konkreten Einzelfall zu entscheiden ist. Abzustellen ist darauf, ob die Kosten der gewählten Form der Nacherfüllung zu dem Interesse des Käufers an der Nacherfüllung außer Verhältnis stehen.

Wert der Sache im mangelfreien Zustand

§ 439 III S. 2 BGB nennt (nicht abschließend: „insbesondere") einige Kriterien, die bei der Abwägung zu berücksichtigen sind. Der Wert der Sache (in mangelfreiem Zustand) ist von Bedeutung, da bei geringwertigen Sachen (im obigen Beispiel die Gabel) die Nachbesserung leicht einen unverhältnismäßigen Aufwand mit sich bringen kann.

Kaufpreis ist für Abwägung unbeachtlich

Unerheblich für die Abwägung ist der Kaufpreis, so dass ein von dem Käufer erzielter günstiger Kaufpreis nicht dazu führt, dass die Grenze der Unverhältnismäßigkeit der Nacherfüllungskosten früher erreicht wird, als dies bei einem höheren, dem Wert der Sache in mangelfreiem Zustand entsprechenden Kaufpreis der Fall wäre.[266]

Der Kaufpreis ist eine Frage der ausgehandelten Äquivalenz und beeinflusst damit nicht die Frage, in welchem Umfang dem Unternehmer eine Nacherfüllung zugemutet werden kann.

a) Relative Grenze der Unverhältnismäßigkeit bzw. interner Kostenvergleich der Nacherfüllungsalternativen

Relative Unverhältnismäßigkeit

Die vom Käufer gewählte Art der Nacherfüllung kann im Verhältnis zur anderen Art der Nacherfüllung **relativ unverhältnismäßig** sein. 176

---

265 BGH, Life&Law 1/2014, 1 ff. = **juris**byhemmer.

266 OLG Karlsruhe, NJW-RR 2009, 777, 779 = **juris**byhemmer; OLG Braunschweig, NJW 2003, 1053, 1054 = **juris**byhemmer; Ball, NZV 2004, 217, 223 = **juris**byhemmer.

Gem. § 439 III S. 2 BGB muss danach gefragt werden, ob auf die andere Art der Nacherfüllung ohne erhebliche Nachteile für den Käufer zurückgegriffen werden kann.

hemmer-Methode: Beachten Sie: Die Berücksichtigung der anderen Art der Nacherfüllung bei der Abwägung (relative Unverhältnismäßigkeit) ist nicht denkbar, wenn diese Nacherfüllungsart unmöglich i.S.d. § 275 I - III BGB ist, da in diesem Fall der Nacherfüllungsanspruch nur in der vom Käufer geltend gemachten Form besteht. In diesem Fall stellt sich die Frage, ob der Verkäufer die Nacherfüllung wegen absoluter Unverhältnismäßigkeit verweigern darf (vgl. Rn. 176a).

Andere Art der Nacherfüllung für Käufer zumutbar?

Ein entscheidendes Kriterium ist auch, ob die andere Art der Nacherfüllung für den Käufer zumutbar erscheint.

Im obigen Beispiel ist es für den Käufer zumutbar, statt der Ausbesserung der gelieferten Gabeln neue (mangelfreie) Gabeln zu erhalten. Es ist kein Grund ersichtlich, warum er an der Nachbesserung ein gesteigertes Interesse haben sollte.

Dies spricht dafür, die betragsmäßige Grenze, ab der von unverhältnismäßigen Kosten der Nachbesserung i.S.d. § 439 I S. 1 BGB gesprochen werden kann, relativ niedrig anzusetzen.

V.a. bei neuen höherwertigen Sachen hohes Interesse an Nachlieferung statt Nachbesserung

Beim Kauf neuer Sachen von gewissem Wert ist das Interesse des Käufers anzuerkennen, eine von Beginn an mangelfreie Sache zu erhalten.

Bsp.: *K erwirbt vom Kfz-Händler H einen neuen Ferrari. Aufgrund diverser Mängel funktioniert der Motor nicht richtig und müsste ausgetauscht werden. Dies bietet H an, da er einen Wagen derselben Marke mit hohem Kostenaufwand importieren müsste. K besteht auf Lieferung eines neuen Ferrari.*

Die gewählte Nacherfüllungsart der Nachlieferung ist für H mit einem relativ hohen Kostenaufwand verbunden. Ob dieser Aufwand unverhältnismäßig i.S.d. § 439 III S. 1 BGB ist, muss im Wege einer einzelfallbezogenen Abwägung entschieden werden.

Eine solche Unverhältnismäßigkeit ist beim internen Vergleich wesentlich früher anzunehmen als bei der Bestimmung der absoluten Unverhältnismäßigkeit, da das Interesse an der Durchführung des Vertrages durch die andere Art der Nacherfüllung noch voll befriedigt werden kann.

10 %-Grenze

Als Richtwert wird zum einen eine 10 %-Grenze herangezogen. D.h. Unverhältnismäßigkeit einer Art der Nacherfüllung liegt vor, wenn diese mehr als 10 % teurer als die andere ist.

20 %-Grenze bei Vertretenmüssen

Eine **höhere Grenze** soll nach der gleichen Auffassung dann zur Anwendung kommen, **wenn der Verkäufer die Lieferung der mangelhaften Kaufsache zu vertreten** hat.[267] Der Grund dafür liegt darin, dass das Vertrauen des Käufers in die Fähigkeit des Verkäufers, eine bestimmte Art der Nacherfüllung ordnungsgemäß vorzunehmen, bereits beschädigt sein kann. **Kosten von 20%** über der anderen Alternative sind dann noch verhältnismäßig.

hemmer-Methode: Ohne Differenzierung bzgl. des Vertretenmüssens geht etwa auch das LG Ellwangen im Fall eines mangelhaften Neuwagens beim internen Vergleich von einer Grenze von 20 % aus.[268]
Solange keine obergerichtliche Rechtsprechung zu dieser Problematik existiert, müssen Sie nur argumentieren und zu einem vernünftigen Ergebnis kommen. Mehr wird von Ihnen im Examen sicher nicht verlangt.

[267] Nach der Ansicht von Reinicke/Tiedtke, Kaufrecht, Rn. 447 kommt es bei der „relativen Unverhältnismäßigkeit" auf das Vertretenmüssen des Verkäufers nicht an.

[268] LG Ellwangen, **Life&Law 2003, Heft 4, 233 - 237** = NJW 2003, 517 - 518 = **juris**byhemmer.

b) Absolute Grenze der Unverhältnismäßigkeit

Absolute Unverhältnismäßigkeit?

Wenn ein interner Vergleich von Nachlieferung und Nachbesserung nicht möglich ist, muss geprüft werden, ob die vom Käufer gewählte und einzig mögliche Nacherfüllungsalternative vom Verkäufer wegen Unverhältnismäßigkeit verweigert werden darf. 176a

aa) Grundsätze zur absoluten Unverhältnismäßigkeit

Grundsätze

Der Wortlaut des § 439 III S. 1 BGB erlaubt dem Verkäufer, die vom Käufer gewählte Art der Nacherfüllung zu verweigern, wenn sie nur mit unverhältnismäßigen Kosten möglich ist. 176b

§ 439 III S. 3 BGB beschränkt den Anspruch des Käufers für den Fall, dass der Verkäufer die eine Form der Nacherfüllung wegen unverhältnismäßiger Kosten verweigert, zunächst auf die andere Art der Nacherfüllung, sieht aber weiter vor, dass das „Recht des Verkäufers, auch diese unter den Voraussetzungen des Satzes 1 zu verweigern", unberührt bleibt.

Aus den Bestimmungen des § 439 III S. 3 Hs. 2 BGB und des § 440 S. 1 BGB ergibt sich daher eindeutig, dass auch die vom Käufer gewählte - einzig mögliche - Art der Nacherfüllung schon für sich allein unverhältnismäßige Kosten verursachen kann (sog. **„absolute Unverhältnismäßigkeit"**).

Bezugspunkte sind dabei der Wert der Sache in mangelfreiem Zustand (Satz 2 Var. 1) und die Bedeutung des Mangels (Satz 2 Var. 2).

hemmer-Methode: Das dritte Kriterium führt zu einem internen Kostenvergleich der beiden Nacherfüllungsalternativen, es kommt hier also auf eine relative Betrachtung an (s.o., Rn. 176).

Dies ist zum einen der Fall, wenn die Kosten der Nacherfüllungsalternative und der Wert der Sache in mangelfreiem Zustand außer Verhältnis stehen.

Kaufpreis ist für Abwägung unbeachtlich

Unerheblich für die Abwägung ist der Kaufpreis, so dass ein von dem Käufer erzielter günstiger Kaufpreis nicht dazu führt, dass die Grenze der Unverhältnismäßigkeit der Nacherfüllungskosten früher erreicht wird, als dies bei einem höheren, dem Wert der Sache in mangelfreiem Zustand entsprechenden Kaufpreis der Fall wäre.[269]

Der Kaufpreis ist eine Frage der ausgehandelten Äquivalenz und beeinflusst damit nicht die Frage, in welchem Umfang dem Unternehmer eine Nacherfüllung zugemutet werden kann.

Dies lässt sich schon dem Wortlaut von § 439 III S. 1 BGB entnehmen. Der Grund für die Orientierung am Wert liegt darin, dass der Verkäufer den u.U. in der Differenz von Kaufpreis und Wert liegenden Verlust bereits durch das für ihn schlechte Geschäft erlitten hat, er also der vertraglichen Äquivalenz entspricht.

bb) Nach e.A. soll absolute Unverhältnismäßigkeit anhand von prozentualen Grenzwerten ermittelt werden

Wo die Grenzen der Unverhältnismäßigkeit liegen, wird nicht einheitlich beurteilt. 176c

269 OLG Karlsruhe, NJW-RR 2009, 777, 779 = **juris**byhemmer; OLG Braunschweig, NJW 2003, 1053, 1054 = **juris**byhemmer; Ball, NZV 2004, 217, 223 = **juris**byhemmer.

Verschiedentlich wird für die Feststellung der Unverhältnismäßigkeit an den Wert der Kaufsache in mangelfreiem Zustand angeknüpft und hiervon ausgehend der Versuch unternommen, Grenzwerte zu bilden.

Grenze der Zumutbarkeit

(1) Eine M.M. sieht die Grenze der Verhältnismäßigkeit überschritten, wenn die Kosten der Ersatzlieferung oder der Nachbesserung 150 % des Werts der Sache in mangelfreiem Zustand betragen.[270] Dieser Wert soll nur dann gelten, wenn der Verkäufer den Mangel nicht zu vertreten hat. Liegt Vertretenmüssen vor, sind ihm noch höhere Nacherfüllungskosten zuzumuten.

Ist die 150 %-Grenze eingehalten, muss noch ein weiteres Korrektiv beachtet werden, wenn der Mangelunwert nicht den Wert der Sache in mangelfreiem Zustand erreicht, d.h. wenn die mangelhafte Sache noch einen Restwert hat. Zu fragen ist dann nach der Bedeutung des Mangels.

Dies erfolgt durch einen Vergleich des Mangelunwerts der Sache mit den Kosten der Nachbesserung. Hierdurch soll verhindert werden, dass ein Mangel, der den Wert der Sache nur unerheblich mindert, unzumutbar hohe Nacherfüllungskosten hervorruft.

Die Grenze der Unverhältnismäßigkeit ist bei 200 % des Mangelunwerts überschritten.

(2) Teilweise wird die Grenze beim mangelbedingten Minderwert gezogen und diese bei Verschulden des Verkäufers erhöht.[271]

Ist der Käufer wahlweise zur Geltendmachung des großen Schadensersatzes berechtigt, wird vertreten, dass die den Aufwand für eine Ersatzbeschaffung übersteigenden Mängelbeseitigungskosten nur liquidiert werden könnten, wenn ein besonderes Interesse an der Herstellung der Mangelfreiheit gerade an dem einmal geleisteten Objekt bestehe.[272]

(3) Nach der (wohl) h.M.[273] wird folgende Merkregel vorgeschlagen:

(a) Hat der Verkäufer die Lieferung der mangelhaften Sache nicht zu vertreten, so dürfen die Kosten der Nacherfüllung nicht mehr als 100% des Wertes der Kaufsache in mangelfreiem Zustand betragen.

(b) Hat der Verkäufer dagegen die Lieferung der mangelhaften Sache zu vertreten, so wird die Grenze bei 130 % gezogen.

Eine Differenzierung aufgrund des Vertretenmüssens wird damit begründet, dass § 439 III BGB als Ausprägung des in § 275 II S. 2 BGB formulierten allgemeinen Rechtsgrundsatzes zu betrachten ist, der das Vertretenmüssen als beachtliches Kriterium nennt.

Die Grenze von 130 % lehnt sich an die zu § 251 II S. 1 BGB von der Rechtsprechung im Pkw-Schadensrecht entwickelte Faustformel von 30 % an. Argumentiert wird hier mit der Ähnlichkeit des Wortlauts von § 251 II S. 1 BGB („unverhältnismäßige Aufwendungen") im Vergleich zu § 439 III S. 1 BGB („unverhältnismäßige Kosten").

---

270 Ansicht von Bitter/Meidt, Nacherfüllungsrecht und Nacherfüllungspflicht des Verkäufers im neuen Schuldrecht, ZIP 2001, 2114 - 2124 (2121 f.).

271 Schultz, Zu den Kosten der Nacherfüllung beim Kauf, 2005, 182 ff.; Ackermann, JZ 2002, 378, 382 ff.

272 MüKo, BGB, 6. Auflage, § 281 Rn. 130; Erman, BGB, 13. Auflage, § 281 Rn. 30.

273 Vgl. Reinicke/Tiedtke, Kaufrecht, Rn. 448 - 452 m.w.N., Huber, Die Nacherfüllung im neuen Kaufrecht, NJW 2002, 1004 - 1008 (1008); Palandt, § 439, Rn. 16a; AG Menden, NJW 2004, 2171 - 2172 (2172).

cc) BGH lehnt Festlegung von Grenzwerten ab und stellt auf die Gesamtumstände des Einzelfalls ab

BGH legt sich nicht fest ⇨ Abwägung im Einzelfall

176d Der BGH lehnt in dieser Entscheidung die Festlegung von Grenzwerten ab und verweist jeweils auf die Gesamtumstände des Einzelfalls.[274]

Bei der Prüfung, ob eine absolute Unverhältnismäßigkeit der Nacherfüllung vorliegt, ist eine Bewertung aller Umstände des Einzelfalls erforderlich. Starre Grenzwerte können diese umfassende Interessenabwägung nicht ersetzen. Allerdings bieten Grenzwerte in Form einer Faustregel einen ersten Anhaltspunkt und dienen damit der Rechtssicherheit.[275]

***Wichtig**: 130%-Grenze zum Kfz-Schadensrecht ist nicht übertragbar*

Die Rechtsprechung des BGH, wonach die Kosten einer Kraftfahrzeugreparatur bis zu 130% des Wiederbeschaffungswertes ersatzfähig sind, ist auf den vorliegenden Regelungszusammenhang nicht zu übertragen.

Sie beruht im Wesentlichen auf der Anerkennung eines besonderen Integritätsinteresses des geschädigten Eigentümers eines Kraftfahrzeuges, das nur durch die Reparatur des ihm vertrauten Fahrzeuges befriedigt werden kann.[276]

Mangelbedingter Minderwert ist erster Ansatzpunkt ⇨ wenn die Mängelbeseitigungskosten mehr als 200% des mangelbedingten Minderwerts betragen, ist Nacherfüllung in der Regel unverhältnismäßig

Als erster Anhaltspunkt kann davon ausgegangen werden, dass die Nacherfüllung wegen unverhältnismäßiger Kosten dann verweigert werden kann, wenn sie entweder den Verkehrswert des Kaufgegenstandes in mangelfreiem Zustand oder 200% des mangelbedingten Minderwerts übersteigen. Ausgangspunkt ist § 439 III S. 2 BGB, der für die Prüfung der Unverhältnismäßigkeit den Wert der Sache in mangelfreiem Zustand und die Bedeutung des Mangels hervorhebt.

Maßgeblich bleibt eine umfassende Würdigung der Umstände des Einzelfalls. Bei dieser ist insbesondere zu berücksichtigen, inwieweit der Verkäufer den Mangel zu vertreten hat. In der Rechtsprechung des BGH ist anerkannt, dass bei vorsätzlichen Pflichtverletzungen[277] oder sonstigem schweren Verschulden[278] dem Schuldner auch sonst unverhältnismäßige Aufwendungen zuzumuten sind.

dd) Besonderheiten beim Verbrauchsgüterkauf

BGH legt dem EuGH die Frage zur absoluten Unverhältnismäßigkeit beim Verbrauchsgüterkauf vor

176e Da der Umstand, dass das nationale deutsche Recht in § 439 III BGB das Recht des Verkäufers vorsieht, die Nacherfüllung nicht nur wegen relativer, sondern auch wegen absoluter Unverhältnismäßigkeit der Kosten der Nacherfüllung zu verweigern, im Widerspruch zu der Richtlinie stehen könnte, hat der BGH die Frage, ob bzw. wann die Berufung auf absolute Unmöglichkeit zulässig ist, dem EuGH zur Entscheidung vorgelegt.[279]

hemmer-Methode: Zum Wortlaut von Art. 3 der Verbrauchsgüterkaufrichtlinie vgl. Rn. 161c!

274 BGH, **Life&Law 9/2014, 709 ff.** = BB 2014, 1743 ff. = **juris**byhemmer; BGH, **Life&Law 4/2012, 239 ff.** = NJW 2012, 1073 ff. = **juris**byhemmer; so auch Haas/Medicus/Rolland/Schäfer/Wendtland, Das neue Schuldrecht, 2002, Kapitel 5 Rn. 158; Henssler/Graf von Westphalen, Praxis der Schuldrechtsreform, 2. Aufl., § 439 Rn. 27; Dauner-Lieb/Konzen/Schmidt, Das neue Schuldrecht, 2002, S. 384, 386.

275 BGH, NJW 2009, 1660 = **juris**byhemmer.

276 BGHZ 115, 364, 371; BGH, NJW 2005, 1108, 1109

277 BGH, NZM 2010, 442; BGH, NJW 1988, 699, 700; BGHZ 62, 388, 394

278 BGH, NJW 1970, 1180, 1181; BGHZ 59, 365, 368

279 BGH, **Life&Law 2009, Heft 5, 291 - 301 (296 f.)** = NJW 2009, 1660 - 1663 = **juris**byhemmer.

***EuGH:** Verweigerung wegen absoluter Unverhältnismäßigkeit ist richtlinienwidrig*

Nach Ansicht des EuGH kann der Verkäufer die Nacherfüllung aber nicht wegen **absoluter Unverhältnismäßigkeit** ablehnen.[280]

Eine nationale Regelung wie § 439 III BGB, die dem Verkäufer das Recht gewährt, die einzig mögliche Art der Abhilfe wegen ihrer absoluten Unverhältnismäßigkeit zu verweigern, verstößt nach Ansicht des EuGH gegen Art. 3 Abs. 3 Unterabs. 2 der Richtlinie.

Nach Ansicht des EuGH bleibt der Verkäufer trotz unverhältnismäßiger Kosten also zur Nacherfüllung verpflichtet. Andererseits schließt es Art. 3 Abs. 3 der Richtlinie aber nicht aus, dass der Anspruch des Verbrauchers auf einen Betrag beschränkt wird. Der Verkäufer soll also einen Teil der Nacherfüllungskosten auf den Käufer umlegen dürfen, wenn diese unverhältnismäßig hoch sind. Der Käufer kann also auch bei unverhältnismäßigem Aufwand vom Verkäufer die Nacherfüllung verlangen, wenn er im Gegenzug einen Teil dieser Kosten übernimmt. Er kann sich aber für Minderung oder Rücktritt entscheiden, wenn er sich nicht teilweise an den Kosten beteiligen will.

Umsetzung durch BGH

Dies hat der **BGH** mit Urteil vom 21.12.2011 bestätigt.[281]

Wortlaut zwar eindeutig

Aus den Bestimmungen des § 439 III S. 3 HS. 2 BGB und des § 440 S. 1 BGB ergibt sich zwar eindeutig, dass auch die vom Käufer gewählte - einzig mögliche - Art der Nacherfüllung schon für sich allein unverhältnismäßige Kosten verursachen kann (sog. **„absolute Unverhältnismäßigkeit“**). 177

Aber: Pflicht zur richtlinienkonformen Rechtsfortbildung

Der von der Rechtsprechung des EuGH geprägte Grundsatz der richtlinienkonformen Auslegung verlangt aber von den nationalen Gerichten aber mehr als bloße Auslegung im engeren Sinne. Er erfordert auch, das nationale Recht, wo dies nötig und möglich ist, richtlinienkonform fortzubilden.

Daraus folgt hier das Gebot einer richtlinienkonformen Rechtsfortbildung durch teleologische Reduktion des § 439 III BGB auf einen mit Art. 3 der Richtlinie zu vereinbarenden Inhalt.

Nach Ansicht des BGH darf die gebotene richtlinienkonforme Auslegung des § 439 I BGB nicht dazu führen, dass dem Käufer im Rahmen des Nacherfüllungsverlangens ein Wahlrecht dahin zusteht, ob er dem Verkäufer die Nacherfüllung gestattet oder diese Arbeiten selbst durchführt und den Verkäufer nur auf Kostenerstattung in Anspruch nimmt.

Einrede der angemessenen Kostenerstattung

Der EuGH hat dem Käufer ein solches Wahlrecht gerade nicht eingeräumt. § 439 III BGB ist in solchen Fällen einschränkend dahingehend anzuwenden, dass ein Verweigerungsrecht nicht besteht, wenn nur eine Art der Nacherfüllung möglich ist oder der Verkäufer die andere Art der Nacherfüllung zu Recht verweigert. In diesem Fall beschränkt sich das Leistungsverweigerungsrecht des Verkäufers wegen unverhältnismäßiger Kosten darauf, den Käufer bezüglich der Nacherfüllung auf die Kostenerstattung in Höhe eines angemessenen Betrags zu verweisen. Bei der Bemessung dieses Betrags sind der Wert der Sache in mangelfreiem Zustand und die Bedeutung des Mangels zu berücksichtigen.

Diese Einschränkung des § 439 III BGB ist nach dem Gebot richtlinienkonformer Rechtsfortbildung erforderlich, weil ein Recht des Verkäufers, die einzig mögliche Form der Abhilfe wegen (absolut) unverhältnismäßiger Kosten zu verweigern, mit Art. 3 der Richtlinie nicht vereinbar ist.

---

280 EuGH, **Life&Law 2011, Heft 8, 537 - 541** = NJW 2011, 2269 - 2274 = **juris**byhemmer.

281 BGH, **Life&Law 2012, Heft 4, 239 - 248** = NJW 2012, 1073 - 1080 = **juris**byhemmer.

Sie belässt dem Verkäufer andererseits in Form einer Einrede die auch nach der Richtlinie zulässige Beschränkung des Ersatzes für die Kosten der Nacherfüllung auf einen angemessenen Betrag unter Benennung der für dessen Ermittlung maßgeblichen Umstände. Anders lässt sich der Widerspruch zwischen den gesetzgeberischen Zielen - einerseits Berücksichtigung der Verhältnismäßigkeit im Interesse des Verkäufers, andererseits Richtlinienkonformität - im Wege richterlicher Rechtsfortbildung nicht lösen.

Gemäß Art. 3 III der Richtlinie kann der Verbraucher vom Verkäufer die unentgeltliche Nachbesserung oder eine unentgeltliche Ersatzlieferung verlangen. Art. 3 IV der Richtlinie stellt klar, dass sich der Begriff der Unentgeltlichkeit auf alle für die Herstellung des vertragsgemäßen Zustands des Verbrauchsguts notwendigen Kosten erstreckt, insbesondere auf Versand-, Arbeits- und Materialkosten. Diese dem Verkäufer auferlegte Verpflichtung, die Herstellung des vertragsgemäßen Zustands des Verbrauchsguts unentgeltlich zu bewirken, soll den Verbraucher vor drohenden finanziellen Belastungen schützen, die ihn in Ermangelung eines solchen Schutzes davon abhalten könnten, seine Ansprüche geltend zu machen.

Vorschussanspruch des Käufers

Der Verbraucher kann daher für Kosten, die ihm im Rahmen der Nacherfüllung entstehen, aber vom Verkäufer zu ersetzen sind, auch einen Vorschuss verlangen.

Rücktritts- oder Minderungsrecht, wenn Käufer die Kostenerstattung nicht will

Hält der Verkäufer dem Nacherfüllungsanspruch des Käufers einredeweise entgegen, dass er diesem stattdessen die Kosten der Nacherfüllung in Höhe eines angemessenen Betrags erstattet, muss der Käufer nach Ansicht des EuGH die Möglichkeit haben, eine angemessene Minderung des Kaufpreises oder die Vertragsauflösung zu verlangen.[282]

Anderenfalls würde die Nacherfüllung für den Verbraucher infolge der Herabsetzung mit erheblichen Unannehmlichkeiten verbunden sein.

Hält der Verkäufer dem Nacherfüllungsanspruch des Käufers einredeweise entgegen, dass er diesem stattdessen die Kosten der Nacherfüllung in Höhe eines angemessenen Betrags erstattet, hat der Käufer nach § 440 S. 1, 3. Var. die Möglichkeit, sich entweder an den Kosten zu beteiligen oder eine angemessene Minderung des Kaufpreises bzw. die Vertragsauflösung zu verlangen.

§ 440 S. 1 Var. 3 BGB

Zur Lösung dieser europarechtlichen Vorgabe enthält **§ 440 S. 1 Var. 3 BGB** eine entsprechende Regelung. Danach bedarf es der für die Geltendmachung von Rücktritt (und Schadensersatz statt der Leistung) im Regelfall notwendigen Fristsetzung zur Nacherfüllung nicht, wenn dem Käufer die ihm zustehende Art der Nacherfüllung unzumutbar ist. Die Vorschrift, die über § 441 I S. 1 BGB auch auf die Minderung Anwendung findet, kommt auch dann zur Anwendung, wenn die Nacherfüllung mit erheblichen Unannehmlichkeiten für den Verbraucher verbunden ist.[283]

hemmer-Methode: Der Gesetzgeber ist vom BGH mehrfach ausdrücklich aufgefordert worden, die Vorgaben des EuGH zur Nacherfüllung beim Verbrauchsgüterkauf nun endlich zu regeln. Ob bzw. wann und wie dies passieren wird, bleibt abzuwarten.

282 Kritisch hierzu Jaensch, Der Umfang der kaufrechtlichen Nacherfüllung, NJW 2012, 1025 - 1030.

283 BT-Drucks. 14/6040, S. 233.

11. Verjährung des Nacherfüllungsanspruches gem. § 438 BGB

§ 438 BGB

Die Verjährung des Nacherfüllungsanspruches richtet sich nach § 438 BGB, vgl. §§ 437 Nr. 1, 438 I BGB. 178

hemmer-Methode: Die Verjährung der Mängelrechte hat durch die Schuldrechtsreform eine grundlegende Änderung erfahren. Während nach altem Recht die regelmäßige Verjährungsfrist gem. § 477 I S. 1 BGB a.F. bei beweglichen Sachen ein halbes Jahr betrug, wurde sie nun auf zwei Jahre verlängert, § 438 I Nr. 3 BGB.

Beim Nacherfüllungsanspruch handelt es sich zwar um den ursprünglichen Primäranspruch des Käufers aus § 433 I S. 2 BGB; hinsichtlich der Verjährung ist dieser allerdings durch § 438 BGB modifiziert.

hemmer-Methode: Da der Nacherfüllungsanspruch als „ursprünglicher Erfüllungsanspruch“ mit der Übergabe (§ 438 II BGB) einer kürzeren Verjährung unterliegt, bezeichnet man diesen gelegentlich auch als „Ritter von trauriger Gestalt“. 179

a) § 438 I BGB

§ 438 I Nr. 1 BGB

Für den Nacherfüllungsanspruch dürfte § 438 I Nr. 1 BGB kaum eine Rolle spielen, da in den dort beschriebenen Fällen von Rechtsmängeln die Nacherfüllung regelmäßig unmöglich sein wird. 180

§ 438 I Nr. 2a BGB

Fünf Jahre beträgt die Verjährungsfrist bei Mangelhaftigkeit eines verkauften Bauwerkes, § 438 I Nr. 2a BGB. Im Regelfall wird aber nicht isoliert ein Bauwerk, sondern das Bauwerk zusammen mit dem Grundstück, auf dem es errichtet ist, verkauft (z.B. Verkauf eines Hausgrundstückes). 181

Hier ist zu differenzieren: Ist der Mangel in dem Grundstück selbst begründet (z.B.: Der Boden ist kontaminiert), so verjährt der Nacherfüllungsanspruch in zwei Jahren, § 438 I Nr. 3 BGB. Ist das auf dem Grundstück befindliche Bauwerk mangelhaft, tritt Verjährung erst nach fünf Jahren ein, § 438 I Nr. 2a BGB.

hemmer-Methode: Dinglich handelt es sich bei Bauwerken regelmäßig wegen § 94 I S. 1 BGB um wesentliche Bestandteile des Grundstückes, § 93 BGB. Dies hat zur Folge, dass das Bauwerk nicht isoliert übereignet werden kann; vielmehr geht das Eigentum am Bauwerk durch Übereignung des Grundstückes nach den §§ 873, 925 BGB kraft Gesetzes auf den Erwerber mit über. Die beliebte Fangfrage „Wie kann man ein Haus übereignen?“ müsste man mit „Gar nicht. Rechtsgeschäftlich kann nur das Grundstück übertragen werden, das Eigentum am Haus läuft dann kraft Gesetzes (§ 93 BGB) mit“ beantworten.

§ 438 I Nr. 2b BGB: fünf Jahre auch bei eingebautem Baumaterial

§ 438 I Nr. 2b BGB sieht die fünfjährige Verjährungsfrist auch bei Sachen vor, die für ein Bauwerk verwendet wurden, sofern sie einen Mangel des Bauwerkes verursacht haben. Hierdurch soll die sich nach altem Recht ergebende Unbilligkeit („Bauhandwerkerfalle“) ausgeräumt werden, vgl. folgendes Beispiel: 182

> **Bsp.:** *Aufgrund eines Werkvertrages baut Werkunternehmer U auf dem Grundstück des B ein Haus. Zur Errichtung des Dachstuhles werden Dachbalken verwendet, die U bei V gekauft hatte. Das Haus wird fertig gestellt und von B abgenommen.*
>
> *Nach drei Jahren bemerkt B undichte Stellen im Dach; es stellt sich heraus, dass die Dachbalken von Anfang an morsch und damit zur Errichtung des Dachstuhls nicht geeignet waren. B verlangt von U Nacherfüllung. U fragt sich, ob ihm Mängelrechte gegen V zustehen.*

1. U könnte gegen V ein Anspruch auf Nacherfüllung aus §§ 433 I S. 2, 437 Nr. 1, 439 I BGB zustehen. Die gelieferten Dachbalken waren jedenfalls nach § 434 I S. 2 Nr. 2 Alt. 1 BGB mangelhaft, sodass der Nacherfüllungsanspruch zunächst entstanden ist.

2. Daneben kommt ein Anspruch auf Schadensersatz des U gegen V wegen der mangelhaften Lieferung aus §§ 437 Nr. 3, 280 I BGB in Betracht (hierzu vgl. unten, Rn. 264 ff.).

3. Diese Mängelrechte des U gegen V könnten jedoch nach § 438 BGB verjährt sein; in diesem Fall würde die Erhebung der Verjährungseinrede durch V zur Undurchsetzbarkeit der Ansprüche führen, § 214 I BGB.

Gem. § 438 I Nr. 2b BGB ist die Verjährungsfrist für die den Mangel des Bauwerkes verursachenden Sachen an die fünfjährige Verjährungsfrist im Werkvertragsrecht (jetzt § 634a I Nr. 2 BGB) angepasst.

hemmer-Methode: Die Verjährung der Mängelrechte des Bestellers beginnt erst mit der Abnahme zu laufen, während dies beim Kauf mit der Ablieferung beim Käufer der Fall ist. Wegen des unterschiedlichen Verjährungsbeginns besteht daher die Gefahr, dass der Werkunternehmer noch Mängelrechten des Bestellers ausgesetzt ist, gegenüber dem Verkäufer der mangelhaften Teile wegen § 438 BGB aber keine Mängelrechte mehr geltend machen kann (vgl. dazu das Beispiel unter Rn. 185).

Hier sind die Mängelrechte des U gegenüber V also noch nicht verjährt.

Kausalität erforderlich

§ 438 I Nr. 2b BGB erfordert, dass die Kaufsache die Mangelhaftigkeit des Bauwerkes verursacht hat. Es muss also ein Kausalzusammenhang vorliegen. Ist das Bauwerk aufgrund fehlerhafter Einbauleistung des Werkunternehmers mangelhaft geworden, scheidet die Anwendung der fünfjährigen Verjährungsfrist aus. 183

Auf üblichen Verwendungszweck abstellen

Die Sache muss entsprechend ihres üblichen Verwendungszweckes für ein Bauwerk verwendet worden sein. Dies ist also anhand einer objektiven Betrachtung zu entscheiden. Es muss sich letztlich um typisches Baumaterial handeln.

Bei Photovoltaik-Anlage gilt § 438 I Nr. 3 BGB

Ansprüche des Käufers wegen Mangelhaftigkeit der Komponenten einer Photovoltaikanlage, die der Käufer auf dem bereits vorhandenen Dach eines Gebäudes angebracht hat, um durch Einspeisung des erzeugten Solarstroms Einnahmen zu erzielen, unterliegen nicht der fünfjährigen Verjährung nach § 438 I Nr. 2b BGB, sondern der zweijährigen Verjährung nach § 438 I Nr. 3 BGB.[284]

Die Solarmodule sind regelmäßig weder Gegenstand von Erneuerungs- oder Umbauarbeiten an der Scheune, noch sind sie für deren Konstruktion, Bestand, Erhaltung oder Benutzbarkeit von (wesentlicher) Bedeutung. Vielmehr dient die Solaranlage eigenen Zwecken, denn sie soll Strom erzeugen und dem Käufer dadurch eine zusätzliche Einnahmequelle (Einspeisevergütung) verschaffen.

Um diesen Zweck zu erfüllen, hätte die Anlage auch auf jedem anderen Gebäude angebracht werden können. Die PV-Anlage hat mithin keine Funktion für das Gebäude selbst, sondern sie ist, weil es dem Bauherrn zweckdienlich erschien, lediglich ebendort angebracht worden. Allein dies führt nicht dazu, dass die für die Montage von der Klägerin gelieferten Einzelteile „für ein Bauwerk" verwendet worden wären.[285]

284 BGH, **Life&Law 2/2014, 81 (83)** = **juris**byhemmer.

285 Vgl. auch BGH, NJW-RR 1998, 89 = **juris**byhemmer.

Aus dem Umstand, dass der Einbau der Solarmodule weder für die Konstruktion, den Bestand, die Erhaltung oder die Benutzbarkeit der Scheune von (wesentlicher) Bedeutung ist, folgt überdies, dass die Mangelhaftigkeit der Solarmodule nicht auch die Mangelhaftigkeit der Scheune verursacht hat.[286]

Problem: Gilt § 438 I Nr. 2b BGB auch beim Eigeneinbau durch den Käufer?

Fraglich ist, ob die fünfjährige Verjährung nach § 438 I Nr. 2b BGB auch beim Einbau der Baumaterialien durch den Käufer selbst zur Anwendung kommt. **184**

Zwar sollte die Einführung der Vorschrift der Entlastung der Werkunternehmer in oben beschriebener Konstellation dienen. Jedoch setzt § 438 I Nr. 2b BGB nach dem Wortlaut nicht voraus, dass der Käufer des Baumaterials Mängelrechten eines Dritten aus Werkvertrag ausgesetzt ist. Gerade und nur für diesen Fall wurde die Vorschrift aber geschaffen.

Demgegenüber müsste die Vorschrift aber auch dann anwendbar sein, wenn etwa der Käufer das Baumaterial zur Errichtung seines eigenen Hauses erworben hat. In solchen Fällen ist die Verlängerung der Verjährungsfrist von zwei (§ 438 I Nr. 3 BGB) auf fünf Jahre (§ 438 I Nr. 2b BGB) eigentlich durch nichts gerechtfertigt.

Nicht erforderlich, dass Käufer werkvertraglichen Mängelrechten ausgesetzt ist

Dennoch muss von der Anwendbarkeit der Fünf-Jahres-Frist ausgegangen werden. § 438 I Nr. 2b BGB setzt nicht voraus, dass der Verkäufer durchsetzbaren Mängelrechten des Käufers aus Werkvertrag ausgesetzt ist. Eine solche Einschränkung sieht der Wortlaut der Norm nicht vor. Eine andere Ansicht würde die subjektiv-historische Auslegungsmethode überbewerten.

Die Bestimmung findet daher auch dann Anwendung, wenn Sachen der in § 438 I Nr. 2b BGB bezeichneten Art vom Käufer selbst für ein Bauwerk verwendet (eingebaut) werden.[287]

hemmer-Methode: Solange es hier keine höchstrichterliche Rechtsprechung gibt, ist die Gegenauffassung durchaus vertretbar. Zu argumentieren wäre mit einer teleologischen Reduktion des § 438 I Nr. 2b BGB. Diese Auffassung kann klausurtaktisch sinnvoll sein, da im Rahmen des § 438 I Nr. 2b BGB inzident das Bestehen werkvertraglicher Mängelrechte gegen den Käufer geprüft werden müsste.

In jedem Falle kann aber zur Feststellung der „Mangelhaftigkeit" des Bauwerkes auf die Definitionen des § 633 BGB zurückgegriffen werden.

Nachträglicher Eintritt der Voraussetzungen des § 438 I Nr. 2b BGB

Wird die Kaufsache nicht i.S.d. § 438 I Nr. 2b BGB für ein Bauwerk verwendet, gilt die Gewährleistungsfrist von zwei Jahren, § 438 I Nr. 3 BGB. Sobald allerdings – auch nachträglich – die Tatbestandsmerkmale des § 438 I Nr. 2b BGB erfüllt sind, kommt diese Vorschrift zur Anwendung. **185**

> ***Bsp.:*** *Erst nach drei Jahren verwendet der Käufer K die gekauften Dachziegel i.S.d. § 438 I Nr. 2b BGB für ein Bauwerk. Nach einem weiteren Jahr verlangt er vom Verkäufer V Nacherfüllung, da die Dachziegel mangelhaft seien.*
>
> Nach Ablauf von zwei Jahren war zunächst die Gewährleistungsfrist nach § 438 I Nr. 3 BGB abgelaufen. Allerdings wurde dann der Tatbestand des § 438 I Nr. 2b BGB erfüllt, sodass die Gewährleistungsfrist nun fünf Jahre ab Ablieferung (§ 438 II BGB) beträgt. Da diese Frist noch nicht verstrichen ist, stehen K durchsetzbare Mängelrechte gegenüber V zu.

---

286 Kritisch Schneidewindt, NJW 2013, 3751 ff.

287 BGH, **Life&Law 2/2014, 81 (83)** = **juris**byhemmer.

hemmer-Methode: Arbeiten Sie nah am Gesetzestext! Mit dem Gesetzeswortlaut und der Gesetzessystematik kommen Sie in aller Regel zu gut vertretbaren Ergebnissen, selbst wenn eine abweichende h.M. existiert. Für den Korrektor entscheidend ist, dass Sie Ihr juristisches Handwerkszeug beherrschen. Auswendig gelernte Meinungsstreitigkeiten sind für eine zweistellige Klausur weder erforderlich noch ausreichend, es sei denn, es handelt sich um einen absoluten Klassiker.

Verlängerung bei erst späterem Einbau?

Ein weiteres Problem stellt sich, wenn der Käufer das mangelhafte Baumaterial erst nach einiger Zeit, z.B. nach zwei Jahren, zur Errichtung des Bauwerkes verwendet. Da die Verjährungsfrist im Kaufrecht mit der Ablieferung der Kaufsache (§ 438 II BGB), im Werkvertragsrecht mit der Abnahme beginnt (§ 634a II BGB), könnte nun doch der Fall auftreten, dass der Werkunternehmer vom Besteller wegen Mangelhaftigkeit des Bauwerkes in Anspruch genommen wird, ohne gegenüber dem Verkäufer kaufrechtliche Mängelrechte ausüben zu können. 186

Im obigen Beispiel (Rn. 182) errichtet U das Gebäude erst drei Jahre nach Kauf (und Ablieferung) der Dachbalken. Nach weiteren drei Jahren zeigt sich der Mangel.

Die werkvertraglichen Mängelrechte des B gegenüber U sind noch nicht verjährt bzw. ausgeschlossen. Die Rechte aus Kaufvertrag des U gegenüber V auch bei Anwendung des § 438 I Nr. 2b BGB allerdings schon, da seit Ablieferung bereits sechs Jahre verstrichen sind.

(-), Wortlaut steht entgegen

Um dem Gesetzeszweck Genüge zu tun, müsste in diesen Fällen eigentlich die Gewährleistungsfrist nach § 438 I Nr. 2b BGB verlängert werden. Dies verbietet jedoch der eindeutige Wortlaut der Regelung. Es bleibt bei fünf Jahren ab Ablieferung.

b) § 438 III BGB bei Arglist des Verkäufers

Arglistiges Verschweigen des Verkäufers, § 438 III BGB

Klausurrelevant ist die Konstellation, dass der Verkäufer den Mangel arglistig verschwiegen hat. Arglist ist wie bei § 123 BGB zu verstehen. Das Gesetz sieht für diesen Fall grob pflichtwidrigen Verhaltens des Verkäufers eine Modifikation der Gewährleistungsfristen vor. 187

§ 438 I Nr. 1 BGB: keine Änderung

Die 30-jährige Frist des § 438 I Nr. 1 BGB ändert sich nicht (§ 438 III S. 1 BGB: „Abweichend von Absatz 1 Nr. 2 und Nr. 3“). Eine längere Gewährleistungsfrist als 30 Jahre hält das Gesetz für nicht erforderlich, auch nicht bei arglistigem Verschweigen des Verkäufers.

§ 438 I Nr. 2 BGB: nur Änderung des Verjährungsbeginns

Die fünfjährige Frist wird auch nicht verkürzt, § 438 III S. 2 BGB. Der Unterschied liegt allein darin, dass die Regelverjährungsfrist abweichend von § 438 II BGB nicht mit Ablieferung bzw. Grundstücksübergabe, sondern nach den allgemeinen Regeln, also gem. § 199 BGB beginnt, § 438 III S. 1 BGB.

Daher kann es auch gut sein, dass die Frist mehr als fünf Jahre beträgt, zum Beispiel wenn der Mangel erst vier Jahre nach der Übergabe bemerkt wird. Die Mängelverjährung würde nach einem weiteren Jahr eintreten. Gem. § 438 III BGB läuft aber mit dem Schluss des Jahres, in welchem der Käufer die Kenntnis vom Mangel erlangt hat, die dreijährige Verjährung.

hemmer-Methode: Bei der Regelung des § 438 III S. 2 BGB handelt es sich also um eine Ablaufhemmung, um die Rechte des Käufers nicht ungerechtfertigt zu beschränken.[288]

288 Palandt, § 438, Rn. 12 a.E.

§ 438 I Nr. 3 BGB ⇨ drei Jahre

Wichtig ist die Abweichung von § 438 I Nr. 3 BGB: Die Frist von zwei Jahren wird auf drei Jahre verlängert, §§ 438 III S. 1, 195 BGB, und beginnt nach § 199 BGB.

Definition Arglist

Arglist erfordert keine betrügerischen Absicht im Sinne etwa von § 263 I StGB. Ausreichend ist vielmehr Vorsatz, auch bedingter. Es genügt, dass der Verkäufer den Mangel kennt oder mit seinem Vorhandensein rechnet und dass er weiß oder ebenfalls damit rechnet, dass der Käufer bei Kenntnis der wahren Sachlage den Vertrag nicht oder zumindest nicht so abschließen würde (Kausalität).[289] 188

Arglist verlangt damit Vorsatz bezüglich 189

1. des Vorliegens eines **Mangels** und
2. bezüglich der Erheblichkeit dieses Mangels für die Willenserklärung des Käufers (**Kausalität**).

Problematisch: Wissenszurechnung bei Gesellschaften

Hierbei können sich in der Klausur insbesondere Fragen der Wissenszurechnung bei juristischen Personen oder anderen Gesellschaften mit arbeitsteiliger Organisationsform stellen. 190

Bsp.: *K kauft bei der V-GmbH & Co KG, die mit Autos handelt, einen gebrauchten Pkw, wobei der Angestellte A, der die Verhandlungen leitet, zusichert, dass die Reifen des Wagens völlig neu seien. Erst zweieinhalb Jahre nach Ablieferung stellt sich heraus, dass die Reifen bei Gefahrübergang bereits zwei Jahre alt waren.*

Dies war dem Angestellten B, der den Ankauf für die V-GmbH & Co KG abgewickelt hatte, auch bekannt gewesen, nur hatte er bei Ausfüllung der Gebrauchtwagenvereinbarung, die er ausnahmsweise nicht sofort nach Hereinnahme des Wagens vorgenommen hatte, irrtümlich eingetragen: „Reifen neu". Diese Angabe hatte der mit der Weiterveräußerung an K betraute A für zutreffend gehalten. K verlangt Nachbesserung, da die V-GmbH & Co KG ihn über das Alter der Reifen arglistig getäuscht habe. Diese beruft sich auf Verjährung.

Ein solcher Anspruch könnte sich aus §§ 437 Nr. 1, 439 BGB ergeben.

Da die Kaufsache die vereinbarte Beschaffenheit nicht aufweist, liegt ein Sachmangel i.S.v. § 434 I S. 1 BGB vor. Auch ist Nacherfüllung im Wege der Nachbesserung (§ 439 I Alt. 1 BGB) noch möglich: Der Mangel kann durch Neubereifung beseitigt werden.

Problematisch ist jedoch, ob nicht bereits Verjährung des Nacherfüllungsanspruches eingetreten ist. Dies ist grundsätzlich der Fall, da mehr als zwei Jahre seit Ablieferung verstrichen sind, § 438 I Nr. 2, II BGB.

Jedoch könnte ein Fall des § 438 III BGB gegeben sein; es kommt ein arglistiges Verschweigen des Mangels durch die V-GmbH & Co KG in Betracht.

hemmer-Methode: § 438 III BGB gilt auch, wenn man von einem arglistigen Vorspiegeln einer nicht vorhandenen Beschaffenheit ausgeht.

Arglist setzt voraus, dass der Verkäufer den Mangel kennt und zudem damit rechnet, dass der Käufer bei Kenntnis der wahren Sachlage den Vertrag nicht oder nicht so abschließen würde.

Bei einer GmbH & Co KG ist insofern auf den einzig vertretungsberechtigten Gesellschafter, also die Komplementär-GmbH, abzustellen. Die GmbH als juristische Person muss sich ihrerseits das Wissen ihrer Organe und ihrer sog. Wissensvertreter zurechnen lassen.

[289] Palandt, § 463, Rn. 11.

Nach der sog. Organtheorie würde eine Wissenszurechnung auch nicht dadurch unterbrochen, dass das „wissende“ Organ inzwischen ausgeschieden oder verstorben ist („einmal gewusst, immer gewusst“).[290]

Aufgrund der Organtheorie ist bei dem Merkmal Arglist eine Wissenszusammenrechnung möglich, da sich die juristische Person einmal erlangtes Wissen zurechnen lassen muss und die handelnde Person damit rechnen muss, dass der andere Teil bei Kenntnis der wahren Sachlage den Vertrag nicht oder nicht so abgeschlossen hätte. Beides zusammen ergibt dann die Arglist.

Diese Organtheorie, die vor allem den Schutz des Vertragspartners einer juristischen Person bezweckt (diese soll aus ihrer organisationsbedingten Wissensaufspaltung keine Vorteile ziehen), wird aber zunehmend eingeschränkt, da die Wissenszusammenrechnung auch nicht zu einer bloßen Arglist-Fiktion ausarten darf.

Die neue Rechtsprechung[291] hält zwar an der Wissenszusammenrechnung fest; jedoch wird die Wissenszurechnung (also hier: der Vorsatz hinsichtlich des Mangels) bei juristischen Personen oder anderen Unternehmen mit arbeitsteiliger Organisationsform (die sog. Organtheorie galt früher nur für juristische Personen, nicht auch für Personen[handels]gesellschaften) auf eine andere Grundlage gestellt.

Maßgeblich ist nicht mehr die Organstellung oder eine vergleichbare Position (Wissensvertreter), sondern die aus dem Verkehrsschutz erwachsende Pflicht zur ordnungsgemäßen Organisation der gesellschaftsinternen Kommunikation. Von Bedeutung ist des Weiteren das sog. Gleichstellungsargument, wonach der Vertragspartner einer juristischen Person bzw. vergleichbaren Gesellschaft nicht schlechter, aber auch nicht besser stehen darf, als wenn er mit einer natürlichen Person kontrahiert hätte.

Voraussetzung für eine Wissenszurechnung ist daher in jedem Fall, dass es sich um **typischerweise aktenmäßig festgehaltenes Wissen** handelt. Das bedeutet konkret dreierlei:

1. Bei Erlangung des Wissens muss überhaupt Anlass bestanden haben, dieses zu speichern, weil absehbar war, dass es später noch einmal relevant werden konnte. Relevantes Wissen muss also gespeichert werden.

2. Bei Abschluss des betreffenden Rechtsgeschäfts muss schließlich überhaupt Anlass bestanden haben, sich über das vorhandene Wissen zu informieren.

3. Schließlich muss die Gesellschaft Vorkehrungen treffen, damit eine „Wissensspeicherung“ überhaupt möglich ist.

Nur wenn eine dieser Pflichten vorsätzlich verletzt wird, kann von Arglist ausgegangen werden.

Eine Verpflichtung, das erlangte Wissen über die Bereifung des Wagens festzuhalten, ist im vorliegenden Fall sicher zu bejahen. Auch hat die GmbH in der Gestalt der Gebrauchtwagenvereinbarung ausreichend organisatorische Vorkehrungen getroffen, damit eine solche Speicherung erfolgen kann. Dass der Angestellte B diese nicht sogleich und nachträglich falsch vorgenommen hat, begründet allenfalls einen Fahrlässigkeitsvorwurf. Der Fall kann nicht anders liegen, als wenn eine natürliche Person relevante Tatsachen vergessen hätte.

Daher liegt seitens der GmbH keine Arglist vor, die daher auch der V-GmbH & Co KG nicht zugerechnet werden kann. Der Nacherfüllungsanspruch ist verjährt und aufgrund der erhobenen Verjährungseinrede nicht durchsetzbar, § 214 I BGB.

290 BGH, NJW 1990, 975 - 976 = jurisbyhemmer.

291 BGH, NJW 1995, 2159 - 2161 = jurisbyhemmer.

hemmer-Methode: Dagegen wäre Arglist zu bejahen gewesen, wenn B die Eintragung vorsätzlich falsch vorgenommen hätte, wenn die KG gar keine Vorkehrungen für die Wissensspeicherung geschaffen hätte oder wenn A auf das gespeicherte Wissen vorsätzlich nicht zurückgegriffen hätte.

Pflicht zur Aufklärung erforderlich

Verschweigen setzt immer eine Pflicht zur Aufklärung voraus. Daran fehlt es bei offensichtlichen, äußerlich erkennbaren Fehlern. Eine Aufklärungspflicht besteht jedenfalls, wenn der Käufer gezielt nach einer Eigenschaft fragt. Ferner besteht eine Aufklärungspflicht bei Mängeln, die so schwerwiegend sind, dass der Käufer erkennbar auf deren Nichtvorhandensein Wert legt: Dann muss der Verkäufer unaufgefordert das Vorhandensein des Mangels offenbaren. **191**

c) Verjährungsbeginn

§ 438 II BGB

Die Verjährung beginnt bei Grundstücken mit der Übergabe, sonst mit der Ablieferung der Kaufsache, § 438 II BGB. Abweichend von § 199 I Nr. 2 BGB kommt es also nicht darauf an, in welchem Zeitpunkt der Käufer von seinem Nacherfüllungsanspruch Kenntnis erlangt hat. Dies spielt nur eine Rolle, wenn bei arglistigem Verschweigen über § 438 III S. 1 BGB auch § 199 BGB Anwendung findet. Denn § 438 III BGB weicht auch von § 438 II BGB ab. **192**

Definition Ablieferung

Die Ablieferung ist ein einseitiger Realakt, der von der Übergabe i.S.d. § 929 S. 1 BGB zu unterscheiden ist. Beide können zusammentreffen, müssen aber nicht. Die Ablieferung setzt voraus, dass der Verkäufer in Erfüllung des Kaufvertrages die Sache so zum Käufer gebracht hat, dass dieser sie untersuchen kann.[292] **193**

Art der Schuld wichtig

Ob und wann dies der Fall ist, hängt unter anderem auch von der Art der Schuld ab, die die Parteien vereinbart haben.

Bei der Holschuld ist erst dann abgeliefert, wenn der Käufer die Sache beim Verkäufer abgeholt hat.[293] Bei der Bringschuld muss die Sache dem Käufer an seinem Wohnsitz übergeben worden sein.

Problematisch ist die Feststellung der Ablieferung nur bei der Schickschuld (insbesondere beim Versendungskauf nach § 447 BGB). Denkbar wäre, mit Vollendung der Leistungshandlung auch die Ablieferung als erfolgt anzusehen, also auf den Zeitpunkt der Übergabe an die Transportperson abzustellen.

Bei Schickschuld erst mit Eintreffen der Ware beim Käufer

Dennoch ist bei der Schickschuld nicht die Übergabe an die Transportperson maßgebend; vielmehr muss die Sache am Bestimmungsort eingetroffen und dem Käufer zur Verfügung gestellt worden sein. Erst dann ist nämlich der Käufer in der Lage, die Sache auf etwaige Mängel zu untersuchen.

Ersatz der Ablieferung durch Annahmeverzug?

Problematisch ist, ob der Annahmeverzug des Käufers eine Ablieferung hinsichtlich des Verjährungsbeginns zu ersetzen vermag. **194**

Bsp.[294]*: V verkauft K einen Lastzug, den dieser am 25.10.2002 bei V abholen soll. Dem kommt K nicht nach, weil er das Zustandekommen eines wirksamen Kaufvertrages bestreitet. K holt schließlich am 13.05.2003 den Lastzug bei V ab. Ein von K eingeholtes Gutachten ergibt, dass der Unterboden des Lastzuges bereits seit dem Jahr 2000 durchgerostet ist. K verlangt von V am 7.11.2004 Nachbesserung.*

---

292 Palandt, § 438, Rn. 15.

293 BGH, NJW 1995, 3381 - 3383 = **juris**byhemmer.

294 Nach BGH, WM 1995, 2105 - 2107 = **juris**byhemmer.

Problematisch ist nur die mögliche Verjährung des Nachbesserungsanspruches aus §§ 433 I S. 2, 437 Nr. 1, 439 I BGB. Der Lastzug war im Zeitpunkt des Gefahrübergangs gem. § 446 S. 3 BGB am 25.10.2002 bereits mit einem Sachmangel behaftet.

Die Verjährungsfrist beträgt gem. § 438 I Nr. 3 BGB zwei Jahre. Fraglich ist jedoch der Zeitpunkt des Verjährungsbeginnes; wäre auf den 25.10.2002 abzustellen, wäre der Anspruch bereits verjährt. Ist der Zeitpunkt der tatsächlichen Abholung am 13.05.2003 für die Ablieferung maßgeblich, wäre Verjährung noch nicht eingetreten.

§ 438 II BGB stellt für den Verjährungsbeginn auf den Zeitpunkt der Ablieferung ab, weil der Käufer erst ab diesem Zeitpunkt die Möglichkeit erlangt, die Kaufsache auf etwaige Mängel zu untersuchen. Erforderlich ist deshalb grundsätzlich eine tatsächliche Verbringung der Sache in den Machtbereich des Käufers. Diese ist erst am 13.05.2003 erfolgt.

Nach h.M. (-), kein widersprüchliches Verhalten des Käufers

Andererseits erscheint es unbillig, dass der Käufer durch die Nichtabholung des Lastzuges den Verjährungsbeginn hinausschieben kann. Daher könnte in analoger Anwendung zu § 446 S. 3 BGB der Zeitpunkt des Annahmeverzuges am 25.10.2002 die Ablieferung im Rahmen des § 438 II BGB ersetzen. Dies ist seit langem umstritten, wird jedoch von der h.M. abgelehnt.[295] Das Gesetz knüpft an den Annahmeverzug verschiedene für den Käufer ungünstige Rechtsfolgen (§§ 300 - 304, 326 II S. 1 Alt. 2 BGB), bestimmt aber nicht, dass hierdurch auch die Gewährleistungsfrist zu laufen beginnt. Der Käufer, der die Ware nicht annimmt, verzögert zugleich auch die eigenen Untersuchungsmöglichkeiten. Durch die Nichtannahme hat der Käufer daher hinsichtlich der Gewährleistungsfrist keinen echten Vorteil; das Hinausschieben des Verjährungsbeginns ist Folge, nicht aber Zweck seines Verhaltens, sodass ihm der Vorwurf widersprüchlichen Verhaltens (§ 242 BGB) nicht gemacht werden kann. Der Nacherfüllungsanspruch des K ist folglich noch nicht verjährt.

hemmer-Methode: Der Begriff der Ablieferung ist ebenso in § 377 HGB zu verstehen; der Annahmeverzug des Käufers löst daher auch nicht die handelsrechtliche Untersuchungs- und Rügeobliegenheit aus. Dies ist auch nachvollziehbar, da vor Gelangen der Kaufsache in den Machtbereich des Käufers diesem eine Untersuchung gar nicht möglich ist.

Übergabe des Grundstücks: Verschaffung unmittelbaren Besitzes

Unter der Übergabe des Grundstücks i.S.d. § 438 II BGB ist die Verschaffung des unmittelbaren Besitzes zu verstehen. Dies ergibt sich wiederum daraus, dass die Gewährleistungsfrist erst dann zu laufen beginnen soll, wenn dem Käufer die Untersuchung der Kaufsache auf Mängel tatsächlich möglich ist. Dies ist nur bei unmittelbarer Besitzverschaffung der Fall. 195

hemmer-Methode: Auch hier gibt es eine Abweichung vom Übergabebegriff in § 929 S. 1 BGB! Dort genügt es, dass dem Erwerber mittelbarer Besitz verschafft wird, sofern der Verkäufer keinen Besitzrest zurückbehält. Ein schwerer Fehler ist die Behauptung, § 929 S. 1 BGB setze die Erlangung unmittelbaren Besitzes voraus! Dies wird häufig falsch gemacht; auf diesen Fehler „wartet“ der Prüfer und ist umso erfreuter, wenn der Kandidat diese Hürde überwindet.

d) Hemmung und Neubeginn der Verjährung

hemmer-Methode: Lesenswert hierzu ist der Beitrag von Auktor/Mönch, „Nacherfüllung – nur noch auf Kulanz?“ in NJW 2005, 1686 ff.

Hinsichtlich Hemmung und Neubeginn gelten die allgemeinen Vorschriften. Insbesondere ist die Verjährungshemmung durch Erhebung der Klage auf die jeweilige Art der Nacherfüllung nach § 204 I Nr. 1 BGB zu beachten. 196

295 BGH, WM 1995, 2105 - 2107 = jurisbyhemmer; Reinicke/Tiedtke, Kaufrecht, Rn. 392.

Wichtig: § 167 ZPO

Klausurrelevant ist die Fallgestaltung, dass die Klage kurz vor Ablauf der Verjährungsfrist bei Gericht eingereicht wird (sog. Anhängigkeit), aber erst nach Ablauf der Frist dem Beklagten zugestellt wird (Rechtshängigkeit, vgl. §§ 261 I, 253 I ZPO). § 204 I Nr. 1 BGB setzt die Erhebung der Klage voraus, diese erfolgt durch Zustellung der Klageschrift an den Beklagten, § 253 I ZPO. Jedoch regelt § 167 ZPO, dass in Ansehung der Verjährungshemmung auf den Zeitpunkt der Anhängigkeit abzustellen ist, sofern die Zustellung „demnächst" erfolgt.

hemmer-Methode: Die Zustellung ist nicht „demnächst" i.S.d. § 167 ZPO, wenn zwischen Fristablauf und Zustellung ein erheblicher Zeitraum liegt (Merkregel: mehr als zwei Wochen) und der Grund für die Verzögerung aus der Sphäre des Klägers stammt. Klassiker: Der Kläger leistet den Gerichtskostenvorschuss verspätet, weshalb das Gericht nach § 12 I S. 1 GKG zunächst nicht zustellt. Diese Verzögerung stammt aus der Sphäre des Klägers, die Zustellung ist nicht demnächst i.S.d. § 167 ZPO.

Problem: Zeiten der Nacherfüllung dürfen nicht mitgerechnet werden

Unbillig erscheint das Fortlaufen der Verjährungsfrist, wenn der Verkäufer nach Rüge durch den Käufer die Kaufsache an sich nimmt, auf Mängel untersucht oder Nachbesserungsversuche vornimmt. Gerade nach altem Recht bestand die Gefahr, dass der Verkäufer die Sache nur zum Schein an sich nimmt und den Ablauf der Gewährleistungsfrist abwartet. **197**

Hemmung gem. § 203 BGB

Dieses Problem löst § 203 BGB. Danach führt ein Verhandeln über den streitigen oder zweifelhaften Anspruch zur Hemmung der Verjährung.[296] **198**

Für ein Verhandeln i.S.d. § 203 BGB genügt jeder Meinungsaustausch über den Schadensfall zwischen dem Berechtigten und dem Verpflichteten, sofern nicht sofort und eindeutig jeder Ersatz abgelehnt wird.[297]

Bsp.: *V verkauft K einen Elektrorasierer. Am nächsten Morgen stellt K fest, dass der Schalter des Rasierapparates häufig klemmt. K sucht sofort V auf. Dieser erklärt, er werde das Gerät beim Hersteller einschicken, dies werde nicht lange dauern. Da K in den folgenden Monaten in eine schwere Beziehungskrise gerät, vergisst er den Rasierer. Erst nach drei Jahren ruft V bei ihm an und sagt, der Rasierer liege noch bei ihm (V) herum, der Hersteller habe die Reparatur verweigert. K verlangt einen neuen Rasierer der gleichen Marke. V hat noch solche Rasierer in seinem Lager; er beruft sich aber auf Verjährung.* ***Hat K einen durchsetzbaren Anspruch?***

1. K könnte ein entsprechender Nachlieferungsanspruch aus §§ 437 Nr. 1, 439 BGB zustehen.

a) Der Rasierer war jedenfalls nach § 434 I S. 2 Nr. 2 Alt. 2 BGB im Zeitpunkt des Gefahrübergangs (§ 446 BGB) mangelhaft. Damit ist zunächst ein Anspruch des K gegen V auf Nacherfüllung entstanden.

K konnte zwischen Nachbesserung und Nacherfüllung wählen. Da er von V die Reparatur des gelieferten Rasierers verlangte, hat er sich für die Nachbesserung entschieden und sein Wahlrecht ausgeübt. Damit hat er grundsätzlich sein ius variandi verloren.

Das Wahlrecht lebt dann jedoch wieder auf, wenn der Verkäufer die gewählte Art der Nacherfüllung unberechtigt verweigert hat. Der Käufer stünde sonst schlechter als im Fall der berechtigten Verweigerung, da sich dann sein Anspruch auf die andere Nacherfüllungsart beschränken würde, § 439 III S. 3 HS 1 BGB.

---

296 Palandt, § 203, Rn. 2; lehrreich dazu auch Arnold, Der neue § 438 BGB - eine Zwischenbilanz, ZGS 2002, 438 - 442.

297 BGH, NJW 2007, 587 - 588 = jurisbyhemmer.

V hat ohne Grund die Nachbesserung verweigert. Zwar hat er dies nicht ausdrücklich gegenüber K erklärt, sondern nur auf die vom Hersteller verweigerte Nachbesserung hingewiesen. An eine solche Verweigerung sind aber geringe Anforderungen zu stellen; es genügt, dass der Verkäufer sich lange Zeit nicht um die Nacherfüllung gekümmert hat. Dann muss dem Käufer das Recht zustehen, die andere Art der Nacherfüllung geltend zu machen. Dies hat K hier getan; er hat also einen Anspruch auf Lieferung eines neuen Rasierers (Nachlieferung).

b) Dieser Anspruch könnte allerdings nach § 438 I Nr. 3 BGB verjährt sein. V hat die Verjährungseinrede nach § 214 I BGB erhoben. Die Frist von zwei Jahren seit Ablieferung (§ 438 II BGB) ist grundsätzlich abgelaufen. Allerdings könnte nach § 203 BGB die Verjährung für die Zeit, in der sich der Verkäufer scheinbar um die Nachbesserung bemühte, gehemmt gewesen sein. Dann wäre die Verjährung noch nicht eingetreten, vgl. § 209 BGB.

§ 203 BGB setzt eine schwebende Verhandlung über einen Anspruch oder anspruchsbegründende Umstände voraus. Dies ist eigentlich nur anzunehmen, wenn der Anspruch bzw. die anspruchsbegründenden Umstände zwischen Gläubiger und Schuldner streitig oder zumindest zweifelhaft sind. Dies kann im vorliegenden Fall nicht angenommen werden: Zwischen den Parteien ist unstreitig, dass K einen Anspruch auf Nacherfüllung infolge der Mangelhaftigkeit des Rasierapparates hat.

Auch die einverständliche Nacherfüllung durch den Verkäufer muss aber zur Hemmung der Verjährung führen, und zwar so lange, bis der Käufer über den Ausgang des Nacherfüllungsversuches durch den Verkäufer unterrichtet wird.

Dem Käufer ist nämlich i.d.R. auch nicht dadurch geholfen, in der Hinnahme der Kaufsache durch den Verkäufer zur Nacherfüllung ein Anerkenntnis des Verkäufers i.S.d. § 212 I Nr. 1 BGB zu sehen. Dieses führt nämlich zum sofortigen Neubeginn der Verjährung. Wenn aber – wie im vorliegenden Fall – der Beginn des Nacherfüllungsversuches kurz nach Ablieferung i.S.d. § 438 II BGB erfolgt, wird die Gewährleistungsfrist effektiv kaum merklich verlängert.

Daher war die Verjährung des Nacherfüllungsanspruches bis zum Anruf durch V nach § 203 BGB gehemmt. K hat gegen V einen durchsetzbaren Nachlieferungsanspruch.

hemmer-Methode: Nach e.A. stellt die Nacherfüllung des Verkäufers stets ein Anerkenntnis i.S.d. § 212 I Nr. 1 BGB dar.[298] Dies ist nicht überzeugend, da der Verkäufer oftmals lediglich aus Kulanz nachbessert, um seinen Kunden nicht zu verlieren.
Überzeugend dagegen ist die Annahme eines Neubeginns durch Anerkenntnis, wenn die Nacherfüllung in Form der Nachlieferung erfolgt. Hier wird der gesamte Vertrag rückabgewickelt und eine neue Sache geliefert, sodass die Verjährung auch neu beginnt.[299]
Erfolgt die Mängelbeseitigung im Wege der Nachbesserung und ergibt sich aus dem Aufwand des Verkäufers, dass dies nicht lediglich aus Kulanz erfolgte, so liegt hierin auch ein Anerkenntnis, das zum Neubeginn der Verjährung führt.[300]
Merke: Lassen Sie sich also stets eine neue Quittung geben, wenn der Verkäufer Ihnen eine neue Sache anbietet. Nur dann haben Sie „einen Beweis“ im Hinblick auf die erneut zu laufen beginnende Verjährung der Mängelrechte.

298 Bamberger/Roth/Faust, § 438 BGB, Rn. 59; OLG Celle, ZGS 2006, 396 f.; Auktor/Mönch, Nacherfüllung - nur noch auf Kulanz?, NJW 2005, 1686 - 1689 (1688); Klas/Kleesiek, Die Problematik der Kettengewährleistung, NJW 2010, 3339 - 3340.

299 BGH, NJW 2006, 47 - 51 (48); vgl. auch Arnold, Der neue § 438 BGB - eine Zwischenbilanz, ZGS 2002, 438 - 442 (440).

300 So zuletzt LG Koblenz, NJW-RR 2007, 272 - 273 = jurisbyhemmer; besprochen von Andreae, DAR 2008, 31 - 32.

V. Rücktritt

1. Allgemeines

hemmer map Nr. 5 i. Anh.

In § 437 Nr. 2 Alt. 1 BGB verweist das Gesetz auf die Möglichkeit des Käufers zum Rücktritt nach den Vorschriften des allgemeinen Leistungsstörungsrechtes. Die mangelhafte Leistung stellt eine teilweise Nichterfüllung durch den Verkäufer dar; dies führt in den Anwendungsbereich insbesondere des § 323 BGB. § 437 BGB stellt klar, dass auch im kaufrechtlichen Mängelrecht das allgemeine Leistungsstörungsrecht Anwendung findet. 199

hemmer-Methode: Das allgemeine Rücktrittsrecht nach § 323 BGB bzw. § 326 V BGB[301] wird lediglich durch § 440 BGB geringfügig auf die Verhältnisse des Kaufes zugeschnitten. 200

Rückgewähr nach § 346 I BGB

Die wirksame Ausübung des Rücktrittes führt zur Verpflichtung beider Seiten, die empfangenen Leistungen zurückzugewähren, § 346 I BGB. Der Käufer muss die Kaufsache zurückübereignen, der Verkäufer den Kaufpreis zurückzahlen; wurde eine der Leistungen nicht erbracht, so erlischt die noch nicht erfüllte Leistungspflicht. 201

Ausübung + Rücktrittsgrund

Die Rechtsfolgen des Rücktrittes sind in den §§ 346 ff. BGB geregelt. Damit diese eintreten, muss das Rücktrittsrecht nach § 349 BGB durch den Rücktrittsberechtigten ausgeübt werden und es muss ein Rücktrittsgrund vorliegen. 202

Die §§ 437 Nr. 2, 323, 326 V BGB treffen lediglich Regelungen über den Rücktrittsgrund.

Ausübung: § 349 BGB

Die Ausübung des Rücktrittsrechtes erfolgt durch Erklärung des Käufers gegenüber dem Verkäufer, § 349 BGB. Es handelt sich um eine einseitige empfangsbedürftige Willenserklärung. Der Rücktritt ist als Gestaltungsrecht bedingungsfeindlich. 203

hemmer-Methode: Das „alte“ Mängelrecht sah als Recht des Käufers die Wandelung nach den §§ 462, 465, 467 BGB a.F. vor. Gem. § 467 S. 1 BGB a.F. fanden auf dieses zwar auch die §§ 346 ff. BGB Anwendung. Ein wesentlicher Unterschied zur heutigen Rechtslage bestand allerdings darin, dass die Wandelung einen Anspruch darstellte. 204
Es musste zwischen dem Anspruch auf und dem Anspruch aus Wandelung unterschieden werden. Zur Herbeiführung der Rechtsfolgen der §§ 346 ff. BGB war der Vollzug der Wandelung nötig, d.h. nach § 465 BGB a.F. die Einverständniserklärung des Verkäufers.

2. Rücktritt nach §§ 437 Nr. 2 Alt. 1, 440, 323 BGB

Ist eine mangelhafte Sache geliefert worden, kommt ein Rücktritt des Käufers nach § 323 I BGB in Betracht. Es sind die allgemeinen Voraussetzungen des § 323 BGB zu prüfen[302], zusätzlich ist jedoch § 440 BGB zu berücksichtigen. 205

hemmer-Methode: Die §§ 323 ff. BGB regeln nur gesetzliche Rücktrittsgründe. Weitere Voraussetzung für einen wirksamen Rücktritt ist eine wirksame Rücktrittserklärung des Rücktrittsberechtigten (hier: des Käufers) gemäß § 349 BGB.[303] Die Rechtsfolgen eines wirksamen Rücktritts sind dann in den §§ 346 ff. BGB geregelt.[304]

---

301 Zur Abgrenzung vgl. unten, Rn. 210 f.

302 Vgl. hierzu **Hemmer/Wüst, Schuldrecht AT**, Rn. 466 ff.

303 Vgl. **Hemmer/Wüst, Schuldrecht AT**, Rn. 463 f.

304 Hierzu unten, Rn. 243 ff.; ausführlich: **Hemmer/Wüst, Schuldrecht AT**, Rn. 545 ff.

Übersicht: Rücktrittsrecht nach §§ 437 Nr. 2 Alt. 1, 440, 323 BGB

a) Vorliegen eines gegenseitigen Vertrages (bei Kaufvertrag unproblematisch zu bejahen)

b) Fällige und einredefreie Leistungspflicht

c) Behebbarer Mangel als Pflichtverletzung

d) Fristsetzung oder Ausnahme, v.a. § 323 II BGB

e) Erfolgloser Fristablauf

f) Eigene Vertragstreue des Käufers

g) Keine Unerheblichkeit i.S.v. § 323 V S. 2 BGB

h) Kein Ausschluss des Rücktrittsrechts nach § 323 VI BGB

i) Kein Ausschluss des Rücktrittsrechts wegen Verjährung, § 218 I S. 1 BGB

206

a) Gegenseitiger Vertrag

Wirksamer Kaufvertrag

Bei einem Kaufvertrag handelt es sich unproblematisch um einen gegenseitigen Vertrag. Dieser muss allerdings wirksam sein. Ist das nicht der Fall, kommt ein Rücktritt nach den §§ 323 ff. BGB von vornherein nicht in Betracht. 207

hemmer-Methode: Beachten Sie nochmals, dass ein Kaufvertrag nicht nichtig ist, auch wenn dem Verkäufer die Verschaffung der Kaufsache gem. § 433 I S. 1 BGB anfänglich unmöglich sein sollte, § 311a I BGB. § 323 I BGB scheidet in diesem Fall jedoch aus, weil im Falle der Unmöglichkeit der Leistungspflicht § 326 V BGB heranzuziehen ist, vgl. im Folgenden.

b) Fällige und durchsetzbare Leistungspflicht des Verkäufers

Fälligkeit

Die Pflicht des Verkäufers aus § 433 I BGB muss fällig und durchsetzbar sein. Der Zeitpunkt der Fälligkeit bestimmt sich vorrangig nach der vertraglichen Vereinbarung; hilfsweise ist § 271 I BGB heranzuziehen, wonach im Zweifel Fälligkeit sofort eintritt. 208

Durchsetzbarkeit

Ebenso setzt § 323 I BGB die Durchsetzbarkeit dieser Verkäuferpflicht voraus, der Verkäufer darf also eine ihm zustehende Einrede gegen den Anspruch des Käufers aus § 433 I BGB nicht erhoben haben.

Allerdings ist zu beachten, dass bereits das Vorliegen der tatbestandlichen Voraussetzungen einer Einrede des Verkäufers zum Ausschluss des § 323 BGB führt, sofern der Verkäufer die Einrede später erhebt.[305]

hemmer-Methode: Beachten Sie die Besonderheiten bei §§ 273, 1000 BGB und § 320 BGB. Da es sich hierbei um kein kaufspezifisches Problem handelt, wurde hier auf eine Darstellung im Einzelnen verzichtet. Vgl. hierzu ausführlich Hemmer/Wüst, Schuldrecht AT, Rn. 139 ff.

§ 323 IV BGB beachten: Ausnahme vom Fälligkeitserfordernis

Ist die Leistungspflicht des Verkäufers noch nicht fällig, kann der Käufer dennoch nach § 323 I BGB zurücktreten, wenn offensichtlich ist, dass die Rücktrittsvoraussetzungen eintreten werden, § 323 IV BGB. So kann sich ein Rücktrittsrecht des Käufers wegen Mangelhaftigkeit der Kaufsache bereits vor Gefahrübergang ergeben. 209

---

305 Vgl. **Hemmer/Wüst, Schuldrecht AT**, Rn. 471.

Bsp.: *Von Dritten erfährt K, dass der bei V gekaufte, aber noch nicht übergebene Gebrauchtwagen einen erheblichen Motorschaden aufweist. Sofort ruft er bei V an. V erklärt, dies sei wohl richtig; er sei jedoch keinesfalls dazu bereit, den Schaden beheben zu lassen. Obwohl V erst in zwei Wochen liefern soll, will K bereits jetzt vom Vertrag zurücktreten.*

Problematisch ist das Vorliegen eines Rücktrittsgrundes.

1. Ein solcher könnte sich direkt aus § 323 I BGB ergeben.

hemmer-Methode: § 437 Nr. 2 BGB dürfen Sie nicht mit zitieren, da noch keine Übergabe vorliegt.

Dies setzt allerdings die Fälligkeit der Leistungspflicht des V aus § 433 I BGB voraus. V sollte erst in zwei Wochen liefern. Damit fehlt es zum jetzigen Zeitpunkt an einer fälligen Leistungspflicht des V, ein Rücktritt nach § 323 I BGB scheidet grundsätzlich aus.

Jedoch könnte § 323 IV BGB einschlägig sein. Ein Rücktritt des Gläubigers ist bereits vor Fälligkeit der Leistungspflicht des Schuldners möglich, wenn offensichtlich ist, dass die Voraussetzungen des § 323 I BGB eintreten werden.

Dies ist hier zu bejahen: Es ist zu erwarten, dass V nach Fälligkeit nicht vertragsgemäß, sondern mangelhaft leisten wird und auch innerhalb angemessener Frist seiner Nacherfüllungspflicht (§ 439 BGB) nicht nachkommen wird. Damit ist zu erwarten, dass die Voraussetzungen des § 323 I BGB eintreten werden. Dies berechtigt K zum sofortigen Rücktritt; eine Fristsetzung ist nicht erforderlich.

hemmer-Methode: Die Einschränkung des Rücktrittsrechts gem. § 323 V S. 2 BGB, wonach bei nicht vertragsgemäßer Leistung das Recht zum Rücktritt nur bei erheblicher Pflichtverletzung besteht, kommt hier nicht zur Anwendung.
§ 323 V S. 2 BGB spricht nämlich von nicht vertragsgemäßer Leistung und setzt damit die Übergabe der Sache voraus. Vor Übergabe ist § 323 V S. 2 BGB damit nicht anwendbar.

2. Ein Rücktrittsrecht nach § 326 V BGB scheidet aus. Denn dieses setzt die Unmöglichkeit einer Leistungspflicht des V nach § 275 I - III BGB voraus. Eine solche ist hier jedoch nicht ersichtlich, insbesondere ist die Pflicht zur mangelfreien Leistung (§ 433 I S. 2 BGB) möglich, da es sich um einen behebbaren Mangel handelt.

hemmer-Methode: § 323 BGB, § 324 BGB und § 326 V BGB können bzgl. der gleichen Pflichtverletzung nie kumulativ vorliegen. Jede Pflichtverletzung lässt sich immer nur einem der Rücktrittsgründe zuordnen. Freilich können die Rücktrittsgründe aber nebeneinander treten, wenn mehrere Pflichtverletzungen vorliegen.
Sollte Ihnen die Abgrenzung der drei Rücktrittstatbestände nicht oder nicht mehr geläufig sein, arbeiten Sie die Rn. 459 ff. im Skript Hemmer/Wüst, Schuldrecht AT durch!

c) Behebbarer Mangel als Pflichtverletzung

Bei Unmöglichkeit: § 326 V BGB

§ 323 I BGB ist nur anwendbar, wenn die vom Schuldner zu erbringende Leistung möglich ist. Liegt ein Ausschluss der Leistungspflicht i.S.d. § 275 I - III BGB vor, kommt allein § 326 V BGB zur Anwendung. 210

hemmer-Methode: Konsequent ist, dass § 326 V BGB die Setzung einer Nachfrist i.S.d. § 323 I BGB für entbehrlich erklärt und nur im Übrigen auf § 323 BGB verweist. Denn bei Unmöglichkeit der Leistungserbringung wäre eine Fristsetzung gegenüber dem Schuldner sinnlos, da dieser aufgrund der Unmöglichkeit die Leistung ja nicht erbringen kann.[306]

306 Zum Rücktritt nach § 326 V BGB bei mangelhafter Leistung des Verkäufers vgl. unten, Rn. 234 ff.

§ 323 I BGB (-) bei Unmöglichkeit der Nacherfüllung

Hat der Verkäufer also eine sach- oder rechtsmängelbehaftete Leistung erbracht, kommt § 323 I BGB nur zur Anwendung, wenn dem Verkäufer die Nacherfüllung i.S.d. § 439 I BGB möglich ist. Ist die Nacherfüllung (v.a. bei einem unbehebbaren Mangel) i.S.d. § 275 I - III BGB unmöglich, kann der Käufer nur nach § 326 V BGB zurücktreten. 211

hemmer-Methode: Während die Unmöglichkeit nach altem Recht in der praktischen Anwendung eher ein Schattendasein fristete, wird sie in der Zukunft von zunehmender Bedeutung sein. Denn das Vorliegen eines unbehebbaren Mangels stellt einen Fall der (qualitativen) Unmöglichkeit dar: Dem Verkäufer ist seine Pflicht zur mangelfreien Leistung (§ 433 I S. 2 BGB; d.h. zur Nacherfüllung) nicht möglich!

d) Setzung einer angemessenen Frist zur Nacherfüllung

aa) Inhalt des Fristsetzungserfordernisses

Setzung einer angemessenen Frist

Der Käufer muss dem Verkäufer eine angemessene Frist zur Nacherfüllung gesetzt haben. 212

Notwendiger Inhalt

Die Fristsetzung ist eine empfangsbedürftige geschäftsähnliche Handlung des Gläubigers (hier: Käufer) gegenüber dem Schuldner (hier: Verkäufer), auf die die §§ 104 ff. BGB grds. analoge Anwendung finden. Die Fristsetzung muss zumindest konkludent enthalten, in welcher Weise der Schuldner bis zum Fristablauf seine Leistung vervollständigen soll.

Aus der Fristsetzung hat daher hervorzugehen, wegen welchen konkreten Mangels der Verkäufer Nacherfüllung zu leisten hat. Dies gilt nicht, wenn dies für den Verkäufer nach den §§ 133, 157 BGB erkennbar ist, z.B. aufgrund einer vorherigen Rüge des Verkäufers oder wegen der Offensichtlichkeit des Mangels.

Wahlrecht des Käufers muss ausgeübt sein

Der Verkäufer kann innerhalb der gesetzten Nachfrist nur leisten, wenn er weiß, welche Art der Nacherfüllung er erbringen soll, also Nachbesserung oder Nachlieferung. 213

Spätestens im Zeitpunkt der Fristsetzung muss also der Käufer von seinem Wahlrecht nach § 439 I BGB Gebrauch gemacht haben; Fristsetzung und Ausübung des Wahlrechts können aber in einer Erklärung zusammenfallen. Erfolgt die Ausübung des Wahlrechts allerdings erst nach der Fristsetzung, so ist die Fristsetzung als gegenstandslos anzusehen.

Wenn nicht angemessen: Verlängerung auf angemessene Frist

Die gesetzte Frist muss angemessen sein. Wird eine unangemessen kurze Frist gesetzt, so ist nicht etwa die Fristsetzung unwirksam. Vielmehr wird die Frist automatisch auf die objektiv angemessene Frist verlängert.[307] 214

Angemessenheit: objektive Umstände maßgeblich

Ob die gesetzte Frist angemessen ist, bestimmt sich nach objektiven Umständen. Maßgeblich ist die konkrete Leistungspflicht des Schuldners. Die Angemessenheit bemisst sich danach, wie lange die jeweilige Art der Nacherfüllung unter gewöhnlichen Umständen dauert. 215

Unbeachtlich ist, ob die gewählte Art der Nacherfüllung (v.a. die Nachbesserung) im Einzelfall deutlich mehr Zeit als die andere Nacherfüllungsart benötigt. Für die Angemessenheit ist allein auf die gewählte Nacherfüllungsart abzustellen.

307 Es gilt das Gleiche wie bei § 281 I BGB, vgl. dazu **Hemmer/Wüst, Schuldrecht AT**, Rn. 375 ff.

hemmer-Methode: Dass durch die Fristsetzung dem Schuldner nicht ermöglicht werden soll, eine noch gar nicht angefangene Leistung zu beenden[308], ändert hieran nichts. Denn mit der Lieferung der mangelhaften Sache hat der Verkäufer mit der Leistungshandlung ja bereits begonnen. Die Angemessenheit bestimmt sich deshalb nach der objektiven Dauer der jeweiligen Nacherfüllungsart.
Beachten Sie, dass eine Ablehnungsandrohung nicht (mehr) erforderlich ist. Dieses Erfordernis wurde sowohl für den Rücktritt (vgl. § 323 I BGB) als auch für den Schadensersatz statt der Leistung (vgl. § 281 I S. 1 BGB) durch die Schuldrechtsreform abgeschafft.

***Problem**: „Umgehendes" oder „sofortiges" Leistungsverlangen*

Problematisch ist der Fall, wenn der Gläubiger die sofortige bzw. umgehende Leistung verlangt. Ob hier auch eine Frist in Gang gesetzt wird, ist umstritten. 215a

Nach e.A. wird keine angemessene Frist in Gang gesetzt

Die überwiegende Meinung in der Literatur verlangt für eine Fristsetzung gemäß § 323 I BGB die **Bestimmung eines konkreten Zeitraums**, entweder durch Mitteilung eines bestimmten Termins, zu dem die Frist abläuft, oder durch die Angabe bestimmter Zeiteinheiten, die dem Schuldner für die Leistung eingeräumt werden.[309] 215b

Nach dieser Auffassung genügt die Aufforderung zur „sofortigen" bzw. „unverzüglichen" oder - wie hier - „umgehenden" Leistung nicht. Dies wird damit begründet, dass nach dem Wegfall der nach früherem Recht vorgesehenen Ablehnungsandrohung allein die Fristsetzung die Warnfunktion gegenüber dem Schuldner erfülle und an sie deshalb strenge Anforderungen zu stellen seien.

Dem Gläubiger wird zwar „geholfen", wenn er eine Frist gesetzt hat, diese jedoch unangemessen kurz war. Ist die gesetzte Frist zu kurz, so ist die Fristsetzung nämlich nicht unwirksam. Die Frist wird vielmehr auf eine objektiv angemessene Zeit verlängert.[310]

Wenn der Gläubiger allerdings die sofortige Leistung verlangt, wird überhaupt keine Frist in Gang gesetzt. Wenn überhaupt keine Frist gesetzt wurde, kann auch keine angemessene Frist in Gang gesetzt werden.

Nach Ansicht des BGH wird auch bei sofortigem Leistungsverlangen eine angemessene Frist in Gang gesetzt

Demgegenüber vertritt ein weiterer Teil der Literatur die Auffassung, auch eine Aufforderung zur unverzüglichen Leistung könne ausreichen.[311] Dies soll zumindest in Fällen besonderer Dringlichkeit gelten.[312] Der BGH hat sich mit Urteil vom 12.08.2009 dieser bisherigen Mindermeinung überraschender Weise angeschlossen und lässt die umgehende Aufforderung zur Mängelbeseitigung genügen.[313] 215c

Wortlaut des § 323 I BGB

Auszugehen ist vom Wortlaut des Gesetzes. Dem Begriff der Fristsetzung lässt sich nicht entnehmen, dass die maßgebliche Zeitspanne nach dem Kalender bestimmt sein muss oder in konkreten Zeiteinheiten anzugeben ist. Eine in dieser Weise bestimmte Frist verlangt § 323 I BGB nicht.

Vielmehr kann die Dauer einer Frist grundsätzlich auch durch einen unbestimmten Rechtsbegriff bezeichnet werden; dies ist insbesondere bei rechtsgeschäftlichen Fristen häufig der Fall.[314]

308 **Hemmer/Wüst, Schuldrecht AT**, Rn. 374.

309 MüKo, § 323 BGB, Rn. 68; Palandt, § 281, Rn. 9.

310 BGH, NJW 1985, 2640 - 2642 = **juris**byhemmer; Palandt, § 281, Rn. 10.

311 Staudinger, § 281 BGB, Rn. B 62 und § 323 BGB, Rn. B 59.

312 Jauernig, § 281 BGB, Rn. 6; vgl. auch MüKo, § 281 BGB, Rn. 74.

313 BGH, **Life&Law 2009, Heft 11, 721 - 725** = NJW 2009, 3153 - 3154 = **juris**byhemmer; die Entscheidung erging zwar zu § 281 I BGB, lässt sich aber ohne weiteres auf die Parallelproblematik zu § 323 I BGB übertragen.

314 MüKo, § 186 BGB, Rn. 4.

Nach allgemeiner Meinung ist eine Frist ein Zeitraum, der bestimmt oder bestimmbar ist.[315] Mit der Aufforderung, die Leistung oder die Nacherfüllung „in angemessener Zeit“, „umgehend“ oder „so schnell wie möglich“ zu bewirken, wird eine zeitliche Grenze gesetzt, die aufgrund der jeweiligen Umstände des Einzelfalls bestimmbar ist.

Zweck der Fristsetzung

Auch der Zweck der Fristsetzung gemäß § 323 I BGB erfordert es nicht, dass der Gläubiger für die Nacherfüllung einen bestimmten Zeitraum oder einen genauen (End-)Termin angibt.

Dem Schuldner soll mit der Fristsetzung vor Augen geführt werden, dass er die Leistung nicht zu einem beliebigen Zeitpunkt bewirken kann, sondern dass ihm hierfür eine zeitliche Grenze gesetzt ist. Dieser Zweck wird bereits durch die Aufforderung, innerhalb „angemessener Frist“, „unverzüglich“ oder - wie hier - „umgehend“ zu leisten, hinreichend erfüllt.

Nach den Gesetzesmaterialien sollte die Fristsetzung im Übrigen auch nicht zu einer Hürde werden, an der der Käufer aus formalen Gründen scheitere.[316]

Für eine Fristsetzung nach § 323 I BGB genügt es deshalb, wenn der Gläubiger durch das Verlangen nach sofortiger, unverzüglicher oder umgehender Leistung oder durch vergleichbare Formulierungen deutlich macht, dass dem Schuldner für die Erfüllung nur ein begrenzter Zeitraum zur Verfügung steht.

hemmer-Methode: Die Entscheidung des BGH ist nicht unbedenklich. Wenn das Gesetz von der Setzung einer Frist spricht, so ist dies eine Steigerung gegenüber einer bloßen Mahnung. Das Verlangen nach umgehender Leistung ist aber nichts anderes als eine deutliche Form der Mahnung.

bb) Besonderheit beim Verbrauchsgüterkauf

Art. 3 V der Verbrauchsgüterkaufrichtlinie setzt keine Fristsetzung voraus

Fraglich ist aber, ob für den Rücktritt von einem Verbrauchsgüter- 215d
kauf überhaupt eine Frist gesetzt werden muss. So verlangt nämlich Art. 3 V der Verbrauchsgüterkaufrichtlinie für das Rücktritts- und Minderungsrecht nur, dass der „Verkäufer nicht innerhalb einer angemessenen Frist Abhilfe geschaffen hat“.

Eine **Fristsetzung** ist danach **nicht erforderlich**. Eine angemessene Frist beginnt vielmehr ipso iure mit dem Abhilfeverlangen des Gläubigers.

Demgegenüber stellt das nationale Recht in § 323 I BGB grundsätzlich die zusätzliche Voraussetzung auf, dass der Gläubiger diese Frist **setzen** muss. Tut er dies nicht, kann er nicht zurücktreten. Mithin stellt das nationale Recht strengere Voraussetzungen an den Rücktritt und die Minderung als die Richtlinie.

Nachdem schon die Regierungsbegründung zum Schuldrechtsmodernisierungsgesetz an der Richtlinienkonformität des Fristsetzungserfordernisses zweifelte, besteht inzwischen Einigkeit darüber, dass das Fristsetzungserfordernis des § 323 I BGB in den Fällen des Verbrauchsgüterkaufs i.S.v. § 474 I BGB richtlinienwidrig ist.[317]

---

315 RGZ 120, 355 (362); Palandt, § 186, Rn. 3.

316 BT-Drs. 14/6040, S. 185.

317 Mayer/Schürnbrand, Einheitlich oder gespalten? - Zur Auslegung nationalen Rechts bei überschießender Umsetzung von Richtlinien, JZ 2004, 545 - 552 (551 f.); Canaris, Die Reform des Rechts der Leistungsstörungen, JZ 2001, 499 - 528 (510); MüKo, § 323 BGB, Rn. 248; Schultz, in: H. P. Westermann, Schuldrecht 2002, S. 91; Bamberger/Roth, § 437 BGB, Rn. 17.

Fraglich und umstritten ist allein, auf welchem Weg dies zu korrigieren ist.

Eine Ansicht löst dies über § 323 Abs. 2 Nr. 3 BGB, d. h. nimmt „besondere Umstände" i.S.d. Norm an. Eine andere Ansicht reduziert § 323 Abs. 1 BGB richtlinienkonform und wendet das Fristsetzungserfordernis aufgrund des Anwendungsvorranges des Europarechts nicht an.

Aufgrund der neueren Rechtsprechung des BGH (Rn. 215c), wonach es für eine Fristsetzung nach § 323 I BGB bereits genügt, wenn der Gläubiger durch das Verlangen nach sofortiger, unverzüglicher oder umgehender Leistung oder durch vergleichbare Formulierungen deutlich macht, dass dem Schuldner für die Erfüllung nur ein begrenzter Zeitraum zur Verfügung steht, hat dieses Problem an Bedeutung verloren..

hemmer-Methode: Lesen Sie hierzu ausführlich Hemmer/Wüst, Der Streit- und Meinungsstand im neuen Schuldrecht - Die 23 wichtigsten Fälle, Fall 7, Seite 48 ff.

cc) Entbehrlichkeit der Fristsetzung

In einigen Fällen kann die Fristsetzung entbehrlich sein. Diese Konstellationen sind – nach wie vor – besonders klausurrelevant. Der Käufer kann dann ohne das vorherige Abwarten des erfolglosen Ablaufs einer gesetzten Nachfrist vom Vertrag zurücktreten. 216

Vertraglicher Ausschluss; nicht jedoch durch AGB

Die Vertragsautonomie der Parteien gestattet es, dass Käufer und Verkäufer das Erfordernis der Fristsetzung vertraglich ausschließen[318]; § 323 I BGB ist dispositives Recht. Ein einseitiger Verzicht seitens des Verkäufers soll ebenso zulässig sein.[319] 217

Allerdings ist gem. § 309 Nr. 4 BGB ein Ausschluss des Fristsetzungserfordernisses durch allgemeine Geschäftsbedingungen unzulässig.

(1) Fälle des § 323 II BGB

(a) § 323 II Nr. 1 BGB

⇨ § 323 II Nr. 1 BGB

Die Fristsetzung ist nicht erforderlich, wenn der Schuldner die Leistung ernsthaft und endgültig verweigert, **§ 323 II Nr. 1 BGB**. Für das Rücktrittsrecht beim Kauf bedeutet das: Der Verkäufer muss die Nacherfüllung ernsthaft und endgültig verweigert haben. 218

Nur unberechtigte Erfüllungsverweigerung gemeint

Nicht gemeint sind hierbei die Fälle, in denen der Verkäufer die Nacherfüllung aufgrund des Verweigerungsrechtes nach § 439 III BGB zu Recht verweigert hat; § 323 II Nr. 1 BGB erfasst also nur den Fall der unberechtigten Erfüllungsverweigerung.

§ 440 S. 1 Alt. 1 BGB bei Verweigerung nach § 439 III BGB

Für die nach § 439 III BGB berechtigte Erfüllungsverweigerung sieht § 440 S. 1 Alt. 1 BGB die Entbehrlichkeit der Nachfristsetzung vor.

Verkäufer muss das „letzte Wort" gesprochen haben

An das Vorliegen einer ernsthaften und endgültigen Erfüllungsverweigerung i.S.d. § 323 II Nr. 1 BGB sind strenge Anforderungen zu stellen. Der Verkäufer muss „das letzte Wort gesprochen haben". Keinesfalls ausreichend ist es, dass der Verkäufer erklärt, er sei zur Nacherfüllung derzeit nicht in der Lage.

---

318 BGH, NJW 1982, 1036 - 1037 = **juris**byhemmer.

319 RGZ 104, 375.

Unbeachtlich, ob Verkäufer zur Erbringung der anderen Nacherfüllungsart bereit ist

Ausreichend ist, dass der Verkäufer die gewählte Nacherfüllungsart unberechtigt verweigert. Denn nach Ausübung des Wahlrechts durch den Käufer gem. § 439 I BGB ist der Verkäufer zu dieser Nacherfüllungsart verpflichtet. Dass er sich bereit erklärt, die andere als die gewählte Art der Nacherfüllung zu erbringen, steht § 323 II Nr. 1 BGB nicht entgegen. Auch in diesem Fall ist die Fristsetzung durch den Käufer entbehrlich.

(b) § 323 II Nr. 2 BGB

⇨ § 323 II Nr. 2 BGB

§ 323 II Nr. 2 BGB ist für den Fall des relativen Fixgeschäftes gedacht, wenn der Vertrag also mit der rechtzeitigen Leistung „stehen und fallen" soll. Leistet der Schuldner in dieser Zeit nicht, soll der Gläubiger zum sofortigen Rücktritt ohne Fristsetzung berechtigt sein. *219*

Anwendbar nur beim relativen Fixgeschäft

Hat der Verkäufer bei einem relativen Fixgeschäft zwar geleistet, ist die Sache jedoch mangelhaft, so ist ebenfalls § 323 II Nr. 2 BGB einschlägig. Etwas anderes gilt nur dann, wenn der Käufer den mit der Zeitvereinbarung verfolgten Zweck auch mit der mangelhaften Sache erreichen kann.

Bsp.: *Um Filmaufnahmen im August 2014 zu machen, kauft Filmproduzent F vom Bauern B ein unbebautes Grundstück. B soll bis Mai 2013 die Auflassung erklären, da F mit umfangreichen Bauarbeiten am Grundstück beginnen will. Mit dieser Frist soll der Vertrag „stehen und fallen". B kommt seiner Verpflichtung im April 2013 nach. Jedoch ist bei Übergabe des Grundstücks eine Hypothek für D im Grundbuch eingetragen, die auch tatsächlich existiert. Kann F ohne Fristsetzung vom Vertrag zurücktreten?*

Das geleistete Grundstück hat aufgrund der eingetragenen Hypothek einen Rechtsmangel, § 435 S. 1 BGB.

Die Voraussetzungen für einen Rücktritt nach §§ 437 Nr. 2 Alt. 1, 323 I BGB liegen vor. Fraglich ist jedoch, ob F ohne die nach § 323 I BGB erforderliche Nachfristsetzung zurücktreten kann.

Dies könnte sich aus § 323 II Nr. 2 BGB ergeben. Es liegt ein relatives Fixgeschäft vor; die Vorschrift ist nicht nur auf den Fall der Nichtleistung, sondern auch auf die mangelhafte Leistung anzuwenden. Die Entbehrlichkeit der Fristsetzung ist aber nur dann gerechtfertigt, wenn infolge der Mangelhaftigkeit der mit der Zeitvereinbarung verfolgte Zweck nicht erreicht werden kann. Nur dann hat der Käufer an der mangelfreien Leistung kein Interesse mehr, was einen sofortigen Rücktritt rechtfertigt.

Dies könnte man hier mit der Begründung ablehnen, dass F das Grundstück termingerecht erhalten hat und auf ihm die Bauarbeiten und die spätere Filmproduktion durchführen kann. Allerdings muss F aufgrund der eingetragenen Hypothek die Zwangsversteigerung des Grundstücks fürchten, was den Zweck des Grundstückserwerbes vereiteln würde.

Damit ist durch die Mangelhaftigkeit der Leistung seitens B der Zweck der Zeitvereinbarung zwar nicht vereitelt, jedoch ausreichend gefährdet. Dies rechtfertigt einen sofortigen Rücktritt gem. § 323 II Nr. 2 BGB.

hemmer-Methode: Problematisch wäre es, wenn die Hypothek (z.B. aufgrund vorübergehender Geschäftsunfähigkeit des D) tatsächlich nicht existieren würde. Aufgrund der Grundbucheintragung läge zwar auch ein Rechtsmangel nach § 435 S. 2 BGB vor.[320] Der Vereitelung des Zwecks des relativen Fixgeschäftes durch gutgläubigen Erwerb der Hypothek durch einen Dritten könnte F jedoch durch die Eintragung eines Widerspruches nach § 899 BGB begegnen. Daher erscheint es vertretbar, die Gefahr der Vereitelung des Zwecks der Zeitvereinbarung als gering einzustufen und daher § 323 II Nr. 2 BGB für nicht anwendbar zu erklären.

320 Zum Rechtsmangel nach § 435 BGB vgl. Rn. 140 ff.

Beim absoluten Fixgeschäft wären die gleichen Überlegungen anzustellen; jedoch nicht im Rahmen der Anwendbarkeit des § 323 II Nr. 2 BGB, sondern für die Frage, ob ein Fall der (zeitlichen) Unmöglichkeit vorliegt oder nicht.[321]

§ 323 II Nr. 2 BGB meint nicht den Fall des absoluten Fixgeschäftes. Denn bei diesem liegt mit erfolglosem Verstreichen des Leistungszeitraumes Unmöglichkeit i.S.d. § 275 I BGB vor; für den Fall der Unmöglichkeit ist jedoch nicht § 323 BGB, sondern allenfalls § 326 V BGB anwendbar. Eine Fristsetzung macht auch beim absoluten Fixgeschäft von vornherein keinen Sinn, da die Leistung ja nicht mehr erbracht werden kann.

(c) § 323 II Nr. 3 BGB

⇨ § 323 II Nr. 3 BGB

Schließlich kann die nach § 323 I BGB grds. erforderliche Fristsetzung auch bei Vorliegen besondere Umstände unter Abwägung der beiderseitigen Interessen entbehrlich sein, § 323 II Nr.3 BGB.[322] *220*

Diese Generalklausel soll der gerichtlichen Praxis als Auffangtatbestand dienen[323]; die Entbehrlichkeit der Fristsetzung müsste anderenfalls direkt § 242 BGB entnommen werden.

Seit dem 13.06.2014 beschränkt § 323 II Nr. 3 BGB die Entbehrlichkeit der Fristsetzung aufgrund besonderer Umstände auf die **nicht vertragsgemäße Leistung, also auf die Schlechtleistung.**

hemmer-Methode: Angesichts der Spezialregelungen in § 440 S. 1, 3. Var. BGB (vgl. Rn. 222a ff.) hat diese Neufassung im Kaufrecht keine wesentliche Bedeutung.

(2) Entbehrlichkeit der Fristsetzung gemäß § 440 BGB

Eine Erweiterung der allgemeinen Regelungen in § 323 II BGB über die Entbehrlichkeit der Fristsetzung enthält § 440 BGB.

(a) § 440 S. 1 Var. 1 BGB

⇨ § 440 S. 1 Var. 1 BGB bei berechtigter Nacherfüllungsverweigerung

Nach **§ 440 S. 1 Var. 1 BGB** ist eine Fristsetzung auch dann entbehrlich, wenn der Verkäufer beide Arten der Nacherfüllung nach § 439 III BGB verweigert hat. Die Vorschrift unterscheidet sich von § 323 II Nr. 1 BGB darin, dass es dort um die unberechtigte Nacherfüllungsverweigerung, hier um die nach § 439 III BGB berechtigte Verweigerung geht. *221*

Fristsetzung wäre unnötige Förmelei

Müsste der Käufer dem Verkäufer eine Frist zur Nacherfüllung setzen, obwohl dieser infolge der berechtigten Verweigerung nach § 439 III BGB zur Nacherfüllung nicht verpflichtet ist, wäre dies eine unnötige Förmelei. Die Entbehrlichkeit der Fristsetzung in diesem Fall ist daher durchaus konsequent.

hemmer-Methode: Beachten Sie auch, dass im Fall des § 439 III BGB der Käufer keinen Anspruch mehr auf Nacherfüllung hat, wenn der Verkäufer beide Arten der Nacherfüllung zu Recht verweigert.
Bei § 323 II BGB kann der Käufer zwar sofort gestalten, hat aber nach wie vor seinen Anspruch auf Nacherfüllung.

---

[321] Zur Abgrenzung relatives/absolutes Fixgeschäft vgl. **Hemmer/Wüst, Schuldrecht AT**, Rn. 30 ff.

[322] Vgl. hierzu BGH, NJW-RR 2008, 1052-1053 = **juris**byhemmer.

[323] BT-Drucks. 14/6040, S. 186.

Ist (vor oder nach Ausübung des Wahlrechts nach § 439 I BGB[324]) nur eine Art der Nacherfüllung möglich, so genügt es freilich für § 440 S. 1 Alt. 1 BGB, dass der Verkäufer diese Art der Nacherfüllung verweigert hat. Auch in diesem Fall wäre nämlich eine Fristsetzung durch den Käufer sinnlos.

(b) § 440 S. 1 Var. 2 BGB

⇨ § 440 S. 1 Var. 2 BGB bei Fehlschlagen der Nacherfüllung

Ist die Nacherfüllung fehlgeschlagen, erklärt **§ 440 S. 1 Var. 2 BGB** die Fristsetzung nach § 323 I BGB für entbehrlich. 222

Voraussetzung: Gewählte Nacherfüllungsart ist nicht unmöglich

Hiermit sind nicht die Fälle gemeint, in denen die Nacherfüllung unmöglich ist. Bei Unmöglichkeit der Nacherfüllung beschränkt sich die Nacherfüllung auf die andere Nacherfüllungsart. Nur diese kann dann der Käufer wählen und muss dem Verkäufer eine Frist nach § 323 I BGB setzen. Sind beide Nacherfüllungsarten unmöglich, ergibt sich die Entbehrlichkeit der Nachfristsetzung aus § 326 V BGB.[325] § 440 S. 1 Var. 2 BGB setzt also die Möglichkeit der gewählten Nacherfüllungsart voraus.

Wichtigster Fall: Zweimalig erfolglose Nachbesserung

§ 440 S. 2 BGB bestimmt den wichtigsten Fall des „Fehlschlagens“: Die Nachbesserung gilt als fehlgeschlagen, wenn zwei Nachbesserungsversuche erfolglos geblieben sind. Dann kann der Käufer vom Vertrag ohne Fristsetzung zurücktreten. Er muss nicht etwa die andere Art der Nacherfüllung verlangen.[326]

Widerlegbare Vermutung des § 440 S. 2 BGB

Das zweimalige Fehlschlagen ist aber entgegen dem Wortlaut „gilt“ lediglich eine **widerlegbare Vermutung**. § 440 S. 2 BGB bringt selbst zum Ausdruck, dass sich im Einzelfall etwas anderes ergeben kann.[327]

Zu denken ist beispielsweise an den Fall, dass der Mangel nur bei großen technischen Fertigkeiten behebbar ist, weshalb ein Rücktritt ohne Fristsetzung bereits nach zwei fehlgeschlagenen Versuchen unbillig wäre.

hemmer-Methode: Beachten Sie, dass das Fehlschlagen der Nachlieferung im Gesetz nicht geregelt ist. § 440 S. 2 BGB kann hierfür lediglich Indizwirkung entfalten.[328]

Ebenfalls ist es nach zweimaliger erfolgloser Nacherfüllung nicht mehr zulässig, dass der Verkäufer die gewählte Nacherfüllungsart nach § 439 III BGB verweigert. Nach zweimaliger Erfolglosigkeit der Nacherfüllung muss für den Käufer Sicherheit bestehen, vom Kaufvertrag zurücktreten zu können.

> ***Bsp.:*** *K kauft bei V einen neuen Mercedes CLK. Nach zwei Wochen stellt sich die Mangelhaftigkeit des Getriebes heraus. K möchte den inzwischen liebgewonnenen Wagen behalten und verlangt von V, der eine eigene Fachwerkstatt besitzt, die Reparatur. Nachdem zwei Reparaturversuche durch V erfolglos geblieben sind, teilt V dem K mit, er würde ihm lieber einen neuen Wagen liefern. K lehnt ab. Er will sofort vom Vertrag zurücktreten.*
>
> Der gelieferte Wagen war bei Gefahrübergang (Übergabe, § 446 BGB) unproblematisch mangelhaft nach § 434 BGB.

---

324 Hierzu bereits Rn. 167 ff.

325 Palandt, § 440, Rn. 9.

326 __Vertiefungshinweis für Referendare__: Der Käufer einer Sache genügt seiner Beweislast für das Fehlschlagen der Nachbesserung durch den Nachweis, dass das von ihm gerügte Mangelsymptom weiterhin auftritt. Anders ist dies nur, wenn das erneute Auftreten des Mangelsymptoms möglicherweise auf einer unsachgemäßen Behandlung der Kaufsache nach deren erneuter Übernahme durch den Käufer beruht. Vgl. dazu BGH, **Life&Law 2011, 398 ff.** = NJW 2011, 1664 f. = **juris**byhemmer.

327 Vgl. BGH, **Life&Law 2007, Heft 5, 363 - 364** = NJW 2007, 504 - 506 = **juris**byhemmer.

328 Vgl. Palandt, § 440, Rn. 7.

K könnte nach den §§ 437 Nr. 2 Alt. 1, 440, 323 I BGB ein Rücktrittsrecht zustehen. Fraglich ist allein, ob K dem V eine Frist für die Nacherfüllung setzen muss; dies ist nach § 323 I BGB grundsätzlich erforderlich.

Die Fristsetzung ist nicht nach § 326 V BGB entbehrlich, da die Nacherfüllung nicht nach § 275 I - III BGB unmöglich ist.

Eine ernsthafte und endgültige Erfüllungsverweigerung durch V i.S.d. § 323 II Nr. 1 BGB liegt nicht vor. Zwar wäre ausreichend, dass V die gewählte Nacherfüllungsart, also die Nachbesserung, unberechtigt verweigert. Er müsste ernsthaft und endgültig die Nachbesserung verweigert haben, also das „letzte Wort" gesprochen haben. Dass er dies getan hätte, ist dem Sachverhalt jedoch nicht zu entnehmen.

Die Fristsetzung könnte nach § 440 S. 1 Var. 2 BGB entbehrlich sein. Dies ist der Fall, wenn die vom Käufer gewählte Nacherfüllungsart fehlgeschlagen ist. Die vom Käufer gewählte Nachbesserung durch Reparatur ist zweimal erfolglos geblieben. Dies stellt nach § 440 S. 2 BGB ein Fehlschlagen i.S.d. § 440 S. 1 Var. 2 BGB dar.

Fraglich ist jedoch, ob sich etwas anderes daraus ergibt, dass der Verkäufer sich bereit erklärt hat, einen neuen Wagen zu leisten, also Nachlieferung zu erbringen.

Nach dem Wortlaut des § 440 S. 1 Var. 2 BGB kommt es jedoch auf die dem Käufer zustehende Art der Nacherfüllung an. Zwar stehen ihm grundsätzlich beide Arten der Nacherfüllung zu. Hat er jedoch von seinem Wahlrecht i.S.d. § 439 I BGB Gebrauch gemacht, muss sich der Verkäufer - sofern er nicht zur Verweigerung nach § 439 III BGB berechtigt ist, wofür hier keine Anhaltspunkte bestehen - daran festhalten lassen. Dass er zur Erbringung der anderen Nacherfüllungsart bereit ist, ändert nichts am Vorliegen des § 440 S. 1 Var. 2 BGB. Damit kann K ohne Fristsetzung vom Vertrag zurücktreten.

(c) § 440 S. 1 Var. 3 BGB

⇨ § 440 S. 1 Var. 3 BGB bei Unzumutbarkeit der Nacherfüllung für den Käufer

Ist die Nacherfüllung dem Käufer nicht zumutbar, erklärt **§ 440 S. 1 Var. 3 BGB** die Fristsetzung nach § 323 I BGB für entbehrlich. 222a

Arglistig verschwiegener Mangel

Wichtig ist § 440 S. 1 Var. 3 BGB **im Fall des arglistig verschwiegenen Mangels**. In solch einem Fall ist es dem Käufer nicht mehr zumutbar, den arglistig handelnden Verkäufer zur Nacherfüllung aufzufordern.[329] 222b

Arglist zerstört Vertrauensgrundlage

Hat der Verkäufer beim Abschluss eines Kaufvertrags eine Täuschungshandlung begangen, so ist in der Regel davon auszugehen, dass die für eine Nacherfüllung erforderliche Vertrauensgrundlage beschädigt ist. Dies gilt insbesondere, aber nicht nur, dann, wenn die Nacherfüllung durch den Verkäufer selbst oder unter dessen Anleitung im Wege der Mängelbeseitigung erfolgen soll. In solchen Fällen hat der Käufer ein berechtigtes Interesse daran, von einer weiteren Zusammenarbeit mit dem Verkäufer Abstand zu nehmen, um sich vor eventuellen neuerlichen Täuschungsversuchen zu schützen.

Dem stehen regelmäßig keine maßgebenden Interessen des Verkäufers gegenüber. Eine „zweite Chance", den mit der Rückabwicklung verbundenen wirtschaftlichen Nachteil abzuwenden, verdient der Verkäufer nur dann, wenn ihm der Mangel bei Abschluss des Kaufvertrags nicht bekannt war. Kannte er ihn, so kann er ihn vor Abschluss des Vertrages beseitigen und die Sache in einem vertragsgemäßen Zustand leisten. Die Chance, eine spätere Rückabwicklung des Vertrages zu vermeiden, wird dem Verkäufer daher in diesem Fall bereits im Vorfeld der vertraglichen Beziehungen eingeräumt.

[329] BGH, **Life&Law 2007, 214** = NJW 2007, 835 - 837 = **juris**byhemmer; sowie BGH, ZIP 2008, 460 - 462 = **juris**byhemmer.

Entschließt sich der Verkäufer jedoch, den Mangel nicht zu beseitigen und die Sache in einem vertragswidrigen Zustand zu veräußern, so besteht keine Veranlassung, ihm nach Entdeckung des Mangels durch den Käufer eine zweite Chance zu gewähren. Der so handelnde Verkäufer verdient keinen Schutz vor den mit der Rückabwicklung des Vertrages verbundenen wirtschaftlichen Nachteilen.[330]

hemmer-Methode: Etwas anderes gilt aber dann, wenn der Käufer dem Verkäufer nach Entdeckung des verschwiegenen Mangels eine Frist zu dessen Behebung gesetzt hat. Dadurch gibt er damit nämlich zu erkennen, dass sein Vertrauen in die Bereitschaft zur ordnungsgemäßen Nacherfüllung trotz des arglistigen Verhaltens des Verkäufers weiterhin besteht. An der trotzdem gesetzten Frist muss er sich grundsätzlich festhalten lassen. Dies folgt letztlich aus dem Verbot widersprüchlichen Verhaltens, § 242 BGB.[331]

Weitere Fälle der Unzumutbarkeit

Weitere Umstände, die zur Unzumutbarkeit der Fristsetzung für den Käufer führen können, sind etwa Gesundheitsgefahren, die von der fraglichen Kaufsache ausgehen[332] bzw. eine Vielzahl von Mängeln der Kaufsache, die darauf schließen lässt, dass die Sache noch weitere, verborgene Mängel aufweist (sog. Montagsautos).[333] *222c*

Ein weiterer Fall der Unzumutbarkeit der Nacherfüllung für den Käufer kann vorliegen, wenn dem Verkäufer beim ersten Nachbesserungsversuch gravierende Ausführungsfehler unterlaufen oder dieser Nachbesserung von vornherein nicht auf eine nachhaltige, sondern nur eine provisorische Mängelbeseitigung angelegt war.[334]

Tierkauf ⇨ Notoperation

Beim Kauf eines Tieres können besondere Umstände die vorherige Fristsetzung unzumutbar machen. Diese Umstände liegen dann vor, wenn der Zustand des Tieres eine unverzügliche tierärztliche Behandlung als Notmaßnahme erforderlich erscheinen lässt und diese vom Verkäufer nicht rechtzeitig veranlasst werden könnte.[335] *222d*

Die Nachfrist ist jedenfalls bei einer dringend erforderlichen Behandlung eines gekauften Tieres entbehrlich. Dies kann aber nur gelten, wenn aus Gründen des Tierschutzes (Art. 20a GG) keine weitere Zeit verstreichen darf. In aller Regel gilt dies demnach nur für die erste Notfallbehandlung.[336]

e) Erfolgloser Fristablauf

Nachfrist muss erfolglos abgelaufen sein

Die Nachfristsetzung in § 323 I BGB soll dem Verkäufer die Möglichkeit geben, nun doch mangelfrei zu leisten und damit seiner Leistungspflicht aus § 433 I S. 2 BGB zu genügen; ihm wird sozusagen eine „zweite Chance" gegeben. *223*

Der Käufer kann aufgrund des Mangels daher nur vom Kaufvertrag gem. § 323 BGB zurücktreten, wenn die gesetzte Nachfrist erfolglos abläuft.

330 So auch LG Bonn, NJW 2004, 74 - 76 (75); Bamberger/Roth/Faust, § 440 BGB, Rn. 37; Erman, § 440 BGB, Rn. 3; MüKo, § 440 BGB, Rn. 8; Palandt, § 440, Rn. 8; Staudinger, § 440 BGB, Rn. 22; MüKo, § 281 BGB, Rn. 60 und § 323 BGB, Rn. 130; differenzierend Lorenz, Schadensersatz statt der Leistung, Rentabilitätsvermutung und Aufwendungsersatz im Gewährleistungsrecht, NJW 2004, 26 - 28 und ders., Arglist und Sachmangel - Zum Begriff der Pflichtverletzung in § 323 V S.2 BGB, NJW 2006, 1925 - 1927 (1927); Kulke, Entbehrlichkeit einer Nachfristsetzung wegen Arglist des Verkäufers - Ausnahmslos?, ZGS 2008, 169 - 176; Gutzeit, Der arglistig täuschende Verkäufer, NJW 2008, 1359 - 1362.

331 Lesen Sie hierzu BGH, **Life&Law 2010, Heft 7, 437 - 440** = NJW 2010, 1805 = **juris**byhemmer.

332 OLG Köln, NJOZ 2004, 556 (559).

333 Vgl. Jauernig, § 440 BGB, Rn. 5; Bamberger/Roth/Faust, § 440 BGB, Rn. 38.

334 OLG Saarbrücken, NJW-RR 2013, 1388 (1390) = **juris**byhemmer; OLG Hamm, NJW-RR 2011, 1423 = **juris**byhemmer; Palandt, § 440, Rn. 8.

335 Vgl. hierzu BGH, **Life&Law 2006, Heft 1, 1 - 5** = NJW 2005, 3211 - 3213 = **juris**byhemmer; LG Bielefeld, ZGS 2005, 79 - 80.

336 Lesenswert ist die Entscheidung des LG Essen, ZGS 2004, 399 - 400 = **juris**byhemmer; mit zustimmender Besprechung von Augenhofer, Beweislastumkehr und Unzumutbarkeit der Nacherfüllung, ZGS 2004, 385 - 391.

Maßgeblicher Zeitpunkt: Nacherfüllungshandlung des Verkäufers

Ist der Verkäufer innerhalb der gesetzten Nachfrist seiner Pflicht zur Nacherfüllung gem. § 439 BGB nachgekommen, kann der Käufer nicht mehr nach § 323 I BGB zurücktreten. Wie auch sonst bei § 323 I BGB[337] ist der Zeitpunkt der Nacherfüllungshandlung seitens des Verkäufers maßgeblich. 224

Erfolgloser Fristablauf auch, wenn nachgelieferte Sache an einem anderen Mangel leidet

Ein „erfolgloser Fristablauf" liegt auch vor, wenn die im Rahmen der Nachlieferung (§ 439 I Alt. 2 BGB) gelieferte Sache nun an einem anderen Mangel leidet. 225

Es ist nicht erforderlich, dass der Käufer dem Verkäufer nun bezüglich dieses Mangels erneut eine Nachfrist setzt. Die Nachfrist läuft nur dann nicht erfolglos ab, wenn der Verkäufer ordnungsgemäß (d.h. mangelfrei) nacherfüllt.

Ebenso bei mangelhafter Nachbesserung

Gleiches gilt, wenn bei der Nachbesserung (§ 439 I Alt. 1 BGB) der Verkäufer zwar den gerügten Mangel beseitigt, jedoch (z.B. wegen Unachtsamkeit bei der Reparatur) einen anderen Mangel verursacht.

f) Eigene Vertragstreue des Käufers bzw. Einräumung einer Gelegenheit zur Nacherfüllung

Keine kaufrechtlichen Besonderheiten bestehen hinsichtlich des Erfordernisses eigener Vertragstreue des Käufers.[338] 226

Ein vertragsuntreues Verhalten des Käufers führt auch beim Rücktritt aufgrund mangelhafter Leistung des Verkäufers zum Ausschluss des Rücktrittsrechts nach § 323 BGB (i.V.m. §§ 437 Nr. 2, 440 BGB).

Z.B. Zahlungsverweigerung bei Vorleistungspflicht des Verkäufers

So scheidet das Rücktrittsrecht des Käufers mangels eigener Vertragstreue beispielsweise aus, wenn er bei Vorleistungspflicht des Verkäufers ankündigt, auch bei Beseitigung des Mangels den Kaufpreis nicht zahlen zu wollen.

hemmer-Methode: Es gilt dasselbe wie auch sonst bei § 323 I BGB. Das Merkmal „eigene Vertragstreue des Gläubigers" kommt nur zum Tragen, wenn der Gesetzgeber nicht bereits die Rechtsfolgen des vertragsuntreuen Verhaltens geregelt hat. Wenn beispielsweise die mangelhafte Leistung trotz Nachfristsetzung vom Käufer zu verantworten ist, ist der Rücktritt bereits nach § 323 VI Alt. 1 BGB ausgeschlossen. Eines Rückgriffs auf das allgemeine Merkmal „eigene Vertragstreue" bedarf es dann nicht.

Verkäufer muss Gelegenheit zur Nacherfüllung erhalten

Das Erfordernis eines Nacherfüllungsverlangens als Voraussetzung für die Rechte des Käufers aus § 437 Nr. 2 und 3 BGB umschreibt keine Vertragspflicht, sondern eine Obliegenheit des Käufers.

Die Obliegenheit, welcher der Käufer im eigenen Interesse nachzukommen hat, wenn er die in § 437 Nr. 2 und 3 BGB aufgeführten Rechte geltend machen will, beschränkt sich nicht auf eine mündliche oder schriftliche Aufforderung zur Nacherfüllung, sondern umfasst auch die Bereitschaft des Käufers, dem Verkäufer die Kaufsache zur Überprüfung der erhobenen Mängelrügen für eine entsprechende Untersuchung zur Verfügung zu stellen.

Der Verkäufer ist nicht verpflichtet, sich auf ein Nacherfüllungsverlangen des Käufers einzulassen, bevor dieser ihm Gelegenheit zu einer solchen Untersuchung der Kaufsache gegeben hat.

---

337 Vgl. **Hemmer/Wüst, Schuldrecht AT**, Rn. 489, 388.

338 Ausführlich: **Hemmer/Wüst, Schuldrecht AT**, Rn. 396 ff., 490 f.

Denn dem Verkäufer soll es mit der ihm vom Käufer einzuräumenden Gelegenheit zur Nacherfüllung gerade ermöglicht werden, die verkaufte Sache zu untersuchen. Der Verkäufer kann von der ihm zustehenden Untersuchungsmöglichkeit aber nur dann Gebrauch machen, wenn ihm der Käufer die Kaufsache zu diesem Zweck zur Verfügung stellt.[339]

g) Keine Unerheblichkeit der Pflichtverletzung, § 323 V S. 2 BGB

Bei Unerheblichkeit der Pflichtverletzung: nur Minderung, kein Rücktritt

Ist die Pflichtverletzung unerheblich, kann der Käufer gem. § 323 V S. 2 BGB nicht zurücktreten. Hier hält der Gesetzgeber die Alles-oder-Nichts Lösung des Rücktritts für unpassend. 227

Dem Käufer hat es in diesem Fall zu genügen, den Kaufpreis nach § 441 BGB zu mindern.[340]

Die Beurteilung der Frage, ob eine Pflichtverletzung unerheblich im Sinne des § 323 V S. 2 BGB ist, erfordert eine umfassende Interessenabwägung auf der Grundlage der Umstände des Einzelfalls.

hemmer-Methode: Diese Einschränkung des Rücktrittsrechts gem. § 323 V S. 2 BGB kommt aber nur nach Übergabe der Sache zur Anwendung. § 323 V S. 2 BGB spricht nämlich von nicht vertragsgemäßer Leistung, d.h. Übergabe der Sache. Vor Übergabe ist § 323 V S. 2 BGB damit nicht anwendbar.

Bezugspunkt für Rücktritt ist „Nicht-Nacherfüllung"

Im Mängelrecht ist der Anknüpfungspunkt für den Rücktritt nach §§ 437 Nr. 2, 323 BGB nicht der Mangel, sondern die nicht fristgemäß erfolgte Nacherfüllung. Erheblich muss daher die Verletzung der Nacherfüllungspflicht sind. Die nicht frist- und/oder ordnungsgemäß erfolgte Nacherfüllung ist aber nur dann als erheblich zu bezeichnen, wenn die Nacherfüllung im Falle eines **erheblichen Mangels** unterbleibt.

hemmer-Methode: Im Folgenden wird daher sprachlich verknappt, aber im Ergebnis richtig von der „Erheblichkeit des Mangels" gesprochen.

Bei der Unerheblichkeit handelt es sich um einen unbestimmten Rechtsbegriff, dessen Auslegung sicherlich stets von den Umständen des Einzelfalls abhängen wird

Maßgeblicher Zeitpunkt ist der Zugang der Rücktrittserklärung

Für die Beurteilung, ob ein Mangel als geringfügig i.S.d. § 323 V S. 2 BGB einzustufen ist, ist auf den Zeitpunkt des Zugangs der Rücktrittserklärung des Käufers abzustellen.

Ein zu diesem Zeitpunkt erheblicher Mangel wird nicht dadurch unerheblich, dass es im Verlauf der sich anschließenden Auseinandersetzung einem gerichtlich bestellten Sachverständigen gelingt, den Mangel zumindest provisorisch zu beseitigen.[341]

aa) Grundsätzlich gilt ein objektiver Maßstab

Die Pflichtverletzung ist grds. dann unerheblich, wenn bei objektiver Betrachtung ein „geringfügiger" Mangel vorliegt. 227a

339 Vgl. hierzu BGH, **Life&Law 2010, Heft 6, 366 - 369** = NJW 2010, 1448 - 1449 = **juris**byhemmer.

340 Dazu unten, Rn. 244 ff.

341 Vgl. BGH, **Life&Law 2009, Heft 3, 147 - 151** = NJW 2009, 508 - 509 = **juris**byhemmer; BGH, **Life&Law 2011, Heft 12, 853 - 856** = BB 2011, 1601 = **juris**byhemmer.

Grundsätzlich ist objektiver Maßstab anzulegen

Die Pflichtverletzung ist sicherlich dann unerheblich, wenn der Mangel **leicht erkennbar ist und mit nur geringen Kosten alsbald beseitigt werden** kann.[342] Ob die aufzuwendenden Kosten nur gering sind, entscheidet sich zum einen danach, ob sie im Verhältnis zum Wert der Kaufsache nicht sonderlich ins Gewicht fallen, zum anderen aber auch danach, ob sie absolut gesehen unerheblich sind.

Ab 5% Mängelbeseitigungsaufwand im Verhältnis zum Kaufpreis i.d.R. erheblich

Nach Ansicht des BGH ist bei einem **behebbaren Mangel** im Rahmen der erforderlichen Interessenabwägung von einer Geringfügigkeit des Mangels und damit von einer Unerheblichkeit der Pflichtverletzung gemäß § 323 V S. 2 BGB - jedenfalls in der Regel - nicht mehr auszugehen, wenn der **Mangelbeseitigungsaufwand** einen Betrag von **fünf Prozent des Kaufpreises übersteigt**.[343]

Der Rücktritt vom Kaufvertrag ist bei einem behebbaren Mangel ausgeschlossen, wenn die Kosten seiner Beseitigung im Verhältnis zum Kaufpreis geringfügig sind. Das ist – auch im gehobenen Preissegment – jedenfalls dann der Fall, wenn die Mängelbeseitigungskosten 1 % des Kaufpreises nicht übersteigen.[344]

Lässt sich der Mangel nicht beseitigen, so wird er meist auch erheblich sein, da andernfalls der Käufer eine Sache behalten müsste, die er nicht haben wollte.[345] Für die Frage der Erheblichkeit der Pflichtverletzung im Sinne von § 323 V S. 2 BGB kommt es dann auf das Ausmaß der Funktionsbeeinträchtigung an.[346]

Bei 10%iger Abweichung der Ist- von der vertraglichen Sollbeschaffenheit ist von Erheblichkeit auszugehen

Bei vereinbarten Beschaffenheitsmerkmalen bietet es sich an, durch prozentuale Größenordnung bzgl. der Abweichung der Ist- von der Sollbeschaffenheit eine Klärung zu versuchen. So gibt es beispielsweise zur Frage des Kraftstoffverbrauchs Rechtsprechung zur Erheblichkeit.[347]

Ein Kraftstoffmehrverbrauch von 13 % im Drittelmix wurde vom BGH als erhebliche Pflichtverletzung angesehen.[348] Ein Kraftstoffmehrverbrauch von **weniger als 10 %** war nach Ansicht des BGH dagegen ein **unerheblicher Mangel**.[349] Diese Rechtsprechung wurde vom BGH erneut bestätigt.[350]

Diese prozentualen Wertverhältnisse mögen ausschlaggebend sein, wenn der nicht ordnungsgemäß erbrachte Leistungsbestandteil keine über den bloßen Erhalt der Leistung hinausgehende Bedeutung für den Gläubiger hat.[351]

Geht aber das Interesse am Erhalt der fehlenden Leistung über das reine Interesse am Erhalt der Leistung hinaus, dann kann auch ein Mangel mit relativ geringfügigen Mangelbeseitigungskosten wesentlich sein und zum Rücktritt berechtigen.

Bsp.:[352] *K kauft von V für 1,5 Mio. € ein Wohnhaus inklusive der Außenanlagen. Zu letzterer gehören Parkplätze sowie ein Gehweg zwischen Haus und Parkplatz.*

342 BGH, BB 1957, 92; BGH, NJW 1959, 1586.

343 BGH, **Life&Law 9/2014, 629 ff.** = **juris**byhemmer.

344 Vgl. BGH, **Life&Law 2011, Heft 11, 786 - 790** = NJW 2011, 2872 - 2874 = **juris**byhemmer.

345 Etwas anderes gilt aber, wenn der Fehler wirklich unbedeutend ist. Eine Wertminderung von deutlich weniger als 3 % wurde vom BGH als unerheblich eingestuft (BGH, ZIP 1996, 597 - 600 = **juris**byhemmer).

346 Vgl. BGH, **Life&Law 2011, Heft 11, 786 - 790** = NJW 2011, 2872 - 2874 = **juris**byhemmer.

347 BGH, NJW 1996, 1337 - 1339 = **juris**byhemmer; zum alten Recht: Grenze ca. 10 bis 15 %.

348 BGH, NJW 1996, 1337 - 1339 = **juris**byhemmer.

349 BGH, NJW 1997, 2590 - 2592 = **juris**byhemmer.

350 BGH, **Life&Law 2007, Heft 8, 514 - 517** = NJW 2007, 2111 - 2112 = **juris**byhemmer.

351 Nach Ansicht des OLG Düsseldorf, NJW 2005, 3504 - 3505 = **juris**byhemmer soll ab einer fünf prozentigen Abweichung von der im Prospekt angegebenen Höchstgeschwindigkeit ein erheblicher Mangel vorliegen.

352 OLG Hamm, **Life&Law 2005, Heft 12, 801 - 806** = IBR 2005, 420 = **juris**byhemmer.

Der Weg führte z.T. direkt am Wohnhaus entlang, hatte aber an dieser Stelle einen Höhenunterschied zu dem darunter liegenden Parkplatz von ca. 80 cm. V hatte an dieser Stelle keine Absturzsicherung in Form eines Geländers angebracht. Die Kosten dafür hätten sich auf ca. 4.000,- € belaufen.

hemmer-Methode: Zur Unerheblichkeit eines Kfz-Mangels lesen Sie OLG Düsseldorf, ZGS 2007, Heft 4, 157 ff. In diesem Fall war die Lenkradfernbedienung für die Lautstärke der CD-Wiedergabe defekt. Das OLG Düsseldorf lehnte die Erheblichkeit des Mangels ab. Obwohl der Zweck einer Lenkradfernbedienung die Erhöhung der Fahrsicherheit bezwecke, bedeute der Defekt nicht zwangsläufig, dass die Fahrsicherheit spürbar beeinträchtigt sei. Aufgrund der Relation zwischen Gesamtkaufpreis und Sonderausstattung Lenkradfernbedienung sei ein unerheblicher Mangel gegeben.[353]

Dies ist aber nicht immer möglich. So ist es beispielsweise schwierig, bei einer Abweichung von der angegebenen Höchstgeschwindigkeit mit einer Prozentgrenze zu arbeiten. Denn die Bedeutung dieser Abweichung wird sicherlich von Fall zu Fall anders zu beurteilen sein. So wird es dem Käufer, der mit dem Wagen Rennen fahren möchte, auf jeden km/h ankommen, während der Rentner seinen neuen Achtzylinder vielleicht nur als Hutablage braucht.

bb) Ausnahmsweise ist auf die subjektive Erheblichkeit der Pflichtverletzung abzustellen

Ausnahmsweise sind auch subjektive Elemente heranzuziehen

Das Arbeiten mit bloßen Prozentgrenzen führt aber nicht immer zu sinnvollen Ergebnissen. Damit ist dann bereits die Frage angesprochen, ob für die Bestimmung der Erheblichkeit auch subjektive Elemente ausschlaggebend sein können. Dies wird insbesondere dann bejaht, wenn der Mangel auf einer Abweichung von einer Beschaffenheitsgarantie beruht bzw. arglistig verschwiegen wurde. 227b

(1) Vorliegen einer Beschaffenheitsgarantie

Erheblichkeit bei Vorliegen einer Beschaffenheitsgarantie

Auf die objektive Erheblichkeit kommt es jedenfalls dann nicht mehr an, wenn der Verkäufer eine **Beschaffenheitsgarantie** abgegeben hat. 227c

In diesem Falle ist ein Sachmangel nach der Intention des Gesetzgebers (zumindest subjektiv) immer erheblich, da sonst die Bedeutung der Garantie stark entwertet würde.[354]

hemmer-Methode: Als Stütze im Gesetz kann hierfür eine Vorschrift des mietrechtlichen Gewährleistungsrechts herangezogen werden.
Im Mietrecht tritt die Minderung (kraft Gesetzes) nur dann ein, wenn durch den Mangel die Tauglichkeit des Mietobjekts erheblich gemindert ist, § 536 I S. 3 BGB. Diese Vorschrift findet aber gerade keine Anwendung, wenn der Vermieter eine Eigenschaftszusicherung (= Garantie) abgegeben hat, vgl. § 536 II BGB.

(2) Vorliegen einer Sollbeschaffenheitsvereinbarung

Ist die Soll-Beschaffenheit zwar nicht garantiert, aber wenigstens vertraglich vereinbart, so ist dies nach Ansicht des BGH im Rahmen der vorzunehmenden Interessenabwägung wenigstens ein Indiz für die Erheblichkeit der Pflichtverletzung.[355]

353 Ein weiteres Beispiel zur Erheblichkeit des Mangels finden Sie bei OLG Düsseldorf, NJW-RR 2008, 1230 - 1232 = **juris**byhemmer.

354 Vgl. Regierungsentwurf, BT-Drucks. 14/6040, S. 223; dazu siehe etwa auch Huber/Faust, Kap. 13, Rn. 75.

355 BGH, NJW-RR 2010, 1289 ff. = **juris**byhemmer; BGH, NJW 2013, 1365 ff. = **juris**byhemmer.

(2) Arglistiges Verschweigen eines Mangels

Erheblichkeit bei arglistiger Täuschung

Eine den Rücktritt und die Geltendmachung von Schadensersatz statt der ganzen Leistung ausschließende nur unerhebliche Pflichtverletzung ist beim Kaufvertrag in der Regel zu verneinen, wenn der Verkäufer über das Vorhandensein eines Mangels **arglistig täuscht**. 227d

Nach Ansicht des BGH kann auch bei einer objektiv geringfügigen Pflichtverletzung die Erheblichkeit i.d.R. bejaht werden, wenn der Verkäufer einen Mangel arglistig verschwiegen hat.[356]

Der Gesetzgeber hat gem. § 323 V S. 2 BGB für den Rücktritt nach neuem Recht auf die Erheblichkeit der Pflichtverletzung abgestellt. Damit knüpft der Gesetzgeber an ein Verhalten des Verkäufers an. Dies lässt auch Raum für die Berücksichtigung arglistigen Verhaltens, selbst wenn sich die Täuschung auf einen objektiv betrachtet kleinen Mangel bezieht.

Das arglistige Verschweigen eines Mangels modifiziert auch in anderen Bereichen die Haftung stark zu Lasten des Verkäufers. So behält beispielsweise der Käufer seine Mängelrechte trotz grob fahrlässiger Nichtkenntnis vom Mangel, wenn der Verkäufer den Mangel arglistig verschwiegen hat, § 442 I S. 2 BGB.

Des Weiteren spricht die Regel-Ausnahme Systematik, die dem Mängelrecht innewohnt, für eine Beachtung der arglistigen Täuschung. § 323 V S. 2 BGB ist als Ausnahmetatbestand formuliert.

Dass der Käufer bei unerheblichen Pflichtverletzungen nicht zurücktreten können soll, hängt mit der besonderen Schutzwürdigkeit des Verkäufers zusammen, da die Rückabwicklung des gesamten Vertrages mit erheblichen Nachteilen für den Verkäufer verbunden sein kann. Täuscht er aber arglistig, so ist er nicht schutzwürdig im Vertrauen darauf, dass der Vertrag Bestand haben wird.

hemmer-Methode: Der BGH wurde für diese Entscheidung bereits kritisiert. § 323 V S. 2 BGB bzw. § 281 I S. 3 BGB würden die Erheblichkeit der Pflichtverletzung erfordern. Das sei die Schlechtleistung selbst. Also müsse der Mangel erheblich sein, weshalb die Täuschung als nicht leistungsbezogene Rücksichtnahmepflichtverletzung für diese Frage irrelevant sei.[357]
Diese Ansicht ist jedoch nicht überzeugend. Zum einen bezieht sich die Täuschung auf die Pflichtverletzung (Mangel). Zum anderen entspricht es der h.L., dass auch die Umstände des Einzelfalls für die Beurteilung der Erheblichkeit maßgeblich sein können, so z.B. wenn die Parteien eine gesonderte Beschaffenheitsvereinbarung hinsichtlich des Mangels vorgenommen hatten.
Der Ansicht des BGH ist daher zu folgen.

h) Bei Teilleistung Interessenfortfall, § 323 V S. 1 BGB

Bei Teilleistung ist Interessenfortfall nötig (str.)

Eine Zuweniglieferung ist gem. § 434 III BGB eindeutig ein Sachmangel. Damit liegt wegen § 433 I S. 2 BGB eine nicht vertragsgemäße Leistung vor. Will jetzt der Käufer zurücktreten, so müssen wegen des Grundsatzes des „pacta sunt servanda“ aber weitere Voraussetzungen vorliegen. 228

356 BGH, **Life&Law 2006, Heft 7, 439 - 442** = ZGS 2006, 236 - 238 = **juris**byhemmer.

357 Lorenz, Arglist und Sachmangel - Zum Begriff der Pflichtverletzung in § 323 V S.2 BGB, NJW 2006, 1925 - 1927; Kulke, Rücktrittsrecht bei geringfügigem Mangel wegen Arglist des Verkäufers, ZGS 2006, 412 - 415.

Löst man diesen Fall strikt nach dem Gesetz, so ist die Zuweniglieferung gem. §§ 433 I S. 2, 434 III BGB eine nicht vertragsgemäße Leistung. In diesem Fall käme es auf die Erheblichkeit der Pflichtverletzung an, § 323 V S. 2 BGB.[358]

Allerdings verlangt § 323 V S. 1 BGB (bzw. § 281 I S. 2 BGB) bei der Teilleistung Interessenfortfall, den der Käufer oftmals nicht darlegen und beweisen kann.

Würde man nun jede Zuweniglieferung wegen § 434 III BGB als nicht vertragsgemäße Leistung auch im allgemeinen Schuldrecht ansehen, so würde diese Regelung leer laufen.[359]

Daher wird vorgeschlagen, dass man die Zuweniglieferung im Mängelrecht gem. § 434 III BGB natürlich als Mangel zu behandeln hat, im Allgemeinen Schuldrecht aber nach wie vor als Teilleistung.[360]

hemmer-Methode: Lesen Sie dazu nochmals das Fallbeispiel bei Rn. 137a bis 137c bzw. in Hemmer/Wüst, Schuldrecht AT, Rn. 317 nach!

i) Kein Ausschluss des Rücktrittsrechts nach § 323 VI BGB

§ 323 VI BGB

Hat der Käufer den zum Rücktritt berechtigenden Umstand allein bzw. weit überwiegend zu verantworten oder tritt er während Annahmeverzugs des Käufers ein, scheidet ein Rücktritt des Käufers aus, § 323 VI BGB. 229

Mit dem „zum Rücktritt berechtigenden Umstand“ sind die Tatsachen gemeint, die zum Rücktrittsgrund des § 323 I BGB führen. Es geht also um die mangelhafte Leistung trotz Fristsetzung.

§ 323 VI Alt. 1 BGB

Dafür genügt es bereits, dass der Käufer das Unterbleiben der Nacherfüllung in der gesetzten Nachfrist zu verantworten hat, er also seine Mitwirkungsobliegenheiten verletzt hat.

> ***Bsp.:*** *V hat K ein mangelhaftes Fahrrad (z.B.: Bremsdefekt) geliefert, K verlangt Nachbesserung gem. § 439 I Alt. 1 BGB und setzt V hierfür eine angemessene Nachfrist von zwei Tagen. Diese läuft erfolglos ab, weil K – grob fahrlässig – einen Brand verursacht, bei dem die Spezialwerkzeuge des V stark beschädigt werden.*
>
> Hier hat K zwar nicht die mangelhafte Leistung zu verantworten. Jedoch ist er für den erfolglosen Ablauf der Nachfrist weit überwiegend verantwortlich: Infolge seines Verschuldens sind die Spezialwerkzeuge des V stark beschädigt und V konnte deshalb innerhalb der gesetzten Frist nicht nachbessern. Ein Rücktrittsrecht des K ist nach § 323 VI Alt. 1 BGB ausgeschlossen.

§ 446 S. 3 BGB beachten!

Kaum einschlägig dürfte bei mangelhafter Leistung § 323 VI Alt. 2 BGB sein. Danach ist der Rücktritt des Käufers aufgrund Mangelhaftigkeit der Kaufsache auch dann ausgeschlossen, wenn er sich im Zeitpunkt des Eintritts des zum Rücktritt berechtigenden Umstandes im Annahmeverzug befindet. 230

Mit Annahmeverzug des Käufers tritt allerdings gem. § 446 S. 3 BGB Gefahrübergang ein; wenn erst danach die Sache mangelhaft wird, ist sie im maßgeblichen Zeitpunkt des Gefahrübergangs noch mangelfrei gewesen.

---

358 So offenbar Palandt, § 281, Rn. 38.

359 Als Problem erkannt bei Palandt, § 434, Rn. 52.

360 Grigoleit/Riehm, Grenzen der Gleichstellung von Zuwenig-Leistung und Sachmangel, ZGS 2002, 115 - 122 sowie Canaris, Die Reform des Rechts der Leistungsstörungen, JZ 2001, 499 - 528 (513), ebenso Lorenz, Zur Abgrenzung von Teilleistung, teilweiser Unmöglichkeit und teilweiser Schlechtleistung im neuen Schuldrecht, NJW 2003, 3097 - 3099.

Der Verkäufer hat dann gar nicht mangelhaft geleistet, es liegen bereits die Voraussetzungen des § 323 I BGB nicht vor!

Bsp.: *Als V dem K das verkaufte Motorrad anbietet, weist K dieses zurück, da er vom Kaufvertrag „nichts mehr wissen“ will. V bringt das Motorrad in seine Garage zurück, wo es von einem unbekannten Dritten beschädigt wird. K nimmt das Motorrad nun zwar an, will allerdings wegen der Beschädigung nach Ablauf einer angemessenen Nachfrist vom Kaufvertrag zurücktreten. Rücktrittsrecht des K?*

Ein solches Rücktrittsrecht könnte sich aus §§ 437 Nr. 2, 440, 323 BGB ergeben.

V müsste „nicht vertragsgemäß“ i.S.d. § 323 I BGB geleistet haben. Dies wäre der Fall, wenn das Motorrad nicht mangelfrei i.S.d. § 433 I S. 2 BGB wäre. In der Beschädigung ist jedoch kein Sachmangel i.S.d. § 434 I BGB zu sehen: Maßgeblich hierfür ist der Zeitpunkt des Übergangs der Preisgefahr auf den Käufer, vgl. § 434 I S. 1 BGB.

Die Preisgefahr ist auf den Käufer mit der Zurückweisung des Motorrads übergegangen, da er hierdurch in Annahmeverzug nach den §§ 293 ff. BGB geriet, § 446 S. 3 BGB. Da das Motorrad in diesem Zeitpunkt noch unbeschädigt und damit mangelfrei war, hat V vertragsgemäß geleistet, ein Rücktritt des K scheidet aus.

§ 323 VI Alt. 2 BGB anwendbar bei Annahmeverzug mit Nacherfüllung oder bei Rechtsmängeln

Im Bereich der Mängelrechte spielt § 323 VI Alt. 2 BGB allerdings eine Rolle, wenn der Käufer erst mit der Annahme der Nacherfüllung in Annahmeverzug gerät. Denn in diesem Fall war die Kaufsache bei Gefahrübergang (Übergabe, § 446 S. 1 BGB) bereits mangelhaft. Ebenso kommt § 323 VI Alt. 2 BGB bei Rechtsmängeln zum Tragen, da bei diesen der Zeitpunkt des Gefahrübergangs nicht maßgeblich ist. 231

j) Unwirksamkeit des Rücktrittsrechts wegen Verjährung des Nacherfüllungsanspruches, §§ 438 IV S. 1, 218 I BGB

Freilich kann der Käufer von einem Rücktrittsrecht nicht zeitlich unbegrenzt Gebrauch machen. Allerdings kann das Rücktrittsrecht als Gestaltungsrecht nicht verjähren; der Verjährung unterliegen gem. § 194 I BGB nur Ansprüche. 232

Koppelung an Verjährung des Nacherfüllungsanspruches

Daher koppeln §§ 438 IV S. 1, 218 I BGB das Rücktrittsrecht bei mangelhafter Leistung an die Verjährung des Nacherfüllungsanspruches. Ist dieser verjährt und erhebt der Verkäufer die Verjährungseinrede gem. § 214 I BGB, so ist der vom Käufer erklärte Rücktritt unwirksam, § 218 I S. 1 BGB.[361]

Bei § 438 IV S. 1 BGB handelt es sich um einen eigentlich überflüssigen deklaratorischen Hinweis auf die Geltung des § 218 BGB aus dem BGB-AT.

hemmer-Methode: Beachten Sie bitte, dass bei einem wirksam erklärten Rücktritt die Rechte aus dem Rückgewährschuldverhältnis der Regelverjährung unterliegen.
Die §§ 438 IV S. 1, 218 I BGB gelten daher nur für das Recht zum Rücktritt, nicht aber für die Rechte aus dem Rücktritt.
Erklärt der Käufer den Rücktritt vom Vertrag vor Eintritt der Verjährung, so beginnt für die Ansprüche aus dem Rückabwicklungsverhältnis also eine neue dreijährige Regelverjährung, § 195 BGB. In diesem Falle kann der Verkäufer nicht mit dem Einwand durchdringen, dass der Nacherfüllungsanspruch des Käufers jetzt wegen Verjährung nicht mehr durchsetzbar sei.[362]

---

361 Zur Verjährung des Nacherfüllungsanspruches bereits oben, Rn. 178 ff.

362 OLG Koblenz, ZGS 2006, 117 - 119 = jurisbyhemmer.

3. Rücktritt nach § 324 BGB?

§ 324 BGB in § 437 Nr. 2 BGB nicht erwähnt

Zu Recht verweist § 437 Nr. 2 BGB nicht auf ein Rücktrittsrecht des Käufers aus § 324 BGB. 233

Lieferung einer mangelhaften Sache führt nicht zu § 324 BGB

Denn § 324 BGB ist nur bei Verletzung nicht leistungsbezogener Pflichten (§ 241 II BGB) einschlägig. Die mangelhafte Leistung durch den Verkäufer ist aber die Verletzung der (Haupt-)Leistungspflicht des Verkäufers, weshalb nur § 323 BGB oder § 326 V BGB in Betracht kommen.

hemmer-Methode: Freilich kann sich aufgrund anderer Pflichtverletzungen seitens des Verkäufers ein Rücktrittsrecht des Käufers aus § 324 BGB ergeben. Dies hat aber mit Mängelrechten des Käufers nichts zu tun.

> ***Bsp.:*** *Bei Abwicklung der in mehreren Raten zu erbringenden Leistung des Verkäufers beleidigt dieser den Käufer schwer. Der Käufer will vom Vertrag zurücktreten.*
>
> Hier kommt ein Rücktrittsrecht allein nach § 324 BGB in Betracht. Denn bei den Beleidigungen handelt es sich nicht um Sach- oder Rechtsmängel der Kaufsache, sondern um die Verletzung nicht leistungsbezogener Nebenpflichten i.S.d. § 241 II BGB. Dies führt zur Anwendbarkeit des § 324 BGB.[363]

4. Rücktritt nach §§ 437 Nr. 2, 326 V BGB bei Unmöglichkeit der Nacherfüllung

Der Käufer kann nach §§ 437 Nr. 2, 323 I BGB nur zurücktreten, wenn dem Verkäufer die Nacherfüllung möglich ist. Anderenfalls würde eine Nachfristsetzung keinen Sinn machen. 234

Unmöglichkeit der Nacherfüllung ⇨ § 326 V BGB

Bei Unmöglichkeit der Nacherfüllung i.S.d. § 275 I - III BGB kommt ein Rücktritt daher nicht nach § 323 BGB, sondern allein nach § 326 V BGB (i V.m. § 437 Nr. 2 BGB) in Betracht, wonach die Fristsetzung entbehrlich ist.

Keine Minderung kraft Gesetzes, § 326 I S. 2 BGB

Zwar stellt die Unmöglichkeit der Nacherfüllung eine qualitative Unmöglichkeit der Primärpflicht des Verkäufers aus § 433 I BGB dar; entgegen § 326 I S. 1 HS 2 BGB entfällt die Kaufpreiszahlungspflicht des Käufers aber nach der Übergabe **nicht** (teilweise), **§ 326 I S. 2 BGB**. Denn dies würde eine Minderung kraft Gesetzes darstellen.[364] 235

hemmer-Methode: Nach § 326 I S. 2 BGB gilt § 326 I S. 1 BGB nicht, wenn der Schuldner im Fall der nicht vertragsgemäßen Leistung die Nacherfüllung nicht zu erbringen braucht.
Diese Ausnahme setzt nach dem eindeutigen Wortlaut sowie nach ihrem Sinn und Zweck ganz eindeutig voraus, dass die Sache übergeben wurde.
(1) Zuvor hat der Schuldner nämlich noch keine Leistung in diesem Sinne erbracht und der Gläubiger kann nicht Nacherfüllung verlangen, sondern die ursprüngliche Erfüllung.
Vor Übergabe ist § 326 I S. 1 BGB also anwendbar.[365]
(2) Außerdem will diese Vorschrift lediglich verhindern, dass kraft Gesetzes eine Minderung eintritt. Denn § 437 BGB zeigt, dass dem Käufer das Wahlrecht hinsichtlich seiner Rechte zustehen soll.[366]
Würde es § 326 I S. 2 BGB nicht geben, so würde nach der Übergabe § 326 I S. 1 BGB gelten und gem. § 326 I S. 1 HS 2 BGB würde bei einem unbehebbaren Mangel (qualitative Teilunmöglichkeit) kraft Gesetzes gemindert.

---

363 Im Einzelnen zu § 324 BGB: **Hemmer/Wüst, Schuldrecht AT**, Rn. 515 ff.

364 BT-Drs. 14/6040, S. 189.

365 Vgl. dazu Heinrich, ZGS 2003, 208 f. sowie Schulte-Nölke, ZGS 2003, 256 (257).

366 Vgl. BT-Drs. 14/6040, S. 189.

Der Käufer würde also seines Wahlrechtes beraubt, wenn automatisch die Minderung eintritt. Unter Umständen will er ja gar nicht mindern, sondern zurücktreten. Rücktritt und Minderung schließen sich nun aber definitiv aus (vgl. § 437 Nr. 2 BGB: ...„oder"...). Das will § 326 I S. 2 BGB verhindern.

<u>Voraussetzungen des Rücktrittsrechts des Käufers nach den §§ 437 Nr. 2, 326 V BGB</u>:

a) Gegenseitiger Vertrag (beim Kaufvertrag unproblematisch anzunehmen)

b) Mangelhafte Leistung des Verkäufers

c) Unmöglichkeit der Nacherfüllung

d) Eigene Vertragstreue des Käufers

e) Keine Unerheblichkeit i.S.d. §§ 326 V, 323 V S. 2 BGB

f) Kein Ausschluss des Rücktrittsrechts nach §§ 326 V, 323 VI BGB

g) Kein Ausschluss des Rücktrittsrechts wegen Verjährung, § 218 I S. 2 BGB

a) Gegenseitiger Vertrag

Der Kaufvertrag ist unproblematisch ein gegenseitiger Vertrag. *236*

b) Mangelhafte Leistung des Verkäufers

Es muss eine mangelhafte Leistung des Verkäufers vorliegen. Insoweit gelten keine Besonderheiten. *236a*

c) Unmöglichkeit der Nacherfüllung

Abgrenzung zu § 323 BGB

§ 326 V BGB kommt nur zur Anwendung, wenn der Nacherfüllungsanspruch des Käufers (anfänglich oder nachträglich) unmöglich i.S.d. § 275 I - III BGB ist. Dies ist das Abgrenzungskriterium zum Rücktritt nach § 323 BGB (i.V.m. §§ 437 Nr. 2, 440 BGB). *237*

hemmer-Methode: Nicht gemeint sind die Fälle, in denen der Verkäufer die Nacherfüllung nach § 439 III BGB verweigert. Der Wortlaut des § 326 V BGB ergibt eindeutig, dass der Nacherfüllungsanspruch nach § 275 I - III BGB ausgeschlossen sein muss. Hat der Verkäufer nach § 439 III BGB die Nacherfüllung verweigert, ergibt sich die Entbehrlichkeit der Fristsetzung bereits aus § 440 S. 1 Alt. 1 BGB.

Beide Nacherfüllungsarten müssen unmöglich sein

Nur wenn beide Arten der Nacherfüllung (Nachbesserung und Nachlieferung, § 439 I Alt. 1 und Alt. 2 BGB[367]) unmöglich sind, kommt die Anwendung des § 326 V BGB in Betracht. Ist nur eine Nacherfüllungsart unmöglich, ist der Käufer auf die andere Nacherfüllungsart beschränkt.[368]

Einreden des § 275 II, III BGB müssen erhoben sein

Liegt ein Fall des § 275 II oder III BGB vor, ist § 326 V BGB nur anwendbar, wenn der Verkäufer die Einrede nach § 275 II bzw. III BGB erhoben hat. Nur dann ist seine Leistungspflicht (= Nacherfüllungspflicht) ausgeschlossen i.S.d. § 326 V BGB! *238*

---

367 Hierzu oben, Rn. 161 ff.

368 Vgl. oben, Rn. 170.

Bsp.: *V verkauft K einen gebrauchten Rasenmäher der Marke „L.A.W.-Cutter" zum Preis von 500,- €. V liefert vereinbarungsgemäß und K zahlt den Kaufpreis. Beim ersten Ausprobieren stellt K fest, dass der Rasenmäher einen Getriebeschaden hat und deshalb nicht funktioniert. Der herbeigerufene V stellt fest, dass dieser Schaden nicht behoben werden kann, da die benötigten Ersatzteile nicht mehr produziert werden. K möchte „sein Geld zurück".*

1. Ein Anspruch des K auf Rückzahlung von 500,- € gegen V könnte sich aus §§ 326 IV, 346 I BGB ergeben.

Dazu müsste die Gegenleistungspflicht des K kraft Gesetzes nach § 326 I S. 1 BGB entfallen sein. Dies ist bei einem möglicherweise unbehebbaren Mangel nach Übergabe jedoch gem. § 326 I S. 2 BGB nicht der Fall, da es auf diese Weise zu einer Minderung kraft Gesetzes käme.

Daher besteht kein solcher Anspruch des K gegen V.

2. Allerdings könnte K vom Kaufvertrag mit V wirksam zurückgetreten sein. Ein Rückzahlungsanspruch würde sich dann aus § 346 I BGB (direkt) ergeben.

a) Ein Rücktrittsgrund könnte sich aus **§§ 437 Nr. 2, 323 I BGB** ergeben. Da der Rasenmäher mangelhaft ist (§ 434 I S. 1 Nr. 2 BGB), hat V nicht vertragsgemäß i.S.d. § 323 I BGB geleistet.

Jedoch ist § 323 I BGB nur anwendbar, wenn V die Nacherfüllung möglich ist. Zwar ist bei einer gebrauchten Sache die Nachlieferung i.S.d. § 439 I Alt. 2 BGB nicht von vornherein ausgeschlossen.

hemmer-Methode: Wiederholen Sie hierzu nochmals die Ausführungen bei Rn. 162!

Allerdings fehlt es hier an einer vergleichbaren Sache, die V nachliefern könnte. Jedoch ist auch die Nachbesserung i.S.d. § 439 I Alt. 1 BGB objektiv unmöglich: Die für die Beseitigung des Mangels erforderlichen Ersatzteile sind nicht verfügbar, sie werden nicht mehr hergestellt Also ist die Nacherfüllung dem V (anfänglich objektiv) unmöglich i.S.d. § 275 I BGB.

Damit ist § 323 I BGB unanwendbar.

hemmer-Methode: Denkbar wäre es auch, einen Fall des § 275 II BGB anzunehmen, da V die Herstellung der benötigten Einzelteile in Auftrag geben könnte. Dies würde aber zu einem unverhältnismäßig hohen Aufwand führen, sodass V wegen sog. praktischer Unmöglichkeit die Einrede des § 275 II BGB erheben könnte. Da jedoch bzgl. der Herstellbarkeit der Einzelteile weitere Anhaltspunkte im Sachverhalt fehlen, sollten Sie in der Klausur von einem Fall des § 275 I BGB ausgehen.

b) Der Rücktrittsgrund ergibt sich daher aus **§§ 437 Nr. 2, 326 V BGB**; eine Fristsetzung durch K ist danach entbehrlich. Da der Mangel auch nicht nur unerheblich i.S.v. §§ 326 V, 323 V S. 2 BGB ist, konnte K vom Kaufvertrag zurücktreten. Es liegt auch eine wirksame Rücktrittserklärung des K gem. § 349 BGB vor.

Daher kann K von V Rückzahlung des Kaufpreises i.H.v. 500,- € aus § 346 I BGB verlangen.

d) Eigene Vertragstreue des Käufers

Keine Besonderheiten

239 Auch beim Rücktrittsrecht nach § 326 V BGB ist das Erfordernis eigener Vertragstreue des Käufers zu prüfen. Es bestehen keine Besonderheiten zu dem in Rn. 226 Gesagten.

hemmer-Methode: Die „eigene Vertragstreue“ ist nur in seltenen Fällen wirklich problematisch. Sofern ein solcher Fall nicht vorliegt, verlieren Sie zu diesem Merkmal in der Klausur kein Wort! Anderenfalls erwecken Sie den Eindruck, Prüfungsschemata auswendig gelernt zu haben. Auch wenn Ihre Ausführungen theoretisch richtig sein sollten, führt dies in aller Regel zu Punktabzügen.

e) Keine Unerheblichkeit i.S.d. §§ 326 V, 323 V S. 2 BGB

§ 323 V S. 2 BGB findet über § 326 V BGB Anwendung

Zwar normiert § 326 V BGB einen eigenständigen Rücktrittsgrund, jedoch verweist er hinsichtlich der Voraussetzungen auf § 323 BGB. Damit ist auch § 323 V S. 2 BGB anzuwenden, weshalb auch bei Unmöglichkeit der Nacherfüllung ein Rücktritt des Käufers wegen nur unerheblicher Mängel der Kaufsache ausgeschlossen ist.[369] 240

f) Kein Ausschluss des Rücktrittsrechts nach §§ 326 V, 323 VI BGB

Auch § 323 VI BGB anwendbar

Ebenfalls anwendbar ist § 323 VI BGB. Hat der Käufer die Unmöglichkeit der Nacherfüllung zu verantworten oder wird die Nacherfüllung während des Annahmeverzugs des Käufers unmöglich, kann er nicht vom Kaufvertrag nach § 326 V BGB zurücktreten. 241

hemmer-Methode: Dies ist im Grunde nichts anderes als § 326 II BGB. Nur geht es hier nicht um die Erhaltung der Gegenleistungspflicht, die nach § 326 I S. 2 BGB bei Unmöglichkeit der Nacherfüllung ohnehin vollumfänglich bestehen bleibt; vielmehr geht es um den Ausschluss des Rücktrittsrechtes aus § 326 V BGB.

Bsp.: *Student S kauft von Fahrradhändler F ein gebrauchtes Fahrrad. Nach wenigen Monaten stellt S fest, dass das Vorderrad stark korrodiert ist. Er ruft bei F an und fordert ihn auf, das Rad auszutauschen, was F verweigert. S will das Fahrrad nun zu einer Werkstatt bringen. Auf dem Weg dorthin wird es bei einem von S leicht fahrlässig verursachten Unfall vollständig zerstört. S verlangt den Kaufpreis von F zurück.*

1. Ein solcher Anspruch könnte sich aus §§ 326 IV, 346 I BGB ergeben.

Der Anspruch besteht nicht, da die Unmöglichkeit der Nacherfüllung den Anspruch auf die Gegenleistung unberührt lässt, § 326 I S. 2 BGB.

Demnach steht S gegen F kein Rückzahlungsanspruch aus § 326 IV, 346 I BGB zu.

2. Jedoch könnte sich ein solcher Anspruch aus § 346 I BGB ergeben. Dazu müsste S wirksam vom Vertrag mit F zurückgetreten sein. Dies setzt – neben der hier gem. § 349 BGB unproblematischen Rücktrittserklärung – vor allem das Vorliegen eines Rücktrittsgrundes voraus.

a) Ein solcher ergibt sich nicht aus §§ 437 Nr. 2, 323 BGB: Denn eine eventuelle Pflicht des V zur Nacherfüllung ist jedenfalls mit der Zerstörung des Fahrrades unmöglich geworden i.S.v. § 275 I BGB. § 323 BGB setzt aber die Möglichkeit der noch nicht erfüllten Leistungspflicht des Schuldners, hier also die Möglichkeit der Nacherfüllung, voraus.

b) Jedoch kommt ein Rücktrittsrecht des S nach §§ 437 Nr. 2, 326 V BGB in Betracht.

Die von F an S gelieferte Kaufsache weist einen Sachmangel i.S.d. § 434 I S. 2 Nr. 2 BGB auf. Damit stand S zunächst ein Anspruch auf Nacherfüllung in Form der Nachbesserung (§ 439 I Alt. 1 BGB) zu. Nachlieferung i.S.d. § 439 I Alt. 2 BGB kommt bei gebrauchten Kaufsachen als Stückschulden nicht in Betracht (vgl. ausführlich unter Rn. 162).

369 BT-Drs. 14 / 6040, S. 189.

Dieser Nachbesserungsanspruch ist durch die Zerstörung des Fahrrades bei dem Unfall nachträglich unmöglich geworden, § 275 I BGB.

Jedoch könnte das Rücktrittsrecht des S nach §§ 326 V, 323 VI Alt. 1 BGB ausgeschlossen sein. Dazu müsste S die Unmöglichkeit der Nacherfüllung allein oder weit überwiegend zu vertreten haben. S hat den Unfall leicht fahrlässig verursacht.

Jedoch kommt auch ein Vertretenmüssen des F in Betracht, sodass eine alleinige oder weit überwiegende Verantwortlichkeit des S i.S.d. § 323 VI Alt. 1 BGB zu verneinen wäre. Denn F befand sich mit der Nacherfüllungspflicht im Schuldnerverzug i.S.d. § 286 I BGB.

Zwar liegt kein Fall der von F nach § 287 S. 2 BGB zu vertretenden Unmöglichkeit vor, denn „Zufall" ist nur ein Ereignis, das weder Gläubiger noch Schuldner zu vertreten haben. Allerdings hätte F dem S nach §§ 280 II, 286 BGB jeden kausal auf dessen Schuldnerverzug beruhenden Schaden zu ersetzen.

Die Unmöglichkeit der Nacherfüllung durch den Unfall beruht kausal und zurechenbar auf der Verzögerung der Nacherfüllungspflicht seitens des F; eine bloß leichte Fahrlässigkeit des S vermag diesen Zurechnungszusammenhang nicht zu unterbrechen.

Daher hat auch F die Unmöglichkeit der Nacherfüllung zu vertreten; eine alleinige oder weit überwiegende Verantwortlichkeit des S i.S.d. § 323 VI Alt. 2 BGB liegt nicht vor. Daher konnte S wirksam vom Kaufvertrag zurücktreten.

Also steht ihm ein Anspruch auf Rückzahlung des Kaufpreises gegen F aus § 346 I BGB zu.

hemmer-Methode: S müsste eigentlich im Gegenzug F das Fahrrad zurückgeben, § 346 I BGB. Dies ist ihm allerdings infolge der Zerstörung des Fahrrades nicht möglich, weshalb er grds. an F Wertersatz zu leisten hat, § 346 II S. 1 Nr. 3 BGB. Jedoch ist als Ausnahme hiervon § 346 III S. 1 Nr. 3 BGB zu beachten:
S haftet nur, wenn er die Zerstörung des Fahrrades i.S.d. § 277 BGB zu vertreten hat; als Rücktrittsberechtigter eines gesetzlichen Rücktrittsrechtes (§ 326 V BGB!) ist er auf die Haftung für eigenübliche Sorgfalt (diligentia quam in suis) beschränkt.[370]

g) Kein Ausschluss des Rücktrittsrechts nach §§ 438 IV S. 1, 218 I S. 2 BGB

Koppelung an fiktiven Nacherfüllungsanspruch

Beim Rücktrittsrecht nach §§ 437 Nr. 2, 326 V BGB bereitet die Anwendung des § 218 I S. 1 BGB Schwierigkeiten, da ein Nacherfüllungsanspruch wegen § 275 I - III BGB ausgeschlossen ist und demzufolge auch nicht verjähren kann. Zu diesem Zweck stellt § 218 I S. 2 BGB auf einen fiktiven Nacherfüllungsanspruch ab: Der Rücktritt nach §§ 437 Nr. 2, 326 V BGB ist ausgeschlossen, wenn der Nacherfüllungsanspruch – würde er bestehen – verjährt wäre. 242

5. Rechtsfolgen des wirksamen Rücktritts durch den Käufer

Rechtsfolgen: §§ 346 ff. BGB

Die Rechtsfolgen eines wirksamen Rücktritts durch den Käufer sind in den §§ 346 ff. BGB geregelt. 243

hemmer-Methode: Hierzu sei auf die allgemeinen Ausführungen in Hemmer/Wüst, Schuldrecht AT, Rn. 545 ff. verwiesen.

Privilegierung des Käufers, § 346 III S. 1 Nr. 3 BGB

Zu beachten ist insbesondere die Haftungsprivilegierung des Käufers in § 346 III S. 1 Nr. 3 BGB:

370 Dazu unten, Rn. 243 und **Hemmer/Wüst, Schuldrecht AT**, Rn. 565 ff.

Bsp.: *A hat von P einen Gebrauchtwagen gekauft. Als A den Wagen wegen eines kleineren Unfalls in die Werkstatt bringen lässt, stellt sich heraus, dass es sich um einen „Unfallwagen" handelt. Schon vor Jahren ist der Pkw bei einem Unfall schwer beschädigt worden. Auf dem Rückweg von der Werkstatt wird der Wagen bei einem von A verursachten Unfall zerstört; zu dem Unfall kam es, weil A – wie üblich – 20 km/h zu schnell gefahren ist. A möchte von P den Kaufpreis zurück; P verlangt „Schadensersatz" für den zerstörten Wagen.*

I. Anspruch des A auf Kaufpreisrückzahlung

Ein Rückzahlungsanspruch des A könnte sich aus § 346 I BGB ergeben. Dazu müsste A wirksam vom Kaufvertrag mit P zurückgetreten sein.

1. Durch die Eigenschaft als Unfallwagen wird der Verkaufswert des Pkw gemindert; dieser sog. merkantile Minderwert stellt einen Sachmangel des Wagens i.S.d. § 434 I S. 2 Nr. 2 Alt. 2 BGB dar. Damit hat zwar P nicht vertragsgemäß geleistet.

Dennoch scheidet ein Rücktrittsrecht des A gem. §§ 437 Nr. 2, 323 I BGB aus. Denn bei Unmöglichkeit der Nacherfüllung kommt allein die Anwendung von §§ 437 Nr. 2, 326 V BGB in Betracht; die Nacherfüllung des Mangels „Unfallwagen" ist unmöglich i.S.d. § 275 I BGB:

Der merkantile Minderwert kann im Wege der Nachbesserung (§ 439 I Alt. 1 BGB) nicht beseitigt werden. Da es sich um einen Stückkauf handelt, ist die Nachlieferung i.S.d. § 439 I Alt. 2 BGB ebenfalls nicht möglich (vgl. ausführlich unter Rn. 162).

Daher scheidet ein Rücktritt des A nach §§ 437 Nr. 2, 323 I BGB aus.

2. Jedoch kommt ein Rücktrittsrecht des A nach §§ 437 Nr. 2, 326 V BGB in Betracht. Der Anspruch des A gegen P auf Nacherfüllung ist gem. § 275 I BGB ausgeschlossen.

Das Rücktrittsrecht könnte jedoch nach §§ 326 V, 323 VI Alt. 1 BGB ausgeschlossen sein. Dazu müsste A die Unmöglichkeit der Nacherfüllung ganz oder weit überwiegend zu verantworten haben. A hat den Unfall fahrlässig verursacht. Jedoch ist hierdurch die Nacherfüllung nicht unmöglich geworden: Sie war aufgrund der Unbehebbarkeit des Mangels (merkantiler Minderwert) bereits zuvor unmöglich. Dies ist der relevante Anknüpfungspunkt für § 323 VI BGB. Die Unbehebbarkeit des Mangels hat A nicht zu verantworten. Damit ist der Ausschlusstatbestand des §§ 326 V, 323 VI Alt. 1 BGB nicht gegeben.

A konnte wirksam nach § 326 V BGB zurücktreten; eine wirksame Rücktrittserklärung des A i.S.d. § 349 BGB liegt vor.

3. Ergebnis zu I: Damit steht A gegen P ein Anspruch auf Kaufpreisrückzahlung gem. § 346 I BGB zu.

II. Anspruch des P auf Ersatz für den zerstörten Wagen

1. Schadensersatzansprüche des P gegen A aus §§ 346 IV BGB i.V.m. §§ 280 I, III, 283 BGB scheiden aus. Die Zerstörung des Wagens erfolgte hier nämlich vor dem Rücktritt. Allenfalls wäre deshalb an das Vorliegen einer anfänglichen Unmöglichkeit der Rückgewährpflicht des A gegenüber P und damit an § 311a II BGB zu denken. § 311a II BGB ist jedoch nur auf rechtsgeschäftliche Schuldverhältnisse anwendbar[371], während es sich bei der Rückgewährpflicht um einen gesetzlichen Anspruch handelt. Dies ergibt sich auch aus der Nichterwähnung des § 311a II BGB in § 346 IV BGB. Für diesen Fall der Zerstörung der zurückzugewährenden Sache halten die Abs. 2 und 3 des § 346 BGB Spezialregelungen bereit.

371 **Hemmer/Wüst, Schuldrecht AT**, Rn. 287.

2. P könnte gegen A jedoch einen Anspruch auf Wertersatz haben.

a) Dieser ergibt sich zunächst aus § 346 II S. 1 Nr. 3 BGB: Der Pkw als zurückzugewährende Sache ist (vor Rücktritt) infolge des Unfalls untergegangen.

b) Jedoch könnte die Wertersatzpflicht des A gem. § 346 III S. 1 Nr. 3 BGB ausgeschlossen sein.

Grundsätzlich ist für den Anspruch auf Wertersatz unerheblich, ob der Rückgewährschuldner die Verschlechterung bzw. den Untergang des zurückzugewährenden Gegenstandes zu vertreten hat. Jedoch besteht für den Rücktrittsberechtigten eines gesetzlichen Rücktrittsrechtes in § 346 III S. 1 Nr. 3 BGB eine Privilegierung.

Bei einem gesetzlichen Rücktrittsrecht muss nämlich der Rücktrittsberechtigte nicht von vornherein damit rechnen, die erhaltene Sache später zurückgeben zu müssen. Seine Haftung ist deshalb auf die eigenübliche Sorgfalt i.S.d. § 277 BGB beschränkt, § 346 III S. 1 Nr. 3 BGB.

Beim Rücktritt nach §§ 437 Nr. 2, 326 V BGB handelt es sich – wie bei allen Rücktrittsrechten nach den §§ 323 ff. BGB – um ein gesetzliches Rücktrittsrecht.

Die Wertersatzpflicht des A als Rücktrittsberechtigtem wäre daher ausgeschlossen, wenn er im Rahmen der Zerstörung des Gebrauchtwagens die eigenübliche Sorgfalt i.S.d. § 277 BGB (diligentia quam in suis) beachtet hätte. Dies ist hier zu bejahen: Anzulegen ist bei § 277 BGB ausnahmsweise ein subjektiver Sorgfaltsmaßstab. A fährt üblicherweise 20 km/h zu schnell. Auch ein Fall grober Fahrlässigkeit liegt nicht vor, vgl. § 277 BGB.

Dennoch könnte § 346 III S. 1 Nr. 3 BGB zu verneinen sein, wenn Haftungsbeschränkungen auf die eigenübliche Sorgfalt im Straßenverkehr generell nicht gelten dürften.

Nach der ständigen Rechtsprechung des BGH findet eine Haftungsbeschränkung auf die eigenübliche Sorgfalt gemäß § 277 BGB im Straßenverkehr nicht statt. Denn wie § 1 StVO zeigt, besteht im Straßenverkehr „kein Raum für individuelle Sorglosigkeit". Diese Auffassung hat der BGH vertreten mit dem Argument, die besonderen Gefahrenlagen des Straßenverkehrs lassen keinen Raum für individuelle Sorglosigkeiten.[372]

Allerdings gilt dies nur für die Straßenverkehrsteilnehmer untereinander, nicht für bloße vermögensrechtliche Beziehungen des Fahrers zu seinen Gegenständen. Demnach kann § 277 BGB i.R.d. § 346 III S. 1 Nr. 3 BGB immer angewendet werden. Richtigerweise ist daher die Haftungsbeschränkung auf die eigenübliche Sorgfalt gem. §§ 346 III S. 1 Nr. 3, 277 BGB auch im Bereich des Straßenverkehrs anzunehmen.[373]

3. Fraglich ist allerdings, ob das Haftungsprivileg der §§ 346 III S. 1 Nr. 3, 277 BGB auch noch nach Kenntnis vom gesetzlichen Rücktrittsgrund gilt.

Der sachliche Anwendungsbereich des § 346 III S.1, Nr. 3 BGB erfasst nur das gesetzliche Rücktrittsrecht. Aus der Bezugnahme in § 357 III S.3 BGB ergibt sich, dass auch gesetzliche Widerrufsrechte erfasst sind. Nicht erfasst ist hingegen das vertragliche Rücktrittsrecht.

Der Grund hierfür liegt in folgender Überlegung: Beim gesetzlichen Rücktrittsrecht dürfen die Parteien zunächst davon ausgehen, dass der Gegenstand endgültig Bestandteil ihres Vermögens geworden ist und sie damit mit dem Gegenstand nach Belieben verfahren können, § 903 BGB.

Beim vertraglichen Rücktrittsrecht steht das Behalten dürfen des Gegenstandes hingegen unter dem „*Damoklesschwert*", dass die andere Partei das vertragliche Rücktrittsrecht ausübt.

---

372 BGH, VersR 1960, 820 f.; dieser Rechtsprechung konsequent folgend für § 1359 BGB: BGHZ 53, 352 - 357 = **juris**byhemmer; BGHZ 61, 101 - 112 = **juris**byhemmer; BGHZ 63, 51 - 60 (57 ff.) = **juris**byhemmer.

373 So zutreffend auch OLG Karlsruhe, **Life&Law 2008, Heft 6, 379** = NJW 2008, 925 ff. = **juris**byhemmer.

Demnach sind sie vom Empfang der Sache an – bis zum Ablauf einer eventuell vereinbarten Rücktrittsfrist – verpflichtet, mit dem Gegenstand so sorgsam wie mit einem fremden umzugehen. Sie dürfen von Anfang an nicht auf die Rechtsbeständigkeit ihres Erwerbs vertrauen.

a) Aus diesem Grund soll nach e.A. das Haftungsprivileg in zeitlicher Hinsicht teleologisch zu reduzieren sein. Kennt der Rücktrittsberechtigte hingegen das Bestehen des Rücktrittsgrundes und ist er gewillt, das Rücktrittsrecht auszuüben, darf er nicht mehr darauf vertrauen, dass sein Erwerb rechtsbeständig ist und er mit der Sache nach Belieben verfahren darf. Es besteht somit ab diesem Zeitpunkt kein Unterschied mehr zu einem vertraglichen Rücktrittsrecht.[374]

b) Nach a.A. bleibt das Haftungsprivileg nach Kenntnis vom Rücktrittsrecht weiter bestehen.

Im Unterscheid zum vertraglichen Rücktrittsrecht liegt bei gesetzlichen Rücktrittsrecht eine Pflichtverletzung vor. Diese rechtfertigt das Haftungsprivileg. Allein die Kenntnis des Käufers vom Rücktrittsgrund lässt aber die Pflichtverletzung unberührt.[375]

hemmer-Methode: Wie Sie sich hier entscheiden ist für die Bewertung Ihrer Arbeit irrelevant, solange Sie dieses Problem erkennen und diskutieren!

Damit ist die Wertersatzpflicht des A gegenüber P gem. § 346 III S. 1 Nr. 3 BGB ausgeschlossen.

P kann von A keinen Ersatz für die Zerstörung des Pkw verlangen.

VI. Minderung

§§ 437 Nr. 2, 441 BGB

Ein wichtiges Recht des Käufers ist das Recht zur Minderung, §§ 437 Nr. 2 Alt. 2, 441 BGB. 244

1. Allgemeines

Herabsetzung des Kaufpreises

Oftmals liegt es nicht im Interesse des Käufers, bei Vorliegen eines Mangels vom Kaufvertrag zurückzutreten. Der Käufer kann durchaus daran interessiert sein, die mangelhafte Sache zu behalten. 245

Zu diesem Zweck sieht das Gesetz in §§ 437 Nr. 2 Alt. 2, 441 BGB das Minderungsrecht des Käufers vor: Der Käufer kann auf diese Weise die Herabsetzung des Kaufpreises erreichen und die mangelhafte Kaufsache behalten.

Minderung nun Gestaltungsrecht

Die Minderung ist nun – ebenso wie das Rücktrittsrecht des Käufers – ein Gestaltungsrecht des Käufers.[376] Die Rechtsfolgen der Minderung treten mit Zugang der Minderungserklärung ein. 246

Rückzahlungsanspruch in § 441 IV S. 1 BGB gesondert geregelt

Hinsichtlich des vom Käufer nach erfolgter Minderung zu viel gezahlten Kaufpreises sieht das Gesetz eine Anspruchsgrundlage für das Rückzahlungsverlangen des Käufers in § 441 IV S. 1 BGB vor.

374 Vgl. Bamberger/Roth/*Grothe*, § 346 Rn. 29 f.; ebenso schon vor dem Inkrafttreten der Reform für eine Klarstellung plädierend *Kaiser*, JZ 2001, 1057 [1064]; *Kohler*, JZ 2001, 325 [326]

375 Ausführlich hierzu **Hemmer/Wüst, Schuldrecht AT**, Rn. 567 sowie Tyroller/Fest, Probleme des gesetzlichen Rücktrittsrechts, **Life&Law 2005, Heft 3, 198 - 202**.

376 Palandt, § 441, Rn. 1.

2. Voraussetzungen der Minderung

Minderungsrecht + Minderungserklärung

Eine wirksame Minderung i.S.d. §§ 437 Nr. 2 Alt. 2, 441 BGB setzt – wie der Rücktritt – neben den Voraussetzungen des Minderungsrechtes eine wirksame Minderungserklärung des Käufers i.S.d. § 441 I BGB voraus. 247

Hierbei handelt es sich (wie bei § 349 BGB) um eine einseitige, empfangsbedürftige und gestaltende Willenserklärung; ihr Vorhandensein ergibt sich im Regelfall durch Auslegung nach den §§ 133, 157 BGB.

hemmer-Methode: So wird der Käufer nicht sagen: „Ich erkläre hiermit die Minderung", sondern: „Ich verlange einen Teil des Kaufpreises zurück". Mit derart laienhaften Äußerungen müssen Sie nicht nur in der Praxis, sondern auch und gerade im Examenssachverhalt rechnen.

Voraussetzungen des Minderungsrechts, §§ 437 Nr. 2 Alt. 2, 441 BGB 248

1. Wirksamer Kaufvertrag
2. **Vorliegen der Rücktrittsvoraussetzungen** beim Käufer aufgrund eines Mangels der Kaufsache (Besonderheit: § 323 V S. 2 BGB gilt nicht, vgl. § 441 I S. 2 BGB)
3. **Kein Ausschluss** des Minderungsrechtes wegen Verjährung des Nacherfüllungsanspruches, §§ 438 V, 218 I BGB

⇨ **Rechtsfolge:** Herabsetzung des Kaufpreises (d.h.: teilw. Erlöschen oder teilw. Rückerstattung, § 441 IV BGB)

Inzidente Prüfung der Rücktrittsvoraussetzungen

Gemäß § 441 I S. 1 BGB kann der Käufer mindern **statt** zurückzutreten. Hiermit bringt der Gesetzgeber zum Ausdruck, dass die Minderung nur dann möglich ist, wenn der Käufer aufgrund des Mangels der Kaufsache auch zurücktreten könnte (vgl. auch § 437 Nr. 2 BGB: „zurücktreten oder ... mindern"). 249

Es sind somit bei der Prüfung des Minderungsrechtes **inzident die Voraussetzungen eines Rücktrittsrechtes** des Käufers nach § 323 BGB oder § 326 V BGB **zu prüfen**.

hemmer-Methode: Der Käufer kann aber – ebenso wie nach einem erklärten Rücktritt – von einer erklärten Minderung zum kleinen oder großen Schadensersatz umschwenken. Dies folgt aus dem Wörtchen „und" am Ende von § 437 Nr. 2 BGB bzw. aus einer analogen Anwendung des § 325 BGB.[377]

Rücktrittsrecht muss auf Mangelhaftigkeit der Kaufsache beruhen.

Kann der Käufer aus einem anderen Grunde als der Mangelhaftigkeit der Kaufsache zurücktreten (z.B. nach § 324 BGB, vgl. Rn. 233), eröffnet ihm dies kein Minderungsrecht nach § 441 BGB. Dies ergibt sich bereits aus § 437 BGB, der auf das Vorliegen eines Mangels abstellt.

Erheblichkeitsschwelle des § 323 V S. 2 BGB gilt nicht, § 441 I S. 2 BGB

An sich wäre damit inzident auch der Ausschlussgrund des § 323 V S. 2 BGB (direkt oder über § 326 V BGB) zu prüfen. Dieser findet jedoch gem. § 441 I S. 2 BGB im Rahmen der Minderung keine Anwendung. 250

---

377 OLG Stuttgart, **Life&Law 2009, Heft 2, 140** = ZGS 2008, 479 - 480 = **juris**byhemmer; so auch der BGH jedenfalls für den Fall, dass ein Minderungsbetrag nicht berechnet werden kann, vgl. BGH, **Life&Law 2011, Heft 3, 152 - 157** = ZIP 2011, 33 - 36 = **juris**byhemmer.

Der Käufer soll mindern können, auch wenn der Mangel noch so geringfügig ist. Die Erheblichkeitsschwelle des § 323 V S. 2 BGB gilt nur für den Rücktritt, da es bei diesem um das Fortbestehen des Kaufvertrages überhaupt geht (**„Großes Recht“**), während die Minderung den Vertrag durch Kaufpreisherabsetzung lediglich modifiziert (**„Kleines Recht“**).

Ausschluss des Minderungsrechtes nach §§ 438 V, 218 BGB

Auch das Minderungsrecht kann wegen Verjährung des (tatsächlichen bzw. bei Unmöglichkeit der Nacherfüllung hypothetischen[378]) Nacherfüllungsanspruches ausgeschlossen sein, § 438 V BGB. Eigentlich hätte es dieser Regelung nicht bedurft, da die Minderung an das Rücktrittsrecht geknüpft ist und auf dieses § 218 BGB direkt Anwendung findet. § 438 V BGB hat daher insoweit nur klarstellende Funktion. 251

hemmer-Methode: Eigenständige Bedeutung erhält § 438 V BGB dadurch, dass er § 438 IV S. 2 BGB für die Minderung für anwendbar erklärt. Zur Mängeleinrede des Käufers Rn. 256 ff.

3. Rechtsfolgen einer wirksamen Minderung

Das vom Käufer ordnungsgemäß ausgeübte Minderungsrecht bewirkt die Herabsetzung des Kaufpreises. 252

Berechnung nach § 441 III BGB

Dabei erfolgt die Berechnung nach § 441 III BGB. Es soll das von den Parteien ausgehandelte Verhältnis von Leistung und Gegenleistung möglichst bewahrt bleiben. Ein „schlechtes“ bzw. „gutes Geschäft“ des Käufers soll auch nach der Minderung ein solches bleiben.

Bsp.: *Vereinbart wurde ein Kaufpreis von 10.000,- €. Wäre die Kaufsache mangelfrei, wäre sie 12.000,- € wert. Tatsächlich ist sie aber aufgrund des Mangels nur 3.000,- € wert.*

Nach § 441 III BGB müssen ins Verhältnis gesetzt werden:

$$\frac{\textbf{x (= geminderter Kaufpreis)}}{\textbf{vereinbarter Kaufpreis}} = \frac{\textbf{tatsächlicher Wert der mangelhaften Sache}}{\textbf{hypothetischer Wert bei Mangelfreiheit}}$$

Löst man die Gleichung nach x auf, erhält man den zu ermittelnden (herabgesetzten) Kaufpreis. Im Beispielsfall ergibt sich:

$$\frac{x}{10.000,- €} = \frac{3.000,- €}{12.000,- €}$$

$$x = \frac{3.000,- €}{12.000,- €} \cdot 10.000,- €$$

$$\underline{x = 2.500,- €}$$

hemmer-Methode: Diese kleine Gleichung mit einer Unbekannten zu lösen, darf auch von einem Juristen verlangt werden. „Iudex non calculat“ ist gerade in der Praxis eher Wunschdenken als Realität.

[378] Dazu oben, Rn. 242.

Teilweises Erlöschen des Kaufpreisanspruches

Hat der Käufer noch nicht gezahlt, steht dem Verkäufer ab dem Zeitpunkt der Minderung nur noch ein Kaufpreisanspruch aus § 433 II BGB in Höhe von 2.500,- € zu. Die Minderung führt also zum teilweisen Erlöschen (ex nunc) des noch nicht erfüllten Kaufpreisanspruches. 253

bzw. Rückzahlungsanspruch des Käufers

Hat der Käufer bereits mehr als die 2.500,- € gezahlt, kann er den zu viel gezahlten Betrag nach erfolgter Minderung vom Verkäufer zurückverlangen. Anspruchsgrundlage ist § 441 IV S. 1 BGB; für vom Käufer gezogene oder schuldhaft nicht gezogene Nutzungen gelten die §§ 346 I, 347 I BGB[379], vgl. § 441 IV S. 2 BGB. 254

Herabsetzung maximal auf Null, dann aber Rückgewähr der Kaufsache analog § 346 BGB wegen § 242 BGB

Durch die Minderung kann der Kaufpreis höchstens bis auf Null herabgesetzt werden. Wenn dies geschieht, soll allerdings der Käufer nach Treu und Glauben zur Rückgabe der (wertlosen) Kaufsache verpflichtet sein (§ 346 BGB analog). Denn eine Herabsetzung des Kaufpreises auf Null ist wirtschaftlich mit dem Rücktritt des Käufers identisch und muss daher zur Rückgewähr der Kaufsache an den Verkäufer führen. 255

<u>Für Interessierte</u>: Da auf den Tauschvertrag gem. § 480 BGB die Vorschriften des Kaufvertrages zur Anwendung kommen, stellt sich die Frage, welche Rechtsfolge die Minderung bei Tausch hat.
Bei unteilbaren Leistungen (Regelfall) ist der objektive Wert beider Sachen im mangelfreien Zustand zu ermitteln. Im Verhältnis zwischen Wert in fehlerfreiem Zustand und tatsächlichem Zustand ist der objektive Wert der Gegenleistung herabzusetzen und der Differenzbetrag in bar auszugleichen.[380]

VII. Mängeleinrede des Käufers

Hat der Käufer eine mangelhafte Sache erhalten, ist er nicht unbedingt daran interessiert, vom Kaufvertrag zurückzutreten oder den Kaufpreis herabzusetzen. In aller Regel wird er zunächst vom Verkäufer Nacherfüllung erhalten wollen. 256

So lange die Nacherfüllung vom Verkäufer jedoch nicht erbracht ist, möchte der Käufer den Kaufpreis nicht bzw. nicht vollständig zahlen. Zu diesem Zweck erscheint eine Einrede des Käufers gegen den Kaufpreisanspruch interessengerecht. 257

§ 438 IV S. 2 BGB

Der Käufer kann auch nach Ausschluss des Rücktrittsrechts wegen Verjährung des Nacherfüllungsanspruches (§§ 438 IV S. 1, 218 BGB) die Kaufpreiszahlung verweigern, § 438 IV S. 2 BGB. Nicht erforderlich ist die Anzeige des Mangels vor Vollendung der Verjährung.[381] 258

Das Gleiche gilt gem. §§ 438 V Alt. 2, 438 IV S. 2 BGB mit der Maßgabe, dass der Käufer die Zahlung nur insoweit verweigern kann, als er durch die Minderung den Kaufpreis herabsetzen könnte.

Rücktrittsrecht des Verkäufers, § 438 IV S. 3 BGB

Erhebt der Käufer die Mängeleinrede nach § 438 IV S. 2 BGB, so kann der Verkäufer gem. § 438 IV S. 3 BGB vom Vertrag zurücktreten. Denn es ist nicht gerechtfertigt, dass der Käufer einerseits die Sache behalten darf, andererseits aber die Kaufpreiszahlung vollständig verweigern kann.[382] 258a

379 Hierzu vgl. **Hemmer/Wüst, Schuldrecht AT**, Rn. 572 ff.
380 Palandt, §§ 480, Rn. 8.
381 BT-Drs. 14/6040, S. 230.
382 BT-Drs. 14/6857, S. 27.

Wiederum nur Rechtslage nach Verjährung geregelt

Geregelt wurde nur die Rechtslage nach Verjährung des Nacherfüllungsanspruches und damit nach Ausschluss des Rücktritts- bzw. Minderungsrechtes gem. § 218 BGB. Ob der Käufer die Zahlung auch bereits vor Ablauf der Verjährung verweigern kann, ist im Gesetz nicht geregelt. 259

Regelungslücke?

Bevor man wie nach alter Rechtslage im Wege des „Erst-Recht-Schlusses" auch in diesem Fall § 438 IV S. 2 BGB für entsprechend anwendbar erklärt, muss überprüft werden, ob dem Käufer nicht schon aus anderen Gründen ein Leistungsverweigerungsrecht zusteht. Dann fehlt nämlich die für eine Analogie erforderliche Regelungslücke.

1. Behebbare Mängel

§ 320 BGB anwendbar!

Die mangelhafte Leistung durch den Verkäufer ist eine teilweise Nichterfüllung, es gilt die Erfüllungstheorie, vgl. § 433 I S. 2 BGB. Der Käufer hat als nicht erfüllten Restanspruch den Nacherfüllungsanspruch. 260

Diesen kann er aber dem Verkäufer gegen den Kaufpreiszahlungsanspruch gem. § 320 BGB einredeweise entgegenhalten. Ihm steht also bereits aus § 320 BGB ein Leistungsverweigerungsrecht zu.[383] Wo keine Regelungslücke besteht, verbietet sich eine Analogie zu § 438 IV S. 2 BGB.

Dies gilt auch für den Fall der Minderung: Kann der Käufer nicht zurücktreten, sondern nur mindern, weil lediglich ein unerheblicher Mangel i.S.d. § 323 V S. 2 BGB vorliegt, so kann er gem. § 320 II BGB die Kaufpreiszahlung **teilweise** verweigern. Auch hier besteht kein Bedürfnis für eine Analogie.

Nur nach Verjährung bedurfte es der Regelung des § 438 IV S. 2 BGB

Ist allerdings der Nacherfüllungsanspruch bereits verjährt, scheidet die Einrede des § 320 BGB aus. Denn § 320 BGB setzt einen durchsetzbaren Gegenanspruch des Käufers voraus.[384] Ab Vollendung der Verjährung bedurfte es deshalb der Regelung des § 438 IV S. 2 BGB (i.V.m. § 438 V Alt. 2 BGB für die Minderung). 261

Da die mangelhafte Leistung nach neuer Rechtslage eine Form teilweiser Nichterfüllung darstellt, bedarf es vor Ablauf der Verjährung des Nacherfüllungsanspruches für die Begründung einer Einrede des Käufers gegen die Kaufpreiszahlungspflicht einer Analogie zu § 438 IV S. 2 BGB nicht. Das gewünschte Ergebnis ergibt sich bereits aus § 320 I bzw. II BGB.

2. Unbehebbare Mängel

§ 438 IV S. 1 BGB analog bei Unmöglichkeit der Nacherfüllung?

Die Lösung über § 320 BGB versagt jedoch bei Unmöglichkeit der Nacherfüllung (v.a.: unbehebbarer Mangel beim Stückkauf). Hier besteht wegen § 275 I - III BGB kein Nacherfüllungsanspruch, den der Käufer dem Zahlungsverlangen des Verkäufers einredeweise entgegenhalten könnte. Für diesen Fall ist daher an eine Analogie zu § 438 IV S. 1 BGB zu denken.

Dafür: Schutz der Wirksamkeitsfrist der Gestaltungsrechte

a) Für eine analoge Anwendung spricht, dass andernfalls die Ausübungsfristen des Käufers für die Gestaltungsrechte (§ 218 I BGB i.V.m. § 438 IV S. 1 bzw. V BGB) verkürzt würden.[385] 262

---

383 So wohl auch Palandt, § 320, Rn. 2, 9; ebenso Hofmann/Pammler, Mängeleinrede beim Kauf, ZGS 2004, 293 - 296.

384 Palandt, § 320, Rn. 5.

385 So im Ergebnis Huber/Faust, Schuldrechtsmodernisierung, 2002, Kapitel 13, Rn. 153.

Dagegen: Käufer muss sich entscheiden

b) Dem kann man allerdings entgegenhalten, dass in einem solchen Fall, in dem der Käufer die Möglichkeit zum Rücktritt nach §§ 437 Nr. 2 Alt. 1, 326 V BGB bzw. zur Minderung hat, diesem zugemutet werden kann, sich zu entscheiden: Entweder er tritt zurück bzw. mindert, oder er hat den Kaufpreis zu entrichten.

Nach dieser Auffassung wäre dem Käufer bei Unmöglichkeit der Nacherfüllung vor Verjährung/Ausschluss der Mängelrechte die Mängeleinrede zu versagen. Denn auch bei anderen Gestaltungsrechten wie z.B. der Anfechtung kann die Leistung nicht mit dem Hinweis auf die Anfechtbarkeit verweigert werden; der Schuldner kann nur anfechten oder eben nicht. Für diese Ansicht spricht auch, dass § 437 BGB als Aufzählung der Mängelrechte des Käufers eine Mängeleinrede nicht nennt.[386]

c) Eine vermittelnde Ansicht will die Einrede nur dann zulassen, wenn eine rechtsmissbräuchliche Kaufpreisforderung vorliegt. Dies ist nur dann anzunehmen, wenn der Verkäufer den Kaufpreis verlangt, ohne dem Käufer eine angemessene Frist zur Rechtsausübung gewährt zu haben.[387]

Gegen diese vermittelnde Ansicht spricht aber, dass der Gesetzgeber in § 218 I S. 1 BGB festgelegt hat, welche Frist er für die Rechtsausübung für angemessen hält.

VIII. Schadensersatzansprüche des Käufers

hemmer map Nr. 6 i. Anh.

Wird eine mangelhafte Sache geliefert, kommen Ansprüche des Käufers auf Schadensersatz in Betracht. Hierzu verweist § 437 Nr. 3 BGB auf Regelungen aus dem allgemeinen Leistungsstörungsrecht: Es finden die §§ 280, 281, 283 und 311a BGB Anwendung. 263

Ebenfalls kann der Käufer anstelle von Schadensersatz statt der Leistung nach § 284 BGB Ersatz vergeblicher Aufwendungen verlangen, § 437 Nr. 3 Alt. 2 BGB.[388]

Wie bereits für den Bereich des Rücktritts festgestellt, hat der Gesetzgeber also auf die Normierung gesonderter kaufrechtlicher Schadensersatzansprüche verzichtet und auch insoweit den Teil Schuldrecht BT in das allgemeine Leistungsstörungsrecht integriert.

hemmer-Methode: Wie bei den Rücktrittsrechten des Käufers gilt: § 437 Nr. 3 BGB stellt lediglich eine deklaratorische Verweisung dar, denn die genannten Schadensersatzansprüche würden auch ohne diese Verweisung gelten.
Dennoch sollten Sie § 437 Nr. 3 BGB bei Nennung der jeweiligen Anspruchsgrundlage immer hinzu zitieren!

1. Anspruch des Käufers aus §§ 437 Nr. 3, 280 I BGB auf Schadensersatz neben der Leistung (sog. „Mangelfolgeschäden“)

Mangelhafte Lieferung = Pflichtverletzung des Verkäufers

§ 437 Nr. 3 BGB nennt ausdrücklich die allgemeine Anspruchsgrundlage des § 280 I BGB. 264

386 So überzeugend Lorenz/Riehm, Lehrbuch zum neuen Schuldrecht, 2002, Rn. 501 sowie Lorenz, Rücktritt, Minderung und Schadensersatz wegen Sachmängeln im neuen Kaufrecht - Was hat der Verkäufer zu vertreten?, NJW 2002, 2497 - 2505 (2498, Fn. 13).

387 So Hofmann/Pammler, Mängeleinrede beim Kauf, ZGS 2004, 293 - 296.

388 Dazu unten, Rn. 326 ff.

Da es in § 437 BGB insgesamt um Rechte des Käufers bei sach- oder rechtsmangelhafter Lieferung geht, bringt der Gesetzgeber hiermit unmissverständlich zum Ausdruck, dass die mangelhafte Lieferung eine Pflichtverletzung des Verkäufers i.S.d. § 280 I BGB darstellen soll.[389]

a) Voraussetzungen

Zur Erinnerung: Die allgemeinen Anspruchsvoraussetzungen des § 280 I BGB lauten: 265

Allgemeine Anspruchsvoraussetzungen des § 280 I BGB

Voraussetzungen des Anspruches nach § 280 I BGB:

1. Bestehen eines **Schuldverhältnisses** (vertraglich/gesetzlich)
2. **Pflichtverletzung** des Schuldners
3. **Vertretenmüssen** des Schuldners, § 280 I S. 2 BGB
4. **Keine Verjährung nach §§ 195, 199 BGB**
5. **Rechtsfolge:** Ersatz des durch die Pflichtverletzung kausal (und zurechenbar) verursachten Schadens = sog. **Begleitschaden** bzw. **Schadensersatz neben der Leistung**

Beim Anspruch auf **Schadensersatz neben der Leistung** bzw. dem Ersatz der sog. **Mangelfolgeschäden** nach §§ 437 Nr. 3, 280 I BGB geht es um die Lieferung der mangelhaften Sache als Pflichtverletzung des Verkäufers, d.h. um die Verletzung der Pflicht nach § 433 I S. 2 BGB. 266

hemmer-Methode: Nach einer Mindermeinung in der Literatur soll der Mangelfolgeschaden direkt über § 280 I BGB ersetzt werden, da die Rücksichtnahmepflicht gem. § 241 II BGB verletzt wurde.
Dagegen spricht, dass der Schaden als Folge eines Mangels eine leistungsbezogenen Pflichtverletzung (§ 433 I S. 2 BGB!) darstellt und daher der Schadensersatzanspruch aus §§ 437 Nr. 3, 280 I BGB herzuleiten ist.
Der wichtige Unterschied zeigt sich bei der Verjährung, da nach h.M. für den Ersatz von Mangelfolgeschäden § 438 BGB gilt, während die M.M. die §§ 195, 199 BGB heranzieht.
Lesen Sie hierzu im Vorgriff Rn. 281 sowie vertiefend Mankowski, „Die Anspruchsgrundlage für den Ersatz von Mangelfolgeschäden", in JuS 2006, 481 ff.

Auch durch die nicht ordnungsgemäße Nacherfüllung können kausale Begleitschäden entstehen.

Die Anspruchsvoraussetzungen sind deshalb:

Anspruchsvoraussetzungen des §§ 437 Nr. 3 Alt. 1, 280 I BGB

Schadensersatzanspruch neben der Leistung bzw. Ersatz der Mangelfolgeschäden gemäß §§ 437 Nr. 3 Alt. 1, 280 I BGB:

1. Bestehen eines **wirksamen Kaufvertrages**
2. **Pflichtverletzung** des Verkäufers. Im Mängelrecht kommen als Pflichtverletzungen in Betracht:
   a) Lieferung der mangelhaften Sache, § 433 I S. 2 BGB
   bzw.
   b) Keine (ordnungsgemäße) Nacherfüllung, §§ 437 Nr. 1, 439 I BGB

[389] BT-Drs. 14/6040, S. 136.

3. **Vertretenmüssen** des Verkäufers, § 280 I S. 2 BGB
4. **Keine Verjährung nach § 438 BGB**
5. **Rechtsfolge:** Ersatz des durch die Pflichtverletzung kausal (und zurechenbar) verursachten Schadens = sog. **Begleitschaden** bzw. **Schadensersatz neben der Leistung** bzw. **Mangelfolgeschaden**

Wenn Schadensersatz wegen anderer Pflichtverletzung: §§ 437 Nr. 3 Alt. 1, 438 BGB (-)!

Freilich kommen auch in einem Kaufvertrag Pflichtverletzungen des Verkäufers in Betracht, die nichts mit einer mangelhaften Leistung zu tun haben. 267

Auch hier sind die §§ 280 ff. BGB anwendbar; jedoch handelt es sich um keinen Fall des § 437 Nr. 3 BGB, weshalb auch derartige Ansprüche nicht nach § 438 BGB, sondern innerhalb der regelmäßigen Verjährungsfrist des § 195 BGB (drei Jahre) verjähren.

***Bsp.:** Bei der Anlieferung des verkauften Möbelstückes beschädigt der Verkäufer V die Wohnungstür des Käufers K. K verlangt zweieinhalb Jahre später von V Schadensersatz; V beruft sich auf Verjährung.*

Da es sich bei dem zu ersetzenden Schaden nicht um einen Mangelfolgeschaden (Begleitschaden) handelt, sondern um eine nicht leistungsbezogene Nebenpflichtverletzung i.S.d. § 241 II BGB, kommt ein Anspruch des K gegen V direkt aus § 280 I BGB in Betracht (also ohne die Verweisung über § 437 Nr. 3 BGB).

1. Zwischen V und K besteht ein wirksamer Kaufvertrag; hierbei handelt es sich um ein Schuldverhältnis i.S.d. § 280 I BGB.

2. V müsste eine Pflicht aus diesem Schuldverhältnis verletzt haben. In einem Schuldverhältnis sind die Parteien verpflichtet, auf die Rechtsgüter des anderen Rücksicht zu nehmen und diese nicht zu verletzen. Diese allgemeine Schutzpflicht hat als nicht leistungsbezogene Nebenpflicht ihre Grundlage in § 241 II BGB.

V hat die Wohnungstür und damit das Eigentum des K beschädigt. Also liegt eine objektive Pflichtverletzung des V i.S.d. § 280 I BGB vor.

hemmer-Methode: Prüfen Sie unbedingt „Pflichtverletzung" und deren „Vertretenmüssen" getrennt! Diese Trennung gibt das Gesetz selbst vor, vgl. § 280 I S. 1 u. 2 BGB. Für die Frage, ob eine Pflichtverletzung des Schuldners vorliegt oder nicht, ist ein Verschulden oder sonstiges Vertretenmüssen irrelevant.
Merken Sie sich: Die Pflichtverletzung ist der jeweilige Bezugspunkt des Vertretenmüssens, d.h. der Schuldner muss gerade die im Raum stehende Pflichtverletzung zu vertreten haben.

3. V hat diese Pflichtverletzung auch i.S.d. § 276 BGB zu vertreten: Es ist zumindest von leichter Fahrlässigkeit des V auszugehen. Zudem trifft V gem. § 280 I S. 2 BGB die Darlegungs- und Beweislast; Anhaltspunkte für ein fehlendes Vertretenmüssen des V sind nicht ersichtlich.

4. Der Anspruch könnte jedoch bereits verjährt sein; da V die Verjährungseinrede i.S.d. § 214 I BGB erhoben hat, wäre der Anspruch des K gegen V aus § 280 I BGB nicht durchsetzbar.

Die regelmäßige Verjährungsfrist des § 195 BGB von drei Jahren ist noch nicht abgelaufen. Anders wäre dies bei Anwendbarkeit des § 438 BGB: Es sind bereits mehr als zwei Jahre seit Ablieferung der Kaufsache verstrichen, Verjährung wäre bereits eingetreten, §§ 438 I Nr. 3, II BGB.

Jedoch gilt § 438 BGB gem. Abs. 1 nur für die in § 437 Nr. 1 und Nr. 3 BGB genannten Ansprüche. Zwar wird der Anspruch aus § 280 I BGB von § 437 Nr. 3 Alt. 1 BGB erwähnt. Gemeint ist hiermit jedoch nur ein solcher Anspruch aus § 280 I BGB, der an die Mangelhaftigkeit der Kaufsache als Pflichtverletzung anknüpft.

Um einen solchen Anspruch handelt es sich vorliegend jedoch nicht: Selbst wenn das gelieferte Möbelstück mangelhaft sein sollte, wäre in jedem Fall der an der Wohnungstür eingetretene Schaden nicht kausal auf die Mangelhaftigkeit zurückzuführen.

Damit ist § 438 BGB nicht anzuwenden; der Anspruch verjährt nach § 195 BGB in drei Jahren.

Also steht K gegen V ein durchsetzbarer Anspruch auf Ersatz der an der Wohnungstür entstandenen Schäden aus § 280 I BGB zu. K kann von V die für die Reparatur erforderlichen Kosten gem. § 249 II S. 1 BGB verlangen. Lässt er die Reparatur durchführen, kann er auch die dafür gezahlte Umsatzsteuer als Schadensersatz verlangen, § 249 II S. 2 BGB.

aa) Lieferung einer mangelhaften Sache bzw. nicht ordnungsgemäße Nacherfüllung als Pflichtverletzung

Mangelhafte Leistung = Pflichtverletzung des Verkäufers

Die maßgebliche Pflichtverletzung beim Anspruch des Käufers aus §§ 437 Nr. 3 Alt. 1, 280 I BGB ist die mangelhafte Leistung durch den Verkäufer. 268

Die mangelhafte Leistung ist zunächst die ursprüngliche mangelhafte Lieferung, sodass die „Gutleistungspflicht“ des § 433 I S. 2 BGB verletzt ist.

Als weitere Pflichtverletzung kommt aber auch die Verletzung der Nacherfüllungspflicht nach §§ 437 Nr. 1, 439 I BGB in Betracht.

Inzidente Prüfung: Sach-/Rechtsmangel, §§ 434 f. BGB

I.R.d. Schadensersatzanspruches aus §§ 437 Nr. 3 Alt. 1, 280 I BGB ist daher das Vorliegen eines Sach- oder Rechtsmangels i.S.d. §§ 434 f. BGB zu prüfen. Hierzu wird auf die obigen Ausführungen verwiesen.[390]

Abgrenzungsprobleme bei Zuweniglieferung

Zu beachten ist, dass die Zuweniglieferung gem. § 434 III BGB einem Sachmangel gleichgestellt wird, sofern der Verkäufer aus Sicht des Käufers zum Zwecke vollständiger Erfüllung geleistet hat.[391] Gerade hier können sich Abgrenzungsprobleme zu §§ 280 I, II, 286 BGB ergeben (dazu unten, Rn. 287).

bb) Vertretenmüssen des Verkäufers

§ 280 I S. 2 BGB

§ 280 I S. 2 BGB setzt das Vertretenmüssen des Verkäufers bzgl. der Pflichtverletzung (d.h. der mangelhaften Lieferung bzw. nicht ordnungsgemäßen Nacherfüllung) voraus. 269

Hierbei ist allerdings die Darlegungs- und Beweislast umgekehrt: Der Verkäufer muss darlegen und beweisen, dass er die mangelhafte Lieferung nicht zu vertreten hat.

(1) §§ 276 ff. BGB

Vertretenmüssen: §§ 276 ff. BGB

Was der Verkäufer zu vertreten hat, richtet sich nach den §§ 276 ff. BGB.[392] Zumindest Fahrlässigkeit ist jedenfalls dann anzunehmen, wenn der Verkäufer die Mangelhaftigkeit der Kaufsache kennt oder kennen muss und dennoch an den Käufer liefert. 270

---

390 Rn. 87 ff.

391 Vgl. bereits Rn. 136 f.

392 Hierzu **Hemmer/Wüst, Schuldrecht AT**, Rn. 170 ff.; sehr anschaulich auch Lorenz, Rücktritt, Minderung und Schadensersatz wegen Sachmängeln im neuen Kaufrecht - Was hat der Verkäufer zu vertreten?, NJW 2002, 2497 - 2505.

Ebenso kann ein Verschulden i.S.d. § 276 BGB vorliegen, wenn der Verkäufer infolge einer Unachtsamkeit die Kaufsache vor Gefahrübergang beschädigt und ihr damit einen Sachmangel i.S.d. § 434 BGB zufügt.

hemmer-Methode: Schreiben Sie in einer Klausur niemals, dass der Verkäufer „den Mangel zu vertreten hat“. Dies ist völlig verkehrt, da es darauf nicht ankommt. Der Verkäufer muss „die Lieferung der mangelhaften Sache“ zu vertreten haben. Dies ist aber auch dann der Fall, wenn der Verkäufer den Mangel nicht verursacht hat, aber weiß, dass ein solcher vorliegt.
Fehler in diesem Bereich zeugen von fehlendem Grundlagenverständnis und wirken sich in der Bewertung daher äußerst negativ aus.

(2) Haftung bei Beschaffenheitsgarantie (= Eigenschaftszusicherung)

(a) Prüfungsstandort der Beschaffenheitsgarantie ist das verschuldensunabhängige Vertretenmüssen gem. § 276 I S. 1 BGB a.E.

Zusicherung enthält Garantieübernahme des Verkäufers

Eine Eigenschaftszusicherung liegt vor, wenn der Verkäufer – ausdrücklich oder durch schlüssiges Verhalten – garantiert, die Sache habe die betreffende Eigenschaft. Der Verkäufer muss also die Gewähr für das Vorhandensein dieser Eigenschaft übernehmen und zu erkennen geben, dass er für alle Folgen einstehen will, wenn sie fehlt.[393]

Die Garantie ist dabei die Zusicherung, dass die vereinbarte Beschaffenheit auch tatsächlich vorliegt.

hemmer-Methode: § 443 BGB regelt nicht den Problemkreis der Eigenschaftszusicherung; vielmehr geht es hierbei um Garantien durch den Verkäufer, den Hersteller oder Dritte[394], die unabhängig von den gesetzlichen Mängelrechten sind. Insbesondere kann der Verkäufer garantieren, dass die Kaufsache innerhalb einer bestimmten Frist mangelfrei bleibt. Da hierdurch kein eigenständiger Haftungstatbestand geschaffen sondern lediglich die §§ 434 ff. BGB modifiziert werden, handelt es sich um eine sog. unselbstständige Garantie.
Ebenfalls werden von § 443 BGB selbstständige Garantieversprechen erfasst, also solche, die einen eigenständigen Anspruch des Käufers im Garantiefalle begründen.[395]

Garantieübernahme führt zu verschuldensunabhängiger Haftung, § 276 I S. 1 BGB a.E.

In der so verstandenen Zusicherung ist also eine einseitige Garantieübernahme des Verkäufers für das Vorhandensein der zugesicherten Eigenschaft zu sehen, die von der Garantie in § 443 BGB streng zu unterscheiden ist.[396] 272

Dies führt nach neuem Recht aber zu Folgendem: § 280 I S. 2 BGB setzt voraus, dass der Verkäufer die Mangelhaftigkeit der gelieferten Kaufsache zu vertreten hat. Unabhängig von einem Verschulden des Verkäufers i.S.v. Vorsatz und Fahrlässigkeit liegt ein Vertretenmüssen aber auch dann vor, wenn insoweit der Verkäufer eine Garantie übernommen hat, vgl. § 276 I S. 1 BGB a.E.

---

393 Palandt, § 276, Rn. 29; vgl. auch OLG Koblenz, **Life&Law 2004, Heft 8, 509 - 514** = NJW 2004, 1670 - 1671= **juris**byhemmer. Hiernach enthält die vorvertragliche Erklärung des Verkäufers, die Gesamtfahrleistung eines Pkw stimme mit der Laufleistung überein, eine Beschaffenheitsgarantie i.S.v. § 276 I S. 1 BGB. Folglich konnte sich der Verkäufer gemäß § 444 Alt. 2 BGB nicht auf den vertraglichen Haftungsausschluss berufen.

394 Vgl. Palandt, § 443, Rn. 1 ff.

395 Zu den Garantiebegriffen im Kaufrecht vgl. Braunschmidt/Vesper, Die Garantiebegriffe des Kaufrechts, JuS 2011, 393 - 396; zur Haltbarkeitsgarantie geben Fahl/Giedinghagen eine „Handlungsanleitung“, Die Haltbarkeitsgarantie im Vergleich mit der gesetzlichen Gewährleistung, ZGS 2004, 344 - 348.

396 Dauner-Lieb, Das neue Schuldrecht, S. 140.

Das bedeutet: Liegt eine Garantieübernahme des Verkäufers für das Vorliegen einer bestimmten Eigenschaft vor, hat er die auf dem Fehlen dieser Eigenschaft beruhende Mangelhaftigkeit der Kaufsache auch dann i.S.d. § 280 I S. 2 BGB zu vertreten, wenn ihn kein „technisches“ Verschulden trifft. Hat der Verkäufer also eine Eigenschaft zugesichert, haftet er im Falle ihres Fehlens verschuldensunabhängig. 273

hemmer-Methode: Obwohl der Begriff der Zusicherung nicht mehr gesetzlich verankert ist, dürfte es zulässig sein, ihn weiter zu verwenden. Maßgeblich ist nach wie vor das Vorliegen einer Garantieübernahme seitens des Verkäufers. Diese allein rechtfertigt dessen verschuldensunabhängige Haftung.
Prüfungsstandort der Zusicherung i.S. einer Garantieübernahme des Verkäufers ist also das Vertretenmüssen und nicht die Frage, ob ein Sachmangel vorliegt.
Die Verjährungsvorschrift des § 438 BGB wird durch eine unselbstständige Garantie aber nach ganz h.M. nicht modifiziert.[397]

(b) Anforderungen an eine Beschaffenheitsgarantie des Verkäufers

Inhaltliche Anforderungen an Garantieübernahme

Erforderlich ist eine Garantieübernahme des Verkäufers: Im Wege der Auslegung nach den §§ 133, 157 BGB ist zu ermitteln, ob der Verkäufer für das Fehlen der zugesicherten Eigenschaft verschuldensunabhängig einstehen, insbesondere die dem Käufer hieraus erwachsenden Schäden verschuldensunabhängig ersetzen will. Maßgeblich ist der objektive Empfängerhorizont des Käufers.[398] 274

Gattungsschulden

Fraglich ist, ob der Verkäufer „automatisch“ aus Garantie haftet, wenn es sich um eine Gattungsschuld handelt, weil § 276 I S. 1 BGB a.E. für Beschaffungsschulden eine vom Vertretenmüssen unabhängige Haftung begründet. 274a

⇨ nach h.M. keine Garantiehaftung im Mängelrecht

Nach absolut h.M. gehört zu diesem Beschaffungsrisiko aber nur die Verschaffung der Sache selbst. Eine verschuldensunabhängige Haftung für mangelhafte Lieferungen sollte damit nicht begründet werden.[399]

hemmer-Methode: Gattungsschulden sind zwar Beschaffungsschulden. Hat der Verkäufer die Sache aber verschafft, so haftet er für etwaige Mängel nicht aus Garantie.

Hohe Anforderungen wg. hohem Risiko für Verkäufer

Angesichts des hohen Risikos, das der Verkäufer durch eine Eigenschaftszusicherung eingeht, sind an deren Vorliegen strenge Anforderungen zu stellen. Diese sind bei der Auslegung nach den §§ 133, 157 BGB zu berücksichtigen.

I.d.R. (-) bei technischen Angaben

In der Regel keine Zusicherung im obigen Sinne enthalten **technische Angaben** des Verkäufers (z.B.: Bezugnahme auf DIN-Normen[400]). Diese dienen vorrangig der bloßen Bezeichnung der Kaufsache, ohne dass der Verkäufer hierdurch zu erkennen gibt, für deren Nichtvorliegen verschuldensunabhängig einstehen zu wollen. Etwas anderes kann sich ergeben, wenn aufgrund eines gängigen Handelsbrauches i.S.d. § 346 HGB oder einer bestehenden Verkehrsübung davon ausgegangen werden kann, der Verkäufer sichere durch eine technische Angabe bestimmte Eigenschaften zu.[401] 275

---

397 Vgl. dazu Grützner/Schmidl, Verjährungsbeginn bei Garantieansprüchen, NJW 2007, 3610 - 3614.

398 BGH, WM 1991, 1722 - 1724 (1723) = **juris**byhemmer; BGHZ 59, 158 - 162 (160).

399 Vgl. statt aller Lorenz, Lorenz, Rücktritt, Minderung und Schadensersatz wegen Sachmängeln im neuen Kaufrecht - Was hat der Verkäufer zu vertreten?, NJW 2002, 2497 - 2505 (2502) sowie MüKo, § 276 BGB, Rn. 177 und § 280 BGB, Rn. 63; eine a.A. wird (soweit ersichtlich) nur von Graf v. Westphalen vertreten, ders., Beschaffungsrisiko - Vertretenmüssen - Haftung des Verkäufers auf Schadensersatz, ZGS 2002, 154 - 160.

400 BGH, NJW 1968, 2238 = **juris**byhemmer; BGHZ 59, 303 - 309 = **juris**byhemmer.

401 Ausführlich: Reinicke/Tiedtke, Kaufrecht, Rn. 302 f.

Bsp.*[402]*: Hersteller H verkauft Elektromotoren. Auf der Verpackung befindet sich unter anderem die Angabe „Leistung: 6,0 KW".

Hierbei handelt es sich um keine Zusicherung des H im Sinne einer Garantieübernahme dafür, dass die Motoren tatsächlich eine entsprechende Leistung erbringen können.

In derartigen technischen Angaben kann der Wille des Verkäufers, für die Richtigkeit der Angabe verschuldensunabhängig einstehen zu wollen, nicht i.S.d. §§ 133, 157 BGB gesehen werden.

Bsp.*[403]*: Die Verkaufsbescheinigung des Juweliers J über die Qualität eines Damenrings lautet „1 Brilliant 1,05 ct weiß und lupenrein".

Zwar handelt es sich auch hier um eine technische Angabe, der grundsätzlich nicht die Qualität einer Garantieübernahme des Verkäufers beizumessen ist.

Allerdings besteht nach h.M. im Bereich des Juwelierhandels ein Handelsbrauch i.S.d. § 346 HGB dahingehend, dass derartige Qualitätsangaben als vom Verkäufer zugesichert gelten. Somit liegt hier eine Garantieübernahme des Verkäufers vor.

hemmer-Methode: Derartiges Einzelwissen kann von Ihnen in der Klausur nicht verlangt werden. Ohne Zuhilfenahme eines Kommentars ist es Ihnen nicht möglich zu ermitteln, ob ein bestimmter Handelsbrauch existiert oder nicht.
Sofern nicht ein absoluter „Klassiker" wie z.B. das kaufmännische Bestätigungsschreiben vorliegt, sollten Sie daher in der Klausur mit der Annahme eines Handelsbrauches äußerst zurückhaltend sein. Wenden Sie stattdessen die allgemeinen Grundsätze an (hier: keine Zusicherung bei technischen Angaben). Dies überzeugt den Korrektor mehr als auswendig gelerntes Spezialwissen!

Werbeaussagen i.d.R. (-)

Ebenfalls um keine Zusicherung des Verkäufers handelt es sich in aller Regel bei **Werbeaussagen**. Da diese im Regelfall vom Hersteller und nicht vom Verkäufer stammen, kommt eine Zusicherung i.S. einer Garantieübernahme des Verkäufers überhaupt nur dann in Betracht, wenn dieser sich die Werbeaussage des verkauften Produkts stillschweigend zu eigen macht. Doch selbst dann handelt es sich i.d.R. um bloße unverbindliche Anpreisungen, so dass eine Garantieübernahme des Verkäufers nur in seltenen Ausnahmefällen angenommen werden kann. 276

hemmer-Methode: Beachten Sie aber § 434 I S. 3 BGB, wonach Werbeangaben zu einer objektiven Sollbeschaffenheit i.S.d. § 434 I S. 2 Nr. 2 BGB führen können!
Allerdings darf dann die Sollbeschaffenheit nicht vereinbart worden sein, da ansonsten § 434 I S. 1 BGB einschlägig ist und damit ein Rückgriff auf § 434 I S. 3 BGB ausscheidet.
Wiederholen Sie jetzt die Randnummern 88 ff.!

Oftmals zu wenig konkret

Werbeanpreisungen sind typischerweise auch zu allgemein gefasst, als dass in ihnen eine konkrete Zusicherung gesehen werden kann.

***Bsp.**: „neu", „super", „das Beste seit Jahren", „verbesserte Qualität" etc.*

V.a. (-), wenn Verkäufer keine Möglichkeit zur Überprüfung hat

Vor allem dann scheidet eine Zusicherung aus, wenn der Verkäufer ersichtlich nicht die (v.a. technischen) Möglichkeiten hat, das Zutreffen der Werbeaussage zu überprüfen.[404]

402 BGH, NJW 1981, 1501 - 1502 = **juris**byhemmer.

403 OLG Düsseldorf, DB 1967, 1582; hierzu Reinicke/Tiedtke, Kaufrecht, Rn. 302.

404 Reinicke/Tiedtke, Kaufrecht, Rn. 308.

Ebenso: Angaben in Prospekten/Katalogen ⇨ Zusicherung (-)

Ähnliches wie für Werbeaussagen gilt für Angaben in Prospekten und Katalogen. Nur in besonderen Ausnahmefällen kann insoweit eine Zusicherung des Verkäufers angenommen werden.[405]

hemmer-Methode: Zu großes Einzelfallwissen schadet an dieser Stelle und ist überflüssig. Merken Sie sich: Das Vorliegen einer Zusicherung (= Garantieübernahme des Verkäufers, § 276 I BGB) ist im Wege der Auslegung nach den §§ 133, 157 BGB zu ermitteln.
Es muss erkennbar sein, dass der Verkäufer für das Vorhandensein der jeweiligen Eigenschaft verschuldensunabhängig einstehen will. Hieran sind hohe Anforderungen zu stellen.
Mit diesem Grundverständnis können Sie jeden Einzelfall argumentativ bezwingen; das Ergebnis (auch wenn es von einer BGH-Entscheidung abweicht) ist dabei egal.

Besonderheiten beim Gebrauchtwagenhandel

Examensrelevant ist an dieser Stelle die Rspr. des BGH zum **Gebrauchtwagenhandel**: Beim Kauf eines Gebrauchtwagens von einem Gebrauchtwagenhändler sollen an das Vorliegen einer Zusicherung eher geringe Anforderungen zu stellen sein.[406] 277

Dies soll auf dem besonderen Vertrauen, das der Käufer dem Händler entgegenbringt, beruhen.

In einer beim Gebrauchtwagenkauf ohne Einschränkung oder Zusätze abgegebenen Erklärung des gewerblichen Gebrauchtwagenhändlers zu einer bestimmten Kilometerlaufleistung des Fahrzeugs kann die Übernahme einer Beschaffenheitsgarantie liegen.

Will der Verkäufer solche Rechtsfolgen nicht gegen sich gelten lassen, ist er gehalten, eine dahingehende Einschränkung seines Willens zum Ausdruck zu bringen. Anderenfalls verlässt sich der Käufer regelmäßig auf die besondere Erfahrung und Sachkunde des Händlers und sieht in dessen Erklärung die Übernahme einer Garantie.[407]

Zweck der Rechtsprechung: Überwindung vereinbarter Gewährleistungsausschlüsse

Der wahre Grund für die großzügige Annahme von Zusicherungen im Bereich des Gebrauchtwagenhandels ist jedoch, dass sich der Verkäufer durch allgemeine Geschäftsbedingungen von der kaufvertraglichen Gewährleistung freizeichnen kann; § 309 Nr. 8b BGB gilt ja gerade nicht, da es sich beim Gebrauchtwagen nicht um eine neu hergestellte Sache handelt.

Der Käufer ist also weithin rechtlos gestellt. Sichert der Verkäufer aber eine Eigenschaft der Kaufsache zu, so greift insoweit ein vereinbarter Haftungsausschluss nicht ein, § 444 BGB.[408] Es wäre nämlich ein widersprüchliches und damit treuwidriges Verhalten des Verkäufers, einerseits die Garantie für eine Eigenschaft der Kaufsache zu übernehmen und andererseits die Haftung für deren Fehlen auszuschließen (§ 242 BGB).

Durch großzügige Annahme von Zusicherungen des Gebrauchtwagenhändlers werden daher dem Käufer Mängelrechte praktisch überhaupt erst eingeräumt. Macht der Gebrauchtwagenhändler also Angaben zur Beschaffenheit des Gebrauchtwagens – insbesondere auf Nachfragen des Käufers –, kann i.d.R. von einer Zusicherung ausgegangen werden.

Angaben müssen aber hinreichend konkret sein

Allerdings kommt eine solche nur in Betracht, wenn die Angaben hinreichend konkret sind. 278

405 Ausführlich: Reinicke/Tiedtke, Kaufrecht, Rn. 310 ff.
406 BGHZ 74, 383 - 393 (391) = **juris**byhemmer.
407 OLG Rostock, **Life&Law 2007, Heft 12, 812 - 816** = NJW 2007, 3290 - 3291= **juris**byhemmer.
408 Vgl. unten, Rn. 366.

Ausreichend: *Angaben über die Gesamtfahrleistung, das Baujahr des Wagens, die FS-Zahl, die Unfallfreiheit etc.*[409]

Zweifelhaft: *„Der Wagen ist fahrbereit". Der BGH hat das Vorliegen einer Garantie verneint, da diese Beschreibung nicht hinreichend konkret ist. Auch eine Haltbarkeitsgarantie wurde verneint.*[410]

hemmer-Methode: Das Argument der Rechtlosstellung des Käufers sollten Sie in der Klausur auch dann anführen, wenn der Sachverhalt zu einem vereinbarten Ausschluss der Mängelrechte schweigt. Denn die Vereinbarung eines solchen ist in der Praxis des Gebrauchtwagenhandels der absolute Regelfall.
Vergessen Sie jedoch nicht: Jeder Einzelfall ist anders. Wenn der Verkäufer z.B. ausdrücklich darauf hinweist, für diese Angabe keine Gewähr übernehmen zu wollen, können Sie unter Zugrundelegung der Auslegungsregeln der §§ 133, 157 BGB eine Zusicherung nicht annehmen!

Zusicherung ist von Formzwang des § 311b I BGB erfasst

Bei einem **Grundstückskauf** stellt eine Garantieübernahme des Verkäufers (= Zusicherung) einen Bestandteil des Gesamtvertrages dar. Insoweit bedarf es daher ebenfalls der **Form des § 311b I S. 1 BGB**.[411] Sobald allerdings Auflassung und Eintragung des Käufers erfolgen, ist (ex nunc) der Formmangel auch insoweit geheilt, § 311b I S. 2 BGB. 279

(c) Umfang der Eigenschaftszusicherung

Grds. Unbeschränktheit der Garantieübernahme

Nicht nur die Frage, ob der Verkäufer eine Garantie übernommen hat, sondern auch die Frage, in welchem Umfang dies geschehen ist, richtet sich nach dem objektiven Empfängerhorizont i.S.d. §§ 133, 157 BGB und ist damit im Wege der Auslegung zu ermitteln. 280

Da die Differenzierung zwischen Mangel- und Mangelfolgeschäden wesentlich entschärft wurde[412], kann hierin nicht der wesentliche Anknüpfungspunkt liegen. Es ist anhand des konkreten Einzelfalls danach **zu fragen, ob sich** die **Garantie** des Verkäufers **auch auf den konkreten Schadensposten beziehen sollte**. Hiervon ist grundsätzlich auszugehen. Nur in Ausnahmefällen, z.B. bei besonders atypischen Kausal- oder Schadensverläufen, kann angenommen werden, dass der Verkäufer zwar eine Garantie übernommen hat, diese aber für diesen Schadensposten nicht gilt.

cc) Verjährung von Mangelfolgeschäden

Fraglich ist, wann der Anspruch auf Ersatz der Mangelfolgeschäden verjährt. 281

M.M.: Verjährung nach §§ 195, 199 BGB

Nach teilweise vertretener Ansicht handelt es sich bei der Verursachung eines Mangelfolgeschadens auch um eine Schutzpflichtverletzung i.S.d. § 241 II BGB, sodass der Ersatzanspruch der Regelverjährung der §§ 195, 199 BGB unterliege.[413]

H.M.: Verjährung nach § 438 BGB

Diese Ansicht ist aber abzulehnen, da sie nicht überzeugen kann. Nach § 433 I S 2 BGB ist der Verkäufer zur mangelfreien Lieferung verpflichtet.[414]

409 Nachweise bei Reinicke/Tiedtke, Kaufrecht, Rn. 314.

410 BGH, NJW 2007, 759 - 761 = **juris**byhemmer.

411 Palandt, § 311b, Rn. 31.

412 Dazu unten, Rn. 285.

413 So tatsächlich Canaris; Schuldrechtsmodernisierung, 2002, S. XXVIIII, Ehmann/Sutschet, Modernisiertes Schuldrecht, 2002, S. 210; Reischl, Grundfälle zum neuen Schuldrecht, JuS 2003, 40 - 48 (46 f.).

414 Vgl. hierzu Mankowski, Die Anspruchsgrundlage für den Ersatz von Mangelfolgeschäden (Integritätsschäden), JuS 2006, 481 - 487 (485).

Gleichzeitig hat der Gesetzgeber mit §§ 437 Nr. 3, 280 ff. BGB anerkannt, dass die Verletzung dieser Pflicht zu einer Haftung des Verkäufers sowohl für Mangel- als auch Mangelfolgeschäden führen kann. Diese Ansprüche unterliegen der „kurzen" Verjährung des § 438 BGB. Diese Entscheidung des Gesetzgebers darf aber nicht dadurch unterlaufen werden, dass man im Hinblick auf Mangelfolgeschäden allein mit der Verletzung von Schutzpflichten argumentiert und so zu einer Anwendung der §§ 195, 199 BGB gelangen will.

Auch wenn man neben der Verletzung der Pflicht zur mangelfreien Leistung eine Schutzpflicht bejaht, so muss es bei der Verjährung nach § 438 BGB als Spezialnorm bleiben.[415]

b) Ersatzfähiger Schaden

Zu ersetzen ist – wie auch sonst bei § 280 I BGB – der durch die Pflichtverletzung kausal und zurechenbar dem Gläubiger entstandene Schaden, sog. Mangelfolgeschaden bzw. Schadensersatz neben der Leistung oder Begleitschaden, jedoch nicht das positive Interesse. 282

Hat der Verkäufer also in zu vertretender Weise mangelhaft geliefert, steht dem Käufer ein Anspruch auf Ersatz der hierdurch verursachten Schäden aus §§ 437 Nr. 3 Alt. 1, 280 I BGB zu.

Nicht: Positives Interesse

Ersatz des positiven Interesses (Schadensersatz statt der Leistung) kann der Käufer nach § 280 I BGB nicht verlangen, vgl. § 280 III BGB.

aa) Abgrenzung zu § 437 Nr. 3 Alt. 1 BGB i.V.m. §§ 281 - 283, 311a II BGB

Für den Käufer stellt die Tatsache, dass durch die Mangelhaftigkeit der Kaufsache das Verhältnis von Leistung und Gegenleistung (Äquivalenzinteresse) gestört ist, einen Schaden dar. Bei dem Minderwert der Kaufsache aufgrund des Mangels handelt es sich um einen nach § 251 I BGB ersatzfähigen Schadensposten. 283

Kein Ersatz für Minderwert der Kaufsache nach § 280 I BGB

Dieser sog. Mangelschaden ist jedoch nicht nach § 280 I BGB zu ersetzen. Denn es handelt sich um das typische positive Interesse, dessen Ersatz dem Käufer nur nach den §§ 281 - 283 BGB oder § 311a II BGB zusteht, vgl. § 280 III BGB.

> **Bsp.:** *Ist die Kaufsache beispielsweise aufgrund des Mangels 2.000,- € weniger wert als bei Mangelfreiheit, kann dieser Differenzbetrag nicht nach § 280 I BGB, sondern nur nach den §§ 280 I, III, 281 - 283 und 311a II BGB ersetzt werden.*

Schäden, die der Käufer aufgrund der Mangelhaftigkeit der Kaufsache an anderen Rechtsgütern erleidet (sog. Mangelfolgeschäden), sind demgegenüber als kausal und zurechenbar auf der mangelhaften Lieferung beruhende Schäden nach § 280 I BGB zu ersetzen. 284

> **Bsp.:** *Das verkaufte Fahrrad weist einen Mangel der Bremsvorrichtung auf; der Käufer verletzt sich, weil er infolgedessen nicht rechtzeitig bremsen kann.*

Minderwert nicht nach § 280 I BGB ersatzfähig

Allerdings ist die nach altem Recht notwendige und oftmals schwierige Unterscheidung zwischen Mangel- und Mangelfolgeschäden weitgehend entschärft. 285

415 Arnold, Der neue § 438 BGB - eine Zwischenbilanz, ZGS 2002, 438 - 442 (439); Dauner-Lieb/Arnold/Dötsch/Kitz, Fälle zum neuen Schuldrecht, 2002, S. 306.

Abzustellen ist allein darauf, ob es sich beim geltend gemachten Schadensposten um einen Begleitschaden (dann § 280 I BGB) oder um das positive Interesse handelt; im letzteren Fall kommt ein Ersatz wegen § 280 III BGB nur unter den zusätzlichen Voraussetzungen der §§ 281 - 283 BGB bzw. nach § 311a II BGB in Betracht.

hemmer-Methode: Die Abgrenzung Schadensersatz statt der Leistung zu Schadensersatz neben der Leistung wird eigentlich nur in den Fällen der nicht ordnungsgemäßen Leistung relevant, da in den Fällen der Unmöglichkeit stets der Schadensersatz statt der nach § 275 BGB ausgefallenen Leistung geltend gemacht wird.

Man kann sich für die Zuordnung zu §§ 437 Nr. 3, 280 I BGB (Schadensersatz neben der Leistung) bzw. zu §§ 437 Nr. 3, 280 I, III, 281 (Schadensersatz statt der Leistung) immer die Kontrollfrage stellen, ob beide Ansprüche (Schadensersatz und Erfüllung) nebeneinander bestehen können (Schadensersatz neben der Leistung bzw. Mangelfolgeschaden), bzw. ob der geltend gemachte Schaden durch eine ordnungsgemäße Nacherfüllung behoben werden könnte (Schadensersatz statt der Leistung bzw. Mangelschaden).[416]

hemmer-Methode: Lesen Sie zur Abgrenzung zwischen Schadensersatz statt der Leistung und Schadensersatz neben der Leistung nochmals ausführlich Hemmer/Wüst, Schuldrecht AT, Rn. 124 ff.

Jedenfalls der Minderwert der Kaufsache ist als sog. eigentlicher Mangelschaden nicht allein nach § 280 I BGB ersatzfähig; die übrigen Schäden, die auf der mangelhaften Lieferung kausal und zurechenbar beruhen, werden nach § 280 I BGB (i.V.m. § 437 Nr. 3 Alt. 1 BGB) ersetzt.

Problematisch: Übrige Bestandteile des „Mangelschadens“

Nach altem Recht sollten auch der infolge mangelhafter Lieferung entgangene Gewinn aus einem Weiterverkauf, entgangene Gebrauchsvorteile oder Gutachterkosten zur Ermittlung des Vorliegens eines Mangels als Mangelschaden und damit als Bestandteil des positiven Interesses anzusehen sein.[417]

Dies erscheint fraglich, da es sich um Schadensposten handelt, die kausal und zurechenbar auf der mangelhaften Leistung beruhen und damit eigentlich nach §§ 437 Nr. 3 Alt. 1, 280 I BGB ersatzfähige Begleitschäden sind. Es ist aber davon auszugehen, dass sich durch die Gesetzesreform hieran nichts ändern sollte.[418]

hemmer-Methode: Ebenso gut ist die Gegenauffassung vertretbar: Nur der Minderwert der Kaufsache („eigentlicher Mangelschaden“) kann nicht nach § 280 I BGB, sondern nur nach den §§ 281 ff., 311a II BGB ersetzt werden.

bb) Ersatz der sog. Weiterfresserschäden

Der Begriff des **Weiterfresserschadens** bzw. des **weiterfressenden Mangels** ist im Gesetz nicht definiert. Vielmehr ist diese Rechtsfigur durch die Rechtsprechung des BGH vor der Modernisierung des Schuldrechts in mehreren grundlegenden Entscheidungen entwickelt worden. 286

416 Vgl. dazu grundlegend Reischl, Grundfälle zum neuen Schuldrecht, JuS 2003, 250 - 257 (252 f.); ebenso Bamberger/Roth/Faust, § 437 BGB, Rn. 47.

417 Palandt, § 463, Rn. 16.

418 Vgl. Dauner-Lieb, Das neue Schuldrecht, S. 32.

Ein Weiterfressermangel i.S.d. ständigen Rechtsprechung ist demnach ein Mangel, der bei Gefahrübergang auf einen Teil des Kaufgegenstandes begrenzt ist und nach Gefahrübergang die weitere Beschädigung oder Zerstörung der **Kaufsache selbst** herbeiführt.[419]

hemmer-Methode: Problematisch ist bei den Weiterfresserschäden, ob diese eine Eigentumsverletzung im Sinne des § 823 I BGB darstellen. Da dem Käufer von Beginn an mangelhaftes Eigentum verschafft wurde, wäre es eigentlich einleuchtend, eine Eigentumsverletzung abzulehnen. Zu dieser Frage lesen Sie den ausführlichen Aufsatz von Tyroller, Das Problem des „weiterfressenden Mangels" nach der Modernisierung des Schuldrechts, in Life&Law 2005, Heft 10, 710 ff.

Schadensersatz statt oder Schadensersatz neben der Leistung?

Fraglich ist zunächst, welche Anspruchsgrundlage im Mängelrecht für den Anspruch des Käufers auf Ersatz für einen Weiterfresserschaden in Betracht kommt. Es könnte sich um einen Anspruch auf Schadensersatz wegen der Lieferung einer mit einem Mangel behafteten Sache und/oder dessen Nichtbehebung handeln. **286a**

Bei behebbaren Mängeln sind für den Anspruch auf Schadensersatz statt der Leistung die §§ 437 Nr. 3, 280 I, III, 281 I BGB einschlägig.

Hat sich ein Mangel seit Gefahrübergang vergrößert oder sich auf andere Teile der Kaufsache ausgedehnt, so erstreckt sich die Nacherfüllung auch auf die hieraus resultierenden Schäden.[420] Der Nacherfüllungsanspruch erfasst damit auch den Weiterfresserschaden, selbst wenn zunächst nur ein kleiner Mangel der Kaufsache vorlag.

Weiterfresserschaden = Schaden an Kaufsache selbst ⇨ daher Schadensersatz statt der Leistung

Da es sich beim Weiterfresserschaden um einen Schaden an der Kaufsache selbst handelte und dieser durch eine hypothetisch ordnungsgemäße Nacherfüllung hätte behoben werden können, handelt es sich demnach um einen Schaden, der durch das endgültige Ausbleiben der Leistung entstanden ist (sog. „Schaden statt der Leistung").

Merke: Gegenstand des Nacherfüllungsanspruches ist die Kompensierung des „Mangelschadens".

Ein solcher Mangelschaden liegt aber auch im Falle eines weiterfressenden Mangels vor, also in den Fällen, in denen sich der bei Gefahrübergang vorliegende Mangel vergrößert. **286b**

Jede andere Auffassung wäre lebensfremd, da schließlich aus jedem kleinen Mangel im Laufe der Zeit ein großer Mangel werden kann. In solchen Fällen ist es meist gar nicht mehr möglich, nur noch den kleinen (ursprünglichen) Mangel zu beseitigen.

> ***Bsp.:*** *Ist beim Kauf eines Pkw am Bodenblech zur Zeit des Gefahrüberganges eine Roststelle vorhanden und wird diese größer, so leuchtet es ein, dass der Verkäufer nicht nur die Beseitigung des ursprünglichen Rostflecks schuldet, sondern die Ausbesserung der gesamten schadhaften Stelle.*

---

419 Masch/Herwig, Ad multos annos - die Haftung für Weiterfresser nach der Schuldrechtsmodernisierung, ZGS 2005, 24 - 30 (25); MüKo, § 823 BGB Rn. 120; Zu unterscheiden sind solche Weiterfresserschäden von sog. Produktionsschäden. Gemeinsam ist beiden, dass sie im Prozess der Warenherstellung angelegt sind und regelmäßig erst nach dem Inverkehrbringen des Produktes hervortreten. Sie unterscheiden sich jedoch von Weiterfresserschäden dadurch, dass sie nicht das Endprodukt, sondern Halbfertigware betreffen und sich infolgedessen auch nicht beim Endabnehmer, sondern beim Hersteller des End- bzw. Zwischenprodukts in der Weise realisieren, dass die übrigen zur Herstellung eingesetzten Stoffe entwertet werden; vgl. MüKo, § 823 BGB, Rn. 120.

420 Reinicke/Tiedtke, Kaufrecht, 7. Auflage 2004, Rn. 441; Brors, Die Konkurrenzen im neuen Kaufrecht, WM 2002, 1780 - 1784 (1783 f.); Bamberger/Roth/Faust, § 439 BGB, Rn. 15; Grigoleit, Weiterfressende Schäden und Mangelfolgeschäden nach Schuldrechtsreform, ZGS 2002, 78 - 80; so im Ergebnis auch Masch/Herwig, Ad multos annos - die Haftung für Weiterfresser nach der Schuldrechtsmodernisierung, ZGS 2005, 24 - 30 (27 f.); Heßeler/Kleinhenz, Der kaufrechtliche Anspruch auf Schadensersatz für Weiterfresserschäden, JuS 2007, 706 - 711 (709).

hemmer-Methode: Beim „Weiterfresserschaden" bejaht die Rechtsprechung i.R.d § 823 I BGB auch das Vorliegen einer Eigentumsverletzung, wenn der ursprüngliche Mangelunwert mit dem Weiterfresserschaden nicht stoffgleich war, es also noch verletzungsfähiges Resteigentum gab.[421] Im Falle des § 823 I BGB ist jedoch stets das Integritätsinteresse betroffen.
Der Weiterfresserschaden betrifft also zum einen die Äquivalenz von Leistung und Gegenleistung (also das positive Interesse) und stellt damit im Mängelrecht einen Schaden statt der Leistung dar. Gleichzeitig soll bei verletzungsfähigem Resteigentum eine Eigentumsverletzung und damit eine Verletzung des Integritätsinteresses vorliegen.
Da im Deliktsrecht aber stets nur das negative Interesse ersetzt wird, kommt man mit den Begriffen Äquivalenzinteresse/Integritätsinteresse bzw. positives Interesse/negatives Interesse bei der Frage der Abgrenzung von Schadensersatz statt bzw. neben der Leistung nicht wirklich weiter.
Lesen Sie hierzu ausführlich Tyroller/Fürbass, Schadensersatz „statt der Leistung" oder doch „neben der Leistung"? Oder: Warum helfen Begriffe wie Äquivalenz- bzw. Integritätsinteresse nicht weiter?, in Life&Law 9/2014, 686 (688).

cc) Ersatz des mangelbedingten Nutzungsausfallschadens[422]

Unter einem mangelbedingten Betriebsausfallschaden ist eine Einbuße zu verstehen, die ein Käufer dadurch erleidet, dass er die Sache aufgrund eines Mangels zeitweise überhaupt nicht oder nicht wie geplant in seinem Betrieb einsetzen kann. 287

> ***Bsp.:*** *K kauft bei V ein Fernsehgerät, um dies bei den Spielen der EM 2012 in seiner Gastronomie aufzustellen. Als seine Kneipe am Tage des Eröffnungsspiels aufgrund der Werbung gut gefüllt ist, zeigt das erworbene Fernsehgerät nur einen schwarzen Bildschirm. Verärgert darüber verlassen die Gäste das Lokal des K, um sich das Spiel andernorts anzusehen.*
>
> *Wonach kann K seinen entgangenen Gewinn ersetzt verlangen?*

(1) Situation vor Erklärung des Rücktritts

Hinsichtlich des mangelbedingten Betriebsausfallschadens besteht mittlerweile weitgehend Einigkeit, dass es sich bei dem bereits eingetretenen Nutzungsausfallschaden um einen Schaden neben der Leistung handelt, da dieser durch eine hypothetische ordnungsgemäße Nacherfüllung nicht entfallen würde.

Die lediglich ganz vereinzelt vertretene Auffassung, dass es sich um einen Schadensersatz statt der Leistung handelt, bei welchem die Fristsetzung wegen „Sinnlosigkeit" gem. § 281 II Alt. 2 BGB entbehrlich ist[423], ist eindeutig abzulehnen.

Mit der Geltendmachung des Anspruches wäre außerdem der Erfüllungsanspruch ausgeschlossen, vgl. § 281 IV BGB. Das beweist, dass dieser Ansatz **vor Erklärung des Rücktritts** absolut nicht durchdacht und daher völlig verfehlt ist.

Abgrenzungsschwierigkeiten wegen § 280 II BGB

In der Literatur höchst umstritten ist die Frage, ob die Ersatzfähigkeit des mangelbedingten Nutzungsausfallschadens als Verzögerungsschaden den zusätzlichen (vgl. § 280 II BGB) Voraussetzungen des § 286 BGB unterliegt.

---

421 Ausführlich Tyroller, „Das Problem des „weiterfressenden Mangels" nach der Modernisierung des Schuldrechts", **Life&Law 10/2005, 710 ff.**

422 Vgl. **Hemmer/Wüst, Der Streit- und Meinungsstand zum neuen Schuldrecht**, Fall 1, Seite 1 ff.

423 Recker, Schadensersatz statt der Leistung - oder - Mangelschaden und Mangelfolgeschaden, NJW 2002, 1247 - 1248 (1248).

Nach M.M. liegt Verzugsschaden vor

(a) Teilweise wird vertreten, dass in der Lieferung einer mangelhaften Sache eine Verzögerung der nach § 433 I S. 2 BGB geschuldeten mangelfreien Leistung liegt. *287b*

Schäden, die der Käufer erleidet, weil er infolge des Mangels die Kaufsache nicht wie geplant nutzen könne, seien daher erst mit Eintritt des Verzuges ersatzfähig (§§ 437 Nr. 3, 280 I, II, 286 BGB).

Der Verkäufer, der nicht leiste und erst ab Verzugseintritt schadensersatzpflichtig sei, dürfe nicht besser stehen als derjenige, der immerhin eine mangelhafte Leistung erbringe.[424]

hemmer-Methode: Allerdings halten einige Vertreter dieser Ansicht eine Mahnung in Konstellationen der vorliegenden Art nach § 286 II Nr. 4 BGB generell für entbehrlich.[425]

H.L./BGH: mangelbedingter Ausfallschaden ist nach §§ 437 Nr. 3, 280 I BGB zu ersetzen

(b) Die h.M. geht demgegenüber davon aus, dass der Käufer Ersatz des mangelbedingten Nutzungsausfalls nach §§ 437 Nr. 3, 280 I BGB und damit unabhängig von einem Verzug des Verkäufers verlangen kann.[426]

Der BGH entscheidet die Rechtsfrage in Übereinstimmung mit der h.M. dahin, dass der mangelbedingte Nutzungsausfall des am Vertrag festhaltenden Käufers nach §§ 437 Nr. 3, 280 I BGB ersatzfähig ist und die Verzugsvoraussetzungen hierfür nicht vorliegen müssen.[427]

Begründet wird dieses Ergebnis mit der Systematik des § 437 Nr. 3 BGB, dem Wortlaut der §§ 280 I, 286 I BGB und mit teleologischen Erwägungen.

Systematik des § 437 Nr. 3 BGB

Ein erstes Indiz dafür, dass der mangelbedingte Nutzungsausfallschaden nicht den zusätzlichen Voraussetzungen des § 280 II BGB i.V.m. § 286 BGB unterliegt, lässt sich § 437 Nr. 3 BGB entnehmen. Diese Norm verweist zwar auf §§ 281, 283 BGB, nicht aber auf § 286 BGB. Somit liegt nach dem gesetzgeberischen Willen in einer Schlechtleistung keine Verzögerung der ordnungsgemäßen Leistung. *287c*

---

424 AnwK-BGB/Dauner-Lieb, § 280 BGB, Rn. 60 ff.; AnwK-BGB/Büdenbender, § 437 BGB, Rn. 74; Jauernig, 12. Auflage, § 280 BGB, Rn. 4 und § 437 BGB, Rn. 17; Brox/Walker, Besonderes Schuldrecht, 33. Auflage, § 4 Rn. 106; Huber/Faust, Schuldrechtsmodernisierung, Rn. 223; Oetker/Maultzsch, Vertragliche Schuldverhältnisse, 3. Auflage, § 2 Rn. 267 ff.; Arnold/Dötsch, Ersatz von Mangelfolgeaufwendungen, BB 2003, 2250 - 2253 (2253); Fliegner, Der Leistungsbegriff der §§ 280 ff. BGB und Fragen des Haftungsausschlusses, JR 2002, 314 - 325 (322); Oechsler, Praktische Anwendungsprobleme des Nacherfüllungsanspruchs, NJW 2004, 1825 - 1830 (1828); Petersen, Die Nacherfüllung, Jura 2002, 461 - 464 (462 f.); Schur, Der Anspruch des Käufers auf Schadensersatz wegen eines Sachmangels, ZGS 2002, 243 - 248 (244); Wieser, Leistungsstörungen bei der Nacherfüllung des Kaufvertrages, JR 2002, 269 - 271 (270).

425 Grigoleit/Riehm, AcP 203, (2003), 727 (755); Grigoleit/Riehm, Der mangelbedingte Betriebsausfallschaden im System des Leistungsstörungsrechts, JuS 2004, 745 - 749 (747 f.).

426 OLG Hamm, **Life&Law 2007, Heft 1, 1 - 8**; LG Krefeld, DAR 2008, 90 - 91 = **juris**byhemmer; Bamberger/Roth, 2. Auflage, § 280 BGB, Rn. 30 bzw. § 437 BGB, Rn. 67; Erman, 12. Auflage, § 280 BGB, Rn. 11a, 12; vor § 437 BGB, Rn. 9; § 437 BGB, Rn. 19; MüKo, 5. Aufl., § 280 BGB, Rn. 53 ff.; vor § 281 BGB, Rn. 25; § 437 BGB, Rn. 33; Palandt, § 280, Rn. 18 und Rn. 20; § 437, Rn. 35 f.; Staudinger, § 280 BGB, Rn. 34; Lorenz, Schuldrechtsreform 2002: Problemschwerpunkte drei Jahre danach, NJW 2005, 1889 - 1896 (1891); Lorenz, Fünf Jahre neues Schuldrecht im Spiegel der Rechtsprechung, NJW 2007, 1 - 8 (2); Lorenz/Riehm, Lehrbuch zum neuen Schuldrecht, Rn. 546; Reinicke/Tiedtke, Kaufrecht, 7. Auflage, Rn. 520; Dauner-Lieb/Dötsch, Schuldrechtsreform: Haftungsgefahren für Zwischenhändler nach neuem Recht?, DB 2001, 2535 - 2540 (2537); Ebert, Das Recht des Verkäufers zur zweiten Andienung und seine Risiken für den Käufer, NJW 2004, 1761 - 1764 (1761 f.); Gruber, Der Anspruch auf Ersatz von Nutzungs- und Betriebsausfall bei Lieferung einer mangelhaften Sache, ZGS 2003, 130 - 134 (133 f.); Hirsch, Schadensersatz statt der Leistung, Jura 2003, 289 - 298 (294); Katzenstein, Die Systematik des Schadenshaftungsrechts in der Sonderverbindung nach modernisiertem Schuldrecht, Jura 2004, 584 - 596 (592 und 596); Medicus, Die Leistungsstörungen im neuen Schuldrecht, JuS 2003, 521 - 529 (528); Medicus, Bürgerliches Recht, 20. Auflage, Rn. 299; Münch, Die "nicht wie geschuldet" erbrachte Leistung und sonstige Pflichtverletzungen, Jura 2002, 361 - 374 (368); Reischl, Grundfälle zum neuen Schuldrecht, JuS 2003, 250 - 257 (251); Schubel, Schuldrechtsmodernisierung 2001/2002 - Das neue Kaufrecht, JuS 2002, 313 - 319 (319); Schulze/Ebers, Streitfragen im neuen Schuldrecht, JuS 2004, 462 - 468 (465 f.); Tiedtke/Schmitt, Der Anwendungsbereich des kaufrechtlichen Schadensersatzes statt der Leistung nach §§ 437 Nr.3, 280 Abs.1 und 3, 281 Abs.1 BGB, BB 2005, 615 - 624 (617 und 619).

427 BGH, **Life&Law 2009, Heft 10, 649 - 655.**

Zwar stellt § 286 BGB keine eigene Anspruchsgrundlage dar, sondern normiert nur die Verzugsvoraussetzungen. Jedoch trifft Gleiches auf die §§ 281, 283 BGB zu, die dann konsequenterweise auch nicht in § 437 Nr. 3 BGB genannt sein dürften. Diese sind nämlich ebenfalls keine eigenen Anspruchsgrundlagen (Anspruchsgrundlage ist § 280 I BGB), sondern nennen zusätzliche Voraussetzungen, unter denen bestimmte Schäden als Schadensersatz statt der Leistung ersatzfähig sind.

Das belegt, dass mangelbedingter Nutzungsausfallschaden unabhängig von den Verzugsvoraussetzungen ersatzfähig sein soll.

Wortlaut des § 286 I BGB „Nichtleistung"

Weiterhin spricht der **Wortlaut** des § 286 I BGB von **Nicht**leistung, während in den Konstellationen eines mangelbedingten Nutzungsausfallschadens eine **Schlecht**leistung vorliegt.[428] 287e

Gleiches kann aus der in § 433 I S. 2 BGB enthaltenen Erfüllungstheorie abgeleitet werden. Demnach handelt es sich qualitativ um unterschiedliche Leistungsstörungen, die eine unterschiedliche Behandlung erfordern.[429]

Nacherfüllungsanspruch

Im Falle der Nichtleistung steht dem Käufer weiterhin der ursprüngliche Erfüllungsanspruch aus § 433 BGB zu. Im Falle der Schlechtleistung wird dieser ab Lieferung durch den Nacherfüllungsanspruch fortgesetzt. Dabei handelt es sich nicht um einen Sekundäranspruch, sondern um eine Modifikation des Primäranspruchs.[430] 287f

hemmer-Methode: Von einem Ausbleiben der Leistung i.S.d. Verzugs kann demnach erst gesprochen werden, wenn der Verkäufer mit der Nacherfüllung in Verzug gerät. Entgegen vereinzelter Stimmen in der Literatur[431] trifft es auch nicht zu, dass die ordnungsgemäße Leistung nur zeitlich verzögert sei und sich daher die Einbußen nachholen lassen. Eine Nachholung ist nämlich nicht immer möglich.
Wenn der Betriebsausfall nämlich mit besonderen äußeren Bedingungen verbunden ist (z.B. mit einer auf bestimmte Laufzeit eingetragenen Nutzungslizenz oder einem besonderen Ereignis, wie bspw. der Fußball-WM), können Ausfälle nach Zeitablauf nicht mehr ohne Weiteres nachgeholt werden. Eine Differenzierung der Schadenskategorie danach, ob die Einbuße nachgeholt werden kann, würde das Problem der Abgrenzung nur verlagern, aber nicht beheben.

Teleologische Erwägungen

Untermauert wird das Normkonzept des Gesetzgebers schließlich durch teleologische Erwägungen. 287h

Mahnungserfordernis passt nicht

Der Verzug setzt grundsätzlich eine Mahnung voraus. Dieses **Mahnungserfordernis** ist **nicht sachgerecht**.

Von der Interessenlage ist zu unterscheiden, ob der Schuldner lediglich untätig bleibt oder ob er zwar leistet, die Leistung aber fehlerhaft erbringt. Vor den Folgen einer Säumnis kann sich der Käufer regelmäßig dadurch schützen, dass er einen kalendermäßig bestimmten Termin für die Lieferung vereinbart oder den Verkäufer bei Ausbleiben der Leistung mahnt.

---

428 Vgl. Lorenz, Rücktritt, Minderung und Schadensersatz wegen Sachmängeln im neuen Kaufrecht - Was hat der Verkäufer zu vertreten?, NJW 2002, 2497 - 2505 (2501).

429 Ebenso Canaris, ZIP 2003, 321, 322; Medicus, Die Leistungsstörungen im neuen Schuldrecht, JuS 2003, 521 - 529 (528).

430 Aus den Materialien ergibt sich mit aller Klarheit, dass der Ersatz von Schäden der hier in Rede stehenden Art nicht von dem Vorliegen der Verzugsvoraussetzungen abhängig sein sollte. In der Begründung zu dem Gesetzentwurf (BT-Drs. 14/6040 S. 225) heißt es unzweideutig: *„§ 437 Nr. 3 verweist auch auf § 280 II, der den Ersatz von Verzögerungsschäden von den zusätzlichen Voraussetzungen des § 286 abhängig macht. Das entfaltet insoweit keine Wirkung, als die Pflichtverletzung im Sinne des § 280 I S. 1 darin liegt, dass der Verkäufer entgegen seiner vertraglichen Verpflichtung aus § 433 I S. 2 eine mangelhafte Sache geliefert hat. Eine Anwendung des § 286 ist insoweit in § 280 I nicht vorgesehen. Liefert der Verkäufer also beispielsweise schuldhaft eine mangelhafte Maschine und verzögert sich deswegen deren Inbetriebnahme, so ist der Betriebsausfallschaden unabhängig von den weiteren Voraussetzungen des Verzugs unmittelbar nach § 280 I zu ersetzen."*

431 Vgl. Grigoleit/Riehm, AcP 203, (2003), 727 [739 ff.].

Diese Möglichkeiten bestehen bei einer mangelhaften Lieferung regelmäßig nicht, weil der Mangel vielfach erst bemerkt werden wird, wenn die Kaufsache ihrer Verwendung zugeführt wird. Ein mangelbedingter Nutzungsausfall lässt sich dann häufig nicht mehr abwenden.[432]

Bei der Lieferung einer mangelbehafteten Sache dringt der Schuldner damit in gefährlicherer Weise in die Gütersphäre des Gläubigers ein, weil die Verzögerung als solche für den Gläubiger leichter beherrschbar ist.

hemmer-Methode: Bekommt der Gläubiger keine Leistung, wird er den Schuldner zur Leistung auffordern.
Wird ihm hingegen ein Gegenstand geliefert, dessen Mangelhaftigkeit sich erst später zeigt, wird er mangels Kenntnis des Mangels nicht unmittelbar nach Lieferung, sondern allenfalls erst nach Kenntnis der Mangelhaftigkeit zur ordnungsgemäßen Leistung auffordern. Diese Aufforderung enthält als „Minus“ die Mahnung, sodass der Verkäufer, wenn er untätig bleibt, mit der Verpflichtung zur Nacherfüllung (§§ 437 Nr. 1, 439 I BGB) in Verzug kommt.

Diese Sicht entspricht auch den unterschiedlichen Konzepten, die der Gesetzgeber für den Ausgleich der Interessen des Gläubigers und des Schuldners bei der Verzögerung der Leistung einerseits und bei der Schlechtleistung andererseits gewählt hat.

Schadensersatzansprüche wegen Verzögerung der Leistung stellt der Gesetzgeber nach § 280 II BGB deshalb unter die zusätzlichen Voraussetzungen des Verzuges, weil die Leistung bei Fehlen einer vertraglich festgelegten Leistungszeit nicht sofort erbracht werden muss, sondern erst dann, wenn der Gläubiger dies verlangt (§ 271 I BGB).

Mit Blick auf die Verpflichtung zur Lieferung der Sache in mangelfreiem Zustand bedarf es einer solchen Konkretisierung in zeitlicher Hinsicht dagegen nicht. Sie ist nach § 433 I S. 2 BGB von vornherein geschuldet, wobei sich die Sollbeschaffenheit der Kaufsache ohne weiteres entweder aus dem Vertrag oder aber - bei Fehlen einer Beschaffenheitsvereinbarung - aus dem Anforderungsprofil der §§ 434 I S. 2 u. S. 3, 435 BGB ergibt.

Diese Unstimmigkeit könnte zwar dadurch beseitigt werden, dass die Mahnung in den Fällen des mangelbedingten Nutzungsausfallschadens nach § 286 II Nr. 4 BGB entbehrlich ist.[433]

Dieser Ansatz ist jedoch verfehlt, da § 286 II Nr. 4 BGB eine Abwägung der **beiderseitigen** Parteiinteressen voraussetzt. Diese Interessenabwägung kann nicht durch eine rechtsfolgenseitige Einordnung der Schadenskategorien überlagert werden.

Ausreichender Schutz des Verkäufers über § 254 II S.1 BGB

Im Übrigen ist der Weg über §§ 280 II, 286 BGB auch nicht nötig, um den Verkäufer zu schützen. Unterlässt nämlich der Käufer auch nach „Sichtbarwerden“ des Mangels die Absendung einer Mahnung oder Aufforderung zur Nacherfüllung, so liegt eine Verletzung der Schadensminderungsobliegenheit und damit ein Fall des § 254 II S. 1 BGB vor.[434]

[432] Canaris, ZIP 2003, 321 (323 und 326); Medicus, Die Leistungsstörungen im neuen Schuldrecht, JuS 2003, 521 - 529 (528).

[433] So Palandt, § 437 BGB, Rn. 36; Grigoleit/Riehm, AcP 203 (2003), 727 (743 ff.); Grigoleit/Riehm, Der mangelbedingte Betriebsausfallschaden im System des Leistungsstörungsrechts, JuS 2004, 745 - 749 (747).

[434] Vgl. Lorenz, Rücktritt, Minderung und Schadensersatz wegen Sachmängeln im neuen Kaufrecht - Was hat der Verkäufer zu vertreten?, NJW 2002, 2497 - 2505 (2501, Fn. 36, 32); MüKo, § 280 BGB, Rn. 58; Canaris, ZIP 2003, 321 (326, Fn. 30); Gruber, Der Anspruch auf Ersatz von Nutzungs- und Betriebsausfall bei Lieferung einer mangelhaften Sache, ZGS 2003, 130 - 134 (133 f.).

Der Anspruch auf Schadensersatz wegen des Nutzungsausfalls steht K nämlich nach zutreffender Ansicht nur für den Zeitraum zu, in welchem ihm die Nutzung auch dann entgangen wäre, wenn er seine Obliegenheit erfüllt hätte, V die Nacherfüllung zu ermöglichen.

Ergebnis: Ersatz über §§ 437 Nr. 3, 280 I BGB ohne Voraussetzungen des § 286 BGB

Ergebnis: Der mangelbedingte Betriebsausfallschaden wird daher nach überzeugender Auffassung als Mangelfolgeschaden gem. §§ 437 Nr. 3, 280 I BGB ersetzt, ohne dass es auf die weiteren Voraussetzungen des § 286 BGB ankäme.[435]

hemmer-Methode: Die praktische Auswirkung dieses Meinungsstreits dürfte beim Verkauf neuer Sachen relativ gering sein.
Der Verkäufer einer neuen Sache hat die Schlechtleistung nämlich regelmäßig nicht zu vertreten. Weder ist ihm ein Verschulden des Herstellers nach § 278 BGB zuzurechnen, noch trifft den Verkäufer ohne besondere Veranlassung eine Untersuchungspflicht. Daher wird dem Verkäufer häufig die Exkulpation nach § 280 I S. 2 BGB gelingen. Dem Käufer stehen daher Ansprüche auf Schadensersatz i.d.R. ohnehin erst ab dem Nacherfüllungsverlangen zu, wenn der Verkäufer diesem nicht (rechtzeitig) nachkommt.
Wenn der Verkäufer die Lieferung der mangelhaften Sache dagegen - wie im vorliegenden Fall aufgrund der Garantie - zu vertreten hat, muss er den Betriebsausfallschaden ab der Übergabe bis zur ordnungsgemäßen Nacherfüllung ersetzen. Dies gilt auch dann, wenn er nach entsprechender Aufforderung sofort tätig wird und mit dem Anspruch auf Nacherfüllung nicht in Verzug gerät.

(2) Situation nach Erklärung des Rücktritts

Situation nach Rücktritt

Hinsichtlich des mangelbedingten Betriebsausfallschadens nach erklärtem Rücktritt stellt sich die Rechtslage hingegen völlig anders dar. 288

*Mangels Leistungsanspruch sind alle nach Rücktritt entstandene Schäden denknotwendig **„Schäden statt der Leistung“***

Mit der Erklärung des Rücktritts ist der Leistungsanspruch des Käufers nämlich erloschen. Daher sind alle Schäden für die Zeit nach Erklärung des Rücktritts schon sprachlich zwingend Schäden statt der Leistung. Da es nach wirksam erklärtem Rücktritt keine Leistungspflicht mehr gibt, kann es auch keinen Anspruch auf Schadensersatz neben der Leistung geben.

Der Nutzungsausfall nach Rücktritt ist daher als Schaden statt der Leistung gem. §§ 437 Nr. 3, 280 I, III, 281 I BGB zu ersetzen, da sich Rücktritt und Schadensersatz statt der Leistung gegenseitig nicht ausschließen, vgl. § 325 BGB.[436]

(3) Mangelbedingte Ausfallschäden aufgrund Verzuges mit der Nacherfüllungspflicht, §§ 437 Nr. 1, 439 I, 280 I, II, 286 BGB

Verkäufer kann mit Nacherfüllungspflicht in Schuldnerverzug geraten

Hat der Verkäufer mangelhaft geleistet, steht dem Käufer grundsätzlich ein Nacherfüllungsanspruch zu, vgl. §§ 433 I S. 2, 437 Nr. 1, 439 BGB. Hierbei handelt es sich um einen echten Leistungsanspruch, weshalb der Verkäufer mit dessen Erfüllung in Schuldnerverzug gem. § 286 BGB geraten kann. 288a

Dann steht dem Käufer gegen den Verkäufer ein Anspruch auf Ersatz der Verzögerungsschäden nach den §§ 437 Nr. 1, 280 I, II, 286 BGB zu.[437] Auch dieser Anspruch verjährt gem. § 438 BGB, also grundsätzlich in zwei Jahren ab Ablieferung, § 438 I Nr. 3 BGB.

---

435 So nun ausdrücklich auch OLG Hamm und OLG Frankfurt, **Life&Law 2007, Heft 1, 1 - 8.**

436 Lesen Sie dazu BGH, **Life&Law 2010, Heft 8, 503 - 510** = NJW 2010, 2426 - 2429 = **juris**byhemmer.

437 OLG Hamm und OLG Frankfurt in **Life&Law 2007, Heft 1, 1 - 8.**

hemmer-Methode: Hinsichtlich der Voraussetzungen gelten keine Besonderheiten, vgl. Hemmer/Wüst, Schuldrecht AT, Rn. 128 ff.

Verweigerungsrecht schließt Schuldnerverzug aus

Kann der Verkäufer die gewählte Art der Nacherfüllung nach § 439 III BGB verweigern, so scheidet Schuldnerverzug mit der Nacherfüllungspflicht aus, sofern der Verkäufer irgendwann von seinem Verweigerungsrecht tatsächlich Gebrauch macht. Das Verweigerungsrecht aus § 439 III BGB ist hinsichtlich der Auswirkungen auf den Schuldnerverzug daher wie eine Einrede zu behandeln.[438] **289**

hemmer-Methode: Der Anspruch auf Schadensersatz statt der Leistung ist hingegen nicht ausgeschlossen, wenn sich der Verkäufer auf § 439 III BGB beruft. Das ergibt sich eindeutig aus § 440 BGB, wonach es zur Entstehung des Schadensersatzanspruchs grundsätzlich einer Fristsetzung nicht bedarf, wenn der Käufer die Nacherfüllung gemäß § 439 III BGB verweigert.
Kann der Verkäufer die Nacherfüllung nach § 439 III BGB verweigern, so ist es aber nur folgerichtig, ihn schadensersatzrechtlich nicht für einen Teil der Mängelbeseitigungskosten einstehen zu lassen, sondern den Schadensersatz auf die Höhe der Differenz des Wertes der Kaufsache in mangelfreiem und in mangelhaftem Zustand zu beschränken. Der Schadensersatzanspruch ist daher bei Unverhältnismäßigkeit der Nacherfüllung in analoger Anwendung des § 251 II S. 2 BGB auf den Ersatz des mangelbedingten Minderwerts der Kaufsache beschränkt sein. Eine direkte Anwendung des § 251 II S. 1 BGB scheidet aus, da nicht der Schadensersatzanspruch in Form der Naturalrestitution unverhältnismäßig ist, sondern allenfalls der Nacherfüllungsanspruch.[439]
Vgl. hierzu auch Rn. 324a bis 324c!

<u>Zusammenfassung zum mangelbedingten Betriebsausfallschaden</u>:

(1) Der mangelbedingte Betriebsausfallschaden ist vor erklärtem Rücktritt als Schaden neben der Leistung (= Begleitschaden) infolge der mangelhaften Lieferung nach **§§ 437 Nr. 3, 280 I BGB** zu ersetzen. Zeigt der Käufer dem Verkäufer den Mangel nicht rechtzeitig an, so ist sein Anspruch auf Schadensersatz ggf. gem. § 254 II S. 1 BGB zu kürzen.

(2) Mangelbedingte Betriebsausfallschäden **nach erklärtem Rücktritt** sind als Schaden statt der Leistung nach **§§ 437 Nr. 3, 280 I, III, 281 I BGB** zu ersetzen.

(2) Mangelbedingte Betriebsausfallschäden **infolge verzögerter Nacherfüllung** unterliegen dagegen den Voraussetzungen der **§§ 280 I, II, 286 BGB i.V.m. §§ 437 Nr. 1, 439 I BGB**.

2. Ansprüche des Käufers auf Schadensersatz statt der Leistung

a) Einleitung

Abgrenzung zum Schadensersatz neben der Leistung

437 Nr. 3 BGB verweist auch auf die §§ 280 I, III, 281, 283 BGB bzw. auf § 311a II BGB, also auf die Anspruchsgrundlagen auf den Schadensersatz statt der Leistung. **290**

Zum Schadensersatz statt der Leistung gehören alle Schadensposten, deren Ersatz an die Stelle des Erfüllungsanspruches treten würde, sodass sie funktional als Leistungsersatz anzusehen sind.

[438] Zur Einredefreiheit als Voraussetzung des Schuldnerverzuges vgl. **Hemmer/Wüst, Schuldrecht AT**, Rn. 139 ff.

[439] BGH, **Life&Law 10/2014, 709 ff.** = **juris**byhemmer; BGH, **Life&Law 1/2013, 9 ff.** = **juris**byhemmer.

Man kann sich für die Zuordnung zu §§ 437 Nr. 3, 280 I BGB (Schadensersatz neben der Leistung oder Mangelfolgeschäden) bzw. zu §§ 437 Nr. 3, 280 I, III, 281, 283 BGB bzw. § 311a II BGB (Schadensersatz statt der Leistung oder Mangelschäden) immer die Kontrollfrage stellen, ob beide Ansprüche (Schadensersatz und Erfüllung) nebeneinander bestehen können (Schadensersatz neben der Leistung bzw. Mangelfolgeschaden), bzw. ob der geltend gemachte Schaden durch eine ordnungsgemäße Nacherfüllung behoben werden könnte (Schadensersatz statt der Leistung bzw. Mangelschaden).[440]

Zwei denkbare Pflichtverletzungen

Als Pflichtverletzung kommen im Rahmen des Mängelrechts, d.h. im Rahmen des § 437 Nr. 3 BGB, in Betracht: **290a**

- die Lieferung einer mangelhaften Sache (vgl. § 433 I S. 2 BGB)
- die nicht erfolgte Nacherfüllung trotz gem. §§ 437 Nr. 1, 439 BGB bestehender Nacherfüllungspflicht.

Wichtig ist es nun, zu erkennen, worauf (d.h. auf welche Pflichtverletzung) sich das Vertretenmüssen beziehen muss, wenn der Käufer Schadensersatz statt bzw. neben der Leistung verlangt. **290b**

hemmer-Methode: Da es sich hierbei um das neue Problem des Mängelrechts schlechthin handelt, wird nun diese Problematik zur besseren Übersichtlichkeit vorangestellt.

b) Was ist der Bezugspunkt des Vertretenmüssens beim Schadensersatz statt der Leistung?

Beim Schadensersatz statt der Leistung im Mängelrecht ist umstritten, ob die schuldhafte Verletzung der Pflicht zur mangelfreien Lieferung (§ 433 I S. 2 BGB) ausreicht oder ob der Verkäufer die nicht (ordnungsgemäß) erfolgte Nacherfüllung zu vertreten haben muss. **291**

Dieser Streit wird noch dadurch erschwert, dass viele Stimmen in der Literatur diese Frage bei § 281 BGB, § 283 BGB und bei § 311a II BGB uneinheitlich beantworten, sodass die Darstellung für jeden Schadensersatzanspruch getrennt erfolgt.

hemmer-Methode: Zur Frage, worauf sich das Vertretenmüssen des Verkäufers bei der Lieferung einer mangelhaften Sache beziehen muss, wenn der Käufer Schadensersatz statt der Leistung verlangt, lesen Sie den Aufsatz von Tyroller, Life&Law 2005, Heft 6, 417 - 425.[441]

aa) Anspruch auf Schadensersatz statt der Leistung gem. §§ 437 Nr. 3, 311a II BGB

(1) Da der Schadensersatzanspruch statt der Leistung erst dann gegeben ist, wenn die Leistung ausbleibt, muss nach einer Ansicht danach gefragt werden, ob der Verkäufer die Pflichtverletzung, die zum Ausfall der Leistung geführt hat, zu vertreten hat. **291a**

---

440 Vgl. dazu ausführlich **Hemmer/Wüst, Schuldrecht AT**, Rn. 124 ff.; Reischl, Grundfälle zum neuen Schuldrecht, JuS 2003, 250 - 257 (252 f.), unzutreffend allerdings insoweit, als Schadensersatz neben der Leistung nur bei Verletzung einer Nebenpflicht i.S.v. § 241 II BGB in Betracht kommt; sehr verwirrend auch Harke, Schadensersatz und Nacherfüllung, ZGS 2006, 9 - 11.

441 Lesenswert auch Lorenz, Rücktritt, Minderung und Schadensersatz wegen Sachmängeln im neuen Kaufrecht: Was hat der Verkäufer zu vertreten? NJW 2002, 2497 - 2505; Tetenberg, Der Bezugspunkt des Vertretenmüssens beim Schadensersatz statt der Leistung, JA 2009, 1 - 6; Reinicke/Tiedtke, Kaufrecht, Rn. 525 - 550.

Bezugspunkt nach e.A. nur die Kenntnis/das Kennenmüssen der Unmöglichkeit der Nacherfüllung

Bezugspunkt des Vertretenmüssens für die Haftung auf Schadensersatz statt der Leistung ist also nicht die mangelhafte Lieferung, sondern **immer** die Kenntnis oder schuldhafte Unkenntnis von der Unbehebbarkeit des Mangels.[442]

hemmer-Methode: Liegt der Grund der Nichtbehebung in der unterlassenen Nacherfüllung, so ist es nach dieser Ansicht völlig irrelevant, ob der Verkäufer den Mangel kannte oder kennen musste oder ob er den Mangel schuldhaft verursacht hat. Allein entscheidend ist, ob der Verkäufer die Unmöglichkeit der Nacherfüllung kannte oder seine diesbezügliche Unkenntnis zu vertreten hat.[443]

Nach a.A. ist der Bezugspunkt alternativ die Kenntnis/das Kennenmüssen vom Mangel oder dessen Nichtbehebbarkeit

(2) Eine bedeutende Ansicht schlägt eine alternative Lösung vor. Der V muss **entweder** die mangelhafte Lieferung **oder** die Unmöglichkeit der Nacherfüllung zu vertreten haben.[444] Die Kenntnis bzw. das Kennenmüssen bezieht sich demnach alternativ auf die eine oder die andere Pflichtverletzung.

Hierfür spricht, dass die Nacherfüllungschance eben nur eine „zweite" Chance ist für den Verkäufer, die Folgen seiner ersten zu vertretenden Pflichtverletzung teilweise wieder zu beseitigen. Nutzt er diese nicht, aus welchen Gründen auch immer, so ist er eben zum Schadensersatz statt der Leistung verpflichtet.

Zum endgültigen Ausfall der fraglichen Leistung wäre es eben auch nicht gekommen, wenn V gleich mangelfrei geliefert hätte. Nur wenn er beide Pflichtverletzungen nicht zu vertreten hat, könne er sich entlasten.

Nach dieser Ansicht soll es im Rahmen des § 311a II BGB jedenfalls ausreichen, wenn der Verkäufer wusste oder wissen musste, dass die Sache mangelhaft war.[445]

hemmer-Methode: Da dem Verkäufer, der den Mangel kannte, häufig der Vorwurf fahrlässiger Unkenntnis bzgl. der Unmöglichkeit der Nacherfüllung gemacht werden kann, wird sich diese Problematik des Bezugspunktes des Vertretenmüssens im Rahmen des § 311a II BGB eher selten stellen.

bb) Anspruch auf Schadensersatz statt der Leistung gem. §§ 437 Nr. 3, 280 I, III, 283 BGB

Im Rahmen der §§ 437 Nr. 3, 283 BGB ist es weitgehend anerkannt, 291b
dass Bezugspunkt des Vertretenmüssens das Unmöglichwerden der Nacherfüllung ist.[446]

Bezugspunkt des Vertretenmüssens ist das Leistungshindernis

Da der Schadensersatzanspruch statt der Leistung wegen nachträglicher Unmöglichkeit erst dann gegeben ist, wenn die Nacherfüllungspflicht gem. §§ 437 Nr. 1, 439 I BGB unmöglich wird, muss nach überzeugender Ansicht danach gefragt werden, ob der Verkäufer diese Pflichtverletzung, die zum Ausfall der Leistung geführt hat, zu vertreten hat.

Allein entscheidend ist daher, ob der Verkäufer die Gründe, die zur Unmöglichkeit der Nacherfüllung geführt haben, zu vertreten hat.[447]

442 Lorenz, Rücktritt, Minderung und Schadensersatz wegen Sachmängeln im neuen Kaufrecht: Was hat der Verkäufer zu vertreten?, NJW 2002, 2497 - 2505 (2501).

443 Lorenz a.a.O., S. 2497 (2503, li. Sp.).

444 Vgl. Schwab/Witt ab 2. Auflage, Examenswissen zum neuen Schuldrecht, S. 199 ff.; so auch Huber, Festschrift für Schlechtriem, S. 527 ff. (530).

445 Vgl. Reinicke/Tiedtke, Kaufrecht, Rn. 527.

446 Reinicke/Tiedtke, Kaufrecht, Rn. 535.

447 Im Rahmen der §§ 437 Nr. 3, 283 BGB ist dies ganz h.M.; vgl. Reinicke/Tiedtke, Kaufrecht, Rn. 535; Lorenz a.a.O., S. 2497 (2503, li. Sp.).

hemmer-Methode: Dass der Verkäufer die Lieferung der mangelhaften Sache zu vertreten hat, genügt also für einen Anspruch auf Schadensersatz statt der Leistung gem. §§ 437 Nr. 3, 280 I, III, 283 BGB nach ganz h.M. nicht.
Entscheidend ist also, ob der Verkäufer die Unmöglichkeit der Nacherfüllung zu vertreten hat. Hier kann § 287 S. 2 BGB von besonderer Klausurrelevanz sein.

cc) Anspruch auf Schadensersatz statt der Leistung gem. §§ 437 Nr. 3, 280 I, III, 281 BGB

Als Bezugspunkt des Vertretenmüssens kommen sowohl die Pflichtverletzung der ursprünglichen mangelhaften Leistung (§ 433 I S. 2 BGB) als auch der nicht oder nicht ordnungsgemäß erbrachten Nacherfüllung (§§ 437 Nr. 1, 439 I BGB) in Betracht.[448] *291c*

Nach e.A. muss Verkäufer stets die Nichtnacherfüllung zu vertreten haben

(1) Nach Ansicht von Lorenz[449] ist ausschließlich an die zweite Pflichtverletzung, also die nicht oder nicht ordnungsgemäß durchgeführte Nacherfüllung, anzuknüpfen.

Hierfür spricht, dass § 281 I S. 1 BGB eine fällige Leistungspflicht verlangt. Mit der mangelhaften Leistung wird der ursprüngliche Erfüllungsanspruch aus § 433 I BGB durch den Nacherfüllungsanspruch abgelöst, so dass fortan nur dieser fällig i.S.v. § 281 I S. 1 BGB ist.

(2) Dagegen spricht aber, dass die Nacherfüllungschance nur eine „zweite" Chance für den Verkäufer ist, die Folgen seiner ersten zu vertretenden Pflichtverletzung teilweise wieder zu beseitigen. Nutzt er diese nicht, aus welchen Gründen auch immer, so ist er eben zum Schadensersatz statt der Leistung verpflichtet.

Nach a.A. muss Verkäufer entweder die mangelhafte Lieferung oder die Nichtnacherfüllung zu vertreten haben

Eine bedeutende Ansicht schlägt daher eine alternative Lösung vor. Der V muss **entweder** die mangelhafte Lieferung **oder** die Nichtnacherfüllung zu vertreten haben.[450]

Es ist nicht einzusehen, warum die Relevanz der „ersten" Pflichtverletzung (Lieferung der mangelhaften Sache, § 433 I S. 2 BGB) entfallen sollte, wenn später mit der Nichtnacherfüllung innerhalb der gesetzten angemessenen Frist eine zweite Pflichtverletzung hinzutritt.

Problematisch ist dies nämlich deswegen, weil durchaus Fälle denkbar sind, bezüglich derer das Vertretenmüssen der ersten Pflichtverletzung einfach zu bejahen ist, das Vertretenmüssen der zweiten Pflichtverletzung aber schwer oder gar nicht zu begründen ist.

Zum endgültigen Ausfall der fraglichen Leistung wäre es außerdem auch nicht gekommen, wenn V gleich mangelfrei geliefert hätte. Nur wenn er beide Pflichtverletzungen nicht zu vertreten hat, könne er sich entlasten. Hierfür spricht weiter, dass § 281 I S. 1 BGB selbst kein Erfordernis des Vertretenmüssens aufstellt, sondern nur die nach § 280 III BGB zusätzliche Voraussetzung eines erfolglosen Fristablaufs.

Demzufolge hat der erfolglose Fristablauf den Charakter einer „objektiven Bedingung" für das Schadensersatzverlangen. Nach überzeugender Ansicht kann daher wahlweise an jede der beiden Pflichtverletzungen angeknüpft werden.

---

448 Vgl. hierzu auch Ludes/Lube, Vertretenmüssen bei § 281 BGB, ZGS 2009, 259 - 264.

449 So Lorenz, a.a.O., S.2503; Köhler/Lorenz, PdW SchuldR II, Fall 45.

450 So Reinicke/Tiedtke, Kaufrecht, Rn. 540 f.; Bamberger/Roth/Faust, § 437 BGB, Rn. 67; Schwab/Witt ab 2. Auflage, Examenswissen zum neuen Schuldrecht, S. 199 ff.; Huber, Festschrift für Schlechtriem, S. 527 ff. (530) unter Hinweis auf die Parallele zum alten Werkvertragsrecht.

c) Schadensersatz statt der Leistung wegen anfänglicher Unmöglichkeit der Nacherfüllung, §§ 437 Nr. 3, 311a II BGB

Nicht gemeint sind die Fälle, in denen die Verschaffungspflicht des Verkäufers aus § 433 I S. 1 BGB unmöglich ist, der Verkäufer also wegen Unmöglichkeit dem Käufer die Sache nicht übereignen und übergeben kann. Ist dies der Fall, sind die §§ 283, 311a II BGB direkt anzuwenden mit der Folge, dass die modifizierte Verjährung des § 438 BGB nicht eingreift. 292

Nur Unmöglichkeit der Nacherfüllung gemeint

Vielmehr sind von der Verweisung in § 437 Nr. 3 BGB nur die Fälle der **Unmöglichkeit der Nacherfüllung** erfasst.

Nacherfüllungsanspruch ist vertragliche Primärleistungspflicht

§ 311a II BGB kommt nur bei anfänglicher Unmöglichkeit einer vertraglichen Primärleistungspflicht in Betracht. Auf den ersten Blick scheint jedoch die Grundlage des Nacherfüllungsanspruches nicht vertraglicher, sondern gesetzlicher Natur zu sein, vgl. § 439 BGB. Dies ist jedoch nicht richtig: Bei dem Nacherfüllungsanspruch handelt es sich um den – durch die Verjährung des § 438 BGB und durch § 439 BGB modifizierten – ursprünglichen Primäranspruch des Käufers aus § 433 I S. 2 BGB. Dieser ist vertraglicher Natur. § 311a II BGB kommt daher zur Anwendung. 293

aa) Voraussetzungen des Anspruches aus §§ 437 Nr. 3, 311a II BGB

Die Voraussetzungen eines Anspruches des Käufers auf Schadensersatz statt der Leistung nach §§ 437 Nr. 3, 311a II BGB sind:

Übersicht

Anspruchsvoraussetzungen der §§ 437 Nr. 3, 311a II BGB: 294

1. **Wirksamer Kaufvertrag** (§ 311a I BGB beachten)
2. Vorliegen eines **Sach- oder Rechtsmangels**
3. **Anfängliche Unmöglichkeit** der Nacherfüllung, § 275 I - III BGB
4. **Kenntnis** bzw. **zu vertretende Unkenntnis** des Verkäufers, § 311a II S. 2 BGB
5. Keine Verjährung, § 438 BGB

⇨ **Rechtsfolge: SE statt der Leistung**

(1) Wirksamer Kaufvertrag

Kaufvertrag muss wirksam sein

Als vertraglicher Sekundäranspruch scheidet der Anspruch aus §§ 437 Nr. 3, 311a II BGB aus, wenn der Kaufvertrag nicht wirksam ist, z.B. aufgrund Formnichtigkeit nach §§ 311b I S. 1, 125 S. 1 BGB.[451] 295

hemmer-Methode: Zu beachten ist, dass die anfängliche Unmöglichkeit die Wirksamkeit des Vertrages im Übrigen unberührt lässt, § 311a I BGB.

[451] Zum Formerfordernis nach § 311b I BGB vgl. bereits Rn. 16 ff.

(2) Vorliegen eines Sach- oder Rechtsmangels

Inzidentprüfung der §§ 434, 435 BGB

296 Die Verweisung in § 437 Nr. 3 BGB setzt das Vorliegen eines Sach- oder Rechtsmangels voraus. Hier hat eine Inzidentprüfung der §§ 434, 435 BGB stattzufinden.[452]

hemmer-Methode: Zu beachten ist, dass hinsichtlich eines Sachmangels der Zeitpunkt des Gefahrüberganges maßgeblich ist, bei Rechtsmängeln hingegen der Zeitpunkt der Übertragung des Gegenstandes (vgl. dazu nochmals Rn. 147).

(3) Anfängliche Unmöglichkeit der Nacherfüllung

297 Der Anspruch aus §§ 437 Nr. 3, 311a II BGB ist nur einschlägig, wenn die Pflicht des Verkäufers zur Nacherfüllung anfänglich unmöglich ist. Dies richtet sich nach § 275 I - III BGB. Hinsichtlich der Abgrenzung anfänglich/nachträglich ist – auch bei § 275 II, III BGB – der Zeitpunkt des Eintritts des Leistungshindernisses maßgeblich.

Anfänglicher unbehebbarer Mangel

Einschlägiger Fall ist das **Vorliegen eines** bereits **bei Vertragsschluss unbehebbaren Mangels**. Hierbei handelt es sich um eine objektive Unmöglichkeit i.S.d. § 275 I BGB.

298 ***Bsp.:*** *Der verkaufte und übergebene Gebrauchtwagen war kurz vor Vertragsschluss in einen schweren Unfall auf der Autobahn verwickelt. Die hierdurch entstandenen Schäden sind bislang nicht behoben worden.*

1. Die durch den Unfall entstandenen Schäden am verkauften Pkw begründen unproblematisch einen Sachmangel i.S.d. § 434 BGB. Jedoch sind sie behebbar, weshalb ein Anspruch aus §§ 437 Nr. 3, 311a II BGB ausscheidet.

2. Allerdings sinkt der Wiederverkaufswert eines Pkw, der an einem schweren Unfall beteiligt war. Dieser sog. merkantile Minderwert ist ebenfalls ein Sachmangel i.S.d. § 434 BGB, der von der Mangelhaftigkeit des Wagens aufgrund der unmittelbaren nicht ausgebesserten Unfallfolgen streng zu unterscheiden ist.

Dieser Sachmangel kann nicht im Wege der Nacherfüllung beseitigt werden; es handelt sich um einen unbehebbaren Sachmangel. Dem Verkäufer ist die Nacherfüllung insoweit anfänglich unmöglich, weshalb ein Schadensersatzanspruch des Käufers nach §§ 437 Nr. 3 Alt. 1, 311a II BGB in Betracht kommt.

Nicht: § 439 III BGB

299 Um keinen Fall der Unmöglichkeit handelt es sich, wenn der Verkäufer zur Verweigerung der Nacherfüllung gem. § 439 III BGB berechtigt ist. Dies eröffnet nicht den Anwendungsbereich des § 311a II BGB.

Vielmehr kann der Käufer nur nach §§ 437 Nr. 3, 281 BGB Schadensersatz statt der Leistung verlangen, wobei allerdings die Setzung einer Nachfrist gem. § 440 S. 1 BGB entbehrlich ist.

hemmer-Methode: Es muss daher streng zwischen einem Fall praktischer Unmöglichkeit (§ 275 II BGB ⇨ §§ 311a II, 283 BGB) und einem Fall des § 439 III BGB (keine Unmöglichkeit ⇨ § 281 BGB) unterschieden werden. Allerdings sind die Fälle praktischer Unmöglichkeit äußerst selten. Sind die Kosten der Nacherfüllung unverhältnismäßig hoch, sollten Sie im Zweifel nicht von Unmöglichkeit i.S.d. § 275 II BGB, sondern von § 439 III BGB ausgehen!

[452] Zu § 434 BGB und § 435 BGB bereits Rn. 87 ff.

(4) Kenntnis oder zu vertretende Unkenntnis des Verkäufers, § 311a II S. 2 BGB?

Kenntnis/Kennenmüssen des Verkäufers

§ 311a II BGB stellt keine allgemeine Garantiehaftung dar; erforderlich ist ein Vertretenmüssen des Schuldners. Ein Anspruch des Käufers aus §§ 437 Nr. 3, 311a II BGB setzt daher voraus, dass der Verkäufer bei Vertragsschluss das Leistungshindernis für die Nacherfüllung kannte bzw. in zu vertretender Weise nicht kannte. 300

Bezugspunkt: Unmöglichkeit der Nacherfüllung

Kenntnis bzw. Kennenmüssen beziehen sich also nicht auf den Mangel, sondern vielmehr auf die Unmöglichkeit der Nacherfüllung. 301

hemmer-Methode: Lesen Sie dazu nochmals Rn. 291a!

Umstritten ist, ob es ausreicht, dass der Verkäufer die Lieferung der mangelhaften Sache zu vertreten hat.

> ***Bsp.:*** *X kauft beim Händler H ein gebrauchtes fünfzehn Jahre altes Wohnmobil; dieses wird gegen Bezahlung dem X übergeben. H weiß bei Vertragsschluss, dass der Unterboden des Wohnmobils durchgerostet ist und hofft, dass X dies nicht bemerken wird. Jedenfalls geht er davon aus, dass dieser Mangel ohne Weiteres behoben werden kann. Dies ist jedoch nicht der Fall. X verlangt von H Schadensersatz nach §§ 437 Nr. 3, 311a II BGB.*
>
> 1. Zwischen X und H besteht unproblematisch ein wirksamer Kaufvertrag; die Wirksamkeit des Vertrages wird nicht durch eine eventuelle anfängliche Unmöglichkeit der Nacherfüllung berührt, § 311a I BGB. Auch ist das gelieferte Wohnmobil mangelhaft i.S.d. § 434 BGB.
>
> 2. Da der Mangel nicht behoben werden kann, ist die vom Verkäufer grundsätzlich geschuldete Nacherfüllung anfänglich unmöglich i.S.d. § 275 I BGB. Da es sich um eine nicht austauschbare Stückschuld handelt, kommt Nachlieferung i.S.d. § 439 I Alt. 2 BGB nicht in Betracht (vgl. dazu ausführlich nochmals Rn. 162).
>
> 3. Allerdings setzt § 311a II S. 2 BGB die Kenntnis bzw. das Kennenmüssen des Verkäufers voraus. Dieses ergibt sich vorliegend nicht allein aus der Kenntnis des Verkäufers von der Existenz des Sachmangels; Bezugspunkt ist vielmehr die Unmöglichkeit der Nacherfüllung. Diesbezüglich muss der Verkäufer bei Vertragsschluss Kenntnis bzw. zu vertretende Unkenntnis haben.
>
> H ging davon aus, dass der Mangel behoben werden könnte, er hatte also keine positive Kenntnis von der Unmöglichkeit der Nacherfüllung. Jedoch ist ihm hinsichtlich seiner Unkenntnis Fahrlässigkeit i.S.d. § 276 I S. 1 BGB vorzuwerfen, weshalb er diese i.S.d. § 311a II S. 2 BGB zu vertreten hat: Weiß ein gewerbsmäßiger Verkäufer von der Existenz eines Mangels, so ist ihm – jedenfalls bei einem schwerwiegenden Mangel wie hier – zuzumuten, sich über dessen Behebbarkeit zu informieren.
>
> Tut er dies nicht und ist der Mangel tatsächlich unbehebbar, so ist fahrlässige Unkenntnis des Verkäufers hinsichtlich der Unmöglichkeit der Nacherfüllung anzunehmen.
>
> Also hat H dem X nach §§ 437 Nr. 3, 311a II BGB Schadensersatz statt der Leistung zu leisten.

Bei Garantieübernahme Vertretenmüssen (+)

Hat der Verkäufer im Wege der Zusicherung eine Garantie für das Nichtbestehen des Mangels übernommen[453], so hat er eine eventuelle Unkenntnis von der Unbehebbarkeit des Mangels verschuldensunabhängig zu vertreten. Es wäre nämlich unbillig, den Verkäufer bei unbehebbaren und damit besonders gravierenden Mängeln der Kaufsache besser zu stellen als bei behebbaren Mängeln. 302

---

[453] Vgl. hierzu bereits Rn. 271 ff.

(5) Keine Verjährung, § 438 BGB

Verjährung nach § 438 BGB

Der Anspruch aus §§ 437 Nr. 3, 311a II BGB verjährt nach § 438 BGB.[454] Es gelten keine Besonderheiten. 303

bb) Rechtsfolge: Schadensersatz statt der Leistung

SE statt der Leistung

Steht dem Käufer gegen den Verkäufer ein Anspruch auf Schadensersatz statt der Leistung nach §§ 437 Nr. 3, 311a II BGB zu, so ist er so zu stellen, wie er bei ordnungsgemäßer (d.h.: mangelfreier) Leistung stünde. 304

Erfasst ist der „eigentliche Mangelschaden“ = Minderwert

Hiervon wird der eigentliche Mangelschaden erfasst. Dem Käufer ist daher der Minderwert der mangelhaften Kaufsache zu ersetzen.

Die Pflicht zur mangelfreien Leistung ist nur ein Teil der Primärleistungspflicht des Verkäufers, vgl. § 433 I S. 1 u. 2 BGB. Die Unmöglichkeit der Nacherfüllung ist daher ein Fall der Teilunmöglichkeit, da ja die Übereignung und Besitzverschaffung (§ 433 I S. 1 BGB) erfolgte und somit nicht unmöglich war.

hemmer-Methode: Durchgesetzt hat sich insoweit der Begriff der sog. „qualitativen Unmöglichkeit“.

Dem Käufer stehen deshalb zwei Möglichkeiten der Geltendmachung des Schadensersatzes statt der Leistung zu:

„Kleiner Schadensersatz“

⇨ Er kann zum einen den **Schadensersatz auf** diese **Teilunmöglichkeit beschränken** (Schadensersatz statt der Teilleistung)[455]: Ersetzt wird nur der Schaden, der auf der Unmöglichkeit der Nacherfüllung beruht. 305

Dies ist der auf der Mangelhaftigkeit beruhende Minderwert der Kaufsache und alle hierdurch verursachten Folgeschäden wie Gutachterkosten, Gewinnausfälle etc. (im Einzelnen strittig; vgl. nochmals Rn. 283 ff.).

Wählt der Käufer diesen sog. kleinen Schadensersatz, verbleibt ihm die mangelhafte Kaufsache. Denn der Schadensersatzanspruch tritt lediglich an die Stelle des Nacherfüllungsanspruches.

hemmer-Methode: Diese Form des Schadensersatzes scheint auf den ersten Blick keine großen Vorteile gegenüber der Minderung zu haben. Jedoch wird bei der Minderung in die Berechnung der Kaufpreisherabsetzung auch der vereinbarte Kaufpreis mit einbezogen[456], während beim Schadensersatz statt der Leistung alleine der Mangelunwert maßgeblich ist. Dies kann also zu unterschiedlichen Ergebnissen führen.

Problem: Käufer hat Kaufpreis noch nicht gezahlt

Der Käufer erhält freilich den Minderwert der Kaufsache nur ersetzt, wenn er den Kaufpreis bereits gezahlt hat. Ist dies nicht geschehen, so muss das Verlangen von Schadensersatz dazu führen, dass seine Kaufpreiszahlungspflicht entsprechend gekürzt wird. 306

Der Anspruch auf Schadensersatz besteht in Höhe des Minderwertes der Kaufsache. Mit der Geltendmachung des kleinen Schadensersatzes wird der Schadensersatzanspruch auf die fortbestehende Kaufpreiszahlungspflicht als unselbstständiger Rechnungsposten angerechnet, sodass nur noch der gekürzte Kaufpreisanspruch verbleibt.[457]

---

[454] Hierzu vgl. Rn. 178 ff.

[455] Vgl. **Hemmer/Wüst, Schuldrecht AT**, Rn. 314 ff.

[456] Vgl. oben, Rn. 252.

[457] Zum Unterschied zwischen Aufrechnung und Anrechnung vgl. Palandt, § 387, Rn. 2.

„Großer Schadensersatz"

⇨ Oftmals wird der Käufer aber kein Interesse daran haben, die mangelhafte Kaufsache zu behalten. In diesem Fall begehrt er **Schadensersatz statt der ganzen Leistung**, sog. großer Schadensersatz: Der Schadensersatzanspruch tritt an die Stelle des gesamten Anspruches des Käufers aus § 433 I S. 1 u. 2 BGB. 307

Erheblichkeitsschwelle, § 281 I S. 3 BGB

Für den Schadensersatz statt der ganzen Leistung gilt als Voraussetzung gem. § 311a II S. 3 BGB zusätzlich die Erheblichkeitsschwelle des § 281 I S. 3 BGB. Der Käufer kann diese Form des Schadensersatzes nur wählen, wenn der Mangel nicht unerheblich i.S.d. § 281 I S. 3 BGB ist. 308

hemmer-Methode: Dies ist durchaus konsequent. Denn der große Schadensersatz ist wirtschaftlich dem Rücktritt des Käufers ähnlich; ein Rücktritt scheidet aber gem. §§ 437 Nr. 2, 326 V, 323 V S. 2 BGB aus, wenn lediglich ein unerheblicher Mangel vorliegt. Dies muss auch für den großen Schadensersatz gelten!
Sound: Die „großen Rechte" (Schadensersatz statt der ganzen Leistung und Rücktritt) verlangen „große Mängel", vgl. §§ 281 I S. 2, 323 V BGB). Für das „kleine Recht" Minderung genügt ein „kleiner Mangel", vgl. § 441 I S. 2 BGB.

Ersatz vergeblicher Aufwendungen

Anstelle des Schadensersatzes statt der Leistung kann der Käufer auch Ersatz seiner vergeblichen Aufwendungen nach §§ 437 Nr. 3 Alt. 2, 284 BGB verlangen.[458] 309

d) Schadensersatz statt der Leistung wegen nachträglicher Unmöglichkeit der Nacherfüllung, §§ 437 Nr. 3, 280 I, III, 283 BGB

Bei nachträglicher Unmöglichkeit § 311a II BGB unanwendbar

Ist die Nacherfüllung erst nach Vertragsschluss unmöglich geworden, liegt keine anfängliche Unmöglichkeit vor. Ein Anspruch des Käufers auf Schadensersatz statt der Leistung kann sich in diesem Fall nur aus §§ 437 Nr. 3, 283, 280 I, III BGB ergeben. 310

aa) Voraussetzungen

Die Voraussetzungen für den Anspruch aus §§ 437 Nr. 3, 280 I, III, 283 BGB sind:

Voraussetzungen des Anspruches aus §§ 437 Nr. 3 Alt. 1, 280 I, III, 283 BGB

Schadensersatz statt der Leistung bei nachträglicher Unmöglichkeit der Nacherfüllung, §§ 437 Nr. 3, 280 I, III, 283 BGB 311

1. Wirksamer Kaufvertrag
2. Vorliegen eines **Sach- oder Rechtsmangels**
3. **Nachträgliche Unmöglichkeit** der Nacherfüllung
4. **Vertretenmüssen** des Verkäufers
5. **Keine Verjährung**, § 438 BGB

⇨ **Rechtsfolge: SE statt der Leistung** (kleiner/großer SE)

[458] Hierzu vgl. unten, Rn. 326 ff.

(1) Nachträgliche Unmöglichkeit der Nacherfüllung

Nachträgliche Unmöglichkeit: v.a. bei Zerstörung der Kaufsache

Nur wenn die Nacherfüllung nachträglich, also nach Vertragsschluss, i.S.d. § 275 I - III BGB dem Verkäufer unmöglich geworden ist, kann ein Anspruch des Käufers gem. §§ 437 Nr. 3, 283, 280 I, III BGB bestehen. Hier ist vor allem die Fallgruppe relevant, dass die Kaufsache zerstört wird. 312

Bsp.: *K hat bei V ein gebrauchtes Mercedes Cabrio erworben; der Wagen wurde übergeben und bezahlt. Im nächsten Sommer stellt K fest, dass sich das Verdeck des Wagens aufgrund eines (behebbaren) Fabrikationsfehlers nicht vollständig öffnen lässt, und fordert V zur Nachbesserung auf.* 313

V kommt dem jedoch nicht nach. Kurz darauf wird der Wagen durch einen Dieb entwendet, ohne dass K hieran ein Verschulden trifft. Da K in der Folgezeit eine Weltumsegelung unternimmt, fordert er erst zweieinhalb Jahre nach Erwerb des Cabrios von V Schadensersatz statt der Leistung. V beruft sich auf Verjährung. Ein Haftungsausschluss war nicht vereinbart worden.

Fraglich ist, ob K gegen V ein Anspruch auf Schadensersatz statt der Leistung aus §§ 437 Nr. 3, 280 I, III, 283 BGB zusteht.

1. Der gelieferte Wagen wies unproblematisch einen Sachmangel i.S.d. § 434 BGB auf.

2. Damit stand dem K gegen V ein Anspruch auf Nacherfüllung in Form der Nachbesserung gem. § 439 I Alt. 1 BGB zu. Da es sich um einen behebbaren Mangel handelte, war die Nacherfüllung auch nicht anfänglich unmöglich.

hemmer-Methode: Zur Erinnerung: Wäre der Mangel von vornherein unbehebbar, so käme allenfalls ein Anspruch des K gegen V aus §§ 437 Nr. 3, 311a II BGB in Betracht!

a) Durch den Diebstahl ist die Nacherfüllungspflicht des V nachträglich unmöglich i.S.d. § 275 I BGB geworden: V ist nun nicht mehr in der Lage, den Fehler am Verdeck des gelieferten Cabrios zu beheben.

b) Jedoch setzt ein Anspruch des K nach §§ 437 Nr. 3, 280 I, III, 283 BGB gem. § 280 I S. 2 BGB voraus, dass V das Leistungshindernis zu vertreten hat. Ein Verschulden des V im Sinne von Vorsatz und Fahrlässigkeit liegt jedoch nicht vor.

Allerdings könnte V die Unmöglichkeit der Nacherfüllung gem. § 287 S. 2 BGB zu vertreten haben. Dazu müsste er sich im Zeitpunkt des Diebstahls mit der Nacherfüllungspflicht im Schuldnerverzug gem. § 286 BGB befunden haben. Der Nacherfüllungsanspruch war fällig, wirksam und einredefrei; K hat V ausreichend i.S.d. § 286 I BGB gemahnt. Damit befand sich V mit der Nacherfüllung im Schuldnerverzug und hat den Diebstahl als i.S.v. § 287 S. 2 BGB zufälliges Ereignis gem. dieser Vorschrift zu vertreten.

c) Jedoch ist die Verjährungsfrist für diesen Anspruch abgelaufen: Diese betrug gem. § 438 I Nr. 3, II BGB zwei Jahre seit Ablieferung. Da V auch die Einrede der Verjährung gem. § 214 I BGB erhoben hat, ist der Anspruch des K gegen V auf Schadensersatz nicht mehr durchsetzbar.

Ergebnis: Daher besteht kein durchsetzbarer Anspruch des K gegen V auf Schadensersatz statt der Leistung.

Abwandlung

Abwandlung: *Wie oben, nur hat K dieses Mal einen Neuwagen erworben.* 313a

In der Abwandlung scheitert ein Anspruch des K gegen V aus §§ 437 Nr. 3, 280 I, III, 283 BGB nicht erst an der bereits eingetretenen Verjährung, vgl. § 438 I Nr. 3 BGB. Vielmehr liegt gar kein Fall nachträglich unmöglicher Nacherfüllung vor.

Zwar hat K von seinem Wahlrecht nach § 439 I BGB Gebrauch gemacht und Nachbesserung i.S.d. § 439 I Alt. 1 BGB gewählt; diese Form der Nacherfüllung ist dem Verkäufer nicht möglich, da er infolge des Diebstahls nicht auf den gelieferten Wagen einwirken kann.

Jedoch beschränkt sich in diesem Fall der Nacherfüllungsanspruch auf die andere Nacherfüllungsart[459], hier also auf die Nachlieferung gem. § 439 I Alt. 2 BGB. Diese ist V möglich: Er ist in der Lage, K einen anderen mangelfreien Wagen der gleichen Gattung zu verschaffen.

Damit scheidet ein Anspruch aus §§ 437 Nr. 3, 280 I, III, 283 BGB aus.

hemmer-Methode: Der Anspruch des K gegen V auf Nachlieferung nach § 439 I Alt. 2 BGB ist gem. § 438 I Nr. 3, II BGB verjährt und infolge der von V gem. § 214 I BGB erhobenen Verjährungseinrede nicht durchsetzbar.

(2) Bezugspunkt für das Vertretenmüssen des Verkäufers

Beim Schadensersatz statt der Leistung im Mängelrecht ist umstritten, ob die schuldhafte Verletzung der Pflicht zur mangelfreien Lieferung (§ 433 I S. 2 BGB) ausreicht, oder ob der Verkäufer die Nicht-Nacherfüllung zu vertreten haben muss. 314

hemmer-Methode: Lesen Sie hierzu nochmals die Ausführungen unter Rn. 291 bis 291c nach!

Vertretenmüssen: Leistungshindernis ist Bezugspunkt

Im Rahmen der §§ 437 Nr. 3, 283 BGB ist der Schadensersatzanspruch statt der Leistung wegen nachträglicher Unmöglichkeit erst dann gegeben, wenn die Nacherfüllungspflicht unmöglich wird. Bezugspunkt des Vertretenmüssens ist das Unmöglichwerden der Nacherfüllung.[460]

Allein entscheidend ist daher, ob der Verkäufer die Gründe, die zur Unmöglichkeit der Nacherfüllung geführt haben, zu vertreten hat.[461]

bb) Rechtsfolge

Rechtsfolge: wie § 311a II BGB

Hinsichtlich des Umfangs des Schadensersatzanspruches nach §§ 437 Nr. 3, 280 I, III, 283 BGB gilt das zu § 311a II BGB Gesagte[462] entsprechend. Auch hier kann der Käufer grundsätzlich zwischen dem kleinen und großen Schadensersatz wählen: § 283 S. 2 BGB verweist – wie § 311a II S. 3 BGB, vgl. Rn. 304 ff. – auf § 281 I S. 3, V BGB. 315

e) Anspruch des Käufers auf Schadensersatz statt der Leistung bei behebbaren Mängeln nach §§ 437 Nr. 3, 280 I, III, 281 BGB

aa) Allgemeines

Anspruchsgrundlage des Käufers auf Schadensersatz statt der Leistung bei behebbarer Mangelhaftigkeit der Kaufsache ist §§ 437 Nr. 3, 280 I, III, 281 BGB. 316

---

459 Vgl. oben, Rn. 170.

460 Reinicke/Tiedtke, Kaufrecht, Rn. 535.

461 Im Rahmen der §§ 437 Nr. 3, 283 BGB ist dies ganz h.M.; vgl. Reinicke/Tiedtke, Kaufrecht, Rn. 535; Lorenz a.a.O., S. 2497 (2503, li. Sp.).

462 Vgl. Rn. 304 ff.

Nacherfüllung muss möglich sein

In Abgrenzung zu den §§ 280 I, III, 283 BGB bzw. § 311a II BGB ist hierfür Voraussetzung, dass zur Zeit der Pflichtverletzung (nicht oder nicht ordnungsgemäße oder nicht rechtzeitige Nacherfüllung) die Nacherfüllung möglich sein muss. *317*

Verjährung nach § 438 BGB

Die Verjährung des Anspruches bestimmt sich ebenfalls nach § 438 BGB. *318*

bb) Voraussetzungen

Für einen Anspruch des Käufers aus §§ 437 Nr. 3, 281 I, 280 I, III BGB müssen folgende Voraussetzungen erfüllt sein: *319*

Schadensersatz statt der Leistung nach §§ 437 Nr. 3, 280 I, III, 281 I BGB:

1. **Wirksamer Kaufvertrag**
2. Leistung „**nicht wie geschuldet**" = **mangelhafte** Leistung
3. **Nicht erfolgte Nacherfüllung** gem. §§ 437 Nr. 1, 439 BGB **als** relevante **Pflichtverletzung**
4. **Fristsetzung** bzw. Entbehrlichkeit: § 440 BGB beachten
5. **Erfolgloser Fristablauf**
6. **Vertretenmüssen** des Verkäufers
7. **Eigene Vertragstreue** (kaum relevant)
8. **Keine Verjährung, § 438 BGB**

⇨ <u>**Rechtsfolge**</u>: **SE statt der Leistung** (kleiner/großer Schadensersatz, vgl. § 281 I S. 3 BGB)

Da im Wesentlichen auf die allgemeinen Ausführungen zum Anspruch aus §§ 280 I, III, 281 I BGB verwiesen werden kann[463], soll sich eine vertiefte Darstellung hier nur auf einige Besonderheiten des Anspruches aus §§ 437 Nr. 3, 280 I, III, 281 I BGB beschränken. *320*

(1) Sondertatbestand für die Entbehrlichkeit der Fristsetzung in § 440 BGB

Entbehrlichkeit der Fristsetzung nach § 440 BGB

Wie auch für den Rücktritt nach §§ 437 Nr. 2, 323 I BGB erklärt § 440 BGB in den dort beschriebenen Fällen die Nachfristsetzung auch innerhalb des § 281 BGB für entbehrlich. Es gilt das zu § 440 BGB bereits Gesagte entsprechend.[464] *321*

hemmer-Methode: Beachten Sie, dass zwischen den Entbehrlichkeitsgründen in § 281 II BGB und in § 323 II BGB ein gewichtiger Unterschied besteht: Beim relativen Fixgeschäft ist die Fristsetzung nur für den Rücktritt (§ 323 II Nr. 2 BGB), nicht jedoch für den Schadensersatz statt der Leistung gem. §§ 281 I, 280 I BGB entbehrlich.
Wäre dies anders, hätte § 376 HGB keine eigenständige Bedeutung mehr: Denn hiernach wird gerade für den Fall des Schadensersatzes statt der Leistung die Fristsetzung für entbehrlich erklärt.

463 **Hemmer/Wüst, Schuldrecht AT**, Rn. 351 ff.

464 Rn. 221 f.

(2) Bezugspunkt des Vertretenmüssens des Verkäufers

Bezugspunkt des Vertretenmüssens ist sehr umstritten (vgl. Rn. 291 f.)

Beim Schadensersatz statt der Leistung im Mängelrecht ist umstritten, ob die schuldhafte Verletzung der Pflicht zur mangelfreien Lieferung (§ 433 I S. 2 BGB) ausreicht, oder ob der Verkäufer die Nicht-Nacherfüllung (§§ 437 Nr. 1, 439 I BGB) zu vertreten haben muss. 322

hemmer-Methode: Lesen Sie hierzu nochmals die bereits unter Rn. 291 ff. geschilderte Grundproblematik nach.

(3) Vertretenmüssen des Verkäufers bei Eigenschaftszusicherungen

Problematisch bei Eigenschaftszusicherung

Fraglich ist, ob die in einer Eigenschaftszusicherung enthaltene Garantieübernahme des Verkäufers[465] zur Annahme dieses Vertretenmüssens führen kann, ohne dass es auf ein Verschulden des Verkäufers ankäme. 323

Da es sich um eine rechtsgeschäftliche Garantieübernahme handelt, ist deren Umfang im Wege der Auslegung nach den §§ 133, 157 BGB zu ermitteln: Der Verkäufer muss auch für den Fall des Unterbleibens der Nacherfüllung innerhalb einer vom Käufer gesetzten Nachfrist verschuldensunabhängig einstehen wollen.

Die Kardinalfrage lautet daher: Garantiert also der Verkäufer nicht nur die mangelfreie Leistung, sondern auch bei Vorliegen eines Mangels die Nacherfüllung innerhalb einer vom Käufer nach § 281 I BGB gesetzten Nachfrist?

Dies ist wohl in der Regel zu bejahen, da der Verkäufer mit der Eigenschaftszusicherung für alle sich aus einer eventuellen Mangelhaftigkeit der Kaufsache ergebenden Schäden verschuldensunabhängig einstehen will. Nach dem maßgeblichen Empfängerhorizont des Käufers schließt dies eine verschuldensunabhängige Haftung nach §§ 437 Nr. 3, 280 I, III, 281 I BGB mit ein.

hemmer-Methode: Sicher ist eine andere Ansicht vertretbar. Es bleibt abzuwarten, welche Auffassung sich in Rechtsprechung und Literatur durchsetzen wird.
Überzeugend ist jedoch die Auslegung, dass derjenige, der die Mangelfreiheit garantiert, zugleich auch seine Fähigkeit zur Nacherfüllung innerhalb einer angemessenen Frist garantiert hat.

cc) Rechtsfolge

Ist die gesetzte Nachfrist erfolglos abgelaufen, steht dem Käufer gegen den Verkäufer ein Anspruch auf Schadensersatz statt der Leistung zu.

Kleiner SE

Wählt der Käufer den sog. kleinen Schadensersatz, so tritt dieser an die Stelle des Nacherfüllungsanspruches: Dieser erlischt nach § 281 IV BGB. Der Käufer behält jedoch die mangelhafte Sache. 324

Im Rahmen des sog. „kleinen“ Schadensersatzes kann der Käufer entweder Ausgleich des mangelbedingten Minderwerts oder – als sog. Deckungsgeschäft – den Ersatz der Mängelbeseitigungskosten verlangen.[466]

465 Vgl. bereits Rn. 271 ff.

466 BGHZ 193, 326 ff. = jurisbyhemmer.

Problem: Was gilt, wenn dem Verkäufer die Nacherfüllung unzumutbar ist?

Das Wahlrecht des K, statt des mangelbedingten Minderwerts den Ersatz der Sanierungskosten zu verlangen, könnte aber dann nicht mehr bestehen, wenn V sich zu Recht darauf berufen hätte, dass für ihn die Nacherfüllung mit unverhältnismäßigen Kosten verbunden ist. 324a

Schadensersatz statt der Leistung nicht ausgeschlossen, vgl. § 440 BGB

(1) Der Anspruch auf Schadensersatz wegen Mängeln der Kaufsache ist nach allgemeiner Meinung auch dann gegeben, wenn der Verkäufer zu Recht nach § 439 III BGB einwendet, sie nicht beseitigen zu müssen, weil dies nur mit unverhältnismäßigen Kosten möglich ist. 324b

Das ergibt sich eindeutig aus § 440 BGB, wonach es zur Entstehung des Schadensersatzanspruchs grundsätzlich einer Fristsetzung nicht bedarf, wenn der Käufer die Nacherfüllung gemäß § 439 III BGB verweigert.

BGH: Schadensersatz statt der Leistung ist analog § 251 II S. 1 BGB auf Ersatz des mangelbedingten Minderwerts der Kaufsache beschränkt

(2) Der BGH lehnt auch eine Reduzierung des Anspruchs auf Ersatz der Mängelbeseitigungskosten der Höhe nach auf einen angemessenen Betrag ab. Nach Ansicht des BGH ist der Schadensersatzanspruch bei Unverhältnismäßigkeit der Nacherfüllung gem. § 439 III BGB aber in analoger Anwendung des § 251 II S. 2 BGB auf den Ersatz des mangelbedingten Minderwerts der Kaufsache beschränkt.[467] 324c

Eine direkte Anwendung des § 251 II S. 1 BGB scheidet aus, da nicht der Schadensersatzanspruch in Form der Naturalrestitution unverhältnismäßig ist, sondern allenfalls der Nacherfüllungsanspruch.

Kann der Verkäufer die Nachbesserung nach § 439 III BGB verweigern, ist es folgerichtig, ihn schadensersatzrechtlich nicht für einen Teil der Mängelbeseitigungskosten einstehen zu lassen, sondern den Schadensersatz auf die Höhe der Differenz des Wertes der Kaufsache in mangelfreiem und in mangelhaftem Zustand zu beschränken.[468]

Die für die Beurteilung der Unverhältnismäßigkeit im Sinne des § 251 II S. 1 BGB maßgebenden Kriterien entsprechen jenen, die bei der nach § 439 III BGB gebotenen Prüfung des unverhältnismäßigen Nacherfüllungsaufwands heranzuziehen sind.[469]

Grund ist der mit § 439 III BGB beabsichtigte Schutz des Verkäufers. Der Verkäufer, der die Mängelbeseitigung wegen unverhältnismäßiger Kosten verweigern darf, kann nicht im Wege des Schadensersatzes verpflichtet sein, diese Kosten zu tragen. Der Umstand, dass der Schadensersatzanspruch anders als der Nacherfüllungsanspruch ein Vertretenmüssen des Verkäufers voraussetzt, führt zu keiner anderen Beurteilung.

Großer SE

Bei Wahl des großen Schadensersatzes (beachte die Erheblichkeitsschwelle nach § 281 I S. 3 BGB)[470] tritt der Schadensersatzanspruch an die Stelle der gesamten Verkäuferpflicht aus § 433 I BGB. Der Käufer muss die Kaufsache gem. § 281 V BGB rückübereignen. 325

---

[467] BGH, **Life&Law 10/2014, 709 ff.** = **juris**byhemmer; BGH, **Life&Law 1/2013, 9 ff.** = **juris**byhemmer.

[468] zum Werkvertragsrecht **BGH, Life&Law 2013, 537 ff.** = NJW 2013, 370 ff. = **juris**byhemmer.

[469] **BGH, Life&Law 2013, 537 ff.** = NJW 2013, 370 ff. = **juris**byhemmer.

[470] Vgl. bereits Rn. 308.

3. Ersatz vergeblicher Aufwendungen, § 437 Nr. 3 BGB i.V.m. § 284 BGB[471]

Vergebliche Aufwendungen nicht vom SE statt der Leistung erfasst

Steht dem Käufer ein Anspruch auf Schadensersatz statt der Leistung zu, so ist hiervon der Ersatz vergeblicher Aufwendungen nicht erfasst. 326

Bsp.: *V verkauft K ein Hausgrundstück. K will das Gebäude zu privaten Zwecken (Wohnhaus) nutzen und richtet es sich entsprechend ein, wodurch ihm Kosten von 100.000,- € entstehen. Später stellt sich aufgrund eines von K in Auftrag gegebenen Sachverständigengutachtens heraus, dass das Gebäude asbestverseucht ist, was V bei Vertragsschluss hätte wissen müssen. K verlangt Ersatz der 100.000,- €.* 326a

Ein solcher Anspruch könnte sich aus §§ 437 Nr. 3, 311a II BGB ergeben. Die Anspruchsvoraussetzungen liegen unproblematisch dem Grunde nach vor: Das Gebäude weist einen Sachmangel jedenfalls nach § 434 I S. 2 Nr. 2 BGB auf, der Mangel ist unbehebbar. Da der Verkäufer dies bei Abschluss des Kaufvertrages wusste, haftet er nach § 311a II BGB.

1. Beim Schadensersatz statt der Leistung ist der Käufer so zu stellen, wie er bei ordnungsgemäßer Erfüllung stünde. Hätte V ordnungsgemäß, also mangelfrei, geleistet, wären K die fraglichen Aufwendungen ebenfalls entstanden. Der geltend gemachte Schaden ist daher nicht nach §§ 437 Nr. 3, 311a II BGB ersatzfähig.

Rentabilitätsvermutung nach bisher h.M.

2. Die Rechtsprechung behilft sich i.R.d. Schadensersatzes statt der Leistung mit der sog. „Rentabilitätsvermutung“: Danach wird vermutet, dass sich bei ordnungsgemäßer Erfüllung der getätigte Aufwand später „rentiert“ hätte, dass also durch den Erlös aus der Verwendung der Kaufsache der Aufwand gedeckt worden wäre.[472] 327

hemmer-Methode: Die Rspr. lässt also die Vermutung zu, dass mindestens in Höhe der frustrierten Aufwendungen ein entgangener Gewinn des Käufers i.S.v. § 252 BGB besteht. Entgangener Gewinn ist aber als positives Interesse ersatzfähig. Durch die Vermutung wird die Beweislast, dass sich der Aufwand nicht „rentiert“ hätte, also kein entsprechender Gewinn eingetreten wäre, dem Verkäufer auferlegt.

Konsequenterweise muss aber der Ersatzanspruch nach der Rentabilitätsvermutung verneint werden, wenn der Käufer durch den Aufwand keinen materiellen Erlös erzielen könnte, insbesondere immaterielle Zwecke verfolgt hat. Da hier das Haus zu privaten Zwecken genutzt wird, ist die Rentabilitätsvermutung nicht anwendbar.

Im Übrigen gilt die Rentabilitätsvermutung nur bei **unmittelbaren** erwerbswirtschaftlichen Aufwendungen (z.B. Makler- und Notarkosten).

Jetzt § 284 BGB

3. Um eine Ungleichbehandlung von materieller und immaterieller Zwecksetzung der Aufwendung auszuschließen, wurde § 284 BGB geschaffen. 328

Der Käufer kann daher an Stelle des Schadensersatzes statt der Leistung Ersatz vergeblicher Aufwendungen verlangen. Dies gilt freilich nicht, wenn der verfolgte Zweck auch bei ordnungsgemäßer Erfüllung durch den Verkäufer nicht eingetreten wäre, § 284 HS 2 BGB. § 284 BGB geht vor allem weiter als die Rentabilitätsvermutung, da er die Verfolgung immaterieller Zwecke einschließt.[473]

Alternativ zu SE statt der Leistung

Ausweislich des Wortlauts der Norm tritt der Ersatzanspruch an die Stelle des Anspruches auf Schadensersatz statt der Leistung. Es müssen daher die Voraussetzungen eines solchen Schadensersatzanspruches bei § 284 BGB inzident geprüft werden. Es gibt also nur alternativ Schadensersatz statt der Leistung oder Ersatz vergeblicher Aufwendungen.[474] 329

---

[471] Hierzu ausführlich **Hemmer/Wüst, Schuldrecht AT**, Rn. 431 ff.

[472] RGZ 127, 254 (258); BGH, NJW 1983, 442 - 444 = **juris**byhemmer; vgl. Palandt, vor § 249, Rn. 32.

[473] Hierzu vgl. das Beispiel in **Hemmer/Wüst, Schuldrecht AT**, Rn. 432.

[474] Canaris, Die Reform des Rechts der Leistungsstörungen, JZ 2001, 499 - 528 (517).

Die 100.000,- € stellen einen vergeblichen Aufwand des K dar. Der Zweck der Einrichtung kann aufgrund der Asbestverseuchung des Gebäudes nicht erreicht werden. Da K ein Anspruch auf Schadensersatz statt der Leistung nach §§ 437 Nr. 3 Alt. 1, 311a II BGB zustünde, kann er alternativ nach §§ 437 Nr. 3 Alt. 2, 284 BGB Ersatz der 100.000,- € verlangen.

hemmer-Methode: Allerdings darf er sich hierdurch nicht bereichern. Daher erscheint es sachgerecht, dem Verkäufer einen Anspruch auf Herausgabe der Einrichtung – sofern möglich – nach § 255 BGB analog zuzusprechen. Wahlweise kann der Käufer auch die Einrichtung an Dritte veräußern und die Differenz zwischen Erlös und den 100.000,- € nach § 284 BGB als ersatzfähigen Aufwand ersetzt verlangen.

Rentabilitätsvermutung gilt weiterhin

Trotz Schaffung des § 284 BGB ist davon auszugehen, dass im Rahmen des Schadensersatzes statt der Leistung weiterhin mit der Rentabilitätsvermutung gearbeitet werden darf.[475] 330

Unklar ist, ob der Käufer Ersatz vergeblicher Aufwendungen auch aus § 280 I BGB verlangen kann:

C.i.c.-Anspruch i.d.R. wg. Konkurrenz ausgeschlossen

⇨ Ein Anspruch wegen vorvertraglicher Pflichtverletzung gem. §§ 280 I, 311 II BGB scheidet i.d.R. mangels Anwendbarkeit aus. Der Anspruch kann bei Falschangaben bzw. Nichtaufklärung bzgl. eines Mangels i.S.d. §§ 434 f. BGB nur im Falle der Arglist des Verkäufers neben den §§ 434 ff. BGB bestehen.[476] 331

Problematisch ist jedoch Anwendung von § 280 I BGB; beide Auffassungen vertretbar

⇨ Allerdings stellt die mangelhafte Lieferung selbst eine Pflichtverletzung dar; sofern ein Anspruch auf Schadensersatz statt der Leistung besteht, wird diese auch i.d.R. vom Verkäufer zu vertreten sein, § 280 I S. 2 BGB. Die Aufwendungen stellen auch einen kausalen (Begleit-)Schaden dar, der somit nach §§ 437 Nr. 3 Alt. 1, 280 I BGB ersetzt werden kann. Dies erscheint problematisch, da der Käufer auf diese Weise die vergeblichen Aufwendungen neben dem Schadensersatz statt der Leistung geltend machen kann; ein Alternativitätsverhältnis wie bei § 284 BGB besteht hier gerade nicht. Dies scheint dem in § 284 BGB niedergelegten Alternativitätsverhältnis zwischen Schadensersatz statt der Leistung und Aufwendungsersatz zu widersprechen. 332

Sicher kann es nicht sein, dass der Käufer Schadensersatz statt der Leistung **und** c.i.c. uneingeschränkt nebeneinander verlangen kann. Er muss sich auf sein positives Interesse den Anspruch aus c.i.c. in jedem Fall anrechnen lassen, da er ansonsten sogar besser stünde als bei ordnungsgemäßer Erfüllung.[477]

IX. Besonderheiten beim Rechtskauf und beim Kauf sonstiger Gegenstände

hemmer map Nr. 7 i. Anh.

Die §§ 433 ff. BGB betreffen zunächst nur den Kauf von Sachen i.S.d. § 90 BGB. Für den Kauf von Rechten und sonstigen Gegenständen erklärt § 453 I BGB die Vorschriften über den Sachkauf für entsprechend anwendbar. 333

[475] Canaris, Die Reform des Rechts der Leistungsstörungen, JZ 2001, 499 - 528 (517); zweifelnd Dauner-Lieb, Das neue Schuldrecht, S. 76; die Gesetzesbegründung geht davon aus, dass es in Zukunft auf die Rentabilitätsvermutung nicht mehr ankommen werde, BT-Drs. 14/6040, S. 144.

[476] Vgl. zu diesem Konkurrenzproblem Rn. 404 ff.

[477] Vgl. auch von Lorenz, Schadensersatz statt der Leistung, Rentabilitätsvermutung und Aufwendungsersatz im Gewährleistungsrecht, NJW 2004, 26 - 30.

1. Gegenstand des Kaufvertrages gem. § 453 BGB

Nicht nur Rechte, auch „sonstige Gegenstände“

Gegenstand eines Rechtskaufs können nicht nur Rechte, sondern gem. § 453 I Alt. 2 BGB auch sonstige Gegenstände sein. Dieser Begriff ist möglichst weit zu fassen; gemeint sind alle übertragbaren Rechtsobjekte. 334

Z.B. Unternehmen, freiberufliche Praxen

So können beispielsweise als sonstige Gegenstände Unternehmen oder freiberufliche Praxen verkauft werden.[478]

Rechte müssen übertragbar sein

Rechte können nur dann Gegenstand eines Rechtskaufes sein, wenn sie übertragbar sind.[479] Sind sie es nicht (z.B. §§ 399, 400, 1059 BGB), liegt ein Fall anfänglicher Unmöglichkeit i.S.d. § 311a BGB vor. Übertragbare Rechte sind insbesondere: 335

- ⇨ Forderungen (sofern übertragbar; nicht daher Anspruch aus § 985 BGB)
- ⇨ Dingliche Rechte wie z.B. Anwartschaftsrechte, Grundschulden
- ⇨ Immaterielle Rechte wie Patente, Gebrauchsmuster und Warenzeichen
- ⇨ Anteile an Rechten (z.B. Miteigentumsanteil) sowie Mitgliedschaftsrechte an Gesellschaften (sofern übertragbar, z.B. § 15 I GmbHG)

2. Pflichten beim Rechtskauf und Kauf sonstiger Gegenstände

a) Verschaffungspflicht des Verkäufers

Verkäufer muss Recht übertragen

Der Verkäufer muss nach §§ 453 I, 433 I S. 1 BGB den Käufer zum Inhaber des verkauften Rechts machen. Er hat alle Handlungen vorzunehmen, die zur Übertragung des Rechts oder des sonstigen Gegenstandes notwendig sind. Dies ist z.B. beim Forderungskauf die Abtretung der verkauften Forderung durch Abschluss eines Abtretungsvertrages mit dem Käufer, § 398 BGB. 336

Bsp.: *Kauf eines Unternehmens*

Es sind alle Gegenstände des Betriebsvermögens zu übertragen, sofern sie nicht – was aufgrund der Vertragsfreiheit der Parteien möglich ist – von der Übertragung ausgenommen wurden, also v.a. Übereignung des Betriebsgrundstückes nach §§ 873, 925 BGB, Übereignung des beweglichen Inventars nach §§ 929 ff. BGB, Übertragung von Forderungen durch Abtretung nach §§ 398 ff. BGB.

Durch Auslegung des Kaufvertrages ist zu ermitteln, ob der Käufer auch die Schulden des Unternehmers übernehmen soll, §§ 414 ff. BGB.

Das Verpflichtungsgeschäft bezieht sich also einheitlich auf das Unternehmen; die Erfüllungsgeschäfte müssen sich – schon aufgrund des sachenrechtlichen Bestimmtheitsgrundsatzes – jedoch auf die einzelnen zu übertragenden Gegenstände beziehen und richten sich nach der Art des jeweils zu übertragenden Gegenstandes.

---

[478] BT-Drs. 14/6040, S. 242.

[479] Palandt, § 453, Rn. 20.

Bsp.: *Kauf einer Arztpraxis*

Der Kauf einer freiberuflichen Praxis schließt im Zweifel auch die Übertragung des Kundenstammes ein: Soweit die Patienten zustimmen[480], ist dem Käufer die Patientenkartei auszuhändigen. Durch Auslegung des Vertrages kann sich ergeben, dass der Verkäufer gegenüber seinen Patienten zu dem Hinweis verpflichtet ist, der Käufer trete seine Nachfolge an und genieße sein volles Vertrauen. Entsprechendes gilt bei anderen freiberuflichen Praxen wie z.B. Rechtsanwaltskanzleien.

Pflicht zur Übergabe, § 453 III BGB

Wird ein Recht bzw. ein sonstiger Gegenstand verkauft, der zum Besitz einer Sache berechtigt, so muss der Verkäufer dem Käufer diese Sache übergeben, § 453 III BGB; Übergabe ist hierbei wie in § 433 I S. 1 BGB als Verschaffung unmittelbaren Besitzes zu verstehen. Daher ist z.B. bei Übertragung eines Erbbaurechts nicht nur dieses zu übertragen, sondern auch das Grundstück zu übergeben, an dem es besteht. 337

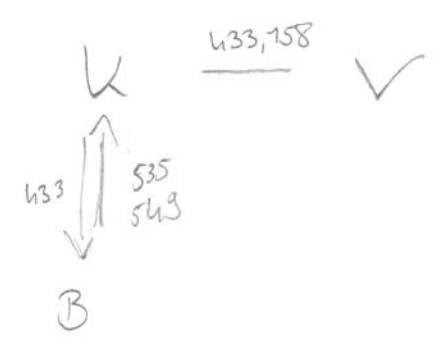

Bsp.: *K hat bei V eine Maschine unter Eigentumsvorbehalt erworben. Vor Zahlung der letzten Rate verkauft er sein Anwartschaftsrecht an B, wobei K die Maschine aber weiter nutzen sollte. Besteht ein Anspruch des B gegen K auf Herausgabe der Maschine?*

1. Ein solcher Anspruch könnte sich aus § 453 III BGB ergeben.

a) Bei einem dem Vorbehaltskäufer zustehenden Anwartschaftsrecht handelt es sich um ein übertragbares Recht, sodass der zwischen K und dem B geschlossene Vertrag als Rechtskauf i.S.d. § 453 BGB zu behandeln ist.

b) Der Verkäufer eines Rechtes ist zu dessen Übertragung an den Käufer verpflichtet. Dies ist hier geschehen: Die Übertragung des Anwartschaftsrechtes des K an B erfolgte nach §§ 929 S. 1, 930 BGB, wobei der zwischen K und B vereinbarte Leih- bzw. Mietvertrag ein für § 930 BGB ausreichend konkretes Besitzmittlungsverhältnis i.S.d. § 868 BGB darstellt.

Die §§ 929 ff. BGB finden auf das Anwartschaftsrecht als wesensgleiches Minus zum Volleigentum Anwendung[481] (str. nur, ob direkt oder analog).

c) Jedoch handelt es sich bei dem Anwartschaftsrecht des Vorbehaltskäufers um ein Recht, das zum Besitz der jeweiligen Sache berechtigt. Daher könnte K dem B aus § 453 III BGB zur Übergabe der Maschine verpflichtet sein. Diese wird nur durch Verschaffung unmittelbaren Besitzes erfüllt, was vorliegend nicht geschehen ist. Der Übergabebegriff ist hierbei enger zu verstehen als bei den §§ 929 ff. BGB, vor allem sind die Übergabesurrogate der §§ 929 S. 2, 930, 931 BGB nicht anzuwenden.

Allerdings handelt es sich bei § 453 III BGB um dispositives Recht. Hier lässt sich durch Auslegung der zwischen K und B getroffenen Vereinbarung entnehmen, dass ein vertraglicher Anspruch des B gegen K auf Herausgabe der Maschine nicht begründet werden sollte; vielmehr sollte K im unmittelbaren Besitz der Maschine bleiben und diese weiter nutzen können. Damit besteht kein vertraglicher Herausgabeanspruch des B gegen K. Ein solcher entsteht erst nach Beendigung des Leih- bzw. Mietverhältnisses.

2. Ein Herausgabeanspruch des B gegen K aus § 985 BGB besteht nicht. Zwar steht dieser Anspruch auch dem Anwartschaftsberechtigten zu.[482] Jedoch hat K gegenüber B aufgrund des vereinbarten Leih- bzw. Mietvertrages ein schuldrechtliches Besitzrecht i.S.d. § 986 I BGB.

---

[480] Anderenfalls kann eine Strafbarkeit nach § 203 StGB bestehen!

[481] Palandt, § 929, Rn. 45.

[482] Dies ist nur strittig gegenüber dem Eigentümer.

hemmer-Methode: Zur Klarstellung: Leihe ist die unentgeltliche Gebrauchsüberlassung, Miete hingegen ist immer entgeltlich. Lassen Sie sich in der Klausur also nicht in die Falle locken, wenn von einem „gewerblichen Autoverleih“ bzw. einer „Leihgebühr“ die Rede ist! Genauso falsch ist der in der Kinobranche gebräuchliche Ausdruck „Filmverleih“. Die vermeintlichen Film„verleiher“ (UIP, Warner etc.) schöpfen mittlerweile den größten Teil des Gewinns der Kinobetreiber ab, indem sie sich prozentual an den Einnahmen beteiligen. „Leihmieten“ von deutlich über 40 % sind heute die Regel.

b) Pflicht des Käufers zur Kaufpreiszahlung

§§ 453 I, 433 II BGB

Auch beim Rechtskauf ist der Käufer selbstverständlich zur Kaufpreiszahlung verpflichtet, §§ 453 I, 433 II BGB, insofern bestehen keine Besonderheiten. 338

Vorbehaltskauf auch beim Rechtskauf möglich

Zu beachten ist, dass auch beim Rechtskauf der Vollerwerb des verkauften Rechts von der vollständigen Kaufpreiszahlung gem. § 158 I BGB abhängig gemacht werden kann. Auch hier erwirbt der Käufer ein Anwartschaftsrecht.[483]

c) Pflicht des Verkäufers zur mangelfreien Leistung

Der Verkäufer ist nach §§ 453 I, 433 I S. 2 BGB zur mangelfreien Leistung verpflichtet. Kommt er dieser Pflicht nicht nach und überträgt ein mangelbehaftetes Recht, so stehen dem Käufer die gleichen Rechte zu wie beim Sachkauf, § 453 I BGB.[484] 339

Keine Anwendung von § 434 BGB

Da ein Recht schon begrifflich keine Sachmängel i.S.d. § 434 BGB haben kann, kommen grundsätzlich nur Rechtsmängel i.S.d. § 435 BGB in Betracht. Denkbar wäre zwar, § 434 BGB gemäß § 453 I BGB entsprechend anzuwenden, da auch einem Recht eine vereinbarte Beschaffenheit i.S.d. § 434 I S. 1 BGB fehlen, es zur gewöhnlichen Verwendung i.S.d. § 434 I S. 2 Nr. 1 BGB ungeeignet sein kann etc. 340

Diese Auffassung ist jedoch hinsichtlich des § 434 I S. 2 BGB abzulehnen. Eine derart weitgehende Erweiterung der Haftung des Rechtsverkäufers gegenüber der alten Rechtslage hat der Gesetzgeber nicht beabsichtigt. Insbesondere müsste bei entsprechender Anwendung von § 434 BGB auch eine allgemeine Bonitätshaftung des Verkäufers bejaht werden[485], zumal sich eine wirtschaftlich undurchsetzbare Forderung zum „gewöhnlichen Gebrauch“ i.S.d. § 434 I S. 2 Nr. 2 BGB nicht eignet.

Aus der Gesetzesbegründung ergibt sich jedoch eindeutig, dass durch § 453 BGB die Haftung im Fall des Rechtskaufs nicht erweitert werden sollte.

§ 434 I S. 2 BGB ist daher auf den Kauf eines Rechts grundsätzlich nicht anwendbar, da es einen Sachmangel (so die offizielle Überschrift des § 434 BGB) eines Rechts nicht geben kann.[486]

Für das Kaufobjekt „Recht“ ist die Unsicherheit über die Bonität so prägend und selbstverständlich, dass die Werthaltigkeit nicht zu den „üblichen Beschaffenheiten“ i.S.d. objektiven Mangelbegriffs des § 434 I S. 2 BGB gehört.[487]

---

483 Zum Kauf unter Eigentumsvorbehalt vgl. Rn. 408 ff.

484 Lesen Sie hierzu auch Pahlow, Grundfragen der Gewährleistung beim Rechtskauf, JA 2006, 385 - 389.

485 Dazu im Folgenden, Rn. 349 ff.

486 So z.B. Eidenmüller, Die Verjährung beim Rechtskauf, NJW 2002, 1625 - 1627 (1627).

487 So auch Dauner-Lieb/Arnold/Dötsch/Kitz, Fälle zum Schuldrecht, Fall 86, S. 175 f.

Hierfür spricht zudem § 453 III BGB, der für den speziellen Fall des Kaufs eines Rechts, das zum Besitz einer Sache berechtigt, auch § 434 BGB für anwendbar erklärt. Diese Vorschrift wäre überflüssig, wenn § 434 BGB ohnehin bei jedem Rechtskauf angewendet werden könnte.

Jedenfalls ohne entsprechende Vereinbarung kann es eine **Bonitätshaftung** bei einem verkauften Recht nicht geben.

hemmer-Methode: Zur neuen Rechtslage beim Rechtskauf und zur Frage, inwieweit es hier eine Bonitätshaftung geben kann, vgl. Eidenmüller in ZGS 2002, 290 [294].

Keine Anwendbarkeit des § 434 I S. 2 BGB; Beschaffenheitsvereinbarungen sind jedoch wg. Vertragsfreiheit möglich

Allerdings können die Parteien des Kaufvertrages auch beim Rechtskauf bzgl. des verkauften Rechtes Beschaffenheitsvereinbarungen i.S.d. § 434 I S. 1 BGB treffen, die bei Nichtvorliegen der fraglichen Beschaffenheit zu Mängelrechten des Käufers führen. Dies gebietet die Vertragsfreiheit.

Bsp.: *H verkauft und überträgt K seine „Hypothek" am Grundstück des E. Später stellt sich heraus,* 341

1. dass die gesicherte Forderung des H mit einem Pfandrecht des P belastet ist und

2. dass das Grundstück mit Quecksilber verseucht und damit praktisch wertlos ist.

zu 1.:

Es handelt sich um einen Rechtskauf; Kaufgegenstand ist jedoch nicht die Hypothek des H, denn diese ist selbst nicht übertragbar. Vielmehr ist Kaufgegenstand die durch die Hypothek gesicherte Forderung des H; allein diese kann nach §§ 398, 1154 BGB übertragen werden. Die Hypothek folgt der Forderung dann kraft Gesetzes, § 1153 I BGB.

hemmer-Methode: Nutzen Sie die Hinweise im Sachverhalt. In der Examensklausur wird nie ausdrücklich die hypothekarisch gesicherte Forderung, sondern immer die „Hypothek" übertragen. Der Klausurersteller erwartet von Ihnen, dass Sie dazu Stellung nehmen, was genau rechtsgeschäftlich übertragen wird.

An der verkauften und dem K übertragenen Forderung besteht ein Pfandrecht des P, vgl. §§ 1273 ff. BGB. Eine derartige Belastung stellt einen Rechtsmangel i.S.d. § 435 BGB dar.[488] Dem Käufer stehen die in § 437 BGB genannten Mängelrechte zu, wobei eine Nacherfüllung in der Regel unmöglich sein wird: H kann das Pfandrecht des P nicht eigenmächtig beseitigen, vielmehr bedarf es einer entsprechenden Erklärung seitens des P (v.a.: Aufhebung nach § 1255 BGB).

zu 2.:

a) Die Verseuchung des Grundstücks stellt keinen Rechtsmangel der verkauften Forderung i.S.d. §§ 453 I, 435 BGB dar (vgl. Wortlaut § 435 BGB).

b) Sicher handelt es sich um einen Sachmangel des Grundstückes i.S.d. § 434 BGB; jedoch ist das Grundstück nicht Gegenstand des zwischen K und H abgeschlossenen Kaufvertrages, sodass K hieraus keine Rechte herleiten kann.

Anders wäre dies nur, wenn § 453 III BGB eingreifen würde: Berechtigt das verkaufte Recht zum Besitz einer Sache, so muss der Verkäufer nach dieser Vorschrift auch diese Sache dem Käufer frei von Rechts- und Sachmängeln verschaffen.

488 Vgl. dazu oben, Rn. 138 ff.

Ein solcher Fall liegt jedoch nicht vor: Weder die hypothekarisch gesicherte Forderung noch die Hypothek als dingliches Recht berechtigen den Inhaber zum Besitz an dem belasteten Grundstück. Damit scheidet § 453 III BGB aus.

Also kommen die Mängelrechte des § 437 BGB nicht in Betracht. K kann jedoch, sofern H dem K die Verseuchung des Grundstückes bei Vertragsschluss schuldhaft verschwiegen oder Falschangaben hierüber gemacht hat, von H nach den Regeln der c.i.c. Schadensersatz gem. §§ 280 I, 311 II BGB verlangen.

c) Jedoch könnte aufgrund der Mangelhaftigkeit des Grundstückes auch die Hypothek i.S.d. § 434 BGB mangelhaft sein. Zwar bezieht sich die Vorschrift auf Sachmängel, die bei einem Rechtskauf schon begrifflich nicht vorliegen können. Jedoch könnte § 434 BGB über § 453 I BGB entsprechend anzuwenden sein. Dem ist nicht zu folgen; hierdurch würde die Haftung des Rechtsverkäufers gegenüber der alten Rechtslage erheblich ausgeweitet, was der Gesetzgeber wohl nicht beabsichtigt hat.

Nur wenn das verkaufte Recht bzw. der verkaufte sonstige Gegenstand zum Besitz an einer Sache berechtigt (z.B.: Anwartschaftsrecht des Vorbehaltskäufers), muss der Verkäufer diese Sache dem Käufer nicht nur übergeben, sondern muss dies auch frei von Sach- und Rechtsmängeln tun, § 453 III BGB. **342**

Sonderfall: Unternehmenskauf

Wurde ein Unternehmen verkauft (sog. **„Asset-deal“**), sollten nach altem Recht die Vorschriften über den Sachkauf anzuwenden sein; **343**
Mängel des Unternehmens waren als Sachmängel zu beurteilen.[489] Es ist nicht davon auszugehen, dass sich durch die Neufassung des § 453 I BGB hieran etwas ändern sollte.

Bsp.: *V hat K sein Unternehmen verkauft. Wenige Wochen später stellt K fest, dass nahezu alle Produktionsmaschinen durchgerostet und kurz vor dem Auseinanderfallen sind.*

Zwar stellt der Unternehmenskauf einen Rechtskauf dar; dennoch sind Mängel des Unternehmens als Sachmängel einzustufen, sodass unter den Voraussetzungen des § 434 BGB dem Käufer die in § 437 BGB genannten Mängelrechte zustehen.

Mängelrechte hinsichtlich des gesamten Unternehmens

Hier sind die Produktionsmaschinen mangelhaft i.S.d. § 434 I S. 2 Nr. 2 BGB. Will der Käufer allerdings Mängelrechte in Ansehung des Unternehmens geltend machen, muss dieses mangelhaft sein; der Mangel einzelner zum Unternehmen gehörender Gegenstände muss sich also auf das gesamte Unternehmen erstrecken.

Es gelten die Voraussetzungen der §§ 281 I S. 3, 323 V S. 2 BGB. Vom Vorliegen dieser zusätzlichen Voraussetzungen ist bei dem vorliegenden schweren Mangel auszugehen.

hemmer-Methode: Eine Parallele findet sich im Reisevertragsrecht, wo es nicht auf die Mangelhaftigkeit einzelner Reiseleistungen, sondern auf die Mangelhaftigkeit der Gesamtreise ankommt. Lernen Sie frühzeitig, vergleichbare Problemfelder zu erkennen, um den Lernaufwand möglichst gering zu halten. Nur so gelingt eine effektive Examensvorbereitung!

Mängelrechte hinsichtlich einzelner Gegenstände

Beim **Unternehmenskauf** kann der Käufer allerdings auch hinsichtlich einzelner zum Unternehmen gehörender Gegenstände Mängelrechte geltend machen, sofern diese mangelbehaftet sind. **344**

Bsp.: *K hat vom vormaligen Geschäftsinhaber X der X-GmbH 95 % der Geschäftsanteile erworben. Bei einer Rundfahrt mit dem zum Betriebsvermögen gehörenden Firmenwagen stellt K fest, dass das Schiebedach des Wagens oft klemmt. K verlangt von X Nachbesserung.*

---

[489] Palandt, § 433, Rn. 3.

Ein Anspruch auf Nachbesserung könnte sich aus §§ 433 I S. 2, 437 Nr. 1, 439 I Alt. 1 BGB ergeben.

a) Der Firmenwagen ist unproblematisch i.S.d. § 434 I S. 2 Nr. 2 BGB mit einem Sachmangel behaftet. Jedoch ist nicht der Firmenwagen Kaufgegenstand; es wurden vielmehr nur Mitgliedschaftsrechte an der X-GmbH verkauft. Die Pflicht des Verkäufers X ist daher grundsätzlich nur auf die (Rechts-)Mangelfreiheit dieser Rechte beschränkt.

b) Anderes würde jedoch im Falle eines Unternehmenskaufes gelten. Bei einem solchen handelt es sich zwar um den Kauf eines sonstigen Gegenstandes i.S.d. § 453 I Alt. 2 BGB. Dennoch kann der Käufer anerkanntermaßen Mängelrechte hinsichtlich einzelner zum Unternehmen gehörender Gegenstände geltend machen. Da der Firmenwagen zum Betriebsvermögen der X-GmbH gehört, stünden K gegen X insoweit die Rechte des § 437 BGB zu.

aa) Gegen den Kauf des Unternehmens spricht allerdings die Tatsache, dass nicht das Unternehmen „en bloc", sondern lediglich ein sehr großer Anteil daran, nämlich 95 % des Stammkapitals, verkauft wurde.

Ein Unternehmenskauf liegt aber nicht nur dann vor, wenn sich die Vertragsparteien über den Übergang des gesamten Unternehmens einigen (sog. **„Asset-Deal"**); ein Unternehmenskauf kann vielmehr auch dann anzunehmen sein, wenn Gegenstand des Kaufvertrages Gesellschaftsanteile sind, so dass der Käufer eine wesentliche Beteiligung an der das Unternehmen betreibenden Gesellschaft erhält (sog. **„Share-Deal"**).

bb) Ein bloßer **Anteilskauf (sog. „Share-Deal")** wird einem Unternehmenskauf aber bei wirtschaftlicher Betrachtungsweise unproblematisch gleichgestellt, wenn alle Gesellschaftsanteile übertragen werden sollen.[490]

cc) Da hier aber weder ein Kauf des Unternehmens im Ganzen noch ein Verkauf aller Anteile vorliegt, kommt es entscheidend darauf an, ob K eine derart beherrschende Quote erworben hat, sodass man zumindest nach wirtschaftlicher Betrachtung den **beherrschenden Anteilskauf als Unternehmenskauf** qualifizieren kann.

Ab welcher Grenze von einer wesentlichen Beteiligung gesprochen werden kann, ist umstritten.

(1) Das RG hat ursprünglich den Kauf von Mitgliedschaftsrechten als reinen Rechtskauf angesehen. Später hat es einen Sachkauf nur dann angenommen, wenn **sämtliche** Mitgliedschaftsrechte verkauft wurden und sich dabei der Erwerb dieser Rechte bei wirtschaftlicher Betrachtungsweise als Erwerb des Unternehmens selbst darstellte.[491]

(2) Der Ausgangspunkt des RG wurde von der h.M. übernommen, allerdings genügte für die Anwendbarkeit des Sachmängelgewährleistungsrechts der Verkauf von beherrschenden Anteilsquoten. Zuletzt hat der BGH gefordert, dass nahezu fast alle Anteile verkauft werden müssen, damit aus einem Anteilskauf ein Unternehmenskauf wird.[492]

Grund: Bei der GmbH liegt die satzungsändernde Mehrheit bei 75 %, vgl. § 53 II GmbHG. Da nach dem Kaufvertrag 95 % der Gesellschaftsanteile auf K übergehen sollten, liegt ein Unternehmenskauf vor. Denn mit dem Erwerb der satzungsändernden Mehrheit erlangt man die Leitungsmacht über das Unternehmen.

Somit kann K gegenüber X auch hinsichtlich zum Unternehmen gehörender Einzelgegenstände wie dem Firmenwagen Mängelrechte geltend machen. Ihm steht gegen X ein Anspruch auf Nachbesserung gem. §§ 433 I S. 2, 437 Nr. 1, 439 I Alt. 1 BGB zu.

---

490 Palandt, § 433, Rn. 3.

491 RGZ 120, 283.

492 Vgl. BGH, NJW 2001, 2163 - 2165 (2164) = **juris**byhemmer.

hemmer-Methode: Es kann keinen Unterschied machen, ob wesentliche Anteile an der Gesellschaft erworben werden oder ob das Unternehmen als solches übertragen wird. Es handelt sich wirtschaftlich um einen identischen Vorgang. Dabei ist die Anteilsübertragung praktisch vorzugswürdig, da nicht jeder zum Unternehmen gehörende Einzelgegenstand aufgrund des dinglichen Bestimmtheitsgrundsatzes gesondert übertragen werden muss.

d) Sonderproblem 1: Garantiehaftung des Verkäufers beim Rechtskauf?

345 Bestand bei einem bis einschließlich 31.12.2001 abgeschlossen Kaufvertrag über ein Recht die verkaufte Forderung bei Vertragsschluss nicht, so führte dies zu einer Garantiehaftung des Verkäufers: Der Verkäufer hatte nach §§ 437, 440 I, 325 BGB a.F. dem Käufer verschuldensunabhängig das positive Interesse zu ersetzen, wenn die verkaufte Forderung bei Vertragsschluss nicht bestand.[493]

Generell rechtsgeschäftliche Garantieübernahme des Verkäufers?

346 Nach neuem Recht ist der Kaufvertrag trotz anfänglicher Unmöglichkeit der Verschaffungspflicht des Verkäufers nach § 311a I BGB wirksam. Jedoch ist fraglich, ob weiterhin von einer allgemeinen Garantiehaftung des Verkäufers auszugehen ist, ob er also weiterhin für den Bestand der Forderung verschuldensunabhängig einzustehen hat. Dies ließe sich wie folgt begründen: Zwar ist die Haftung des Verkäufers für anfängliche Unmöglichkeit nach § 311a II BGB vom Vertretenmüssen des Verkäufers abhängig. Jedoch könnte bei einem Rechtskauf generell von einer rechtsgeschäftlichen Garantieübernahme des Verkäufers i.S.d. § 276 I S. 1 BGB auszugehen sein.

Dies könnte sich daraus ergeben, dass der Käufer beim Rechtskauf als besonders schützenswert anzusehen ist: Er kann die tatsächliche Existenz der Forderung – anders als beim Sachkauf – nicht überprüfen und muss sich auf die Angaben des Verkäufers verlassen.

Garantieübernahme muss im Einzelfall geprüft werden, keine generelle Unterstellung

347 Dennoch kann eine generelle Garantieübernahme des Verkäufers für den Bestand der Forderung nicht angenommen werden. Eine solche Unterstellung kann nach der neuen Gesetzeslage nicht erfolgen.[494] Vielmehr ist – wie beim Sachkauf – im Einzelfall durch Auslegung des Verhaltens des Verkäufers zu ermitteln, ob dieser verschuldensunabhängig für den Bestand der Forderung einstehen wollte. Es gelten gegenüber dem Sachkauf keine Besonderheiten.

Bei anfänglichem Nichtbestehen des Rechtes: § 311a II BGB, Verjährung nach § 195 BGB

Sofern die verkaufte Forderung nicht besteht und der Verkäufer nach § 311a II BGB haftet, unterliegt dieser Anspruch der Verjährung nach § 195 BGB, nicht nach § 438 BGB. Denn es liegt eine Leistungsstörung des Verschaffungsanspruches nach §§ 453 I, 433 I S. 1 BGB vor und nicht eine Leistungsstörung der Pflicht zur mangelfreien Leistung i.S.d. § 433 I S. 2 BGB. Die Nichtexistenz des verkauften Rechts stellt weder einen Sach- noch einen Rechtsmangel i.S.d. §§ 434 f. BGB dar.

Weitere Fälle anfänglicher Unmöglichkeit

348 Ebenfalls ein Fall anfänglicher Unmöglichkeit liegt vor, wenn die verkaufte Forderung zwar besteht, aber aufgrund rechtsgeschäftlicher Vereinbarung nach § 399 Alt. 2 BGB nicht abtretbar ist. Gleiches gilt, wenn der Geltendmachung der Forderung bereits bei Vertragsschluss eine Einrede entgegensteht und diese vom Schuldner später erhoben wird.

---

493 Palandt, § 437, Rn. 6.

494 So auch Dauner-Lieb, Das neue Schuldrecht, S. 152 f.

e) Sonderproblem 2: Bonitätshaftung

hemmer-Methode: Lesen Sie hierzu ausführlich Hemmer/Wüst, Der Streit- und Meinungsstand im neuen Schuldrecht - 24 Fälle, Fall 22.

Haftung für die Verität, nicht für die Bonität der Forderung

Nach altem Recht haftete der Verkäufer kraft Gesetzes verschuldensunabhängig für den Bestand der Forderung (vgl. Rn. 345), nicht jedoch auch für deren wirtschaftliche Durchsetzbarkeit, insbesondere die Zahlungsfähigkeit des Schuldners. Es bestand eine Haftung für die Verität, nicht jedoch für die Bonität, vgl. § 438 BGB a.F. 349

Streichung des § 438 BGB a.F.

§ 438 BGB a.F. wurde allerdings im Zuge der Schuldrechtsmodernisierung ersatzlos gestrichen, ohne dass die sich hieraus ergebenden Folgen in der amtlichen Begründung ausreichend erörtert worden wären.[495]

Bsp.[496]: *V verkauft K eine Forderung gegen D. V erklärt, er wolle für die Zahlungsfähigkeit und -willigkeit des D einstehen. Als K die abgetretene Forderung gegenüber D geltend macht, verweigert dieser die Zahlung, da er finanziell „völlig abgebrannt" sei. K verlangt nun von V Rückzahlung des an ihn bereits gezahlten Kaufpreises.* 350

Ein solcher Rückzahlungsanspruch könnte sich aus § 346 I BGB ergeben. Dazu müsste K vom Vertrag mit V wirksam zurückgetreten sein. Neben der vorhandenen Rücktrittserklärung des K i.S.d. § 349 BGB setzt dies einen Rücktrittsgrund des K voraus. Ein solcher könnte sich aus §§ 437 Nr. 2, 323 BGB ergeben.

1. Dazu müsste V „nicht vertragsgemäß" i.S.d. § 323 I BGB geleistet haben; die abgetretene Forderung müsste also mangelhaft sein.

Für einen Rechtsmangel i.S.d. §§ 453 I, 435 BGB ist nichts ersichtlich; jedoch kommt ein Mangel nach §§ 453 I, 434 BGB in Betracht. Obwohl § 434 BGB sich auf Sachmängel bezieht, könnte über die Verweisung des § 453 I BGB diese Vorschrift auch beim Rechtskauf entsprechend anzuwenden sein.

a) Einer Forderung, die mangels Zahlungsfähigkeit des Schuldners nicht durchsetzbar ist, fehlt unproblematisch die Eignung zur vertraglich vorausgesetzten (§ 434 I S. 2 Nr. 1 BGB) bzw. zur gewöhnlichen Verwendung (§ 434 I S. 2 Nr. 2 BGB). Es scheint ein Mangel i.S.d. §§ 453 I, 434 BGB vorzuliegen.

b) Dies hätte allerdings zur Folge, dass der Rechtsverkäufer stets für die Bonität der verkauften Forderung einzustehen hätte.

Eine solch weitgehende Änderung der Rechtslage wurde vom Gesetzgeber allerdings nicht beabsichtigt. Es ist kein Grund ersichtlich, dem Verkäufer das weitreichende Risiko fehlender Bonität der verkauften Forderung generell aufzubürden.[497]

Daher ist in der fehlenden Bonität nicht generell ein Mangel der Forderung i.S.d. § 434 BGB zu sehen. Liegt jedoch eine Vereinbarung der Kaufvertragsparteien vor, dass der Verkäufer auch für die Bonität einzustehen habe, so handelt es sich um eine Beschaffenheitsvereinbarung i.S.d. § 434 I S. 1 BGB

Diese muss aufgrund der Privatautonomie der Parteien möglich sein, auch wenn auf den Rechtskauf § 434 I S. 2 BGB grundsätzlich keine Anwendung findet.[498]

[495] Vgl. BT-Drs. 14/6040, S. 202. Kritisch daher auch Dauner-Lieb, Das neue Schuldrecht, S. 153.

[496] Vgl. Dauner-Lieb, Das neue Schuldrecht, S. 153 f.

[497] A.A. Graf von Westphalen/Meier-Göring, Neues SchuldR, S. 55 f.

[498] Siehe Rn. 340.

Ein solcher Fall ist hier gegeben: Der Verkäufer hat ausdrücklich erklärt, auch für die Bonität der verkauften Forderung einstehen zu wollen. Da mangels Zahlungsfähigkeit des D die Forderung nicht durchsetzbar ist, liegt ein Mangel i.S.d. §§ 453 I, 434 I S. 1 BGB vor.

hemmer-Methode: Da die Haftung für die Bonität der Forderung auch weiterhin einen Ausnahmefall darstellt, kann eine dahingehende Beschaffenheitsvereinbarung der Kaufvertragsparteien in der Regel nur bei ausdrücklicher Vereinbarung angenommen werden; eine konkludente Übernahme der Bonitätshaftung durch den Verkäufer kommt allenfalls dann in Betracht, wenn ein deutlich über dem Nominalwert der Forderung liegender Kaufpreis vereinbart wird. Dann kann davon ausgegangen werden, dass der Käufer diesen hohen Preis nur bei Bonitätshaftung des Verkäufers zu entrichten bereit ist.[499]

2. Ein Rücktritt nach § 323 BGB kommt jedoch nur in Betracht, wenn die Nachbesserung nicht unmöglich i.S.d. § 275 I - III BGB ist. Denn in diesem Fall macht die von § 323 I BGB geforderte Nachfristsetzung keinen Sinn. Ist die Nacherfüllung dem Verkäufer unmöglich, kommt allein ein Rücktritt nach § 326 V BGB in Betracht. 351

Der Mangel der verkauften Forderung liegt hier in der fehlenden Zahlungsfähigkeit des D. V ist nicht in der Lage, diesen Mangel zu beseitigen. Zwar wäre denkbar, dass V dem D die zur Erfüllung der Forderung des K erforderlichen finanziellen Mittel zur Verfügung stellt. Doch auch in diesem Fall ist es nicht sicher, dass D dann in der Lage sein wird, die Forderung des K zu erfüllen: Es ist anzunehmen, dass auch andere Gläubiger auf das Vermögen des D zugreifen werden und D deren Forderungen zur Vermeidung der Zwangsvollstreckung vorrangig befriedigen wird. Also liegt ein Fall unmöglicher Nacherfüllung i.S.v. § 275 I BGB vor; § 323 I BGB scheidet aus.

3. Jedoch konnte K vom Kaufvertrag mit V nach §§ 437 Nr. 2, 326 V BGB wirksam zurücktreten. Dem stehen auch nicht §§ 326 V, 323 V S. 2 BGB entgegen, da die fehlende Bonität der Forderung keinen nur unerheblichen Mangel darstellt.

Ergebnis: Also kann K von V Rückzahlung des Kaufpreises verlangen, Zug um Zug gegen Rückabtretung der Forderung gegen D, § 348 BGB.

hemmer-Methode: Denkbar wäre auch, in der Zahlungsunfähigkeit des S lediglich einen vorübergehenden Mangel zu sehen. Dann wäre in analoger Anwendung der Grundsätze über die vorübergehende Unmöglichkeit § 323 BGB und nicht § 326 V BGB einschlägig.[500]

X. Ausschluss der Mängelrechte

Nicht nur in der Praxis, sondern auch in der Examensklausur von großer Bedeutung sind Gründe für den Ausschluss der Mängelrechte. 352

hemmer-Methode: Gerade was Fragen der AGB-Kontrolle anbelangt, ist hier vieles im „Fluss“. Zur Vertiefung empfehlen wir Ihnen die Beiträge von Tiedke/Burgmann, „Gewährleistungsausschluss beim Verkauf gebrauchter Sachen an und zwischen Verbrauchern“, NJW 2005, 1153 ff. sowie von Stölting, „Der Ausschluss von Mängelrechten beim Nicht-Verbrauchsgüterkauf“, ZGS 2005, 299 ff.

Im Folgenden sollen solche Ausschlusstatbestände behandelt werden, die sich grundsätzlich auf alle Mängelrechte des Käufers beziehen. Sie sind bei dem jeweiligen Mängelrecht neben den speziellen Ausschlusstatbeständen (wie z.B. beim Rücktritt § 323 V S. 2 BGB) zu prüfen.

499 In diese Richtung Dauner-Lieb, Das neue Schuldrecht, S. 154.

500 Zur vorübergehenden Unmöglichkeit vgl. **Hemmer/Wüst, Schuldrecht AT**, Rn. 33 ff.

Mängelrechte können ausgeschlossen sein 353

- aufgrund Kenntnis/grob fahrlässiger Unkenntnis des Käufers, § 442 BGB
- durch vertragliche Vereinbarung (innerhalb der Grenzen von § 444 BGB und § 309 Nr. 8b BGB)
- aufgrund handelsrechtlicher Genehmigungsfiktion, § 377 II HGB

1. § 442 BGB

a) Allgemeines

Nach § 442 I S. 1 BGB führt die Kenntnis des Käufers vom Vorhandensein eines Mangels zum Ausschluss seiner Mängelrechte. Unter den Voraussetzungen des § 442 I S. 2 BGB gilt dies auch bei grob fahrlässiger Unkenntnis. 354

Ausschluss der Rechte nach § 437 BGB

Rechtsfolge ist der Ausschluss aller Mängelrechte des Käufers, also der Rechte, die in § 437 BGB genannt sind. Liegt ein Fall des § 442 BGB nicht vor, so kann dem Käufer das Nichterkennen des Mangels auch nicht im Rahmen von § 254 BGB zum Vorwurf gemacht werden, da anderenfalls die Wertung des § 442 BGB umgangen würde.[501]

Gilt für Rechts- und Sachmängel; grds. unanwendbar bei Gattungskauf

§ 442 BGB gilt sowohl für Rechts- als auch für Sachmängel. Grundsätzlich nicht anwendbar ist die Vorschrift jedoch auf den Gattungskauf, da bei diesem im maßgeblichen Zeitpunkt des Vertragsschlusses mangels Konkretisierung noch kein Mangel einer bestimmten Sache vorliegt. 355

Allerdings kommt eine Anwendung auch beim Gattungskauf in Betracht, wenn alle Sachen der jeweiligen Gattung den gleichen Mangel aufweisen. Dies kann vor allem bei beschränkten Gattungsschulden (Vorratsschulden) der Fall sein.

> **Bsp.:** *V und K vereinbaren im Kaufvertrag, dass V die geschuldeten fünf Säcke Kartoffeln aus seinem Lager in Würzburg zu liefern hat. Bei Vertragsschluss weiß K, dass dieser Lagerbestand von einem Schimmelpilz befallen ist.*

b) § 442 I S. 1 BGB

Wenn der Käufer einen Mangel bei Vertragsschluss positiv kennt, sind etwaige Mängelrechte i.S.d. § 437 BGB hinsichtlich dieses Mangels ausgeschlossen, § 442 I S. 1 BGB. Liegt ein weiterer Mangel vor, so kann der Käufer diesbezüglich von seinen Mängelrechten Gebrauch machen, sofern deren tatbestandlichen Voraussetzungen vorliegen. 356

Positive Kenntnis erforderlich

Schädlich ist nur positive Kenntnis des Käufers. Ein Kennenmüssen genügt für den Ausschluss der Mängelrechte nach § 442 I S. 1 BGB nicht; es kommt dann jedoch die Anwendung des § 442 I S. 2 BGB in Betracht.[502] 357

---

501 Palandt, § 442, Rn. 5.

502 Palandt, § 442, Rn. 7.

Ausnahme: Verkäufer versichert Beseitigung des Mangels bis zum Gefahrübergang

Eine Ausnahme lässt die h.M. zu, wenn der Käufer den Mangel bei Vertragsschluss zwar kennt, der Verkäufer jedoch versichert, den Mangel bis zum Gefahrübergang (§§ 446, 447 BGB) zu beseitigen.[503] § 442 BGB soll nämlich lediglich ein widersprüchliches und damit treuwidriges Verhalten des Käufers sanktionieren. Versichert der Verkäufer die Beseitigung des vom Käufer erkannten Mangels, liegt jedoch ein treuwidriges Verhalten nicht vor. 358

Strittig: Welcher Zeitpunkt ist maßgebend bei formnichtigem, aber später geheiltem Vertrag?

In Rechtsprechung und Literatur ist umstritten, auf welchen Zeitpunkt es für die Kenntnis des Käufers ankommt, wenn ein formunwirksamer Grundstückskaufvertrag erst mit seiner Eintragung in das Grundbuch nach § 311b I S. 2 BGB wirksam wird. 358a

Bsp.: V verkauft an K mit formnichtigem Vertrag vom 22.11.2010 ein Grundstück. Im Januar 2011 stellt K einen Mangel des Grundstücks fest. Die Eintragung des K im Grundbuch erfolgt im Februar 2011. V meint, die Mängelrechte des K wären gem. § 442 I S. 1 BGB ausgeschlossen, weil er den Mangel bei Wirksamwerden des Kaufvertrages durch Heilung (§ 311b I S. 2 BGB) bereits positiv kannte.

1. Zum Teil wird angenommen, dass stets der Kenntnisstand des Käufers im Zeitpunkt seiner Eintragung in das Grundbuch maßgeblich sei.[504]

2. Nach a.A. schadet eine zwischen Vertragsschluss und Eintragung in das Grundbuch erlangte Kenntnis von Mängeln grundsätzlich nicht.[505]

Nach BGH kommt es auf Kenntnis zur Zeit des Vertragsschlusses an ⇨ Kenntnis vor Heilung ist unschädlich

3. Die **zuletzt genannte Auffassung verdient nach Ansicht des BGH den Vorzug**. Der Vorschrift des § 442 I BGB liegt der Gedanke zugrunde, dass der Käufer nicht in seinen berechtigten Erwartungen enttäuscht wird, wenn er den Kauf trotz des Mangels gewollt hat.[506]

a) Kennt er bei Abgabe seiner Willenserklärung einen Mangel der Kaufsache, kann insbesondere angenommen werden, dass er den vereinbarten Kaufpreis auch in Ansehung des Mangels für angemessen hielt oder aus sonstigen Gründen bereit war, diesen aufzuwenden.

b) Ein solcher Schluss ist nicht gerechtfertigt, wenn ein Käufer, der **erst nach Abgabe der** beiderseitigen auf den Vertragsschluss gerichteten **Willenserklärungen von Mängeln** der Kaufsache **erfährt**, die Heilung des Vertrages fördert oder jedenfalls nicht verhindert. Er bringt damit nicht konkludent zum Ausdruck, auf Rechte wegen dieser Mängel zu verzichten, sondern gibt lediglich zu erkennen, dass er sich nicht auf den Formmangel berufen möchte, also an den getroffenen Vereinbarungen festhalten und diesen - mit allen sich daraus ergebenden Rechten und Pflichten - zur Wirksamkeit verhelfen will.

Da ebenso wie im Fall der Heilung nach § 311b I S. 2 BGB die tatsächliche Vermutung gerechtfertigt ist, dass die Vertragspartner einander das Gleiche wie bei Abschluss des Vertrages gewähren wollen, ist im Zweifel anzunehmen, dass eine Vertragspartei, die die Eigentumsumschreibung fördert bzw. nicht verhindert, von dem Willen geleitet ist, den Vertrag so zu behandeln, als wäre er von Anfang an wirksam. Dazu gehört, dass der Verkäufer gemäß den getroffenen Vereinbarungen für Mängel haftet, die bei den Vertragsverhandlungen keine Berücksichtigung gefunden haben, weil sie dem Käufer erst nach Abschluss des (noch unwirksamen) Vertrages bekannt geworden sind.

c) Auch die Interessen des Verkäufers rechtfertigen es nicht, auf die Heilung als maßgeblichen Zeitpunkt der Kenntniserlangung im Sinne von § 442 I BGB abzustellen. Kennt er den Formmangel nicht, muss er ohnehin mit der Haftung für Mängel rechnen, die dem Käufer bei Abschluss des Vertrages unbekannt waren.

---

503 Palandt, § 442, Rn. 9.

504 OLG Hamm, NJW 1986, 136 = **juris**byhemmer; Palandt, § 311b, Rn. 56.

505 Bamberger/Roth/Faust, § 442 BGB, Rn. 10; Palandt, § 442, Rn. 8; Tiedtke, Zur Rechtsprechung des Bundesgerichtshofs auf dem Gebiete des Kaufrechts seit dem 1 Januar 1987 - Teil 1, JZ 1990, 75 - 83 (80) = **juris**byhemmer.

506 BGH, **Life&Law 2011, Heft 10, 758 - 759** = NJW 2011, 2953 - 2955 = **juris**byhemmer.

d) Es ist auch nicht treuwidrig, wenn der Käufer ihn nicht auf die Möglichkeit hinweist, den noch unwirksamen Vertrag nach den §§ 812 ff. BGB rückabzuwickeln, um auf diese Weise der Haftung zu entgehen. Denn hierdurch handelte der Käufer, weil er dann das Risiko zwischenzeitlicher Dispositionen und vor allem das Insolvenzrisiko hinsichtlich des gezahlten Kaufpreises trüge, gegen seine eigenen Interessen. Weiß der Verkäufer hingegen um die Formunwirksamkeit und verhindert er seinerseits nicht die Eintragung seines Vertragspartners in das Grundbuch, gibt auch er zu erkennen, dass er an dem Vertrag festhalten möchte und damit bereit ist, für etwaige Sachmängel so einzustehen, als wäre der Vertrag von Anfang an wirksam gewesen. Dass der Käufer auf diese Weise, z.B. über eine Minderung, eine Kaufpreisreduzierung durchsetzen kann, über die die Parteien nicht verhandelt haben, ist nicht unbillig. Denn auch insoweit steht der Verkäufer nicht anders als er stünde, wenn der Vertrag von Anfang an wirksam gewesen wäre.

Ergebnis: Die Mängelrechte des K sind daher nicht gem. § 442 I S. 1 BGB ausgeschlossen.

Bei gestrecktem notariellem Vertragsschluss ist auf die Kenntnis vom Mangel zur Zeit der Abgabe des bindenden Angebots abzustellen

Eine ähnliche Problematik betrifft die Frage, auf welchen Zeitpunkt es für die Kenntnis des Käufers vom Vorliegen eines Mangels bei einem sog. **„gestreckten" Vertragsschluss** ankommt. Umstritten ist dabei die Frage, ob es auf die Kenntnis des Käufers vom Mangel im Zeitpunkt des förmlichen Zustandekommens des Vertrags oder bei Abgabe seines Angebots ankommt. *358b*

Nach Auffassung des BGH ist im Grundsatz der Zeitpunkt der Abgabe des Angebots, bei einem notariell beurkundeten Angebot, der **Zeitpunkt der Beurkundung des Angebots durch den Notar maßgeblich**.

Wenn die Annahme des Angebots des Käufers durch den Verkäufer zeitlich versetzt erfolgt, würde das Abstellen auf das förmliche Zustandekommen des Vertrags nämlich zu einem von dem Zweck des § 442 I S. 1 BGB nicht mehr gedeckten Ausschluss von Mängelrechten führen.

Die Gewährleistungsansprüche des Käufers werden dann nämlich auch für Mängel ausgeschlossen, die er bei Beurkundung seiner Vertragserklärung nicht kannte. Der Haftungsausschluss lässt sich nicht mit einem widersprüchlichen Verhalten des Käufers rechtfertigen. Dieser kann sich von dem Angebot nicht mehr einseitig lösen und den Vertragsschluss verhindern, wenn er nachträglich Kenntnis von einem Mangel erlangt.

Die Vorschrift muss deshalb ihrem Zweck entsprechend eingeschränkt werden (sog. **teleologische Reduktion**). Ausgeschlossen sind nur Mängel, die der Käufer bei Beurkundung seines Angebots kannte.[507]

c) § 442 I S. 2 BGB

Grundsätzlich auch bei grober Fahrlässigkeit

Kennt der Käufer den Mangel bei Vertragsschluss infolge grober Fahrlässigkeit nicht, scheiden seine Mängelrechte grundsätzlich ebenfalls aus. Hierzu existieren gem. § 442 I S. 2 BGB zwei Ausnahmen, bei denen es trotz grob fahrlässiger Unkenntnis des Käufers zu keinem Ausschluss der Mängelrechte kommt: *359*

hemmer-Methode: Für Interessierte sei auf den Aufsatz von Müller, „Einfluss der due diligence auf die Gewährleistungsrechte des Käufers beim Unternehmenskauf", in NJW 2004, 2196 ff. hingewiesen. Der Autor kommt zum richtigen Ergebnis, dass eine umfassende Prüfung des Unternehmens nicht zwangsläufig eine grob fahrlässige Unkenntnis vom Mangel des Unternehmens i.S.d. 442 I S. 2 BGB begründet.

[507] BGH, **Life&Law 9/2012, 627 ff.** = NJW 2012, 2793 ff. = **juris**byhemmer.

Ausnahme: Arglist des Verkäufers

⇨ Hat der Verkäufer den Mangel **arglistig verschwiegen**, überwiegt der Schutz des Käufers, ihm bleiben seine Mängelrechte erhalten. Dem ist der Fall gleichzustellen, dass der Verkäufer eine nicht vorhandene Eigenschaft der Kaufsache arglistig vorgespiegelt hat.[508] 360

Angaben ins Blaue hinein

⇨ Auch **Angaben „ins Blaue hinein"** erfüllen den Tatbestand der Arglist, weil der Handelnde unrichtige Behauptungen aufstellt, obwohl er mit der möglichen Unrichtigkeit seiner Angaben rechnet, weil er ihren Wahrheitsgehalt gar nicht überprüft hat. Für Arglist genügt nämlich bedingter Vorsatz.

hemmer-Methode: Verschweigt ein Autoverkäufer dem Käufer, dass er das Kfz wenige Tage vorher von einem nicht identifizierbaren „fliegenden Zwischenhändler" erworben hat, so stellt die Vereinbarung einer bestimmten Laufleistung eine sog. „Behauptung ins Blaue hinein" dar.[509]

Ausnahme: Garantieübernahme

⇨ Wenn der Verkäufer im Wege der **Beschaffenheitsgarantie (= Zusicherung einer Eigenschaft)**[510] eine Garantie für die Beschaffenheit der Kaufsache übernommen hat, muss sich der Käufer hierauf verlassen können; ihm bleiben trotz grob fahrlässiger Unkenntnis seine Mängelrechte erhalten. 361

Grobe Fahrlässigkeit kann insbesondere bei besonders offensichtlichen Mängeln gegeben sein, die der Käufer bei einer erfolgten Besichtigung hätte erkennen müssen. Hätte er den Mangel nur bei einer Untersuchung erkennen müssen, so kann eine grobe Fahrlässigkeit nur bei Annahme einer Untersuchungsobliegenheit des Käufers bejaht werden, sofern er diese gröblich verletzt hat. Dies kann allenfalls bei besonderer Sachkunde des Käufers bejaht werden.[511]

Problem: Kenntniserlangung zwischen Vertragsschluss und Übergabe

Erlangt der Käufer zwischen Vertragsschluss und Übergabe Kenntnis vom Mangel und nimmt er daraufhin die Ware vorbehaltlos an, so kann in der vorbehaltlosen Entgegennahme der mangelhaften Ware ein Angebot des Käufers auf vertragliche Abbedingung seiner Mängelrechte gesehen werden (§§ 133, 157 BGB), das der Verkäufer konkludent annimmt.[512] 362

hemmer-Methode: Zu beachten ist allerdings, dass ein solcher rechtsgeschäftlicher Ausschluss der Mängelrechte im Falle eines Verbrauchsgüterkaufes i.d.R. wg. § 475 I BGB unzulässig ist.
Ebenso kann bei vorbehaltloser Annahme der mangelhaften Ware eine Beschaffenheitsvereinbarung i.S.d. § 434 I S. 1 BGB dahingehend angenommen werden, dass die Kaufsache nicht von dem erkannten Mangel frei sein muss. Dann liegt schon ein Sachmangel i.S.d. § 434 BGB nicht vor; die Parteivereinbarung geht dem § 434 I S. 2 BGB vor.

2. Individualvertraglicher Ausschluss

a) Haftungsausschluss grundsätzlich zulässig

§§ 434 ff. BGB dispositiv

Die §§ 434 ff. BGB sind als Gegenstand des vertraglichen Schuldrechts dispositiver Natur: Die Parteien haben es in der Hand, die gesetzliche Haftung zu erweitern oder zu beschränken. 363

508 Zur Arglist vgl. Rn. 187 ff.; zur Aufklärungspflicht über die „Ex-Mietwageneigenschaft" des Gebrauchtwagenverkäufers vgl. Otting, ZGS 2004, 12 - 13.

509 Vgl. BGH, **Life&Law 2010, Heft 4, 215 - 222** = NJW 2010, 858 - 859 = **juris**byhemmer; auch OLG Bremen, NJW 2003, 3713 - 3714 = **juris**byhemmer.

510 Vgl. hierzu oben, Rn. 271 ff.

511 Palandt, § 442, Rn. 11 ff.

512 BT-Drs. 14/6040, S. 205.

So wie es den Parteien freisteht, bestimmte Eigenschafen besonders zu vereinbaren, § 434 I S. 1 BGB, ist es ihnen auch möglich, einzelne Mängel aus dem Haftungsausschluss auszuklammern.

Reichweite des Haftungsausschlusses

Auch wenn ein Haftungsausschluss grundsätzlich zulässig bzw. wirksam ist, muss die Vereinbarung nach ihrer Reichweite ausgelegt werden. Denn die Haftung muss nicht zwingend bezüglich sämtlicher Mängel ausgeschlossen werden.

Die Reichweite eines vereinbarten Haftungsausschlusses ist dabei nicht nur nach dem Wortlaut der Ausschlussbestimmung, sondern nach dem gesamten Vertragsinhalt zu beurteilen.[513]

BGH, Life&Law 2007, 225 ff.

Ist bei Vorliegen einer Beschaffenheitsvereinbarung ein zulässiger Haftungsausschluss vereinbart worden, ist dies dahin auszulegen, dass sich der Haftungsausschluss nicht auf die vereinbarte Beschaffenheit i.S.d. § 434 I S. 1 BGB bezieht.[514]

Andernfalls würde der Verkäufer gegen das Verbot widersprüchlichen Verhaltens verstoßen. Er kann nicht einerseits eine bestimmte Beschaffenheit vereinbaren, andererseits dafür dann die Haftung ausschließen.

hemmer-Methode: Beim Verbrauchsgüterkauf ist allerdings § 475 BGB zu beachten (dazu unten, Rn. 459 ff.). § 475 I BGB macht rechtsgeschäftliche Ausschlüsse der Mängelrechte regelmäßig unzulässig.

b) Unzulässigkeit des Haftungsausschlusses gem. § 444 BGB

Grenzen ergeben sich vor allem auch aus dem – häufig klausurrelevanten – § 444 BGB. 364

Unbeachtlichkeit des vertraglichen Ausschlusses der Mängelrechte nach § 444 BGB:

1. **Arglist** des Verkäufers
2. **Garantieübernahme** durch den Verkäufer

hemmer-Methode: Liegt einer dieser Ausnahmefälle vor, so ist der vereinbarte Ausschluss der Mängelrechte nicht etwa unwirksam, worauf bereits der Wortlaut hinweist („kann sich der Verkäufer nicht berufen"). Er hat lediglich keine Wirkung. Liegt ein weiterer Sachmangel vor, hinsichtlich dessen weder Arglist noch eine Garantieübernahme des Verkäufers vorliegt, wirkt der Ausschluss der Mängelrechte; eine Heranziehung des § 139 BGB kommt nicht in Betracht.

aa) Arglist des Verkäufers

Arglist

Hat der Verkäufer den **Mangel arglistig verschwiegen**, so kann ihm ein vereinbarter Ausschluss der Mängelrechte nicht zugutekommen.[515] 365

Arglist setzt voraus, dass der Verkäufer den Mangel kennt und zudem damit rechnet, dass der Käufer bei Kenntnis der wahren Sachlage den Vertrag nicht oder nicht so abschließen würde.

---

513 Vgl. BGH, WM 1966, 1183 - 1185 = **juris**byhemmer.

514 BGH, **Life&Law 2007, Heft 4, 225 - 230** = NJW 2007, 1346 - 1350 = **juris**byhemmer.

515 Zur Aufklärungspflicht des Verkäufers über Mängel lesen Sie Gröschler, Die Pflicht des Verkäufers zur Aufklärung über Mängel nach neuem Kaufrecht, NJW 2005, 1601 - 1604.

Pflicht zur Aufklärung

Ein arglistiges Verschweigen eines Mangels setzt eine **Pflicht zur Aufklärung** voraus. Eine Aufklärungspflicht besteht immer dann, wenn der Käufer gezielt nach einer Eigenschaft fragt.[516]

Ohne eine ausdrückliche Frage des Käufers muss der Verkäufer über solche Umstände aufklären, die den Vertragszweck des anderen vereiteln können und daher für den Entschluss eines verständigen Käufers von wesentlicher Bedeutung sind, sofern eine Mitteilung nach der Verkehrsauffassung erwartet werden kann.[517]

Ob ein Mangel so wesentlich ist, dass er ungefragt offenbart werden muss, kann nicht aus der Sicht des jeweiligen Käufers bestimmt werden. Klärt der Verkäufer über einen objektiv wesentlichen Sachmangel nicht auf, kann er nämlich nicht wissen, ob dieser für die Kaufentscheidung seines Vertragspartners bedeutsam ist oder nicht. **Maßgeblich ist allein, ob ein verständiger Verkäufer damit rechnen muss, dass der verschwiegene Mangel Einfluss auf die Entscheidung des Käufers hat.**

Arglistiges Vorspiegeln nicht vorhandener Eigenschaften

Gleiches gilt, wenn der Verkäufer das Vorhandensein einer Eigenschaft arglistig vorgespiegelt hat.

Auch wenn ein arglistig verschwiegener Sachmangel für den Willensentschluss des Käufers nicht ursächlich war, ist dem Verkäufer die Berufung auf den vereinbarten Haftungsausschluss gemäß § 444 BGB verwehrt. Anders als in § 123 I BGB („zur Abgabe einer Willenserklärung durch arglistige Täuschung ... bestimmt") findet die Kausalität im Wortlaut des § 444 BGB keine Erwähnung. § 444 BGB soll den Käufer vor einer unredlichen Freizeichnung des Verkäufers von der Sachmängelhaftung schützen. Eine solche unredliche Freizeichnung ist aber generell gegeben, wenn der Verkäufer arglistig handelt.[518]

hemmer-Methode: Wie bei § 123 I BGB genügt für das Vorliegen von Arglist Eventualvorsatz. So handelt nach OLG Bremen, NJW 2003, 3713 ein Autoverkäufer arglistig, wenn er einen Mangel mindestens für möglich hält und gleichzeitig weiß oder damit rechnet oder billigend in Kauf nimmt, dass der Käufer den Mangel nicht kennt und bei Offenbarung den Vertrag nicht oder nicht mit dem vereinbarten Inhalt geschlossen hätte. Die Voraussetzung des Eventualvorsatzes wird damit auf ein „Für-möglich-Halten" und „Inkaufnehmen" reduziert.

bb) Garantie des Verkäufers

Garantieübernahme

Im Falle einer Beschaffenheitsgarantie kann ein vereinbarter Ausschluss der Mängelrechte keine Wirkung haben.[519] 366

Denn der Verkäufer, der mit der einen Hand zusichert und mit der anderen Hand seine Haftung auszuschließen sucht, handelt widersprüchlich und damit treuwidrig (§ 242 BGB).[520]

3. Haftungsausschluss bei nach Vertragsschluss auftretenden Mängeln

Problematisch ist der Haftungsausschluss für Mängel, die zwischen Vertragsschluss und Gefahrübergang entstehen. 366a

---

516 BGH, NJW 2009, 2120 - 2123 = **juris**byhemmer.

517 Vgl. BGH, **Life&Law 2011, Heft 1, 11 - 17** („Thor-Steinar") = NJW 2010, 3362 - 3363 = **juris**byhemmer.

518 BGH, **Life&Law 2011, Heft 12, 857 - 861** = NJW 2011, 3640 - 3642 = **juris**byhemmer.

519 Vgl. hierzu auch OLG Hamm, **Life&Law 2005, Heft 10, 661 - 668** = NJW-RR 2005, 1220-1221 = **juris**byhemmer.

520 Reinicke/Tiedtke, Kaufrecht, Rn. 332 ff.; Coester-Waltjen, Die Sachmängelgewährleistung im Kaufvertragsrecht, Jura 1997, 197 - 202; Tiedtke, Zur Rechtsprechung des Bundesgerichtshofs auf dem Gebiete des Kaufrechts - Teil 1, JZ 1997, 869 - 880 (875).

Bsp.: V verkaufte K mit notariellem Vertrag vom 18.05. ein Hausgrundstück für 530.000,- €. Die Gewährleistung für sichtbare und unsichtbare Mängel wurde ausgeschlossen. Die Kaufpreisfälligkeit und die Übergabe waren für den 30.11. vereinbart.

Nach Vertragsschluss kam es am 26.08. zu einem Wassereinbruch in dem Hausgrundstück. Dabei wurden in der Souterrainwohnung der Laminatboden und einzelne Türblätter beschädigt.

Stehen K Mängelrechte zu?

Die Mängelrechte könnten aufgrund der vertraglichen Vereinbarung eines Gewährleistungsausschlusses für Mängel ausgeschlossen sein. Grundsätzlich ist ein solcher Haftungsausschluss individualvertraglich vereinbar. Fraglich ist jedoch, ob der vereinbarte Gewährleistungsausschluss auch, wie vom Beklagten behauptet, Schäden umfasst, die nach Vertragsschluss und vor Gefahrübergang entstanden sind.

Ist der Mangel dem Käufer ohne weiteres erkennbar, so besteht kein Grund für einen besonderen Schutz des Käuferinteresses. Er kann durch Aushandeln eines geringeren Kaufpreises oder einer ausdrücklichen Vereinbarung der Mängelhaftung für diesen Fehler seine Interessen selber wahren.

Fraglich ist aber, wie die Haftung für Mängel, die nach Vertragsschluss auftreten, zu behandeln ist. Hier kann sich der Käufer, der einem Gewährleistungsausschluss zustimmt, nicht vor den Folgen eines Mangels in derselben Weise schützen.

Denn die Frage der Erkennbarkeit stellt sich gar nicht erst, sodass der Käufer auch keine Möglichkeit hat, seine Interessen durch entsprechende Vereinbarungen bei den Vertragsverhandlungen zu wahren.

Das Risiko, dass der Käufer eingeht, wenn er sich auf einen Haftungsausschluss einlässt, der dann auch solche Mängel umfasst, die erst nach Vertragsschluss entstehen, ist somit ungleich größer.

Für den Verkäufer stellt eine zufällig eintretende Verschlechterung der Kaufsache zwischen Vertragsschluss und Gefahrübergang zwar ebenfalls ein großes Risiko dar. Solange die Gefahr jedoch noch nicht auf den Käufer übergegangen ist, kann er dieses Risiko eher beherrschen. Deswegen sind dem Verkäufer bis zum Gefahrübergang diese Risiken gesetzlich zugewiesen, §§ 446, 447 BGB.

In Abkehr von seiner bisherigen Rechtsprechung stellt der BGH daher fest, dass ein Gewährleistungsausschluss bei Vertragsschluss grundsätzlich nicht solche Mängel erfasst, die nach Vertragsschluss und vor Gefahrübergang entstehen.[521]

Wollen die Parteien von der gesetzlich vorgesehenen Verteilung der Risiken abweichen, muss dies ausdrücklich klargestellt werden. Dies ist vorliegend nicht geschehen. Damit kann auch nicht von einem derart weit reichenden Haftungsausschluss ausgegangen werden.

hemmer-Methode: Zur Vertiefung lesen Sie Zimmermann/Bischoff, „Haftungsausschluss für zwischen Vertragsschluss und Gefahrübergang entstehende Mängel bei Gebrauchtimmobilien“ in NJW 2003, 2506.

4. Mängelrechte bei einem Haftungsausschluss in der „Veräußerungskette“

Veräußerungskette

Interessante Probleme können sich ergeben, wenn bei einer Veräußerungskette die Mängelrechte ausgeschlossen wurden. 367

521 BGH, **Life&Law 2003, Heft 6, 398 - 401 (400)** = NJW 2003, 1316 - 1317 = **juris**byhemmer.

Bsp.[522]**:** *A verkauft ein gewerblich genutztes Grundstück an B unter Ausschluss der Mängelrechte, wobei er eine durch ausgelaufenes Heizöl verursachte Bodenverunreinigung verschweigt.*

B, der von der Kontaminierung keine Kenntnis hat, verkauft und übereignet das Grundstück kurze Zeit später zum gleichen Kaufpreis weiter an C, ebenfalls unter Ausschluss der Mängelrechte. C, dem aufgrund der unmöglichen Beseitigung der Bodenverunreinigungen ein großer Wertverlust entsteht, will sich trotz des Haftungsausschlusses an seinen Vertragspartner halten.

1. Mängelrechte stehen C gegenüber B aufgrund des vereinbarten Haftungsausschlusses nicht zu; es liegt auch kein Fall von Arglist oder einer durch B übernommenen Garantie i.S.d. § 444 BGB vor.

2. Allerdings könnte B dem C nach **§ 285 BGB analog bzw. § 242 BGB** nach den Regeln der sog. Drittschadensliquidation dazu verpflichtet sein, etwaige Ansprüche gegen A an ihn (C) abzutreten.

a) Dies setzt zunächst voraus, dass C einen Schaden, jedoch keinen Anspruch hat. C hat bereits in Höhe des Mangelunwertes des Grundstücks einen Schaden: Das Grundstück ist aufgrund des Mangels weniger wert, C hat jedoch den vollen Kaufpreis an B entrichtet. Aufgrund des wirksamen Ausschlusses der Mängelrechte steht ihm ein Ersatzanspruch nicht zu. Also ist diese Voraussetzung der Drittschadensliquidation erfüllt.

b) B müsste einen Anspruch, jedoch keinen Schaden haben.

Da zwischen B und A der vereinbarte Ausschluss der Mängelrechte wegen Arglist des A gem. § 444 BGB nicht greift, stehen ihm gegen A die in § 437 BGB genannten Rechte zu. Ein Anspruch auf Schadensersatz ergibt sich aus §§ 437 Nr. 3 Alt. 1, 311a II BGB, da laut Sachverhalt von der Unmöglichkeit der Nacherfüllung ausgegangen werden kann und A bei Vertragsschluss Kenntnis hiervon hatte (§ 311a II S. 2 BGB).

Auch scheint es an einem Schaden des B zu fehlen: Bei Anwendung der Differenzhypothese ergibt sich, dass B genauso steht, als hätte A ordnungsgemäß und damit mangelfrei an ihn geleistet:

Er hat von C den vollen Kaufpreis für das Grundstück erhalten und ist aufgrund des mit C wirksam vereinbarten Haftungsausschlusses diesem gegenüber keinen Mängelrechten ausgesetzt.

Vertretbar ist es allerdings, bei B einen sog. normativen Schaden zu bejahen: A soll das Verhandlungsgeschick des B gegenüber C nicht zugutekommen; A soll keinen Vorteil daraus haben, dass B im Verhältnis zu C die Vereinbarung eines Haftungsausschlusses durchsetzen konnte. Wäre dies nicht geschehen, würde ein Schaden des B unproblematisch bestehen und A hätte ihn nach §§ 437 Nr. 3 Alt. 1, 311a II BGB zu ersetzen. Dann hat B sowohl Schaden als auch Anspruch; eine Drittschadensliquidation scheidet aus.

Selbst wenn dieser Ansicht nicht gefolgt wird, fehlt es jedenfalls an einer für die Drittschadensliquidation erforderlichen zufälligen Schadensverlagerung. Es wäre widersinnig, würde man einerseits A den Vorteil des Haftungsausschlusses zwischen B und C zugutekommen lassen und andererseits die hierauf beruhende Schadensverlagerung auf C als zufällig ansehen.

Also liegen die Voraussetzungen der Drittschadensliquidation nicht vor, weshalb ein Abtretungsanspruch des C gegen B aus § 285 BGB analog ausscheidet.[523]

3. B könnte aber aufgrund **ergänzender Vertragsauslegung** dazu verpflichtet sein, seine Ansprüche gegen A an C abzutreten. Die Vereinbarung eines Ausschlusses der Mängelrechte steht der Annahme einer von den Parteien nicht bedachten Regelungslücke nicht entgegen.

---

[522] Nach BGH, NJW 1997, 652 = **juris**byhemmer.

[523] Vom BGH offengelassen, NJW 1997, 652 = **juris**byhemmer.

Allerdings darf die ergänzende Vertragsauslegung nicht herangezogen werden, um einem Vertrag aus Billigkeitsgründen einen zusätzlichen Regelungsgehalt zu verschaffen, den die Parteien objektiv nicht vereinbaren wollten.[524]

Fraglich erscheint hier das Vorliegen einer Regelungslücke. Gegen eine Lücke spricht nämlich der ausdrückliche Gewährleistungsausschluss.

Haben die Parteien die Mängelrechte ausgeschlossen, so wird damit das **„allgemeine Mängelrisiko"** auf den Käufer verlagert.

Der Verkäufer soll wegen für möglich gehaltener Mängel nach Gefahrübergang nicht mehr in Anspruch genommen werden können, die Angelegenheit insoweit für ihn „erledigt" sein.

Dieses Regelungskonzept schließt zwar eine Abtretung von Gewährleistungsansprüchen des Verkäufers gegen den Erstverkäufer nicht aus, erfordert es aber auch nicht in dem Sinne, dass das Fehlen der Abtretung die Regelung lückenhaft sein ließe.

Von einer Lücke kann nämlich nur dann gesprochen werden, wenn Anhaltspunkte dafür bestehen, dass die Verlagerung des allgemeinen Mängelrisikos auf den Käufer diesem Ansprüche gegen den Erstverkäufer nicht vorenthalten und den Verkäufer nicht abschließend wegen etwaiger Mängel entlasten sollte.

Mit anderen Worten: Für eine ergänzende Vertragsauslegung müssen besondere Anhaltspunkte dafür vorliegen, dass der Gewährleistungsausschluss dem Zweitkäufer Ansprüche gegen den Erstverkäufer nicht vorenthalten sowie den Erstkäufer wegen etwaiger Mängel nicht abschließend entlasten und vor unvorhersehbaren Rückwirkungen einer Inanspruchnahme des Erstverkäufers schützen sollte.[525]

Im vorliegenden Fall sind die Parteien nur vom allgemeinen Mängelrisiko ausgegangen.

Insbesondere haben sie den Umstand, dass der Erstverkäufer dem Erstkäufer insoweit einen offenbarungspflichtigen Mangel verschwiegen haben könnte und dem Erstkäufer deshalb noch Gewährleistungsrechtsansprüche zustehen könnten, nicht bedacht.

Diese Lücke ist im Wege ergänzender Vertragsauslegung in der Weise zu schließen, wie die Parteien den Fall bei sachgerechter Abwägung ihrer beiderseitigen Interessen nach Treu und Glauben unter Berücksichtigung der Verkehrssitte geregelt hätten. Da der Ausschluss der Mängelrechte nur sicherstellen sollte, dass B der vereinbarte Kaufpreis in voller Höhe verblieb, nicht aber eine Bereicherung um die Ansprüche gegen den Erstverkäufer A bezweckte, liegt es nahe, dass die Parteien die Abtretung unerwarteter Mängelrechte vereinbart hätten.

B ist daher verpflichtet, seinen Anspruch aus §§ 437 Nr. 3 Alt. 1, 311a II BGB gegen A an C abzutreten.

Vertiefungshinweis: Zur Haftung für Mangelschäden innerhalb der Veräußerungskette vgl. auch den Aufsatz von Cordes/Mischke in ZGS 2008, 91 ff.

5. Ausschluss durch Allgemeine Geschäftsbedingungen (AGB)

Da es sich auch bei allgemeinen Geschäftsbedingungen um vertragliche Vereinbarungen zwischen Käufer und Verkäufer handelt, kommt eine Beschränkung oder ein Ausschluss der Mängelrechte auch im Wege von AGB in Betracht. 368

Zum Schutz des Verbrauchers bestehen hierbei jedoch Besonderheiten in den §§ 305 ff. BGB:

[524] Vgl. BGH, NJW 2004, 1873 - 1874 = jurisbyhemmer.

[525] Vgl. BGH, NJW 2004, 1873 - 1874 (1874) = jurisbyhemmer; ⇨ in dieser Entscheidung wurde die Abtretungspflicht verneint.

hemmer-Methode: Die Vorschriften über die Zulässigkeit allgemeiner Geschäftsbedingungen (AGB) gelten unabhängig vom Vorliegen eines Verbrauchsgüterkaufes i.S.d. § 474 I BGB; sofern ein solcher vorliegt, geben sie dem Verbraucher (= Käufer) einen zusätzlichen Schutz, was beim grundsätzlich zulässigen Ausschluss von Schadensersatzansprüchen (vgl. § 475 III BGB) deutlich wird.

a) § 309 Nr. 8b BGB beim Verkauf neuer Sachen

§ 309 Nr. 8b BGB bei neuen Sachen

§ 309 Nr. 8b BGB betrifft in seinen einzelnen Regelungen Haftungsausschlüsse für Mängel. Jedoch gilt die Norm nur, wenn eine neu hergestellte Sache bzw. Werkleistungen Vertragsgegenstand sind! 369

Neu hergestellte Sache

Neu im Sinne der Vorschrift ist eine Sache, wenn sie noch nicht ihrem bestimmungsgemäßen Gebrauch zugeführt ist. So ist ein Wagen, mit dem eine Probefahrt durchgeführt wurde, noch nicht seinem bestimmungsgemäßen Gebrauch zugeführt und damit neu.

Demgegenüber kann ein Kfz, das nach der Herstellung ein Jahr im Freien stand, nicht mehr als neu im Sinne von § 309 Nr. 8b BGB angesehen werden. Dies gilt insbesondere dann, wenn der Wagen aus einer Serie stammt, die heute nicht mehr produziert wird.

Werkleistungen

Unter Werkleistungen sind Vereinbarungen i.S.v. §§ 631, 651 BGB zu verstehen. Nicht darunter fallen sonstige Verträge über Leistungen, wie z.B. Leasing, Miete etc.

b) § 309 Nr. 7 BGB beim Ausschluss von Schadensersatzansprüchen

Für Schadensersatzansprüche ist § 309 Nr. 7 BGB zu beachten!

Für den Ausschluss von Schadensersatzansprüchen ist zusätzlich noch **§ 309 Nr. 7 BGB** zu beachten. 370

Nach § 309 Nr. 7 BGB sind Haftungsausschlüsse unwirksam, die sich auf Schäden aus der fahrlässigen Verletzung des Lebens, des Körpers oder der Gesundheit (lit. a) oder die Haftung für grob fahrlässige Pflichtverletzungen beziehen (lit. b).

Wenn eine Klausel, in welcher die Mängelrechte ausgeschlossen werden, vom Haftungsausschluss nicht ausdrücklich die Ansprüche auf Schadensersatz ausnimmt, dann ist die Klausel gem. § 309 Nr. 7 BGB unwirksam.

Die Klausel wäre nämlich im Zweifel (vgl. § 305c II BGB) so zu verstehen, dass die Schadensersatzansprüche auch ausgeschlossen sind. Da die Rechtsprechung eine geltungserhaltende Reduktion von AGB-Klauseln ablehnt, würde die ganze Klausel unwirksam werden.[526]

hemmer-Methode: Beachten Sie, dass im Rahmen eines Verbrauchsgüterkaufs i.S.v. § 474 I BGB schon § 475 BGB die Vorschriften zu Gunsten des Verbrauchers weitgehend für zwingend erklärt.
§ 309 Nr. 8b BGB hat daher nur noch eigenständige Bedeutung bei Schadensersatzansprüchen, vgl. § 475 III BGB und bei Verträgen zwischen zwei Verbrauchern. Daneben ist § 309 Nr. 8 BGB innerhalb eines reinen Unternehmergeschäfts teilweise als Wertungsmaßstab im Rahmen der Inhaltskontrolle nach § 307 I, II BGB heranzuziehen, vgl. § 310 I S. 2 HS 1 BGB.

526 Vgl. dazu Ackermann, Leasing leicht gemacht?, JA 2006, 426 - 431 (429).

c) Haftungsausschluss gegenüber Unternehmern, §§ 307, 310 I BGB

Ein Haftungsausschluss für Mängel in einem Vertrag zwischen Unternehmern ist in noch größerem Umfang als gegenüber einem Verbraucher zulässig. Erfolgt der Haftungsausschluss durch Allgemeine Geschäftsbedingungen, ist § 309 BGB gem. § 310 I S. 1 BGB nicht anwendbar.

Gem. § 310 I S. 2 BGB kann sich die Unwirksamkeit einer Klausel gem. § 307 I, II BGB aber auch in Fällen der §§ 308, 309 BGB ergeben.

Fällt eine Klausel in Allgemeinen Geschäftsbedingungen bei ihrer Verwendung gegenüber Verbrauchern unter eine Verbotsnorm des § 309 BGB, so ist dies aber ein Indiz dafür, dass sie auch im Falle der Verwendung gegenüber Unternehmern zu einer unangemessenen Benachteiligung führt. Dies gilt nur dann nicht, wenn sie wegen der besonderen Interessen und Bedürfnisse des unternehmerischen Geschäftsverkehrs ausnahmsweise als angemessen angesehen werden kann.

Dementsprechend stellt ein kompletter Haftungsausschluss eine unangemessene Benachteiligung dar, soweit dies unbegrenzt auch für Mangelfolgeschäden gilt (Wertung des § 309 Nr. 7 BGB).

hemmer-Methode: Lesen Sie hierzu vertiefend BGH, Life&Law 2008, Heft 1, 11 - 14 = NJW 2007, 3774 - 3776 = jurisbyhemmer.

XI. Genehmigungsfiktion des § 377 II HGB beim beiderseitigen Handelskauf[527]

Examensrelevant: § 377 II HGB

Äußerst examensrelevant ist ein Ausschluss der Mängelrechte des Käufers nach § 377 II HGB. 371

Danach gilt die gelieferte Ware „als genehmigt", wenn der Käufer seiner in § 377 HGB niedergelegten Untersuchungs- und Rügeobliegenheit nicht ausreichend nachgekommen ist.

Interesse an beschleunigter Geschäftsabwicklung, Rechtssicherheit des Verkäufers

Durch diese Vorschrift soll dem Interesse des Verkäufers Rechnung getragen werden, möglichst schnell Gewissheit darüber zu erhalten, ob und welchen Mängelrechten er infolge der Lieferung ausgesetzt ist. Es geht also um die beschleunigte Geschäftsabwicklung, einem der wesentlichen Regelungsgedanken der §§ 343 ff. HGB.

hemmer-Methode: Sprechen Sie von Untersuchungs- und Rügeobliegenheit, nicht etwa von einer entsprechenden -pflicht. Denn der Käufer ist nicht verpflichtet, die Ware zu untersuchen und dabei entdeckte Mängel zu rügen, dem Verkäufer steht kein Anspruch auf diese Tätigkeiten zu. So führt ein Verstoß des Käufers auch nicht zu Schadensersatzansprüchen des Verkäufers, sondern zu einem Ausschluss der Mängelrechte nach § 377 II HGB. Untersuchung und Rüge erfolgen daher ausschließlich im Eigeninteresse des Käufers, man spricht daher besser von einer Obliegenheit.

527 Hierzu auch **Hemmer/Wüst, Handelsrecht**, Rn. 330 ff.

1. Voraussetzungen des Ausschlusses der Mängelrechte nach § 377 II HGB

§ 377 II HGB hat folgende Voraussetzungen: 372

1. Vorliegen eines **beiderseitigen Handelskaufes**
2. **Ablieferung** der Ware
3. Vorliegen eines **Sach- oder Rechtsmangels**, §§ 434, 435 BGB
4. **Verletzung** der **Untersuchungs- und Rügeobliegenheit** durch den Käufer
5. **Keine Arglist** des Verkäufers, § 377 V HGB

a) Vorliegen eines beiderseitigen Handelskaufes

§ 377 HGB findet nur Anwendung, wenn ein beiderseitiger Handelskauf vorliegt. Insoweit ist „ein anderes" i.S.v. § 345 HS 2 HGB geregelt. 373

Sowohl für den Verkäufer als auch den Käufer ist dies in zwei Schritten zu prüfen:

Kaufmannseigenschaft

⇨ Kaufmannseigenschaft von Verkäufer/Käufer i.S.d. §§ 1 ff. HGB; bei Gesellschaften ist § 6 HGB zu beachten. 374

Handelsgeschäft

⇨ Der Kaufvertrag muss für den Verkäufer und den Käufer ein Handelsgeschäft i.S.d. §§ 343, 344 HGB darstellen. Denn auch ein Kaufmann kann Privatgeschäfte tätigen, die dem Anwendungsbereich der §§ 343 ff. HGB (und damit des § 377 HGB) nicht unterliegen. 375

Widerlegung der Vermutung des § 344 I HGB

Zur Widerlegung der Vermutung des § 344 HGB soll nach h.M. nicht genügen, dass der Verkäufer nachweist, er habe das Geschäft zu einem privaten Zweck getätigt. Vielmehr muss dies auch für den Vertragspartner im Zeitpunkt des Vertragsschlusses erkennbar gewesen sein.[528]

Bsp.: *Weingroßhändler W hat beim Lieferanten X fünf Kisten eines besonderen Qualitätsweines bestellt. Dies geschieht zur Ausrichtung der Hochzeitsfeier seiner einzigen Tochter, worauf er X allerdings nicht hingewiesen hat. Der Wein ist mangelhaft; W hat es unterlassen, den Wein auf den (erkennbaren) Mangel unverzüglich zu untersuchen. Mängelrechte des W?*

Mängelrechte des W gegenüber X könnten nach § 377 II HGB ausgeschlossen sein.

1. Dazu müsste zwischen W und X ein beiderseitiger Handelskauf vorliegen. W und X sind unproblematisch Kaufleute i.S.d. § 1 I HGB; fraglich ist allein, ob seitens des W ein Handelsgeschäft i.S.d. §§ 343 f. HGB vorliegt.

hemmer-Methode: Handelt es sich bei X um den Winzer und Produzenten des Weines, muss § 3 HGB beachtet werden: Die Kaufmannseigenschaft wird nur durch Handelsregistereintragung begründet!

Dazu müsste der Kauf zum Betrieb des Handelsgeschäfts des W gehört haben. Dies ist gem. § 344 I HGB im Zweifel anzunehmen; allerdings handelt es sich bei § 344 I HGB um eine Vermutung, die durch W widerlegt werden kann, vgl. § 291 ZPO.

528 Baumbach/Hopt, § 344 HGB, Rn. 3.

hemmer-Methode: Eine gesetzliche Vermutung ist widerlegbar, eine gesetzliche Fiktion hingegen nicht. So kann im Rahmen des § 1362 BGB bei einer Drittwiderspruchsklage (§ 771 ZPO) durch den wahren Eigentümer geltend gemacht werden, sein Ehegatte als Vollstreckungsschuldner sei nicht Eigentümer des gepfändeten Gegenstandes (§ 1362 BGB = Vermutung).
Es kann jedoch (z.B. im Rahmen einer Vollstreckungserinnerung nach § 766 ZPO) nicht geltend gemacht werden, der Vollstreckungsschuldner sei entgegen § 739 ZPO nicht alleiniger Gewahrsamsinhaber (§ 739 ZPO = Fiktion, die an die Vermutung des § 1362 BGB geknüpft ist).

Hier hat W das Geschäft für private Zwecke, nämlich für die Hochzeitsfeier seiner Tochter, getätigt. Dennoch kann nach h.M. allein hierdurch die Vermutung des § 344 I HGB nicht widerlegt werden: Soll zum Nachteil des Vertragspartners von der Vermutung des § 344 I HGB abgewichen werden, muss das Vorliegen eines Privatgeschäftes für den Vertragspartner bei Vertragsschluss erkennbar gewesen sein.

Da dies hier nicht der Fall war, liegt ein Handelsgeschäft i.S.d. §§ 343 f. HGB vor.

2. Da im Übrigen die Voraussetzungen des § 377 II HGB vorliegen (dazu sogleich, Rn. 377 ff.), sind alle Mängelrechte des W gegenüber X nach § 377 II HGB ausgeschlossen.

Auch in Fällen des § 651 BGB anwendbar

§ 377 II HGB gilt ausweislich des Wortlautes nur für Kaufverträge. Sofern der Vertrag neben Übereignung und Übergabe auch die Herstellung der Sache zum Gegenstand hat, findet gem. § 651 S. 1 BGB bei beweglichen Sachen ebenfalls Kaufrecht Anwendung, sodass auch § 377 II HGB anwendbar ist. Die Regelung des § 381 II HGB hat daher kaum noch eigenständige Bedeutung. 376

b) Ablieferung der Ware

Ablieferung wie in § 438 II BGB zu verstehen

Unter „Ablieferung“ ist in § 377 HGB dasselbe zu verstehen wie in § 438 II BGB[529]: Die Ablieferung setzt voraus, dass der Verkäufer in Erfüllung des Kaufvertrages die Sache so zum Käufer gebracht hat, dass dieser sie dort, wo sie sich befindet, untersuchen kann.[530] 377

c) Vorliegen eines Sach- oder Rechtsmangels

§ 377 HGB findet Anwendung bei Vorliegen einer mangelhaften Lieferung. Zwar sollte die Vorschrift nach altem Recht nur für Sachmängel gelten.[531]

Anwendbarkeit auch bei Rechtsmängeln

Von dieser Auffassung ist jedoch nach der Schuldrechtsreform aufgrund der (weitgehenden) Gleichstellung von Sach- und Rechtsmängeln abzuweichen, sodass § 377 II HGB auch Mängelrechte wegen eines Rechtsmangels ausschließen kann. § 377 HGB ist somit seit 01.01.2002 auch auf Rechtsmängel anwendbar.[532] 378

Problematisch ist dann nur, ob dieser Mangel aufgrund einer Untersuchung durch den Käufer überhaupt erkannt werden kann. Ist dies nicht der Fall, findet § 377 III HGB Anwendung.[533]

Wg. § 434 III BGB auch bei Aliud- oder Zuweniglieferung

Zu beachten ist, dass auch die Lieferung eines Aliud sowie die (nicht offengelegte) Zuweniglieferung als Sachmangel zu behandeln sind, § 434 III BGB.

529 Rn. 193.

530 Palandt, § 438, Rn. 15.

531 Baumbach/Hopt, 30. Auflage 2000, § 377 HGB, Rn. 2.

532 Baumbach/Hopt, ab 31. Auflage, § 377 HGB, Rn. 2.

533 Dazu unten, Rn. 380.

hemmer-Methode: Entbehrlich wurde damit § 378 HGB. Zwar erfasste diese Vorschrift auch die Zuviel-Lieferung; hierfür hielt der Reformgesetzgeber die Anwendbarkeit des § 377 HGB jedoch nicht für erforderlich. Wird mehr als die geschuldete Menge geliefert, so kann in dem Unterbleiben der Rüge nach allgemeinen Vorschriften ein konkludentes Angebot des Käufers auf Vertragsänderung gesehen werden, das der Verkäufer ebenfalls konkludent annimmt.

§ 377 HGB gilt auch bei mangelhafter Nachlieferung

Erfolgt die Nachlieferung nach §§ 437 Nr. 1, 439 I BGB wiederum nicht mangelfrei, muss der Käufer eines Handelskaufs dies erneut nach Maßgabe des § 377 HGB rügen.[534]

hemmer-Methode: Zum Zusammenspiel der Nacherfüllung mit den kaufmännischen Untersuchungs- und Rügeobliegenheiten vgl. Mankowski, NJW 2006, 865 ff.

d) Verletzung der Untersuchungs- und Rügeobliegenheit durch den Käufer

Ordnungsgemäße Untersuchung

Der Käufer hat die Ware unverzüglich zu untersuchen. Das Gesetz schreibt die Untersuchung vor, weil er ohne Untersuchung im Zweifel keine Mängel feststellen und somit auch nicht rügen kann. Ein Unterlassen der Untersuchung allein führt allerdings nicht zum Rechtsverlust nach § 377 II HGB. Untersucht der Käufer nicht und rügt trotzdem, kommt § 377 II HGB nicht zur Anwendung, der Käufer hat seiner Obliegenheit genügt. 379

Ggf. Stichproben

Der Käufer hat die Ware so zu untersuchen, dass er erkennbare Mängel entdecken kann, wobei beim Kauf größerer Mengen Stichproben zu machen sind.

> ***Bsp.:** K hat bei V 1000 Konserven bestellt. Bei Lieferung fragt er sich, wie er jetzt seiner Untersuchungs- und Rügeobliegenheit nachkommen soll, ohne alle Dosen zu öffnen.*
>
> K hat Stichproben in angemessenem Umfang durchzuführen; 4 % dürften dabei ausreichend sein.[535]
>
> Zeigt sich zufälligerweise bei diesen Stichproben ein vorhandener Mangel nicht, so ist der Mangel nicht erkennbar und es gilt § 377 III HGB.

Sukzessivlieferungsverträge

Bei Sukzessivlieferungen ist grundsätzlich eine zumindest stichprobenweise Untersuchung **jeder Lieferung** nach dem ordnungsgemäßen Geschäftsgang tunlich.[536] 379a

Nicht erkennbarer Mangel

§ 377 III HGB bezieht sich auf § 377 II HGB: Zeigt sich zunächst trotz ausreichender Untersuchung ein Mangel nicht und tritt er dann später auf, so muss nach Entdeckung des Mangels der Käufer unverzüglich rügen. Anderenfalls gilt § 377 II HGB. 380

Unverzüglich: § 121 BGB

„Unverzüglich“ bedeutet wie in § 121 BGB ohne schuldhaftes Zögern, also nicht sofort. Dabei genügt eine unverzügliche Absendung, § 377 IV HGB. Geht die Rüge auf dem Postweg verloren, so ist sie als empfangsbedürftige Willenserklärung nicht wirksam geworden (§ 130 I BGB); da keine unverzügliche Rüge vorliegt, gilt § 377 II HGB.

hemmer-Methode: Der Verkäufer trägt gem. § 377 IV HGB nur das Verspätungsrisiko; das Verlustrisiko hingegen verbleibt beim Käufer.

---

534 OLG Düsseldorf, **Life&Law 2005, Heft 11, 726 - 729** = ZGS 2005, 117 - 119 = **juris**byhemmer.

535 Abhängig vom Einzelfall: Liefermenge, Wert des Einzelgegenstandes u.s.w.

536 OLG Brandenburg, NJW-Special 2012, 174 = **juris**byhemmer.

Rüge muss hinreichend konkret sein

Die Rüge bedarf keiner besonderen Form. Sie muss sich jedoch hinreichend konkret auf einen Mangel beziehen, damit der Verkäufer Klarheit über den Umfang etwaiger gegen ihn gerichteter Mängelrechte hat. Eine allgemein gehaltene Angabe (etwa: „Die Ware ist schlecht") stellt keine ausreichende Rüge dar. 381

e) Keine Arglist des Verkäufers, § 377 V HGB

§ 377 HGB bei Arglist des Verkäufers unanwendbar

Hat der Verkäufer den Mangel arglistig verschwiegen, wäre eine Anwendung des § 377 II HGB zu seinen Gunsten unbillig. Daher schließt § 377 V HGB für diesen Fall die Anwendbarkeit des § 377 HGB aus. Es handelt sich letztlich um eine spezialgesetzliche Normierung des in § 242 BGB enthaltenen Verbotes widersprüchlichen Verhaltens. 382

2. Rechtsfolgen des § 377 II HGB

Die in § 377 II HGB niedergelegte Genehmigungsfiktion bewirkt den Ausschluss aller Mängelrechte des Käufers aufgrund desjenigen Mangels, hinsichtlich dessen der Käufer seiner Untersuchungs-/Rügeobliegenheit nicht nachgekommen ist. Der Ausschluss bezieht sich auf die in § 437 BGB genannten Rechte. 383

hemmer-Methode: Bei einer Erstmusterfreigabe durch den Käufer sind die Mängelrechte auch hinsichtlich aller Folgelieferungen ausgeschlossen, wenn der Mangel bereits dem Erstmuster anhaftete.[537]

Nicht anzuwenden auf deliktische Ansprüche

Nicht ausgeschlossen sind allerdings deliktische Ansprüche, insbesondere bei sog. weiterfressenden Schäden[538]. Diese beruhen nämlich nicht auf der Mangelhaftigkeit der Kaufsache, sondern auf einem davon zu unterscheidenden deliktischen Handeln des Schädigers. 384

Abschlussfall zu § 377 HGB: Streckengeschäft

Bsp.: *Kaufmann K kauft beim Großhändler G eine Couch. Diese verkauft K seinerseits sofort weiter an den Privatmann X. G soll die Couch vereinbarungsgemäß direkt an X liefern, was auch geschieht. X stellt einen Mangel fest, rügt diesen gegenüber K jedoch erst nach zwei Wochen. K teilt dies unverzüglich G mit. G lehnt jedoch Mängelrechte des K ihm gegenüber wegen § 377 II HGB ab. Zu Recht?* 385

Es liegen zwei Kaufverträge vor (G/K und K/X). Nur beim Kaufvertrag zwischen G und K handelt es sich um einen beiderseitigen Handelskauf, sodass nur in diesem Verhältnis § 377 II HGB Anwendung finden kann.

Fraglich ist, ob K seiner Untersuchungs- und Rügeobliegenheit gegenüber G nachgekommen ist. Problematisch ist, dass K die Ware nicht untersuchen konnte, da sie sich nie bei ihm selbst, sondern sofort bei X befand. Dennoch geht die h.M.[539] davon aus, dass diese Sonderkonstellation des sog. Streckengeschäfts für die Untersuchungs- und Rügeobliegenheit des K gegenüber G nicht von Bedeutung ist.

Aufgrund der erheblichen Verzögerung von zwei Wochen liegt eine unverzügliche Rüge nicht vor. Sein für die Verneinung der Unverzüglichkeit (vgl. § 121 BGB) erforderliches Verschulden der Verzögerung soll darin liegen, dass er nicht dafür gesorgt hat, von X rechtzeitig über Mängel der Couch unterrichtet zu werden.

Dieser Ansicht ist im Hinblick auf den Gesetzeszweck des § 377 II HGB zu folgen. Der in der Vorschrift angelegte Schutz des Verkäufers besteht unabhängig davon, ob direkt an den Käufer oder an einen Dritten geliefert wird.

537 Vgl. Sauthoff/Kluth, Erstmusterfreigabe und Lieferantenhaftung, ZGS 2007, 374 - 379.

538 Vgl. **Hemmer/Wüst, Deliktsrecht I**, Rn. 34 ff.

539 Reinicke/Tiedtke, Kaufrecht, Rn. 894.

Problematisch ist an dieser Ansicht aber, dass sich K auch nicht dadurch schützen kann, dass er durch vertragliche Vereinbarung mit X diesen dazu veranlasst, wie ein Kaufmann die Ware unverzüglich zu untersuchen und Mängel zu rügen. Denn als Sanktion kann der Ausschluss von Mängelrechten des X gegenüber K nicht wirksam vereinbart werden. Einerseits verstößt dies bei neuen Sachen gegen § 309 Nr. 8b BGB. Außerdem ist eine Beschränkung der Mängelrechte eines Verbrauchers wegen § 475 I BGB ohnehin nicht möglich.

hemmer-Methode: Wegen dieser Änderung der Rechtslage seit dem 01.01.2002 erscheint es zumindest möglich, dass der BGH seine Rechtsprechung ändert und das Streckengeschäft bei der Lieferung an einen Verbraucher vom Anwendungsbereich des § 377 II HGB ausklammert.
Bis der BGH diese Frage entscheidet, kommt es lediglich darauf an, dass Sie diesen „neuen“ Aspekt des Streckengeschäfts durch die Schuldrechtsreform zumindest ansprechen.

XII. Rechte des Käufers vor Gefahrübergang

Hinsichtlich des Vorliegens eines Sachmangels ist auf den Zeitpunkt des Gefahrübergangs abzustellen (vgl. oben, Rn. 118 f.). Daher stehen dem Käufer zuvor die in § 437 BGB genannten Rechte nicht zu. 386

Kein Nacherfüllungsanspruch

Vor Gefahrübergang kommt ein Nacherfüllungsanspruch des Käufers nicht in Betracht. Denn dieser setzt mangelhafte Lieferung voraus. Der Käufer hat vielmehr den ursprünglichen und unmodifizierten Anspruch aus § 433 I S. 2 BGB auf mangelfreie Leistung. 387

§§ 280 I, 281 I BGB (-)

Ebenso knüpfen die §§ 437 Nr. 3 Alt. 1, 280 I, 281 BGB an eine mangelhafte Leistung des Verkäufers an, die in diesem Zeitpunkt noch nicht vorliegt. 388

Unbehebbarer Mangel: § 283 BGB bzw. § 311a II BGB bereits vor Gefahrübergang anwendbar

Bei einem unbehebbaren Mangel ist der Anspruch des Käufers aus § 433 I S. 2 BGB auf mangelfreie Leistung bereits vor Gefahrübergang unmöglich, sodass § 311a II BGB bzw. § 283 BGB zur Anwendung kommt. Diese sind jedoch nicht als Mängelrechte über § 437 Nr. 3 BGB, sondern direkt anzuwenden. Daher gilt für die Verjährung auch nicht § 438 BGB, sondern § 195 BGB. 389

Kündigt der Verkäufer vor Gefahrübergang an, nicht mangelfrei leisten zu können bzw. wollen, kann hierin eine Vertragsaufsage vor Fälligkeit gesehen werden, die zur Anwendung der §§ 280 I, III, 282 BGB (nach a.A. §§ 280 I, III, 281 I BGB i.V.m. § 323 IV BGB analog) führt.

Für den Rücktritt gilt das Gleiche. 390

Unbehebbarer Mangel: § 326 V BGB

Bei einem unbehebbaren Mangel kann der Käufer aufgrund Unmöglichkeit der mangelfreien Leistung und damit der Verkäuferpflicht aus § 433 I S. 2 BGB vom Vertrag nach § 326 V BGB zurücktreten. Da vor Gefahrübergang die regelmäßige Verjährungsfrist gilt (§ 195 BGB), kann auch erst nach deren Ablauf das Rücktrittsrecht gem. § 218 I S. 2 BGB ausgeschlossen sein.

Verweigerung der Nacherfüllung im Voraus: § 323 I, IV BGB

Kündigt der Verkäufer an, er werde mangelhaft leisten und zur Nacherfüllung nicht bereit sein, so ist bereits vor Gefahrübergang offensichtlich, dass die Voraussetzungen des Rücktritts nach § 323 I BGB eintreten werden. Dies eröffnet dem Käufer eine Rücktrittsmöglichkeit nach § 323 IV BGB.

Entsprechend bei Rechtsmängeln

Für Rechtsmängel gelten diese Erwägungen entsprechend. Maßgeblicher Zeitpunkt ist hierbei allerdings nicht der Gefahrübergang, sondern der Zeitpunkt der Verschaffung des Rechtes i.S.d. §§ 453 I, 433 I S. 1 BGB. 391

XIII. Konkurrenzen[540]

Sehr klausurrelevant ist das Verhältnis des Mängelrechts zu anderen Vorschriften. Hier bedarf es eines erheblichen systematischen Grundverständnisses. 392

hemmer-Methode: Hierauf legen Korrektoren besonderen Wert. Das Problem liegt oftmals darin, dass man zu systematischen Fragen wenig schreiben kann, sondern sich die richtigen Ergebnisse z.B. in der Prüfungsreihenfolge lediglich widerspiegeln müssen. Dies wird i.d.R. als Selbstverständlichkeit angesehen; macht man allerdings einen Fehler, sind erhebliche Punktabzüge garantiert.
Bei schwierigen Konkurrenzfragen kann man andererseits mit sinnvoller, am Gesetz orientierter Argumentation einiges „gewinnen". Vernachlässigen Sie also diesen Bereich nicht, er gehört gerade im Rahmen des Mängelrechts zu den absoluten „Standards"!

1. Anfechtung nach § 119 I BGB oder § 123 BGB

Das Anfechtungsrecht der Kaufvertragsparteien nach § 119 I BGB (evtl. i.V.m. § 120 BGB) oder nach § 123 BGB besteht uneingeschränkt auch dann, wenn die §§ 434 ff. BGB Anwendung finden. 393

Laiengünstige Auslegung der Anfechtungserklärung

Wird allerdings die Anfechtung erklärt, ist der Kaufvertrag ex tunc unwirksam, § 142 I BGB. Damit scheiden alle etwaigen Mängelrechte des Käufers wegen Mangelhaftigkeit der Kaufsache aus und er ist auf bereicherungsrechtliche Ansprüche (§§ 812 ff. BGB) beschränkt.

Daher muss bei der Auslegung der Erklärung des Käufers genau ermittelt werden, ob er – insbesondere bei einer arglistigen Täuschung – tatsächlich anfechten will, oder ob nicht die in § 437 BGB genannten Rechte für ihn günstiger sind. Denn nach Anfechtung kommt z.B. ein Schadensersatzanspruch aus § 437 Nr. 3 BGB (i.V.m. der jeweiligen dort genannten Vorschrift) nicht mehr in Betracht.

§ 123 BGB gilt auch bei Täuschung über Sach-/Rechtsmangel

§ 123 BGB ist insbesondere auch dann anwendbar, wenn der Verkäufer über das Vorhandensein eines Mangels i.S.d. § 434, 435 BGB arglistig getäuscht hat. Denn der arglistig täuschende Verkäufer ist nicht schützenswert; dem Käufer sollen möglichst viele Rechte eröffnet werden. 394

2. Anfechtung nach § 119 II BGB[541]

Problematisch ist jedoch die Anfechtung nach § 119 II BGB. Denn gerade der Käufer einer mangelhaften Sache wird immer einwenden, er habe sich über das Vorhandensein des Mangels geirrt. In der Regel wird das Nichtvorhandensein des Mangels zugleich auch eine verkehrswesentliche Eigenschaft darstellen. 395

Zur Klärung dieser Konkurrenzfrage unterscheidet die h.M. zwischen der Anfechtung des Verkäufers und der Anfechtung des Käufers.

---

540 Vgl. dazu auch Tyroller, Die Konkurrenzen im Zivilrecht-Teil II, **Life&Law 2010, Heft 6, 413 - 420** sowie Tyroller, Die Konkurrenzen im Zivilrecht-Teil III, **Life&Law 2010, Heft 10, 703 - 710.**

541 Ausführlich hierzu **Tyroller, Die Konkurrenzen im Zivilrecht – Teil II, Life&Law 2010, 413 ff.**

a) Anfechtungsrecht des Käufers

Da im Falle einer mangelhaften Lieferung in der Regel zugleich auch ein Irrtum des Käufers über eine verkehrswesentliche Eigenschaft i.S.d. § 119 II BGB vorliegt, könnte der Käufer an Stelle der Geltendmachung der Rechte aus § 437 BGB so gut wie immer nach § 119 II BGB anfechten. 396

Gefahr der Umgehung des § 438 I Nr. 3 BGB

⇨ Dabei besteht jedoch die Gefahr, dass die Verjährungsvorschrift für die Mängelrechte (§ 438 I BGB) umgangen wird: Nach deren Ablauf könnte der Käufer immer noch anfechten und nach § 812 I S. 1 Alt. 1 BGB (nach a.A.: § 812 I S. 2 Alt. 1 BGB) den Kaufpreis zurückverlangen. 397

Denn die Anfechtung nach § 119 II BGB kann noch bis zu zehn Jahre nach Vertragsschluss erfolgen, § 121 II BGB, sofern sie gem. § 121 I BGB unverzüglich nach Kenntniserlangung erfolgt.

Gefahr der Umgehung des § 442 I S. 2 BGB

⇨ Zum anderen könnte der Käufer auch dann anfechten, wenn er grob fahrlässig den Mangel bei Vertragsschluss nicht erkannt hat. Denn das Anfechtungsrecht nach § 119 II BGB steht ihm verschuldensunabhängig zu. Hingegen wären seine Mängelrechte nach § 442 I S. 2 BGB ausgeschlossen. 398

Gefahr der Umgehung des Fristsetzungserfordernisses

⇨ Außerdem würde sich durch das sofortige Anfechtungsrecht der Käufer vom Vertrag lösen können, ohne dass er dem Verkäufer zuvor eine Frist zur Mängelbeseitigung gesetzt hätte. Dies würde gegen die Wertung des §§ 437 Nr. 2, 323 I BGB verstoßen, wonach grundsätzlich der Rücktritt erst möglich ist, wenn der Käufer eben eine solche Frist gesetzt hat.

Daher Anfechtungsrecht nach h.M. ausgeschlossen

Da die Gefahr der Umgehung des § 438 I BGB, des § 442 I S. 2 BGB und der §§ 437 Nr. 2, 323 I BGB besteht, versagt daher die h.M. dem Käufer die Anfechtung nach § 119 II BGB wegen Irrtums über die Mangelfreiheit der Kaufsache. Dies ist im Grundsatz unstreitig.

Uneinigkeit besteht jedoch über den Zeitpunkt, ab dem dieses Anfechtungsrecht des Käufers ausgeschlossen sein soll: 399

H.M. vor Schuldrechtsreform: Ausschluss erst ab Gefahrübergang

⇨ Vor der Modernisierung des Schuldrechts war es h.M., dass § 119 II BGB erst ab Gefahrübergang verdrängt sei, da erst ab diesem Zeitpunkt die Mängelrechte geltend gemacht werden können.[542] Diese Rechtsprechung des BGH zum noch nicht modernisierten Schuldrecht wird auch heute noch in der Literatur so vertreten.[543]

Seit Schuldrechtsreform ist der Ausschluss schon ab Vertragsschluss überzeugender

⇨ Nach überzeugender Ansicht hingegen ist § 119 II BGB bereits ab Vertragsschluss ausgeschlossen.

Hauptgrund für den Ausschluss der Mängelrechte ist der Vorrang der Nacherfüllung, der den Verkäufer gerade davor schützen soll, den Erfüllungsanspruch auf die Gegenleistung vorschnell zu verlieren. Daher soll er die Möglichkeit haben, vor einer „Vernichtung" des Vertrages den Mangel der Kaufsache zu beseitigen.

Wenn dem Verkäufer ein Nacherfüllungsrecht aber nach Übergabe der mangelhaften Sache zusteht, dann muss ihm dieses Recht erst recht vor der Übergabe zustehen.

---

542 BGHZ 34, 32 - 42 (35 ff.) = jurisbyhemmer.

543 Vgl. dazu Palandt, § 437, Rn. 53; Staudinger/Ewert, Täuschung durch den Verkäufer, JA 2010, 241 - 247 (245).

Könnte ein Käufer vor Gefahrübergang wegen eines erkannten Irrtums über die Mangelfreiheit anfechten und damit die Vertragsdurchführung zum Scheitern bringen, so würde dadurch die gesetzgeberische Wertung vom Vorrang der Nacherfüllung völlig unterlaufen werden.[544]

b) Anfechtungsrecht des Verkäufers

Anfechtung durch Verkäufer grds. (+), ausnahmsweise nach § 242 BGB (-)

Zwischen den §§ 434 ff. BGB und einem Anfechtungsrecht des Verkäufers besteht auf den ersten Blick zunächst kein Konkurrenzproblem, denn etwaige Mängelrechte stehen ja allenfalls dem Käufer und nicht dem Verkäufer zu. 400

Irrt sich der Verkäufer über die Mangelfreiheit der Kaufsache, so kann er aber ausnahmsweise wegen § 242 BGB nach § 119 II BGB nicht anfechten, wenn er sich hierdurch den Mängelrechten des Käufers entziehen würde.[545]

Es gibt aber auch Fälle, in denen der Käufer einer mangelhaften Sache keine Mängelrechte geltend machen wird (z.B. beim wertvolleren aliud).

In diesem Fall liegt zwar wegen § 434 III BGB eine Gleichstellung mit der Lieferung einer mangelhaften Sache vor (sog. „wertvolleres aliud"). Allerdings wird der Käufer in solch einer Konstellation regelmäßig keine Mängelrechte geltend machen wollen.

Eine Anfechtung seitens des Verkäufers ist in diesem Fall auch nicht rechtsmissbräuchlich.

Bsp.:[546] *V verkauft K zwei angeblich neue chinesische Vasen für 390,- €. Tatsächlich handelt es sich aber um Vasen aus der Ming-Dynastie, die einen Wert von (zusammen) 200.000,- € haben. Unter Berufung auf seinen Irrtum verlangt V Herausgabe der Vasen.* 401

1. Ein solcher Anspruch könnte sich aus § 985 BGB ergeben.

Da sich beim Eigenschaftsirrtum nach § 119 II BGB der Irrtum sowohl auf das Verpflichtungs- als auch das Verfügungsgeschäft bezieht (Fehleridentität), könnte V beide Rechtsgeschäfte angefochten haben. Auch stellen zwar nicht der Wert, jedoch Alter und Herkunft der Vasen verkehrswesentliche Eigenschaften i.S.d. § 119 II BGB dar, über die sich V geirrt hat. Nach erfolgter Anfechtung sind ex tunc Übereignung und Kaufvertrag unwirksam, § 142 I BGB, sodass V Eigentümer und K unberechtigter Besitzer wäre.

Fraglich ist allein, ob V überhaupt nach § 119 II BGB anfechten kann. Dies ist grundsätzlich auch bei Konkurrenz zu den §§ 434 ff. BGB zu bejahen; nur ausnahmsweise kann nach § 242 BGB ein Anfechtungsrecht des Verkäufers aus § 119 II BGB ausgeschlossen sein, wenn sich der Verkäufer durch die Anfechtung Mängelrechten des Käufers entziehen würde.

Dies ist hier aber nicht der Fall. Denn eine für den Käufer nachteilige Abweichung der Ist- von der Sollbeschaffenheit als Voraussetzung eines Sachmangels i.S.d. § 434 I BGB liegt nicht vor. Für K ist die tatsächliche Sachlage günstiger als die zunächst angenommene; an der Ausübung von Mängelrechten gegenüber V ist er nicht interessiert.

---

544 So Reinicke/Tiedtke, Kaufrecht, 8. Auflage 2009, Rn. 799.

545 BGH, NJW 1988, 2597 - 2599 (sog. „Duveneck-Leibl-Fall"); Reinicke/Tiedtke, Kaufrecht, Rn. 607.

546 Nach RGZ 124, 115.

Damit steht einer Anfechtung nach § 119 II BGB nicht der Einwand des § 242 BGB entgegen.

E.A.: Störung der GG, nicht § 119 II BGB beim beiderseitigen Irrtum über verkehrswesentliche Eigenschaft

Allerdings handelt es sich nach einer Ansicht um einen Irrtum beider Seiten über eine verkehrswesentliche Eigenschaft; auch der Käufer war sich der wahren Herkunft der Kaufsache nicht bewusst. In diesem Falle des beiderseitigen Motivirrtums soll § 119 II BGB nicht zur Anwendung kommen, vielmehr sei eine Lösung nach den Regeln der Störung der Geschäftsgrundlage gem. § 313 II BGB zu suchen.

H.M.: § 119 II BGB ist anzuwenden

Diese Auffassung ist abzulehnen, da § 119 II BGB als Spezialregelung der generell subsidiären Störung der Geschäftsgrundlage vorgeht. Insbesondere besteht auch kein Bedürfnis zur Wertungskorrektur: Es ist keinesfalls so, dass es – wie von Vertretern dieser Auffassung behauptet – vom Zufall abhinge, welche Vertragspartei nach § 119 II BGB anfechten und sich damit nach § 122 BGB schadensersatzpflichtig machen werde.

Dies zeigt besonders deutlich der vorliegende Fall: Es war abzusehen, dass alleine V anfechten wird, da das geschlossene Geschäft für ihn nachteilig war. Da aus wirtschaftlichen Gründen derjenige anficht, für den das Geschäft nachteilig war und er dadurch dem anderen Teil dessen Vorteil aus dem Geschäft nimmt, ist eine Haftung aus § 122 BGB durchaus nicht zufallsabhängig, sondern interessengerecht.[547]

Damit hat V die dingliche Einigung i.S.d. § 929 S. 1 BGB nach § 119 II BGB mit der Folge des § 142 I BGB wirksam angefochten.

V kann daher von K nach § 985 BGB Herausgabe der Vasen verlangen (gegen Rückzahlung des Kaupreises nach § 812 I S. 1 Alt. 1 BGB bzw. § 812 I S. 2 Alt. 1 BGB, vgl. §§ 273, 274 BGB).

2. Daneben steht ihm ein Anspruch auf Rückübertragung des geleisteten Besitzes (= Herausgabe) auch aus § 812 I S. 1 Alt. 1 BGB bzw. nach anderer Auffassung aus § 812 I S. 2 Alt. 1 BGB zu.

hemmer-Methode: Freilich steht es V frei, auch nur das Verpflichtungsgeschäft anzufechten. Dann bleibt die Übereignung wirksam, ist aber aufgrund der ex tunc-Nichtigkeit des Kaufvertrages rechtsgrundlos. V kann von K Rückübereignung nach § 812 I S. 1 Alt. 1 BGB bzw. § 812 I S. 2 Alt. 1 BGB verlangen.

3. Verhältnis zum allgemeinen Leistungsstörungsrecht

Die nach altem Recht sehr umstrittenen Fragen der Konkurrenz der Mängelrechte zum allgemeinen Leistungsstörungsrecht existieren nach der Schuldrechtsreform kaum noch. 402

Keine Konkurrenzprobleme mehr, da MängelR = NichterfüllungsR!

Denn die mangelhafte Leistung ist ein Fall teilweiser Nichterfüllung; die Rechtsfolgen ergeben sich aus den allgemeinen Vorschriften, vgl. die (deklaratorische) Verweisung in § 437 BGB.

Annahmeverzug (-) bei Ablehnung einer mangelhaften Sache

Anzumerken ist an dieser Stelle, dass der Käufer bei Ablehnung der ihm angebotenen mangelhaften Ware nicht in Annahmeverzug i.S.d. §§ 293 ff. BGB kommen kann. Denn die Kaufsache ist so anzubieten, wie sie zu bewirken ist, § 294 BGB; die Sache ist aber mangelfrei „zu bewirken“. Der Käufer kann also ohne für ihn nachteilige Folgen die Annahme der Kaufsache ablehnen und z.B. den Verkäufer in Schuldnerverzug mit seiner Lieferpflicht aus § 433 I S. 1 BGB setzen. 403

[547] Zum beiderseitigen Motivirrtum vgl. **Hemmer/Wüst, Schuldrecht AT**, Rn. 642 ff.

4. Verhältnis zum Anspruch auf Schadensersatz aus c.i.c. gemäß §§ 280 I, 311 II BGB

Verhältnis zur c.i.c. problematisch

Probleme ergeben sich allerdings weiterhin, wenn der Verkäufer vor Vertragsschluss schuldhaft einen Irrtum des Käufers über einen Mangel durch Falschangaben oder durch Nichtaufklärung bei bestehender Aufklärungspflicht erweckt oder erhalten hat. 404

Hierin ist sicher eine Pflichtverletzung i.S.v. §§ 241 II, 280 I S. 1 BGB zu sehen, der Verkäufer müsste dem Käufer den hieraus entstehenden Schaden nach §§ 311 II, 280 I BGB (c.i.c.[548]) ersetzen.

Konkurrenzproblem wg. unterschiedlicher Verjährungsfristen

Dieser Anspruch verjährt in drei Jahren, es gilt die regelmäßige Verjährungsfrist des § 195 BGB (Beginn gemäß § 199 I BGB). Demgegenüber kann der Käufer Ansprüche aufgrund der mangelhaften Lieferung im Regelfall gem. § 438 I Nr. 3, II BGB nur innerhalb von zwei Jahren geltend machen. 405

Es besteht die Gefahr, dass bei Ablauf dieser zwei Jahre der Käufer sich darauf beruft, der Verkäufer habe ihn vor Vertragsschluss über den Mangel nicht aufgeklärt und hafte daher aus c.i.c.

Grds. c.i.c.-Anspruch (-)

Um diese Sonderregeln des Mängelrechts nicht auszuhebeln, scheidet ein Anspruch aus c.i.c. gemäß §§ 280 I, 311 II BGB wegen schuldhafter Falschangaben bzw. einer Nichtaufklärung des Verkäufers bzgl. eines Mangels i.S.v. §§ 434, 435 BGB nach erfolgtem Gefahrübergang generell aus.[549] 406

Anders nur bei Arglist des Verkäufers

Beim arglistigen Verschweigen eines Mangels bzw. arglistigen Vorspiegeln einer nicht vorhandenen Eigenschaft durch den Verkäufer stellt sich obiges Konkurrenzproblem nach h.M. nicht. Grund hierfür ist zum einen, dass für die Mängelrechte die regelmäßige Verjährungsfrist nach § 195 BGB gem. § 438 III BGB gilt, zum anderen der Gedanke, dass der arglistig Handelnde nicht den Schutz der Rechtsordnung verdient.

Aus diesem Grund ist nach h.M. und Ansicht des BGH der Anspruch aus c.i.c. neben den Mängelrechten anwendbar.[550]

hemmer-Methode: Neben dem Mängelrecht ist die c.i.c. bei Arglist also anwendbar. Bedeutung erlangt die Anwendbarkeit der c.i.c. aber nur für den Fall, dass das negative Interesse höher ist als das positive Interesse und es sich um einen Schadensposten handelt, der nicht nach § 284 BGB ersatzfähig ist.[551]

C.i.c.-Haftung aber anwendbar bei sonstigen Pflichtverletzungen

Uneingeschränkt anwendbar ist der Anspruch aus c.i.c. gem. §§ 280 I, 311 II BGB wegen Pflichtverletzung im vorvertraglichen Bereich bei Verletzung sonstiger Pflichten i.S.d. § 241 II BGB, die sich nicht – wie oben – auf die Mangelhaftigkeit der Kaufsache beziehen. Hier besteht kein Konkurrenzproblem, das die Anwendbarkeit dieses Anspruches ausschließen könnte. 407

> ***Bsp.:*** *Der Verkäufer beschädigt bei der Lieferung der Ware zur Ansicht (noch kein Vertrag!) die Garageneinfahrt des Käufers.*

---

548 Zur culpa in contrahendo (c.i.c.) ausführlich **Hemmer/Wüst, Schuldrecht AT**, Rn. 194 ff., Rn. 233 ff.

549 Ebenso Dauner-Lieb, Das neue Schuldrecht, S. 111.

550 BGH, **Life&Law 2009, Heft 7, 433 - 440** = NJW 2009, 2120 - 2123 = **juris**byhemmer; OLG Hamm, **Life&Law 2005, Heft 10, 669 - 675** = ZGS 2005, 315 - 318 = **juris**byhemmer; Huber/Faust, Schuldrechtsmodernisierung 2002, S. 390; Palandt, § 437, Rn. 51b; Reischl, Neuerungen im Kauf- und Werkvertragsrecht, JuS 2003, 1076 - 1082 (1079); Derleder, Sachmängel- und Arglisthaftung nach neuem Schuldrecht, NJW 2004, 969 (975); a.A. unter Berufung auf die Entstehungsgeschichte des § 438 III S. 1 BGB (vgl. Abschlussbereicht der Schuldrechtkommission, S. 172); Weiler, Culpa in Contrahendo, Anfechtung und Kaufrecht - alte Konkurrenzfragen in neuem Licht, ZGS 2002, 249 - 256 (254) sowie Palandt, § 311, Rn. 26.

551 Vgl. dazu Tyroller, Die Bedeutung der Anwendbarkeit der c.i.c. neben dem Mängelrecht im Fall der arglistigen Täuschung, **Life&Law 2009, Heft 7, 493 - 497.**

Der Anspruch aus §§ 311 II, 280 I BGB ist unproblematisch anwendbar. Die Pflichtverletzung hat mit einer etwaigen Mangelhaftigkeit der Kaufsache nichts zu tun, ein Konkurrenzproblem bzgl. der §§ 434 ff. BGB besteht nicht.

E) Besonderheiten beim Kauf unter Eigentumsvorbehalt

I. Vereinbarung und Auswirkung des Eigentumsvorbehalts

Kaufvertrag mit Verpflichtung zur bedingten Übereignung

Beim Kauf unter Eigentumsvorbehalt handelt es sich um einen Kaufvertrag, der darauf gerichtet ist, dass der Verkäufer sein Eigentum nur unter der Bedingung der vollständigen Kaufpreiszahlung zu übertragen hat, § 449 I BGB. Der Verkäufer ist schuldrechtlich also nur zur bedingten Übereignung verpflichtet. 408

hemmer-Methode: Der Eigentumsvorbehaltskauf kann auch unter einer anderen Bedingung stehen. § 449 BGB stellt insofern nur eine Auslegungsregel („im Zweifel“) auf. Die Bedingung der vollständigen Kaufpreiszahlung ist jedoch die Regel.

Erwerber wird Inhaber eines AnwR

Die Abwicklung des Vorbehaltskaufs (also die Vornahme der dinglichen Erfüllungsgeschäfte) sieht dann folgendermaßen aus:

Der Verkäufer bleibt zunächst Eigentümer und wird mittelbarer Eigenbesitzer, der Käufer erhält (unmittelbaren Fremd-)Besitz an der Kaufsache und aufgrund der bedingten Übereignung (§ 158 I BGB) ein Anwartschaftsrecht, welches ohne Mitwirkungshandlung des Verkäufers zum Vollrecht (= Eigentum) erstarkt, sobald der Kaufpreis vollständig gezahlt worden ist.

Durch den Vorbehalt des Eigentums hat der Verkäufer eine Sicherheit für den Fall, dass der Käufer den Kaufpreis nicht zahlt.

hemmer-Methode: Es handelt sich nicht um einen bedingten Kaufvertrag! Es wird lediglich aufgrund vertraglicher Absprache die dingliche Einigungserklärung im Rahmen des § 929 S. 1 BGB unter die aufschiebende Bedingung der Kaufpreiszahlung gestellt.[552] Achten Sie hier auf das Abstraktionsprinzip!

Ist der Eigentumsvorbehalt bereits im Kaufvertrag enthalten, ist der Verkäufer von vornherein nur zur bedingten Übereignung verpflichtet. 409

Problem: nachträglicher EV

Anders liegt jedoch der Fall, wenn im Kaufvertrag von einem Eigentumsvorbehalt keine Rede ist. 410

Der Käufer hat dann einen Anspruch auf Verschaffung unbedingten Eigentums. Ob der Verkäufer in dieser Konstellation dinglich einen Eigentumsvorbehalt noch einseitig durchsetzen kann, hängt davon ab, ob die Übergabe i.R.d. § 929 S. 1 BGB schon erfolgt ist oder nicht.

hemmer-Methode: Übergehen Sie keinesfalls das Abstraktionsprinzip: Dass der Verkäufer schuldrechtlich nach dem Kaufvertrag zur Verschaffung unbedingten Eigentums verpflichtet ist, heißt noch lange nicht, dass er dem Käufer nicht dennoch nur bedingtes Eigentum verschaffen kann. Tut er dies, handelt er zwar vertragswidrig; möglich ist dies jedoch.

[552] Eine solche bedingte Übereignung ist aber nicht möglich bei der Übertragung von Grundstückseigentum nach §§ 873, 925 BGB. Die Auflassung ist bedingungsfeindlich, § 925 II BGB. Zur Sicherung des Kaufpreises stehen hier Grundpfandrechte, i.d.R. Grundschuld oder Hypothek, zur Verfügung.

Bsp.: *K und V haben einen Kaufvertrag über einen Rasenmäher ohne Eigentumsvorbehalt geschlossen. Als V den Rasenmäher liefert, erklärt er, dass er ihn nur unter Eigentumsvorbehalt übereignen wolle. K nimmt die Kaufsache schweigend entgegen.*

Obwohl V nach dem Vertrag zur unbedingten Übereignung verpflichtet ist, erhält K nur das aufschiebend bedingte Eigentum, denn er kann nur die Einigungsofferte annehmen, die V tatsächlich abgegeben hat. Nur bezüglich der Übertragung bedingten Eigentums liegt damit die nach § 929 S. 1 BGB erforderliche dingliche Einigung vor.

hemmer-Methode: Wenn K die Sache entgegennimmt und standhaft erklärt, das unbedingte Eigentum erlangen zu wollen, liegen eigentlich keine zwei übereinstimmende Willenserklärungen vor.
Zugunsten des Käufers wird hier jedoch angenommen, dass er „wenigstens" das bedingte Eigentum möchte, ehe die (bedingte) Übereignung gänzlich scheitert.[553] Es geht letztlich um die Auslegung des Verhaltens des Käufers nach den §§ 133, 157 BGB: Gibt er die für die dingliche Einigung nach § 929 S. 1 BGB erforderliche Willenserklärung ab oder nicht?

Bis zur Übergabe kann EV einseitig durchgesetzt werden

Voraussetzung dafür, dass der Verkäufer sich in dinglicher Hinsicht mit seinem Eigentumsvorbehalt nachträglich durchsetzt, ist aber, 411
dass dem Käufer (oder einer zur Vertragsgestaltung befugten Person) spätestens bei der Übergabe eine entsprechende Erklärung des Verkäufers zugeht.

Ansonsten muss der Käufer nämlich davon ausgehen, dass der Verkäufer vertragsgemäß unbedingt übereignen will. Der Käufer erhält dann unbedingtes Eigentum. Das Verhalten des Verkäufers ist also in dinglicher Hinsicht als eine auf eine unbedingte dingliche Einigung i.S.d. § 929 S. 1 BGB gerichtete Willenserklärung auszulegen.

Bsp.: *Ein Eigentumsvorbehalt kommt daher nicht zustande, wenn dieser lediglich aus dem Lieferschein hervorgeht, der erst nach der Übereignung der Sache von einem Lagerhalter entgegengenommen wird. Der Käufer erwirbt in diesem Fall unbedingtes Eigentum.*

Ggf. Modifikation des Kaufvertrages

Von der sachenrechtlichen Seite zu unterscheiden ist die Frage, ob 412
durch die Entgegennahme der Sache seitens des Käufers der Kaufvertrag stillschweigend modifiziert wird. Dies dürfte zu bejahen sein, wenn der Käufer nach anfänglichem Zögern seinen Widerspruch aufgibt, dagegen zu verneinen sein, wenn er die Sache annimmt, sich aber gleichzeitig seine Rechte vorbehält.[554]

Nach Übereignung einvernehmliche Rückübereignung erforderlich

Ist die Übereignung der Sache einmal erfolgt, kann der Verkäufer 413
einen Eigentumsvorbehalt nicht mehr einseitig durchsetzen. Der Käufer hat bereits unbedingtes Eigentum erlangt, das ihm der Verkäufer selbstverständlich nicht mehr einseitig entziehen kann.

Bsp.: *K und V haben einen Kaufvertrag über einen Rasenmäher ohne Eigentumsvorbehalt geschlossen. Nachdem V die Sache übergeben hat, erinnert er sich, dass er sie eigentlich nur unter Eigentumsvorbehalt übereignen wollte. K lehnt dies ab.*

V hat K unbedingtes Eigentum übertragen, da seine Einigungsofferte aufgrund der Verpflichtung zur unbedingten Übereignung aus dem Kaufvertrag nicht anders verstanden werden konnte. Da K somit Eigentümer ist, ist V darauf angewiesen, dass K dem nachträglichen Eigentumsvorbehalt zustimmt.

553 Reinicke/Tiedtke, Kaufrecht, Rn. 1110.
554 Reinicke/Tiedtke, Kaufrecht, Rn. 1111 f.

Rspr.: Zwei Übereignungstatbestände

Freilich ist es möglich, bei vorliegendem Einverständnis des Käufers nachträglich einen Eigentumsvorbehalt zugunsten des Verkäufers zu schaffen. Nach Ansicht der Rechtsprechung geschieht dies dadurch, dass der Käufer die Sache nach §§ 929 S. 1, 930 BGB unbedingt zurückübereignet und dann vom Verkäufer gemäß §§ 929 S. 2, 158 I BGB wieder aufschiebend bedingtes Eigentum erhält. Es finden also zwei Übereignungsvorgänge statt.

Lit.: Ein Übereignungsvorgang gem. §§ 929 S. 1, 930, 158 II BGB

Nach h.L. übereignet der Käufer das Eigentum dagegen auflösend bedingt zurück.[555] Auflösende Bedingung ist wiederum die vollständige Kaufpreiszahlung. Hier findet nur ein Übereignungsvorgang statt, §§ 929 S. 1, 930, 158 II BGB. Der Sache nach wird hierdurch ohne unnötiges Hin und Her das gleiche Ergebnis erzielt.

1. Schutz des Verkäufers

a) Sicherung des Herausgabeanspruches

EV sichert Herausgabeanspruch, nicht den Kaufpreisanspruch

Durch den Eigentumsvorbehalt sichert sich der Verkäufer in der Weise ab, dass er seine Rechte an der Sache noch nicht ganz aufgibt. Tritt er wegen Zahlungsverzögerung des Käufers vom Kaufvertrag zurück, kann er die Sache nicht nur über §§ 323, 346 BGB, sondern auch aus § 985 BGB herausverlangen (da nach wirksamem Rücktritt ein Besitzrecht i.S.d. § 986 BGB nicht mehr besteht). 414

Der Eigentumsvorbehalt sichert daher nicht die Kaufpreisforderung (denn diese erlischt mit der Ausübung des Rücktrittsrechts), sondern den Rückgewähranspruch.

hemmer-Methode: Beim finanzierten Teilzahlungsgeschäft sind als „lex-specialis-Rücktrittsrecht" unbedingt §§ 499 II, 501, 503 II S. 1, 498 BGB zu beachten!

Verkäufer hat § 985 BGB

Bsp.: *K kauft bei V eine Waschmaschine unter Eigentumsvorbehalt. Für die Zahlung war der 25. Mai 2002 vereinbart. Die Maschine wird sofort übergeben. Da K am 2. Juni noch nicht gezahlt hat, fragt V nach seinen rechtlichen Möglichkeiten.*

1. V kann den Kaufpreisanspruch gemäß § 433 II BGB einklagen, da K und V einen unbedingten Kaufvertrag geschlossen haben.

2. V kann unter den Voraussetzungen der §§ 280 II, 286 BGB auch Ersatz seines Verzugsschadens verlangen oder nach § 323 BGB vom Vertrag zurücktreten, sodass er die Sache nach § 346 I BGB zurückverlangen könnte. § 323 BGB erfordert aber eine Fristsetzung zur Leistung, an der es bislang fehlt.

3. Neben den schuldrechtlichen Rückgewähransprüchen kann der Verkäufer nach erfolgtem Rücktritt die Sache auch aus § 985 BGB herausverlangen. Ein Besitzrecht i.S.d. § 986 I S. 1 BGB steht dem Käufer nicht mehr zu, da sowohl das obligatorische aus dem Kaufvertrag als auch das dingliche aus dem Anwartschaftsrecht[556] durch den Rücktritt erloschen sind.

b) Problem: Verjährung der Kaufpreisforderung

Problem: Anspruch gemäß § 433 II BGB ist verjährt

Ein Sonderproblem ergibt sich, wenn der Anspruch auf die Kaufpreiszahlung verjährt ist. 415

---

[555] Reinicke/Tiedtke, Kaufrecht, S. 349.

[556] Im Einzelnen ist umstritten, ob das Anwartschaftsrecht ein dingliches Rechts zum Besitz gibt, vgl. **Hemmer/Wüst, Sachenrecht II**, Rn. 164 ff.

Bsp.: *K hat bei V eine Dampfwalze unter Eigentumsvorbehalt gekauft. Für die Zahlung war Ende April vereinbart. K zahlte jedoch nicht. V setzte ihm deshalb eine Frist bis zum 31. Mai, die erfolglos blieb. Aufgrund zahlreicher Aufträge vergaß V jedoch im Weiteren die Forderung gegen K. Erst im Januar, viereinhalb Jahre später entdeckte V wieder die noch offene Rechnung des K und verlangt nun Herausgabe der Dampfwalze, da diese noch sein Eigentum sei. K beruft sich auf Verjährung.*

I. Anspruch aus § 985 BGB

1. V hat die Dampfwalze zunächst nur bedingt übereignet, §§ 929 S. 1, 158 I BGB, und hat sein Eigentum auch nicht verloren, da es zum Eintritt der Bedingung nicht gekommen ist.

2. Daran ändert sich auch nichts dadurch, dass die Kaufpreisforderung mittlerweile verjährt ist, §§ 195, 199 I BGB.

Dieses Ergebnis bestätigt § 216 I BGB, wonach auch nach Verjährung des gesicherten Anspruches die Verwertung eines Sicherungsmittels möglich ist; diese Vorschrift kann für den Eigentumsvorbehalt analog herangezogen werden; die „Befriedigung aus dem Eigentumsvorbehalt" erfolgt durch das Herausgabeverlangen.

3. Problematisch ist dagegen, ob K auch nach Verjährung der Kaufpreisforderung ein Recht zum Besitz i.S.v. § 986 I BGB zusteht.

a) Dieses könnte sich zunächst aus dem Anwartschaftsrecht ergeben, das K bei der bedingten Übereignung der Dampfwalze erhalten hat. Dies stellt nach e.A. ein dingliches Recht zum Besitz – auch gegenüber dem Eigentümer (str.; a.A. BGH) – i.S.v. § 986 I BGB dar.[557]

Die Begründung ist, dass dem Käufer das Recht zum Besitz, welches im Eigentum enthalten ist, schon übertragen wurde, weil er demnächst das Eigentum erwerben sollte.

Diese Argumentation ist im vorliegenden Fall aber fraglich: Da das Anwartschaftsrecht nicht mehr zum Vollrecht erstarken wird, wenn K die Zahlung weiterhin nach § 214 I BGB verweigert, kann es auch kein Besitzrecht mehr entfalten.

b) Ein Besitzrecht könnte sich jedoch aus dem Kaufvertrag ergeben. Dieser besteht nämlich noch nach wie vor, zumal V noch keinen Rücktritt erklärt hat, § 349 BGB. In diesem Fall bestimmt auch § 449 II BGB, dass der Verkäufer die Sache aufgrund eines vereinbarten Eigentumsvorbehalts nur herausverlangen kann, wenn er vom Vertrag zurückgetreten ist.

c) Fraglich ist allerdings, ob V noch wirksam vom Vertrag zurücktreten könnte. Hierdurch würde er das Besitzrecht des K in Form des Kaufvertrages beseitigen und die Kaufsache nach § 985 BGB von ihm herausverlangen können.

In Betracht kommt ein Rücktritt des V nach § 323 I BGB. Es liegt eine Nichtleistung des K vor. Auch hatte V schon erfolglos eine Frist zur Erfüllung der Zahlungsverpflichtung gesetzt. Die Voraussetzungen von § 323 I BGB sind somit auf den ersten Blick erfüllt.

Problematisch könnte ein Rücktritt aber sein, da die betreffende Forderung schon verjährt ist, siehe oben. In diesem Fall ist nach § 218 I S. 1 BGB grundsätzlich der Rücktritt ausgeschlossen, zumal sich K auch auf die Verjährung berief.

Nach §§ 218 I S. 3, 216 II S. 2 BGB ist aber in Ausnahme zu § 218 I S. 1 BGB ein Rücktritt auch dann noch möglich, wenn der Verkäufer sich das Eigentum vorbehalten hat.

V kann daher noch wirksam den Rücktritt nach § 323 I BGB erklären, sodass dem K anschließend kein Recht zum Besitz mehr zusteht.

Nach Erklärung des Rücktritts steht V somit ein Anspruch aus § 985 BGB zu.

---

557 **Hemmer/Wüst, Sachenrecht II**, Rn. 165.

II. Anspruch aus §§ 346 I, 323 BGB

Nach Erklärung des Rücktritts nach § 323 I BGB, dessen Voraussetzungen vorliegen, kann V von K auch nach § 346 I BGB Herausgabe der Dampfwalze verlangen. Zugleich besteht aus § 346 I BGB ein Anspruch auf Herausgabe der gezogenen Nutzungen bzw. auf Wertersatz gem. § 346 II BGB.

hemmer-Methode: Die Vereinbarung eines Eigentumsvorbehalts bewirkt daher nicht nur, dass der Verkäufer sein Eigentum noch nach § 985 BGB zurückfordern kann. Aufgrund des Eigentumsvorbehalts ermöglichen es die §§ 218 I S. 3, 216 II S. 2 BGB, vom Kaufvertrag selbst zurückzutreten, obwohl die Kaufpreisforderung schon längst verjährt ist.

c) Herausgabeansprüche des Verkäufers

Schutz des VVK über §§ 985, 1004, 823 BGB

Da der Verkäufer bis zur vollständigen Kaufpreiszahlung Eigentümer der Sache bleibt, stehen ihm gegenüber Dritten alle Ansprüche zu, die sich aus dem Eigentum ergeben, §§ 1004, 985 ff., 823 ff. BGB.[558] 416

Verfügungen des Vorbehaltskäufers über das Eigentum (nicht über das Anwartschaftsrecht, insoweit ist der Käufer Berechtigter!) sind nur wirksam, wenn die Voraussetzungen eines Erwerbs vom Nichtberechtigten (§ 185 BGB bzw. §§ 932 ff. BGB) vorliegen. Verfügungen über das Anwartschaftsrecht sind hingegen ohne Weiteres möglich (§§ 929 ff. BGB analog): Der Vorbehaltskäufer ist insoweit Berechtigter!

In der ZVS: § 771 ZPO

Betreiben die Gläubiger des Vorbehaltskäufers die Zwangsvollstreckung in die Sache, kann der Vorbehaltsverkäufer sich mit der Drittwiderspruchsklage nach § 771 ZPO wehren.[559]

2. Schutz des Käufers

AnwR als Minus zum Eigentum weitgehend geschützt

Der Käufer ist dadurch, dass er ein Anwartschaftsrecht an der Sache erlangt, gegenüber dem Vorbehaltsverkäufer und gegenüber Dritten weitgehend geschützt, da das Anwartschaftsrecht in vielen Bereichen dem Vollrecht gleichgestellt wird. 417

⇨ Der Käufer erwirbt mit der vollständigen Zahlung Eigentum selbst dann, wenn der Verkäufer dies nicht mehr will.

⇨ Er erwirbt Eigentum selbst dann, wenn er inzwischen bösgläubig i.S.d. § 932 BGB geworden ist. Allein maßgebend ist der gute Glaube beim Erwerb des Anwartschaftsrechts.[560]

⇨ Er ist gemäß § 161 I S. 1 BGB vor sog. Zwischenverfügungen des Eigentümers geschützt, die selbst bei Gutgläubigkeit des Zweiterwerbers ihm gegenüber nicht wirksam sind, §§ 161 III, 936 III BGB.[561]

⇨ In der Zwangsvollstreckung ist er durch § 809 ZPO, der eine Vollstreckungserinnerung nach § 766 ZPO begründen kann, und durch die Drittwiderspruchsklage geschützt.[562]

---

558 Hierzu und zu dem Konkurrenzverhältnis zu den Ansprüchen des Vorbehaltskäufers: **Hemmer/Wüst, Sachenrecht II**, Rn. 172 ff.

559 Ausführlich **Hemmer/Wüst, Sachenrecht II**, Rn. 186 ff.

560 BGHZ 10, 69 = **juris**byhemmer; BGHZ 30, 374, 377 = **juris**byhemmer; vgl. dazu umfassend **Hemmer/Wüst, Sachenrecht II**, Rn. 75, 151.

561 Vgl. **Hemmer/Wüst, Sachenrecht II**, Rn. 158 ff.

562 Vgl. **Hemmer/Wüst, Sachenrecht II**, Rn. 182 ff.

⇨ Gegenüber einem Herausgabeverlangen des Verkäufers bzw. eines Rechtsnachfolgers desselben ist er über § 986 I S. 1 BGB bzw. § 986 II BGB geschützt.[563]

⇨ Im Deliktsrecht ist das Anwartschaftsrecht als sonstiges Recht i.S.d. § 823 I BGB anerkannt.[564]

hemmer-Methode: Da es an dieser Stelle primär um die schuldrechtliche Seite des Eigentumsvorbehaltes geht, werden die examensrelevanten Probleme des Anwartschaftsrechts des Vorbehaltskäufers nur angedeutet. Systematisch handelt es sich hierbei eher um Fragen des Sachenrechts, sodass auf die Ausführungen im Skript Sachenrecht II verwiesen wird.

II. Besondere Arten des Eigentumsvorbehalts

Der einfache Eigentumsvorbehalt erstreckt sich auf die gekaufte Sache und erlischt i.d.R. durch Zahlung des vereinbarten Kaufpreises. 418

Einfacher EV wird Interessen der Parteien oft nicht hinreichend gerecht

Der einfache Eigentumsvorbehalt ist für den Käufer oder Verkäufer aber oft nicht ausreichend bzw. interessengerecht. Der Käufer ist z.B. oft im Rahmen seiner beruflichen Tätigkeit darauf angewiesen, die Sache gleich weiterveräußern zu können.

⇨ Häufig erweiterte Formen des EV

In der Praxis haben sich daher verschiedene Varianten des Eigentumsvorbehalts herausgebildet, die man unter den Begriff „erweiterter Eigentumsvorbehalt“ zusammenfassen kann.[565]

1. Weitergeleiteter Eigentumsvorbehalt

Weitergeleiteter EV = Übertragung des AnwR

Ein weitergeleiteter Eigentumsvorbehalt liegt vor, wenn Verkäufer und Käufer vereinbaren, dass die Sache vom Käufer zwar weiterveräußert werden darf, dass dieser seinem Käufer jedoch nur das Anwartschaftsrecht übertragen darf und der Verkäufer Eigentümer bleibt. Der Vorbehaltskäufer verfügt also als Berechtigter über sein Anwartschaftsrecht; hierzu bedarf es keiner Zustimmung des Vorbehaltsverkäufers; er überträgt als Berechtigter sein Anwartschaftsrecht an den Dritten. 419

hemmer-Methode: Weitergeleiteter Eigentumsvorbehalt = Übertragung des Anwartschaftsrechts.

Der weitergeleitete Eigentumsvorbehalt ist selten, da sich der Dritte auf eine solche Vereinbarung nur schwer einlassen wird. Die Tatsache, ob er irgendwann Eigentümer wird, hängt nämlich von einem Umstand ab, den er regelmäßig nicht beeinflussen kann: die Zahlung des Kaufpreises durch den Vorbehaltskäufer an den Vorbehaltsverkäufer.

hemmer-Methode: Natürlich könnte der Dritte auch selbst den Kaufpreis zahlen, vgl. § 267 BGB. Aber dann würde er für ein und dieselbe Sache zweimal zahlen müssen, und das ist sicher nicht gewollt.

Verstoß gegen § 307 I BGB (+)

Grundsätzlich ist der weitergeleitete Eigentumsvorbehalt gültig, obwohl er die Eigentumsverhältnisse leicht undurchsichtig werden lässt.[566] Eine Zulässigkeit in AGB scheitert jedoch an §§ 305c, 307 I BGB.[567] 420

[563] Vgl. **Hemmer/Wüst, Sachenrecht II**, Rn. 161 ff.

[564] Vgl. **Hemmer/Wüst, Sachenrecht II**, Rn. 173 f.

[565] Vgl. zu allem: Palandt, § 449, Rn. 16 ff.

[566] Larenz, Schuldrecht II 1, § 43 II 2.

[567] Vgl. Palandt, § 449, Rn. 16.

hemmer-Methode: Der Vorbehaltskäufer könnte mit dem Dritten natürlich auch vereinbaren, dass dieser den Kaufpreis in gewisser Höhe für Rechnung des Vorbehaltskäufers an den Vorbehaltsverkäufer zahlt. Dabei ist jedoch zu beachten, dass es dem Vorbehaltskäufer kaum zumutbar ist, dass er seinem Abnehmer offen legt, was er für die Sache bezahlt hat! Hinsichtlich der Zulässigkeit einer solchen Klausel ergeben sich also auch durch diese Möglichkeit keine Unterschiede.

2. Nachgeschalteter Eigentumsvorbehalt

Nachgeschalteter EV = Verdoppelung des AnwR

Beim nachgeschalteten Eigentumsvorbehalt verkauft der Käufer die Sache ebenfalls unter Eigentumsvorbehalt an einen Dritten. Es entsteht dadurch ein zweiter Eigentumsvorbehalt, das Anwartschaftsrecht wird verdoppelt. 421

In dinglicher Hinsicht handelt der Vorbehaltskäufer, da er über das Eigentum verfügt, eigentlich als Nichtberechtigter. Ist der Vorbehaltsverkäufer einverstanden, liegt jedoch eine Einwilligung i.S.d. § 185 I BGB vor. Der Vorbehaltsverkäufer wird sich darauf jedoch nur unter Vorausabtretung des Anspruchs gegen den Abnehmer einlassen, weil er sein Eigentum auch dann verliert, wenn der Abnehmer den Kaufpreis an den Käufer zahlt.[568] In dieser Konstellation handelt es sich dann aber um den klassischen Fall des sog. „verlängerten Eigentumsvorbehalts“ (vgl. Rn. 422 ff.).

hemmer-Methode: Nachgeschalteter Eigentumsvorbehalt = Verdoppelung des Anwartschaftsrechts.

3. Verlängerter Eigentumsvorbehalt[569]

Verlängerter EV = Verbindung von EV und Sicherungszession

Der in der Praxis häufig vorkommende verlängerte Eigentumsvorbehalt ist eine Kombination von Eigentumsvorbehalt und Sicherungszession. 422

Er enthält folgende Abreden:

⇨ Übereignung unter aufschiebender Bedingung an den Vorbehaltserwerber, §§ 929 S. 1, 158 I BGB.

⇨ Der Erwerber (= Käufer) wird zur Weiterveräußerung der Sache ermächtigt, § 185 I BGB.

⇨ Im Gegenzug tritt der Käufer seine Forderung aus dem Weiterverkauf zur Sicherheit an den Vorbehaltsverkäufer ab, sog. Vorauszession gem. § 398 BGB.

⇨ Der Käufer wird zur Einziehung der Kaufpreisforderung ermächtigt, §§ 362 II, 185 I BGB entsprechend.

Der Eigentumsvorbehalt erlischt also, wenn die Sache dem Abnehmer nach §§ 929 ff. BGB i.V.m. § 185 BGB übereignet wird. Der Vorbehaltsverkäufer verliert sein Eigentum.

Die abgetretene Forderung erlischt, wenn der Dritte mit befreiender Wirkung an den Vorbehaltskäufer zahlt. Ab diesem Zeitpunkt ist der Vorbehaltsverkäufer nicht mehr gesichert. Das Risiko, dass der Vorbehaltskäufer das erhaltene Geld tatsächlich zur Tilgung seiner Schuld gegenüber dem Vorbehaltsverkäufer verwendet (sog. Weiterleitungsrisiko), muss er tragen.

[568] Vgl. Palandt, § 449, Rn. 17.

[569] Vgl. Palandt, § 449, Rn. 18.

Ermächtigung zur Weiterveräußerung nur i.R.d. ordnungsgemäßen Geschäftsverkehrs

Die Ermächtigung des Vorbehaltskäufers ist grundsätzlich auf die Veräußerung „im Rahmen des ordnungsgemäßen und normalen Geschäftsverkehrs" beschränkt. Liegt eine solche nicht vor, ist die Veräußerung von der Ermächtigung nicht gedeckt und der Dritte erwirbt vom Nichtberechtigten, weshalb die Frage nach seiner Gutgläubigkeit erheblich wird. 423

Bsp.: V hat K ein Schlauchboot unter verlängertem Eigentumsvorbehalt verkauft. K verkauft dasselbe an D weiter, wobei beide vereinbaren, dass die Forderung K gegen D nicht abtretbar sein soll.

Da die Forderung des K gegen D als „unabtretbar" entstanden ist, kann sie auch nicht von der Sicherungsabtretung zugunsten des V erfasst werden (es sei denn, dass ein Fall des § 354a HGB vorliegt ⇨ lesen!).

Da eine solche Veräußerung nicht dem üblichen Geschäftsgang entspricht und deshalb von der Einwilligung des V nicht gedeckt ist (denn V will sein Eigentum nur aufgeben, wenn er stattdessen die Forderung erhält), hat K hier als Nichtberechtigter verfügt. Der verlängerte Eigentumsvorbehalt bricht durch das abredewidrige Verhalten des Vorbehaltskäufers „in sich zusammen".

hemmer-Methode: Die Gutgläubigkeit des Dritten wird dabei zu verneinen sein, wenn es sich um Waren handelt, die typischerweise unter Eigentumsvorbehalt verkauft werden. Der Vorbehaltsverkäufer erlangt in dieser Konstellation zwar nicht die Forderung, bleibt aber Eigentümer und kann gegen den Erwerber somit aus § 985 BGB vorgehen.
Ein interessantes Klausurproblem entsteht, wenn die AGB des Verkäufers einen verlängerten Eigentumsvorbehalt vorsehen, die des Käufers aber eine Abwehrklausel enthalten.
Auf sachenrechtlicher Ebene siegt wiederum der Verkäufer, denn dem Käufer wird es lieber sein, ein Anwartschaftsrecht zu erwerben als gar nichts (Frage der Auslegung). Aufgrund der Abwehrklausel kommt aber die Vorausabtretung der Kaufpreisforderung nicht zustande, was wiederum dazu führt, dass der Verkäufer auch seine Einwilligung zur Weiterveräußerung nicht erteilt. Der Dritte kann daher das Eigentum auch hier nur kraft guten Glaubens erwerben.

4. Kontokorrentvorbehalt[570]

Kontokorrentvorbehalt: EV umfasst mehrere Forderungen aus einer Geschäftsbeziehung

Ein Kontokorrentvorbehalt bezieht sich nicht nur auf eine, sondern auf alle oder mehrere Forderungen der Geschäftsbeziehung zwischen Verkäufer und Käufer. Die Bedingung ist demnach erweitert: Das Eigentum geht erst über, wenn alle diese Forderungen erfüllt sind. 424

Wenn der Kontokorrentvorbehalt in der Weise vereinbart ist, dass er sich auf alle, auch künftige, Forderungen der Geschäftsbeziehung bezieht, ist dessen Zulässigkeit fraglich.

Verstoß gegen §§ 138, 307 BGB

In der Regel wird ein Verstoß gegen § 138 I BGB oder § 307 BGB zu bejahen sein, da der Käufer das Eigentum nicht erwirbt, obwohl er die Forderung längst beglichen hat.[571] Wenn die Geschäftsbeziehung andauert, erwirbt der Käufer das Eigentum vielleicht nie, weil immer wieder neue Forderungen entstehen.

5. Konzernvorbehalt

Konzernvorbehalt: EV erstreckt sich auf alle Forderungen gegen Konzern des Verkäufers

Ein Konzernvorbehalt liegt vor, wenn die Bedingung auf alle Forderungen gegen Dritte, insbesondere gegen den Konzern des Verkäufers, erstreckt wird. Hinsichtlich der Zulässigkeit werden wie beim Kontokorrentvorbehalt auch hier Bedenken geäußert. 425

570 Vgl. Palandt, § 449, Rn. 19.

571 Reinicke/Tiedtke, Kaufrecht, Rn. 259 ff.

§ 449 III BGB erklärt daher eine solche Vereinbarung eines Konzernvorbehalts von Verkäuferseite[572] für nichtig. Nicht davon erfasst ist allerdings der Kaufvertrag als solcher.

F) Weitere Sonderformen des Kaufs

Abschaffung der §§ 481 ff. BGB

Durch die Schuldrechtsreform wurden die Sondervorschriften über den Viehkauf in den §§ 481 ff. BGB ersatzlos aufgehoben, sodass nun die §§ 433 ff. BGB uneingeschränkt und unverändert Anwendung finden. 426

hemmer-Methode: Beim Verkauf bestimmter Nutztiere haftete der Verkäufer nur für bestimmte Mängel, die in der kaiserlichen Verordnung vom 27.03.1899 (!) geregelt waren und auch nur dann, wenn sich diese innerhalb bestimmter Gewährfristen zeigten.
Reformbedürftig war unter anderem, dass einige der in der VO genannten Krankheiten heute praktisch nicht mehr vorkommen oder neue Krankheiten hinzugekommen sind. Zudem ist es heute aufgrund der modernen Tiermedizin durchaus feststellbar, ob die Krankheit bereits bei Gefahrübergang vorlag, sodass die §§ 433 ff. BGB wie beim Kauf sonstiger Sachen angewendet werden können.[573]

Als Sonderformen des Kaufs bestehen weiterhin der Kauf auf Probe (§§ 454 f. BGB), Wiederkauf (§§ 456 ff. BGB) und Vorkauf (§§ 463 ff. BGB), wobei die größte Examensrelevanz eindeutig im Bereich des Vorkaufes liegt.

I. Kauf auf Probe, §§ 454 f. BGB

Der Kauf auf Probe i.S.d. §§ 454, 455 BGB ist für den Käufer unverbindlich, bis er die Ware billigt. 427

H.M.: Aufschiebend bedingter Kaufvertrag

Diese insbesondere im Versandhandel gebräuchliche Form des Kaufes stellt im Zweifel einen unter der aufschiebenden Bedingung der Billigung durch den Käufer geschlossenen Kaufvertrag i.S.d. §§ 433 ff. BGB dar, vgl. § 454 I S. 2 BGB; es handelt sich um einen Fall des § 158 I BGB.

E.A.: Mit Billigung erst Annahmeerklärung des Käufers

Nach einer anderen Auffassung soll beim Kauf auf Probe zunächst nur ein Angebot des Verkäufers auf Vertragsschluss vorliegen, während in der Billigung die Annahmeerklärung des Käufers zu sehen sein soll.[574] Dem steht allerdings die Auslegungsregel des § 454 I S. 2 BGB entgegen.

hemmer-Methode: Aufgrund der schuldrechtlichen Vertragsfreiheit können die Parteien den Kaufvertrag auch unter der auflösenden Bedingung der Missbilligung (§ 158 II BGB) schließen.
Der genaue Inhalt der Vereinbarung ist durch Auslegung zu ermitteln; führt diese nicht zu einem eindeutigen Ergebnis, ist auf die Auslegungsregel des § 454 I S. 2 BGB zurückzugreifen (= unter aufschiebender Bedingung der Billigung).

Billigung = empfangsbedürftige WE

Bei der Billigung handelt es sich um eine empfangsbedürftige Willenserklärung, die auch konkludent erfolgen kann. 428

572 Nicht erfasst ist der Konzernvorbehalt auf Käuferseite. Er liegt vor, wenn der Eigentumsvorbehalt nicht erlischt, solange Verbindlichkeiten von Dritten bestehen, die mit dem Käuferkonzern verbunden sind (Bülow, Der erweiterte Eigentumsvorbehalt nach der Insolvenzrechtsreform, DB 1999, 2196 - 2199).

573 Ausführlich: BT-Drs. 14/6040, S. 205 ff.

574 Larenz, Schuldrecht II 1, § 44 I.

Die Billigung (bzw. bei entsprechender Vereinbarung die Missbilligung) muss innerhalb der Billigungsfrist zugehen, § 455 S. 1 BGB. Ist dies nicht der Fall, tritt die aufschiebende Bedingung nicht ein, der Kaufvertrag wird nicht wirksam. Jedoch kann die verspätete Billigung als neues Angebot des Käufers behandelt werden, § 150 I BGB.

Billigungsfiktion, § 455 S. 2 BGB

Sofern jedoch dem Käufer die Kaufsache zur Probe bzw. Besichtigung übergeben worden ist, wird sein Schweigen als Billigung fingiert. Mit Ablauf der Billigungsfrist ohne ausdrückliche oder konkludente Billigung seitens des Käufers kommt es also zur Billigungsfiktion gem. § 455 S. 2 BGB, der Kaufvertrag wird wirksam, die aufschiebende Bedingung tritt ein.

Dauer der Billigungsfrist

Die Dauer der Billigungsfrist richtet sich nach der vertraglichen Vereinbarung, § 455 S. 1 Alt. 1 BGB. Fehlt eine solche, kann der Verkäufer dem Käufer die Billigungsfrist gem. § 455 S. 1 Alt. 2 BGB auch einseitig setzen, sofern es sich um eine angemessene Frist handelt. Diese einseitige Fristsetzung muss nicht schon bei Vertragsschluss erfolgen. Geschieht dies jedoch nicht, ist genau zu prüfen, ob die Vertragsparteien bei Auslegung ihrer Willenserklärungen nach dem jeweiligen objektiven Empfängerhorizont überhaupt einen aufschiebend bedingten Kaufvertrag geschlossen haben. Ist dies nicht der Fall, gelten die §§ 454 f. BGB von vornherein nicht. *429*

Wie bei den §§ 281 I, 323 I BGB setzt die einseitige Setzung einer unangemessenen Frist den Lauf einer angemessenen Billigungsfrist in Gang.

Gefahrübergang

Gefahrübergang tritt abweichend von den §§ 446, 447 BGB nicht vor Billigung ein, daher stellt z.B. ein zwischen Übergabe und Billigung auftretender Mangel einen Sachmangel i.S.d. § 434 I S. 1 BGB dar.[575] *430*

Kenntnis/grob fahrlässige Unkenntnis im Zeitpunkt der Billigung

Auch im Rahmen des § 442 BGB[576] erhält der Zeitpunkt der (tatsächlichen oder nach § 455 S. 2 BGB fingierten) Billigung eine gesonderte Bedeutung: Die Mängelrechte sind auch dann ausgeschlossen, wenn der Käufer bei Billigung den Mangel kennt bzw. unter den Voraussetzungen des § 442 I S. 2 BGB grob fahrlässig nicht kennt. Damit erhält § 442 I BGB zwei Bezugspunkte: den Zeitpunkt des Vertragsschlusses sowie den der Billigung. *431*

Bsp.: *K kauft von V eine Nähmaschine auf Probe. Während er die Maschine ausprobiert, bemerkt er, dass man den Faden nicht richtig einfädeln kann. Er billigt den Kauf dennoch. Eine weitere Woche später will er mindern, weil an der Maschine auch noch ein Haken abgebrochen ist. Dies war für K nicht erkennbar; es lässt sich nicht aufklären, ob der Haken erst bei Billigung oder schon bei Übergabe abgebrochen war.* *432*

K könnte nach §§ 437 Nr. 2 Alt. 2, 441 BGB ein Minderungsrecht zustehen. Da die Minderung gem. § 441 I BGB statt eines Rücktritts durch den Käufer erfolgen kann, sind inzident die Rücktrittsvoraussetzungen zu prüfen mit Ausnahme der Erheblichkeitsschwelle des § 323 V S. 2 BGB, vgl. § 441 I S. 2 BGB.

Da die geltend gemachten Mängel wohl behebbar sind, kommt ein Rücktrittsrecht nach §§ 437 Nr. 2 Alt. 1, 440, 323 BGB in Betracht. *433*

1. Zunächst müsste zwischen K und V ein wirksamer Kaufvertrag bestehen. Mangels anderer Auslegungsmöglichkeit ist im vereinbarten Kauf auf Probe ein unter der aufschiebenden Bedingung gem. § 158 I BGB der Billigung geschlossener Kaufvertrag zu sehen, § 454 I S. 2 BGB.

---

575 Vgl. Palandt, § 454, Rn. 10 a.E.

576 Vgl. oben, Rn. 354 ff.

Da die Billigung fristgemäß erfolgt ist, ist die aufschiebende Bedingung eingetreten und damit der Kaufvertrag wirksam geworden.

2. V müsste nicht vertragsgemäß i.S.d. § 323 I BGB geleistet haben. Dies wäre bei Vorliegen eines Sach- oder Rechtsmangels der Fall, vgl. §§ 433 I S. 2, 434, 435 BGB.

Sowohl bei dem abgebrochenen Haken als auch bei der nicht möglichen Einfädelung des Fadens handelt es sich jedenfalls nach § 434 I S. 2 Nr. 2 BGB um Sachmängel. Diese müssten gem. § 434 I S. 1 BGB jedoch im Zeitpunkt des Gefahrübergangs vorgelegen haben. Unklar ist, ob der Haken bereits im Zeitpunkt der Übergabe abgebrochen war.

Dies ist jedoch unerheblich, da Gefahrübergang beim Kauf auf Probe nicht vor erfolgter Billigung durch den Käufer eintritt.[577] Im Zeitpunkt der Billigung und damit im Zeitpunkt des Gefahrübergangs lagen beide Mängel vor. Es handelt sich daher in beiden Fällen um Sachmängel i.S.d. § 434 BGB.

3. Hinsichtlich der nicht möglichen Einfädelung des Fadens sind jedoch Mängelrechte des Käufers nach § 442 I S. 1 BGB ausgeschlossen. Zwar stellt die Vorschrift auf die Kenntnis/grob fahrlässige Unkenntnis im Zeitpunkt des Vertragsschlusses ab; beim Kauf auf Probe ist jedoch zusätzlich auf den Zeitpunkt der Billigung abzustellen. In diesem Zeitpunkt hatte K Kenntnis von diesem Mangel, nicht aber vom abgebrochenen Haken, weshalb ihm insoweit seine Mängelrechte erhalten bleiben.

4. Bevor K zurücktreten und damit auch mindern kann, muss er V allerdings eine angemessene Nachfrist zur Nachbesserung setzen, § 323 I BGB. Gründe für eine Entbehrlichkeit der Fristsetzung, insbesondere nach §§ 323 II, 440 BGB, sind nicht ersichtlich.

Ergebnis: Nach erfolgloser Fristsetzung kann K hinsichtlich des abgebrochenen Hakens den Kaufpreis mindern.

§ 494 BGB ersatzlos gestrichen

hemmer-Methode: Durch die Schuldrechtsreform ersatzlos abgeschafft wurde § 494 BGB a.F., der den sog. Kauf nach Probe geregelt hat. Die Besonderheit bei diesem lag darin, dass dem Käufer zunächst eine Probe/ein Muster vorgelegt wurde. Die Sollbeschaffenheit der Kaufsache bestimmte sich dann nach den Eigenschaften dieser Probe; fehlten sie, so galten sie als zugesichert. *434*

Der Gesetzgeber hält diese Regelung für entbehrlich. Soweit im Rahmen einer Beschaffenheitsvereinbarung gem. § 434 I S. 1 BGB die Eigenschaften der Probesache maßgeblich sein sollen, lässt sich dies bereits durch Auslegung nach den §§ 133, 157 BGB ermitteln. Erhält der Käufer zunächst eine Probe/ein Muster, so kann er davon ausgehen, dass die Kaufsache die gleichen Eigenschaften haben soll; es liegt insoweit eine Beschaffenheitsvereinbarung i.S.d. § 434 I S. 1 BGB vor, ohne dass es hierzu einer Sonderregelung bedürfte.[578]

Nicht ohne weiteres kann jedoch angenommen werden, dass der Verkäufer konkludent eine Garantie für das Vorhandensein derselben Eigenschaften bei der Kaufsache übernimmt, diese also zusichert.[579] Dies muss vielmehr anhand der konkreten Umstände des Einzelfalls durch Auslegung nach den §§ 133, 157 BGB ermittelt werden.

II. Ähnliche, gesetzlich nicht geregelte Formen des Kaufes

In der Praxis haben sich noch einige andere Formen des Kaufes entwickelt, die im Gesetz keine gesonderte Grundlage haben und – mit wenigen Besonderheiten – nach den §§ 433 ff. BGB zu behandeln sind. *435*

[577] Vgl. oben, Rn. 430.

[578] Vgl. BT-Drs. 14/6040, S. 207.

[579] Zur Zusicherung von Eigenschaften: Rn. 271 ff.

1. Kauf zur Probe

Der Kauf zur Probe unterliegt keiner speziellen gesetzlichen Regelung, weil hier ein Kaufvertrag vorliegt, der sich in nichts von dem in den §§ 433 ff. BGB geregelten Typus unterscheidet. 436

Absicht, weitere gleichartige Käufe zu tätigen

Gemeint ist der Fall, dass der Käufer eine Sache mit der Überlegung kauft, später weitere Bestellungen gleicher Art zu tätigen, sofern er mit der Sache zufrieden ist. Selbst wenn er eine solche Überlegung gegenüber dem Verkäufer zum Ausdruck gebracht hat, ist dies für die Abwicklung des ersten Kaufvertrages zunächst unerheblich.

Kann beim nächsten Kauf zu Beschaffenheitsvereinbarung führen

Wenn der Käufer dann allerdings weitere, gleichartige Sachen beim selben Verkäufer kauft und dabei zum Ausdruck bringt, dass diese „wie die bereits gekaufte Sache" sein sollen, liegt hinsichtlich der neuen Sachen eine Beschaffenheitsvereinbarung i.S.d. § 434 I S. 1 BGB vor.

2. Prüfungs- und Erprobungskauf

Der Prüfungs- und Erprobungskauf unterscheidet sich vom Kauf auf Probe insofern, als das Wirksamwerden des Kaufvertrages nicht von der (willkürlichen) Billigung des Käufers, sondern von einer objektiv nachprüfbaren „Eignungsprüfung" abgängig gemacht wird.[580] 437

Sonderform des Kaufs auf Probe

Es erscheint sachgerecht, hierin einen Fall des Kaufs auf Probe zu sehen, wobei aufgrund vertraglicher Vereinbarung die positive „Eignungsprüfung" an die Stelle der Billigung tritt. So findet auch § 455 BGB Anwendung.[581]

3. Kauf mit Umtauschvorbehalt

Der Kauf mit Umtauschberechtigung ist für beide Teile sofort bindend. Der Käufer bekommt lediglich die Möglichkeit, die Sache gegen eine gleichwertige Sache einzuwechseln, die der Verkäufer in seinem Geschäft führt. 438

Wohl: Vereinbarung eines atypischen Rücktrittsrechtes

Dies ist wohl als Vereinbarung eines vertraglichen Rücktrittsrechtes mit Abänderung der Rücktrittsfolgen der §§ 346 ff. BGB anzusehen; vor allem bleibt der Kaufvertrag, auch soweit er noch nicht erfüllt wurde, entgegen den allgemeinen Grundsätzen wirksam.

hemmer-Methode: Damit hat dieses Umtauschrecht mit dem Rücktritt nicht mehr viel gemein, sodass man auch schlicht von einem Umtauschrecht als Gestaltungsrecht sui generis sprechen könnte. Jedenfalls muss es aufgrund der Privatautonomie der Parteien möglich sein, dem Käufer ein derartiges Recht einzuräumen. Die nähere Ausgestaltung richtet sich nach der Vereinbarung im Einzelfall. In der Regel wird der Käufer nicht den Kaufpreis zurückverlangen können, sondern erhält nur einen Gutschein auf Erwerb einer wertgleichen Sache.
Einzelfallwissen ist an dieser Stelle nicht erforderlich; es muss in der Klausur lediglich auf die getroffene Vereinbarung zurückgegriffen werden. Bei der Auslegung spielen freilich die wirtschaftlichen Interessen - insbesondere des Verkäufers - eine maßgebliche Rolle: Dieser will aus Gründen der Kundenbindung zwar dem Käufer den Service eines grundlosen Umtausches ermöglichen; das Risiko einer vollständigen Rückabwicklung mit Kaufpreisrückzahlung will er allerdings nicht eingehen.

---

[580] Larenz, Schuldrecht II 1, § 44 I.

[581] Larenz, Schuldrecht II 1, § 44 I.

III. Wiederkauf, §§ 456 ff. BGB

Verkäufer kann Rückkauf einseitig bewirken

Beim Wiederkauf erhält der Verkäufer ein (rein schuldrechtliches) Rückkaufsrecht. Hieran kann ihm gelegen sein, wenn er die Sache aufgrund einer Notlage verkauft hat, sich aber nicht endgültig von ihr trennen möchte. Das Wiederkaufsrecht gibt dem Verkäufer die Möglichkeit, den Rückkauf innerhalb einer bestimmten Frist durch einseitige Erklärung herbeizuführen. 439

Ausübung des Wiederkaufsrechtes

Der Wiederkauf kommt durch einseitige empfangsbedürftige Erklärung des Verkäufers zustande, § 456 I S. 1 BGB. Diese bedarf gem. § 456 I S. 2 BGB nicht der für den Kaufvertrag bestimmten Form. Geht es also z.B. um Verkauf und Wiederkauf eines Grundstückes, so muss für die Ausübung des Wiederkaufsrechtes die Form des § 311b I BGB nicht gewahrt werden. 440

Ausschlussfrist, § 462 BGB

Die Ausübung muss innerhalb der Ausschlussfrist des § 462 BGB erfolgen. Diese beträgt bei Grundstücken 30, bei anderen Gegenständen drei Jahre. Maßgeblich ist jedoch die Vereinbarung der Parteien, § 462 S. 2 BGB. Jedoch ist die Vereinbarung eines unbefristeten Wiederkaufsrechtes unzulässig.[582]

hemmer-Methode: „Gegenstände" sind nicht nur Sachen, sondern auch sonstige Rechtsobjekte wie z.B. Forderungen oder Gesellschaftsanteile.

Umstritten ist, wie der Wiederkauf dogmatisch einzuordnen ist: 441

E.A.: Gestaltungsrecht des Verkäufers

- Nach e.A. kommt das Rückkaufverhältnis mit der Wiederkaufserklärung zustande; es handelt sich um ein Gestaltungsrecht des Verkäufers (= des Wiederkäufers).

H.M.: aufschiebend bedingter (Rück)Kaufvertrag

- Nach der wohl h.M.[583] handelt es sich beim Wiederkauf dagegen um einen aufschiebend bedingten Kaufvertrag i.S.d. §§ 433 ff. BGB, wobei der frühere Verkäufer nun Käufer, der frühere Käufer nun Verkäufer ist. Das Wiederkaufsverhältnis besteht also schon mit der bei Kaufvertragsschluss getroffenen Wiederkaufsvereinbarung; der Rückkaufvertrag wird mit wirksamer Ausübung des Wiederkaufsrechts durch den Verkäufer (= Wiederkäufer) wirksam, § 158 I BGB.

Bsp.: *V möchte K ein Grundstück unter Einräumung eines Wiederkaufsrechts verkaufen. K ist grundsätzlich einverstanden. Was müssen die Parteien bei Vertragsschluss beachten? Ist K zu raten, eine Kaufpreisvereinbarung hinsichtlich des Rückkaufpreises zu treffen, insbesondere, wenn eine Wiederkaufsfrist vertraglich nicht festgelegt ist?*

1. Zwischen V und K werden zwei grundsätzlich voneinander getrennt zu behandelnde Kaufverträge geschlossen:

Einerseits ein (unbedingter) Kaufvertrag, bei dem V als Verkäufer, K als Käufer auftritt. Dieser bedarf der notariellen Beurkundung nach § 311b I S. 1 BGB.

Formbedürftigkeit der Wiederverkaufsvereinbarung nach § 311b I S. 1 BGB bei Grundstücken

Andererseits handelt es sich auch bei der Wiederverkaufsvereinbarung nach h.M. um einen Kaufvertrag, der unter die aufschiebende Bedingung der ordnungsgemäßen Ausübung des Wiederkaufsrechtes gestellt wird, § 158 I BGB. Wiederkäufer ist V, Wiederverkäufer ist K. Auch diese Vereinbarung bedarf der notariellen Beurkundung, § 311b I S. 1 BGB. Wird diese Form nicht gewahrt, tritt Heilung der Formnichtigkeit gem. § 311b I S. 2 BGB erst mit Auflassung und Eintragung des V als Eigentümer ins Grundbuch ein.

[582] Palandt, § 462, Rn. 4.

[583] BGHZ 38, 369 - 376 (371).

hemmer-Methode: Sieht man in der Wiederverkaufsvereinbarung mit der Mindermeinung keinen Kaufvertrag, sondern die Einräumung eines Gestaltungsrechts des Verkäufers, handelt es sich um eine Nebenabrede zum Kaufvertrag, die auch dem Formzwang des § 311b I S. 1 BGB unterliegt. Allerdings tritt Heilung der Formnichtigkeit bereits mit Auflassung und Eintragung des Käufers ein, § 311b I S. 2 BGB, da in diesem Fall die Wiederkaufsvereinbarung nicht eigenständig den Formzwang des § 311b I S. 1 BGB auslöst.

2. Gem. § 456 II BGB ist der Wiederkaufspreis gleich dem Verkaufspreis, sofern die Parteien nichts anderes vereinbart haben. Wenn K eine bewegliche Sache kaufen würde, die aufgrund Nutzung oder ähnlichem mit der Zeit an Wert verlieren würde, wäre ihm zu raten, keine abweichende Vereinbarung zu treffen. Bei einem Grundstück ist die Sachlage allerdings umgekehrt: Dieses ist nicht abnutzbar und gewinnt i.d.R. mit der Zeit an Wert. K würde dann beim Wiederkauf das Grundstück unter seinem aktuellen Zeitwert verkaufen. Dies kann aufgrund der langen Wiederkaufsfrist von 30 Jahren (§ 462 S. 1 BGB) für K zu erheblichen wirtschaftlichen Nachteilen führen. Für ihn wäre es daher günstig, eine Kaufpreisvereinbarung zu treffen. Z.B. könnte ein Wiederkauf zum Schätzwert i.S.v. § 460 BGB vereinbart werden. Hierauf muss sich V freilich einlassen.

Beendigung des Wiederkaufverhältnisses ⇨ Auswirkung auf den ursprünglichen Kaufvertrag strittig

Kommt der Wiederkäufer seinen Pflichten nicht nach (z.B. Zahlung des Wiederkaufspreises), so kann der Wiederverkäufer nach den allgemeinen Vorschriften vorgehen. Er kann z.B. nach Fristsetzung gem. § 323 I BGB vom Wiederkauf zurücktreten. Fraglich ist nur, welche Rechtsfolgen sich nach einem Rücktritt für den ursprünglichen Kaufvertrag ergeben.

BGH: Mit Wegfall des Wiederkaufvertrages lebt der ursprüngliche Kaufvertrag wieder auf

Nach überzeugender Ansicht des BGH ist nicht anzunehmen, dass mit Wegfall des Wiederkaufsrechts der ursprüngliche Kaufvertrag aufgehoben werden soll. Beide Verträge sind voneinander unabhängig.

Nur solange der Wiederkaufvertrag Geltung beansprucht, steht einem Rückgriff auf den ursprünglichen Vertrag der Einwand des Wiederkaufs entgegen. Wird das Wiederkaufsverhältnis dagegen beendet, steht der Abwicklung des Kaufvertrages nichts mehr im Wege.

hemmer-Methode: Merken Sie sich folgenden Leitsatz: „Wird ein Wiederkaufsverhältnis beendet, so lebt der ursprüngliche Kaufvertrag wieder auf.“
Lesen Sie dazu die interessante Entscheidung des BGH in Life&Law 2000, 541 ff. = ZIP 2000, 929 ff.

Haftung des Wiederkäufers

Sofern der Wiederverkäufer (= der Käufer) vor Ausübung des Wiederkaufsrechtes eine Verschlechterung oder den Untergang der Kaufsache zu vertreten hat, muss er dem Wiederkäufer (= dem Verkäufer) den hieraus entstehenden Schaden ersetzen, § 457 II BGB. Diese Vorschrift ist eigentlich überflüssig, da es sich um Fälle vom Schuldner[584] zu vertretender Pflichtverletzung (§ 280 I BGB) bzw. nachträglicher Unmöglichkeit i.S.v. §§ 280 I, III, 283 BGB handelt. 442

⇨ § 457 II BGB ist aber für die Zeit **zwischen** der Wiederkaufabrede und der Ausübung des Wiederkaufsrechts als „lex specialis“ eine abschließende Sonderregel.

⇨ **Nach** Ausübung des Wiederkaufsrechtes gelten dann aber die allgemeinen Vorschriften.

[584] Der Wiederverkäufer ist Schuldner der Pflicht aus § 433 I BGB.

Sicherung des Rückübereignungsanspruches durch Vormerkung

Der Wiederkäufer (= der Verkäufer) ist nicht dagegen gesichert, dass der Wiederverkäufer die Sache einem Dritten übereignet. Denn der Wiederkäufer ist als Eigentümer Berechtigter und kann wirksam über die Sache verfügen. Er macht sich lediglich nach § 457 II BGB schadensersatzpflichtig. 443

hemmer-Methode: Im Falle des Grundstückswiederkaufs kann sich daher der Verkäufer eine Vormerkung zur Sicherung seines bedingten Rückübereignungsanspruches aus dem Wiederkaufvertrag eintragen lassen, § 883 I S. 2 BGB. Auf diese Weise ist er gegen derartige Verfügungen des Wiederverkäufers nach § 883 II BGB geschützt.

IV. Vorkauf

Auch beim Vorkauf ist die Interessenlage des Verkäufers durch eine gewisse Unschlüssigkeit gekennzeichnet. Während er sich beim Wiederkauf zum Verkauf entschließt, sich eine Rückgängigmachung jedoch vorbehält („Ich verkaufe dir, will die Sache aber vielleicht zurückkaufen"), legt er sich beim Vorkauf nur hinsichtlich seines Kaufvertragspartners fest („Ich verkaufe zwar im Moment nicht, wenn ich es aber tue, dann dir"). 444

Beim Vorkauf hat der Vorkäufer die Möglichkeit, bei Eintritt des sog. Vorkaufsfalles (= Verkauf an einen Dritten) einen Kaufvertrag mit dem Verkäufer zustande zu bringen, und zwar mit dem gleichen Inhalt, den der Verpflichtete mit dem Dritten vereinbart hat, vgl. § 464 II BGB.

hemmer-Methode: Die §§ 463 ff. BGB regeln das schuldrechtliche Vorkaufsrecht. Daneben ist bei Grundstücken die Einräumung eines dinglichen Vorkaufsrechts i.S.d. §§ 1094 ff. BGB möglich, wobei es sich um eine dingliche Grundstücksbelastung handelt.[585]
Das schuldrechtliche Vorkaufsrecht betrifft nur die Parteien, die es vereinbart haben (Relativität schuldrechtlicher Beziehungen!), während durch das dingliche der jeweilige Eigentümer des Grundstücks verpflichtet wird, sofern das Vorkaufsrecht für mehrere Vorkaufsfälle gilt (§ 1097 BGB).
Die Bestellung eines dinglichen Vorkaufsrechts ist eine Verfügung, die – um kondiktionsfest zu sein – eines Rechtsgrundes bedarf. Dies können alle möglichen Arten von Verpflichtungsgeschäften, z.B. auch eine Schenkung, sein.

E.A.: Gestaltungsrecht

Nach einer Auffassung soll es sich – wie beim Wiederkauf – um die Einräumung eines Gestaltungsrechtes handeln. 445

H.M.: Doppelt bedingter Kauf

Demgegenüber sieht die h.M. im Vorkauf einen Kaufvertrag i.S.d. §§ 433 ff. BGB; dieser ist allerdings doppelt aufschiebend bedingt, § 158 I BGB.

Die beiden Bedingungen sind dabei:

⇨ der Eintritt des Vorkaufsfalls sowie

⇨ die ordnungsgemäße Ausübung des Vorkaufsrechtes.

585 Zum dinglichen Vorkaufsrecht vgl. **Hemmer/Wüst, Sachenrecht III**, Rn. 133 ff.

1. Entstehung des Vorkaufsrechtes

Ein Vorkaufsrecht entsteht durch eine entsprechende Vereinbarung (Vertrag) zwischen dem Vorkaufsberechtigten und dem Vorkaufsverpflichteten. Da es sich um einen (doppelt bedingten) Kaufvertrag handelt, ist bei Grundstücken § 311b I BGB zu beachten. 446

2. Eintritt des Vorkaufsfalles

Wirksamer Abschluss eines Drittkaufvertrages = Vorkaufsfall

Unter dem Vorkaufsfall ist der wirksame Abschluss eines Kaufvertrages zwischen dem Vorkaufsverpflichteten und einem Dritten über den Vorkaufsgegenstand (Drittkaufvertrag) zu verstehen, vgl. § 463 BGB. 447

Kein Vorkaufsfall liegt daher vor bei einer Einbringung in eine Gesellschaft, bei einer Schenkung[586] oder beim Tausch.[587] Nach der (widerlegbaren) Vermutung des § 470 BGB handelt es sich ebenfalls um keinen Vorkaufsfall beim Verkauf an gesetzliche Erben mit Rücksicht auf deren künftiges Erbrecht. Allerdings können die Vertragsparteien abweichend hiervon vereinbaren, wann ein Vorkaufsfall vorliegen soll; die §§ 463 ff. BGB sind dispositiv.

Wirksamkeit des Drittkaufvertrages

Der Drittkaufvertrag muss wirksam sein. Ein Vorkaufsfall liegt daher z.B. nicht bei einem nach § 138 BGB oder § 134 BGB nichtigen Drittkaufvertrag vor. 448

Nachträgliche Aufhebung, Anfechtung des Drittkaufvertrages

Durch die nachträgliche Aufhebung des Drittkaufvertrages, insbesondere durch Rücktritt des Drittkäufers, wird der Vorkaufsfall nicht beseitigt.[588] Als Argument hierfür kann man die Wertung des § 465 BGB heranziehen. Strittig ist allerdings die Behandlung der Anfechtung des Drittkaufs.[589] Nach h.M. löst ein bereits angefochtener Vertrag einen Vorkaufsfall nicht mehr aus, während eine nach Ausübung des Vorkaufsrechtes erfolgte Anfechtung trotz deren ex tunc-Wirkung gem. § 142 I BGB unschädlich sein soll.[590] 449

Partner des Kaufvertrages muss ein Dritter sein. Daran fehlt es, wenn an einen Mitberechtigten verkauft wird, so z.B. bei der Übertragung von Miteigentumsanteilen oder der Miterbenauseinandersetzung.

Erlöschen bei Übereignung ohne Vorkaufsfall

Wird die Kaufsache übereignet, ohne dass ein Vorkaufsfall eintritt (z.B. schenkweise Übereignung an einen Dritten), erlischt das Vorkaufsrecht. Denn in diesem Fall kann es zu einem durch den Vorkaufsverpflichteten ausgelösten Vorkaufsfall nicht mehr kommen. Die aufschiebende Bedingung kann also nicht mehr eintreten. 450

3. Ordnungsgemäße Ausübung des Vorkaufsrechtes

Form und Frist der Ausübung

Das Vorkaufsrecht wird gem. §§ 464, 469 II BGB durch eine empfangsbedürftige Willenserklärung durch den Vorkaufsberechtigten gegenüber dem Vorkaufsverpflichteten ausgeübt. Die Erklärung ist formlos möglich, § 464 I S. 2 BGB. 451

Die Ausübungsfrist beträgt gem. § 469 II S. 1 BGB eine Woche, bei Grundstücken zwei Monate. Eine abweichende Vereinbarung ist allerdings möglich, vgl. § 469 II S. 2 BGB.

---

586 BGH, NJW 1957, 1164.

587 BGH, NJW 1964, 540 - 542 = **juris**byhemmer.

588 BGH, NJW 1977, 762 - 763 = **juris**byhemmer.

589 Ausführlich BGH, NJW 1987, 890 - 898 = **juris**byhemmer.

590 Palandt, § 463, Rn. 6.

Frist beginnt erst ab Mitteilung vom Vorkaufsfall

Zu beachten ist, dass die Frist erst mit der Mitteilung durch den Vorkaufsverpflichteten oder den Drittkäufer über den Eintritt des Vorkaufsfalles zu laufen beginnt, § 469 I BGB. Erfährt der Vorkaufsberechtigte auf anderem Wege vom Vorkaufsfall, wird die Ausschlussfrist nicht in Gang gesetzt. Ein Ausschluss der Ausübung des Vorkaufsrechtes kommt dann nur unter dem Gesichtspunkt der Verwirkung in Betracht. 451a

4. Rechtsfolgen

§ 464 II BGB: Inhalt des Drittkaufes maßgeblich

Mit ordnungsgemäßer Ausübung des Vorkaufsrechtes kommt zwischen Vorkaufsverpflichtetem und Vorkaufsberechtigtem ein Kaufvertrag mit dem Inhalt zustande, den der Kaufvertrag mit dem Dritten hat, § 464 II BGB. 452

Insbesondere gilt der dort vereinbarte Kaufpreis nun auch zwischen den Parteien des Vorkaufes. Allerdings können die Vorkaufsparteien einen festen Kaufpreis vereinbaren, § 464 II BGB ist dispositiv.

hemmer-Methode: Dies ist aufgrund des sachenrechtlichen Typenzwanges beim dinglichen Vorkaufsrecht nicht möglich![591]

Zwei selbständige Kaufverträge entstehen, Gefahr der SE-Pflicht des Verkäufers

Zu beachten ist, dass es sich um einen eigenen, selbständigen Kaufvertrag handelt. Der Vorkaufsberechtigte tritt nicht etwa in den Vertrag mit dem Drittkäufer ein; der Drittkaufvertrag bleibt auch nach Ausübung des Vorkaufsrechtes unverändert bestehen! Somit bestehen zwei identische Kaufverträge. 453

Der Vorkaufsverpflichtete läuft Gefahr, sich bei Erfüllung an einen der Käufer nach §§ 280 I, III, 283 BGB schadensersatzpflichtig zu machen.

Verkäufer muss mit Drittem auflösende Bedingung oder RücktrittsR vereinbaren

Dem kann er nur dadurch entgehen, dass er den Kaufvertrag mit dem Dritten unter die auflösende Bedingung der Ausübung des Vorkaufsrechtes stellt oder mit dem Dritten ein Rücktrittsrecht für den Fall der Ausübung vereinbart.[592] Dies darf natürlich nicht dazu führen, dass mit Ausübung des Rücktrittsrechts bzw. mit Eintritt der Bedingung kein Vorkaufsfall mehr vorliegt.

Um dies zu vermeiden, bestimmt § 465 BGB, dass eine derartige Vereinbarung gegenüber dem Vorkaufsberechtigten (nicht gegenüber dem Dritten!) unwirksam ist.

§ 465 BGB analog bei Umgehungsgeschäften

§ 465 BGB beinhaltet insofern einen allgemeinen Rechtsgedanken. Zwar ist der Vorkaufsverpflichtete in seiner Vertragsgestaltung frei, sodass rechtsgeschäftliche Bedingungen nicht per se unzulässig sind. Diese dürfen im Ergebnis aber nicht dazu führen, dass das Vorkaufsrecht vereitelt wird. Der Schutz des Vorkaufsberechtigten verlangt es daher, den § 465 BGB auch bei Umgehungsgeschäften analog anzuwenden. 454

Außerdem: Sog. Fremdkörpergedanke

Zum Schutz des Vorkaufsberechtigten hat der BGH außerdem die sog. Fremdkörperrechtsprechung entwickelt.[593] Hiernach sind solche Bestimmungen des Vertrages (entgegen § 464 II BGB) gegenüber dem Vorkaufsberechtigten unwirksam, die völlig außerhalb des Abhängigkeitsverhältnisses von Leistung und Gegenleistung des Drittkaufs stehen, also nur für den Vorkaufsfall getroffen wurden und den Parteien des Drittkaufvertrages bei dessen Durchführung keine irgendwie gearteten Vorteile bringen.

591 Palandt, § 1098, Rn. 2.

592 Palandt, vor § 463, Rn. 8.

593 BGHZ 77, 359 - 365; BGHZ 102, 237 - 246; BGHZ 131, 318 - 325; **alle Entscheidungen** = **juris**byhemmer.

Bsp.[594]*: Der Makler M vermittelt K einen Kaufvertrag mit V über ein Grundstück. V hat bzgl. dieses Grundstücks vertraglich D ein schuldrechtliches Vorkaufsrecht eingeräumt. In dem Kaufvertrag verpflichtet sich K dem V gegenüber zur Zahlung der Maklerprovision an M. Hierdurch sollte ein eigener Zahlungsanspruch des M begründet werden. D übt sein Vorkaufsrecht ordnungsgemäß aus, woraufhin M von D die im Vertrag zwischen V und K vereinbarte Provision verlangt. Zu Recht?* 455

Ein solcher Anspruch des M könnte sich aus dem Vertrag zwischen V und K i.V.m. § 464 II BGB ergeben.

1. V und D haben wirksam einen Vorkauf i.S.d. §§ 463 ff. BGB vereinbart. Von der Einhaltung der Form des § 311b I S. 1 BGB ist auszugehen. Durch wirksamen Kaufvertrag zwischen V und K kam es zum Eintritt des Vorkaufsfalles; D hat sein Vorkaufsrecht wirksam ausgeübt.

2. Damit kam zwischen V und D ein Kaufvertrag mit dem Inhalt des Kaufvertrages zwischen V und K zustande, § 464 II BGB. Die Verpflichtung des Käufers zur Zahlung der Maklerkosten an M ist als echter Vertrag zugunsten Dritter anzusehen, wodurch M einen eigenen Zahlungsanspruch erwirbt. Fraglich ist allein, ob auch diese Vereinbarung Gegenstand des Vertrages zwischen V und D wurde. Nur in diesem Fall bestünde der geltend gemachte Anspruch des M gegen D.

Entgegen § 464 II BGB gelten Bestandteile des Drittkaufvertrages gegenüber dem Vorkaufsberechtigten in analoger Anwendung des § 465 BGB nicht, wenn sie als „Fremdkörper" anzusehen sind. Daran könnte man denken, weil die Klausel mit den eigentlichen Rechten und Pflichten aus dem Kaufvertrag zwischen V und K nichts zu tun hat, sondern vielmehr nur für den Fall der Ausübung des Vorkaufsfalles getroffen wurde, da K ohnehin zur Zahlung des Makleranspruches aus dem Maklervertrag verpflichtet wäre.[595]

Dagegen hat der BGH die Annahme eines Fremdkörpers abgelehnt, da Maklerprovisionen, sofern sie sich im üblichen Rahmen halten, zu den üblichen Erwerbskosten zählen. Die Regelung bzgl. der Vertragskosten hänge eng mit der Höhe des vereinbarten Kaufpreises zusammen, sodass eine Maklerklausel wertmäßig zum Kaufvertrag gehöre, mithin gerade keinen Fremdkörper darstelle.

V. Optionsrecht, Vorhand und Vorvertrag

Beim Vorvertrag verpflichten sich die Parteien lediglich dazu, später einen (Kauf-)Vertrag abzuschließen. Dieser Vertragstyp ist gesetzlich nicht geregelt und hat daher seine Grundlage in § 311 I BGB. Die Parteien legen im Vorvertrag die wesentlichen Punkte des Kaufvertrages fest und lassen die Möglichkeit offen, Einzelheiten später im eigentlichen Vertrag zu regeln. 456

hemmer-Methode: Aufgrund des Vorvertrages wird daher die Willenserklärung zum Abschluss des endgültigen Vertrages geschuldet. Die gerichtliche Durchsetzung erfolgt im Wege der Leistungsklage; mit Rechtskraft des stattgebenden Leistungsurteils wird die Willenserklärung des Schuldners nach § 894 ZPO fingiert.
Sehr lesenswert zum Vorvertrag ist der Aufsatz von Ritzinger, „Der Vorvertrag in der notariellen Praxis", in NJW 1990, 1201 ff.

Pflichten beim Vorvertrag

Der Vorvertrag verpflichtet i.d.R. beide Vertragsparteien, ihre Willenserklärungen zum Abschluss des endgültigen Vertrages abzugeben. Möglich ist aber auch, dass sich nur eine Partei zur Abgabe eines Vertragsangebotes verpflichtet und die andere Partei frei über dessen Annahme entscheiden kann.[596]

[594] BGH, NJW 1996, 654 - 656 = **juris**byhemmer.

[595] In diesem Sinne Reinicke/Tiedtke, Kaufrecht, Rn. 955 ff.

[596] Palandt, vor § 145, Rn. 21.

Vorhand

Bei der sog. Vorhand verpflichtet sich eine Partei, den in Frage stehenden Gegenstand dem Vorhandberechtigten zum Kauf anzubieten, bevor er ihn anderweitig veräußert.[597]

Optionsrecht

Vereinbaren die Parteien ein Optionsrecht, bedeutet dies, dass eine Partei das Recht erhält, einen Vertrag einseitig durch Erklärung mit dem im Optionsvertrag festgesetzten Inhalt zustande zu bringen.[598]

hemmer-Methode: All diese Verträge sind formbedürftig, wenn der Hauptvertrag formbedürftig ist! Anderenfalls würde der Schutzzweck der jeweiligen Formvorschrift umgangen.

G) Verbrauchsgüterkauf, §§ 474 ff. BGB

I. Allgemeines

Verbrauchsgüterkauf, § 474 BGB

Kauft ein Verbraucher i.S.v. § 13 BGB von einem Unternehmer (§ 14 BGB) eine bewegliche Sache (sog. Verbrauchsgüterkauf, § 474 I S. 1 BGB), so wird das allgemeine Kaufrecht durch die §§ 474 ff. BGB modifiziert. 457

hemmer-Methode: Seit dem 13.06.2014 liegt auch dann ein Verbrauchsgüterkauf vor, wenn neben dem Verkauf eine Dienstleistung durch den Unternehmer erbracht wird, § 474 I S. 2 BGB. Dies gilt selbst dann, wenn die Dienstleistung keine untergeordnete Rolle einnimmt, wie beispielsweise beim Fernunterrichtsvertrag, bei welchem Schulungsunterlagen übereignet werden.[599]

1. Persönlicher Anwendungsbereich[600]

a) Verbraucher, § 13 BGB

Verbraucher, § 13 BGB

Verbraucher ist hierbei jede natürliche Person, die ein Rechtsgeschäft zu einem Zweck abschließt, der **überwiegend** weder ihrer gewerblichen noch ihrer selbstständigen beruflichen Tätigkeit zugerechnet werden kann (§ 13 BGB).[601] 457a

b) Unternehmer, § 14 BGB

Unternehmer, § 14 BGB

Ein Unternehmer ist dagegen eine natürliche oder juristische Person oder eine rechtsfähige Personengesellschaft, die bei Abschluss eines Rechtsgeschäfts in Ausübung ihrer gewerblichen oder selbstständigen beruflichen Tätigkeit handelt (§ 14 BGB). 457b

hemmer-Methode: Ist ein Verkäufer bei einem Internetauktionshaus als sog. „power-seller“ registriert, so wird eine Beweislastumkehr zugunsten des Verbrauchers angenommen mit der Folge, dass der Verkäufer beweisen muss, dass er kein Unternehmer i.S.d. § 14 BGB ist.[602]

---

597 Palandt, vor § 145, Rn. 24.

598 Palandt, vor § 145, Rn. 23.

599 BT-Drs 17/12637, Seite 69 f.

600 Zu Problemen des Anwendungsbereichs des Verbrauchsgüterkaufs (§§ 474 ff. BGB) vgl. Schroeter, Probleme des Anwendungsbereichs des Verbrauchsgüterkaufrechts (§§ 474 ff. BGB), JuS 2006, 682 - 686; Zum Verbrauchsgüterkauf in der Rechtsprechung vgl. Tyroller, **Life&Law 2006, Heft 8, 573 - 578**.

601 Beachten Sie jedoch den „erweiterten Verbraucherbegriff“ im Rahmen von Verbraucherdarlehen, Finanzierungshilfen und Ratenlieferungsverträgen, § 507 BGB, bzw. für Darlehensvermittlungsverträge § 655e II BGB.

602 OLG Zweibrücken, ZGS 2007, 357 - 358 (358); OLG Frankfurt, NJW 2005, 1438 - 1439; OLG Koblenz, NJW 2006, 1438; **alle Entscheidungen** = **juris**byhemmer.

Gewinnerzielungsabsicht ist nicht erforderlich

Eine gewerbliche Tätigkeit setzt ein selbstständiges und planmäßiges, auf eine gewisse Dauer angelegtes Anbieten entgeltlicher Leistungen am Markt voraus.[603] Beim Verbrauchsgüterkauf setzen das Vorliegen eines Gewerbes und damit die Unternehmerstellung des Verkäufers nicht voraus, dass dieser mit seiner Geschäftstätigkeit die Absicht verfolgt, Gewinn zu erzielen.

Die Absicht, dauernde Einnahmen zu erzielen, reicht für eine unternehmerische Tätigkeit daher aus, sodass auch ein Hobby ein Unternehmen sein kann.

Dies entspricht der Rechtsprechung des Bundesgerichtshofs zum Verbraucherkreditrecht[604] und auch der ganz h.L. zur Auslegung des für § 474 BGB maßgeblichen Unternehmerbegriffs in § 14 I BGB, wonach beim Verbrauchsgüterkauf die Unternehmerstellung des Vertragspartners des Verbrauchers nicht von der Motivation, Gewinn zu erzielen, abhängig ist.[605]

Auf ein dauerhaftes Gewinnstreben des Verkäufers kommt es im Interesse eines wirksamen Verbraucherschutzes nicht an. Eine Gewinnerzielungsabsicht des Verkäufers als rein unternehmensinterne Tatsache wird dem Verbraucher beim Vertragsschluss auch häufig verborgen bleiben. Es ist kein überzeugender Grund dafür ersichtlich, den Verbraucherschutz beim Verbrauchsgüterkauf davon abhängig zu machen, ob der Verkäufer mit einer in professioneller Weise betriebenen Geschäftstätigkeit Gewinn erzielen oder damit lediglich Verluste reduzieren will.

hemmer-Methode: Entscheidend ist, dass der Unternehmer auch im Rahmen seiner beruflichen Tätigkeit handelt; auch ein Unternehmer kann nämlich Privatgeschäfte schließen und ist dann Verbraucher i.S.d. Kaufrechts!
Der Verbrauchsgüterkauf spielt nicht nur im wirklichen Leben, sondern auch in Klausuren eine bedeutende Rolle. Beachten Sie daher immer, ob im Sachverhalt ein Verbraucher mit einem Unternehmer ein Rechtsgeschäft eingeht. Hierfür gelten Sonderbestimmungen!

c) Sonderfall Nr. 1: Die vorgetäuschte Unternehmereigenschaft eines Verbrauchers

Strittig ist in Einzelfällen, auf wessen Sicht für die Bestimmung der Verbrauchereigenschaft abzustellen ist. 457c

hemmer-Methode: Ausführlich hierzu Najdecki, „Rollenwechsel beim Verbrauchsgüterkauf", in ZGS 2009, 155 ff.

Bsp.: *Autohändler V will gebrauchte Autos nur noch an Unternehmer verkaufen, weil er die Haftung für versteckte Mängel ausschließen will. Wegen des Gewährleistungsausschlusses ist V auch bereit, mit dem Kaufpreis runter zu gehen. Rentner K, der in den Genuss des günstigen Kaufpreises kommen will, täuscht gegenüber V einen gewerblichen Verwendungszweck des Autos vor. Nach der Übergabe beruft sich K auf verschiedene Mängel.*
Zu Recht?[606]

Nach § 475 I S. 1 BGB können beim Verbrauchsgüterkauf die Mängelrechte des Käufers vor Mitteilung eines Mangels grds. nicht beschränkt werden.

[603] Palandt, § 14, Rn. 2 m.w.N.

[604] BGHZ 155, 240 - 249 (246) = **juris**byhemmer.

[605] Palandt, § 14 BGB. Rn. 2.

[606] BGH, **Life&Law 2005, Heft 6, 359 - 363** = NJW 2005, 1273 - 1275 = **juris**byhemmer.

Die Unternehmereigenschaft des V nach § 14 I BGB ist unzweifelhaft zu bejahen. Fraglich ist, ob K Verbraucher i.S.d. § 13 BGB ist. Strittig ist dabei insbesondere, auf wessen Sicht für die Bestimmung der Verbrauchereigenschaft abzustellen ist.

E.A.: objektive Betrachtung

1. Bei **objektiver** Betrachtung ist die Verbrauchereigenschaft erfüllt, da K das Auto als Privatier lediglich zu rein privaten Zwecken erwarb.

A.A.: subjektive Betrachtung

2. Nach a.A. ist auf den erklärten Parteiwillen, also den durch Auslegung zu ermittelnden Inhalt des Vertrages, abzustellen.[607] Bei dieser **subjektiven** Betrachtung könnte ein reines Unternehmergeschäft vorliegen, weil K vorgab, das Auto für sein Geschäft anschaffen zu wollen.

Schein-Nichtverbraucher

K könnte daher als **„Schein-Nichtverbraucher“** am gesetzten Rechtsschein festgehalten werden mit der Folge, dass die §§ 474 ff. BGB auf ihn keine Anwendung finden.[608]

Durch diese Rechtsscheinsregeln i.S. einer subjektiven Betrachtung würden allerdings die §§ 474 ff. BGB im Widerspruch mit dem Schutzzweck dieser Verbrauchervorschriften quasi außer Kraft gesetzt.

Grundsatz der Rechtsscheinshaftung ist, dass aufgrund des Rechtsscheinstatbestandes für den Betroffenen keine weiterreichenden Folgen herbeigeführt werden können als durch eine entsprechende privatautonome Erklärung.[609] Rechtsgeschäftlich ist aber der Ausschluss der Haftung des unternehmerischen Verkäufers gegenüber einem Verbraucher noch nicht einmal einzelvertraglich möglich, § 475 I S. 1 BGB.

hemmer-Methode: Der subjektive Verbraucherbegriff ist daher abzulehnen, da ansonsten die Unabdingbarkeit des Verbraucherschutzes, die sich z.B. in §§ 312k I, 475 I, 487, 506 BGB zeigt, letztlich leer laufen würde.
Dies hat der BGH unlängst in einer Entscheidung bestätigt, in welcher er den Existenzgründer aufgrund der objektiv zu bestimmenden Zweckrichtung des Geschäfts zu Recht als Unternehmer qualifiziert.[610]

3. Letztlich spielt die Frage, inwieweit der Verbraucherbegriff **subjektiv** oder **objektiv** zu bestimmen ist, im vorliegenden Fall keine Rolle, da es K wegen seiner bewussten Täuschung über den Geschäftszweck verwehrt ist, sich auf den Verbraucherschutz der §§ 474 ff. BGB zu berufen.

Die den Verbraucher schützenden Vorschriften der §§ 474 ff. BGB kommen nach Ansicht des BGH nämlich nicht zur Anwendung, wenn der Vertragspartner des Unternehmers bei Abschluss des Vertrages wahrheitswidrig als Gewerbetreibender auftritt und dadurch einen gewerblichen Geschäftszweck vortäuscht.

Da K wusste, dass V zu einem Geschäftsabschluss mit einem Verbraucher nicht oder nicht zu den gleichen Konditionen bereit war, weil er keine Gewähr für die Kaufsache übernehmen wollte, handelte er arglistig. Daher darf sich K nicht den Schutz der ihn begünstigenden Vorschriften über den Verbrauchsgüterkauf dadurch erschleichen, dass er sich gegenüber dem Unternehmer wahrheitswidrig als Händler ausgibt, um diesen zum Vertragsschluss zu bewegen.

Die spätere Berufung darauf, er sei in Wahrheit Verbraucher, verstößt gegen Treu und Glauben (Verbot des venire contra factum proprium).[611] Diese Grundsätze des § 242 BGB gelten nach ganz h.M. auch im Verbraucherschutzrecht.[612]

607 Vgl. dazu Palandt, § 13, Rn. 4.

608 Zu den Rechtsfolgen des Auftretens als Scheinkaufmann vgl. **Hemmer/Wüst, Handelsrecht**, Rn. 61 ff.

609 Vgl. Canaris, Handelsrecht, § 6, Rn. 25.

610 Vgl. zuletzt BGH, **Life&Law 2010, Heft 1, 16 - 18** = NJW 2009, 3780 - 3781 = **juris**byhemmer; BGH, **Life&Law 2005, Heft 6, 359 - 363** = NJW 2005, 1273 - 1275 = **juris**byhemmer.

611 So auch MüKo, § 474 BGB, Rn. 23; MüKo, § 310 BGB, Rn. 48; Soergel, § 13 BGB, Rn. 28; Staudinger, § 491 BGB, Rn. 42; Jauernig, § 474 BGB, Rn. 3; Müller, Die Umgehung des Rechts des Verbrauchsgüterkaufs im Gebrauchtwagenhandel, NJW 2003, 1975 - 1980 (1979).

612 Vgl. auch BT-Drucks. 10/504, S. 79.

Auch die Tatsache, dass V das Recht zusteht, den Vertrag nach § 123 BGB anzufechten, steht der Anwendung der Grundsätze von Treu und Glauben nicht entgegen, da ansonsten der täuschende K mit der Berufung auf die Verbraucherschutzvorschriften die - letztlich von ihm selbst gewollte - Loslösung vom Vertrag „provozieren“ könnte.

hemmer-Methode: Wird die Unternehmereigenschaft des Käufers dagegen in AGBen des Verkäufers vereinbart („Der Verkäufer geht davon aus, dass der Käufer den Kaufgegenstand zu gewerblichen Zwecken kauft und nutzt“), ist dies als Umgehung des Verbraucherschutzes unwirksam (§ 475 I S. 2 BGB) und im Übrigen oftmals überraschend i.S.d. § 305c I BGB.[613]

d) Sonderfall Nr. 2: Doppelter Nutzungszweck des Käufers („Dual use“)

Doppelter Nutzungszweck ***„dual use“***

Ein Alltagsproblem sind die Fälle, in denen ein Käufer eine bewegliche Sache kauft und diese teils beruflich, teils privat nutzt („dual use“). 457d

Der Käufer ist daher sowohl Unternehmer als auch Verbraucher. Ob bzw. wann in solchen Fällen ein Verbrauchsgüterkauf vorliegt, war lange Zeit umstritten.

Bsp.: Arzt A möchte sich zu privaten Zwecken einen Laptop kaufen, um im heimischen Wintergarten im Internet zu surfen. Außerdem will er den Laptop zum Schreiben von Artikeln für medizinische Fachzeitschriften verwenden, von denen er in den letzten sieben Jahren erst fünf Stück veröffentlicht hat.

A ist Arzt und übt damit eine **selbstständige** berufliche Tätigkeit aus. Er will den Laptop allerdings v.a. dazu nutzen, um zu Hause in seinem Wintergarten, also in seiner Freizeit, im Internet zu surfen. Andererseits möchte A auf dem Laptop auch Artikel für medizinische Fachzeitschriften schreiben. Diese Tätigkeit ist seiner selbstständigen beruflichen Tätigkeit als Arzt zuzurechnen.

Voraussetzung für VGK

Damit liegt hier ein Fall vor, bei dem der Vertragsgegenstand sowohl privaten als auch gewerblichen bzw. selbstständig beruflichen Zwecken dienen soll, sog. **„dual use“**.

Schwerpunkt der Nutzung ist maßgeblich

Nach früher h.M. und seit 13.06.2014 geltenden Rechtslage kommt es auf den **Schwerpunkt der Nutzung** an (vgl. Wortlaut des § 13 BGB: **„überwiegend“**). Solange der Käufer den Gegenstand überwiegend privat nutzt, liegt also ein Verbrauchsgüterkauf vor.[614]

Ergebnis: A ist daher als Verbraucher zu behandeln.

hemmer-Methode: Im Zweifel ist letztlich entscheidend, wie der Käufer gegenüber seinem Vertragspartner auftritt. Dies entspricht der mittlerweile ganz herrschenden Auffassung, dass die Verbrauchereigenschaft objektiv zu bestimmen ist (vgl. dazu nochmals Rn. 457c).[615]

e) Sonderfall Nr. 3: Branchenfremder Verkauf durch Unternehmer

Branchenfremder Verkauf durch Unternehmer

Lange Zeit ungeklärt war die Frage, ob auch dann ein Verbrauchsgüterkauf vorliegt, wenn der Verkauf eines Gegenstandes durch einen Unternehmer an einen Verbraucher nicht zum Geschäftsbetrieb des Unternehmers gehört (sog. **„branchenfremdes Nebengeschäft“**). 457e

[613] Vgl. AG Zeven, DAR 2003, 379 - 380 (zitiert nach Kieselstein/Rückebeil, Aktuelle Rechtsprechung zu einzelnen Problemen des Verbrauchsgüterkaufs, JA 2006, 423 - 426 (424)). Das AG ging von § 475 I S. 1 BGB aus. Überzeugender ist es aber, einen nach § 475 I S. 2 BGB unzulässigen Umgehungsversuch anzunehmen.

[614] So OLG Celle, NJW-RR 2004, 1645 - 1647 = jurisbyhemmer; OLG Bremen, ZGS 2004, 394 - 395 = jurisbyhemmer; Palandt, § 13, Rn. 4.

[615] OLG Celle, ZGS 2007, 354 - 356 = jurisbyhemmer.

*Verkauf durch **freiberuflichen Unternehmer** (z.B. Arzt, Rechtsanwalt)*

aa) In den Fällen, in denen ein **freiberuflicher**, nicht kaufmännischer **Unternehmer** seinen beruflich genutzten Pkw an einen Verbraucher verkauft hat, wurde bislang das Vorliegen eines Verbrauchsgüterkaufes von der instanzgerichtlichen Rechtsprechung verneint.

LG Frankfurt a.M.

In einem vom LG Frankfurt a.M. entschiedenen Fall[616] hatte eine Zahnärztin ihren aus steuerlichen Gründen über die Arztpraxis geführten Pkw an einen Verbraucher unter Ausschluss der Gewährleistung verkauft. Dieser war nach Ansicht des LG Frankfurt nicht nach § 475 I S. 1 BGB unwirksam, da die Ärztin hier nicht als Unternehmerin i.S.d. § 474 I S. 1 BGB gehandelt habe. Dass die Ärztin als Freiberuflerin dem Grunde nach dem Unternehmerbegriff des § 14 I BGB unterfällt, sei nicht ausreichend, um damit automatisch den Verkauf des Fahrzeugs ihrer unternehmerischen Sphäre zuzuordnen.

Wie der Wortlaut des § 14 I BGB zeigt, bedürfe es neben der Unternehmereigenschaft des Verkäufers auch noch einer kausalen, engeren Verknüpfung zwischen der unternehmerischen Tätigkeit als solcher und dem in Rede stehenden Geschäft. Diese fehle hier. Als Zahnärztin gehöre der Verkauf von Fahrzeugen **nicht zu** ihrem **unternehmerischen Kerngeschäft**.

KG Berlin

Ebenso hat das KG Berlin in einem Fall entschieden[617], in dem eine Fachberaterin auf dem Gebiet des Vertriebs von Ferienhäusern ihren Geschäftswagen verkauft hat.

hemmer-Methode: In beiden Fällen war nach Ansicht der Gerichte die steuerliche Zuordnung nicht ausschlaggebend. Die Geltendmachung steuerlicher Vorteile sage nichts über die tatsächliche Nutzung des Pkw aus.
Der Käufer müsse daher in diesem Fall beweisen, dass es sich bei dem Pkw um einen Unternehmensgegenstand gehandelt habe. Die Unternehmensbezogenheit des Rechtsgeschäftes wird insbesondere bei Freiberuflern nicht unter dem Gesichtspunkt des § 344 I HGB vermutet. Die §§ 13, 14 BGB würden den Ausgleich vermuteter wirtschaftlicher Ungleichheit bezwecken und seien damit - im Unterschied zu den handelsrechtlichen Regelungen - gerade nicht auf Publizität und Vertrauensschutz gerichtet.

*Verkauf durch **kaufmännischen Unternehmer** (z.B. GmbH)*

bb) Ohne diese beiden Urteile auch nur zu erwähnen, hat der BGH im vorliegenden Fall für den Verkauf durch eine GmbH, die kraft ihrer Rechtsform gem. § 13 III GmbHG, § 6 I, II HGB als Kaufmann anzusehen ist, das Vorliegen eines Verbrauchsgüterkaufs bejaht.

> ***Bsp.:*** *K kauft von der im Bereich der Drucktechnik tätigen V-GmbH (V) einen gebrauchten Pkw.*
>
> *Liegt ein Verbrauchsgüterkauf vor?*[618]

Nach Ansicht des BGH fällt der Verkauf beweglicher Sachen durch eine GmbH an einen Verbraucher - auch soweit es sich um „branchenfremde Nebengeschäfte“ handelt - im Zweifel unter die Bestimmungen der §§ 474 ff. BGB zum Verbrauchsgüterkauf

Vermutung nach § 344 I HGB

Auch der Verkauf beweglicher Sachen durch eine GmbH an einen Verbraucher gehört gem. **§ 344 I HGB** im Zweifel zum Betrieb des Handelsgewerbes der GmbH.

---

616 LG Frankfurt a.M., NJW-RR 2004, 1208.

617 KG Berlin, ZGS 2007, 78 = **juris**byhemmer.

618 BGH, **Life&Law 2011, Heft 10, 695 - 703 (700 ff.)** = BB 2011, 1793 - 1794 = **juris**byhemmer.

Zu den Handelsgeschäften eines Kaufmanns gehören nicht nur die für sein Handelsgewerbe üblichen, dafür typischen, sondern alle Geschäfte, die sich auch nur mittelbar auf sein Handelsgewerbe beziehen, mit ihm in einem auch nur entfernten, lockeren Zusammenhang stehen. Es kommt nicht darauf an, dass das jeweilige Geschäft für die Branche des Kaufmanns typisch ist.[619]

Der Verkauf fällt damit **auch bei einem branchenfremden Nebengeschäft** unter die Bestimmungen der §§ 474 ff. BGB für den Verbrauchsgüterkauf, sofern die gesetzliche Vermutung des § 344 I HGB nicht widerlegt ist.[620]

Eine Beschränkung des Anwendungsbereichs der §§ 474 ff. BGB auf professionelle Verkäufer, d.h. den engeren Kreis gewerblicher Kraftfahrzeughändler, ist abzulehnen.[621] Sie findet in der gesetzlichen Regelung keine Stütze und liefe auch dem weiten Schutzzweck der §§ 474 ff. BGB zuwider, bei denen es auf die Schutzbedürftigkeit des Käufers und nicht auf die des Verkäufers ankommt.

Ergebnis: Damit liegt zwischen K und V ein Verbrauchsgüterkauf vor.

hemmer-Methode: Wie unter Rn. 457c dargestellt wurde, ist die Verbrauchereigenschaft danach zu bestimmen, zu welchem Zweck eine bewegliche Sache gekauft wird.
Ist nun der Käufer ein Kaufmann und kauft zu privaten Zwecken einen Gegenstand, so müsste danach eigentlich ein Verbrauchsgüterkauf vorliegen. Fraglich ist aber, ob sich aus der Vermutung des § 344 I HGB etwas anderes ergibt. Danach müsste der Privatcharakter eines Geschäfts beim Vertragsschluss deutlich gemacht werden.
Würde man § 344 I HGB anwenden, so wäre ein und derselbe Fall als Verbrauchsgüterkauf zu behandeln, wenn der Käufer freiberuflicher Unternehmer (und damit kein Kaufmann) wäre bzw. als unternehmerisches Geschäft zu behandeln, wenn der Käufer Kaufmann wäre.
Dies ist nicht sachgerecht. Überzeugend wäre es daher, den § 344 I HGB nicht zum Nachteil eines Verbrauchers anzuwenden.[622]

f) Sonderfall Nr. 4: Vom Unternehmer als Verkäufer vorgeschobener Verbraucher

Vorgeschobener Verbraucher als Verkäufer

Schiebt beim Verkauf einer beweglichen Sache an einen Verbraucher der Verkäufer, der Unternehmer ist, einen Verbraucher als Strohmann vor, um die Sache unter Ausschluss der Haftung für Mängel zu verkaufen, so haftet nach Ansicht des BGH der vorgeschobene Verbraucher nicht nach den strengen Regeln des Verbrauchsgüterkaufrechts.[623] 457f

Bei der gewählten Vertragskonstruktion könnte es sich zwar um ein Umgehungsgeschäft i.S.d. § 475 I S. 2 BGB handeln (vgl. dazu Rn. 461). Daraus folgt aber nicht, dass der Verbraucher wie ein Unternehmer für Mängel der Sache einzustehen hat.

Unabhängig davon, wie man die Haftung des Unternehmers selbst begründet, führt eine Umgehung jedoch nicht dazu, dass der Verbraucherverkäufer wie ein Unternehmer Gewähr zu leisten hat.

---

619 BGH, WM 1976, 424 - 425 = **juris**byhemmer.

620 Die Anwendung der §§ 343, 344 HGB bei der Prüfung, ob bei Kaufleuten ein Unternehmergeschäft im Sinne der §§ 14, 474 BGB vorliegt, entspricht auch der Auffassung in der Literatur, vgl. Palandt, § 14, Rn. 2.

621 Ebenso MüKo, § 474 BGB, Rn. 21; Bamberger/Roth/Faust, § 474 BGB, Rn. 12.

622 Vgl. dazu **Life&Law 2011, Heft 10, 702 f.** (hemmer-background zu BGH, **Life&Law 2011 Heft 10, 695 - 703 (700 ff.)**) sowie MüKo, § 14 BGB, Rn. 34 m.w.N.; Koller/Roth/Moprck, HGB, § 344, Rn. 2a.

623 BGH, **Life&Law 5/2007, 291 ff.** = NJW 2007, 759 ff. = **juris**byhemmer.

Denn der Verbraucherkäufer soll im Verhältnis zu dem Unternehmer, dem „wirtschaftlichen" Verkäufer geschützt werden. Dementsprechend richtet sich die strenge Haftung nach den §§ 474 ff. BGB gegen ihn, nicht aber gegen den Verbraucherverkäufer. Die Unternehmereigenschaft wird dem Verbraucherverkäufer daher nicht zugerechnet.

hemmer-Methode: Der Kaufvertrag zwischen dem vorgeschobenen Verbraucherverkäufer und dem Käufer ist im Übrigen wirksam, da die Voraussetzungen eines Scheingeschäfts (§ 117 I BGB) nicht vorliegen, solange wenigstens der Käufer den Abschluss des Kaufvertrages möchte.[624]

2. Sachlicher Anwendungsbereich

a) Nicht erfasst werden gebrauchte Sachen, die im Rahmen einer Zwangsvollstreckung in einer öffentlichen Versteigerung verkauft werden, an welcher der Verbraucher persönlich teilnehmen kann, § 474 I S. 2 BGB.[625] 458

Für den Begriff der öffentlichen Versteigerung gilt die Legaldefinition des § 383 III S. 1 BGB. Danach ist eine Versteigerung nur dann öffentlich, wenn sie durch einen für den Versteigerungsort bestellten Gerichtsvollzieher oder zu Versteigerungen befugten anderen Beamten oder öffentlich angestellten Versteigerer vorgenommen wird.

Der Begriff der öffentlichen Versteigerung im Sinne von §§ 383 III, 474 I S. 2 BGB setzt nicht voraus, dass ein nach § 34b V GewO öffentlich bestellter Versteigerer, der eine Auktion durchführt, auch Veranstalter der Auktion ist.[626]

Nur bei einer Versteigerung in diesem Sinne finden die Vorschriften über den Verbrauchsgüterkauf gem. § 474 I S. 2 BGB keine Anwendung.[627]

hemmer-Methode: Werden Sachen auf Grund eines Pfandrechts gemäß § 1235 I BGB öffentlich versteigert (vgl. die Legaldefinition in § 383 III BGB), so regelt § 445 BGB den Ausschluss der Mängelrechte. Für die Versteigerung im Rahmen der Zwangsvollstreckung gilt dagegen § 806 ZPO.

Nur bewegliche Sachen

b) Ebenfalls nicht unter §§ 474 ff. BGB fallen Kaufverträge über unbewegliche Sachen oder Rechte. 458a

Die Modifizierungen bei einem Verbrauchsgüterkauf betreffen vor allem die vertragliche Abänderbarkeit der kaufrechtlichen Vorschriften, eine Beweislastumkehr zugunsten des Verbrauchers, eingeschränkte Gefahrtragungsregeln und Sondervorschriften für Garantien.

II. Einschränkung abweichender Vereinbarungen, § 475 BGB

Zwingende Normen

Im Rahmen eines Verbrauchsgüterkaufs sind die kaufrechtlichen Vorschriften zugunsten des Verbrauchers weitgehend zwingend, § 475 BGB, d.h. Vereinbarungen, die zum Nachteil des Verbrauchers von den genannten gesetzlichen Bestimmungen abweichen, sind insoweit nicht möglich. 459

---

624 BGH, Life&Law 3/2013, 161 ff. = NJW-RR 2013, 687 f. = **juris**byhemmer.

625 Vgl. Wertenbruch, Gewährleistung beim Kauf von Kunstgegenständen nach neuem Schuldrecht, NJW 2004, 1977 - 1982 (1981); Harms, in BRAK-Mitteilungen, 2001, 281.

626 BGH, **Life&Law 2010, Heft 8, 567 - 569** = ZGS 2010, 227 - 230 = **juris**byhemmer.

627 Vgl. BGH, **Life&Law 2006, Heft 4, 224 - 228** = NJW 2006, 613 - 615 = **juris**byhemmer.

Bei einem Verbrauchsgüterkauf darf daher auch keine Rügeobliegenheit des Verbrauchers bei offensichtlichen Mängeln geregelt werden.[628]

1. § 475 I, III BGB

Wesentliche Gewährleistungsvorschriften werden zwingendes Recht

§ 475 I S. 1 BGB bestimmt, dass sich der Verkäufer auf Vereinbarungen, die vor Mitteilung eines Mangels an den Unternehmer zu Lasten des Verbrauchers von den §§ 433 - 435, 437, 439 - 443 BGB abweichen, nicht berufen kann. Diese sonst abdingbaren Vorschriften erhalten also beim Verbrauchsgüterkauf den Status zwingenden Rechts. 460

hemmer-Methode: Die Vereinbarung ist nicht etwa unwirksam, worauf bereits der Wortlaut hinweist („kann der Unternehmer sich nicht berufen"). Er hat lediglich keine Wirkung.
Nach der Ansicht von Palandt, § 475 BGB, Rn. 5 ist die Vereinbarung dagegen unwirksam und die Formulierung nur deshalb so gewählt, damit man „nicht in die Verlegenheit kommt", gemäß § 139 BGB den gesamten Kaufvertrag als unwirksam anzusehen.
Bei dieser „Streitfrage" handelt es sich eher um ein dogmatisches als ein praktisches Problem. Zeigen Sie dennoch in der Klausur, dass Sie diese Feinheiten kennen.

Maßgeblicher Zeitpunkt

Dies gilt jedoch nur, sofern die abweichende Vereinbarung vor Mitteilung des Mangels an den Unternehmer erfolgt ist. Danach getroffene Vereinbarungen können also zulässigerweise von den genannten Vorschriften zum Nachteil des Verbrauchers abweichen. 461

Aus § 475 I BGB ergibt sich für den Verbraucher, dass ihm auf keinen Fall das Recht auf Nacherfüllung, Minderung oder Rücktritt wegen Sach- oder Rechtsmängeln genommen werden kann.

Es ist daher nicht mehr möglich, bei einem Verbrauchsgüterkauf im Voraus die Mängelrechte des Verbrauchers individualvertraglich oder durch AGBen zum Nachteil des Verbrauchers zu modifizieren.

hemmer-Methode: Beachten Sie aber bitte nochmals, dass § 475 I BGB eine Regelung der Vertragsparteien nach Mitteilung eines Mangels zulässt. Dadurch sollen insbesondere Vergleiche zwischen den Parteien ermöglicht werden.

Bsp.: *Verbraucher V hat bei Unternehmer U eine Waschmaschine gekauft. Nach Übergabe stellt sich heraus, dass sich die Tür der Maschine nur schwer öffnen lässt. Als V dies dem U mitteilt, vereinbaren sie auf Betreiben des U, dass das Rücktrittsrecht des V ausgeschlossen sein soll und er stattdessen 10% des Kaufpreises zurückerhält. Kurz darauf stellt V fest, dass die Waschtrommel der Maschine stark angerostet ist, und will vom Vertrag zurücktreten. U beruft sich auf den vereinbarten Ausschluss des Rücktrittsrechtes.*

Fraglich ist allein, ob V und U das Rücktrittsrecht des V wegen Mängeln der Kaufsache aus § 437 Nr. 2 Alt. 1 BGB i.V.m. § 326 V BGB bzw. § 323 I BGB wirksam ausgeschlossen haben. Aufgrund der Vertragsfreiheit der Kaufvertragsparteien ist dies grundsätzlich möglich.

Allerdings wird die Vertragsfreiheit durch § 475 I BGB beim Verbrauchsgüterkauf eingeschränkt, um dem Käufer nachteilige Abweichungen von den gesetzlichen Regelungen weitgehend zu vermeiden. Hier liegt eine Abweichung von § 437 BGB vor. Diese ist jedoch nur dann nach § 475 I S. 1 BGB unbeachtlich, wenn sie „vor Mitteilung eines Mangels" erfolgt ist.

[628] OLG Hamm, **Life&Law 10/2012, 710 ff.**

Das nicht richtige Funktionieren der Tür stellt einen Sachmangel i.S.d. § 434 I S. 2 Nr. 2 BGB dar; nach dessen Mitteilung an U wurde die Vereinbarung über den Ausschluss des Rücktrittsrechtes getroffen.

Nach Sinn und Zweck des § 475 I S. 1 BGB ist trotz des missverständlichen Wortlauts eine dem Käufer nachteilige abweichende Vereinbarung jedoch nur bezüglich desjenigen Mangels möglich, den der Käufer dem Verkäufer (= Unternehmer) i.S.d. § 475 I S. 1 BGB mitgeteilt hat.

Es wäre unsinnig, wenn nur irgendein Mangel mitgeteilt werden müsste, um § 475 I S. 1 BGB auszuschließen. Daher kann V wegen der mangelhaften Tür nicht mehr zurücktreten; hinsichtlich der verrosteten Waschtrommel gilt jedoch § 475 I S. 1 BGB, sodass er vom Vertrag (evtl. nach vorheriger Fristsetzung, § 323 I BGB) zurücktreten kann.

Keine Umgehung

§ 475 I S. 2 BGB stellt zudem sicher, dass die Rechte des Verbrauchers nicht durch eine Umgehung der Regelungen mittelbar außer Kraft gesetzt werden dürfen.

„Agenturgeschäfte"

Nach einer M.M. stellen „Agenturverträge", in denen ein Händler ein in Zahlung genommenes Auto als Agent/Vermittler des Kunden weiter verkauft, generell eine unzulässige Umgehung i.S.d. § 475 I S. 2 BGB dar. Zulässig sollen Agenturgeschäfte nur dann sein, wenn der Agent kein unternehmerischer Verkäufer von Gebrauchtwagen sei.

Als Beispiel werden die Gebrauchtwagenmärkte am Wochenende genannt, bei denen ein Geschäftsmann sein Gelände als Stellplatz für Verkäufer vermietet. Selbst wenn der Vermieter ein Unternehmer ist, ist dies unschädlich, da er kein unternehmerischer Verkäufer sei.[629]

Ansicht des BGH

Der BGH hat diese Frage in Übereinstimmung mit der Vorinstanz (OLG Stuttgart[630]) dahingehend entschieden, dass die Gebrauchtwagenagentur nicht generell verboten werden könne.[631]

Schutz des Verbrauchers in Missbrauchsfällen

Nur in Missbrauchsfällen läge eine unzulässige Umgehung vor. Dies sei aber erst dann der Fall, wenn der Händler dem in Zahlung gebenden Verbraucher einen Mindestpreis garantiere und so das wirtschaftliche Risiko der Inzahlungnahme übernommen habe.[632]

Praxis-Tipp

Praxis-Tipp: Die Devise, die die Anwälte künftig dem Gebrauchtwagenhändler mit auf den Weg geben, wird also lauten:

„Bieten Sie dem privaten Anbieter eines Autos nur einen Agenturvertrag an und handeln Sie beim Verkauf in dessen Namen. Und hüten Sie sich davor, dem Anbieter eines Gebrauchten das Unverkäuflichkeitsrisiko abzunehmen."[633]

Nach a.A. liegt niemals ein Umgehungsgeschäft i.S.d. § 475 I S. 2 BGB vor

Nach einer weiteren Ansicht ist es überzeugend, ein Umgehungsgeschäft in solchen Drei-Personen-Verhältnissen stets zu verneinen. Der Verkäufer ist in den Missbrauchsfällen (Fallvariante 1) dem Dritten aber aus c.i.c. gem. §§ 280 I, 311 III S. 2 BGB zum Schadensersatz verpflichtet.[634]

---

629 Hofmann, Agenturverträge im Gebrauchtwagenhandel, JuS 2005, 8 - 12 (11).

630 OLG Stuttgart, **Life&Law 2004, Heft 11, 723 - 727** = NJW 2004, 2169 - 2171 = **juris**byhemmer.

631 BGH, NJW 2005, 1039 - 1041 = **juris**byhemmer.

632 Lesen Sie die Zusammenfassung der Entscheidung des BGH, die nahezu komplett übereinstimmt mit der der Vorinstanz des OLG Stuttgart (**Life&Law 2004, Heft 11, 723 - 727** = NJW 2004, 2169 - 2171 = **juris**byhemmer), nach bei Katzenmeier, Agenturgeschäfte im Gebrauchtwagenhandel, NJW 2004, 2632 - 2633.

633 Nach Schmidt, Verbraucherbegriff und Verbrauchervertrag - Grundlagen des § 13 BGB, JuS 2006, 1 - 8 (7).

634 So auch Katzenmeier, Agenturgeschäfte im Gebrauchtwagenhandel, NJW 2004, 2632 - 2633.

Der dritte Käufer ist im Rahmen dieses Schadensersatzanspruches dann so zu stellen, als hätte er den „Gebrauchten" von einem Unternehmer im Rahmen eines Verbrauchsgüterkaufs erworben.

Der Schaden des Dritten besteht im wirksamen Ausschluss der Mängelrechte. Er ist nun über §§ 280 I, 311 II, 249 I BGB so zu stellen, als ob ein Verbrauchsgüterkauf vorliegen würde. In diesem Fall wäre der Gewährleistungsausschluss wegen § 475 I S. 1 BGB nämlich nicht wirksam gewesen, sodass der Dritte z.B. mindern oder zurücktreten könnte. Der Schaden besteht also konkret in der Höhe des Wertes der ihm genommenen Mängelrechte.

Ähnliche Problematik beim Leasing

hemmer-Methode: Der BGH hatte noch in einem anderen Drei-Personen-Verhältnis über die Frage eines Umgehungsgeschäfts zu entscheiden: Dem Leasingnehmer (LN), einem Verbraucher, wurden unter Ausschluss seiner mietvertraglichen Gewährleistungsansprüche gegen den Leasinggeber (LG) dessen kaufrechtliche Mängelrechte gegen den Verkäufer V abgetreten. Im Kaufvertrag zwischen dem Händler V und dem LG wurde die kaufrechtliche Mängelhaftung jedoch ausgeschlossen.

Nach richtiger Ansicht des BGH ist ein so abgewickeltes Finanzierungsleasinggeschäft keine zur Umgehung des Verbrauchsgüterkaufs geeignete anderweitige Gestaltung i.S.v. § 475 I S. 2 BGB, auch wenn bei einem Verbrauchsgüterkauf neuer Sachen die Mängelhaftung nicht ausgeschlossen werden kann.[635]

An dem Kaufvertrag ist nämlich gar kein Verbraucher beteiligt. Auch wenn der Verbraucher durch den Ausschluss faktisch keine kaufrechtlichen Mängelrechte bekommt, liegt kein Fall des § 475 I S. 2 BGB vor. Denn der Verbraucher selbst hat die Entscheidung getroffen, nicht einen Kauf-, sondern einen Leasingvertrag abzuschließen. Der Verkäufer ist nicht sein Vertragspartner.

Einzige Rechtsfolge ist in diesem Fall, dass der Ausschluss der mietvertraglichen Gewährleistungsrechte im Verhältnis LG ⇔ LN gem. § 307 I, II BGB unwirksam ist. Ein Ausschluss ist nämlich nach h.M. nur dann wirksam, wenn dem LN ein äquivalenter Ersatz für die Mängelrechte gegeben wird.

Dies ist nicht der Fall, wenn die kaufrechtlichen Mängelrechte gar nicht oder nur in „beschnittener Form" abgetreten werden.

Arbeiten Sie diese examensrelevante Entscheidung durch. Es genügt, wenn Sie OLG Naumburg, Life&Law 2005, 510 ff. lesen, da der BGH dieses Urteil im Wesentlichen übernommen hat.

„Bastlerfahrzeuge" und „rollender Schrott"

Wann eine solche Umgehung vorliegt, ist äußerst umstritten. Seit dem 01.01.2002 werden von „findigen" Händlern Kaufverträge über „Bastlerfahrzeuge" oder „rollender Schrott" abgeschlossen.

Mit diesen Verträgen wird versucht, das starke Mängelrecht beim Verbrauchsgüterkauf zu umgehen. Derartige unbestimmte Klauseln dürfen die Verbraucherrechte natürlich nicht einschränken; jedoch muss im Einzelfall immer geprüft werden, ob nicht tatsächlich doch „Schrott" oder ein „Bastlerfahrzeug" Kaufgegenstand waren. Dann wäre die Klausel natürlich als **negative** (von der typisierten Beschaffenheit nach § 434 I S. 2 BGB abweichende) **Beschaffenheitsvereinbarung** i.S.d. § 434 I S. 1 BGB zulässig.

Für eine wirksame negative Beschaffenheitsvereinbarung ist aber erforderlich, dass sie auf eine konkrete Eigenschaft der Kaufsache Bezug nimmt und so dem Käufer den konkreten Mangel vor Augen führt.[636]

---

[635] Vgl. BGH, NJW 2006, 1066 - 1068 = **juris**byhemmer (= Bestätigung von OLG Naumburg, **Life&Law 2005, Heft 8, 510 - 517** = NJW 2005, 739 - 741 = **juris**byhemmer); Ackermann, Leasing leicht gemacht?, JA 2006, 426 - 431 (428).

[636] Vgl. Palandt, § 434, Rn. 16; Bamberger/Roth, § 475 BGB, Rn. 10.

Kauft jemand ein gebrauchtes Auto, um damit zu fahren, so liegt ein unzulässiger Umgehungsversuch i.S.d. § 475 I S. 2 BGB vor.[637] Denn die Bezeichnung als „Bastlerfahrzeug" oder „rollender Schrott" stellt einen „Rundumschlag" dar, der sich auf jeden erdenklichen Mangel bezieht und damit auf einen Gewährleistungsausschluss hinausläuft, der gem. § 475 I S. 1 BGB unzulässig ist. Derartige „Pseudo-Vereinbarungen" sind daher ein klassischer Fall einer Umgehung.

Die Kontrollfragen zur Überprüfung der Wirksamkeit lauten:

1. Steht die Vereinbarung im Einklang mit dem übrigen Vertragsinhalt, ist sie also ernstlich als negative Beschaffenheitsvereinbarung gewollt?

2. Bestand ein Anlass für eine solche Vereinbarung wegen konkreter Mängel?

Nur wenn Sie beide Fragen mit **„Ja"** beantworten können, ist die Vereinbarung als negative Beschaffenheitsvereinbarung i.S.d. § 434 I S. 1 BGB wirksam.[638]

hemmer-Methode: Zur Zulässigkeit negativer Beschaffenheitsvereinbarungen beim Verbrauchsgüterkauf vgl. Hemmer/Wüst, Der Streit- und Meinungsstand im neuen Schuldrecht, Fall 11.[639]

Abdingbar: Schadensersatzanspruch ⇨ §§ 307 ff. BGB beachten

Jederzeit möglich ist jedoch ein Ausschluss oder die Beschränkung von Schadensersatzansprüchen, § 475 III BGB. Bei Verwendung von AGBen sind allerdings die §§ 307 bis 309 BGB zu beachten. Nach h.M. ist nur eine Freizeichnung von Mangelschäden, nicht hingegen von Mangelfolgeschäden mit § 307 II Nr. 2 BGB vereinbar.[640] 462

hemmer-Methode: Die eingeschränkte Möglichkeit des Ausschlusses von Mängelrechten durch § 475 BGB hat sowohl in der Praxis als auch in der Klausur große Bedeutung: Die meisten Alltagsgeschäfte fallen unter § 474 I BGB und werden modifiziert!
Wichtig ist, dass die Sonderregeln der §§ 474 ff. BGB auch bei Verwendung von AGBen zu beachten sind; auch hierbei handelt es sich um vertragliche Vereinbarungen.

2. § 475 II BGB

Verkürzung der Gewährleistungsfrist nach § 438 BGB

Nicht in § 475 I BGB genannt ist § 438 BGB. Dem Verbraucher (= Käufer) nachteilige abweichende Vereinbarungen über die Fristverkürzung der Mängelrechte sind nicht generell nach § 475 I BGB unzulässig. 463

Grds. zulässig ⇨ § 202 BGB

Gemäß **§ 202 BGB** sind Vereinbarungen bzgl. der Verjährung grundsätzlich zulässig.

Grenzen: § 475 II BGB

Sie sind jedoch nach § 475 II BGB nur eingeschränkt möglich. Hiervon ist allerdings wiederum die Verjährung von Schadensersatzansprüchen nach § 437 Nr. 3 BGB ausgenommen, vgl. § 475 III BGB. Bei Verwendung von AGBen sind jedoch die §§ 307 bis 309 BGB, insbesondere § 309 Nr. 8b ff) BGB, zu beachten.

---

637 So lag der Fall des OLG Oldenburg, ZGS 2004, 75 - 76 = **juris**byhemmer; dazu Anmerkung von Stölting, ZGS 2004, 96 - 98.

638 Zur Zulässigkeit der Vereinbarung der „Gebraucht-Eigenschaft" beim Kauf eines sechs Monate alten Pferdes vgl. OLG Schleswig, ZGS 2006, 276 - 277.

639 Zur Vertiefung lesen Sie Stölting, Zulässigkeit negativer Beschaffenheitsvereinbarungen in Verbrauchsgüterkaufverträgen, ZGS 2004, 96 - 98 sowie vertiefend Müller, Die Umgehung des Rechts des Verbrauchsgüterkaufs im Gebrauchtwagenhandel, NJW 2003, 1975 - 1980.

640 Wie hier Schulze/Ebers, Streitfragen im neuen Schuldrecht, JuS 2004, 462 - 468 (466); Bamberger/Roth/Becker, § 309 Nr. 8 BGB, Rn. 30, 35; a.A. Litzenburger, Das Ende des vollständigen Gewährleistungsausschlusses beim Kaufvertrag über gebrauchte Immobilien, NJW 2002, 1244 - 1247 (1245).

Es ist i.R.v. § 475 II BGB zwischen **neuen** und **gebrauchten** Sachen zu unterscheiden. 464

Neue Sachen: Mind. zwei Jahre

Bei einem Kauf einer neuen Sache darf bei einem Verbrauchsgüterkauf durch eine vertragliche Vereinbarung im Voraus (= Vereinbarung vor Mitteilung des Mangels, s.o.) eine Verjährungsfrist von zwei Jahren nicht unterschritten werden.

Gebrauchte Sachen: Mind. ein Jahr

Beim Kauf einer gebrauchten Sache muss die Verjährungsfrist mindestens die Dauer eines Jahres ab dem gesetzlichen Verjährungsbeginn nach § 438 II BGB betragen.

Problem: Tierkauf

Äußerst umstritten ist die Frage, ob bzw. ab wann Tiere als gebrauchte Sachen zu behandeln sind.

hemmer-Methode: Zwar sind Tiere wegen § 90a S. 1 BGB keine Sachen, jedoch werden nach § 90a S. 3 BGB die für Sachen geltenden Vorschriften entsprechend angewendet.

Tiere, die verkauft werden, sind nicht generell als „gebraucht" anzusehen. Ein Tier, das im Zeitpunkt des Verkaufs noch jung und bis zum Verkauf nicht benutzt worden ist, ist nicht „gebraucht". Nur nach einer M.M. in der Literatur sind Tiere stets als gebrauchte Sachen zu behandeln.[641]

hemmer-Methode: Gemessen an diesen Grundsätzen hat der BGH ein sechs Monate altes Hengstfohlen, das bislang weder als Reittier noch zur Zucht verwendet worden ist, als „neue Sache" behandelt.[642]

„Gebraucht-Eigenschaft" kann nicht vereinbart werden!

Sachen oder Tiere, die nach objektiven Maßstäben noch neu sind, können durch einen Unternehmer an einen Verbraucher nicht mit der vereinbarten Beschaffenheit „gebraucht" verkauft werden, um eine Abkürzung der Verjährung von Mängelansprüchen des Verbrauchers zu ermöglichen.[643]

Nach Mitteilung eines Mangels an den Unternehmer ist nach § 475 II BGB eine vertragliche Vereinbarung über eine kürzere Gewährleistungsfrist möglich.

Bsp.: *Kfz-Händler H verwendet bei seinen Verkäufen vorgedruckte Formulare, in welchen er die Verjährungsfristen für Mängelansprüche in Geschäften mit Verbrauchern verkürzt.* 465

A kauft bei H am 01.05.2014 einen gebrauchten Pkw für den privaten Gebrauch. Nach sieben Monaten bemerkt A, dass der Keilriemen des Pkw verschlissen ist. Aus dem desolaten Zustand des Keilriemens ergibt sich, dass der Keilriemen schon bei Übergabe des Pkw mangelhaft war.

Er verlangt daher von H, den Keilriemen auszutauschen. Dieser beruft sich jedoch auf seine AGBen, wonach Nachbesserungsansprüche nach sechs Monaten ab Übergabe des Pkw verjähren.

Kann A von H den Austausch des Keilriemens verlangen?

A macht einen Nacherfüllungsanspruch nach §§ 437 Nr. 1, 439 I BGB geltend.

1. Der mangelhafte Keilriemen zum Zeitpunkt der Übergabe stellt einen Sachmangel i.S.v. § 434 I S. 2 Nr. 2 BGB dar. Ein Käufer eines Gebrauchtwagens kann erwarten, dass sich der Keilriemen des Fahrzeugs bei der Übergabe in einem sonst üblichen Zustand befindet. Dies war hier nicht der Fall. Der Anspruch auf Nacherfüllung ist auch nicht nach § 275 BGB wegen Unmöglichkeit ausgeschlossen.

641 Eichelberger, Von neuen und gebrauchten Tieren, ZGS 2007, 98 - 101.

642 BGH, **Life&Law 2007, Heft 3, 147 - 155** = NJW 2007, 674 - 678 = **juris**byhemmer.

643 BGH, **Life&Law 2007, Heft 3, 147 - 155**; das hat die Vorinstanz (OLG Schleswig, ZGS 2006, 277 - 280) noch anders gesehen.

2. Fraglich ist jedoch, ob der Anspruch auf Nacherfüllung schon verjährt ist, insbesondere ob die Verkürzung der gesetzlichen Verjährungsfrist gemäß § 438 I Nr. 3 BGB durch die AGBen des H wirksam ist.

Bei dem Kauf des Kfz handelt es sich um einen Verbrauchsgüterkauf gemäß §§ 474 ff. BGB. A handelte als Verbraucher, § 13 BGB, H als Unternehmer i.S.v. § 14 BGB.

Nach § 475 II BGB ist daher eine Verkürzung der Verjährung nur insoweit möglich, als dies bei gebrauchten Sachen nicht zu einer kürzeren Verjährungsfrist von weniger als einem Jahr ab der Übergabe der Sache führt.

Die AGBen des H sehen jedoch eine Verjährungsfrist von nur sechs Monaten vor. Nach §§ 475 II, 306 I BGB kann sich der Verkäufer auf diese Klausel nicht berufen. Nach § 306 II BGB sind insoweit die gesetzlichen Vorschriften anzuwenden, folglich § 438 I Nr. 3 BGB.[644]

Demnach beträgt die Verjährungsfrist des Nacherfüllungsanspruchs zwei Jahre. A kann von H somit den Austausch des Keilriemens nach §§ 433 I S. 2, 437 Nr. 1, 439 I BGB verlangen.

III. Beweislastumkehr, § 476 BGB[645]

Beweislastumkehr

Im Rahmen eines Verbrauchsgüterkaufs findet gemäß § 476 BGB eine Beweislastumkehr zugunsten des Verbrauchers statt. 466

hemmer-Methode: Beweislastfragen spielen im Ersten Staatsexamen keine große Rolle. Wenn allerdings der Sachverhalt nichts darüber sagt, ob der Sachmangel bereits im Zeitpunkt des Gefahrübergangs vorlag, oder wenn im Sachverhalt hieran ausdrücklich Zweifel geäußert werden, kann und muss beim Verbrauchsgüterkauf auf § 476 BGB zurückgegriffen werden.[646]

Entgegen den allgemeinen Grundsätzen des § 363 BGB muss der Verkäufer beweisen, dass der Sachmangel bei Gefahrübergang nicht vorlag, wenn der Sachmangel innerhalb der ersten sechs Monate ab Gefahrübergang auftritt. § 476 BGB spricht insofern eine gesetzliche Vermutung für das Vorliegen des Sachmangels bereits im Zeitpunkt des Gefahrübergangs aus. Den Käufer trifft aber weiterhin die Beweislast, dass ein Mangel überhaupt vorliegt.

Widerlegbare Vermutung

§ 476 BGB berücksichtigt die grds. schlechtere Stellung des Verbrauchers hinsichtlich der Beweismöglichkeiten im Gegensatz zum Unternehmer. Der Verkäufer muss und kann die gesetzliche Vermutung widerlegen, § 292 ZPO. 467

Bessere Erkenntnismöglichkeiten des Verkäufers

Die Vorschrift ist deshalb gerechtfertigt, da der Verkäufer im Zeitpunkt des Gefahrübergangs besser beurteilen kann, ob ein Mangel vorliegt oder nicht. Er hat die größere Sachkenntnis und hat daher zu prüfen, ob die Sache mangelfrei ist. Der Verbraucher hat demgegenüber erheblich schlechtere Möglichkeiten des Beweises.

---

644 Nicht möglich ist es, im Rahmen des § 306 II BGB eine sog. geltungserhaltende Reduktion vorzunehmen, d.h. die Klausel insoweit aufrechtzuerhalten, dass wenigstens eine Verkürzung der Verjährungsfrist auf ein Jahr erhalten bleibt, wie nach § 475 II BGB zulässig. Eine solche geltungserhaltende Reduktion führt zu einer ungerechtfertigten Besserstellung des Verwenders von AGBen bzw. des Unternehmers: Dieser könnte immer darauf vertrauen, wenigstens die gesetzlich gerade noch zulässige oder angemessene Regelung zu erhalten, während die Rechte des Vertragspartners bzw. Verbrauchers immer beschränkt wären.

645 Zur Vertiefung vgl. Klöhn, Beweislastumkehr beim Verbrauchsgüterkauf (§ 476 BGB), NJW 2007, 2811 - 2815.

646 Hinweis für Referendare und Praktiker: Zu den „Auswirkungen der Nacherfüllung auf die Beweislastumkehr" lesen Sie den gleichnamigen Beitrag von Reinking, ZGS 2004, 130 - 134. Nach seiner Auffassung beginnt die Frist von sechs Monaten ab dem Ende der Nachlieferung neu. Bei der Nachbesserung dauert die Beweislastumkehr an, bis der Verkäufer den in der Frist des § 476 BGB offenbar gewordenen Mangel endgültig beseitigt hat.

Für die Beweislastumkehr nach § 476 BGB ist es unerheblich, ob der Verkäufer den Mangel, sofern dieser schon bei Gefahrübergang vorhanden war, hätte erkennen können. Sie setzt nicht voraus, dass der Verkäufer in Bezug auf den betreffenden Mangel tatsächlich bessere Erkenntnismöglichkeiten hat als der Käufer.[647]

Dem Wortlaut der Vorschrift lässt sich dafür nichts entnehmen. Zwar liegt der Beweislastumkehr des § 476 BGB ausweislich der Gesetzesbegründung die Erwägung zugrunde, dass ein Verkäufer, der als Unternehmer eine bewegliche Sache an einen Verbraucher verkauft, jedenfalls in engem zeitlichen Zusammenhang mit der Übergabe typischerweise über bessere Erkenntnis- und Beweismöglichkeiten verfügt als der Verbraucher.[648]

Das Eingreifen der Vermutung hängt aber nicht davon ab, ob im Einzelfall ein Wissensvorsprung des Unternehmers hinsichtlich der Mangelfreiheit der Kaufsache besteht. Andernfalls würde die Beweislastumkehr bei verdeckten Mängeln (zum Beispiel Verkauf originalverpackter Ware) generell nicht eingreifen und der spezifisch verbraucherschützende Charakter der Vorschrift damit weitgehend leer laufen.

hemmer-Methode: Die Beweislastumkehr des § 476 BGB findet bei allen Ansprüchen zwischen einem Verbraucher und einem Unternehmer Anwendung, bei denen es im Zusammenhang mit der Durchsetzung von Sachmängelgewährleistungsrechten des Verbrauchers darauf ankommt, ob die verkaufte Sache bei Gefahrübergang mangelhaft war. Das gilt auch dann, wenn das Bestehen eines Mangels bei Gefahrübergang Vorfrage für andere Ansprüche ist.[649]

1. Reichweite der Beweislastumkehr

„Opel-Vectra-Fall“

Im „Opel-Vectra-Fall“[650] hat der BGH erstmals entschieden, dass § 476 BGB lediglich eine Vermutung in zeitlicher Hinsicht aufstellt, und zwar dergestalt, dass der vom Käufer bewiesene Mangel als bei Gefahrübergang vorhanden gilt. 467a

Bsp.: *Der vom Verbraucher gekaufte Opel Vectra erleidet fünf Monate nach der Übergabe einen Motorschaden. Jedoch war die Vermutung des § 476 BGB widerlegt, weil der Opel Vectra nach der Übergabe tatsächlich ca. 10.000 km gefahren wurde und damit klar war, dass der Motor erst nach Gefahrübergang kaputt gegangen sein konnte.*

Der Sachverständige kommt zu dem Ergebnis, dass die Ursache des Motorschadens unzweifelhaft das Überspringen des Zahnriemens am Steuerrad der Nockenwelle gewesen ist. Für die Lockerung des Zahnriemens kommt ein Materialfehler in Betracht. Als weitere mögliche Ursache für die Lockerung des Zahnriemens kommt aber auch das Einlegen eines kleineren Gangs bei hoher Motordrehzahl in Betracht.

Stehen dem Käufer Mängelrechte zu?

Grundregel: Volle Beweislast beim Käufer nach Gefahrübergang

Macht der Käufer nach Entgegennahme des Kaufgegenstandes Mängelrechte geltend, muss grundsätzlich er die Mangelhaftigkeit beweisen. Dies folgt aus § 363 BGB, der nach der Modernisierung des Schuldrechts wegen der in § 433 I S. 2 BGB zum Ausdruck kommenden Erfüllungstheorie unmittelbar anwendbar ist. 467b

[647] Vgl. BGH, NJW 2007, 2619 - 2621 = jurisbyhemmer; Maultzsch, Der Ausschuss der Beweislastumkehr gem. § 476 BGB a.E., NJW 2006, 3091 - 3097 (3094); Reinking/Eggert, Der Autokauf, 9. Aufl., Rn. 1305 und 1312; a.A. OLG Stuttgart, ZGS 2005, 36 - 40 (38); Wietoska, Die Beweislastumkehr in § 476 BGB in der Praxis des Gebrauchtwagenkaufs, ZGS 2004, 8 - 12 (10).

[648] BT-Drucks. 14/6040, S. 245.

[649] Vgl. dazu BGH, **Life&Law 2009, Heft 2, 88 - 91** = NJW 2009, 580 - 582 = **juris**byhemmer.

[650] BGH, **Life&Law 2004, Heft 10, 645 - 649** = NJW 2004, 2299 - 2301 = **juris**byhemmer.

Hiernach hat der Käufer beide Komponenten des Mangelbegriffs des § 434 BGB nachzuweisen: die Abweichung der Ist- von der Sollbeschaffenheit und deren Vorliegen im Zeitpunkt des Gefahrübergangs.

Vermutung des § 476 BGB beim Verbrauchsgüterkauf

Beim Verbrauchsgüterkauf (§ 474 I S. 1 BGB) begründet § 476 BGB die (nach § 292 S. 1 ZPO widerlegliche) Vermutung, dass ein Mangel, der sich innerhalb der ersten sechs Monate nach Gefahrübergang zeigt, bereits bei Gefahrübergang vorhanden war. Ausgenommen von dieser Beweislastumkehr sind nur die Fälle, in denen diese Vermutung mit der Art der Sache oder des Mangels unvereinbar ist.

In der der Entscheidung zugrunde liegenden Konstellation konnte der Käufer zwar den Motorschaden beweisen. Doch war unstreitig, dass dieser erst nach Gefahrübergang entstand. Als weiterer Mangel kam nach den Angaben des Sachverständigen ferner ein Materialfehler in Betracht. Diesen konnte der Käufer aber nicht beweisen, da auch ein fehlerhafter Schaltvorgang für den Motorschaden ursächlich gewesen sein könnte.

Problem: Reichweite der Vermutung

Fraglich ist die Reichweite der Beweislastumkehr; nämlich ob sich diese nur auf das zeitliche Moment oder auf das Vorliegen eines Mangels i.S.v. § 434 BGB insgesamt bezieht.

Ansicht des BGH: Der Käufer muss Vorliegen eines Mangels beweisen ⇨ Vermutung nur in zeitlicher Hinsicht

1. Nach Ansicht des BGH, die mittlerweile als gefestigt bezeichnet werden muss, beschränkt sich die Beweislastumkehr des § 476 BGB auf die in zeitlicher Hinsicht wirkende Vermutung, dass der binnen sechs Monaten seit Gefahrübergang aufgetretene Sachmangel bereits im Zeitpunkt des Gefahrübergangs vorlag.[651] **467c**

§ 476 BGB stellt nach Ansicht des BGH aber nur eine **Vermutung in zeitlicher Hinsicht** auf, nämlich dergestalt, dass der vom Käufer bewiesene Mangel als bei Gefahrübergang vorhanden gilt.

hemmer-Methode: Der BGH trennt strikt zwischen dem „Ob“ und dem „Wann“ des Mangels!

Der Sachverständige kam hier zum Ergebnis, dass die Ursache des Motorschadens unzweifelhaft das Überspringen des Zahnriemens am Steuerrad der Nockenwelle gewesen ist. Für die Lockerung des Zahnriemens kommt ein Materialfehler in Betracht. Als weitere mögliche Ursache für die Lockerung des Zahnriemens kommt aber auch das Einlegen eines kleineren Gangs bei hoher Motordrehzahl in Betracht.

Auch das Vorliegen eines latenten Grundmangels wird nicht vermutet

Somit hatte der Käufer das Vorliegen eines Mangels i.S.v. § 434 BGB nicht nachgewiesen. Nach Ansicht des BGH muss der Käufer das Vorliegen eines latenten Grundmangels als Mangelursache aber beweisen. Da dies dem Käufer nicht gelang, wurde dessen Klage abgewiesen.

Nach Ansicht des BGH wird nach § 476 BGB daher lediglich Folgendes vermutet: „Zeigt sich innerhalb von sechs Monaten seit Gefahrübergang ein Sachmangel, so wird vermutet, dass dieser bereits bei Gefahrübergang vorlag.“

Ansicht der Literatur: Grds. muss Käufer den Mangel beweisen

2. Auch die Literatur ist der Ansicht, dass § 476 BGB nicht die Frage regelt, ob überhaupt ein Mangel vorliegt. Diesbezüglich liege die Beweislast beim Käufer, sodass dies als unstrittig bezeichnet werden kann. **467d**

Dennoch wurde die Entscheidung des BGH von der Literatur bereits heftig kritisiert.[652]

Aber: Wenn Mangel bewiesen wurde, wird vermutet, dass dieser auf latentem Grundmangel beruht

Die Kritik setzt nicht bei der rechtlichen Bewertung des Motorschadens, sondern bei dessen Ursache an. Der Motorschaden sei nur die für den Käufer sichtbare Auswirkung eines bereits bei Gefahrübergangs vorhandenen „Grundmangels“ i.S.v. § 434 BGB.

---

651 BGH, **Life&Law 2006, Heft 8, 507 - 516** = NJW 2006, 2250 - 2254; BGH, **Life&Law 2006, Heft 1, 6 - 11** = NJW 2005, 3490 - 3493; sowie BGH, **Life&Law 2006, Heft 3, 159 - 164** = NJW 2006, 434 - 437; BGH, **Life&Law 2004, Heft 10, 645 - 649** = NJW 2004, 2299 - 2301; **alle Entscheidungen = juris**byhemmer.

652 U.a. Lorenz, Sachmangel und Beweislastumkehr im Verbrauchsgüterkauf - Zur Reichweite der Vermutungsregelung in § 476 BGB, NJW 2004, 3020 - 3022.

Als solcher komme der Materialfehler in Betracht. Diesen müsse nach § 363 BGB zwar grundsätzlich der Käufer nachweisen, was ihm vorliegend aber nicht gelang.

Gerade gegen diese Beweisnot soll § 476 BGB den Käufer schützen, wie im Folgenden nachzuweisen ist. Demnach soll der Beweis des Folgemangels (hier: Motorschaden) genügen, um nach § 476 BGB zu vermuten, dass ein Grundmangel (hier: Materialfehler) bei Gefahrübergang vorlag.

Hierfür spricht Wortlaut des § 476 BGB

Die Kritik der Literatur stützt sich u.a. auf die Formulierung „(...) ein Sachmangel, so wird vermutet, dass die Sache bereits bei Gefahrübergang mangelhaft war (...)". Danach wird gemäß § 476 BGB nicht nur vermutet, dass gerade der aufgetretene Mangel bereits bei Gefahrübergang vorlag.

Kann der Käufer innerhalb der ersten sechs Monate nach Gefahrübergang einen Mangel (ohne zeitliche Komponente!) – wie hier den Motorschaden – nachweisen, wird vielmehr vermutet, dass nicht nur dieser Mangel bei Gefahrübergang vorlag, sondern auch, dass die Sache bei Gefahrübergang generell mangelhaft war. Andernfalls müsste § 476 BGB dahingehend formuliert sein, dass vermutet wird, „dass dieser Sachmangel bereits bei Gefahrübergang vorhanden war".

Allein schon die Lesart des § 476 BGB ist daher mit dem insoweit eindeutigen Wortlaut der Norm absolut unvereinbar. § 476 BGB lautet nämlich: *„Zeigt sich innerhalb von sechs Monaten seit Gefahrübergang ein Sachmangel, so wird vermutet, dass die Sache bereits bei Gefahrübergang mangelhaft war."*

Für den bewiesenen Motorschaden war die zeitliche Vermutung widerlegt. Dieser trat (erkennbar am Tachostand) unbestritten erst nach Übergabe ein.

Der Motorschaden als solcher ist jedoch nicht nur möglicher Mangel, sondern kann auch sichtbare Auswirkung und Folge eines „sich ausweitenden Grundmangels" sein. Als solcher kommt auch ein Materialfehler in Betracht.

Die Lehre sieht in der Beweisregel des § 476 BGB einen Ausdruck des Erfahrungssatzes dahingehend, dass ein binnen sechs Monaten offenkundig werdender Mangel wahrscheinlich schon bei Gefahrübergang zumindest im Keim vorhanden war.[653]

Nach Ansicht der Literatur wird gemäß § 476 BGB daher nicht nur vermutet, dass gerade der aufgetretene Mangel bereits bei Gefahrübergang vorlag. Vielmehr geht die Vermutung darüber hinaus.

Kann der Käufer innerhalb der ersten sechs Monate nach Gefahrübergang einen Mangel (hier Motorschaden) nachweisen, so wird vermutet, dass nicht nur dieser Mangel bei Gefahrübergang vorlag, sondern auch, dass die Sache bei Gefahrübergang generell mangelhaft war.[654]

Ergebnis: Angesichts der o.g. Formulierung wird gemäß § 476 BGB vermutet, dass der Motorschaden seine Ursache in einem bei Gefahrübergang vorhandenen Materialfehler hat. Dies hat der Verkäufer nur bestritten, aber nicht widerlegt (a.A. mit dem BGH natürlich vertretbar).

hemmer-Methode: Begrenzt man die Reichweite der Vermutungswirkung des § 476 BGB wie der BGH, besteht kaum ein Unterschied zum allgemeinen Kaufrecht.
Träfe die Rechtsprechung des BGH zu, so müsste der Käufer bei Mängeln, die eindeutig erst nach der Übergabe - aber innerhalb von sechs Monaten - zu Tage treten, beweisen, dass nicht er die Sache „kaputt gemacht hat", sondern dass hierfür ein Grundmangel verantwortlich ist.

---

653 Vgl. Lorenz, Sachmangel und Beweislastumkehr im Verbrauchsgüterkauf - Zur Reichweite der Vermutungsregelung in § 476 BGB, NJW 2004, 3020 - 3022 (3022); MüKo, § 476 BGB, Rn. 4 und 17; Bamberger/Roth/Faust, § 476, Rn. 4; Reinking/Eggert, Der Autokauf, 8. Aufl., Rn. 1345; Reinicke/Tiedtke, Kaufrecht, 7. Aufl., Rn. 737 f.; so auch OLG Brandenburg, DAR 2009, 92 - 95 = **juris**byhemmer.

654 Vgl. dazu auch **Hemmer/Wüst, Der Streit- und Meinungsstand im neuen Schuldrecht**, Fall 23.

Genau dieser Beweis wird dem Käufer trotz Sachverständigengutachten meist nur sehr schwer (und oft nie) gelingen.
Die vorliegende Konstellation zeigt, dass die allein zeitliche Modifikation des § 476 BGB nicht den vom Gesetzgeber intendierten Verbraucherschutz bewirkt.
Folgt man der Auffassung des BGH und besteht Streit über die Frage, ob Ursache für einen innerhalb von sechs Monaten aufgetretenen Mangel wiederum ein Mangel (sog. Grundmangel) oder normaler Verschleiß bzw. eine falsche Bedienung durch den Käufer ist, so muss der Käufer daher beweisen, dass Ursache für den aufgetretenen Mangel wiederum ein Mangel war. Kann er diesen Beweis nicht antreten, weil das Teil, an dem sich der Folgemangel innerhalb von sechs Monaten gezeigt hat, nicht mehr vorhanden ist, geht dies grundsätzlich zu seinen Lasten.
Etwas anderes kann bei Eingreifen der Grundsätze der Beweisvereitelung gelten. Nach diesen Grundsätzen geht die Beweislast auf den Verkäufer über, wenn er das Teil trotz der Beanstandung ohne Rücksprache mit dem Käufer an den Importeur zurückgeschickt hat. Dann muss er beweisen, dass Ursache für den aufgetretenen Mangel normaler Verschleiß bzw. ein Bedienfehler war.[655]

2. Anwendbarkeit des § 476 BGB bei Einbau der gekauften Sache durch Dritte

Problem: Einbau der gekauften Sache durch Dritte

Die Anwendung der Beweislastumkehr gemäß § 476 BGB wird daher nicht schon deshalb ausgeschlossen, weil der Verbraucher die gekaufte Sache durch einen Dritten hat einbauen lassen. *467e*

Bsp.:[656] *K kauft im Baumarkt des V im Juli 2005 ein Teichbecken für seinen privaten Gebrauch. Nachdem das Teichbecken durch Mitarbeiter des V geliefert wurde, ließ K dieses durch einen Fachbetrieb im Garten einbauen. Da das Teichbecken undicht ist, läuft Wasser aus. Daher verlangt K von V im August 2005 Nacherfüllung. Nicht geklärt werden kann, ob das Teichbecken schon bei der Übergabe im Juli undicht war. Zu Recht?*

Da das Vorliegen des Mangels zur Zeit der Übergabe an K nicht feststeht, kommt es darauf an, ob beim Einbau der gekauften Sache durch Drittunternehmer die Vorschrift des § 476 BGB zur Anwendung kommt.

Eine Ansicht will § 476 BGB nicht anwenden, wenn in unmittelbar zeitlichem Zusammenhang ein Dritter mit der Sache befasst sei. Der Verkäufer könne die Ursache der Mangelhaftigkeit in diesem Fall genauso wenig wie der Käufer beurteilen, weshalb ein Abweichen von den allgemeinen Grundsätzen der Beweislast nicht angemessen erscheine.

Der BGH bejaht dagegen zu Recht die Anwendbarkeit des § 476 BGB. Der Wortlaut setze in seinem ersten Halbsatz lediglich voraus, dass sich innerhalb von sechs Monaten ab Gefahrübergang ein Mangel zeigt, was hier unstreitig sei. Auch der Zweck der Vorschrift rechtfertigt keine Ausnahme von der Anwendbarkeit. Der Verbraucher, der den Einbau der Kaufsache einem Dritten überlässt, ist hinsichtlich des Nachweises ihrer Beschaffenheit im Zeitpunkt des Gefahrübergangs genauso schutzwürdig wie ein Verbraucher, der den Einbau selbst vornimmt. Auch aus Sicht des Verkäufers gebe es keinen Unterschied hinsichtlich der Erkenntnismöglichkeiten, ob der Käufer oder ein Dritter die Sache einbaut.

3. Vereinbarkeit der Vermutung mit Art der Sache und des Mangels

Ist die Vermutung des § 476 BGB nicht mit der **Art der Sache oder der Art des Mangels** vereinbar, bleibt es bei den allgemeinen Regeln der Beweislast, wonach der Käufer den Sachmangel als eine ihm günstige Tatsache zu beweisen hat.[657] *468*

---

655 Vgl. hierzu AG Offenbach, **Life&Law 2008, Heft 4, 241 - 243** = NJW-RR 2007, 1546 - 1547 (1546) = **juris**byhemmer.

656 BGH, **Life&Law 2005, Heft 2, 88 - 91** = NJW 2005, 283 - 284 = **juris**byhemmer.

657 Vgl. hierzu **Hemmer/Wüst, ZPO I**, Rn. 489 f.

a) Vereinbarkeit der Vermutung mit Art der Sache

Vereinbarkeit mit der Art der Sache

Dies betrifft vor allem den Kauf gebrauchter Sachen, bei denen schon aufgrund der unterschiedlichen Abnutzungsgrade Differenzierungen erforderlich sind. 468a

Gebrauchte Sachen

Die Anwendung des § 476 BGB auf gebrauchte Sachen wird aber von der nahezu einhelligen Auffassung nicht generell abgelehnt, sondern vom jeweiligen Einzelfall abhängig gemacht. Nach Ansicht des BGH ist § 476 BGB nicht generell unanwendbar, wenn eine gebrauchte Sache verkauft wurde.[658]

Eine Einschränkung dergestalt, nur neue Sachen der Vorschrift zu unterwerfen, wäre weder mit dem Wortlaut noch mit dem Sinn und Zweck der Vorschrift vereinbar. Gefragt werden muss aber immer, ob es sich überhaupt um einen Mangel handelt oder um normalen altersbedingten Verschleiß, der gar keinen Mangel darstellt.[659]

hemmer-Methode: In diesen Entscheidungen liest man immer wieder, dass insbesondere bei Verschleißmängeln wegen der Art des Mangels § 476 BGB nicht anwendbar sei. Dies ist nicht wirklich falsch, aber auch nicht hundertprozentig richtig. Denn bei Verschleißmängeln eines „Gebrauchten" liegt es eher nahe, schon einen echten Mangel i.S.d. § 434 I S. 2 Nr. 2 BGB abzulehnen.[660]

Verderbliche Ware

Eine Ausnahme gilt auch bei sog. Frischwaren, wie z.B. Obst, Gemüse, Milch. Es liegt in der Natur, dass diese mit der Zeit verderben.

Tierkauf ⇨ § 476 BGB ist grds. anwendbar

Die Vermutung des § 476 BGB könnte beim Tierkauf mit der Art des Kaufgegenstandes unvereinbar und damit grundsätzlich schon unanwendbar sein. Dies wird teilweise in der Rechtsprechung der Instanzgerichte vertreten.[661]

Dieser Auffassung folgt der BGH zu Recht nicht. Die Vermutung des § 476 BGB ist beim Kauf eines Tieres nicht grds. von vornherein unzutreffend oder unpassend.

Schon aus der Aufhebung der bisherigen Spezialvorschriften für die Gewährleistung beim Tierkauf (vgl. dazu bereits Punkt B) folgt, dass auch die gesetzliche Vermutung des § 476 BGB unter den Voraussetzungen des § 474 BGB auf den Tierkauf entsprechend anzuwenden ist.[662]

Hierfür spricht neben der Vorschrift des § 90a S. 3 BGB auch die amtliche Begründung zu § 476 BGB, in welcher der Tierkauf als möglicher Anwendungsfall der Vermutung besonders angesprochen wird.[663]

Auch der Umstand, dass es sich bei Tieren um Lebewesen handelt, verbietet nicht die Anwendung des § 476 BGB. Die Vermutung leitet ihren verbraucherschützenden Charakter aus den schlechteren Beweismöglichkeiten des Verbrauchers und den - jedenfalls in engem zeitlichen Zusammenhang mit der Übergabe - ungleich besseren Erkenntnismöglichkeiten des Unternehmers her.

---

658 So auch schon BGH, **Life&Law 2004, Heft 10, 645 - 649** = NJW 2004, 2299 - 2301 („Opel- Vectra- Fall") = **juris**byhemmer; OLG Köln, ZGS 2004, 40 = **juris**byhemmer; kommentiert von Wietoska, Die Beweislastumkehr in § 476 BGB in der Praxis des Gebrauchtwagenkaufs ZGS 2004, 8 - 12; OLG Celle, NJW 2004, 3566 - 3567 = **juris**byhemmer; LG Hanau, NJW-RR 2003, 1561 - 1562 = **juris**byhemmer.

659 Vgl. dazu den „Turbolader-Fall" des BGH, **Life&Law 2006, Heft 3, 159 - 164** = NJW 2006, 434 - 437 = **juris**byhemmer.

660 Wenig überzeugend daher KG Berlin, ZGS 2005, 76.

661 LG Verden, RdL 2005, 176 - 177 = **juris**byhemmer; AG Worbis, RdL 2005, 146 - 147 = **juris**byhemmer; AG Helmstedt, RdL 2005, 65; tendenziell auch OLG Oldenburg, RdL 2005, 65 und LG Lüneburg, RdL 2005, 66.

662 Eine derartige Vermutung enthielt im Übrigen bereits das frühere Viehgewährleistungsrecht in § 484 BGB a.F., wenn auch nur innerhalb wesentlich kürzerer Gewährfristen als der einheitlichen Frist von sechs Monaten in § 476 BGB.

663 BT-Drucksache 14/6040, S. 245.

Diese Erwägung trifft auch auf den Tierkauf zwischen einem Verbraucher und einem Unternehmer zu. Der gewerblich tätige Verkäufer vermag den Zustand des Tieres im Zeitpunkt der Übergabe im Regelfall besser zu beurteilen als ein Käufer, der mit dem Erwerb von Tieren nicht beruflich oder gewerbsmäßig befasst ist.

Deshalb ist es gerechtfertigt, die Vermutung grundsätzlich auch auf den Tierkauf anzuwenden.

b) Vereinbarkeit der Vermutung mit Art des Mangels

Vereinbarkeit mit der Art des Mangels

Die Vermutung des § 476 BGB greift auch dann nicht ein, wenn diese mit der Art des Mangels unvereinbar ist. **468b**

aa) Vereinbarkeit mit Mängeln, die jederzeit aufgetreten sein können

Die Beweislastumkehr könnte mit der Art des Mangels unvereinbar sein, wenn es sich um einen Mangel handelt, der typischerweise jederzeit eintreten kann und daher keinen hinreichend wahrscheinlichen Rückschluss auf sein Vorliegen bereits zum Zeitpunkt des Gefahrübergangs zulässt.[664] **468c**

Dem widerspricht der BGH jedoch zu Recht. Die Frage, ob die Beweislastumkehr eingreife oder nicht, kann nicht anhand einer Wahrscheinlichkeitsbetrachtung beantwortet werden. Es entspricht vielmehr der Systematik der Vorschrift, dass diese in aller Regel zugunsten des Verbrauchers eingreift und nur ganz ausnahmsweise nicht.

Diese verbietet es, das Eingreifen der Vermutung schon immer dann scheitern zu lassen, wenn es um einen Mangel geht, der jederzeit auftreten kann und daher eine Wahrscheinlichkeit dafür fehlt, dass er bereits bei Gefahrübergang vorhanden war.

Im Übrigen ist die Intention der Vorschrift in diesen Fällen nicht weniger tangiert. Die Vorschrift trägt dem Umstand Rechnung, dass es Verbrauchern oft schwer fällt zu beweisen, dass ein Mangel bereits bei Gefahrübergang vorhanden war. Da die Verbrauchsgüter aus der Sphäre des Unternehmers stammen, ist es diesem eher zuzumuten, das Gegenteil zu beweisen.

Anmerkung: Die Unvereinbarkeit der Beweislastumkehr mit der Art des Mangels kann aber gegeben sein, wenn es sich um äußerliche Beschädigungen der Kaufsache handelt, die auch dem fachlich nicht versierten Käufer auffallen müssen.
Denn in einem solchen Fall ist zu erwarten, dass der Käufer den Mangel bei der Übergabe beanstandet. Hat er die Sache ohne Beanstandung entgegengenommen, so spricht dies folglich gegen die Vermutung, der Mangel sei schon bei Gefahrübergang vorhanden gewesen.

bb) Vereinbarkeit mit Tierkrankheiten[665]

Tierkrankheiten

Die Vermutung des § 476 BGB ist bei Tierkrankheiten aber unter Umständen mit der Art des Mangels unvereinbar. **468d**

---

664 So die Vorinstanz OLG Stuttgart, ZGS 2005, 36 - 40 = **juris**byhemmer; vgl. auch Lorenz, Sachmangel und Beweislastumkehr im Verbrauchsgüterkauf - Zur Reichweite der Vermutungsregelung in § 476 BGB, NJW 2004, 3020 - 3022 (3022).

665 Vgl. dazu auch Westermann, Zu den Gewährleistungsansprüchen des Pferdekäufers, ZGS 2005, 342 - 348.

Da in der amtlichen Begründung zur Anwendung des § 476 BGB der Tierkauf jedoch ausdrücklich erwähnt ist, lässt sich die Frage, ob die Vermutung des § 476 BGB mit der Art des Mangels unvereinbar ist, nicht für alle erdenklichen Erkrankungen und sonstigen Mängel von Tieren einheitlich bejahen oder verneinen.

Erforderlich ist vielmehr eine differenzierte Beurteilung je nach der Art der Erkrankung oder des sonstigen Mangels.[666] Beim Tierkauf sind dabei die Besonderheiten zu berücksichtigen, die sich aus der Natur des Tieres als Lebewesen (§ 90a S. 1 BGB) ergeben.

Problem: Inkubationszeit

Bei bestimmten Infektionskrankheiten besteht zwischen Infektion und Ausbruch der Krankheit ein gewisser Zeitraum, sodass nicht selten ungewiss bleibt, ob eine Ansteckung bereits vor oder erst nach Lieferung des Tieres an den Käufer erfolgt ist.

hemmer-Methode: § 476 BGB ist dann nicht anwendbar, wenn die Inkubationszeit kürzer ist als die seit Gefahrübergang verstrichene Zeit.[667]

Allerdings hat der BGH bereits entschieden, dass die Vermutung des § 476 BGB nicht schon dann mit der Art des Mangels unvereinbar ist, wenn der Mangel typischerweise jederzeit auftreten kann und deshalb keinen hinreichenden Rückschluss darauf zulässt, dass er schon bei Gefahrübergang vorlag.[668]

Andererseits lässt sich die Vermutung, dass der Mangel zu einem bestimmten Zeitpunkt vorgelegen habe, dann nicht rechtfertigen, wenn bei einer Infektionskrankheit die Frist zwischen dem Gefahrübergang und dem Ausbruch der Krankheit länger ist als die Inkubationszeit.[669]

hemmer-Methode: Bricht die Krankheit vier Monate nach der Übergabe aus und beträgt die Inkubationszeit für diese Krankheit nur drei Monate, so ist die Vermutung des § 476 BGB mit der Art des Mangels unvereinbar.
Möglich wäre es aber auch, selbst in diesem Fall § 476 BGB anzuwenden, die Vermutung aber als widerlegt anzusehen.
Zur Anwendbarkeit des § 476 BGB auf ein Sommerekzem beim Pferd lesen Sie die sehr lehrreiche Entscheidung des BGH, Life&Law 2006, 507 ff. = ZGS 2006, 260 ff. = jurisbyhemmer.

cc) Sonstige Fälle

Im Übrigen ist eine Einzelbetrachtung vorzunehmen, ob es gerechtfertigt erscheint, die Vermutung des § 476 BGB eingreifen zu lassen. In der Klausur wird dies im Regelfall zu bejahen sein. *468e*

Bsp.: *A kauft bei Fahrradhändler F ein neues Mountainbike der Marke Beiki. Nachdem A schon mehrere Fahrten, unter anderem auch im Gelände, unternommen hatte, bricht die vordere Gabel.*
Da das Fahrrad nicht mehr zu reparieren ist, verlangt A daraufhin von F ein anderes Mountainbike der Marke Beiki.

Ein solcher Anspruch besteht nach §§ 437 Nr. 1, 439 I BGB, wenn das Fahrrad zum Zeitpunkt des Gefahrübergangs mangelhaft nach § 434 BGB war.

[666] Vgl. Palandt, § 476, Rn. 11; Bamberger/Roth/Faust, § 476 BGB, Rn. 4.

[667] Graf von Westphalen, Die Beweislastumkehr zu Gunsten des Pferdekäufers nach § 476 BGB, ZGS 2004, 341 - 344.

[668] Vgl. dazu den „Ford-Fiesta-Ambiente-Fall“ in BGH, **Life&Law 2006, Heft 1, 6 - 11** = NJW 2005, 3490 - 3493 = **juris**byhemmer.

[669] Vgl. Graf von Westphalen, Die Beweislastumkehr zu Gunsten des Pferdekäufers nach § 476 BGB, ZGS 2004, 341 - 344; LG Aurich, ZGS 2005, 40.

Der Gabelbruch selbst trat eindeutig erst nach dem Gefahrübergang ein. Für einen Sachmangel nach § 434 BGB genügt aber, wenn im Zeitpunkt des Gefahrübergangs eine Schadensanlage vorhanden ist, welche sich erst später zeigt.[670]

Für A ist es jedoch problematisch zu beweisen, dass die Ursache des Gabelbruchs schon bei Gefahrübergang vorhanden war und nicht auf seine Geländefahrten zurückzuführen ist.

Es liegt hier allerdings ein Verbrauchsgüterkauf i.S.d. § 474 I BGB vor, da A als Verbraucher (§ 13 BGB) und F als Unternehmer (§ 14 BGB) handelten.

Gemäß § 476 BGB ist somit die gesetzliche Vermutung anzuwenden, dass die Ursache des Sachmangels schon im Zeitpunkt der Übergabe vorhanden war. Die Schadensanlage für einen Gabelbruch ist nicht ein derartiger Mangel, dass die Vermutung des § 476 BGB nicht eingreifen würde. Hierfür ist kein Grund ersichtlich; vielmehr ist hier zu vermuten, dass die Schadensanlage bereits bei Gefahrübergang vorlag.

Somit trifft nach § 476 BGB den F die Beweislast. Kann er nicht beweisen, dass die Schadensanlage für den Gabelbruch erst nach Gefahrübergang aufgetreten ist, so muss er diesem ein anderes Mountainbike liefern.

hemmer-Methode: In einer weiteren Entscheidung zu § 476 BGB hatte der BGH über Mängel eines gebrauchten Kfz (defekte Zylinderkopfdichtung, gerissene Ventilstege) zu entscheiden. In diesem Urteil hat der BGH die Anwendbarkeit des § 476 BGB bejaht: „Zeigt sich bei einem gebrauchten Kfz innerhalb von sechs Monaten nach der Übergabe an den Käufer ein Mangel und können die dafür als ursächlich in Frage kommenden Umstände auf einen Fahr- oder Bedienungsfehler des Käufers zurückzuführen, ebenso gut aber auch bereits vor der Übergabe des Fahrzeugs an den Käufer eingetreten sein, so begründet § 476 BGB beim Verbrauchsgüterkauf die Vermutung, dass der Mangel bereits bei Gefahrübergang vorhanden war".[671]

IV. Gefahrübergang

§ 447 BGB nicht anwendbar

Gemäß § 474 II BGB ist im Rahmen eines Verbrauchsgüterkaufs § 447 BGB[672] nicht anzuwenden. Es bleibt damit bei der Gefahrtragungsregel des § 446 BGB. 469

hemmer-Methode: Diese Regelung ist nach h.M. wegen § 475 I BGB zwingendes Recht!

Beim Verbrauchsgüterkauf gilt somit unabhängig von der Art des Verkaufs und ohne Einfluss des Erfüllungsortes die Grundregel des § 446 BGB: Der Gefahrübergang tritt mit der Übergabe der Sache oder mit Annahmeverzug des Käufers ein.

Also auch beim Versendungskauf auf § 446 BGB zurückgreifen

§ 446 BGB gilt somit auch dann, wenn der Verkäufer die Sache an den Käufer versandt hat oder sie zu diesem Zweck einem Spediteur oder Frachtführer übergeben hat. In diesem Fall hat der Unternehmer als Verkäufer die Preisgefahr so lange zu tragen, bis der Verbraucher als Käufer den unmittelbaren Besitz i.S.v. § 854 BGB an der Sache erlangt hat oder in Annahmeverzug gerät (§ 446 S. 3 BGB).

Geht die Sache vorher verloren oder wird sie beschädigt, so bleiben dem Käufer seine Ansprüche erhalten, da im Zeitpunkt des Gefahrübergangs die Sache mangelhaft ist.

---

670 Vgl. Palandt, § 434, Rn. 8.

671 BGH, **Life&Law 2007, Heft 9, 579 - 584** = ZIP 2007, 1610 - 1611 = **juris**byhemmer; vgl. dazu auch die Besprechung von Höpfner, Die Reichweite der Beweislastumkehr im Verbrauchsgüterkauf, ZGS 2007, 410 - 414.

672 Zu § 447 BGB vgl. Rn. 69 ff.

hemmer-Methode: Bedeutung hat diese Sonderregelung bezüglich des Gefahrübergangs nicht nur im Mängelrecht, sondern auch im Unmöglichkeitsrecht: Hat der Unternehmer die Ware im Sinne von § 447 BGB versendet und geht die Kaufsache auf dem Transport unter, so bleibt es beim Erlöschen der Kaufpreiszahlungspflicht gem. § 326 I S. 1 HS 1 BGB[673], sofern kein Fall des § 326 II BGB vorliegt.

V. Sonderbestimmung für Garantien, § 477 BGB

Anforderungen an Garantie, § 477 BGB

Zum Schutz des Verbrauchers schreibt § 477 BGB für eine Garantieerklärung nach § 443 BGB bestimmte inhaltliche und formelle Anforderungen vor. 470

hemmer-Methode: Hierbei geht es nicht um die Garantieübernahme im Rahmen von Eigenschaftszusicherungen![674] § 443 BGB und damit auch § 477 BGB betreffen vorrangig Haltbarkeitsgarantien, in denen das Bestehen von Garantieansprüchen für den Fall des nachträglichen Auftretens eines Mangels festgelegt wird. Soweit dadurch die gesetzlichen Mängelrechte modifiziert werden, spricht man von einer unselbstständigen Garantie, soweit eigenständige Garantieansprüche begründet werden, von einer selbstständigen Garantie.

So muss eine Garantieerklärung des Herstellers oder Verkäufers an den Verbraucher einfach und verständlich abgefasst sein. Sie muss zudem auf die gesetzlichen Rechte des Verbrauchers hinweisen und darauf, dass diese durch die Garantie nicht eingeschränkt werden. Außerdem müssen der Inhalt der Garantie und alle wesentlichen Angaben zur Geltendmachung der Garantie enthalten sein, insbesondere die Dauer und der räumliche Geltungsbereich der Garantie sowie Name und Anschrift des Garantiegebers, vgl. § 477 I BGB.

Auf Verlangen muss die Garantieerklärung in Textform mitgeteilt werden, § 477 II BGB. Dies ist erfüllt, wenn die Garantieerklärung schriftlich in einer Urkunde oder auf andere zur dauerhaften Wiedergabe in Schriftzeichen geeigneten Weise abgefasst ist, also Brief, Fax oder E-Mail[675], die Person des Erklärenden angibt und der Abschluss der Erklärung kenntlich gemacht ist, vgl. § 126b BGB. Die Homepage genügt dagegen nach h.M. nicht, da diese ständig verändert werden kann und damit das Kriterium der „Dauerhaftigkeit" nicht erfüllt ist.

Erfüllt die Garantieerklärung nicht die Anforderungen des § 477 I BGB, so hat dies nach § 477 III BGB keineswegs die Nichtigkeit der Garantieerklärung zur Folge. Dies wäre eine Benachteiligung des Verbrauchers allein dadurch, dass der Unternehmer seinen Verpflichtungen nicht nachkommt. 471

Bei Verletzung: Auslegung zugunsten des Verbrauchers

Vielmehr gehen Unklarheiten bei der Formulierung der Garantieerklärung zu Lasten des Unternehmers, vgl. § 305c II BGB analog, bzw. führen zu Beweisschwierigkeiten über den Inhalt der Garantie, denen durch § 477 I, II BGB gerade vorgebeugt werden soll.

Weitere Ansprüche bei Verletzung

Darüber hinaus sind bei Verletzung von Aufklärungs- und Schutzpflichten i.S.v. § 241 II BGB Schadensersatzansprüche des Verbrauchers nach §§ 280, 311 II BGB möglich. Diese können im Extremfall sogar zur Rückabwicklung des Vertrages führen, wenn die fehlerhafte Unterrichtung über die Garantie ursächlich für den Vertragsschluss war. 472

[673] Dazu oben, Rn. 63 ff.

[674] Vgl. oben, Rn. 271 ff.

[675] Eine Übermittlung durch Fax oder E-Mail genügt aber nur dann für einen Zugang nach § 130 BGB, wenn der Empfänger durch Mitteilung seiner Fax-Nummer oder E-Mail-Adresse oder auf sonstige Weise zu erkennen gegeben hat, dass er mit einer telekommunikativen Übermittlung von rechtserheblichen Erklärungen einverstanden ist; Palandt, § 126b, Rn. 3.

hemmer-Methode: Zudem kommt ein Verstoß gegen das Gesetz gegen den unlauteren Wettbewerb in Betracht, insbesondere im Hinblick auf § 3 UWG bei irreführender Verwendung und im Hinblick auf § 1 UWG. Daneben besteht bei einem Verstoß gegen § 477 BGB die Möglichkeit einer Unterlassungsklage nach § 2 des Unterlassungsklagengesetzes.

VI. Unternehmerregress, §§ 478, 479 BGB[676]

Rückgriff des Unternehmers

Nicht unmittelbar um Verbraucherschutzvorschriften handelt es sich 473
bei den §§ 478, 479 BGB.

Diese Regelungen betreffen die Rückgriffsansprüche des Unternehmers gegenüber seinem Lieferanten, wenn der Unternehmer selbst von einem Verbraucher wegen eines Mangels einer **neuen** Sache in Anspruch genommen wurde.

hemmer-Methode: Wenn im reinen unternehmerischen Verkehr ein Einkäufer gegenüber seinem Lieferanten sich in Allgemeinen Geschäftsbedingungen die gleichen Rechte verschaffen möchte, die er im Falle des Verkaufs an einen Verbraucher hätte, so ist dies mit den wesentlichen Grundgedanken des Gesetzes unvereinbar und damit unwirksam, § 307 BGB.
Lesen Sie dazu BGH, Life&Law 2006, 75 ff. = NJW 2006, 47 ff.

Vss.: Verbrauchsgüterkauf

§§ 478, 479 BGB setzen voraus, dass am letzten Glied der Lieferantenkette ein Verbrauchsgüterkauf vorliegt, weshalb sich die Regelungen an dieser Stelle finden.

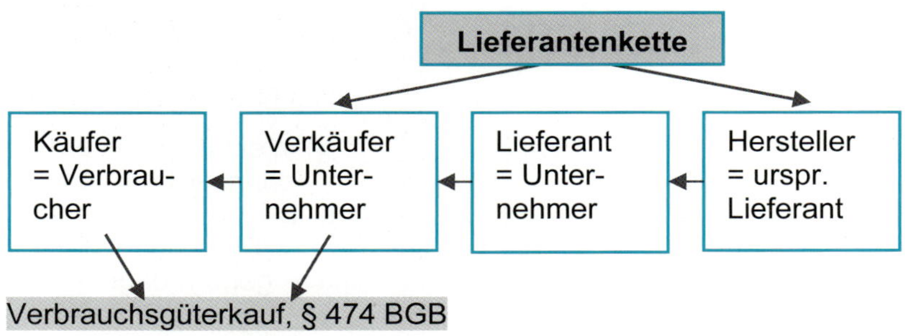

1. § 478 BGB

Modifikationen und Ergänzungen der kaufrechtlichen Vorschriften

Bei den §§ 478, 479 BGB handelt es sich im Grundsatz nur um Mo- 474
difikationen und Ergänzungen der Mängelrechte, die der Verkäufer gegen seinen jeweiligen Lieferanten hat, § 437 BGB.[677]

hemmer-Methode: Beachten Sie, dass nach ganz h.M. die §§ 478, 479 BGB nur in der Lieferkette (Distributionskette) anwendbar sind. In der Beschaffungskette wird eine (auch analoge) Anwendung dagegen abgelehnt.
<u>Beispiel</u>: Die Firma A stellt aus Rohstoffen Reflektoren her. Die Firma B stellt aus den Reflektoren Frontscheinwerfer her, die von der Firma C in Autos eingebaut werden.
Wenn nun der Verbraucher V ein Auto mit einem dieser Frontscheinwerfer erwirbt und dieser defekt ist, so kann V gegen den Lieferanten (Firma C) seine Mängelrechte geltend machen.

---

676 Vgl. dazu Tiedtke/Schmidt, Der Händlerregress im Rahmen des Verbrauchsgüterkaufs, ZIP 2005, 681 - 688; Matthes, Der Herstellerregress nach § 478 BGB in Allgemeinen Geschäftsbedingungen, NJW 2002, 2505 - 2511, sowie Bereska, Der neue Lieferantenregress nach §§ 478, 479 BGB, ZGS 2002, 59 - 62.

677 Vgl. Haas, Entwurf eines Schuldrechtsmodernisierungsgesetzes: Kauf- und Werkvertragsrecht, BB 2001, 1313 - 1321 (1320).

Der Autohersteller (Firma C) kann nun seinerseits gegen den Frontscheinwerferlieferanten (Firma B) vorgehen.
Für die Ansprüche des Frontscheinwerferlieferanten (Firma B) gegen die Zulieferfirma A gelten die §§ 478, 479 BGB dagegen nicht.[678]

§ 478 I BGB: Sicherung der Ansprüche aus § 437 BGB

§ 478 I BGB sichert als sog. **„unselbstständiger Regress"** insoweit die ohnehin bestehenden kaufrechtlichen Mängelrechte innerhalb der Lieferkette ab.

Es handelt sich dabei nicht um eine eigene Anspruchsgrundlage, sondern um eine Privilegierung der Mängelrechte des § 437 BGB.

Entbehrlichkeit der Nachfristsetzung

Muss der Verkäufer (= Unternehmer i.S.d. § 14 BGB) eine neue Sache wegen eines Mangels zurücknehmen (also bei Nachlieferung, Rücktritt des Verbrauchers bzw. Schadensersatz statt der ganzen Leistung, vgl. § 281 V BGB) oder konnte der Käufer, der Verbraucher i.S.d. § 13 BGB ist, mindern, so werden die Rechte des Verkäufers gegenüber seinem Lieferanten vereinfacht: 475

Auch bei behebbaren Mängeln kann er – bei Vorliegen der übrigen Voraussetzungen – nach §§ 437 Nr. 2 Alt. 1, 323 I BGB zurücktreten oder nach §§ 437 Nr. 3 Alt. 1, 281 BGB Schadensersatz statt der Leistung verlangen, ohne zuvor seinem Lieferanten eine angemessene Frist i.S.v. §§ 281 I, 323 I BGB setzen zu müssen. § 478 I BGB normiert also in dieser Lieferantenkette einen weiteren Fall der Entbehrlichkeit der Nachfristsetzung.

§ 478 II BGB: Anspruch auf Aufwendungsersatz

Eine **eigene Anspruchsgrundlage** des Verkäufers gibt allerdings **§ 478 II BGB**, sog. **„selbstständiger Regress"**. Danach kann der Unternehmer beim Verkauf einer neu hergestellten Sache von seinem Lieferanten Ersatz der Aufwendungen verlangen, die er im Verhältnis zum Verbraucher nach § 439 II BGB wegen Nacherfüllung gegenüber seinem Käufer (= dem Verbraucher) zu tragen hatte. Zu diesen Aufwendungen zählen nicht die Kosten einer Ersatzbeschaffung.[679] 476

hemmer-Methode: Zum Verhältnis von § 478 I und § 478 II BGB lesen Sie zur Vertiefung Salewski, ZGS 2008, 212 ff.

Dieser Anspruch ist unabhängig von einem Vertretenmüssen des Lieferanten; ein verschuldensabhängiger Anspruch des Verkäufers gegen seinen Lieferanten ergibt sich bereits aus §§ 437 Nr. 3 Alt. 1, 280 I BGB.[680]

Mangel bei Gefahrübergang

In beiden Fällen muss ein Sachmangel bereits beim Gefahrübergang auf den Verkäufer vorhanden sein, da anderenfalls dieser keine Mängelrechte gegen seinen Lieferanten hätte. Für den Rückgriffsanspruch wegen erbrachter Aufwendungen wird dies ausdrücklich in § 478 II BGB vorgeschrieben.

Beweislastumkehr, § 476 BGB

Die Vermutung des § 476 BGB, dass ein sich binnen sechs Monaten zeigender Mangel schon bei Gefahrübergang vorhanden war, gilt gemäß § 478 III BGB auch gegenüber dem Lieferanten. 477

In der Lieferantenkette gilt aber die Besonderheit, dass hinsichtlich des Beginns der Sechs-Monats-Frist des § 476 BGB für den Gefahrübergang auf den Verbraucher (= den End-Käufer) abzustellen ist!

---

[678] Lesen Sie zu diesem sehr speziellen und daher an dieser Stelle nicht ausführlicher darstellbaren Problem den sehr guten Aufsatz von Wagner/Neuenhahn, Die Anwendbarkeit der §§ 478, 479 BGB auf die „Beschaffungskette" des Herstellers, ZGS 2002, 395 - 400.

[679] Vgl. AnwKomm-BGB, § 478 BGB, Rn. 13 f.; Böhle, Teleologische Reduktionen beim Rückgriff in der Lieferkette, NJW 2003, 3680 - 3683 (3681).

[680] Dazu oben, Rn. 264 ff.

hemmer-Methode: Dies kann für den ursprünglichen Lieferanten eine erhebliche Belastung bedeuten. Denn er wird nach vielen Monaten kaum in der Lage sein, die gesetzliche Vermutung, dass schon bei Gefahrübergang von ihm auf den Unternehmer der Mangel vorhanden gewesen ist, zu widerlegen. Um eine unzumutbar lange Regresshaftung des Lieferanten zu verhindern, bestimmt daher § 479 II BGB, dass die Haftung des Lieferanten spätestens nach fünf Jahren verjährt.

Nur eingeschränkte Abdingbarkeit

Die Vorschriften über den Regress des Unternehmers gegen seinen Lieferanten sind nicht in engerem Sinne zwingend.[681] Zwischen den Unternehmern können die kaufrechtlichen Vorschriften allerdings nur insoweit zum Nachteil einer Partei abbedungen werden, als ein „gleichwertiger Ausgleich" dafür geschaffen wird, § 478 IV S. 1 BGB. Wird ein solcher Ausgleich nicht eingeräumt, so kann man sich auf die Vereinbarung nicht berufen. 478

Wie ein solcher Ausgleich konkret beschaffen sein soll, ist nicht gesetzlich geregelt. Entscheidend ist jedoch, dass der Verkäufer im Ergebnis wirtschaftlich so gestellt werden muss, als hätte er einen Regressanspruch gegen seinen Lieferanten. Dies kann z.B. durch eine pauschalierte Ausgleichsstellung anstelle einzelner Ansprüche oder durch einen Direktanspruch gegen den ursprünglichen Hersteller unter Überspringen der Lieferanten möglich sein.

Frei vereinbar sind, natürlich mit Rücksicht auf § 307 BGB, Vereinbarungen zwischen den Unternehmern, welche den Anspruch auf Schadensersatz nach § 437 Nr. 3 BGB beschränken oder ausschließen, § 478 IV S. 2 BGB. 479

hemmer-Methode: Auch hier, genau wie im Verbrauchsgüterkauf nach § 475 III BGB, liegt der Schadensersatzanspruch allein in den Händen der Vertragsparteien.
Bei vorformulierten Haftungsbeschränkungen oder -ausschlüssen sind jedoch die Vorschriften über AGBen zu beachten. Bei der Verwendung von AGBen gegenüber Verbrauchern, also beim Verbrauchsgüterkauf, sind insbesondere die §§ 307 bis 309 BGB zu berücksichtigen; bei der Verwendung gegenüber Unternehmern ist (wegen § 310 I BGB) „nur" § 307 BGB zu beachten, vgl. die Verweisung in § 478 IV S. 2 BGB, die sich nur auf diese Vorschrift bezieht. Allerdings sind dann i.R.d. § 307 BGB die Wertungen der §§ 308, 309 BGB zu berücksichtigen, vgl. § 310 I S. 2 BGB.

Erstreckung auf Lieferantenkette

§ 478 V BGB erstreckt die Regelungen, die im Verhältnis zwischen dem Letztverkäufer und seinem Lieferanten gelten, auf sämtliche Kaufverträge in der Lieferantenkette, soweit es sich bei dem jeweiligen Verkäufer um einen Unternehmer handelt, was i.d.R. der Fall sein wird. 480

hemmer-Methode: Es geht aber immer nur um Ansprüche zwischen den jeweiligen Kaufvertragsparteien! Ein Regress gegen einen am jeweiligen Kaufvertrag nicht beteiligten Dritten wird gesetzlich nicht begründet!

§ 377 HGB: Untersuchungs- und Rügepflicht bleibt unverändert

§ 478 VI BGB stellt klar, dass die Untersuchungs- und Rügepflicht des § 377 HGB für den Regress des Unternehmers unberührt bleiben soll. Dadurch soll deutlich werden, dass diese Obliegenheit beim Handelskauf immer noch besteht, auch wenn am Ende der Verkaufskette ein Verbrauchsgüterkauf steht. 481

Der Unternehmer in der Lieferantenkette, der entgegen § 377 HGB nicht ordnungsgemäß untersucht und einen Mangel nicht unverzüglich anzeigt, verliert also seine Rechte wegen dieses Mangels gegen seinen Lieferanten.[682]

[681] Vgl. Haas, Entwurf eines Schuldrechtsmodernisierungsgesetzes: Kauf- und Werkvertragsrecht, BB 2001, 1313 - 1321 (1320).

[682] Vgl. zu § 377 HGB oben Rn. 371 ff.

hemmer-Methode: Beachten Sie, dass sich diese Problematik des privilegierten Regresses in einer Klausur perfekt mit dem Problem der Streitverkündung (§§ 72 ff. ZPO) kombinieren lässt.

Bsp.: *Der Verbraucher verklagt den Unternehmer und macht seine Mängelrechte geltend. Der Verkäufer, der seinerseits die Ware vom Hersteller bezogen hat, „fühlt sich unschuldig" und will daher für den Fall einer „Niederlage" vom Lieferanten Regress.*

Will sich nun der verklagte Verkäufer die Ergebnisse dieses Prozesses für einen etwaigen Folgeprozess gegen den Hersteller „fruchtbar" machen, so muss er diesem den Streit verkünden. Wegen §§ 74, 68 ZPO ist der Hersteller dann an alle tatsächlichen und rechtlichen Feststellungen, die zu seinen Lasten gehen, gebunden.

hemmer-Methode: Zur Streitverkündung lesen Sie Hemmer/Wüst, ZPO I, Rn. 485 ff.

2. § 479 BGB

§ 479 BGB

§ 479 BGB sichert den aus den Kaufverträgen herrührenden Regressanspruch und den besonderen Aufwendungsersatzanspruch des Unternehmers nach § 478 II BGB gegen die Verjährung. **482**

Grds. zwei Jahre Verjährungsfrist

Der Aufwendungsersatzanspruch nach § 478 II BGB verjährt gemäß § 479 I BGB in zwei Jahren ab Ablieferung der Sache beim Unternehmer als Käufer (= Regressgläubiger).

Für die übrigen Rechte des Unternehmers gegen seinen Lieferanten aus § 437 BGB gilt § 438 BGB, was i.d.R. ebenfalls zu einer zweijährigen Verjährungsfrist ab Ablieferung der Sache führt, vgl. § 438 I Nr. 3, II BGB.

Für neue Sachen Ablaufhemmung

Für die Mängelrechte des Unternehmers gegen seinen Lieferanten gilt jedoch zusätzlich eine Ablaufhemmung von zwei Monaten nach dem Zeitpunkt, zu dem der Unternehmer die Ansprüche des Verbrauchers erfüllt hat. Dies gilt gemäß § 479 III BGB auch für die Regressansprüche innerhalb der Lieferkette. Der Unternehmer hat daher nach Erfüllung der Ansprüche des Verbrauchers mindestens zwei Monate Zeit, um die Ansprüche gegen seinen Lieferanten geltend zu machen. **483**

Erhebliches Haftungsrisiko

Für den Hersteller und denjenigen, der am Anfang der Lieferkette steht, ergibt sich so für Mängel, die nicht bereits wegen § 377 HGB zu rügen waren, ein Haftungsrisiko für erhebliche Zeit.

Höchstens fünfjährige Haftung, § 479 II S. 2 BGB

§ 479 II S. 2 BGB bestimmt daher, dass die in § 479 II S. 1 BGB geregelte Ablaufhemmung spätestens fünf Jahre, nachdem die Sache dem Unternehmer (= Käufer des Lieferanten) abgeliefert wurde, endet.

hemmer-Methode: In Einzelfällen kann sich also bei Verbrauchsgütern wegen des Rückgriffsrechts für die einzelnen Lieferanten eine bis zu fünfjährige Wartezeit ergeben, bevor klar ist, ob noch Mängelansprüche geltend gemacht werden können.
Jeder Hersteller und Lieferant neuer Sachen, die, wie häufig, letztlich für den Endverbraucher bestimmt sind, muss sich daher u.U. auf eine fünfjährige Frist einstellen. Zugleich muss er während des gesamten Zeitraums etwaige Beweise sichern, um auch dann noch die Vermutung des § 476 BGB widerlegen zu können!

Nach dem Wortlaut des § 479 II S. 1 BGB gilt die Ablaufhemmung auch dann, wenn der Verkäufer bereits verjährte Sachmängelrechte des Käufers erfüllt oder sich die Verjährungsfrist z.B. durch sein arglistiges Verhalten verlängert (vgl. § 438 III S. 1 BGB). Nach einer Ansicht ist in diesen Fällen die Ablaufhemmung des § 479 II S. 1 BGB teleologisch zu reduzieren.[683]

Nach anderer Ansicht besteht kein Bedürfnis für eine teleologische Reduktion, da in diesen Fällen der Letztverkäufer seinem Lieferanten gegenüber eine Pflichtverletzung begeht. Mithin gilt zwar die Ablaufhemmung des § 479 II S. 1 BGB, jedoch muss der Letztverkäufer seinem Zulieferer den dadurch entstehenden Schaden nach § 280 I BGB ersetzen.[684]

Nur im Rahmen von § 478 IV BGB abdingbar

Zu beachten ist weiterhin, dass die Verjährungsregelungen nach § 479 BGB nur dann zum Nachteil des Unternehmers modifiziert werden können, wenn diesem ein gleichwertiger Ausgleich nach § 478 IV S. 1 BGB eingeräumt wird. 484

Bsp.: *Der Händler H kauft vom Großhändler G mehrere (neu hergestellte) Wäschetrockner. Die Lieferung erfolgt am 25.04.2002. Am 13.05.2005 verkauft H einen dieser Wäschetrockner an den Verbraucher V. Am nächsten Tag bringt dieser den Trockner zurück, weil die elektrische Steuerung nicht richtig funktioniert. H stellt fest, dass die Steuerung an einem nur durch eine aufwändige Untersuchung feststellbaren Fabrikationsmangel leidet und tauscht sie am selben Tag gegen eine neue Steuerung aus.* 485

H möchte von G die Kosten des Austauschs der Steuerung ersetzt haben. G beruft sich auf Verjährung.

Abwandlung: *Wie wäre es, wenn H dem V den Wäschetrockner erst am 15.05.2007 verkauft hätte?*

1. Anspruch aus §§ 437 Nr. 3 Alt. 1, 280 I, III, 281 bzw. 283 BGB

H könnte ein Anspruch gegen seinen Lieferanten G aus §§ 437 Nr. 3, 280 I BGB auf Schadensersatz zustehen.

Die Voraussetzungen hierfür sind gegeben: Der Wäschetrockner war zum Zeitpunkt des Gefahrübergangs am 25.04.2002 mangelhaft, vgl. § 434 I BGB, da insoweit die Vermutung des §§ 476, 478 III BGB greift. Die mangelhafte Lieferung stellt eine Pflichtverletzung des G dar.

Da der Mangel jedoch nur aufgrund einer aufwändigen Überprüfung hätte erkannt werden können, ist die Vermutung des § 280 I S. 2 BGB widerlegt: G trifft hinsichtlich der mangelhaften Lieferung kein Vertretenmüssen. Damit scheidet ein solcher Anspruch aus.

hemmer-Methode: Die Frage, ob der Schadensersatz statt der Leistung wegen der eigenmächtigen Selbstvornahme mangels Fristsetzung oder mangels Vertretenmüssen des Eintritts der Unmöglichkeit seitens des Schuldners ausscheidet (die Unmöglichkeit der Nacherfüllung durch Zweckerreichung hat der Käufer zu vertreten, wenn er keine Frist setzt), bedarf hier keiner Entscheidung.
Der BGH hat das Selbstvornahmerecht des Käufers klipp und klar abgelehnt.[685] Wiederholen Sie hierzu nochmals die Ausführungen zu Rn. 171!

683 Bamberger/Roth/Faust, § 479 BGB, Rn. 8 f.

684 So Harke, Zur Ablaufhemmung der Verjährung beim Lieferantenregress, ZGS 2004, 14 - 16 (15 f.).

685 Vgl. BGH, **Life&Law 2005, Heft 6, 351 - 358** = NJW 2005, 1348 - 1351 = **juris**byhemmer; BGH, **Life&Law 2006, Heft 1, 1 - 5** = NJW 2005, 3211 - 3213 = **juris**byhemmer; BGH, NJW 2006, 988 - 990 = **juris**byhemmer; BGH, **Life&Law 2006, Heft 4, 219 - 223** = NJW 2006, 1195 - 1197 = **juris**byhemmer.

2. Anspruch auf Aufwendungsersatz, § 478 II BGB

Eventuell kann H von G nach § 478 II BGB Ersatz der Aufwendungen verlangen, die er gegenüber V nach § 439 II BGB zu tragen hatte. Hierzu zählen insbesondere die Arbeits- und Materialkosten.

Der Anspruch wäre allerdings gem § 479 I BGB grundsätzlich mit Ablauf des 25.04.2004 verjährt. Jedoch bewirkt § 479 II S. 1 BGB eine Ablaufhemmung: Die Verjährung tritt nicht vor zwei Monaten nach Erfüllung der Mängelansprüche des Unternehmers gegenüber dem Verbraucher ein. Da H die Nacherfüllung gegenüber V am 14.05.2005 erbracht hat, tritt Verjährung nicht vor dem 14.07.2005 ein, §§ 187 I, 188 BGB.

Abwandlung: In diesem Fall hilft H auch die Ablaufhemmung des § 479 II BGB nicht weiter. Denn die fünfjährige Höchstfrist nach § 479 II S. 2 BGB endete bereits mit Ablauf des 25.04.2007, sodass der Anspruch des H gegen G unterdessen verjährt ist. Da G die Verjährungseinrede gem. § 214 I BGB erhoben hat, ist der Anspruch undurchsetzbar.

Der Unternehmerregress, §§ 478 f. BGB 485a

I. Anwendungsbereich:

⇨ Unternehmer wird von Verbraucher wegen mangelhafter Lieferung einer neuen Sache in Anspruch genommen, § 478 I BGB

⇨ Prozessual bietet sich Kombination mit Streitverkündung an, §§ 72 ff. ZPO

II. Rechtsfolge:

1. „Unselbstständiger Regress", § 478 I BGB i.V.m. § 437 BGB

Situation: Verbraucher verlangt Nachlieferung[686], ist zurückgetreten, hat großen SE geltend gemacht oder gemindert

⇨ Rückgriff des Unternehmers bei seinem Lieferanten nach § 437 BGB, aber mit Privilegien

⇨ § 478 I BGB ist **keine eigene AGL**!

Aufbau in der Klausur:

a) „Normaler" Aufbau des § 437 BGB

b) Für Sachmangel z.Zt. des Gefahrübergangs gilt gem. §§ 478 III, 476 BGB eine Beweislastumkehr

c) Vor Rücktritt/Minderung/SE ist aber wegen § 478 I BGB die Fristsetzung entbehrlich

d) Ein Ausschluss der Mängelrechte ist nicht möglich, § 478 IV BGB

⇨ Aber: SE kann ausgeschlossen bzw. beschränkt werden, § 478 IV S. 2 BGB (in AGBen ist § 307 BGB zu beachten!)

e) Eine Präklusion der Mängelrechte gibt es aber weiterhin, § 478 VI BGB, § 377 II HGB

f) Bzgl. Verjährung gilt die Ablaufhemmung gem. § 479 II BGB

686 So die h.M.; a.A. Anwaltskommentar-BGB, § 478 BGB, Rn. 23 ff.

2. Selbstständiger Regress, § 478 II BGB

Situation: Verbraucher verlangt Nachbesserung[687]

⇨ Unternehmer kann gem. § 478 II BGB (**eigene AGL**) Aufwendungen nach § 439 II BGB von Lieferanten (und dieser von seinem Lieferanten, § 478 V BGB) ersetzt verlangen

a) Verjährung nach § 479 I BGB mit Ablaufhemmung gem. § 479 II BGB

b) Privilegien

(1) Beweislastumkehr, §§ 478 III, 476 BGB

(2) Verbot abweichender Bestimmungen und der Umgehung, § 478 IV S. 1 und 3 BGB

⇨ SE kann ausgeschlossen bzw. beschränkt werden, § 478 IV S. 2 BGB (in AGBen ist § 307 BGB zu beachten)

c) § 478 VI BGB ⇨ § 377 HGB bleibt unberührt

[687] Fraglich ist, ob § 478 II BGB auch auf die Kosten einer Nachlieferung anwendbar ist. Dagegen spricht, dass es nicht gerechtfertigt wäre, dem Lieferanten in diesem Fall das Recht zur Nacherfüllung zu nehmen. Dafür spricht aber, dass dieser Fall nach h.M. unter § 478 I BGB zu subsumieren ist (str.; vgl. Fn. 30) und dort vom Erfordernis der vorherigen Fristsetzung abgesehen wird (so Schubel, ZIP 2002, 2061 (2067)).
Konsequent wäre es also, wenn man die Nacherfüllung durch Nachlieferung weder unter § 478 I BGB noch unter § 478 II BGB subsumieren würde (so Anwaltskommentar-BGB, § 478 BGB, Rn. 23 ff.; ähnlich auch Maultzsch, Schuldrechtsmodernisierung 2001/2002 - Der Regress des Unternehmers beim Verbrauchsgüterkauf, JuS 2002, 1171 - 1175 (1173), der den Unternehmer verpflichtet, die Sache im Fall der Nachlieferung vom Lieferanten zu beziehen).

§ 2 WERKVERTRAG

A) Inhalt, Begriff und Zustandekommen

I. Inhalt des Werkvertrages

hemmer map *Nr. 8 + 9 i. Anh.*

486 Der Werkvertrag ist ein schuldrechtlicher gegenseitiger Vertrag, in dem sich eine Partei (Werkunternehmer) dazu verpflichtet, ein Werk zu erstellen, während sich die andere Partei (Besteller) im Gegenzug zur Zahlung einer Vergütung verpflichtet, § 631 I BGB. Wie auch beim Kauf (§ 433 I S. 2 BGB) stellt die Pflicht zur rechts- und sachmangelfreien Leistung gem. § 633 I BGB einen Teil der Werkunternehmerpflicht dar („Erfüllungstheorie“).

Abgrenzung zum Dienstvertrag

Während beim Dienstvertrag für den Lohn jedoch eine Tätigkeit, die Dienstleistung als solche, geschuldet wird, schuldet der durch den Werkvertrag zur Leistung Verpflichtete den Arbeitserfolg, also ein bestimmtes Ergebnis, ein fassbares Produkt, um seinen Lohn zu erhalten.[688]

Wesentlich für die Entscheidung, welcher Vertragstyp vorliegt, kann die Frage sein, ob der Erfolg nur von der Tätigkeit oder auch von anderen Faktoren abhängt.

hemmer-Methode: Zum Dienstvertrag lesen Sie Hemmer/Wüst, Schuldrecht III (wird demnächst umbenannt in Schuldrecht BT II), Rn. 170 ff.

Der Werkvertrag kommt – wie jeder Vertrag – durch Angebot (im Gesetz Antrag genannt) und Annahme zustande, §§ 145 ff. BGB.

Allgemeine Vorschriften z.B. §§ 134, 138 BGB

487 Die Wirksamkeit des Werkvertrags ist ebenfalls an den allgemeinen Vorschriften wie z.B. §§ 134, 138 BGB zu messen. Relevante Wirksamkeitshindernisse nach § 134 BGB sind unter anderem der beiderseitige Verstoß gegen das Gesetz zur Bekämpfung verbotener Schwarzarbeit oder der Verstoß gegen das Rechtsberatungsgesetz.[689]

Grds. formfrei

488 Der Abschluss des Werkvertrags ist grundsätzlich formfrei.

Formerfordernis nach § 311b I S. 1 BGB

Er bedarf allerdings der Form des § 311b I S. 1 BGB, der für den Verpflichtungsvertrag bei Grundstücksgeschäften notarielle Beurkundung nach § 128 BGB vorschreibt, wenn der Werkvertrag Teil eines gemischten oder mit einem Kaufvertrag über ein Grundstück zusammengesetzten Vertrages ist, sofern beide Elemente rechtlich eine Einheit bilden, wenn also die einzelnen Verträge nach dem Willen der Parteien nicht für sich allein gelten, sondern quasi miteinander „stehen und fallen“ sollen.[690]

> **Bsp.:** *Einheitlicher Abschluss eines Vertrages über den Kauf und die Bebauung eines Grundstücks; u.U. der Fertighausvertrag.*[691]

Werk = vom Unternehmer herzustellende Sache

489 Gemäß § 631 I BGB kann ein Werk in diesem Sinne eine vom Unternehmer herzustellende oder zu verändernde Sache

---

[688] Palandt, Einf vor § 631, Rn. 8.

[689] Vgl. Palandt, § 631, Rn. 2 ff.

[690] BGHZ 101, 393 - 400 (396) = **juris**byhemmer; Palandt, § 311b, Rn. 32, 33; vgl. zur Formbedürftigkeit beim Kauf, Rn. 15 ff.

[691] Vgl. zur Formbedürftigkeit des Fertighausvertrags Palandt, § 311b, Rn. 13.

Bsp.: *Fahrradreparatur, Bau eines Hauses*

oder ein sonstiger Erfolg

oder ein sonstiger Erfolg sein, der durch andere Arbeit oder Dienstleistung herbeizuführen ist.

Bsp.: *Beförderung von Gütern oder Personen, Beschaffung von Informationen, Architektenvertrag.*[692]

II. Abgrenzung zum Kaufvertrag, § 651 BGB[693]

§ 651 S. 1 BGB

Mit der Schuldrechtsreform wurde der Anwendungsbereich des Werkvertragsrechts stark eingeschränkt: Wird die Lieferung einer herzustellenden beweglichen Sache geschuldet, findet Kaufrecht Anwendung, § 651 S. 1 BGB.[694] 490

Wird eine **nicht vertretbare bewegliche** Sache geliefert, finden einzelne Vorschriften des Werkvertragsrechts (§§ 642, 643, 645, 649, 650 BGB) **zusätzlich** Anwendung (§ 651 S. 3 BGB). Damit gilt für viele Verträge, die früher dem Werkvertragsrecht unterlagen, das Kaufrecht.

hemmer-Methode: Diese Änderung war deshalb möglich, weil es jetzt auch im Kaufrecht einen allgemeinen Nacherfüllungsanspruch gibt, §§ 437 Nr. 1, 439 BGB.
§ 651 BGB in seiner neuen Fassung beruht auf der Verbrauchsgüterkaufrichtlinie, die Verträge über die Lieferung herzustellender oder zu erzeugender Verbrauchsgüter zu den Kaufverträgen zählt. Zweifel bei der Abgrenzung von Werkvertrag und Kaufvertrag müssen also im Lichte der Richtlinie geklärt werden, was in Einzelfällen äußerst schwierig sein und in Streitfällen eine Vorlage beim EuGH erforderlich machen wird.

Bsp.: *B und V vereinbaren die Lieferung und Montage beweglicher Sachen zur Errichtung oder Sanierung eines Bauwerks. Welche Vertragsart liegt vor?* 490a

Unklar ist derzeit, ob diese Leistung (wie bisher) dem Werkvertragsrecht zugeordnet werden kann. Dem Wortlaut nach ist dies eine Lieferung beweglicher Sachen i.S.d. § 651 BGB.

1. Die Montage der Sache durch den Lieferanten spricht nicht zwingend gegen einen Kaufvertrag, wie § 434 II S. 1 BGB zeigt (fehlerhafte vereinbarte Montage führt zu einem Sachmangel).

2. Andererseits liegt der Schwerpunkt der Vereinbarung hier auf der Werkleistung des Unternehmers.

3. Nach Ansicht des BGH ist Kaufrecht auf sämtliche Verträge mit einer Verpflichtung zur Lieferung herzustellender oder zu erzeugender beweglicher Sachen anzuwenden, also auch auf Verträge zwischen Unternehmern.

Verträge, die allein die Lieferung von herzustellenden beweglichen Bau- oder Anlagenteilen zum Gegenstand haben, sind nach Maßgabe des § 651 BGB nach Kaufrecht zu beurteilen. Die Zweckbestimmung der Teile, in Bauwerke eingebaut zu werden, rechtfertigt keine andere Beurteilung.

Eine andere Beurteilung ist auch dann nicht gerechtfertigt, wenn Gegenstand des Vertrages auch Planungsleistungen sind, die der Herstellung der Bau- und Anlagenteile vorauszugehen haben und nicht den Schwerpunkt des Vertrages bilden.

---

692 Palandt, vor § 631, Rn. 6 ff.

693 Ausführlich hierzu Rn. 593 ff.

694 Dazu unten, Rn. 593 ff.

hemmer-Methode: Lesen Sie hierzu die wichtige Entscheidung des BGH in Life&Law 2009, 726 ff., Heft 11 = NJW 2009, 2877 ff. nach!

III. Vergütung

Vergütung i.d.R. in Geld

Die Vergütung wird i.d.R. in Geld geschuldet, auch wenn dieses vom Gesetz nicht zwingend vorgeschrieben ist. 491

Unschädlich ist, wenn sich die Parteien nicht über die Zahlung einer Vergütung geeinigt haben. Nach § 632 I BGB gilt eine Vergütung als stillschweigend vereinbart, wenn die Herstellung des Werkes den Umständen nach nur gegen eine Vergütung zu erwarten ist.

§ 632 I BGB dient somit der Abgrenzung vom (unentgeltlichen) Auftrag. § 632 I BGB vermeidet zudem die Folgen eines an sich vorliegenden Dissenses und schließt eine Lücke im Vertrag.

hemmer-Methode: Machen Sie sich die Bedeutung des § 632 I BGB klar! Die Zahlung der Vergütung als Gegenleistung ist eine Hauptpflicht des Bestellers und zählt somit zu den sog. essentialia negotii eines Vertrages. Dem Grundsatz nach kommt bei einer fehlenden Einigung über diese essentialia negotii, egal ob bei offenem[695] (§ 154 BGB) oder verstecktem[696] (§ 155 BGB) Einigungsmangel, ein Vertrag nicht zustande.
§ 632 I BGB verhindert diese Dissensfolge. Denn aus den Umständen ist die Zahlung einer Vergütung „normal“ und daher auch von den Parteien als gewollt anzusehen. Der Vertrag ist wirksam.
Im Gegenzug bedeutet dies: Wollen die Parteien dennoch einen unentgeltlichen Vertrag abschließen, müssen sie dies ausdrücklich oder konkludent vereinbaren!

Abgrenzung vom Gefälligkeitsverhältnis: Rechtsbindungswille

Nicht von § 632 I BGB wird allerdings die Frage beantwortet, ob überhaupt ein Vertrag zustande kam. Dies bestimmt sich nach allgemeinen Regeln, §§ 134, 138, 145 ff. BGB; § 632 I BGB sagt über die maßgebliche Frage, ob der zum Vertragsschluss erforderliche Rechtsbindungswille vorhanden ist, nichts aus. 491a

Höhe der Vergütung

Haben sich die Parteien bei Abschluss des Vertrages lediglich nicht über die Höhe der Vergütung geeinigt, greift die Auslegungsregel des § 632 II BGB.[697]

Die Höhe der Vergütung bestimmt sich demgemäß nach der Taxe (= behördlich festgesetzter Preis) bzw. einer üblichen, angemessenen Vergütung.

Eine Bestimmung durch den Unternehmer nach §§ 315, 316 BGB kommt erst in Betracht, wenn die Höhe der Vergütung weder vereinbart noch nach § 632 II BGB feststellbar ist.[698]

Kostenvoranschlag im Zweifel nicht zu vergüten

Ein bloßer Kostenvoranschlag ist dagegen im Zweifel nicht zu vergüten, § 632 III BGB.

695 Palandt, § 154, Rn. 1.

696 RGZ 93, 299; Palandt, § 155, Rn. 5.

697 Diese Auslegungsregel entspricht im Dienstvertragsrecht dem § 612 BGB.

698 Palandt, § 632, Rn. 10: Z.B. Vergütung des Rechtsanwalts nach § 12 BRAGO.

hemmer-Methode: Die formularmäßig bestimmte Vergütungspflicht von Kostenvoranschlägen ist mit dem wesentlichen Grundgedanken der Regelung des § 632 III BGB nicht zu vereinbaren und damit als unangemessene Benachteiligung gem. § 307 I S. 1, II Nr. 1 BGB unwirksam.[699]

B) Die Pflicht des Werkunternehmers und ihre Nichterfüllung

Pflicht zur mangelfreien Herstellung

Hauptpflicht des Unternehmers ist die Herstellung des Werkes. Gemäß §§ 631, 633 BGB muss er dieses vertragsgemäß, d.h. rechtzeitig und vor allem mangelfrei, d.h. ohne Sach- und Rechtsmängel herstellen. 492

Mangelhafte Leistung = teilweise Nichterfüllung

Ein mangelhaftes Werk ist demnach nicht zur vollständigen Erfüllung der Werkunternehmerpflichten geeignet; wie beim Kauf ist mangelhafte Leistung teilweise Nichterfüllung.

Keine Pflicht zu persönlicher Herstellung

Der Unternehmer ist im Gegensatz zum Dienstverpflichteten nach §§ 611, 613 BGB grundsätzlich nicht persönlich zur Herstellung des Werkes verpflichtet. Er kann sich – soweit im Vertrag nichts anderes vereinbart ist und sich aus dem Vertragszweck nichts anderes ergibt – Dritter bedienen, die das Werk herstellen. Für diese haftet er dann gemäß § 278 BGB. 492a

hemmer-Methode: Die Höchstpersönlichkeit der Leistungspflicht ist z.B. bei § 275 III BGB von Bedeutung: Die Vorschrift ist nur auf höchstpersönliche Leistungspflichten des Schuldners anwendbar.[700] **Z.B. ist bei der Verpflichtung einer Konzertsängerin von Höchstpersönlichkeit auszugehen.**

I. Durchsetzung des Anspruches aus § 631 I BGB durch den Besteller

Nichterfüllung -> Verweigerung der Vergütung

Erfüllt der Werkunternehmer seine Pflicht aus § 633 I BGB nicht, kann der Besteller gegenüber einer Inanspruchnahme durch den Werkunternehmer zum einen die Zahlung bis zur Abnahme des vertragsgemäßen Werkes verweigern. Denn nach § 641 I BGB wird die Zahlung der Vergütung erst bei Abnahme des Werkes fällig, soweit keine andere Vereinbarung getroffen wird. Der Werkunternehmer ist damit grundsätzlich vorleistungspflichtig. 493

Klage auf Erfüllung

Gerichtlich kann der Besteller die Herstellung des Werkes durch eine Klage auf Erfüllung der Werkvertragspflicht (§ 631 I BGB) erzwingen. Das obsiegende Urteil betrifft regelmäßig die Vornahme einer vertretbaren Handlung (Vollstreckung nach § 887 ZPO). Denn grundsätzlich ist der Werkunternehmer nicht persönlich zur Herstellung des vereinbarten Werkes verpflichtet[701] und zumeist wird die Herstellung des Werkes auch von Dritten vorgenommen werden können. 494

Beispiele: *Reparatur eines Fahrrads, Hausbau, Gutachten*

---

[699] So absolut überzeugend das OLG Karlsruhe, NJW-RR 2006, 419 = **juris**byhemmer.

[700] Vgl. hierzu **Hemmer/Wüst, Schuldrecht AT**, Rn. 51.

[701] Vgl. oben, Rn. 492a.

Ausnahme: § 888 I ZPO

Hat der Werkunternehmer in Person zu leisten, z.B. bei geistigen, künstlerischen oder wissenschaftlichen Arbeiten[702], so erfolgt die Zwangsvollstreckung nach § 888 I ZPO.

II. Rechte des Bestellers bei Nichtleistung wegen (vollständiger) Unmöglichkeit

Unmöglichkeit folgt allgemeinen Regeln

Der Werkunternehmer schuldet die Herstellung des Werkes. Eine vollständige Unmöglichkeit[703] der Herstellung i.S.v. § 275 BGB ist daher nur denkbar, wenn die Herstellung des Werkes als solche unmöglich ist oder wird. 495

hemmer-Methode: Ist die Herstellung des Werkes allerdings grundsätzlich möglich, auch wenn nur mangelhaft, so gelten allein die §§ 634 ff. BGB. Anwendbar sind die §§ 634 ff. BGB allerdings auch bei der qualitativen Unmöglichkeit (also bei unbehebbaren Mängeln) nach der Abnahme.

Als Gründe für die Unmöglichkeit der Herstellung an sich kommen sowohl die tatsächliche Unmöglichkeit i.S.v. § 275 I BGB als auch die Einrede der Unmöglichkeit gemäß § 275 II, III BGB in Betracht. Mit Feststehen der Unmöglichkeit bzw. mit Erhebung der Einrede nach § 275 II, II BGB entfällt der Primäranspruch des Bestellers auf Herstellung des Werkes.

Bsp.: Das Haus kann nicht gebaut werden, da das Grundstück des Bestellers aufgrund eines Erdrutsches dauerhaft unbebaubar geworden ist.

Auch hinsichtlich der Rechtsfolgen der vollständigen Unmöglichkeit der Herstellungspflicht bestehen keine Besonderheiten.[704] Bei Vertretenmüssen des Werkunternehmers besteht gem. §§ 280 I, III, 283 BGB ein Anspruch auf Schadensersatz statt der Leistung.

III. Rechte des Bestellers bei (vollständiger) Nichtleistung trotz Möglichkeit

Ersatz des Verzögerungsschadens

Der Besteller kann Ersatz des Verzögerungsschadens vom Werkunternehmer nach §§ 280 I, II, 286 BGB verlangen, wenn dieser mit seiner Herstellungspflicht im Verzug ist bzw. war. 496

Schadensersatz statt der Leistung

Schadensersatz statt der Leistung steht dem Besteller unter den Voraussetzungen der §§ 280 I, III, 281 BGB zu; insbesondere muss er dem Werkunternehmer zunächst grundsätzlich eine angemessene Frist zur Herstellung des Werkes setzen.

Rücktrittsrecht nach § 323 I BGB

Darüber hinaus steht dem Besteller nach allgemeinem Leistungsstörungsrecht ein Rücktrittsrecht nach § 323 I BGB zu, wenn der Unternehmer das Werk trotz Fristsetzung nicht rechtzeitig herstellt.[705]

---

[702] Vgl. Thomas/Putzo, § 888 ZPO, Rn. 2.

[703] Zur Unmöglichkeit vgl. **Hemmer/Wüst, Schuldrecht AT**, Rn. 15 ff.

[704] Zu den Folgen der Unmöglichkeit vgl. **Hemmer/Wüst, Schuldrecht AT**, Rn. 15 ff.

[705] Zu § 323 BGB, **Hemmer/Wüst, Schuldrecht AT**, Rn. 466 ff.

C) Pflichten des Bestellers und deren Nichterfüllung

I. Pflicht zur Vergütung

1. Inhalt

Pflicht zur Vergütung

Der Besteller ist zur Entrichtung der vereinbarten (oder gemäß § 632 I, II BGB geschuldeten)[706] Vergütung verpflichtet. **497**

Fälligkeit nach Abnahme, § 641 I BGB

Die Vergütung wird gemäß § 641 I BGB bei Abnahme des Werkes fällig, soweit die Parteien keine anderweitige Vereinbarung getroffen haben. **498**

hemmer-Methode: Schon vor der Abnahme ist der Unternehmer gem. § 632a I S. 1 BGB berechtigt, für eine vertragsgemäß erbrachte Leistung eine Abschlagszahlung in der Höhe verlangen, in der der Besteller durch die Leistung einen Wertzuwachs erlangt hat.

Abnahme ist die körperliche Hinnahme des Werkes unter Billigung als im Wesentlichen vertragsgemäß.[707]

Fiktion der Abnahme gem. § 640 I S. 3 BGB

Allerdings ist zu beachten, dass bei unberechtigter Verweigerung der Abnahme innerhalb einer vom Werkunternehmer gesetzten Frist die Abnahme nach § 640 I S. 3 BGB fingiert wird und damit auch die Vergütung nach § 641 I S. 1 BGB fällig wird.

Gemäß § 641 IV BGB hat der Besteller diese Vergütung ab dem Zeitpunkt der Abnahme (bzw. der Abnahmefiktion[708]) zu verzinsen, sofern die Vergütung nicht gestundet ist.

Die Höhe der Verzinsung bestimmt sich, sofern nichts anderes vereinbart wurde, nach § 246 BGB bzw. für Kaufleute nach § 352 HGB.

Bsp.: *U hat das Kfz des B repariert. B holt den Wagen ohne Überprüfung der Reparatur am 06.10. ab und fährt noch am selben Tag über 250 km. Erst drei Wochen später erhält B die Rechnung für die Werkleistung.* **498a**

1. Wann ist die Forderung fällig geworden?

2. Kann U seit dem 06.10. Zinsen verlangen?

Zu Frage 1:

Gemäß § 641 I S. 1 BGB wird die Forderung des Werkunternehmers mit der Abnahme fällig, wobei unter Fälligkeit der Zeitpunkt zu verstehen ist, ab welchem der Gläubiger die Leistung verlangen kann, vgl. § 271 I BGB. Fraglich ist aber zunächst, ob eine solche Abnahme i.S.v. § 640 BGB vorliegt.

Eine ausdrückliche Abnahme ist mangels Erklärung des B nicht gegeben. Möglich ist jedoch auch eine sog. konkludente Abnahme durch schlüssiges Handeln.

Die körperliche Hinnahme des Werkes erfolgte durch das Abholen des Kfz durch B, die Billigung des Werkes ergibt sich aus der Ingebrauchnahme des Wagens über eine längere Strecke ohne Mängelrügen.[709] Aus dem Verhalten des B kann U somit auf eine konkludente Abnahme am 06.10. schließen.

---

706 Vgl. hierzu oben, Rn. 491.

707 Palandt, § 640, Rn. 2 ff.; vgl. unten, Rn. 504.

708 Bzgl. der Fertigstellungsbescheinigung ist aber § 641a V S. 2 BGB zu beachten.

709 Vgl. Palandt, § 640, Rn. 6: Wobei nach der Rechtsprechung eine Fahrleistung von 50 km Anhaltspunkt ist.

Weiterhin stellt sich jedoch die Frage, ob die Fälligkeit der Vergütung auch in den Fällen mit der Abnahme eintritt, in denen der Besteller erst später eine Rechnung erhält, zum Zeitpunkt der Abnahme die Höhe der Forderung also noch gar nicht kennt.

In der Literatur wird deshalb teilweise vertreten, dass Fälligkeit erst mit Zugang der Rechnung eintreten soll. § 641 I BGB sei insoweit abbedungen bzw. abgeändert.

Nach Ansicht der h.M. wird die Vergütung dagegen auch dann schon mit dem Zeitpunkt der Abnahme fällig, wenn die Rechnungsstellung erst später erfolgt.[710]

Begründet wird dies damit, dass die frühzeitige Fälligkeit für den Besteller auch Vorteile bringe: So ist der Zeitpunkt der Fälligkeit z.B. auch für den Zeitpunkt des Verjährungsbeginns maßgeblich. Diesen Zeitpunkt könnte der Werkunternehmer willkürlich hinausschieben, wenn er es in der Hand hätte, erst mit Rechnungslegung die Fälligkeit herbeizuführen.

Die Forderung des U ist somit bereits am 06.10. fällig geworden.

hemmer-Methode: In Verzug kann der Besteller vor Erhalt der Rechnung aber nicht geraten, denn es fehlt jedenfalls am dazu erforderlichen Vertretenmüssen, da ihm die Höhe der Forderung nicht mitgeteilt wurde.

Zu Frage 2:

Gemäß § 641 IV BGB hätte der Unternehmer grundsätzlich einen Anspruch auf Zinszahlung seit dem 06.10.

Dies ist nach ganz h.M. unbillig, wenn der Besteller noch keine Rechnung erhalten und damit gar keine Möglichkeit hat, die Rechnung zu bezahlen und damit den Zinsen zu entgehen.

Deshalb wird in diesen Fällen allgemein eine stillschweigende Abbedingung des § 641 IV BGB angenommen. Mit Rücksicht auf die Verkehrssitte i.V.m. §§ 133, 157 BGB ist der Vertrag so auszulegen, dass die Parteien eine Zahlung vor Rechnungslegung nicht erwarten und deshalb erst recht nicht von einer Zinszahlungspflicht ausgehen.

hemmer-Methode: Dies stellt jedoch keine Stundungsvereinbarung i.S.v. § 641 IV BGB a.E. dar! Es wird nämlich nicht eine Stundung der Vergütung, sondern lediglich eine Stundung der Zinszahlungspflicht angenommen. Diese Unterscheidung hat, wie oben dargelegt, vor allem Bedeutung bei der Frage der Verjährung:
Diese beginnt nach § 199 I BGB grundsätzlich mit dem Schluss des Jahres, in dem der Anspruch entstanden (= fällig, d.h. wenn er klageweise geltend gemacht werden kann) ist, vgl. § 199 I Nr. 1 BGB, und der Gläubiger Kenntnis der den Anspruch begründenden Umstände und der Person des Schuldners hat.
Arbeiten Sie daher genau! Nur diese kleinen Feinheiten führen dazu, dass Sie sich von anderen abheben können. Auch wenn man hier bei Ungenauigkeiten nicht „abrutscht", so bemerkt der Korrektor dennoch, ob eine Klausur auch kleinere Probleme sorgfältig bearbeitet oder nicht. Dies ist für den Gesamteindruck von einer Klausur u.U. entscheidend.

Eine derartige stillschweigende Abbedingung der Verzinsung ab Abnahme des Werkes entspricht demnach im Regelfall den beiderseitigen Interessen.[711] Auch im vorliegenden Fall ist nichts anderes ersichtlich.

U kann daher erst ab Rechnungsstellung Zinsen verlangen.

[710] BGHZ 79, 176 - 180 (178) = jurisbyhemmer.

[711] Vgl. Grimme, Rechnungserteilung und Fälligkeit der Werklohnforderung, NJW 1987, 468 - 473 (471 m.w.N.).

2. Auswirkung der Unmöglichkeit der Werkleistung auf die Vergütungspflicht

Auswirkung der Unmöglichkeit der Werkleistung auf die Vergütungspflicht: grds. § 326 I BGB

Wird die Leistung des Werkunternehmers (vollständig) unmöglich, so entfällt nach § 326 I BGB in der Regel auch die Verpflichtung des Bestellers zur Zahlung der Vergütung.[712] Der Werkunternehmer trägt also grundsätzlich die Preisgefahr. 499

Ausnahmen, insbesondere §§ 644, 645 BGB

Es existieren im Werkvertragsrecht jedoch einige durchaus examensrelevante Ausnahmen: 500

So muss der Besteller trotz Unmöglichkeit der Werkleistung nach § 275 I- III BGB die Vergütung zahlen, wenn

- er für die Unmöglichkeit der Leistung allein oder weit überwiegend verantwortlich ist, **§ 326 II S. 1 Alt. 1 BGB i.V.m. § 645 II BGB**, der als Verweisung auf § 326 II S. 1 Alt. 1 BGB zu verstehen ist,
- die Unmöglichkeit zu einem Zeitpunkt eintritt, in dem sich der Besteller im Annahmeverzug nach den §§ 293 ff. BGB befindet, **§ 644 I S. 2 BGB** als „lex specialis“ zu § 326 II S. 1 Alt. 2 BGB,
- das Werk auf Verlangen des Bestellers versendet wird, **§ 644 II BGB,**

hemmer-Methode: Dies entspricht der Gefahrtragungsregel des § 447 BGB im Kaufrecht.[713] § 644 II BGB gilt dabei auch bei Werkverträgen mit Verbrauchern, da eine § 474 II BGB entsprechende Vorschrift nicht existiert. Ist allerdings über § 651 BGB Kaufrecht anzuwenden, so ist auch § 474 II BGB anwendbar.
§ 644 I S. 3 BGB enthält keine Gefahrtragungsregel. Er besagt lediglich, dass der Unternehmer in diesen Fällen keinen Schadensersatz zu leisten hat.[714]

oder

- die Herstellung unmöglich geworden ist, weil der Besteller einen mangelhaften Stoff geliefert oder eine für den Untergang kausale Anweisung erteilt hat, **§ 645 I** BGB.

hemmer-Methode: Wie sich aus § 645 II BGB ergibt, ist hier ein Verschulden des Bestellers nicht erforderlich.

Hierzu folgender Fall:

Bsp.: U soll ein Dach auf dem Haus des B errichten. Als der Dachstuhl fertig, das Dach aber noch nicht eingedeckt ist, brennt das Haus infolge einer Nachlässigkeit eines anderen am Bau beschäftigten Handwerkers H ab. Kann U von B die vereinbarte Vergütung verlangen? 501

U könnte einen Vergütungsanspruch gegen B gemäß § 631 I BGB haben.

hemmer-Methode: Der Anspruch besteht von Anfang an. Fällig wird er dagegen erst mit Abnahme, § 641 I BGB. Der Unternehmer ist vorleistungspflichtig.

Der Vergütungsanspruch könnte jedoch gemäß § 326 I S. 1 BGB erloschen sein, da der Unternehmer bis zur Abnahme des Werkes die Preisgefahr trägt.

---

712 Vgl. hierzu **Hemmer/Wüst, Schuldrecht AT**, Rn. 74 ff.

713 Vgl. hierzu ausführlich oben, Rn. 69 ff.

714 Palandt, § 645, Rn. 5.

hemmer-Methode: Vertretbar ist es auch, dass Sie § 644 I S. 1 BGB als lex specialis zu § 326 I S. 1 BGB ansehen.

1. Der Werkvertrag ist ein gegenseitiger Vertrag; mit Abbrennen des Hauses ist die Herstellung des Werkes (= synallagmatische Hauptleistungspflicht) unmöglich geworden, § 275 I BGB, es ist das Leistungssubstrat weggefallen (sog. Zweckfortfall[715]). Gemäß § 326 I S. 1 HS 1 BGB hat U damit grundsätzlich den Anspruch auf die Vergütung verloren.

2. Die Unmöglichkeit hat vorliegend H zu vertreten. Da dieser aber nicht Erfüllungsgehilfe des B ist, muss sich B dessen Verschulden nicht über § 278 BGB zurechnen lassen. Somit greift die anspruchserhaltende Vorschrift des § 326 II S. 1 Alt. 1 BGB nicht ein.

3. Fraglich ist jedoch, ob die Preisgefahr in Ausnahme zu § 326 I BGB schon auf den B übergegangen ist.

Es liegt keiner der in §§ 644 I S. 2, 645 I BGB geregelten Fälle des Übergangs der Preisgefahr vor.

Im Schrifttum wird jedoch teilweise vertreten, dass § 645 I BGB auf alle Fälle analog anzuwenden ist, in denen das Leistungshindernis vor Abnahme aus dem Gefahrenbereich („Sphäre") des Bestellers stammt, sog. Sphärentheorie.[716]

Die h.L. und der BGH sind der Sphärentheorie jedoch nicht gefolgt. Die §§ 644, 645 BGB sollen nach dem Willen des Gesetzgebers gerade abschließend regeln, wer welche Gefahren zu tragen hat. Es ist auch nicht ersichtlich, dass die Fälle der Sphärentheorie vom Gesetzgeber übersehen wurden. Eine analoge Anwendung des § 645 I BGB entfällt. Eine solch weitgehende Überwälzung des Risikos auf den Besteller entspricht nicht der Systematik der gesetzlichen Gefahrtragung im Werkvertragsrecht.

Ergebnis: U verliert den Anspruch auf die Vergütung gemäß § 326 I BGB.

hemmer-Methode: In Betracht kommt aber ein Anspruch des U gegen B auf Abtretung etwaiger Ansprüche gegen H nach den Grundsätzen der Drittschadensliquidation. B ist wegen § 946 BGB Eigentümer des Dachstuhls geworden und hat infolgedessen gegen H einen Anspruch aus § 823 I BGB wegen Eigentumsverletzung. Da B jedoch nicht an U zahlen muss, hat er keinen Schaden.
Der Schaden liegt vielmehr bei U, der zwar den Dachstuhl errichtet, jedoch keinen Anspruch gegen B hat. Da hier wegen § 644 BGB ein Fall der zufälligen Schadensverlagerung vorliegt, kann U von B nach den Grundsätzen der Drittschadensliquidation Abtretung des Anspruchs gegen H verlangen.

§ 645 I BGB analog

Eine analoge Anwendung des § 645 I BGB kommt dagegen auch nach der h.M. in Betracht, wenn die Gründe für die Unmöglichkeit in der Person des Bestellers liegen oder auf eine gefahrbegründende bzw. -erhöhende Handlung zurückzuführen sind.[717] 502

Bsp.: *Die Scheune brennt ab, weil sich vom Besteller eingebrachtes Heu entzündet hat.*[718]

hemmer-Methode: § 644 BGB regelt gleichzeitig auch die Leistungsgefahr[719]: Der Unternehmer trägt das Risiko, dass er die Sache neu herstellen muss, bis zum Zeitpunkt der Abnahme bzw. Vollendung, bis der Besteller in Annahmeverzug gerät oder die Sache vereinbarungsgemäß einer Transportperson übergeben wird.

715 Vgl. **Hemmer/Wüst, Schuldrecht AT**, Rn. 28.

716 Vgl Palandt, § 645, Rn. 10.

717 BGHZ 40, 71 - 75; BGHZ 60, 14 - 22 = **juris**byhemmer; Palandt, § 645, Rn. 9.

718 BGHZ 40, 71 - 75.

719 Palandt, § 645, Rn. 2 und 3.

Dieser ungeschriebene Gefahrübergang ergibt sich aus der Überlegung, dass spätestens mit Übergang der Preisgefahr auch die Leistungsgefahr übergehen muss, denn wenn der Werkunternehmer sein Geld auch bei zufälligem Untergang erhält, dann muss er das Werk auch denknotwendig nicht mehr neu herstellen.

3. Fälligkeit des Werklohnes auch ohne Abnahme bzw. Abnahmefiktion 502a

Der Werklohn kann auch ohne Abnahme fällig sein, wenn der Besteller nur noch seine Mängelrechte, nicht mehr Erfüllung des Vertrages verlangt.

Damit wird das Vertragsverhältnis nämlich in ein Abrechnungsverhältnis umgewandelt, was zur Folge hätte, dass der Werklohnanspruch auch ohne Abnahme fällig ist.[720]

Voraussetzung hierfür ist aber, dass dem Besteller überhaupt Mängelrechte zustehen (vgl. dazu Rn. 509 ff.).

hemmer-Methode: An dieser Stelle scheint man sich jetzt „im Kreis zu drehen". Mängelrechte hat der Besteller gemäß § 634 BGB nämlich grds. erst nach Abnahme des Werkes.[721]
Vor Abnahme des Werkes hat der Besteller grds. einen auf Verschaffung bzw. Herstellung des versprochenen, mangelfreien Werkes gerichteten Erfüllungsanspruch. Seine Rechte, insb. auch hinsichtlich etwaiger Leistungsstörungen, richten sich mithin grds. nach den allgemeinen Vorschriften.
Allerdings kann der Besteller wohl auch auf seinen Erfüllungsanspruch und die sich daraus ergebenden, weitergehenden (!) Rechte verzichten und sich auf die Rechte aus § 634 BGB beschränken.[722]

II. Pflicht zur Abnahme

Pflicht zur Abnahme

Der Besteller ist nach § 640 I BGB ferner zur Abnahme verpflichtet. 503
Auch diese Pflicht ist eine echte Leistungspflicht[723], sodass bei Verzug oder Nichtabnahme die allgemeinen Vorschriften gelten. Der Werkunternehmer kann somit nach §§ 280 ff., 323 I BGB vorgehen oder auch die Abnahme einklagen.

Definition: Abnahme

Unter Abnahme versteht man die körperliche Hinnahme des Werkes 504
durch den Besteller, verbunden mit der Erklärung, dass er das Werk im Wesentlichen als vertragsgemäße Leistung anerkenne.[724]

Die Abnahme kann durch den Besteller oder durch eine von ihm ermächtigte Person[725] ausdrücklich oder durch schlüssiges Verhalten abgegeben werden. Bei Letzterem liegt die erforderliche Anerkennung des Werkes in einem Verhalten des Bestellers dem Unternehmer gegenüber, aus dem der Unternehmer nach Treu und Glauben und mit Rücksicht auf die Verkehrssitte (§§ 133, 157 BGB) schließen darf, der Besteller billige die Leistung als im Wesentlichen vertragsgemäß.[726]

---

720 Vgl. BGH, **Life&Law 2003, Heft 1, 10 - 12** = NJW 2002, 3019-3021 = **juris**byhemmer; BGHZ 142, 278 - 283 (281) = **juris**byhemmer.

721 Vgl. Palandt, vor § 633, Rn. 6 f.

722 Vgl. Palandt, vor § 633, Rn. 7.

723 Nach h.M. sogar eine synallagmatische Hauptleistungspflicht, vgl. Palandt, § 631, Rn. 24; Larenz, Schuldrecht II/1, § 53 III.

724 Nach heute ganz h.M., vgl. Palandt, § 640, Rn. 2; Larenz, Schuldrecht II/1, § 53 III.

725 Palandt, § 640, Rn. 3.

726 Palandt, § 640, Rn. 4.

Ersatzweise Anerkennung

Ist die körperliche Entgegennahme nicht möglich, besteht die Abnahme in der Anerkennung der Leistung nach Erbringung aller vereinbarten Leistungen.[727] 505

Beispiele: *Arbeiten an einem Gebäude oder Grundstück, nichtkörperliche Arbeiten eines Architekten*[728]

Ersatzweise Vollendung

Ist auch diese Anerkennung aufgrund der Beschaffenheit des Werkes nicht möglich oder sinnlos, gilt § 646 BGB, wonach die Abnahme durch Vollendung des Werkes ersetzt wird. Der Ausschluss der Abnahme nach § 640 I S. 1 BGB muss sich dabei aus der Beschaffenheit des Werkes selbst ergeben. Vollendung bedeutet dabei vollständige, nicht jedoch mangelfreie Fertigstellung. 506

Beispiele: *Theateraufführung, Beförderung*[729]

Fingierte Abnahme

Nach § 640 I S. 3 BGB steht es der Abnahme gleich, wenn der Besteller nicht innerhalb einer ihm vom Unternehmer bestimmten gesetzten angemessenen Frist abnimmt, obwohl der Besteller dazu verpflichtet ist, das Werk also vertragsgemäß oder nur mit unwesentlichen Mängeln i.S.v. § 640 I S. 2 BGB behaftet ist. 507

Bei der Abnahme gem. § 640 I S. 3 BGB handelt es sich um eine gesetzliche Fiktion. Zum Schutz des Unternehmers, der ja vorleistungspflichtig ist und dessen Vergütung erst mit der Abnahme fällig wird, wird die Hinnahme als vertragsgemäß fingiert.

Der Unternehmer trägt vor Abnahme seiner Werkleistung die Beweislast für deren Mangelfreiheit.

hemmer-Methode: Mit der Abnahme des Werkes erklärt der Besteller, er nehme die angebotene Leistung als Erfüllung an, wodurch es zu einer Umkehr der Beweislast kommt, § 363 BGB. Dies gilt nicht, wenn sich der Besteller die Mängelrechte bezogen auf die gerügten Mängel bei Abnahme vorbehält.[730]

Wirkungen der Abnahme

Die Vornahme und der Zeitpunkt der Abnahme sind von erheblicher Bedeutung für die Rechte der Vertragsparteien:

Wirkungen der Abnahme: 508

- ⇨ Der Vergütungsanspruch wird fällig, § 641 I S. 1 BGB.
- ⇨ Der Erfüllungsanspruch des Bestellers nach § 631 I BGB erlischt und wird u.U. zum Nacherfüllungsanspruch gem. §§ 634 Nr. 1, 635 BGB.
- ⇨ Bei Mängeln zur Zeit der Abnahme (ungeschriebenes Tatbestandsmerkmal des § 633 II BGB) gelten die Mängelrechte gem. § 634 BGB.
- ⇨ Die Verjährung gemäß § 634a I Nr. 1, 2 BGB beginnt zu laufen, vgl. § 634a II BGB.
- ⇨ Gemäß § 644 I S. 1 geht die Preisgefahr auf den Besteller über.

727 Palandt, § 640, Rn. 3; BGHZ 37, 341 - 346 (345) = **juris**byhemmer; BGHZ 48, 257 - 264 (263) = **juris**byhemmer.

728 Palandt, § 640, Rn. 3.

729 Palandt, § 640, Rn. 2; Palandt, § 646, Rn. 1.

730 Vgl. auch BGH, **Life&Law 2009, Heft 3, 169 - 168** = NJW 2009, 360 - 363 = **juris**byhemmer.

D) Rechte des Bestellers bei Sach- und Rechtsmängeln

Rechte des Bestellers bei Sach- und Rechtsmängeln

Die Rechte des Bestellers bei Sach- und Rechtsmängeln wurden, 509
wie im Kaufrecht, im Zuge der Schuldrechtsreform dem allgemeinen Leistungsstörungsrecht angepasst. Die Ausgestaltung der einzelnen Rechte entspricht größtenteils dem Kaufrecht[731], da genau wie beim Kauf die Verpflichtung zur mangelfreien Leistung besteht, vgl. § 633 I BGB.

I. Überblick

Ausgangspunkt: § 633 I BGB

Ausgangspunkt ist – wie beim Kauf – die Feststellung, dass wegen 510
§ 633 I BGB die Herstellung eines mangelhaften Werkes eine teilweise Nichterfüllung darstellt.

hemmer map Nr. 10 i. Anh.

Einen Überblick über die Rechte des Bestellers bei Mangelhaftigkeit der Werkleistung bietet § 634 BGB. Liegt ein Sach- oder Rechtsmangel vor, ergibt sich für die Ansprüche des Bestellers folgendes System:

1. Anspruch auf **Nacherfüllung** nach §§ 634 Nr. 1, 635 BGB 511
2. Bei Nichtvornahme durch Unternehmer in bestimmter Frist (sofern Fristsetzung nicht entbehrlich):
   a) **Selbstvornahme** und **Aufwendungsersatz**, §§ 634 Nr. 2, 637 BGB

   oder

   b) **Rücktritt**, §§ 634 Nr. 3 Alt. 1, 636, 323, 326 V BGB

   oder

   c) **Minderung** der Vergütung nach §§ 634 Nr. 3 Alt. 2, 638 BGB

   und

   d) **Schadensersatz** wegen zu vertretender Schlechtlieferung nach den allgemeinen Vorschriften, §§ 634 Nr. 4, 636, 280, 281, 283, 311a BGB

   oder

   e) **Ersatz vergeblicher Aufwendungen**, §§ 634 Nr. 4, 284 BGB

hemmer-Methode: Wenn Sie die Ausführungen zum Kaufrecht verstanden haben, erschließt sich das System der Mängelrechte beim Werkvertrag bereits aus den zitierten Vorschriften von selbst. Versuchen Sie auch hier, sich effektiv mit den Regelungen vertraut zu machen und lernen Sie nicht doppelt.

Voraussetzung für die Rechte des Bestellers ist das Vorliegen eines Sach- oder Rechtsmangels.

1. Sachmangel

Sachmangel

Wann ein Sachmangel vorliegt, bestimmt § 633 II BGB in Anlehnung 512
an die kaufrechtlichen Regelungen.[732]

---

731 Vgl. hierzu oben, Rn. 153 ff.

732 Vgl. eingehend dort, Rn. 87 ff.

Zum Zeitpunkt der Abnahme ⇨ ungeschriebenes Tbm. des § 633 II BGB

Ohne dass dies dem Wortlaut des § 633 II BGB entnommen werden kann, ist nach allgemeiner Meinung der maßgebende Zeitpunkt für das Vorliegen des Mangels wie im Kaufrecht der Gefahrübergang, hier also in der Regel die Abnahme. Dieses **ungeschriebene Tatbestandsmerkmal** kann man über § 644 I S. 1 BGB in § 633 II BGB „hineinlesen“, da bis zu diesem Zeitpunkt der Unternehmer die Gefahr trägt.[733]

Mängel, die erst nach Gefahrübergang entstehen, lösen also keine Mängelrechte aus, es sei denn, sie beruhen auf einem latenten Grundmangel.

Beschaffenheitsvereinbarung

Nach § 633 II S. 1 BGB ist zunächst die Vereinbarung der Parteien maßgeblich für die Beurteilung, ob das Werk mangelhaft ist oder nicht. Auch im Werkvertragsrecht geht das Gesetz somit vom subjektiven Mangelbegriff aus: Vorrangig bestimmt sich die vertragsgemäße Erfüllung seitens des Werkunternehmers nach der konkreten Vereinbarung der Vertragsparteien. 513

Bsp.: *Wie ein Wohnhaus gebaut werden soll, richtet sich nach den Vorstellungen des Bauherrn. Diese werden durch Vereinbarung Gegenstand des jeweiligen Werkvertrages, es handelt sich um Beschaffenheitsvereinbarungen i.S.d. § 633 II S. 1 BGB.*

hemmer-Methode: Auch im Werkvertragsrecht kommt es zur Bestimmung eines Sachmangels nicht mehr auf eine zugesicherte Eigenschaft an. Eine Zusicherung eines Beschaffenheitsmerkmals ist aber ebenfalls für ein Vertretenmüssen nach § 276 I BGB von Bedeutung.

Vorausgesetzte Verwendung

Soweit eine solche Beschaffenheitsvereinbarung fehlt, ist zunächst die vorausgesetzte Verwendung des Werkes Maßstab für die Beurteilung, § 633 II S. 2 Nr. 1 BGB. Wie beim Kauf ist ein einseitiges Voraussetzen nicht ausreichend, es bedarf einer (evtl. konkludenten) Verwendungszweckvereinbarung.

Gewöhnliche Verwendung

Ist auch nach dem Vertrag keine besondere Verwendung des Werkes vorausgesetzt, so muss das Werk zumindest für die gewöhnliche Verwendung geeignet sein und die Beschaffenheit aufweisen, die bei Werken gleicher Art üblich ist und die der Besteller nach der Art des Werkes erwarten kann, § 633 II S. 2 Nr. 2 BGB.

Mangel bei unzureichender Vorleistung

Beruht der Mangel der Funktionstauglichkeit auf einer unzureichenden Vorleistung eines anderen Unternehmers, wird der Unternehmer von der Mängelhaftung nur dann frei, wenn er seine Prüfungs- und Hinweispflicht erfüllt hat (§ 242 BGB). Der Unternehmer trägt dabei die Darlegungs- und Beweislast für die Erfüllung der Prüfungs- und Hinweispflicht.[734]

hemmer-Methode: Nicht unter den Sachmangelbegriff des § 633 II BGB fällt eine Abweichung des Werkes von Werbeaussagen. Hierin liegt ein Unterschied zum Kauf, vgl. § 434 I S. 3 BGB.[735] Dies hat im Werkvertragsrecht auch keinen Sinn. Denn zum einen ist im Werkvertragsrecht der Hersteller des Produktes gerade der Werkunternehmer. Eine Werbeaussage des Werkunternehmers fällt jedoch als eigene Äußerung im Regelfall bereits unter § 633 II S. 1 BGB.
Zum anderen zielt die kaufrechtliche Vorschrift in § 434 I S. 3 BGB auf sog. Massenprodukte ab.[736] Beim Werkvertrag geht es in aller Regel um ein individualisiertes Werk, für das allgemein gehaltene (d.h. auf mehrere Produkte bezogene) Werbeaussagen von vornherein nicht in Betracht kommen. Bei vom Unternehmer herzustellenden Produkten gilt über § 651 S. 1 BGB ohnehin Kaufrecht, sodass § 434 I S. 3 BGB direkt Anwendung findet.

733 Vgl. dazu Palandt, § 633, Rn. 3; Palandt, § 640, Rn. 11; Voit, Die Rechte des Bestellers vor der Abnahme, BauR 2011, 1063 - 1078.

734 Vgl. hierzu BGH, **Life&Law 2008, Heft 5, 294 - 299** = ZGS 2008, 68 - 73 = **juris**byhemmer.

735 Hierzu Rn. 104 ff.

736 BT-Drs. 14/6040, S. 261.

2. Aliud / Zuwenigherstellung

Aliud/Zuwenigherstellung = Sachmangel

Nach § 633 II S. 3 BGB ist ein Sachmangel auch gegeben, wenn der Werkunternehmer ein anderes als das geschuldete Werk oder das Werk in zu geringer Menge herstellt. 514

Im Falle der Aliudlieferung oder Zuwenigherstellung liegt somit wie beim Kauf gem. § 434 III BGB eine Schlechtleistung vor.

hemmer-Methode: Da die Herstellung und Lieferung beweglicher Sachen wegen § 651 BGB dem Kaufrecht unterfällt, wird der direkte Anwendungsbereich des § 633 II S. 3 BGB sehr gering bleiben. Bei der Herstellung von Bauwerken mag theoretisch die Herstellung eines anderen Werkes in Betracht kommen, praktisch wären Abweichungen bei der Herstellung aber wohl eher als Mangel zu werten. Einzig bei der Herstellung nichtkörperlicher Werke wäre an eine Anwendung von § 633 II S. 3 BGB zu denken.

Bsp.: *A bringt seinen Pkw zur Reparatur in die Werkstatt des B, weil er bei einem Unfall einen Blechschaden erlitten hat. B nimmt sich den Wagen vor, entdeckt dabei einen Schaden am Getriebe und repariert diesen, ohne indes den Blechschaden zu beheben.* 515

Nachdem A den Wagen abgeholt hat, entdeckt er diesen „Irrtum". A ist erbost und erklärt sofort den Rücktritt vom Vertrag. B erwidert, Vertrag sei Vertrag. Er besteht auf die Durchführung der Reparatur und verlangt im Übrigen die Reparaturkosten für die Behebung des Getriebeschadens. Wie ist die Rechtslage?

1. Die Durchführung der Reparatur kommt nur dann in Betracht, wenn A nicht zuvor wirksam vom Vertrag zurückgetreten ist. Ein Rücktrittsrecht könnte A gem. §§ 634 Nr. 3 Alt. 1, 636, 323 BGB zustehen. Dazu müsste die Werkleistung mangelhaft sein. B hat jedoch weder eine mangelfreie noch eine mangelhafte Reparatur des Blechschadens durchgeführt, sondern überhaupt keine. Es bliebe dann bei den ursprünglichen Ansprüchen aus § 631 BGB.

Etwas anderes könnte aber wegen § 633 II BGB gelten. B hat den Getriebeschaden behoben. Darin könnte die Herstellung eines anderen Werkes i.S.d. Vorschrift zu sehen sein. Die Rechtsfolgen wären dann dieselben wie bei Vorliegen eines Mangels.

Allerdings setzt die Gleichstellung von Mangel- und Aliud-Herstellung (genau wie bei der Lieferung im Kaufrecht) voraus, dass die Herstellung in Erfüllung der ursprünglichen Verbindlichkeit erfolgt. Der Unternehmer muss – für den Besteller erkennbar – mit der Reparatur die Absicht verfolgen, die geschuldete Verbindlichkeit zu erfüllen. Stellt er dann etwas anderes her, wird er über § 633 II S. 3 BGB so gestellt, als habe er mangelhaft hergestellt. B hat aber nicht den Getriebeschaden in der Erwartung behoben, damit den Blechschaden zu beheben.

hemmer-Methode: Letztlich ähnelt die Argumentation derjenigen beim Identitätsaliud im Kaufrecht. Auch dort ist die Abgrenzung zwischen Schlecht- und Andersleistung leicht zu treffen. Dasselbe gilt für die Reparatur im Beispiel. Ob das Blech schlecht oder überhaupt nicht repariert wurde, kann mit einem Blick festgestellt werden.
Die Gesetzesbegründung begnügt sich mit dem Hinweis, dass der Anwendungsbereich der Vorschrift des § 633 II S. 3 BGB eher gering sein wird, geht aber nicht darauf ein, wo überhaupt ein Anwendungsbereich verbleiben soll. Ein Vergleich mit den Wertungen im Kaufrecht zeigt, dass zumindest das oben gewählte Beispiel der Regelung nicht unterfällt.

§ 633 II S. 3 BGB greift daher nicht ein, das Mängelrecht ist nicht einschlägig.

2. In Betracht kommt möglicherweise jedoch ein Rücktritt nach den allgemeinen Vorschriften, hier nach § 323 BGB. Nach den obigen Feststellungen hat der Schuldner B seine Leistung nicht erbracht, sog. Nichtleistung i.S.d. § 323 I BGB. Da er jedoch keine Frist zur Erfüllung gesetzt hat, scheidet ein Rücktrittsrecht in diesem Stadium aus. Für die Entbehrlichkeit der Fristsetzung gem. § 323 II BGB bzw. § 636 BGB gibt der Sachverhalt nichts her. Insbesondere ist das Interesse des A an der Reparatur nicht weggefallen. Insofern ist ihm ein Festhalten am Vertrag zumutbar. B kann die Reparatur daher durchführen.

hemmer-Methode: Hätten Sie sich für einen Mangel i.S.d. § 633 II S. 3 BGB entschieden, so wäre das Ergebnis wegen der erforderlichen Fristsetzung dasselbe gewesen.
Natürlich kann der Besteller jederzeit gem. § 649 BGB den Vertrag kündigen. Allerdings muss er dann die (u.U. geminderte, § 649 S. 2 HS 2 BGB) vereinbarte Vergütung trotzdem zahlen, § 649 S. 1 HS 1 BGB. Dies ist ersichtlich nicht gewollt.

3. Fraglich ist ferner, ob B zudem wegen der Reparatur des Getriebeschadens Ersatz verlangen kann.

Ein diesbezüglicher Vertrag wurde nicht geschlossen. Nach h.M. kommt allerdings ein Anspruch aus §§ 677, 683 S. 1, 670 BGB bzw. §§ 684 S. 1, 812 BGB in Betracht.[737]

3. Rechtsmangel

Rechtsmangel

Nach § 633 I BGB ist der Werkunternehmer auch zur rechtsmangelfreien Leistung verpflichtet. Bei Vorliegen eines Rechtsmangels kann der Besteller deshalb ebenso Mängelrechte haben wie bei Vorliegen eines Sachmangels. 516

Ein Rechtsmangel liegt nach § 633 III BGB vor, wenn Dritte in Bezug auf das Werk Rechte gegen den Besteller geltend machen können.

Anders als bei § 633 II BGB kommt es nicht darauf an, ob das Werk deshalb von der vereinbarten Beschaffenheit abweicht oder der Besteller in der vertraglich vorausgesetzten bzw. gewöhnlichen Verwendung des Werkes beeinträchtigt ist. § 633 III BGB stellt allein auf das Bestehen des Drittrechtes ab. In der Klausur ist schon deshalb weiterhin zwischen Sach- und Rechtsmängeln zu unterscheiden.

Die Bedeutung des Rechtsmangels ist im Werkvertragsrecht zwar nicht so groß wie im Kaufrecht. Denkbar ist jedoch eine Belastung des Werkes mit Rechten Dritter vor allem im Urheber-, Patent- und Wettbewerbsrecht. Im Einzelnen gilt das zu § 435 BGB Gesagte entsprechend.[738]

II. Anspruch auf Nacherfüllung, §§ 633 I, 634 Nr. 1, 635 BGB

Anspruch auf Nacherfüllung

Der Anspruch auf Nacherfüllung gem. §§ 633 I, 634 Nr. 1, 635 BGB stellt das vorrangige Recht des Bestellers bei mangelhafter Leistung des Werkunternehmers dar. 517

[737] Hier handelt es sich nicht um die Problematik der GoA beim nichtigen Vertrag. Fraglich ist in diesen Fällen der Fremdgeschäftsführungswille, wenn der Geschäftsführer doch eigentlich eine eigene Verpflichtung zu erfüllen glaubt, vgl. Palandt, § 677, Rn. 7. Das ist hier anders, da B hinsichtlich des Getriebeschadens weiß, dass kein Vertrag vorliegt. Daher ist der Fremdgeschäftsführungswille insofern zu bejahen. Im Übrigen hängt der Ersatz vom Willen des A ab.

[738] Rn. 140 ff.

Dies ergibt sich, wie im Kaufrecht, aus der Systematik und den Voraussetzungen der übrigen Mängelrechte des Bestellers: Sowohl bei der Selbstvornahme, dem Rücktritt, der Minderung und beim Schadensersatz statt der Leistung muss der Besteller grundsätzlich zunächst eine angemessene Frist zur Leistung oder Nacherfüllung setzen.

1. Überblick über die Anspruchsvoraussetzungen

Anspruchsvoraussetzungen

518

1. Vorliegen eines Werkvertrages
2. Vorliegen eines Mangels i.S.v. § 633 BGB zum Zeitpunkt des Gefahrüberganges
3. Kein Haftungsausschluss i.S.v. § 639 BGB
4. Abnahme
5. Kein Ausschluss gemäß § 635 III BGB oder § 640 II BGB
6. Keine Verjährung, § 634a BGB

2. Inhalt des Nacherfüllungsanspruches, §§ 633 I, 634 Nr. 1, 635 BGB

Inhalt des Nacherfüllungsanspruches

Nach §§ 633 I, 634 Nr. 1, 635 BGB kann der Besteller bei Mangelhaftigkeit des Werkes Nacherfüllung verlangen. Diese kann – ähnlich wie beim Kauf – in Form der Nachbesserung (§ 635 I Alt. 1 BGB) oder in Form der Neuherstellung (§ 635 I Alt. 2 BGB) erfolgen, wobei der Neuherstellung beim Kauf die Nachlieferung entspricht. 519

Wahlrecht des Werkunternehmers

Anders als beim Kauf steht allerdings die Wahl zwischen den beiden Nacherfüllungsarten dem Werkunternehmer, also dem Schuldner des Nacherfüllungsanspruches zu. 520

hemmer-Methode: Beachten Sie den Unterschied zum Kaufrecht: Gemäß § 439 I BGB kann der Käufer (der Gläubiger) zwischen Mängelbeseitigung und der Nachlieferung wählen.
Grund dieses Unterschiedes ist die Tatsache, dass beim Werkvertrag der Unternehmer das Werk selbst herstellen muss und es somit über einen bloßen Austausch vorhandener Leistungen, wie im Kaufrecht, hinausgeht. Der Werkunternehmer ist zudem viel enger mit dem Produktionsprozess selbst befasst als der Verkäufer und kann daher leichter entscheiden, welche Art der Nacherfüllung kostengünstiger ist.[739]

Für einen Nacherfüllungsanspruch aus §§ 634 Nr. 1, 635 BGB muss der Besteller das Werk bereits abgenommen haben. Dem stehen die gesetzlich geregelten Abnahmefiktionen nach §§ 640 I S. 3, 641a BGB, gleich.

Vor Abnahme: Erfüllungsanspruch, § 631 I BGB

Denn vor der Abnahme hat der Besteller ohnehin noch seinen ursprünglichen Erfüllungsanspruch aus § 631 I BGB, weswegen er bei Mangelhaftigkeit des Werkes die Abnahme verweigern kann, § 640 I BGB. Dieser beläuft sich zwar ebenfalls auf Herstellung eines mangelfreien Werkes, was auch durch Mängelbeseitigung oder durch Neuherstellung des Werkes geschehen kann. Der wichtige Unterschied liegt allerdings darin, dass bzgl. des ursprünglichen Anspruchs aus § 631 I BGB die Verjährung nicht nach § 634a BGB, sondern nach allgemeinen Vorschriften erfolgt. 521

[739] Vgl. BT-Drs. 14/6040, S. 265.

Nach der Abnahme steht dem Besteller nunmehr der Anspruch auf Nacherfüllung quasi als modifizierter Erfüllungsanspruch zu.

hemmer-Methode: Beachten Sie nochmals, dass wie beim Kauf der Gefahrübergang (beim Werkvertrag i.d.R. die Abnahme) die entscheidende zeitliche Zäsur für die Abgrenzung des allgemeinen Leistungsstörungsrechts zu den besonderen Mängelrechten gem. § 634 BGB ist.

3. Wahlrecht des Werkunternehmers[740]

Wahlrecht des Werkunternehmers

Die Ausübung des Wahlrechts erfolgt durch Erklärung des Werkunternehmers gegenüber dem Besteller, § 263 I BGB analog. Diese bedarf keiner besonderen Form und ist vor allem auch durch schlüssiges Verhalten möglich. 522

Das Wahlrecht des Werkunternehmers endet nicht schon mit der Erklärung des Werkunternehmers. Denn ihm soll weiterhin die Möglichkeit eines Wechsels zur kostengünstigeren Art der Nacherfüllung erhalten bleiben. Er hat nach § 635 II BGB ohnehin die Mehrkosten der Nacherfüllung zu tragen.

4. Verweigerungsrecht des Werkunternehmers, § 635 III BGB

Verweigerungsrecht des Werkunternehmers: wie § 439 III BGB

Nach § 635 III BGB kann der Unternehmer die Nacherfüllung unbeschadet des § 275 II, III BGB verweigern, wenn sie nur mit unverhältnismäßigen Kosten möglich ist. Dies entspricht § 439 III BGB beim Kauf. 523

Da der Werkunternehmer die Wahl zwischen den Arten der Nacherfüllung hat, muss sich die Unverhältnismäßigkeit der Kosten von vornherein auf die gesamte Nacherfüllung beziehen. Sie muss insgesamt (d.h. jede Art der Nacherfüllung) mit unverhältnismäßigen Kosten verbunden sein.[741]

Auch die sog. wirtschaftliche Unmöglichkeit

§ 635 III BGB erfasst demnach auch die sog. wirtschaftliche Unmöglichkeit und ist somit eine Sonderregelung zu § 313 BGB, der insoweit nicht anzuwenden ist.[742]

5. Rückgewähranspruch des Unternehmers, § 635 IV BGB

Rückgewähranspruch des Unternehmers

Wenn der Werkunternehmer die Nacherfüllung in Form der Neuherstellung erbringt, hat er gemäß § 635 IV BGB gegen den Besteller einen Anspruch auf Rückgabe des zuvor gelieferten mangelhaften Werkes[743]. Die Rückgewähr erfolgt dabei nach den allgemeinen Rücktrittsregeln gem. §§ 346 ff. BGB.[744] 524

III. Selbstvornahme, §§ 634 Nr. 2, 637 BGB

hemmer-Methode: Zur Selbstvornahme im Kaufrecht wiederholen Sie bitte nochmals die Rn. 171 ff.

---

740 Hierzu auch Teichmann, Schuldrechtsmodernisierung 2001/2002 - Das neue Werkvertragsrecht, JuS 2002, 417 - 424 (419).

741 Vgl. hierzu auch BGH, **Life&Law 2008, Heft 7, 441 - 444** = NJW-RR 2008, 971 - 972 = **juris**byhemmer.

742 Vgl. oben zum ähnlichen § 439 III BGB, Rn. 172 ff. Zur Subsidiarität des § 313 BGB (SGG) **Hemmer/Wüst, Schuldrecht AT**, Rn. 609 ff.

743 Dies entspricht der Regelung des § 439 IV BGB beim Kauf.

744 Vgl. hierzu **Hemmer/Wüst, Schuldrecht AT**, Rn. 545 ff.

Selbstvornahme, §§ 634 Nr. 2, 637 BGB

Sofern der Werkunternehmer der Aufforderung des Bestellers zur Nacherfüllung nach § 635 BGB innerhalb einer vom Besteller gesetzten angemessenen Frist nicht nachkommt, kann der Besteller den Mangel selbst beseitigen und Ersatz der erforderlichen Aufwendungen verlangen, §§ 634 Nr. 2, 637 BGB. 525

Das Recht zur Selbstvornahme bzw. der Aufwendungsersatzanspruch des Bestellers sind aufgrund des Fristsetzungserfordernisses in § 637 I BGB grds. nachrangig zur Nacherfüllung. Erst auf „zweiter Stufe" kann also der Besteller diese Rechte geltend machen.

1. Inhalt des Anspruchs auf Aufwendungsersatz

Inhalt des Anspruchs auf Aufwendungsersatz

Der Aufwendungsersatzanspruch ist gerichtet auf Zahlung der durch die Selbstvornahme verursachten Kosten. Der Besteller muss dabei die Mängelbeseitigung natürlich nicht in eigener Person vornehmen, er kann auch einen Dritten zur Mängelbeseitigung einschalten und die Kosten hierfür vom Werkunternehmer verlangen. 526

Dadurch entsteht zwischen dem Besteller und dem eingeschalteten Dritten ein eigener, selbstständiger Werkvertrag i.S.d. §§ 631 ff. BGB.

hemmer-Methode: Der eingeschaltete Werkunternehmer hat mit dem ursprünglichen Werkvertrag nichts zu tun. Nur die Höhe seiner Vergütung bestimmt die Höhe des Aufwendungsersatzanspruchs nach §§ 634 Nr. 2, 637 I BGB.
Unterläuft dem neuen Vertragspartner bei der Mängelbeseitigung seinerseits eine Pflichtverletzung, so hat dies auch nur Auswirkungen auf dieses Vertragsverhältnis. Der „neue" Unternehmer ist also keinesfalls Erfüllungsgehilfe oder Verrichtungsgehilfe des „alten" Werkunternehmers.

2. Erfolgloser Ablauf einer angemessenen Frist

Erfolgloser Ablauf einer angemessenen Frist

Der Besteller muss vor der Selbstvornahme nach § 637 I BGB grundsätzlich dem Werkunternehmer eine angemessene Frist zur Nacherfüllung gesetzt haben. Die Angemessenheit bestimmt sich nach objektiven Maßstäben. Zu berücksichtigen sind Art und Natur des Rechtsgeschäfts. Dabei muss die Frist aber so lang bemessen sein, dass die vorhandenen Mängel beseitigt werden können. 527

hemmer-Methode: Nicht notwendig ist, dass der Schuldner in der fraglichen Frist die Zeit hat, überhaupt erst mit der Herstellung des Werkes zu beginnen. In diesen Fällen wird es aber ohnehin noch nicht zur Abnahme gekommen sein, sodass sich dieses Problem beim Werkvertragsrecht nicht stellen wird.

Bsp.: *B lässt von Dachdecker U sein Hausdach erneuern. Nach der Abnahme bemerkt B, dass das Dach an einigen Stellen undicht ist. Er fordert daher U zur Beseitigung der Mängel innerhalb von zwei Tagen auf.*

Hier kommt es für die Angemessenheit der Frist darauf an, an wie vielen Stellen das Dach undicht ist. Ist nur eine oder wenige Stellen undicht, so wird eine Frist von zwei Tagen zur Mängelbeseitigung wohl angemessen sein.

Ist allerdings nahezu das gesamte Dach schlecht gedeckt, so wird eine Frist von zwei Tagen unangemessen kurz sein. Die Frist verlängert sich jedoch automatisch auf die zur Mängelbeseitigung übliche Dauer.[745]

[745] Vgl. hierzu **Hemmer/Wüst, Schuldrecht AT**, Rn. 375.

Erst nach Fristablauf darf Selbstvornahme erfolgen

Der Besteller darf nach § 637 I BGB erst nach Ablauf dieser Frist den Mangel selbst beseitigen. Lässt der Besteller dagegen ohne oder vor Ablauf der Frist die Mängelbeseitigung anderweitig vornehmen, so hat er keinen Anspruch gegen den Werkunternehmer auf Ersatz der Aufwendungen. Ein solcher Anspruch ergibt sich auch nicht aus GoA nach §§ 677 ff. BGB, ungerechtfertigter Bereicherung nach §§ 812 ff. BGB oder den §§ 323 ff. BGB. § 637 BGB stellt insofern eine Sondervorschrift dar.[746] 528

hemmer-Methode: Ein Vertretenmüssen des Werkunternehmers ist nicht erforderlich. Bis zum 31.12.2001 musste der Werkunternehmer mit der Mängelbeseitigung im Verzug gewesen sein. Da Verzug Verschulden voraussetzt, hat sich die Rechtslage seit dem 01.01.2002 zugunsten des Bestellers verändert.

3. Entbehrlichkeit der Fristsetzung

Entbehrlichkeit der Fristsetzung

Eine Frist zur Nacherfüllung ist aber nicht erforderlich in den Fällen des § 637 II BGB sowie bei entsprechender Vereinbarung der Vertragsparteien oder einseitigem Verzicht des Werkunternehmers:[747] 529

1. **Fehlschlagen** der Nacherfüllung, § 637 II S. 2 Alt. 1 BGB
2. **Unzumutbarkeit** der Nacherfüllung, § 637 II S. 2 Alt. 2 BGB
3. Fälle des **§ 323 II BGB**:
   a) Ernsthafte und endgültige Leistungsverweigerung des WU
   b) Vorliegen eines relativen Fixgeschäftes
   c) Besondere Umstände
4. **Verzicht** auf Nacherfüllungsfrist

Durch die Verweisung auf § 323 II BGB wird ein Gleichlauf mit den Regelungen des Rücktritts geschaffen.

§ 637 II S. 2 BGB

Zusätzlich ist eine Fristsetzung entbehrlich, wenn die Nacherfüllung fehlgeschlagen oder dem Besteller unzumutbar ist, § 637 II S. 2 BGB. Fraglich ist hier, was mit Unzumutbarkeit gemeint sein kann. Denn einziges Ziel der Selbstvornahme ist die Beseitigung des Mangels. Dieses Ziel würde aber auch durch die Nacherfüllung seitens des Unternehmers erreicht. Daher bezieht sich die Unzumutbarkeit in der Regel auf die Vornahme gerade durch diesen Unternehmer. 530

Die Unzumutbarkeit kann sich aber auch daraus ergeben, dass der Besteller bei Abwarten der Nachfrist infolge des hierdurch eintretenden Zeitablaufes am Werk kein Interesse mehr hätte, da er es sofort benötigt.[748]

4. Berechtigte Verweigerung des Unternehmers

Berechtigte Weigerung des Unternehmers

Der Besteller hat jedoch kein Recht zur Selbstvornahme, wenn der Werkunternehmer die Nacherfüllung berechtigterweise verweigert, § 637 I HS 2 BGB. 531

[746] Palandt, § 637, Rn. 5 und Palandt, vor § 633, Rn. 27.

[747] Vgl. hierzu eingehend oben, Rn. 216 ff.

[748] Palandt, § 637, Rn. 4; Palandt, § 636, Rn. 16.

Damit kann nur die Verweigerung nach § 635 III BGB gemeint sein. Denn verweigert der Werkunternehmer berechtigterweise die Nacherfüllung nach § 275 II, III BGB, so erlischt die Nacherfüllungspflicht; § 637 BGB scheidet dann bereits deshalb aus.

hemmer-Methode: Der Ausschluss des Selbstvornahmerechts bei Unmöglichkeit oder bei unverhältnismäßigen Kosten ist konsequent und sinnvoll. Denn anderenfalls hätte der Werkunternehmer quasi über die Hintertür der Selbstvornahme die unverhältnismäßigen Kosten zu tragen, wenn der Besteller diese gegen ihn nach § 637 I BGB geltend machen könnte.

5. Anspruch auf Kostenvorschuss, § 637 III BGB

Anspruch auf Kostenvorschuss, § 637 III BGB

Um die Selbstvornahme ordentlich durchführen zu können, benötigt der Besteller häufig im Voraus die finanziellen Möglichkeiten. 532

Daher gibt § 637 III BGB bei Vorliegen des Rechts zur Selbstvornehme dem Besteller auch einen Anspruch auf Zahlung eines Vorschusses für die zur Mängelbeseitigung erforderlichen Aufwendungen. Bei fehlender Leistungsfähigkeit des Bestellers würde dies anderenfalls praktisch zu einem Ausschluss des Selbstvornahmerechts führen.

hemmer-Methode: Ein solcher Vorschussanspruch des Werkunternehmers war vor der Schuldrechtsreform nicht im Gesetz geregelt. Zur ordnungsgemäßen Durchführung der Selbstvornahme war er aber in Anlehnung an § 669 BGB allgemein anerkannt.[749]

Verrechnung mit tatsächlichen Aufwendungen

Der Besteller hat aber nach Abschluss der Selbstvornahme den Vorschuss mit den tatsächlichen Aufwendungen zu verrechnen[750] und möglicherweise zu viel gezahlten Vorschuss nach §§ 812 ff. BGB zurückzugewähren.

IV. Rücktritt, §§ 634 Nr. 3 Alt. 1, 636, 323, 326 V BGB

Rücktritt

Ist das Werk mangelhaft, kommt zudem ein Rücktritt des Bestellers nach §§ 634 Nr. 3 Alt. 1, 636, 323, 326 V BGB in Betracht. 533

hemmer-Methode: Genau wie die Selbstvornahme und Minderung (dazu unten) ist der Rücktritt ein Bestellerrecht „auf der zweiten Stufe". Im Gegensatz zum Schadensersatz ist hierfür kein Verschulden des Werkunternehmers erforderlich.

Die Wahl zwischen Selbstvornahme, Rücktritt oder Minderung wird der Besteller danach treffen, ob er das Werk in mangelfreiem Zustand behalten will - dann Selbstvornahme - oder ob er die Werkleistung überhaupt nicht mehr möchte - dann Rücktritt. Ist der Mangel des Werkes nicht so schwerwiegend, könnte der Besteller das Werk auch in mangelhaftem Zustand behalten wollen, dafür jedoch die Vergütung mindern.

Aufgrund der Verweisung auf das allgemeine Leistungsstörungsrecht ist ein Rücktritt allerdings nicht möglich, wenn nur ein unerheblicher Fehler vorliegt, § 323 V S. 2 BGB. Es gilt im Wesentlichen das zum Kauf bereits Gesagte entsprechend.[751]

---

749 Palandt, vor § 633, Rn. 1 m.w.N.

750 Vgl. Palandt, § 636, Rn. 10.

751 Vgl. Rn. 227.

1. Rücktritt nach §§ 634 Nr. 3 Alt. 1, 636, 323 BGB

Rücktritt nach §§ 634 Nr. 3 Alt. 1, 636, 323 BGB

Es sind die allgemeinen Voraussetzungen des § 323 BGB zu prüfen[752], zusätzlich ist jedoch § 636 BGB zu berücksichtigen. 534

Voraussetzungen

1. Vorliegen eines Werkvertrages
2. Fällige und einredefreie Leistungspflicht
3. Mangelhafte Leistung und Abnahme
4. Fristsetzung oder Ausnahme gem. §§ 323 II, 636 BGB
5. Erfolgloser Fristablauf
6. Erheblichkeit des Mangels i.S.v. § 323 V S. 2 BGB
7. Kein Ausschluss des Rücktrittsrechts nach § 323 VI BGB
8. Kein Ausschluss des Rücktrittsrechts wegen Verjährung, § 218 I S. 1 BGB
9. Kein Ausschluss nach § 640 II BGB oder § 639 BGB

Das Rücktrittsrecht nach §§ 634 Nr. 3 Alt. 1, 636, 323 I BGB folgt den allgemeinen Vorschriften des Leistungsstörungsrechts.[753]

Erfolgloser Ablauf einer angemessenen Frist

Bei Vorliegen eines mangelhaften Werkes kann der Besteller somit grundsätzlich erst nach erfolglosem Ablauf einer angemessenen Frist zur Nacherfüllung vom Vertrag zurücktreten. Wie im Kaufrecht[754] ist auch im Werkvertragsrecht der Zeitpunkt der Leistungshandlung entscheidend. 535

Voraussetzung für den Rücktritt ist grundsätzlich die Abnahme des Werkes. Vor Abnahme des Werkes hat der Besteller grds. einen auf Verschaffung bzw. Herstellung des versprochenen, mangelfreien Werkes gerichteten Erfüllungsanspruch. Seine Rechte, insb. auch hinsichtlich etwaiger Leistungsstörungen, richten sich mithin grds. nach den allgemeinen Vorschriften. **Allerdings kann** der **Besteller** wohl auch **auf** seinen **Erfüllungsanspruch** und die sich daraus ergebenden Rechte **verzichten und sich auf die Rechte aus § 634 BGB beschränken.**[755]

hemmer-Methode: Lesen Sie dazu nochmals Rn. 502a!

Entbehrlichkeit der Fristsetzung

Außer in den Fällen des § 323 II BGB[756] ist eine Fristsetzung auch entbehrlich, wenn der Werkunternehmer die Nacherfüllung nach § 635 III BGB verweigert oder die Nacherfüllung fehlgeschlagen oder dem Besteller unzumutbar ist, § 636 BGB. 536

hemmer-Methode: Auch im Werkvertragsrecht ist der Besteller grundsätzlich berechtigt, auch schon vor Ablauf einer dem Werkunternehmer gesetzten Frist zurückzutreten, wenn feststeht, dass der Werkunternehmer die Frist nicht einhalten wird.
Auch wenn keine ernsthafte und endgültige Erfüllungsverweigerung vorliegt, ergibt sich das vorzeitige Rücktrittsrecht aus dem Rechtsgedanken des § 323 IV BGB.[757]

[752] Vgl. hierzu **Hemmer/Wüst, Schuldrecht AT**, Rn. 466 ff.

[753] Vgl. ausführlich **Hemmer/Wüst, Schuldrecht AT**, Rn. 466 ff.

[754] Vgl. oben, Rn. 224.

[755] Vgl. Palandt, vor § 633, Rn. 7.

[756] Vgl. Rn. 218 ff.

[757] Vgl. dazu BGH, **Life&Law 2003, Heft 3, 145 - 147** = NJW-RR 2003, 13 - 14 = **juris**byhemmer.

Der Bezug auf § 635 III BGB stellt klar, dass § 636 BGB nur die berechtigte Nacherfüllungsverweigerung erfasst. Nur dann ist ein Eingehen auf § 636 BGB in der Klausur erforderlich.

Unberechtigte Weigerung, § 323 II Nr. 1 BGB direkt

Liegt andererseits eine unberechtigte Weigerung des Unternehmers vor, so ist dem Besteller dennoch der Rücktritt ohne Fristsetzung nach § 323 II Nr. 1 BGB möglich, wenn es sich um eine ernsthafte und endgültige Nacherfüllungsverweigerung handelt. Ist der Kostenaufwand des Unternehmers zur Mängelbeseitigung also nicht unverhältnismäßig hoch, verweigert der Besteller aber dennoch die Nacherfüllung endgültig, so kann der Besteller ohne weiteres vom Vertrag gemäß § 323 II Nr. 1 BGB ohne Fristsetzung zurücktreten. 537

hemmer-Methode: Der Unterschied zwischen § 323 II Nr. 1 BGB und § 636 Var. 1 BGB i.V.m. § 635 III BGB ist der, dass im ersteren Falle der Nacherfüllungsanspruch durchaus noch besteht, jedoch sofort zurückgetreten werden darf. Im letzteren Fall ist der Nacherfüllungsanspruch nicht durchsetzbar.

Fehlschlagen der Nacherfüllung

Im Gegensatz zum Kaufrecht ist ein Fehlschlagen der Nacherfüllung im Werkvertragsrecht nicht näher bestimmt. Im Ergebnis kann jedoch zumeist § 440 S. 2 BGB entsprechend herangezogen werden, wonach ein Fehlschlagen der Nacherfüllung anzunehmen ist, wenn zweimal ohne Erfolg Nacherfüllung versucht wurde.[758] 538

hemmer-Methode: § 636 BGB geht beim Fehlschlagen der Nacherfüllung davon aus, dass diese ohne Fristsetzung erfolgt ist. Wäre nämlich eine Fristsetzung schon vorher erfolgt, so müsste der Besteller nur das Fristende abwarten, um bei Erfolglosigkeit der Nacherfüllung vom Vertrag nach §§ 634 Nr. 3 Alt. 1, 323 I BGB zurücktreten zu können. Auf die Anzahl der Nacherfüllungsversuche kommt es hier nicht an.

2. Rücktritt nach § 326 V BGB bei Unmöglichkeit der Nacherfüllung

Rücktritt nach § 326 V BGB

Ist die Nacherfüllung nach § 275 I - III BGB unmöglich, so kommt nur ein Rücktritt nach §§ 634 Nr. 3 Alt. 1, 326 V BGB in Betracht, wonach die Fristsetzung entbehrlich ist. Dies wäre bei Unmöglichkeit der Nacherfüllung ohnehin nur reine „unnütze Förmelei“. 539

Voraussetzungen

Auch hier müssen die Voraussetzungen des § 326 V BGB vorliegen:

540

1. Gegenseitiger Vertrag (beim Werkvertrag unproblematisch)
2. Mangelhafte Leistung des Werkunternehmers und Abnahme
3. Unmöglichkeit der Nacherfüllung
4. Erheblichkeit des Mangels i.S.d. §§ 326 V, 323 V S. 2 BGB
5. Kein Ausschluss des Rücktritts nach §§ 326 V, 323 VI BGB
6. Kein Ausschluss des Rücktritts wg. Verjährung, § 218 I S. 2 BGB
7. Kein Ausschluss nach § 640 II BGB oder § 639 BGB

Bei der Prüfung eines Rücktritts nach §§ 634 Nr. 3 Alt. 1, 326 V BGB ergeben sich zum allgemeinen Leistungsstörungsrecht keine Besonderheiten.

[758] Vgl. Palandt, § 636, Rn. 15 und oben in diesem Skript Rn. 222.

Unmöglichkeit der Nacherfüllung

Beim Werkvertrag ist neben der Mangelhaftigkeit des Werkes zur Abgrenzung vom Rücktritt nach §§ 634 Nr. 3 Alt. 1, 323 I BGB erforderlich, dass beide Arten der Nacherfüllung, unabhängig von der Wahl des Werkunternehmers, nach § 635 I BGB unmöglich sind i.S.v. § 275 BGB. 541

Liegt ein Fall des § 275 II oder III BGB vor, ist § 326 V BGB nur anwendbar, wenn der Werkunternehmer die Einrede der Unmöglichkeit erhoben hat. Nur dann braucht der Schuldner nicht zu leisten (= nacherfüllen), § 326 V HS 1 BGB!

3. Rechtsfolgen des wirksamen Rücktritts

Rechtsfolgen des wirksamen Rücktritts

Der Rücktritt erfolgt durch eine Erklärung gegenüber dem Werkunternehmer, § 349 BGB. 542

Rücktrittserklärung, § 349 BGB

Mit Zugang der Rücktrittserklärung wandelt sich das ursprüngliche Vertragsverhältnis um in ein Rückabwicklungsschuldverhältnis, welches sich nach den §§ 346 ff. BGB richtet: Grundsätzlich sind die bereits ausgetauschten Leistungen (notfalls wertmäßig, § 346 II BGB) zurückzugewähren.[759]

Haftungsprivilegierung, § 346 III S. 1 Nr. 3 BGB

Zu beachten ist auch im Werkvertragsrecht die Haftungsprivilegierung nach § 346 III S. 1 Nr. 3 BGB. 543

Bsp.: *A ließ von B seine Waschmaschine reparieren, wofür dieser einige Ersatzteile austauschte. Nach Abnahme bemerkt A, dass die Waschmaschine immer noch nicht richtig funktionierte und forderte B zur Nacherfüllung innerhalb einer Woche auf. Dieser bleibt untätig, weshalb A nach Ablauf der Frist den Rücktritt vom Vertrag erklärt.*

Bei einem Zimmerbrand wird die Waschmaschine inklusive der Ersatzteile völlig zerstört. Zum Zimmerbrand kam es, da A – wie öfter – sein heißes Bügeleisen vergessen hatte, was bisher immer gutgegangen war. Kann B von A Wertersatz für die verwendeten Ersatzteile verlangen?

1. B könnte gegen A Wertersatz hinsichtlich der zerstörten eingebauten Ersatzteile zustehen. Ein solcher könnte sich aus § 346 II S. 1 Nr. 3 BGB ergeben.

a) Dazu müsste A gegenüber B zur Rückgewähr der Ersatzteile nach § 346 I BGB verpflichtet gewesen sein. Eine solche Verpflichtung könnte nach wirksamem Rücktritt gemäß §§ 634 Nr. 3 Alt. 1, 323 I BGB bestanden haben.

Die von B erbrachte Werkleistung, die Reparatur der Waschmaschine, war mangelhaft. Nach Aufforderung zur Nacherfüllung und erfolglosem Ablauf der hierfür gesetzten Frist war A nach § 323 I BGB zum Rücktritt berechtigt. Eine wirksame Rücktrittserklärung liegt zudem vor, § 349 BGB.

b) Die Rückgabe der Ersatzteile ist nach dem Brand jedoch unmöglich geworden. So wäre A gemäß § 346 II S. 1 Nr. 3 BGB eigentlich zum Wertersatz verpflichtet.

c) Allerdings könnte der Anspruch auf Wertersatz nach § 346 III S. 1 Nr. 3 BGB ausgeschlossen sein, da A ein gesetzliches Rücktrittsrecht zugestanden hat.

Die Wertersatzpflicht des A wäre nach § 346 III S. 1 Nr. 3 BGB nur ausgeschlossen, wenn er die in eigenen Angelegenheiten anzuwendende Sorgfalt beachtet hätte. Der Brand und die Zerstörung der Waschmaschine inklusive der Ersatzteile sind durch das vergessene Bügeleisen eingetreten.

[759] Vgl. zum Rücktritt **Hemmer/Wüst, Schuldrecht AT**, Rn. 545 ff.

A vergisst jedoch häufiger sein heißes Bügeleisen; eine Verletzung der eigenüblichen, subjektiven Sorgfalt liegt damit nicht vor. Für grobe Fahrlässigkeit (vgl. § 277 BGB) bestehen keine Anhaltspunkte (a.A. vertretbar).

Auch verbleibt A wegen der völligen Zerstörung keine Bereicherung, § 346 III S. 2 BGB.

2. Ein Anspruch aus § 823 I BGB scheidet aus, da B im Zeitpunkt der Beschädigung der Maschine inklusive der Einzelteile selbst Eigentümer derselben war. Eine Verletzung des Eigentums des A liegt demnach nicht vor.

Ergebnis: A ist damit nicht zum Wertersatz verpflichtet.

V. Minderung, §§ 634 Nr. 3 Alt. 2, 638 BGB

Minderung, §§ 634 Nr. 3, 638 BGB

Statt der Selbstvornahme oder dem Rücktritt kann der Besteller bei Vorliegen eines mangelhaften Werkes auch die Vergütung gemäß §§ 643 Nr. 3 Alt. 2, 638 BGB nach erfolglosem Ablauf einer Frist zur Nacherfüllung mindern. 544

Statt Rücktritt

Da der Besteller nur „statt" des Rücktritts die Vergütung nach § 638 I BGB mindern kann, müssen auch hier die Voraussetzungen des Rücktritts vorliegen. 545

Auch bei unerheblichen Mängeln

Einziger Unterschied zu den Voraussetzungen des Rücktritts ist, dass die Minderung auch bei unerheblichen Mängeln möglich ist. § 323 V S. 2 BGB findet im Rahmen der Minderung – wie im Kaufrecht, § 441 I S. 2 BGB[760] – keine Anwendung, § 638 I S. 2 BGB. 546

hemmer-Methode: Diese Regelung ist durchdacht, da der Besteller statt zurückzutreten nur dann mindern wird, wenn er die Sache in mangelhaftem Zustand behalten will. Dies wird er aber vor allem in den Fällen tun, in denen der Mangel nicht wesentlich ist.

Angemessene Frist zur Nacherfüllung

Erforderlich ist daher grundsätzlich auch, dass der Besteller dem Werkunternehmer zur Beseitigung des Mangels eine angemessene Frist zur Nacherfüllung gesetzt hat.

Entbehrlichkeit der Fristsetzung

Nur in den Fällen des § 323 II BGB und des § 636 BGB, der wegen der Kongruenz zum Rücktrittsrecht auch für die Minderung gilt, ist eine Fristsetzung entbehrlich.

Berechnung des Minderungsbetrages

Die Berechnung erfolgt ähnlich wie im Kaufrecht: Nach § 638 III BGB ist die vereinbarte Vergütung in dem Verhältnis herabzusetzen, in welchem zur Zeit des Vertragsschlusses der Wert des Werks in mangelfreiem Zustand zu dem wirklichen Wert gestanden haben würde: 547

$$\textbf{geminderter Betrag} = \textbf{Wert mangelh. Zustand} \times \frac{\textbf{vereinbarte Vergütung}}{\textbf{Wert mangelfr. Zustand}}$$

Bsp.: B hatte M mit dem Bau eines Hauses beauftragt. Als Vergütung waren 200.000,- € vereinbart. Das Haus hätte aufgrund der Lage jedoch einen tatsächlichen Wert von 250.000,- € gehabt, wenn es ohne Mängel hergestellt worden wäre. Bei den Bauarbeiten wurde jedoch die Grundfläche nicht eingehalten, sodass die Wohnfläche bei Fertigstellung insgesamt 15 m² weniger betrug, was einem Gegenwert von 20.000,- € gleichkommt. B will das Haus dennoch behalten, möchte jedoch die Vergütung mindern.

[760] Vgl. Rn. 250.

Wie hoch ist die geminderte Vergütung?

Berechnung:

230.000,- € **x** 200.000,- € **:** 250.000,- € **=** 184.000,- €

Ergebnis: B schuldet M daher nur 184.000,- € als Vergütung.

Hat der Besteller schon die vereinbarte Vergütung bezahlt, kann er den zu viel gezahlten Betrag (Mehrbetrag) vom Werkunternehmer nach § 638 IV S. 1 BGB zurückverlangen (zuzüglich Zinsen, vgl. §§ 638 IV S. 2, 346 I, 347 I BGB).

hemmer-Methode: Das Gesetz geht davon aus, dass die Vergütung in Zahlung eines Geldbetrages besteht.
Daher wird auch nicht auf Wertersatz (§ 346 II BGB) bzw. auf ein Entfallen des Wertersatzes gemäß § 346 III BGB verwiesen, vgl. § 638 IV S. 2 BGB.
Besteht die Vergütung allerdings nicht in einer Geldleistung, z.B. erbringt der Besteller im Gegenzug Dienste oder eigene Werkleistungen, so ist zumindest § 346 II BGB analog anzuwenden. Der Mehrwert der vom Besteller als Vergütung eingebrachten Leistung ist dem Wert nach zu erstatten.

Bei der Minderung handelt es sich, wie beim Rücktritt, um ein Gestaltungsrecht. Die Ausübung erfolgt durch Erklärung der Minderung gegenüber dem Werkunternehmer.

VI. Schadensersatz, §§ 634 Nr. 4 Alt. 1, 636, 280, 281, 283, 311a II BGB

Schadensersatz

Hat der Werkunternehmer die Mangelhaftigkeit des Werkes zu vertreten, so kann der Besteller bei Vorliegen der Voraussetzungen auch Schadensersatz verlangen. 548

hemmer-Methode: Zur deliktischen Haftung des Werkunternehmers in Abgrenzung zur Haftung nach dem Mängelrecht lesen Sie BGH, Life&Law 2005, 368 ff.

Ob ein Schadensersatzanspruch gegeben ist und welcher Art dieser ist, richtet sich nach den allgemeinen Bestimmungen der §§ 280 I, III, 281, 283 BGB und § 311a II BGB, auf die in § 634 Nr. 4 BGB verwiesen wird.

hemmer-Methode: Die Funktionsweise von § 634 BGB und § 437 BGB ist die gleiche: In beiden Fällen handelt es sich um Verweisungsnormen, die ins allgemeine Leistungsstörungsrecht führen. Einzige Ausnahme ist, dass § 634 BGB in Nr. 2 das Recht zur Ersatzvornahme als Mängelrecht des Bestellers nennt; dieses existiert beim Kauf nicht.

Entscheidend für die Wahl der richtigen Anspruchsgrundlage ist wiederum, welchen Schaden der Besteller ersetzt haben will.

Schaden statt der Leistung

Will der Besteller gerade wegen des sich aus der Mangelhaftigkeit des Werkes ergebenden Minderwertes gegen den Werkunternehmer vorgehen, so macht er den sog. Schadensersatz **statt** der Leistung (= Mangelschaden) geltend. Dieser kann als Teil des positiven Interesses nur aufgrund eines Anspruches auf Schadensersatz statt der Leistung verlangt werden, vgl. die Ausführungen zum Kauf, Rn. 283. 549

Der Besteller kann – genau wie beim Kauf – wählen, ob er die mangelhafte Sache behält und vom Werkunternehmer den mangelbedingten Wertunterschied oder die Kosten zur Beseitigung des Mangels verlangt (= kleiner Schadensersatz), oder ob er die Sache zurückgibt und als Schaden die Kosten geltend macht, die ihm dadurch entstanden sind, dass er anderweitig das Werk gegen eine höhere Vergütung herstellen lassen musste (= großer Schadensersatz statt der **ganzen** Leistung). *550*

Beispiele für Mangelschäden: *Minderwert des Werkes infolge des Mangels: Minderwert des Hauses bei Architektenfehler[761]; mangelnde Bewohnbarkeit eines Hauses. Mehrkosten für anderweitige Beschaffung des Werkes; Kosten der Anmietung eines Ersatzgerätes bei fehlerhafter Reparatur.[762]*

Schaden neben der Leistung

Verlangt der Besteller dagegen Ersatz für Schäden, die zwar nicht unmittelbar dem hergestellten Werk anhaften, aber mit Mängeln am Werk zusammenhängen, so handelt es sich um sog. Begleitschäden (= Mangelfolgeschäden). Diese sind als Schadensersatz **neben** der Leistung bereits nach §§ 634 Nr. 4 Alt. 1, 280 I BGB ersatzfähig. Es gilt das Gleiche wie beim Kauf. *551*

Beispiele: *Wasserschaden wegen fehlerhafter Heizungsinstallation[763]; Kratzspuren an Pkw bei Durchfahren einer mangelhaften Waschanlage[764]; mangelhafte Alarmanlage ermöglicht Einbruchdiebstahl[765]; Pkw-Totalschaden nach Einstürzen einer mangelhaft erbauten Garage; Datenverlust durch fehlerhafte Wartungsarbeiten an einer EDV-Anlage.[766]*

hemmer-Methode: Vor der Schuldrechtsreform spielte neben der Unterscheidung zwischen Mangel- und Mangelfolgeschäden vor allem die oft „schwammige“ Abgrenzung von sog. „engen“ und „weiten“ Mangelfolgeschäden eine große Rolle: Während Mangelschäden und enge Mangelfolgeschäden dem § 635 BGB a.F. mit einer (relativ) kurzen Verjährungsfrist (§ 638 BGB a.F.) unterfielen, waren die sog. weiten (oder entfernten) Mangelfolgeschäden nach den Grundsätzen der pVV mit 30-jähriger Verjährungsfrist ersetzbar.
Diese deutliche Diskrepanz in der Frage der Verjährung führte zu einer stark einzelfallbezogenen und daher dogmatisch nicht immer vorhersehbaren Rechtsprechung.
I.R.v. § 634 Nr. 4 BGB erübrigt sich nun zwar diese Unterscheidung zwischen engen und weiten Mangelfolgeschäden. Weiterhin bleibt allerdings die Abgrenzung von Mangelschäden (Schadensersatz statt der Leistung) und Mangelfolgeschäden (schon nach §§ 634 Nr. 4, 280 I BGB ersatzfähig) zur Zuordnung der richtigen Anspruchsgrundlage von Bedeutung. Resultiert der Schaden dagegen aus einer sonstigen Pflichtverletzung, die keinen Mangel nach § 633 BGB darstellt, sind die §§ 280 ff. BGB direkt einschlägig, ohne auf § 634 Nr. 4 BGB zurückgreifen zu müssen, vgl. § 634 BGB „Ist das Werk mangelhaft“!

1. Ersatz der Mangelfolgeschäden - bzw. Schadensersatz neben der Leistung (sog. Begleitschaden), §§ 634 Nr. 4 Alt. 1, 280 I BGB

Ersatz des Begleitschadens, § 280 I BGB

Macht der Besteller bei Vorliegen eines Mangels einen Anspruch auf den Begleitschaden geltend, so bedeutet dies, dass er vom Werkunternehmer Ersatz desjenigen Schadens verlangen will, der kausal auf der mangelhaften Leistung beruht, § 280 I BGB, und auch durch Nachholung einer mangelfreien Werkleistung nicht beseitigt werden kann. *552*

---

761 BGHZ 58, 225 - 230 = **juris**byhemmer.

762 OLG Düsseldorf, NJW-RR 2000, 20 - 21 = **juris**byhemmer.

763 BGH, ZfBR 2000, 180 = **juris**byhemmer.

764 LG Dessau, NJW-RR 1997, 180.

765 BGH, NJW 1991, 2418 - 2420 = **juris**byhemmer.

766 OLG Köln, NJW-RR 1997, 558 = **juris**byhemmer.

Nur die Mangelfolgeschäden (nicht die Mangelschäden) sind nach §§ 634 Nr. 4 Alt. 1, 280 I BGB ersatzfähig. Es gilt das zum Kauf Gesagte entsprechend.[767]

hemmer-Methode: Zur Abgrenzung Schadensersatz neben ⇔ statt der Leistung lesen Sie BGH, Life&Law 4/2012, 255 ff. = NJW-RR 2012, 268 ff. = jurisbyhemmer.

Die Voraussetzungen für einen Anspruch auf Ersatz des Begleitschadens nach §§ 634 Nr. 4, 280 I BGB sind somit:

Voraussetzungen

1. Vorliegen eines Werkvertrages 553
2. Mangelhafte Leistung und Abnahme
3. Vertretenmüssen des Werkunternehmers, §§ 276, 278 BGB
4. Keine Verjährung, § 634a BGB

Vertretenmüssen des Unternehmers

Genügend ist also, wenn der Werkunternehmer schuldhaft (§§ 276, 278 BGB) eine mangelhafte Leistung erbringt, die zu einem Mangelfolgeschaden des Bestellers führt. Fehlt dem hergestellten Werk eine vom Werkunternehmer zugesicherte Eigenschaft, so hat er die mangelhafte Lieferung zu vertreten; es gilt das zum Kauf Gesagte entsprechend.[768]

> ***Bsp.:** Eine fehlerhafte Heizungsreparatur führt zu einem Wasserschaden beim Besteller. Selbst wenn der Werkunternehmer nachbessert und die Heizung ordentlich repariert, bleibt es bei der Eigentumsverletzung (anderes Rechtsgut) des Bestellers durch den Wasserschaden. Den daraus resultierenden Schaden kann er nach §§ 634 Nr. 4, 280 I BGB ersetzt verlangen.*

2. Ersatz des Verzögerungsschadens, §§ 634 Nr. 4 Alt. 1, 280 I, II, 286 BGB

Verzögerungsschaden, §§ 634 Nr. 4, 280 I, II, 286 BGB

Die Verweisung auf § 280 BGB umfasst auch § 280 II BGB, der 554
i.V.m. § 286 BGB den Ersatz des Verzögerungsschadens normiert. Sofern sich die Pflichtverletzung jedoch auf die Herstellung eines mangelhaften Werks beschränkt, ist § 280 I BGB vorrangig[769].

> ***Bsp.:** Durch die Herstellung eines mangelhaften Werkes (z.B. Reparatur einer Maschine) kann dieses nicht rechtzeitig in Betrieb genommen werden. Der sog. Betriebsausfallschaden wird dann unabhängig vom Vorliegen der Verzugsvoraussetzungen von § 280 I BGB erfasst.*

Soweit sich der Schaden jedoch dadurch ergibt, dass der Werkunternehmer mit der Nacherfüllung in Verzug gerät, kommt ein Ersatz nur unter den zusätzlichen Voraussetzungen der §§ 280 II, 286 BGB in Betracht.

hemmer-Methode: Dies ist letztlich der einzige Fall, in dem § 280 II BGB über § 634 Nr. 4 BGB relevant wird. Wird eine Werkleistung zu spät und dann noch mangelhaft vorgenommen, dann wird der bis dahin entstandene Schaden über §§ 280 I, II, 286 BGB direkt ersetzt. Dieser Schaden hat mit einer Mangelhaftigkeit des Werkes nichts zu tun. Er wäre auch eingetreten, wenn das Werk mangelfrei hergestellt worden wäre.
<u>Folge</u>: Verjährung nach §§ 195, 199 BGB, nicht nach § 638 BGB!

---

[767] Rn. 283 ff.

[768] Rn. 271 ff.

[769] Vgl. dazu Canaris, Begriff und Tatbestand des Verzögerungsschadens im neuen Leistungsstörungsrecht, ZIP 2003, 321 (326).

3. Ersatz der Mangelschäden bzw. Schadensersatz statt der Leistung, §§ 634 Nr. 4 Alt. 1, 280 I, III, 281 BGB

Schadensersatz statt der Leistung, §§ 634 Nr. 4, 280 I, III, 281 BGB

Nach §§ 634 Nr. 4 Alt. 1, 280 I, III, 281 BGB kann der Besteller **bei behebbaren Mängeln** Schadensersatz statt der Leistung verlangen. Der Besteller ist so zu stellen, wie er bei ordnungsgemäßer (d.h.: mangelfreier) Leistung stünde. Dies schließt den Ersatz des Mangelschadens ein. 555

Die Voraussetzungen für einen Anspruch nach §§ 634 Nr. 4 Alt. 1, 280 I, III, 281 BGB lauten:

Voraussetzungen

556

1. Vorliegen eines Werkvertrages
2. Fällige und einredefreie Leistungspflicht
3. Behebbar mangelhafte Leistung und Abnahme als Pflichtverletzung gem. §§ 633 I, 280 I BGB
4. Fristsetzung (§§ 280 III, 281 I BGB) oder Ausnahme, v.a. § 281 II BGB
5. Erfolgloser Fristablauf
6. Vertretenmüssen des Werkunternehmers, § 280 I S. 2 BGB
7. Keine Verjährung, § 634a BGB

Frist zur Nacherfüllung

Grundsätzlich kann der Besteller somit erst nach erfolglosem Ablauf einer Frist zur Nacherfüllung Ersatz des Mangelschadens nach §§ 634 Nr. 4 Alt. 1, 280 I, III, 281 I BGB verlangen.

Entbehrlichkeit der Fristsetzung

Es gelten auch hier die Ausnahmen des Fristerfordernisses nach § 281 II BGB. Die genannten Fälle entsprechen – wie im Kaufrecht – § 323 II Nr. 1 und Nr. 3 BGB, sodass auf die Ausführungen hierzu verwiesen werden kann.[770] 557

hemmer-Methode: Auch im Werkvertragsrecht ist der Besteller grundsätzlich berechtigt, auch schon vor Ablauf einer dem Werkunternehmer gesetzten Frist Schadensersatz statt der Leistung zu verlangen, wenn feststeht, dass der Werkunternehmer die Frist nicht einhalten wird. Auch wenn keine ernsthafte und endgültige Erfüllungsverweigerung vorliegt, ergibt sich das vorzeitige Schadensersatzrecht aus dem Rechtsgedanken des § 323 IV BGB.[771]

§ 636 BGB: Entbehrlichkeit der Fristsetzung bei § 281 I BGB

Ebenfalls ist – wie beim Rücktritt nach §§ 634 Nr. 3 Alt. 1, 323 I BGB – eine Fristsetzung im Fall des § 636 BGB entbehrlich, wenn der Unternehmer die Nacherfüllung gemäß § 635 III BGB verweigert oder wenn die Nacherfüllung fehlgeschlagen oder dem Besteller unzumutbar ist.

Großer SE nur bei § 281 I S. 3 BGB

Den sog. großen Schadensersatz statt der ganzen Leistung kann der Besteller nur unter der zusätzlichen Voraussetzung des § 281 I S. 3 BGB verlangen, d.h. die Erheblichkeitsschwelle muss überschritten sein. Gegenüber dem zum Kauf Gesagten bestehen keine Besonderheiten.[772]

---

770 Vgl. **Hemmer/Wüst, Schuldrecht AT**, Rn. 379 ff. und oben Rn. 216 ff.

771 Vgl. dazu BGH, **Life&Law 2003, Heft 3, 145 - 147** = NJW-RR 2003, 13 - 14 = **juris**byhemmer.

772 Rn. 305 ff.

4. Schadensersatz statt der Leistung bei Unmöglichkeit der Nacherfüllung, §§ 634 Nr. 4 Alt. 1, 280 I, III, 283 bzw. 311a BGB

Schadensersatz statt der Leistung bei Unmöglichkeit der Nacherfüllung

Bei Unmöglichkeit der Nacherfüllung kann der Besteller schließlich Schadensersatz statt der Leistung nach §§ 634 Nr. 4 Alt. 1, 280 I, III, 283 oder 311a II BGB verlangen. 558

hemmer-Methode: Will der Besteller dagegen schon wegen Unmöglichkeit der Werkleistung überhaupt Schadensersatz verlangen, so finden §§ 280 I, III, 283 BGB bzw. § 311a BGB direkt Anwendung!

Anfängliche oder nachträgliche Unmöglichkeit der Nacherfüllung

Soweit die Unmöglichkeit der Nacherfüllung schon bei Vertragsschluss bestand, gilt § 311a II BGB, bei nachträglicher Unmöglichkeit § 283 BGB.

Für die Voraussetzungen der einzelnen Ansprüche gelten die allgemeinen Regeln:[773]

Voraussetzungen

559

1. Vorliegen eines Werkvertrages
2. Mangelhafte Leistung und Abnahme
3. Unmöglichkeit der Nacherfüllung, § 275 BGB
   a) Anfänglich: § 311a II BGB
   b) Nachträglich: §§ 280 I, III, 283 BGB
4. Vertretenmüssen, §§ 276 ff. BGB:
   a) Anfängliche Unmöglichkeit: ⇨ bzgl. der Unkenntnis von der Unmöglichkeit bei Vertragsschluss
   b) Nachträgliche Unmöglichkeit: ⇨ bzgl. des Leistungshindernisses
5. Keine Verjährung, § 634a BGB; kein Ausschluss nach § 639 BGB

Die Unterscheidung zwischen großem und kleinem Schadensersatz spielt auch im Rahmen von § 283 BGB eine Rolle, vgl. § 283 S. 2 BGB i.V.m. § 281 I S. 3 BGB.[774]

Keine Frist erforderlich

Die Besonderheit des Schadensersatzes bei Unmöglichkeit nach §§ 283, 280 I, II BGB oder nach § 311a II BGB liegt darin, dass eine Fristsetzung entbehrlich ist. Dies würde bei Unmöglichkeit der Leistung auch keinen Sinn machen.

VII. Aufwendungsersatz, §§ 634 Nr. 4 Alt. 2, 284 BGB

Aufwendungsersatz, §§ 634 Nr. 4, 284 BGB

Anstelle von Schadensersatz statt der Leistung kann der Besteller auch Ersatz vergeblicher Aufwendungen nach §§ 634 Nr. 4 Alt. 2, 284 BGB verlangen.[775] 560 bis 569

hemmer-Methode: Wer das Mängelrecht beim Kauf begriffen hat, findet sich beim Werkvertrag schnell zurecht; schon der Vergleich von § 437 BGB und § 634 BGB zeigt, dass hier nahezu alles parallel läuft.

[773] Vgl. hierzu **Hemmer/Wüst, Schuldrecht AT**, Rn. 277 ff.

[774] Vgl. hierzu oben, Rn. 305 ff.

[775] Ausführlich: **Hemmer/Wüst, Schuldrecht AT**, Rn. 431 ff.; vgl. auch oben in diesem Skript Rn. 326 ff.

VIII. Ausschluss der Mängelrechte

Kein Ausschluss der Bestellerrechte

Die Rechte des Bestellers wegen der Mangelhaftigkeit des Werkes dürfen nicht ausgeschlossen sein. Ein solcher Ausschluss kommt aufgrund gesetzlicher Regelung oder aufgrund vertraglicher Vereinbarung in Betracht.

1. Gesetzlicher Ausschluss, § 640 II BGB

Gesetzlicher Ausschluss

Nach § 640 II BGB sind die Rechte des Bestellers nach § 634 Nr. 1 bis 3 BGB ausgeschlossen, wenn dieser in Kenntnis ein mangelhaftes Werk abnimmt, ohne sich diese Rechte vorzubehalten. 570

Erforderlich ist eine ausdrückliche oder konkludente Abnahme durch den Besteller oder einen bevollmächtigten Dritten. Nicht ausreichend ist dagegen eine Fiktion der Abnahme nach § 640 I S. 3 BGB bzw. § 641a I S. 1 BGB.[776]

Kennenmüssen schadet nicht

Die Kenntnis des Bestellers muss sich auf den konkreten Sach- oder Rechtsmangel beziehen und darauf erstrecken, dass durch ihn die Tauglichkeit oder der Wert des Werkes gemindert ist. Ein Kennenmüssen im Sinne einer fahrlässigen Unkenntnis des Mangels genügt nicht[777]. 571

Kein Ausschluss der in § 634 Nr. 4 BGB genannten Ansprüche

Dem Besteller bleiben jedoch trotz vorbehaltloser Abnahme des mangelhaften Werkes die Schadensersatzansprüche nach § 634 Nr. 4 Alt. 1 BGB sowie der Aufwendungsersatzanspruch nach §§ 634 Nr. 4 Alt. 2, 284 BGB erhalten. Diese sind nicht vom Ausschluss nach § 640 II BGB erfasst (Wortlaut!).[778]

hemmer-Methode: Der Grund liegt darin, dass es sich hierbei um vom Vertretenmüssen des Werkunternehmers abhängige Rechte handelt. Dem Besteller müssen die genannten Ansprüche gegenüber dem Werkunternehmer erhalten bleiben, wenn dieser in zu vertretender Weise eine werkvertragliche Pflicht verletzt hat.

2. Vertraglicher Ausschluss, § 639 BGB

Vertraglicher Ausschluss

Die Mängelrechte des Bestellers können die Parteien auch durch eine vertragliche Vereinbarung i.S.v. § 639 BGB ausschließen. 572

Auf einen derartigen vertraglichen Haftungsausschluss kann sich der Unternehmer gem. § 639 BGB nicht berufen, wenn er den Mangel arglistig verschwiegen oder eine Garantie für die Beschaffenheit des Werkes übernommen hat. Eine solche Beschaffenheitsgarantie liegt vor, wenn der Unternehmer dem Besteller zu erkennen gibt, für das Vorhandensein der vereinbarten Beschaffenheit und all der Folgen ihres Fehlens einstehen zu wollen. Dem entspricht beim Kauf § 444 BGB.

Ausschluss in AGBen

Hinsichtlich der Zulässigkeit des Haftungsausschlusses im Rahmen allgemeiner Geschäftsbedingungen ist neben § 309 Nr. 7 BGB insbesondere der Katalog des § 309 Nr. 8b BGB zu berücksichtigen. 573

---

[776] Vgl. Palandt, § 640, Rn. 11, 13.

[777] Vgl. Palandt, § 640, Rn. 13.

[778] Gebraucht der Besteller das mangelhafte Werk allerdings weiter, so kann dies zur Kürzung oder sogar zum Verlust des Schadensersatzanspruches führen, sofern der Weitergebrauch nicht im Interesse des Unternehmers oder im Rahmen der Schadensminderungspflicht nach § 254 II S. 1 BGB erfolgt.

IX. Verjährung, § 634a BGB

Verjährung

Die Mängelrechte des Bestellers verjähren nach § 634a BGB.

Grds. zwei Jahre ab Abnahme

1. Die Ansprüche des § 634 Nr. 1, 2 und 4 BGB verjähren gemäß § 634a I Nr. 1 BGB in zwei Jahren, wenn die Werkleistung des Unternehmers in der Herstellung, Wartung oder Veränderung einer Sache bzw. in der Erbringung von Planungs- oder Überwachungsleistungen hierfür (d.h. für eine solche Sache) besteht. *574*

Die Verjährung beginnt gemäß § 634a II BGB mit der Abnahme des Werkes i.S.d. § 640 BGB.

Bei Bauwerken fünf Jahre

2. Soweit die Arbeiten i.S.d. § 634a I Nr. 1 BGB sich auf ein Bauwerk beziehen, beträgt die Verjährungsfrist nach § 634a I Nr. 2 BGB fünf Jahre. Dies gilt auch bei Planungsarbeiten hierfür, wie z.B. dem Architektenplan. *575*

Diese Frist gilt nicht nur für Neuerrichtungen, sondern auch für Erneuerungs- und Umbauarbeiten an einem bereits errichteten Bauwerk, wenn sie für Konstruktion, Bestand, Erhaltung oder Benutzbarkeit des Gebäudes von wesentlicher Bedeutung sind und wenn die eingebauten Teile mit dem Gebäude fest verbunden werden.[779]

hemmer-Methode: Der Begriff des Bauwerks ist weit auszulegen. Bei der Erneuerung eines Trainingsplatzes mit Rollrasen, Rasentragschicht, Bewässerungsanlage, Rasenheizung und Kunstfaserverstärkung handelt es sich um Arbeiten bei einem Bauwerk im Sinne des§ 634a I Nr. 2 BGB. Auch bei Untersuchungen von Proben der Rasentragschicht bei einem solchen Trainingsplatz, die für den Unternehmer erkennbar dazu dienen, die Funktionalität des Trainingsplatzes in seiner Gesamtheit sicherzustellen, handelt es sich ebenfalls um Arbeiten bei einem Bauwerk.[780]

Regelmäßige Verjährung bei „geistigen" Werken

3. Nach § 634a I Nr. 3 BGB verjähren die Mängelansprüche „im Übrigen" in der regelmäßigen Verjährungsfrist der §§ 195, 199 BGB. *576*

Erfasst hiervon sind (wegen Nr. 1 und Nr. 2) v.a. die Fälle, in denen sich die Werkleistung nicht in einer Sache verkörpert und es deshalb für den Besteller regelmäßig wesentlich schwieriger ist, den Mangel zu entdecken (sog. „Geisteswerke").[781]

§ 634a S. 1 Nr. 3 BGB erfasst aber nicht generell alle Fälle der „geistigen" Werkleistung. Soweit sich diese in einer Sache niederschlägt, sind § 634a I Nr. 1 und 2 BGB maßgeblich.

Wesentlicher Unterschied: Fristbeginn

Ein wichtiger Unterschied zwischen der zweijährigen Frist nach § 634a I Nr. 1 BGB und der dreijährigen nach § 634a I Nr. 3 BGB ist der Fristbeginn. Während dieser bei der Frist nach Nr. 1 und Nr. 2 gem. § 634a II BGB allein an die Abnahme geknüpft ist, kommt es bei der Frist nach Nr. 3 gem. § 199 I BGB insbesondere auf den Schluss des Jahres an, in welchem der Besteller die Kenntnis bzw. grob fahrlässige Unkenntnis von der Mangelhaftigkeit der Sache hatte. *576a*

> **Bsp.:** *Der Architekt erbringt in erster Linie eine rein geistige Arbeit. Soweit sein Werk mangelhaft ist, verjähren die Mängelrechte aber gemäß § 634a I Nr. 2, II BGB in fünf Jahren ab der Abnahme der Pläne, da es sich um eine Planungsleistung für ein Bauwerk handelt.*

---

779 Palandt, § 634a, Rn. 10 m.w.N.

780 BGH, Life&Law 4/2013, 307 f. = NJW 2013, 601 ff. = jurisbyhemmer.

781 BT-Drs. 14/6040, S. 264.

Nach dem Wortlaut des § 634a I Nr. 1, 2 BGB kommt es dabei nicht darauf an, dass die Planungsarbeiten sich tatsächlich in einer Sache verkörpern. Maßgeblich ist allein, dass die Arbeiten dafür bestimmt sind.

Bsp.: Die Pläne des Architekten sind mangelhaft. Aufgrund finanzieller Schwierigkeiten kann der Besteller mit dem Bau zunächst nicht beginnen. Aus diesem Grund stellt sich die Mangelhaftigkeit erst sechs Jahre nach Erhalt der Pläne anlässlich einer Planerweiterung heraus.

Maßgeblich ist § 634a I Nr. 2 BGB, da die Planungsleistung für ein Bauwerk bestimmt war. Die Frist beginnt nach § 634a II BGB mit der Abnahme der Pläne, es sei denn, der Architekt war nicht nur mit der Planerstellung, sondern mit der Gesamtherstellung des Bauwerks beauftragt.[782] Die Mängelrechte sind damit verjährt. Dieses Ergebnis ist auch interessengerecht, da es nicht in die Risikosphäre des Architekten fällt, wann bzw. ob sein Besteller mit dem Bau beginnt.

Regelmäßige Verjährung bei Arglist

4. Für den Fall des arglistigen Verschweigens bleibt es nach § 634a III BGB bei der regelmäßigen Verjährungsfrist des § 195 BGB. § 634a III BGB entspricht der Regelung des § 438 III BGB.[783] 577

Da der arglistig getäuschte Besteller besser stehen soll, als es nach der in § 634a I Nr. 2 BGB genannten fünfjährigen Frist der Fall wäre, bestimmt § 634a III S. 2 BGB, dass die regelmäßige Verjährung nach §§ 634a III S. 1, 195, 199 BGB nicht vor Ablauf der fünfjährigen Frist des § 634a I Nr. 2 BGB eintritt.

Unwirksamkeit des Rücktritts

5. Soweit der Nacherfüllungsanspruch nach § 634a I - III BGB verjährt ist, gilt für das Rücktritts- und das Minderungsrecht nach § 634 Nr. 3 BGB über § 634a IV, V BGB die Regelung des § 218 BGB: Der Rücktritt bzw. die Minderung ist unwirksam, wenn sich der Besteller auf die Verjährung des Nacherfüllungsanspruchs beruft. 578

Wie im Kaufrecht hat der Besteller aber trotz Verjährung des Nacherfüllungsanspruchs die Möglichkeit, die Zahlung des noch offenen Werklohns zu verweigern, § 634a IV S. 2, V BGB. Handelt es sich dabei nicht nur um den Teil des Werklohns, der ohnehin zu mindern wäre, kann der Unternehmer in einem solchen Fall vom Vertrag zurücktreten, § 634a IV S. 3 BGB.

hemmer-Methode: Vor Verjährungseintritt ist es - ebenso wie beim Kauf bei § 438 IV BGB[784] - bei unbehebbaren Mängeln zweifelhaft, ob es einer Analogie zu § 634a IV S. 2 BGB bedarf. Bei behebbaren Mängel ist jedenfalls die Mängeleinrede § 320 BGB (i.V.m. § 641 III BGB) zu entnehmen.

Allgemeine Vorschriften hinsichtlich Hemmung und Verjährungsvereinbarungen

6. Hinsichtlich der Verjährungshemmung bzw. des Verjährungsneubeginns bestehen im Werkvertragsrecht wie auch im Kaufrecht keine Spezialregelungen mehr.[785] Vertragliche Verjährungsverkürzungen sind wegen § 202 BGB generell möglich, können jedoch nach § 639 BGB unbeachtlich sein; im Übrigen ist auf § 309 Nr. 7, 8b BGB zurückzugreifen.[786] 579

Abschlussfall zu den Mängelrechten im Werkvertragsrecht

Bsp.: A beauftragt W mit der Reparatur seiner Heizungsanlage. Bei der Reparatur vergisst W jedoch verschiedene Dichtungsringe, sodass die Heizung Wasser verliert, was A erst nach wenigen Tagen bemerkt.
Welche rechtlichen Möglichkeiten hat A gegenüber W?

1. A und W haben wirksam einen Werkvertrag über die Reparatur der Heizung des A geschlossen. Die Reparatur wurde von W jedoch fehlerhaft durchgeführt, was einen Sachmangel i.S.v. § 633 II BGB darstellen könnte. 580

---

782 Palandt, § 638, Rn. 13 m.w.N.

783 Vgl. dazu oben, Rn. 187 ff.

784 Vgl. beim Kauf, Rn. 258 ff.

785 Siehe oben, Rn. 196 f.

786 Vgl. **Hemmer/Wüst, Die Schuldrechtsreform**, Rn. 380 ff.

A und W haben zwar nicht ausdrücklich oder konkludent vereinbart, dass die Heizung nach der Reparatur dicht sei, § 633 II S. 1 BGB. Auch haben sie im Vertrag keine Beschaffenheit gemäß § 633 II S. 2 Nr. 1 BGB vorausgesetzt. Verliert die Heizung nach der Reparatur jedoch Wasser, so weist sie nicht die übliche Beschaffenheit i.S.v. § 633 II S. 2 Nr. 2 BGB auf, die der Besteller erwarten darf.

Es liegt somit ein Sachmangel gemäß § 633 II S. 2 Nr. 2 BGB vor.

Da A die Heizung durch die Ingebrauchnahme konkludent nach § 640 I BGB abgenommen hat, stehen ihm die Rechte aus § 634 BGB zu.

Nach §§ 634 Nr. 1, 635 BGB kann A daher von W **Nacherfüllung** verlangen.

2. Fraglich ist, ob A weitere Rechte zustehen. Die weiteren Mängelrechte nach § 634 Nr. 2 bis 4 BGB setzen grundsätzlich den erfolglosen Ablauf einer angemessenen Frist zur Nacherfüllung voraus; ein Fall unmöglicher Nacherfüllung ist nicht ersichtlich. Eine solche Frist hat A dem W bisher nicht gesetzt. Auch Ausnahmen i.S v. § 323 II BGB und § 636 BGB sind nicht ersichtlich, insbesondere ist eine Nacherfüllung durch W dem A zumutbar.

3. Möglicherweise kann A jedoch bereits nach §§ 634 Nr. 4, 280 I BGB Schadensersatz verlangen kann. Denn nach § 280 I BGB ist eine vorherige Fristsetzung nicht erforderlich. Es genügt nach § 280 I BGB, wenn W die Pflichtverletzung zu vertreten hat, was hier aufgrund des zumindest fahrlässigen Vergessens der Dichtungsringe der Fall ist, § 276 I BGB, und ohnehin vermutet wird, § 280 I S. 2 BGB. Doch der Schadensersatz über § 280 I BGB erfasst nur den sog. „Begleitschaden“, nicht jedoch den Mangelschaden an sich. Die fehlerhafte Reparatur stellt aber einen Mangelschaden dar, der unmittelbar der reparierten Heizung anhaftet. Dieser ist nur nach §§ 280 I, III, 281 I zu ersetzen, wofür jedoch eine Fristsetzung zur Nacherfüllung erforderlich ist.

A ist demnach auf die Nacherfüllung nach §§ 634 Nr. 1, 635 BGB beschränkt. Darüber hinaus kann er die Zahlung der Vergütung nach § 641 III BGB bis zur Beseitigung des Mangels verweigern.

Fortsetzung des Falles: *A setzt W daher eine Frist zur Nacherfüllung. Doch dieser bleibt untätig, die Frist verstreicht. Währenddessen ist der Fußboden des A durch das auslaufende Wasser schon derart beschädigt, dass auch hierfür eine Reparatur mit Kosten von 200,- € erforderlich ist. A überlegt sich daher, was er nun unternehmen solle und wie er am besten gegen W vorgehen könne.*
Was ist A zu empfehlen?

1. Wegen des Sachmangels kann A nach erfolglosem Ablauf der Frist zur Nacherfüllung zwischen den Rechten aus § 634 BGB wählen. Er hat demnach die Möglichkeit der Selbstvornahme, des Rücktritts oder der Minderung. Daneben kann er Schadensersatz verlangen.

Darüber hinaus bleibt der Anspruch auf Erfüllung der Leistungspflicht bestehen. Der Ablauf der gesetzten Frist führt nicht zu einem Erlöschen der Primärpflichten.

Da W aber bisher trotz der Aufforderung zur Nacherfüllung untätig geblieben war, ist zweifelhaft, ob es für A vorteilhaft ist, weiterhin auf die Nacherfüllung durch W zu bestehen.

Andererseits liegt es im Interesse des A, dass seine Heizung ordnungsgemäß repariert wird. Um dies zu erreichen, hat er mehrere Möglichkeiten:

a) Zum einen könnte A nach §§ 634 Nr. 3 Alt. 1, 323 I BGB vom Vertrag zurücktreten oder gemäß §§ 634 Nr. 3 Alt. 2, 638 BGB mindern, und sodann einen anderen Werkunternehmer mit der Reparatur der Heizung beauftragen.

Ein solches Vorgehen hat aber den Nachteil, dass A auf diese Weise allein nicht Ersatz für mögliche Mehrkosten verlangen kann, wenn die Reparatur durch einen anderen Unternehmer teurer wäre.

Nach § 325 BGB kann A aber neben dem Rücktritt auch Schadensersatz verlangen. Da es sich insoweit um einen behebbaren Mangelschaden handelt, sind hierfür §§ 634 Nr. 4, 280 I, III, 281 BGB einschlägig. Als sog. kleinen Schadensersatz kann A daher zusätzlich mögliche Mehrkosten einer anderweitigen Reparatur der Heizung verlangen.

b) Es kommt aber auch sofort ein Vorgehen nach §§ 634 Nr. 4, 280 I, III, 281 I BGB in Betracht.

Der Schadensersatzanspruch nach §§ 634 Nr. 4, 280 I, III, 281 I BGB erfasst sowohl den Minderwert der Werkleistung als auch mögliche höhere anderweitige Reparaturkosten.

c) A könnte aber nach erfolglosem Ablauf der Nacherfüllungsfrist auch die Reparatur der Heizung selbst vornehmen bzw. einen anderen Unternehmer mit der Reparatur nach §§ 634 Nr. 2, 637 I BGB beauftragen und die hierfür erforderlichen Kosten (inklusive der erforderlichen Mehrkosten) von W verlangen. Eine berechtigte Verweigerung der Nacherfüllung durch W nach § 635 III BGB liegt nicht vor, vgl. § 637 I BGB a.E.

Nach §§ 634 Nr. 2, 637 III BGB könnte A von W hierfür sogar einen Kostenvorschuss verlangen.

Ein solches Vorgehen wird wohl die für A günstigste Möglichkeit sein. Denn hierdurch wird die Heizung des A baldmöglichst repariert. Die hierfür erforderlichen Kosten bzw. einen Kostenvorschuss kann er von W verlangen.

2. Die Beschädigung des Fußbodens stellt einen Mangelfolgeschaden dar. Einen solchen kann A als Begleitschaden allein nach §§ 634 Nr. 4 Alt. 1, 280 I BGB ersetzt verlangen. Der Ablauf der gesetzten Nachfrist ist hierfür nicht erforderlich.

W hat die Pflichtverletzung auch zu vertreten, § 276 I BGB. Er hat somit den Mangelfolgeschaden zu ersetzen, worunter auch die Reparatur des Fußbodens fällt.

Ergebnis: A ist somit zu raten, die **Reparatur der Heizung** durch einen anderen Werkunternehmer vornehmen zu lassen und die hierfür erforderlichen (Mehr-)Aufwendungen von W zu verlangen, was sowohl nach §§ 634 Nr. 2, 637 I BGB als auch gemäß §§ 634 Nr. 4, 280 I, III, 281 I BGB möglich ist. Gemäß §§ 634 Nr. 2, 637 III BGB kann A von W auch einen Kostenvorschuss verlangen.

Wegen der **Beschädigung des Fußbodens** kann A von W Zahlung von 200,- € gemäß §§ 634 Nr. 4, 280 I BGB verlangen.

E) Weitere Rechte des Bestellers

hemmer map

Nr. 11 i. Anh.

Neben den Ansprüchen aus Verzug und wegen mangelhafter Leistung steht dem Besteller nach § 649 S. 1 BGB ein generelles Kündigungsrecht zu. 581

Der Besteller kann jederzeit und ohne Angabe von Gründen bis zur Vollendung des Werkes kündigen.

Sinn und Zweck der Regelung ist es, die Fertigstellung eines Werkes zu verhindern, das nicht mehr erwünscht ist. Beim Werkvertrag hat nämlich i.d.R. außer dem Besteller niemand ein Interesse an dem Werk.

§ 649 S. 2 BGB

Kündigt der Besteller, so wird das Vertragsverhältnis für die Zukunft aufgehoben. Der Unternehmer ist nicht zur Fertigstellung verpflichtet. Dem Werkunternehmer schadet zudem § 649 BGB nicht, da es ihm zumeist um die Bezahlung geht und er diese gemäß § 649 S. 2 BGB auch erhält, obwohl er das Werk nicht fertigstellen muss. Nach § 649 S. 3 BGB wird vermutet, dass dem Unternehmer 5 % der auf den noch nicht erbrachten Teil der Werkleistung entfallenden vereinbarten Vergütung zustehen. 582

hemmer-Methode: § 649 BGB enthält also kein Rücktrittsrecht, eine Rückabwicklung nach den §§ 346 ff. BGB findet nicht statt!

Anrechnung ersparter Aufwendungen des Unternehmers

Der Werkunternehmer muss sich aber auf den Vergütungsanspruch ersparte Aufwendungen anrechnen lassen, d.h. er muss alles abziehen, was er infolge der Vertragsaufhebung nicht mehr erbringen muss.[787]

Bsp.: *Ersparte Materialkosten, ersparte Arbeitskraft etc.*

Der Werkunternehmer soll also den „Reingewinn" erhalten, den er bei Durchführung des Vertrages verbucht hätte.

Vergütungspauschalen

Da dieser „Reingewinn" in der Praxis sehr schwierig zu berechnen ist, wird der um ersparte Aufwendungen gekürzte Vergütungsanspruch oft schon bei Vertragsschluss pauschal festgelegt. Meist geschieht dies in den AGBen des Werkunternehmers. 583

Bsp.: *Bei Kündigung des Bestellers muss dieser 30 % der vereinbarten Vergütung bezahlen.*

Pauschalierung in AGBen

Eine derartige Pauschalierung in AGBen ist nach der Rechtsprechung zulässig, wenn sich der Werkunternehmer keine unangemessenen Vorteile versprechen lässt, § 308 Nr. 7 BGB. Außerdem muss dem Besteller die Möglichkeit erhalten bleiben, nachzuweisen, dass die ersparten Aufwendungen tatsächlich höher gewesen sind, § 309 Nr. 5b BGB, er also weniger zahlen muss.[788] 584

Bsp.: *Unangemessene Vorteile lässt sich der Unternehmer dann nicht versprechen, wenn sich die Pauschale an der Berechnungsweise des § 649 BGB orientiert. Es ist im Einzelfall u.U. zugrunde zu legen, welchen „Reingewinn" ein Unternehmer derselben Branche bei einem derartigen Werk hat. Die Klausel ist dabei zulässig, wenn sie sich einigermaßen im Rahmen der Lebenserfahrung hält.*[789]

Unzulässig wäre eine Klausel, gemäß welcher der Besteller „mindestens 2 %" zahlen muss. Dadurch wäre diesem der Gegenbeweis bis zu dieser Höhe nämlich abgeschnitten.[790]

F) Weitere Rechte des Werkunternehmers

Neben dem Anspruch auf Zahlung der vereinbarten oder angemessenen Vergütung steht dem Werkunternehmer zur Sicherung seiner Forderungen aus dem Vertrag auch ein Werkunternehmerpfandrecht nach § 647 BGB und zur Gewährleistung einer ordentlichen Vertragsdurchführung ein Kündigungsrecht gemäß § 643 BGB zu. 585

---

787 Palandt, § 649, Rn. 3.

788 Sowohl § 308 Nr. 7 BGB als auch § 309 Nr. 5 BGB sind wertungsmäßig grundsätzlich auch im Verkehr zwischen Unternehmern gem. §§ 307, 310 I S. 2 HS 2 BGB anzuwenden.

789 Vgl. allgemein Palandt, § 308, Rn. 37 ff.

790 Vgl. BGH, DB 1985, 1286 = **juris**byhemmer zu § 11 Nr.5 AGBG.

I. Werkunternehmerpfandrecht, § 647 BGB

Gesetzliches Pfandrecht des Unternehmers

Zur Sicherung aller Forderungen, die dem Unternehmer aufgrund des Werkvertrages entstehen, hat er gemäß § 647 BGB ein gesetzliches Pfandrecht an den von ihm hergestellten oder ausgebesserten beweglichen Sachen des Bestellers, wenn sie bei der Herstellung oder zum Zweck der Ausbesserung in seinen Besitz gelangt sind. 586

1. Voraussetzungen

Voraussetzungen

Voraussetzungen des Werkunternehmerpfandrechts: 587

- ⇨ Bestehen einer Forderung des Werkunternehmers aus dem WerkV
- ⇨ Besitz des Werkunternehmers an einer beweglichen Sache **des Bestellers**
- ⇨ Besitzerlangung bei der Herstellung oder zum Zwecke der Ausbesserung
- ⇨ Kein Erlöschen des Pfandrechts

Vertragliche Forderung

Vertragliche Forderungen im Sinne des § 647 BGB sind alle Forderungen aus dem Werkvertrag. Dies ist in erster Linie der Vergütungsanspruch des Werkunternehmers, weiterhin aber auch der Entschädigungsanspruch gemäß § 642 BGB, der Anspruch gemäß §§ 645 I, 326 II S. 1 Alt. 1 BGB und alle Schadensersatzansprüche gemäß §§ 280 ff. BGB.[791] § 647 BGB gilt dagegen nicht für außervertragliche Ansprüche.

Bewegliche Sache

Das Pfandrecht kann nur an einer beweglichen Sache des Bestellers entstehen. Für unbewegliche Sachen gelten §§ 648, 648a BGB, die in der Praxis extrem, in der Klausur aber kaum relevant sind.

hemmer-Methode: § 647 BGB gilt nicht beim „Werklieferungsvertrag" nach § 651 BGB. Auch dieser betrifft bewegliche Sachen. Der entscheidende Unterschied besteht jedoch darin, dass bei § 651 BGB der Unternehmer zudem zur Lieferung der hergestellten beweglichen Sachen verpflichtet ist, also zusätzlich zur Eigentumsverschaffung.
Für die Falllösung ist daher eine genaue Abgrenzung und Ausarbeitung des Vertragstyps unerlässlich. Nur so wenden Sie die richtigen Vorschriften an und kommen zu einer vernünftigen Lösung.

des Bestellers

Die Sache muss eine solche des Bestellers sein, d.h. sie muss im Eigentum des Bestellers stehen.[792]

Gutgläubiger Erwerb möglich?

Aufgrund der Tatsache, dass der Unternehmer ein großes wirtschaftliches Interesse an dem Pfandrecht hat, wird diskutiert, ob ein gutgläubiger Erwerb des Unternehmerpfandrechts möglich ist. 588

> ***Bsp.:*** *B hat bei E ein Motorrad unter Eigentumsvorbehalt gekauft, wobei die beiden vereinbart haben, dass B alle Schäden auf eigene Kosten reparieren lassen muss. Noch vor Abzahlung der Raten gibt B das Motorrad zu U in die Werkstatt, damit dieser einen Schaden repariert.*
>
> *Da B kein Geld mehr hat, stellt er die Ratenzahlung an E ein und holt auch das Motorrad nicht ab, da er die Rechnung des U nicht bezahlen kann. E tritt nach Fristsetzung vom Kaufvertrag mit B zurück und verlangt von U die Herausgabe des Motorrades. U will das Motorrad jedoch nur herausgeben, wenn E die Bezahlung des Werklohnes übernimmt.*

[791] Palandt, § 647, Rn. 2.

[792] BGHZ 34, 153 - 158.

Kann E das Motorrad nach § 985 BGB herausverlangen, obwohl er die Zahlung verweigert?

hemmer-Methode: Nach einer früher in der Literatur vertretenen Mindermeinung konnte ein Anspruch des E aus § 985 BGB schon deshalb nicht bestehen, weil E sein Eigentum durch die Weggabe des unmittelbaren Besitzes eingeschränkt habe. Er könne nur noch aus einem vertraglichen Recht, d.h. nach Rücktritt gemäß § 323 I BGB nur noch aus § 346 BGB gegen B vorgehen.[793] Eine derartige Subsidiarität des § 985 BGB gegenüber vertraglichen Rückgabeansprüchen wird von der heute einhelligen Ansicht abgelehnt. Das EBV wäre nahezu bedeutungslos, wenn es bei jeder freiwilligen Besitzaufgabe nicht mehr anwendbar wäre.[794]

E könnte gemäß § 985 BGB einen Anspruch auf Herausgabe des Motorrades haben, wenn er Eigentümer wäre und U das Motorrad ohne ein Recht zum Besitz in Besitz hätte.

1. Eigentum des E

Eigentum des E (+)

E hat B das Motorrad nur unter der aufschiebenden Bedingung übereignet, dass dieser den vollen Kaufpreis bezahlt, §§ 929 S. 1, 158 I, 449 I BGB. Da dies jedoch noch nicht geschehen ist, ist E noch Eigentümer des Motorrades.

Besitz des U (+)

2. Besitz des U ist gegeben.

3. Weiterhin darf U kein Recht zum Besitz haben.

Abgeleitetes Besitzrecht wegen Rücktritt (-)

a) Ein von B abgeleitetes Besitzrecht entfällt, da dessen Recht seit dem Rücktritt des E untergegangen ist. Ob aus dem Anwartschaftsrecht ein Recht zum Besitz folgt, kann somit dahinstehen, da dieses Anwartschaftsrecht mit dem Rücktritt des E untergegangen ist.

Eigenes Besitzrecht?

b) Fraglich ist jedoch, ob U ein eigenes Besitzrecht hat.

Dieses könnte sich aus einem Werkunternehmerpfandrecht ergeben, § 647 BGB. Allerdings war B niemals Eigentümer des Motorrades. Fraglich ist deshalb, ob man E als Besteller ansehen kann.

aa) Eine Verpflichtungsermächtigung analog § 185 I BGB scheidet aus. B - und nicht E - ist als Besteller i.S.d. § 647 BGB anzusehen.

Verpflichtungsermächtigung (-)

Die Verpflichtungsermächtigung ist die Verpflichtung eines anderen in eigenem Namen. Sie wird von der ganz h.M. als unzulässig abgelehnt[795], denn sie umgeht das Offenkundigkeitsprinzip der §§ 164 ff. BGB und ist neben dem Institut der Stellvertretung überflüssig. Im Übrigen kommt es auf die Zulässigkeit dieser Konstruktion hier gar nicht an, denn E wollte aus der Reparatur gerade nicht selbst verpflichtet werden. Als Besteller kann daher nur B angesehen werden, dem das Motorrad aber nicht gehörte.

hemmer-Methode: Unstreitig ist, dass zunächst auch das Anwartschaftsrecht des B von § 647 BGB erfasst wird, denn insofern ist B Berechtigter. Hier zeigt sich aber wieder die Schwäche des Anwartschaftsrechts, die aus seiner schuldrechtlichen Abhängigkeit resultiert. Mit dem Rücktritt des Vorbehaltsverkäufers entfällt der ursprüngliche Erfüllungsanspruch, der Bedingungseintritt ist nicht mehr möglich, das Anwartschaftsrecht und mit ihm das gesetzliche Pfandrecht erlischt.

bb) Daher will eine Ansicht[796] die Entstehung des Werkunternehmerpfandrechts mit einer entsprechenden Anwendung des § 185 I BGB bejahen.

793 Raiser, JZ 1961, 529 - 531; vgl. dazu Medicus, BR, Rn. 590.

794 Medicus, BR, Rn. 593 mit weiteren Argumenten.

795 Medicus, BR, Rn. 29.

796 Medicus, BR, Rn. 594.

Wenn E den B durch Vertrag verpflichtet, das Motorrad reparieren zu lassen, habe er damit in die Begründung eines Werkunternehmerpfandrechts eingewilligt. Der Unternehmer erwerbe hier ein Werkunternehmerpfandrecht nicht kraft guten Glaubens, sondern aufgrund der Einwilligung des Eigentümers.

§ 185 I BGB entsprechend (-), da schon keine Einwilligung

Zwar setzt § 185 BGB ein rechtsgeschäftliches Handeln voraus, woran es bei der Begründung des gesetzlichen Werkunternehmerpfandrechtes gerade fehlt. Dagegen spricht jedoch, dass gesetzliche Pfandrechte nur typisierte vertragliche Pfandrechte sind.

Trotzdem muss dieser Weg abgelehnt werden, denn die Vereinbarung im Vertrag zeigt gerade deutlich, dass E nicht derjenige sein wollte, der letztlich die Kosten zu tragen hat, sodass eine Einwilligung i.S.d. § 185 I BGB ausscheidet.

cc) Nach a.A. hat U das Werkunternehmerpfandrecht gutgläubig erworben, weil er an das Eigentum und die Rechtsmacht des B glaubte.[797] Diese Ansicht stellt das gesetzliche Pfandrecht auch hinsichtlich der Entstehungsvoraussetzungen dem vertraglichen Pfandrecht gleich.

Gutgläubiger Erwerb des Pfandrechts (-)

dd) Nach ganz h.M. ist die Möglichkeit des gutgläubigen Erwerbes eines gesetzlichen Pfandrechtes jedoch abzulehnen.[798]

Dies folgt zunächst einmal aus dem Wortlaut des § 1257 BGB. Dieser spricht nur von einer Gleichstellung bereits entstandener Pfandrechte. Hinsichtlich der Entstehung gilt diese Verweisung gerade nicht.

Weiterhin spricht die Regelung des § 366 III HGB dafür, dass der gutgläubige Erwerb eines gesetzlichen Pfandrechts gerade nur im Handelsverkehr möglich sein soll. Auch ist zu berücksichtigen, dass ein gutgläubiger Erwerb einen Rechtsscheinsträger voraussetzt. Der gesetzliche Erwerb knüpft demgegenüber nicht an einen solchen an, sodass dieser Gesichtspunkt ebenfalls gegen die Möglichkeit eines gutgläubigen Erwerbs spricht.

Recht zum Besitz (-)

Zwischenergebnis: Ein Recht zum Besitz des U gegenüber E besteht nicht.

Aber ZBR nach § 1000 BGB

4. U könnte jedoch ein **Zurückbehaltungsrecht** gemäß §§ 1000, 994 BGB gegenüber E haben.

Dann müsste U Verwendungen auf das Motorrad gemacht haben, während er dasselbe unberechtigt im Besitz hatte.

Nach dem sachbezogenen Verwendungsbegriff des BGH ist eine Verwendung vorliegend zu bejahen, da lediglich festgestellt werden muss, ob das Besitzobjekt verbessert wurde. Dies ist vorliegend der Fall.[799]

Dem Zurückbehaltungsrecht nach § 1000 BGB steht nach der Ansicht des BGH[800] auch nicht entgegen, dass U die Verwendungen zu einem Zeitpunkt gemacht hat, als er noch berechtigter Besitzer war. Denn insoweit darf der zunächst berechtigte Besitzer nicht schlechter stehen als der von Anfang an unberechtigte Besitzer (sehr str.).

Ergebnis: U ist demnach zur Herausgabe des Motorrades an E nur Zug um Zug gegen Ersatz der gemachten Verwendungen verpflichtet.

hemmer-Methode: Der eigentlichen Intention des § 647 BGB entspricht dieses Ergebnis nicht. Hier hat die Realität das BGB überholt. Wer hat um 1900 schon ein Auto in die Werkstatt gebracht? Und, was noch schwerer wiegt: Wem gehört heute schon noch das Auto, das er fährt?

797 Vgl. Palandt, § 1257, Rn. 2 m.w.N.

798 BGHZ 34, 122 - 134; BGHZ 87, 274 - 281 (280) = **juris**byhemmer; BGH, NJW 1992, 2570 - 2575 (2574); Palandt, § 647, Rn. 3 und Palandt, § 1257, Rn. 2 m.w.N.

799 Problematisch ist dabei, dass U die Verwendung nicht auf eigene Rechnung, sondern auf die des B machte! Vgl. dazu Medicus, BR, Rn. 591.

800 BGHZ 34, 122 - 134.

Die Praxis behilft sich aus diesem Grunde häufig mit einem vertraglichen Pfandrecht des Werkunternehmers in dessen AGBen. Da dieses Pfandrecht ein rechtsgeschäftliches ist, kann es auch an Sachen Dritter erworben werden, § 1207 BGB.
Allerdings wird nach absolut überzeugender Lit. vertreten, dass derartige AGBen gegen § 307 BGB verstoßen, da sie nur für den Fall des Nichteigentums des Bestellers eine Rolle spielen (sonst: § 647 BGB!) und den Besteller damit in eine Schadensersatzpflicht gegenüber dem Eigentümer drängen.

Erlöschen des Werkunternehmerpfandrechts

Das Unternehmerpfandrecht erlischt wie das vertragliche Pfandrecht gemäß § 1257 BGB i.V.m. §§ 1242, 1252, 1255, 1256 BGB.

Erlöschensgründe bei Pfandrechten: 589

- durch **Pfandverkauf**, §§ 1257, 1242 BGB,
- wenn die **Forderung** z.B. aus dem Werkvertrag **erlischt**, §§ 1257, 1252 BGB,
- Rückgabe der Sache, §§ 1257, 1253 I S. 1 BGB,
- wenn es **aufgehoben** wird, §§ 1257, 1255 BGB,
- wenn der Werkunternehmer **Eigentümer** der Sache wird, §§ 1257, 1256 BGB.

Weiterhin ist ein Erlöschen gemäß §§ 936 I, 932 II BGB möglich, wenn ein Dritter das Eigentum an der Sache erwirbt und dabei gutgläubig hinsichtlich des Nichtbestehens eines Pfandrechts ist, § 936 I BGB, und die Sache dem Werkunternehmer nicht abhandengekommen ist, § 935 BGB entsprechend.

2. Rechtsfolgen

Rechte des Inhabers des Unternehmerpfandrechts

Der Inhaber eines Werkunternehmerpfandrechtes hat gemäß § 1257 BGB die Rechte des Gläubigers eines vertraglichen Pfandrechtes. 590

Er darf die Sache z.B. gemäß §§ 1228 ff. BGB verwerten. Außerdem kann er im Fall der Zwangsvollstreckung durch einen nachrangigen Pfandgläubiger gemäß § 805 ZPO vorzugsweise Befriedigung verlangen.

hemmer-Methode: Als zum Besitz befugter Pfandrechtsinhaber kann der Werkunternehmer allerdings auch die Drittwiderspruchsklage gem. § 771 ZPO erheben, wenn ihm die Sache im Rahmen einer Zwangsvollstreckungsmaßnahme weggenommen wurde.
Lesen Sie hierzu Hemmer/Wüst, ZPO II, Rn. 283 ff.

II. Kündigungsrecht des Werkunternehmers, § 643 BGB

§ 643 BGB: Kündigungsrecht des Unternehmers

Der Werkunternehmer kann den Vertrag gemäß § 643 BGB kündigen, wenn der Besteller eine erforderliche Mitwirkungshandlung unterlassen hat und diese auch bis zum Ablauf einer durch Kündigungsandrohung gesetzten Frist nicht nachholt. Der Vertrag gilt bei Verstreichen der Frist als aufgehoben, § 643 S. 2 BGB. 591

hemmer-Methode: Bei § 643 BGB geht es nicht um Leistungsstörungsrecht, da die Möglichkeit der Kündigung nicht von einer Pflichtverletzung des Bestellers abhängig ist. Die Mitwirkung nach § 642 BGB ist keine Pflicht, sondern lediglich eine Obliegenheit des Bestellers.

Der Unternehmer hat dann gemäß § 645 I S. 2 BGB einen Anspruch auf einen der geleisteten Arbeit entsprechenden Teil der Vergütung, § 645 I S. 1 BGB entsprechend.[801]

G) VOB/B-Vertrag[802]

Vertrags- und Vergabeordnung

Der VOB-Vertrag ist ein Werkvertrag, dem die Vertrags- und Vergabeordnung für Bauleistungen zugrunde liegt. Diese enthält zahlreiche Sonderbestimmungen gegenüber dem Werkvertragsrecht, sodass bei Vorliegen eines VOB-Vertrages auf die abweichenden Regelungen geachtet werden muss. 592

Die Vertrags- und Vergabeverordnung für Bauleistungen Teil B (VOB/B) regelt als Allgemeine Geschäftsbedingung das private Baurecht zwischen Auftraggeber und Bauunternehmer, wenn die Geltung der VOB/B wirksam in den Vertrag einbezogen wurde.

Privilegierung bei Einbeziehung der VOB/B im Ganzen?

Wird die VOB/B in den Vertrag **insgesamt** einbezogen, so sollte nach früherer Rechtsprechung des BGH keine Inhaltskontrolle anhand der §§ 307 bis 309 BGB stattfinden. Diese auf richterliche Fortbildung gegründete sogenannte Privilegierung der VOB/B ist bei Verwendung der VOB/B gegenüber Verbrauchern nach zutreffender neuer Auffassung des BGH jedoch nicht gerechtfertigt. Denn ein maßgeblicher Gesichtspunkt für diese Privilegierung ist der Umstand, dass die VOB/B vom Beklagten unter Mitwirkung der Auftragnehmer- und der Auftraggeberseite erarbeitet wird und daher beide Seiten die Möglichkeit haben, ihre jeweiligen Interessen zu vertreten und ihnen Geltung zu verschaffen. Dies trifft für die in aller Regel geschäftlich nicht erfahrenen und damit besonders schutzbedürftigen Verbraucher nicht zu.[803]

Bei Verbraucherverträgen nicht (mehr)

Diese Rechtsprechung wurde durch das am 01.01.2009 in Kraft getretenen Forderungssicherungsgesetz nun auch im BGB aufgenommen.[804] Die in § 309 Nr. 8b ff) HS 2 BGB enthaltenen Restprivilegierung der VOB/B wurde für Verbraucherverträge gestrichen, sodass in Zukunft die einzelnen Klauseln der VOB/B einer AGB-Kontrolle unterzogen werden.

Bei Unternehmerverträgen ist § 310 I S. 3 BGB zu beachten

Damit die Privilegierung der insgesamt einbezogenen VOB/B gegenüber einem Unternehmer erhalten bleibt, wurde in § 310 I S. 3 BGB geregelt, dass auf Verträge gegenüber einem Unternehmer, in die die VOB/B insgesamt einbezogen ist, in Bezug auf eine Inhaltskontrolle einzelner Bestimmungen § 307 I, II BGB keine Anwendung findet.

H) Anwendbarkeit des Kaufrechts, § 651 BGB[805]

Werklieferungsvertrag, § 651 BGB

Mit der Neufassung des Werklieferungsvertrages i.S.v. § 651 BGB durch die Schuldrechtsreform gewann § 651 BGB mit der Verweisung auf kaufrechtliche Vorschriften erheblich an Bedeutung. Im Gegenzug wurde der Anwendungsbereich des reinen Werkvertrages stark eingeschränkt. 593

801 Vgl. Palandt, § 643, Rn. 2.

802 Zur VOB/B vgl. Schönfelder-Ergänzungsband Nr. 32c.

803 BGH, **Life&Law 2008, Heft 10, 709** = BGHZ 178, 1 - 16 = **juris**byhemmer.

804 Vgl. dazu **Life&Law 2009, Heft 1, 68 - 70**.

805 Vgl. bereits oben, Rn. 490.

I. Voraussetzungen

Voraussetzungen

Ein Werklieferungsvertrag ist gegeben, wenn der Werkunternehmer zur Lieferung herzustellender oder zu erzeugender beweglicher Sachen verpflichtet ist, § 651 S. 1 BGB. 594

Lieferung = Übereignung, § 929 BGB

hemmer-Methode: Mit Lieferung ist nicht gemeint, dass es sich um eine Bringschuld handeln muss. § 651 BGB findet auch bei Hol- und Schickschulden Anwendung.
Unter Lieferung i.S.d. § 651 BGB ist – ebenso wie in § 309 Nr. 8b BGB die Übereignung gem. § 929 BGB zu verstehen.

Herstellung, Erzeugung und Eigentumsverschaffung

Der Unternehmer ist hierbei verpflichtet, dem Besteller das fertiggestellte Werk zu übergeben und ihm das Eigentum zu verschaffen.

Bewegliche Sache

Bei dem hergestellten oder erzeugten Werk muss es sich um eine bewegliche Sache handeln.

Auch bei Lieferung und Herstellung von Bauteilen für ein Bauwerk

Auch Verträge, die die Lieferung von herzustellenden beweglichen Bau- oder Anlagenteilen zum Gegenstand haben, sind nach Maßgabe des § 651 BGB nach Kaufrecht zu beurteilen. Die Zweckbestimmung der Teile, in Bauwerke eingebaut zu werden, rechtfertigt keine andere Beurteilung.

Eine andere Beurteilung ist selbst dann nicht gerechtfertigt, wenn Gegenstand des Vertrages auch Planungsleistungen sind, die der Herstellung der Bau- und Anlagenteile vorauszugehen haben und nicht den Schwerpunkt des Vertrages bilden.[806]

Beim gewöhnlichen Werkvertrag nach § 631 BGB liefert grundsätzlich der Besteller den Stoff zur Herstellung des Werkes. I.d.R. wird er ihm (oder einem Dritten) gehören, sodass eine Übereignung von dem Werkunternehmer an ihn nicht nötig (oder nicht möglich) ist. 595

Beim Werklieferungsvertrag i.S.d. § 651 BGB kommt es nicht darauf an, wer den Stoff liefert, vgl. § 651 S. 2 BGB. Regelmäßig wird dies aber der Unternehmer sein.

> ***Beispiele:*** *B bringt seinen in Italien gekauften Stoff zum Schneider, damit dieser ihm einen Anzug anfertigt*

hemmer-Methode: Der Werklieferungsvertrag enthält somit zum einen die Verpflichtung zur Herstellung bzw. Erzeugung eines Werkes (werkvertragliches Element), zum anderen die Verpflichtung zur Eigentumsverschaffung/Lieferung (kaufrechtliches Element).

II. Rechtsfolgen

Rechtsfolge: Kaufrecht

Welche Rechte und Pflichten die Parteien eines Werklieferungsvertrages haben, ist durch eine Verweisung auf das Kaufrecht geregelt. 596

hemmer-Methode: Wichtig ist dabei insbesondere, dass natürlich auch die Vorschriften zum Verbrauchsgüterkauf zur Anwendung kommen.[807]

Entscheidend ist alleine, dass es sich um eine bewegliche Sache handelt. Zunächst unerheblich ist, ob es sich um eine vertretbare oder nicht vertretbare Sache i.S.v. § 91 BGB handelt.

[806] Vgl. dazu BGH, **Life&Law 2009, Heft 11, 726 - 731** = NJW 2009, 2877 - 2880 = **juris**byhemmer.

[807] Zum Werklieferungsvertrag im Lichte der Verbrauchsgüterkaufrichtlinie lesen Sie Schuhmann, Werkvertrag oder Kaufvertrag? - § 651 BGB im Lichte der Verbrauchsgüterkaufrichtlinie, ZGS 2005, 250 - 256.

Bsp.: *A soll B ein Brautkleid nach deren Vorstellungen fertigen. Er soll dabei den Stoff und alles, was er benötigt, selbst besorgen.*[808] *Aufgrund welcher Norm erhält er sein Geld?*

A könnte einen Anspruch gemäß § 631 I BGB auf Entrichtung der vereinbarten Vergütung haben, wenn es sich um einen Werkvertrag i.S.v. § 631 BGB handelt.

A hat sich zur Herstellung eines Brautkleides verpflichtet. Der Vertrag enthält somit ein werkvertragliches Element.

Bei dem Brautkleid handelt es sich jedoch um eine bewegliche Sache, die A der B zudem übereignen, d.h. liefern soll (= kaufrechtliches Element).

Es liegt somit ein Werklieferungsvertrag i.S.v. § 651 BGB vor. Richtige Anspruchsgrundlage ist folglich § 433 II BGB i.V.m. § 651 S. 1 BGB.

Werkvertragsrecht nur ergänzend, § 651 S. 3 BGB

Die Unterscheidung zwischen vertretbaren und nicht vertretbaren Sachen spielt nur eine Rolle für die Frage, ob werkvertragliche Regelungen ergänzend neben kaufrechtlichen Vorschriften anzuwenden sind, vgl. § 651 S. 3 BGB. 597

hemmer-Methode: Bei nicht vertretbaren Sachen sind nach § 651 S. 3 BGB werkvertragliche Vorschriften nur ergänzend anzuwenden. D.h. das Werkvertragsrecht tritt dann neben das Kaufrecht, nicht an dessen Stelle. Zusätzlich erfahren die anwendbaren Vorschriften eine Modifikation, sodass an Stelle der Abnahme die kaufrechtlichen Gefahrübergangsregeln der §§ 446, 447 BGB gelten, § 651 S. 3 BGB.

Nicht vertretbare Sache

Nicht vertretbare Sachen sind solche, die den speziellen Bestellerwünschen angepasst sind, die ihrer Art nach individuelle Merkmale besitzen und nicht beliebig austauschbar sind, dem Unternehmer also auch nicht einfach von jemand anderem als dem Besteller abgenommen werden, bei keinem anderen absetzbar sind, nicht „weiterverkauft“ werden können.[809] 598

Beispiele: *Speziell für die Küche des Bestellers gefertigte Eckbank, Maßanzug, Bauarbeiten, Werbefilm*[810]

Vertretbare Sache

Vertretbare Sachen im Sinne der kaum brauchbaren Legaldefinition des § 91 BGB sind demgegenüber solche, die nach Zahl, Maß und Gewicht bestimmt zu werden pflegen. Sie sind also, verständlicher gesagt, leicht anderweitig absetzbar und von speziellen Bestellerwünschen unabhängig. 599

Bsp.: *Obiger Fall, nur verweigert B die Anprobe des Brautkleids. Was kann A dagegen unternehmen?*

Es liegt ein Werklieferungsvertrag i.S.v. § 651 S. 1 BGB vor, vgl. oben, worauf Kaufrecht anzuwenden ist.

Im Kaufrecht findet sich jedoch keine Regelung bei fehlender Mitwirkung des Käufers bei der Herstellung der Sache. Nach § 651 S. 3 BGB finden allerdings bei einem Werklieferungsvertrag über nicht vertretbare Sachen unter anderem auch die §§ 642, 643 BGB ergänzende Anwendung, mit der Maßgabe, dass an die Stelle der Abnahme der nach den §§ 446, 447 BGB maßgebliche Zeitpunkt des Gefahrübergangs tritt.

Ein maßgeschneidertes Brautkleid ist nicht beliebig an andere Personen absetzbar, da es den speziellen Wünschen und dem individuellen Körperbau der Bestellerin angepasst ist. Es liegt demnach eine nicht vertretbare Sache vor.

---

808 Dies ist wegen § 651 S. 2 BGB aber keine zwingende Voraussetzung für einen Werklieferungsvertrag.

809 Palandt, § 651, Rn. 4.

810 Vgl. Palandt, § 651, Rn. 4.

Nach **§ 642 BGB i.V.m. §§ 651 S. 3, 446 S. 3 BGB** kann A daher von B eine angemessene Entschädigung verlangen, da sich diese durch die Weigerung der Anprobe nach §§ 293 ff. BGB im Annahmeverzug befindet.

Zudem kann A der B nach **§ 643 BGB i.V.m. § 651 S. 1 BGB** zur Vornahme der Mitwirkungshandlung eine angemessene Frist setzen mit der Androhung, den Vertrag bei erfolglosem Ablauf der Nachfrist zu kündigen.

Die werkvertraglichen Regelungen treten hierbei an die Seite der kaufrechtlichen Vorschriften.

Zu beachten ist noch, dass § 381 II HGB die Vorschriften über den Handelskauf auch für Werklieferungsverträge für anwendbar erklärt, wodurch ein Gleichlauf mit den Vorschriften des BGB gewährt wird. Insbesondere trifft den Besteller also die Untersuchungs- und Rügeobliegenheit des § 377 HGB[811]. Allerdings ist es fraglich, wozu es der Regelung des § 381 II HGB überhaupt noch bedarf, da auf den Werklieferungsvertrag die Vorschriften über den Kauf und damit eigentlich direkt auch § 377 HGB Anwendung findet.[812]

III. Sonderproblem: Software-Vertrag

Fraglich und umstritten ist die Anwendung der Vorschriften über den Werkvertrag bei der Überlassung von Software. Auf Basis der h.M. ist danach zu differenzieren, ob es sich um Standardsoftware, um Individualsoftware oder um an die speziellen Kundenbedürfnisse besonders angepasste Standardsoftware handelt. 600

1. Lieferung von Standardsoftware

Kaufrecht bei Lieferung von Standardsoftware

Auf die Lieferung von Standardsoftware – also solcher Software, die vorgefertigt dem Erwerber gegen einmaliges Entgelt auf Dauer zu freier Verfügung überlassen wird – sind die **kaufrechtlichen** Vorschriften anwendbar. Es handelt sich um den Kauf eines sonstigen Gegenstandes i.S.v. § 453 I Alt. 2 BGB, auf den ausnahmsweise auch § 434 BGB Anwendung findet.[813] 601

Ein Rechtsmangel kommt allein dann in Betracht, wenn ein nicht lizenziertes Programm ausgeliefert wird. Der Verkäufer hat in diesem Fall nicht die Nebenpflicht, den Käufer in die verkauften Programme einzuweisen, es sei denn, er hat sich im Kaufvertrag hierzu bereit erklärt.[814]

Ob eine Beratungspflicht hinsichtlich der Verwendbarkeit des gewünschten Programms besteht – bei deren Verletzung sich ein Schadensersatzanspruch aus §§ 311 II, 280 I BGB (c.i.c.) ergeben kann – hängt letztlich von der Sachkenntnis des Kunden ab.

Konnte der Verkäufer erkennen, dass der Käufer nur laienhafte Kenntnisse hat, so ist er verpflichtet, ihn bei der Auswahl eines seinen Bedürfnissen entsprechenden Programms zu unterstützen.[815]

---

811 Vgl. bereits Rn. 371 ff.

812 Vgl. zu § 381 II HGB nach der Schuldrechtsreform Steck, Das HGB nach der Schuldrechtsreform, NJW 2002, 3201 - 3204 (3203).

813 Palandt, § 453, Rn. 8; auch die h.M. nach alter Rechtslage wendete die kaufrechtlichen Gewährleistungsvorschriften an, BGHZ 102, 135 - 152 = **juris**byhemmer; BGH, NJW 1990, 3011 - 3014 = **juris**byhemmer.

814 Junker, Die Entwicklung des Computerrechts in den Jahren 1992 und 1993, NJW 1994, 897 - 905 (900).

815 Junker, Die Entwicklung des Computerrechts in den Jahren 1992 und 1993, NJW 1994, 897 - 905 (900 f.).

„Ablieferung“ umstritten

Wann bei Standardsoftwareprogrammen „Ablieferung“ i.S.v. § 438 II 602
BGB vorliegt, ist umstritten. Während nach einer Ansicht i.d.R. die Übergabe der Bedienungsanleitung genügt[816], fordert eine andere Ansicht einen (störungsfreien) Probelauf[817]. Hat sich der Verkäufer weiterhin zur Einweisung verpflichtet, so ist nach einhelliger Ansicht deren Vornahme zur Bejahung der Ablieferung erforderlich.[818]

2. Lieferung von Individualsoftware und die Anpassung von Standardsoftware an Kundenwünsche

a) Rechtslage bis zum 31.12.2001

Bei der Anpassung von Standardsoftware wurde gemäß § 651 BGB a.F. zwischen einem Werklieferungsvertrag über eine nicht vertretbare Sache und einem reinen Kaufvertrag unterschieden.

Str., ob Werk- oder Werklieferungsvertrag

Soll ein Softwareprogramm speziell nach den Wünschen des Kun- 603
den geschrieben werden, so war früher umstritten, ob es sich um einen Werkvertrag oder einen Werklieferungsvertrag handelt.

Nach h.M. sollte die Herstellung eines den individuellen Bedürfnissen des Anwenders entsprechenden Programms i.d.R. ein (reiner) Werkvertrag sein.[819]

Bei Anpassung an Kundenwünsche: Anteil an Gesamtvolumen entscheidend

Sollte demgegenüber Standardsoftware an die Wünsche des Erwer- 604
bers oder an dessen Hardware angepasst werden, so hing die Abgrenzung zwischen Werk- und Kaufrecht davon ab, welchen Anteil die Abstimmung am Gesamtvolumen ausmachte. Handelte es sich bei der Anpassung nicht bloß um eine unbedeutende Nebenleistung – was nur bei einem Anteil von unter 10% angenommen werden konnte –, so war Werkvertragsrecht anzuwenden.

Gleiches galt, wenn die Anpassung Voraussetzung für die Funktionsfähigkeit der Software war.[820]

b) Rechtslage seit dem 01.01.2002

Unterscheidung jetzt eindeutig

Seit der Modernisierung des Schuldrechts spricht § 651 BGB von der Lieferung und Herstellung von Sachen und nicht mehr vom „Werk“.

Da es sich aber bei der Herstellung oder Anpassung von Individualsoftware nicht um Sachen i.S.d. § 651 BGB handelt, findet nun eindeutig Werkvertragsrecht Anwendung.[821]

Ebenso wie beim Kaufvertrag kann sich auch hier eine Beratungs- 605
pflicht als Nebenpflicht ergeben. Im Gegenzug obliegen dem Anwender ebenfalls gewichtige Pflichten, denn er muss seine Wünsche und Vorstellungen dem Anbieter deutlich machen. Deshalb ist es i.R. seiner Mitwirkungspflicht erforderlich, dass er ein sog. Pflichtenheft erstellt.[822]

---

[816] Schneider, "Ablieferung" bei Softwareüberlassungsverträgen, CR 1994, 385 - 390.

[817] OLG Köln, NJW-RR 1993, 1140 - 1141; a.A. LG Gießen, NJW-RR 1996, 44 - 45; vgl. Palandt, § 438, Rn. 15.

[818] Vgl. Palandt, § 438, Rn. 15.

[819] BGHZ 102, 135 - 152 = **juris**byhemmer; BGH, NJW 1990, 3008 - 3010 = **juris**byhemmer; von Westphalen, Der Software-Entwicklungsvertrag - Vertragstyp - Risikobegrenzung, CR 2000, 73 - 80; vgl. Palandt, Einf v. § 631, Rn. 12 und Palandt, § 433, Rn. 5.

[820] BGH, NJW 1993, 1063 - 1066 = **juris**byhemmer; OLG Hamm, NJW-RR 2000, 1224 - 1226 = **juris**byhemmer; vgl. Palandt, Einf vor § 631, Rn. 12 und Palandt, § 433, Rn. 5.

[821] Vgl. Palandt, § 433, Rn. 9 und Palandt, vor § 631 BGB, Rn. 22.

[822] OLG Köln, NJW-RR 1993, 1528 - 1529 = **juris**byhemmer; ausführlich Junker, Die Entwicklung des Computerrechts in den Jahren 1992 und 1993, NJW 1994, 897 - 905 (902 f.).

WIEDERHOLUNGSFRAGEN .... Randnr.

Der Kauf

Allgemeines

Die Pflicht des Verkäufers gemäß § 433 I S. 1 BGB und ihre Nichterfüllung

Die Pflichten des Verkäufers und deren Nichterfüllung

Die Rechte des Käufers bei Sach- und Rechtsmängeln

Der Anspruch auf Nacherfüllung

Der Rücktritt

Die Minderung

Die Mängeleinrede

Die Schadensersatzansprüche des Käufers

109. Was ist unter dem "kleinen" bzw. dem "großen Schadensersatz" zu verstehen? .... 305 ff.

110. Welche zusätzliche Voraussetzung muss beim Schadensersatz statt der ganzen Leistung i.R.d. §§ 437 Nr. 3, 311a II BGB erfüllt sein? 308

111. Gibt es einen Unterschied zwischen Minderung und kleinem Schadensersatz? 305

112. Was ist beim Schadensersatzanspruch aus den §§ 437 Nr. 3 Alt. 1, 280 I, III, 283 BGB der Bezugspunkt für das Vertretenmüssen des Verkäufers? 314a

113. Nach welcher Konstruktion konnte nach altem Recht der Ersatz vergeblicher Aufwendungen i.R.e. Anspruchs auf Schadensersatz wegen Nichterfüllung (jetzt: Schadensersatz statt der Leistung) verlangt werden? .... 326 ff.

114. Warum hat sich im Zuge der Schuldrechtsreform der Anwendungsbereich der Rentabilitätsvermutung beschränkt? 328

115. Gilt die Rentabilitätsvermutung weiterhin neben § 284 BGB? 330

Die Besonderheiten beim Rechtskauf und beim Kauf sonstiger Gegenstände

116. Gegenstand eines Kaufvertrags können gemäß § 453 BGB auch Rechte und sonstige Gegenstände sein. Diese Rechte und sonstigen Gegenstände müssen übertragbar sein. Nennen Sie Beispiele! 335

117. Kann bei einem Rechtskauf der Verkäufer zur Übergabe einer Sache verpflichtet sein? 337

118. Ist über § 453 I BGB auch § 434 I S. 2 BGB beim Rechtskauf anzuwenden? 340

119. Sind Beschaffenheitsvereinbarungen gemäß § 434 I S. 1 BGB beim Rechtskauf gemäß § 453 I BGB möglich? 340

120. Wann liegt ein Unternehmenskauf i.S.d. § 453 BGB vor? 344

121. Haftet der Verkäufer beim Rechtskauf bei anfänglicher Unmöglichkeit, z.B. wenn die verkaufte Forderung nicht besteht, auf Schadensersatz? .... 349 ff.

122. Gibt es eine allgemeine Bonitätshaftung beim Rechtskauf? .... 349 ff.

Der Ausschluss der Mängelrechte

123. Nach § 442 I S. 1 BGB führt die Kenntnis des Käufers vom Vorhandensein eines Mangels zum Ausschluss seiner Mängelrechte. Unter den Voraussetzungen des § 442 I S. 2 BGB gilt dies auch bei grob fahrlässiger Unkenntnis. Warum ist § 442 BGB beim Gattungskauf grundsätzlich unanwendbar? 355

124. In welchem Fall ist § 442 BGB ausnahmsweise auf Gattungsschulden anwendbar? 355

125. Eine Beschränkung oder ein Ausschluss der Mängelrechte kommt auch über Allgemeine Geschäftsbedingungen in Betracht. Der Ausschluss kann aber unter den Voraussetzungen des § 309 Nr. 8 b) BGB bei neu hergestellten Sachen unwirksam sein. Was versteht man unter einer neuen Sache i.S.d. § 309 Nr. 8 b) BGB? 369

Die Genehmigungsfiktion des § 377 II HGB

126. Nach § 377 II HGB gilt die gelieferte Ware als genehmigt, wenn der Käufer seiner Untersuchungs- und Rügeobliegenheit gemäß § 377 I HGB nicht ausreichend nachgekommen ist. Was bezweckt § 377 HGB? 371

127. Nennen Sie die Voraussetzungen des Ausschlusses der Mängelrechte gemäß § 377 II HGB! 372

128. Wann liegt ein beiderseitiger Handelskauf i.S.d. § 377 HGB vor? .... 373 ff.

Die Rechte des Käufers vor Gefahrübergang

Die Konkurrenzen

Die Besonderheiten beim Kauf unter Eigentumsvorbehalt

Weitere Sonderformen des Kaufs

150. Wie kann sich der Verkäufer in einem solchen Fall vor Schadensersatzansprüchen des Dritt- bzw. des Vorkäufers schützen? 453

Der Verbrauchsgüterkauf

151. Was ist unter einem Verbrauchsgüterkauf nach § 474 I BGB zu verstehen? 457

152. Kann beim Verbrauchsgüterkauf der Käufer im Voraus auf Schadensersatzansprüche i.S.d. § 437 Nr. 3 Alt. 1 BGB durch vertragliche Vereinbarung mit dem Verkäufer verzichten? 462

153. Kann beim Verbrauchsgüterkauf durch Vereinbarung im Voraus die Gewährleistungsfrist zu Lasten des Käufers verkürzt werden? ..... 463 ff.

154. Warum muss beim Verbrauchsgüterkauf auch im Falle einer Versendung hinsichtlich des Gefahrübergangs auf § 446 BGB zurückgegriffen werden? 469

155. Im Rahmen eines Verbrauchsgüterkaufs findet gemäß § 476 BGB eine Beweislastumkehr zugunsten des Verbrauchers statt. Warum ist diese Vorschrift gerechtfertigt? 466

156. Erläutern Sie die Beweislastumkehr des § 476 BGB! ..... 467a ff.

157. Erklären Sie die Reichweite des § 476 BGB in den Fällen des sog. Folgemangels anhand des Opel-Vectra-Falls! ..... 467a ff.

158. Ist § 476 BGB anwendbar, wenn der Verbraucher die gekaufte Sache durch einen Dritten einbauen lässt? 467e

159. Gemäß § 476 BGB ist die Beweislastumkehr ausgeschlossen, wenn die Vermutung mit der Art der Sache, z.B. verderbliches Obst, unvereinbar ist. Das gleiche gilt, wenn die Art des Mangels mit der Vermutung unvereinbar ist. Liegt ein solcher Fall vor, wenn es sich um einen Mangel handelt, der typischerweise jederzeit auftreten kann, z.B. ein Karosserieschaden am gebrauchten Kfz? ..... 468b ff.

160. Erklären Sie die Unternehmerregressvorschriften gemäß den §§ 478, 479 BGB! 474

161. Was regelt § 478 I BGB? ..... 474 f.

162. Was regelt § 478 II BGB? 476

163. Inwiefern stellt § 478 III BGB eine Modifikation von § 476 BGB dar? 477

Der Werkvertrag

164. Was sind die wesentlichen Leistungspflichten im Werkvertrag? 486

165. Nach § 632 I BGB gilt eine Vergütung als stillschweigend vereinbart, wenn dies den Umständen nach zu erwarten ist. Kann zur Beantwortung der Frage, ob ein Werkvertrag oder nur ein reines Gefälligkeitsverhältnis vorliegt, auf § 632 I BGB zurückgegriffen werden? 491a

166. Wann wird der Anspruch auf die Vergütung fällig? 498

167. Definieren Sie den Begriff der Abnahme! 498, 504

168. Erläutern Sie den Sinn und Zweck von § 640 I S. 3 BGB! Diese Norm lautet: „Der Abnahme steht es gleich, wenn der Besteller das Werk nicht innerhalb einer ihm vom Unternehmer bestimmten angemessenen Frist abnimmt, obwohl er dazu verpflichtet ist." 498

169. Hat der Besteller nach § 641 IV BGB Fälligkeitszinsen zu leisten, wenn er das Werk zwar abgenommen, jedoch noch keine Rechnung des Werkunternehmers erhalten hat? 498a

170. Wann bleibt der Vergütungsanspruch entgegen § 326 I BGB bestehen, obwohl die Leistung des Werkunternehmers unmöglich wird? 501

Die Zahlen verweisen auf die Randnummern des Skripts

hemmer-map 1

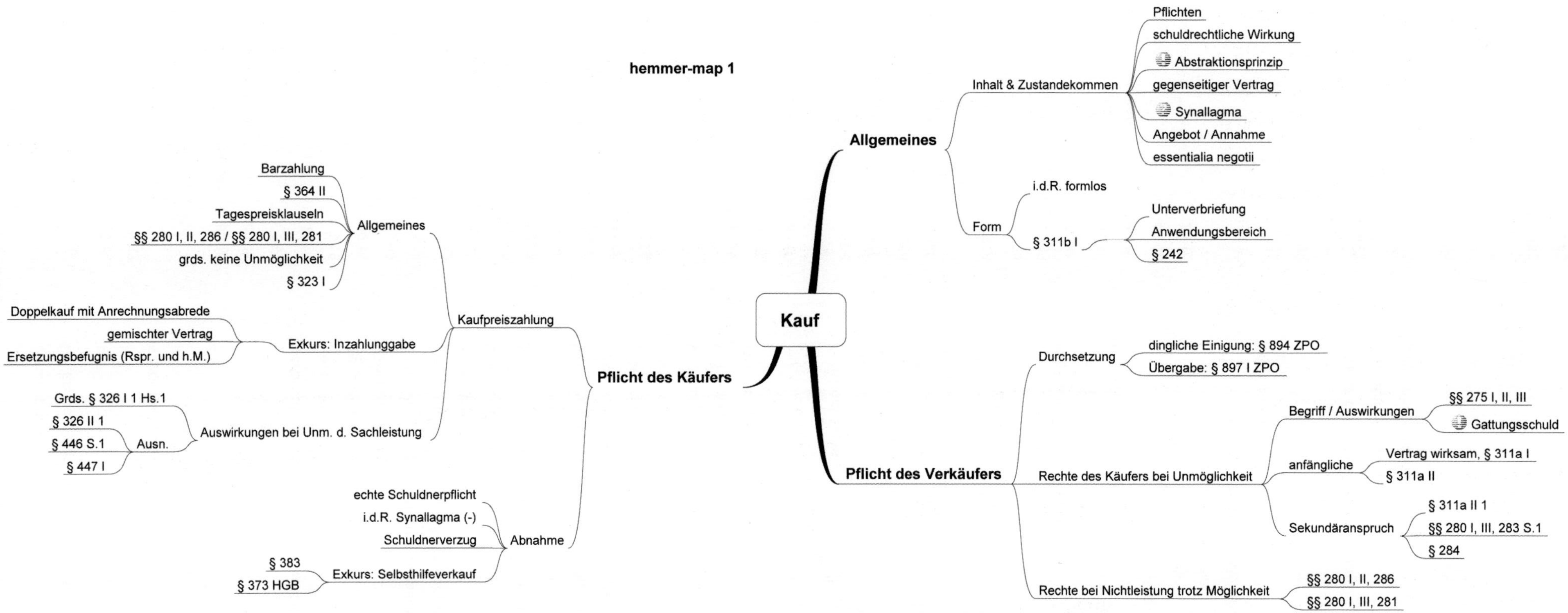
Kauf
Allgemeines
Inhalt & Zustandekommen
Pflichten
schuldrechtliche Wirkung
Abstraktionsprinzip
gegenseitiger Vertrag
Synallagma
Angebot / Annahme
essentialia negotii
Form
i.d.R. formlos
§ 311b I
Unterverbriefung
Anwendungsbereich
§ 242
Pflicht des Verkäufers
Durchsetzung
dingliche Einigung: § 894 ZPO
Übergabe: § 897 I ZPO
Rechte des Käufers bei Unmöglichkeit
Begriff / Auswirkungen
§§ 275 I, II, III
Gattungsschuld
anfängliche
Vertrag wirksam, § 311a I
§ 311a II
Sekundäranspruch
§ 311a II 1
§§ 280 I, III, 283 S.1
§ 284
Rechte bei Nichtleistung trotz Möglichkeit
§§ 280 I, II, 286
§§ 280 I, III, 281
Pflicht des Käufers
Kaufpreiszahlung
Allgemeines
Barzahlung
§ 364 II
Tagespreisklauseln
§§ 280 I, II, 286 / §§ 280 I, III, 281
grds. keine Unmöglichkeit
§ 323 I
Exkurs: Inzahlunggabe
Doppelkauf mit Anrechnungsabrede
gemischter Vertrag
Ersetzungsbefugnis (Rspr. und h.M.)
Auswirkungen bei Unm. d. Sachleistung
Grds. § 326 I 1 Hs.1
Ausn.
§ 326 II 1
§ 446 S.1
§ 447 I
Abnahme
echte Schuldnerpflicht
i.d.R. Synallagma (-)
Schuldnerverzug
Exkurs: Selbsthilfeverkauf
§ 383
§ 373 HGB

hemmer-map 2

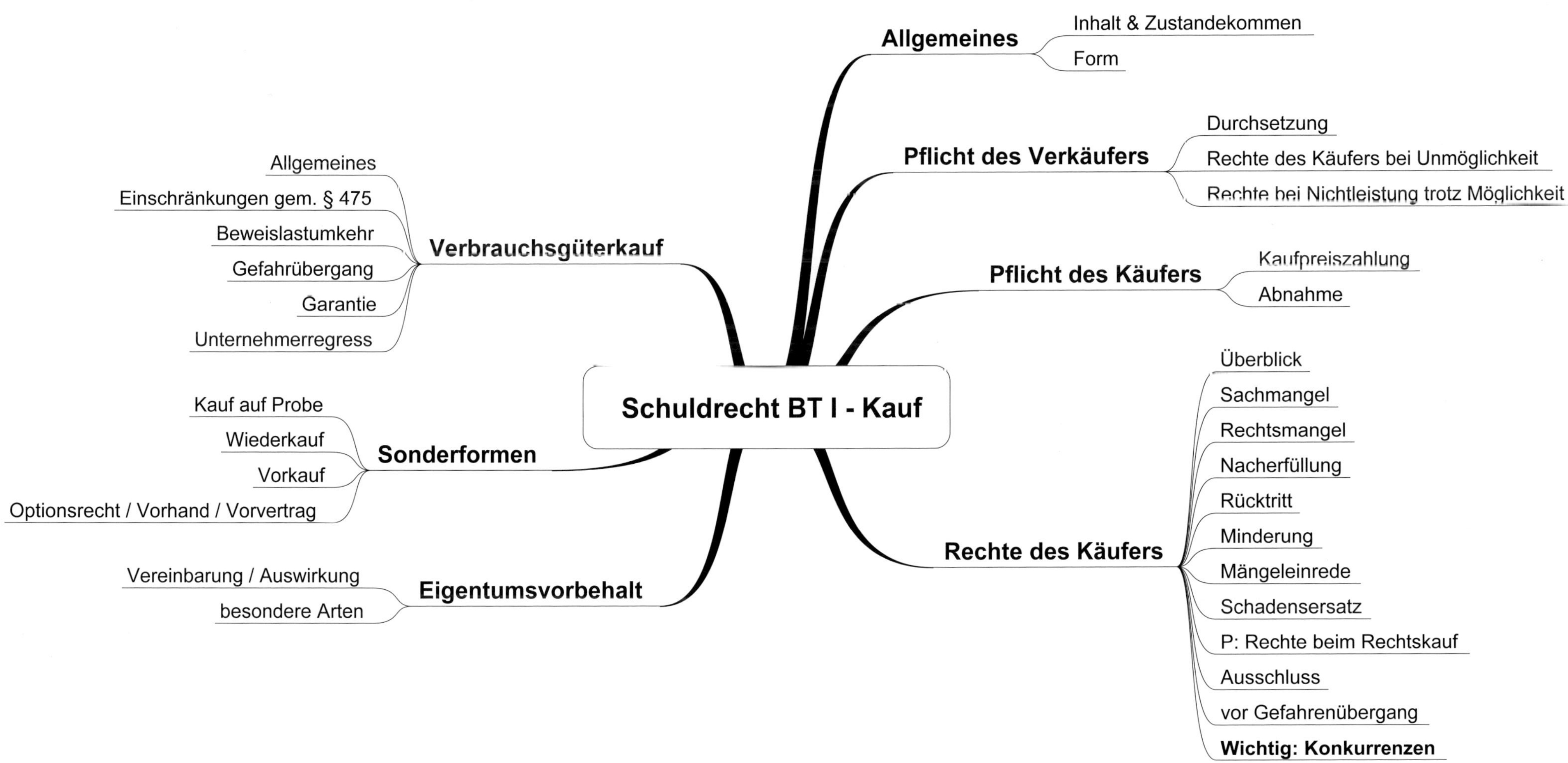
Schuldrecht BT I - Kauf
Allgemeines
Inhalt & Zustandekommen
Form
Pflicht des Verkäufers
Durchsetzung
Rechte des Käufers bei Unmöglichkeit
Rechte bei Nichtleistung trotz Möglichkeit
Pflicht des Käufers
Kaufpreiszahlung
Abnahme
Rechte des Käufers
Überblick
Sachmangel
Rechtsmangel
Nacherfüllung
Rücktritt
Minderung
Mängeleinrede
Schadensersatz
P: Rechte beim Rechtskauf
Ausschluss
vor Gefahrenübergang
Wichtig: Konkurrenzen
Verbrauchsgüterkauf
Allgemeines
Einschränkungen gem. § 475
Beweislastumkehr
Gefahrübergang
Garantie
Unternehmerregress
Sonderformen
Kauf auf Probe
Wiederkauf
Vorkauf
Optionsrecht / Vorhand / Vorvertrag
Eigentumsvorbehalt
Vereinbarung / Auswirkung
besondere Arten

hemmer-map 3

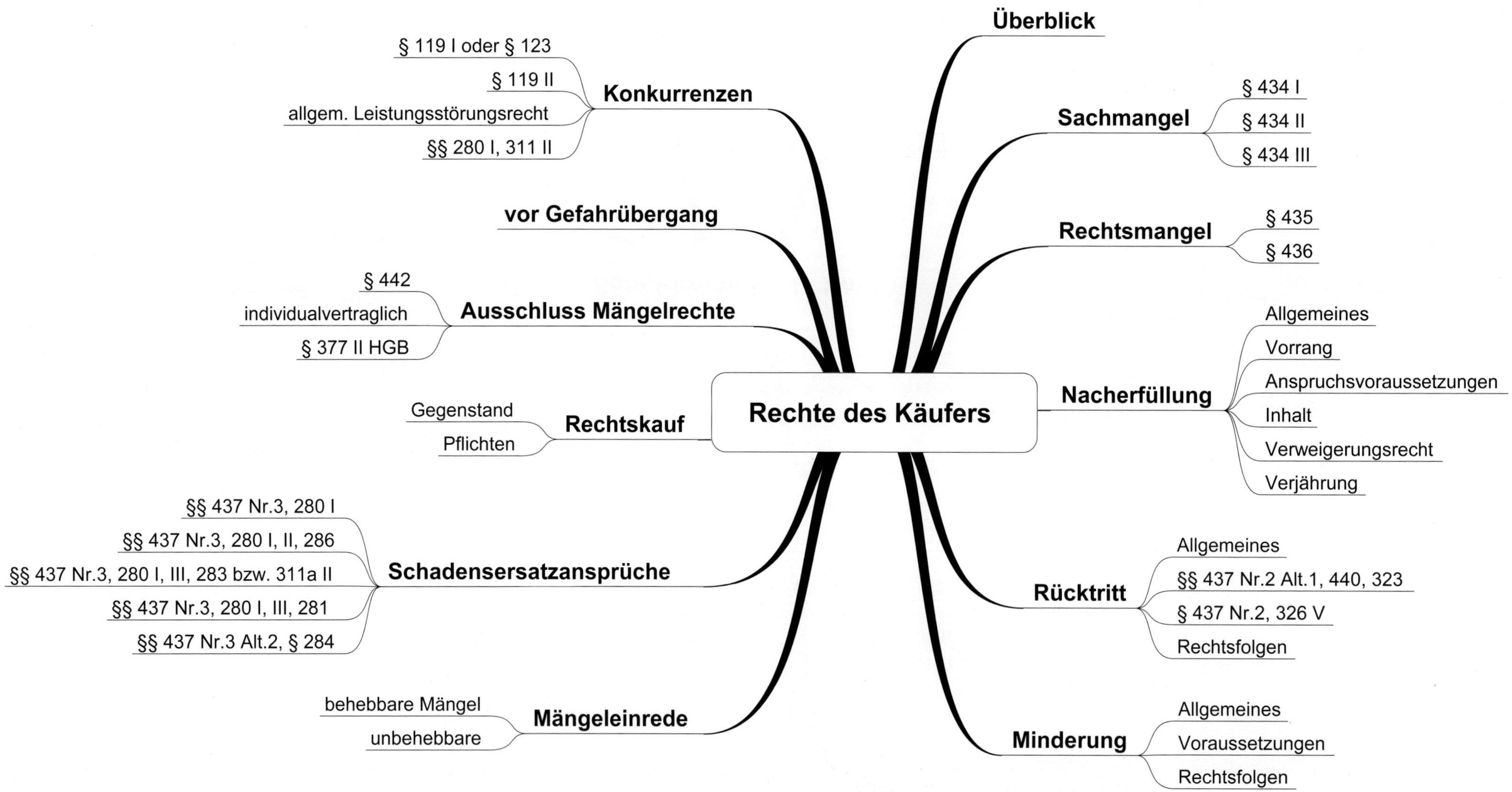
Rechte des Käufers
Überblick
Sachmangel
§ 434 I
§ 434 II
§ 434 III
Rechtsmangel
§ 435
§ 436
Nacherfüllung
Allgemeines
Vorrang
Anspruchsvoraussetzungen
Inhalt
Verweigerungsrecht
Verjährung
Rücktritt
Allgemeines
§§ 437 Nr.2 Alt.1, 440, 323
§ 437 Nr.2, 326 V
Rechtsfolgen
Minderung
Allgemeines
Voraussetzungen
Rechtsfolgen
Konkurrenzen
§ 119 I oder § 123
§ 119 II
allgem. Leistungsstörungsrecht
§§ 280 I, 311 II
vor Gefahrübergang
Ausschluss Mängelrechte
§ 442
individualvertraglich
§ 377 II HGB
Rechtskauf
Gegenstand
Pflichten
Schadensersatzansprüche
§§ 437 Nr.3, 280 I
§§ 437 Nr.3, 280 I, II, 286
§§ 437 Nr.3, 280 I, III, 283 bzw. 311a II
§§ 437 Nr.3, 280 I, III, 281
§§ 437 Nr.3 Alt.2, § 284
Mängeleinrede
behebbare Mängel
unbehebbare

hemmer-map 4

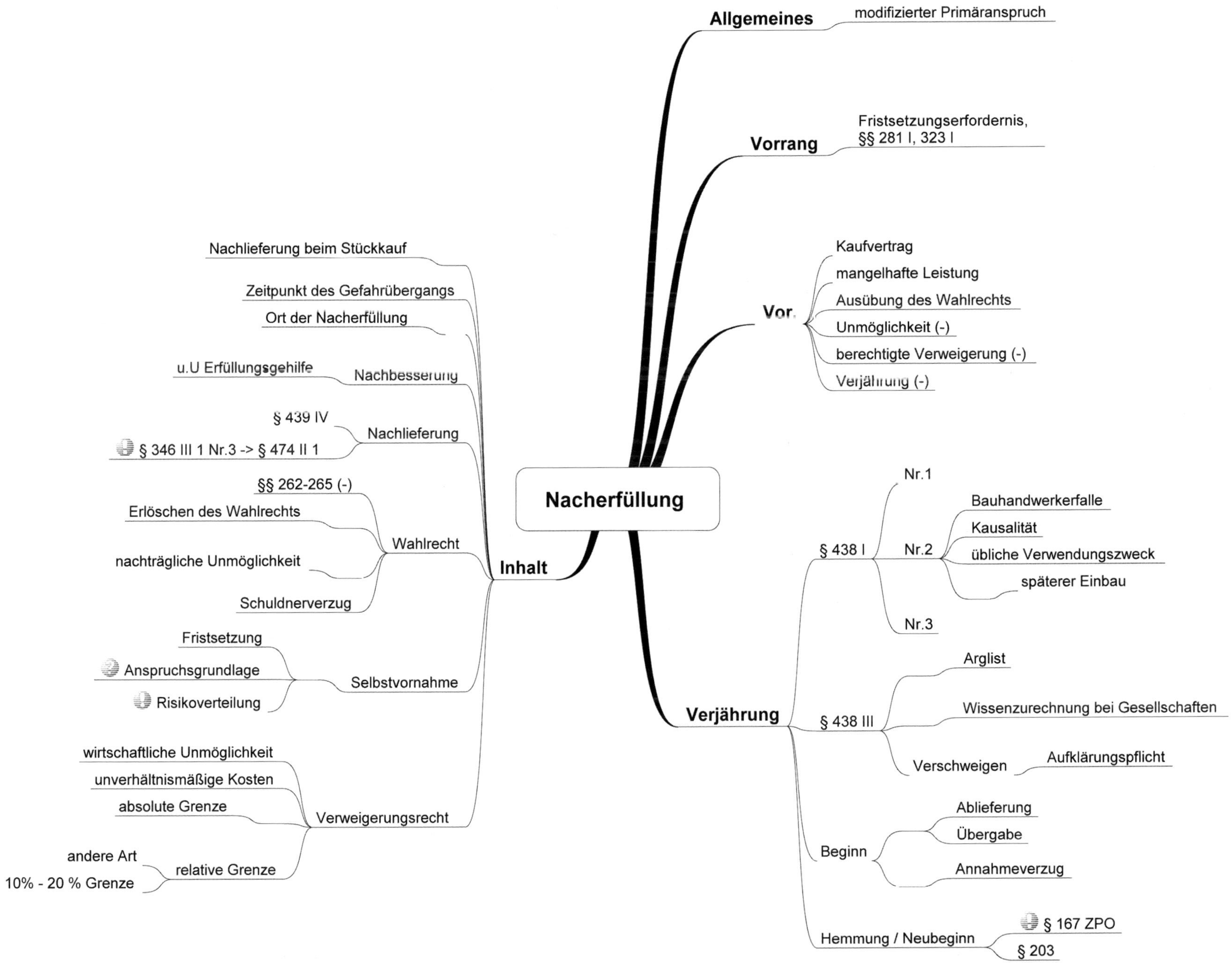
Nacherfüllung
Allgemeines
modifizierter Primäranspruch
Vorrang
Fristsetzungserfordernis, §§ 281 I, 323 I
Vor.
Kaufvertrag
mangelhafte Leistung
Ausübung des Wahlrechts
Unmöglichkeit (-)
berechtigte Verweigerung (-)
Verjährung (-)
Verjährung
§ 438 I
Nr.1
Nr.2
Bauhandwerkerfalle
Kausalität
übliche Verwendungszweck
späterer Einbau
Nr.3
§ 438 III
Arglist
Wissenzurechnung bei Gesellschaften
Verschweigen
Aufklärungspflicht
Beginn
Ablieferung
Übergabe
Annahmeverzug
Hemmung / Neubeginn
§ 167 ZPO
§ 203
Inhalt
Nachlieferung beim Stückkauf
Zeitpunkt des Gefahrübergangs
Ort der Nacherfüllung
Nachbesserung
u.U Erfüllungsgehilfe
Nachlieferung
§ 439 IV
§ 346 III 1 Nr.3 -> § 474 II 1
Wahlrecht
§§ 262-265 (-)
Erlöschen des Wahlrechts
nachträgliche Unmöglichkeit
Schuldnerverzug
Selbstvornahme
Fristsetzung
Anspruchsgrundlage
Risikoverteilung
Verweigerungsrecht
wirtschaftliche Unmöglichkeit
unverhältnismäßige Kosten
absolute Grenze
relative Grenze
andere Art
10% - 20 % Grenze

hemmer-map 5

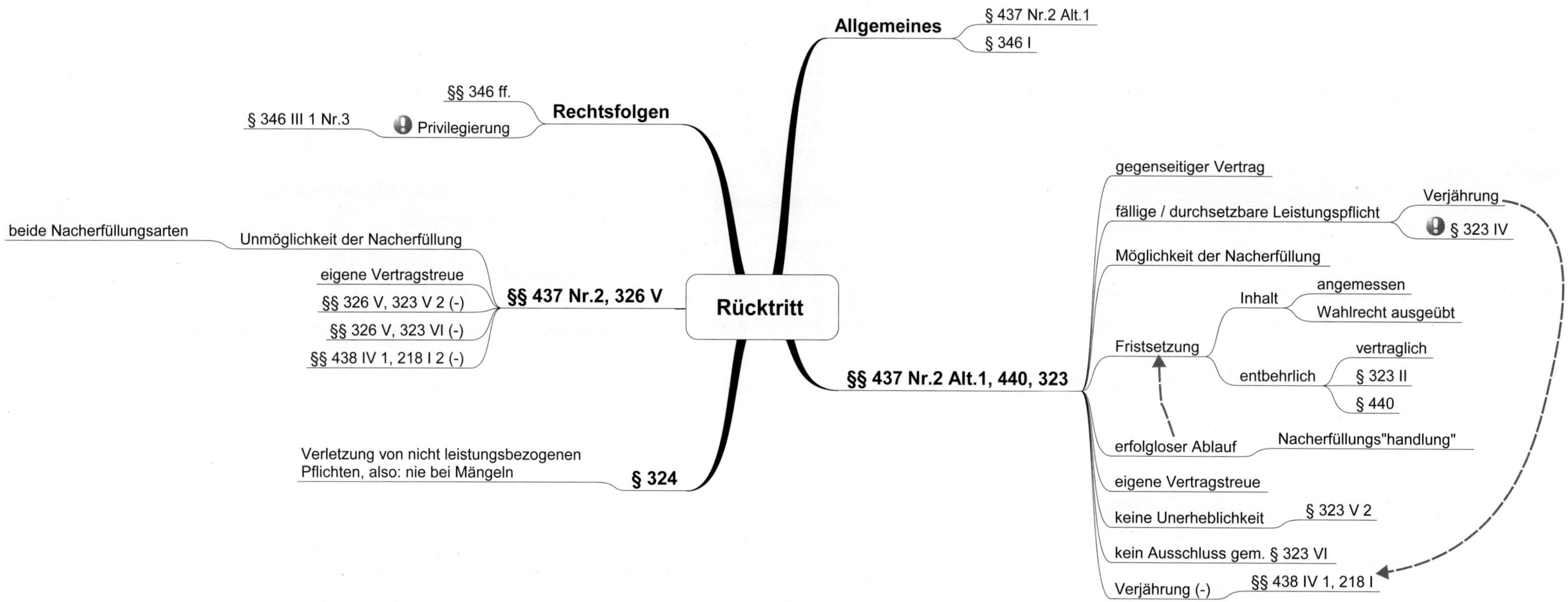
Rücktritt
Allgemeines
§ 437 Nr.2 Alt.1
§ 346 I
Rechtsfolgen
§§ 346 ff.
Privilegierung
§ 346 III 1 Nr.3
§§ 437 Nr.2, 326 V
Unmöglichkeit der Nacherfüllung
beide Nacherfüllungsarten
eigene Vertragstreue
§§ 326 V, 323 V 2 (-)
§§ 326 V, 323 VI (-)
§§ 438 IV 1, 218 I 2 (-)
§ 324
Verletzung von nicht leistungsbezogenen Pflichten, also: nie bei Mängeln
§§ 437 Nr.2 Alt.1, 440, 323
gegenseitiger Vertrag
fällige / durchsetzbare Leistungspflicht
Verjährung
§ 323 IV
Möglichkeit der Nacherfüllung
Fristsetzung
Inhalt
angemessen
Wahlrecht ausgeübt
entbehrlich
vertraglich
§ 323 II
§ 440
erfolgloser Ablauf
Nacherfüllungs"handlung"
eigene Vertragstreue
keine Unerheblichkeit
§ 323 V 2
kein Ausschluss gem. § 323 VI
Verjährung (-)
§§ 438 IV 1, 218 I

hemmer-map 6

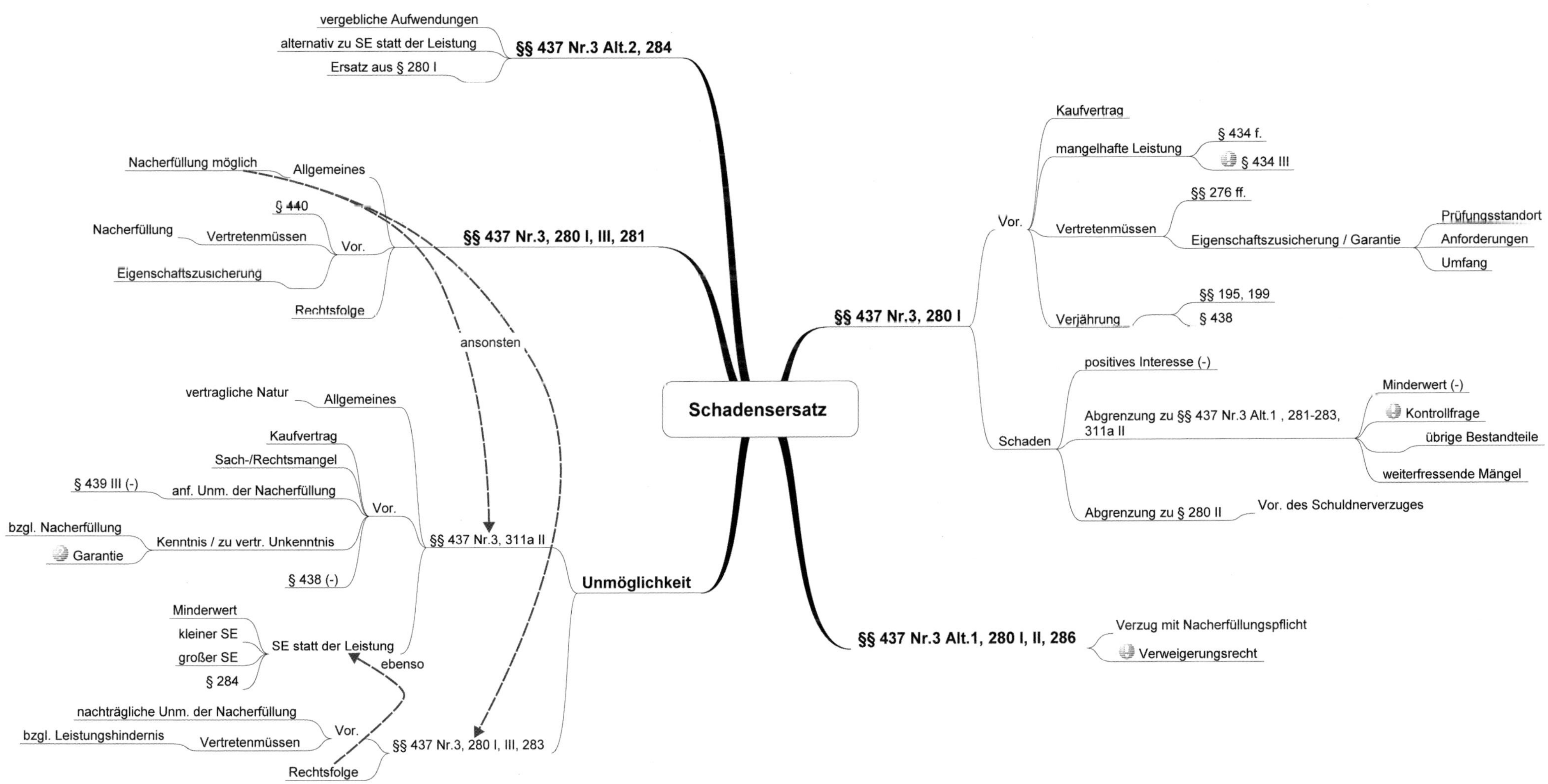

Schadensersatz
§§ 437 Nr.3 Alt.2, 284
vergebliche Aufwendungen
alternativ zu SE statt der Leistung
Ersatz aus § 280 I
§§ 437 Nr.3, 280 I, III, 281
Allgemeines
Nacherfüllung möglich
Vor.
§ 440
Nacherfüllung
Vertretenmüssen
Eigenschaftszusicherung
Rechtsfolge
ansonsten
Unmöglichkeit
§§ 437 Nr.3, 311a II
Allgemeines
vertragliche Natur
Vor.
Kaufvertrag
Sach-/Rechtsmangel
anf. Unm. der Nacherfüllung
§ 439 III (-)
Kenntnis / zu vertr. Unkenntnis
bzgl. Nacherfüllung
Garantie
§ 438 (-)
SE statt der Leistung
Minderwert
kleiner SE
großer SE
§ 284
ebenso
§§ 437 Nr.3, 280 I, III, 283
Vor.
nachträgliche Unm. der Nacherfüllung
Vertretenmüssen
bzgl. Leistungshindernis
Rechtsfolge
§§ 437 Nr.3, 280 I
Vor.
Kaufvertrag
mangelhafte Leistung
§ 434 f.
§ 434 III
Vertretenmüssen
§§ 276 ff.
Eigenschaftszusicherung / Garantie
Prüfungsstandort
Anforderungen
Umfang
Verjährung
§§ 195, 199
§ 438
Schaden
positives Interesse (-)
Abgrenzung zu §§ 437 Nr.3 Alt.1 , 281-283, 311a II
Minderwert (-)
Kontrollfrage
übrige Bestandteile
weiterfressende Mängel
Abgrenzung zu § 280 II
Vor. des Schuldnerverzuges
§§ 437 Nr.3 Alt.1, 280 I, II, 286
Verzug mit Nacherfüllungspflicht
Verweigerungsrecht

hemmer-map 7

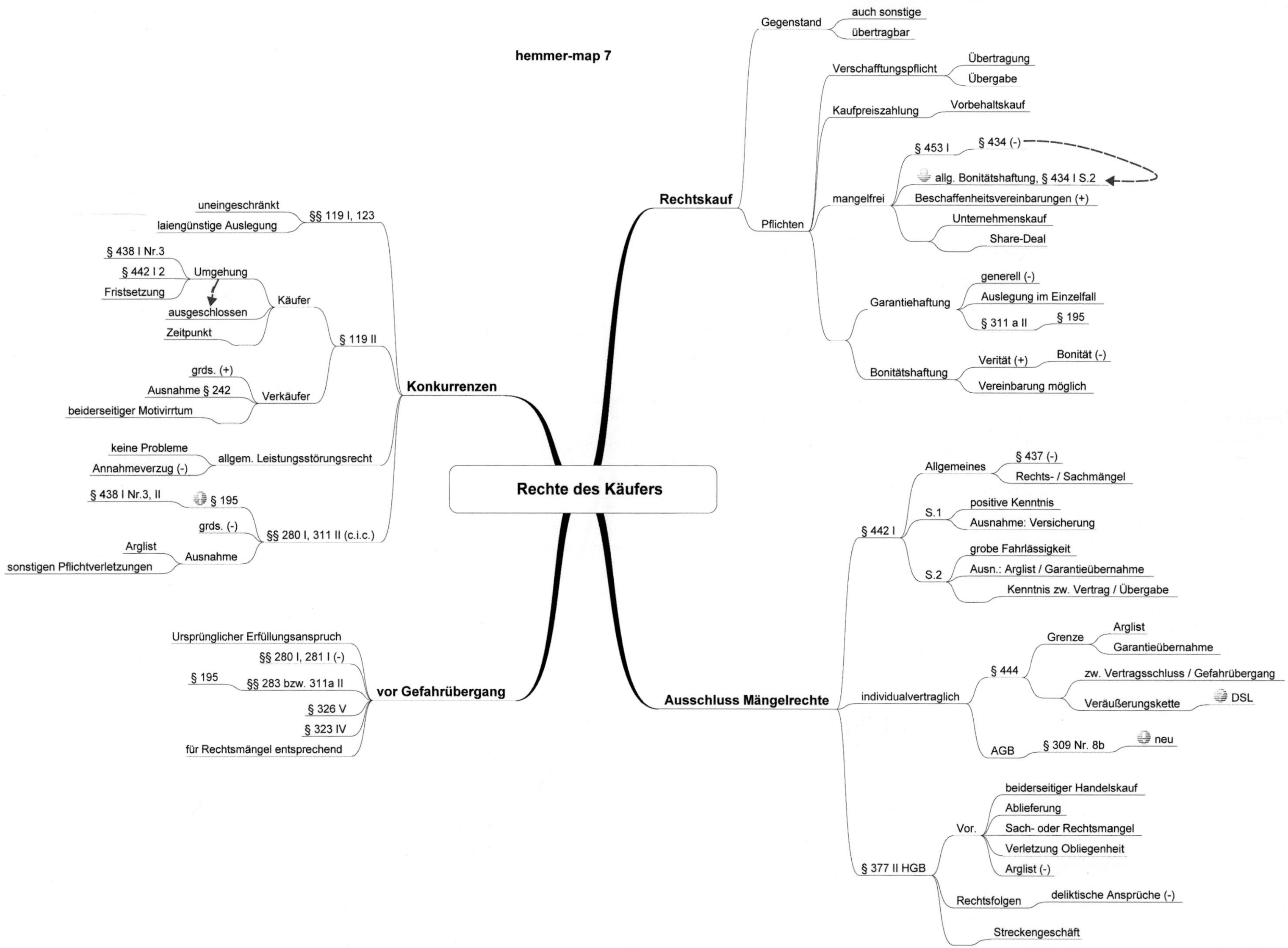
Rechte des Käufers
Rechtskauf
Gegenstand
auch sonstige
übertragbar
Pflichten
Verschafftungspflicht
Übertragung
Übergabe
Kaufpreiszahlung
Vorbehaltskauf
mangelfrei
§ 453 I
§ 434 (-)
allg. Bonitätshaftung, § 434 I S.2
Beschaffenheitsvereinbarungen (+)
Unternehmenskauf
Share-Deal
Garantiehaftung
generell (-)
Auslegung im Einzelfall
§ 311 a II
§ 195
Bonitätshaftung
Verität (+)
Bonität (-)
Vereinbarung möglich
Konkurrenzen
§§ 119 I, 123
uneingeschränkt
laiengünstige Auslegung
§ 119 II
Käufer
Umgehung
§ 438 I Nr.3
§ 442 I 2
Fristsetzung
ausgeschlossen
Zeitpunkt
Verkäufer
grds. (+)
Ausnahme § 242
beiderseitiger Motivirrtum
allgem. Leistungsstörungsrecht
keine Probleme
Annahmeverzug (-)
§§ 280 I, 311 II (c.i.c.)
§ 195
§ 438 I Nr.3, II
grds. (-)
Ausnahme
Arglist
sonstigen Pflichtverletzungen
vor Gefahrübergang
Ursprünglicher Erfüllungsanspruch
§§ 280 I, 281 I (-)
§§ 283 bzw. 311a II
§ 195
§ 326 V
§ 323 IV
für Rechtsmängel entsprechend
Ausschluss Mängelrechte
§ 442 I
Allgemeines
§ 437 (-)
Rechts- / Sachmängel
S.1
positive Kenntnis
Ausnahme: Versicherung
S.2
grobe Fahrlässigkeit
Ausn.: Arglist / Garantieübernahme
Kenntnis zw. Vertrag / Übergabe
individualvertraglich
§ 444
Grenze
Arglist
Garantieübernahme
zw. Vertragsschluss / Gefahrübergang
Veräußerungskette
DSL
AGB
§ 309 Nr. 8b
neu
§ 377 II HGB
Vor.
beiderseitiger Handelskauf
Ablieferung
Sach- oder Rechtsmangel
Verletzung Obliegenheit
Arglist (-)
Rechtsfolgen
deliktische Ansprüche (-)
Streckengeschäft

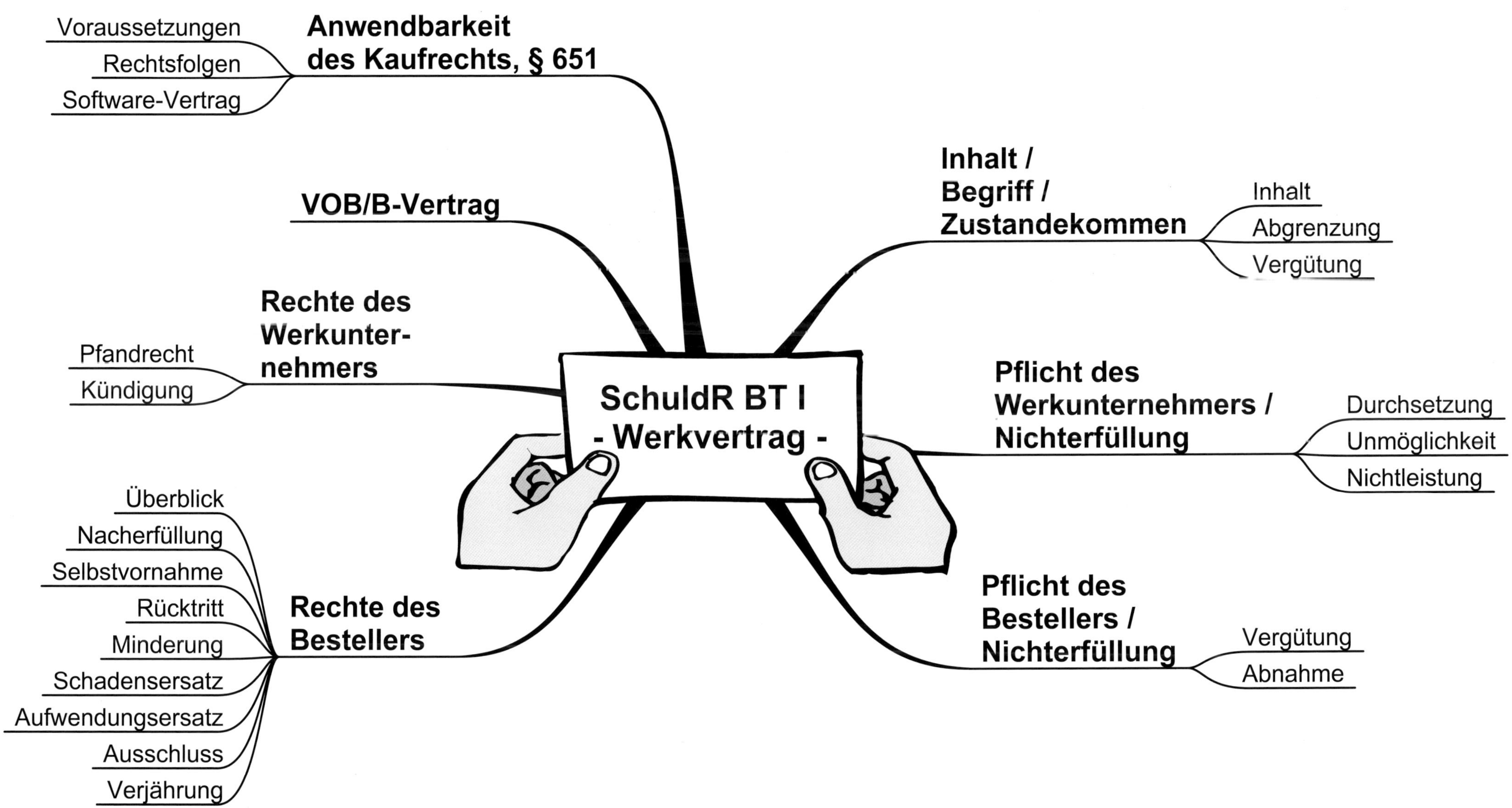
SchuldR BT I
- Werkvertrag -
Anwendbarkeit des Kaufrechts, § 651
Voraussetzungen
Rechtsfolgen
Software-Vertrag
VOB/B-Vertrag
Rechte des Werkunter-nehmers
Pfandrecht
Kündigung
Rechte des Bestellers
Überblick
Nacherfüllung
Selbstvornahme
Rücktritt
Minderung
Schadensersatz
Aufwendungsersatz
Ausschluss
Verjährung
Inhalt / Begriff / Zustandekommen
Inhalt
Abgrenzung
Vergütung
Pflicht des Werkunternehmers / Nichterfüllung
Durchsetzung
Unmöglichkeit
Nichtleistung
Pflicht des Bestellers / Nichterfüllung
Vergütung
Abnahme

hemmer-map 9

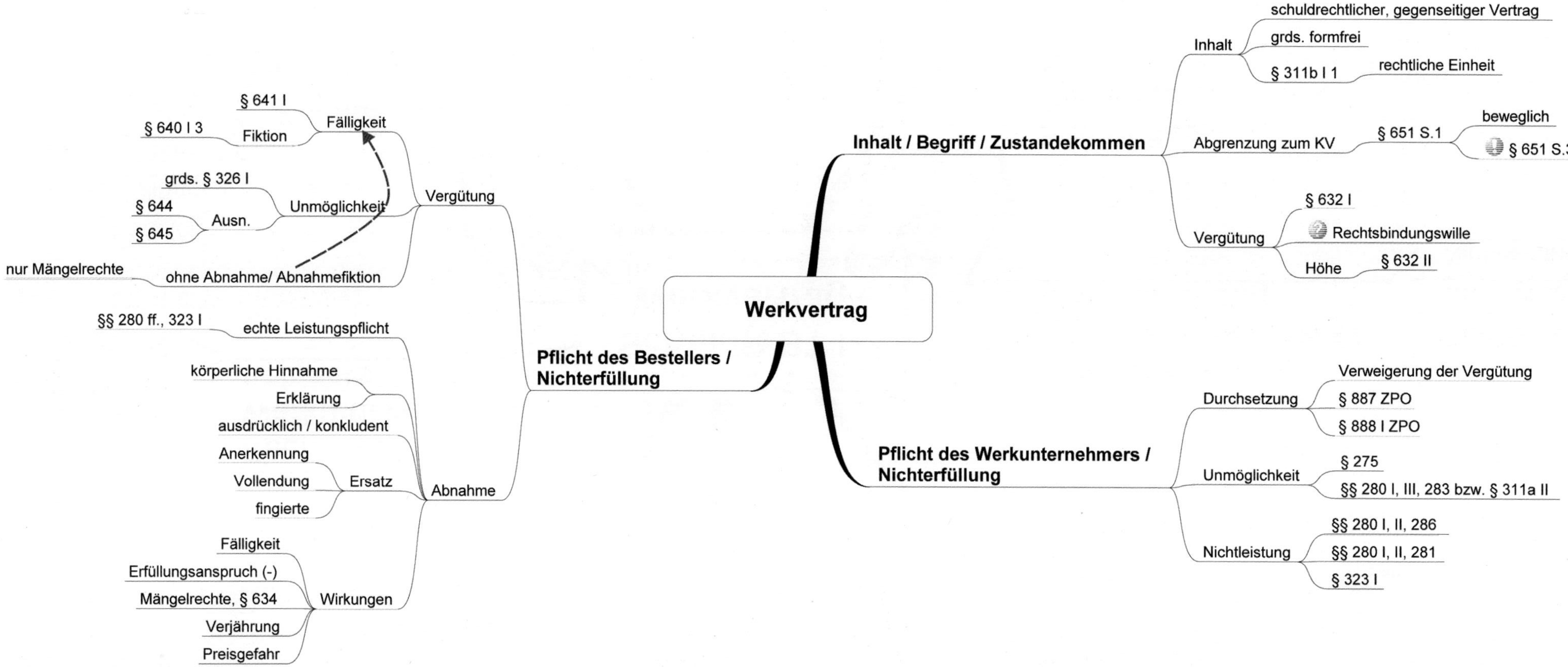

Werkvertrag
Inhalt / Begriff / Zustandekommen
Inhalt
schuldrechtlicher, gegenseitiger Vertrag
grds. formfrei
§ 311b I 1
rechtliche Einheit
Abgrenzung zum KV
§ 651 S.1
beweglich
§ 651 S.3
Vergütung
§ 632 I
Rechtsbindungswille
Höhe
§ 632 II
Pflicht des Werkunternehmers / Nichterfüllung
Durchsetzung
Verweigerung der Vergütung
§ 887 ZPO
§ 888 I ZPO
Unmöglichkeit
§ 275
§§ 280 I, III, 283 bzw. § 311a II
Nichtleistung
§§ 280 I, II, 286
§§ 280 I, II, 281
§ 323 I
Pflicht des Bestellers / Nichterfüllung
Vergütung
Fälligkeit
§ 641 I
Fiktion
§ 640 I 3
Unmöglichkeit
grds. § 326 I
Ausn.
§ 644
§ 645
ohne Abnahme/ Abnahmefiktion
nur Mängelrechte
Abnahme
echte Leistungspflicht
§§ 280 ff., 323 I
körperliche Hinnahme
Erklärung
ausdrücklich / konkludent
Ersatz
Anerkennung
Vollendung
fingierte
Wirkungen
Fälligkeit
Erfüllungsanspruch (-)
Mängelrechte, § 634
Verjährung
Preisgefahr

hemmer-map 10

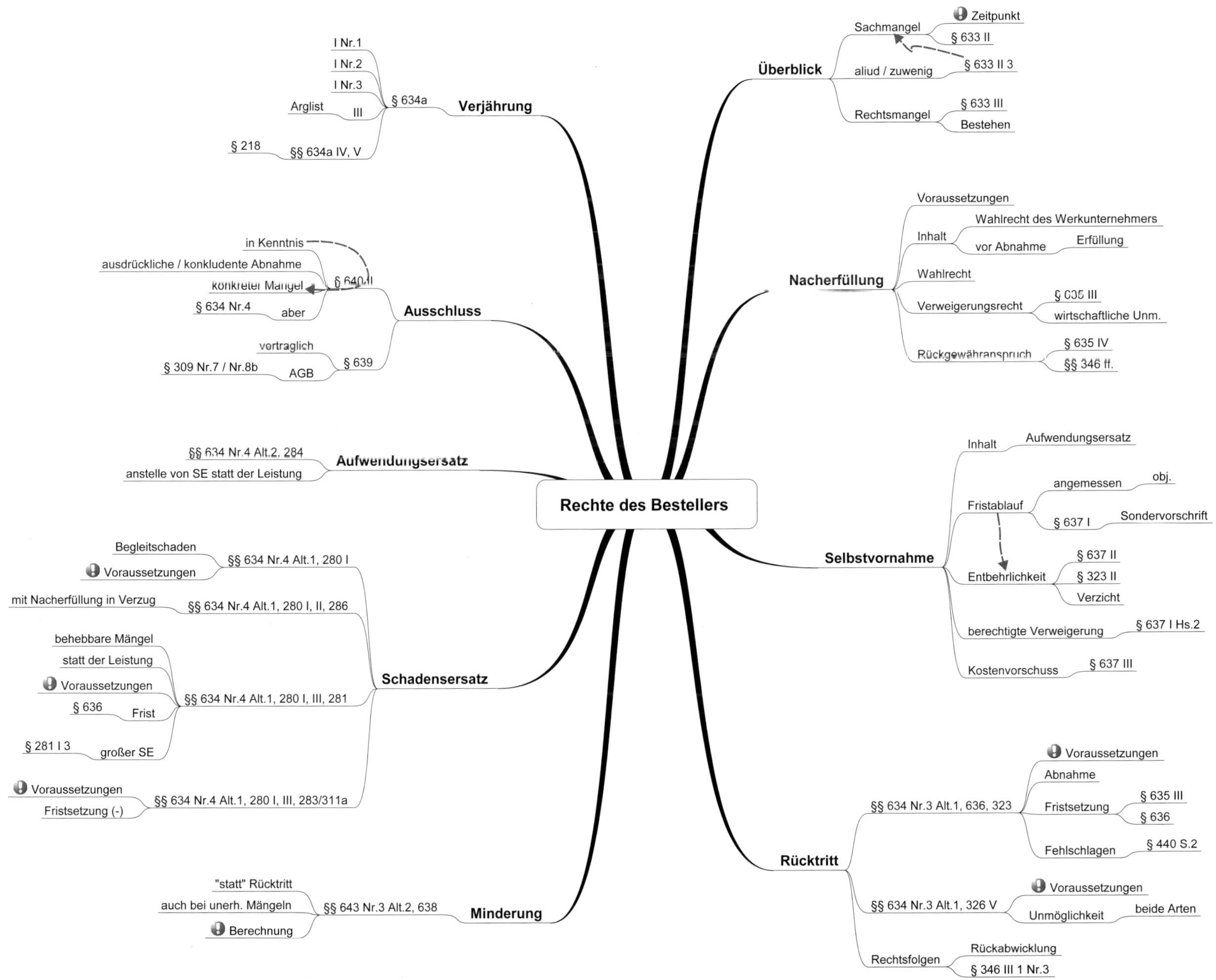

hemmer-map 11

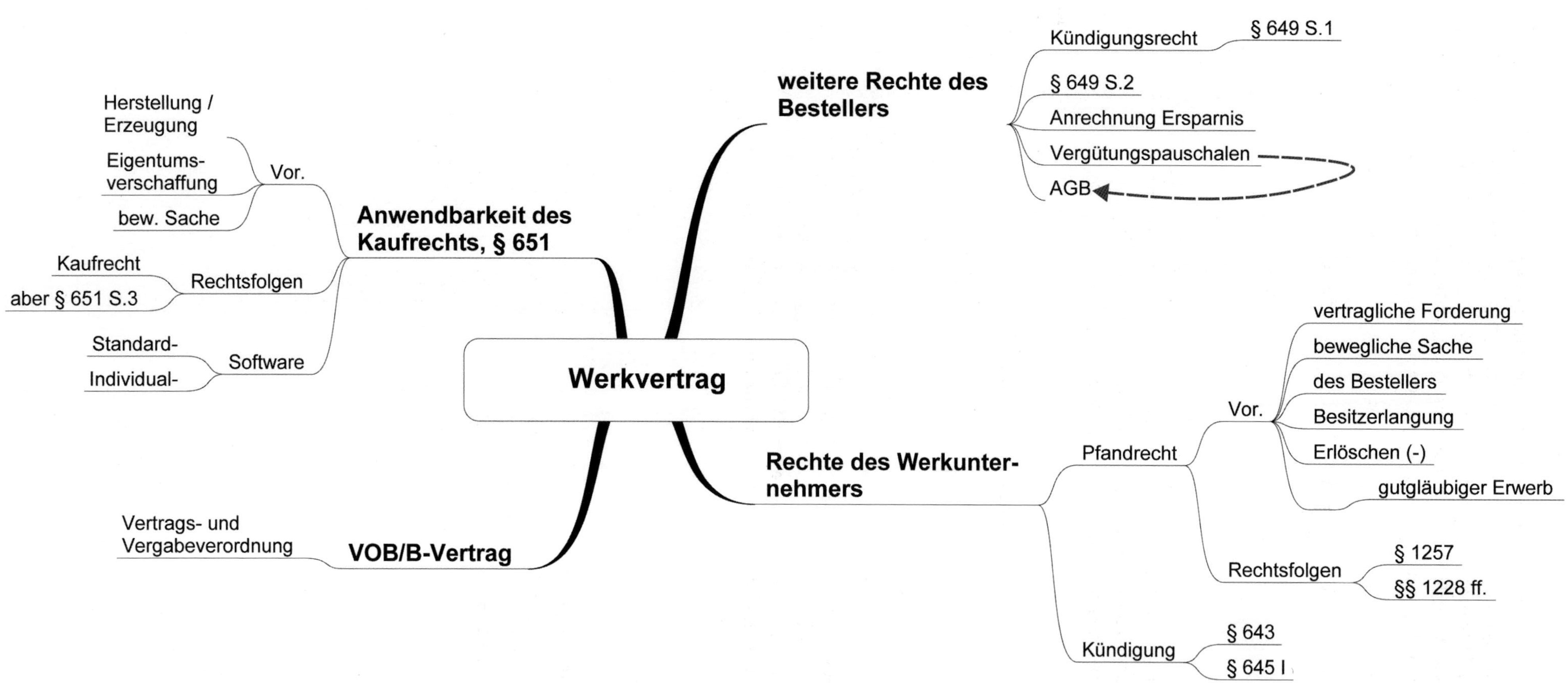